관계장관회의

이 송 호

도서출판 대영문화사

머 리 말

국정운영은 회의에서 시작하여 회의로 끝난다. 국정운영 방향의 설정, 주요 현안들에 대한 정보 공유와 의견 수렴, 정책안과 입법안 및 계획안 등에 대한 사전 검토, 주요 이해당사자 간 이견의 조정, 정책의 공식적 결정, 정책집행의 점검, 정책에 대한 평가 등 국정운영에서 중요한 행위나 조치들이 이런저런 회의를 거치지 않고 취해지는 경우는 거의 없다. 국정운영을 위해 활용되는 행정부 내의 주요 회의로는 최종 결정 기구인 국무회의, 사전 심의 조정기구인 관계장관회의, 전문적인 지식과 아이디어 제공 기구인 자문회의 등이 있는데, 그 중에서도 국정운영의 실질적인 중추 기구는 관계장관회의이다.

관계장관회의들은 어느 나라에서나 대통령(총리) 보좌기구와 함께 국정운영 시스템의 양대 축을 이루고 있다. 국정운영의 최고책임자인 대통령(총리)은 한편으로는 보좌기구의 지원을 받아 국정 전반에 관한 상황 정보를 수집하고 국정운영의 방향을 설정하며, 다른 한편으로는 관계장관회의들을 통해 정부부처들의 역량을 동원해 주요 정책들을 추진하고 그 과정에서 발생하는 부처들 간의 이견을 조정하고 있기 때문이다. 그러나 관계장관회의는 국무회의, 대통령(총리) 보좌기구, 부처기구들과는 달리 일반인들은 물론 학자들에게도 잘 알려져 있는 기구가 아니다.

저자가 관계장관회의에 대해 관심을 갖게 된 동기는 1998년에 『대통령과 보좌관』이라는 저서를 집필하기 위해 영국과 프랑스에서 1차 자료를 수집하던 중 대통령(총리) 보좌기구와 관계장관회의가 국정운영 시스템의 중추 기구로서 긴밀하게 연계되어 동전의 양면처럼 함께 움직이고 있음을 발견한 것이다. 영국의 내각위원회와 프랑스의 관계장관위원회는 총리와 그 보좌관들만큼 관심의 초점이 되고 있지는 않았으나 정부 내에서는 국정운영에 매우 중요한 역할을 수행하는 핵심적인 기구였고, 그 설치와 운영을 총리와 보좌관들이 주도하고 있었다. 그 결과 관계장관회의는 저자에게 국정운영 시스템의 또 다른 축으로서 새로운 관심의 대상으로 다가왔다. 그 때부터 필자는 관계장관회의에 관한 새로운 저술을 구상하면서 필요한 정보와 자료를 조금씩 수집하기 시작했다. 그러나 관계장관회의 시스템에 관해 본격적으로 자료 수집과 집필에 착수한 것은 첫 번째 저서 『대통령과 보좌관』의 집필을 끝낸 다음해인 2003년부터이다.

이 책은 관계장관회의 시스템의 구조와 과정 및 운영 방식에 관한 연구이다. 즉 각국이 정책의 추진과 조정을 위해 관계장관회의 시스템을 어떻게 조직화하고 활용하는지를 분석한 책이다. 관계장관회의 시스템의 운영 지원기구, 하부구조, 안건처리 절차, 운영 방식 등은 매우 중요하다. 국정운영의 통합성, 효과성, 능률성, 적시성, 충실성 등을 좌우하기 때문이다.

또한 이 책은 각국의 현행 관계장관회의 시스템에 대한 비교분석은 물론 각국 관계장관회의 시스템의 정권별 변천 과정을 분석한 책이다. 좀더 구체적으로 설명하면, 첫째, 각국 관계장관회의 시스템들을 다양한 측면에서 서술하고 비교분석함으로써 관계장관회의 시스템에 대한 이해를 깊게 했고, 둘째, 몇 가지 기준에 따라 평가하여 각국 관계장관회의 시스템의 장단점을 파악할 수 있도록 했으며, 셋째, 주요국 역대 정권들이 관계장관회의 시스템을 어떻게 구축하고 활용했는지를 보여 줌으로써 국정운영 최고책임자들이 자신이 처한 상황에 대처하고 자신의 업무 스타일에 맞는 관계장관회의 시스템을 어떻게 설계해야 하는지에 대해 많은 아이디어와 통찰력을 줄 수 있도록 했고, 마지막으로, 각국 관계장관회의 시스템의 장단점에 비추어 국정운영 기구로서 관계장관회의 시스템의 바람직한 모델을 구축해 제시했다.

이 책의 저술에 사용된 자료는 기존 문헌과 법령 자료 및 인터뷰 자료이다.

먼저, 각국 역대 정권들이 설치한 관계장관회의들과 그 구성 멤버 및 하부구조는 법령 자료를 통해 파악했다. 미국의 경우 Cabinet Council에 관한 역대 대통령의 Executive Orders, 영국의 경우 역대 총리의 Cabinet Office Records(CAB documents), 프랑스의 경우 역대 정부의 Conseil Interministériel과 Comité Interministériel에 관한 Decréts와 Ordinances

및 Arrétés, 한국의 경우 역대 정부에서 제정한 관계장관회의에 관한 규정 등이다. 대체로 각국에서 관계장관회의가 탄생한 시기부터 2006년까지 해당 법령들을 대부분 검토했다.

다음으로, 각국 관계장관회의 시스템의 안건처리 절차와 운영 방식은 인터뷰와 기존 문헌을 통해서 파악했다. 미국의 경우 National Security Council과 National Economic Council에 관한 몇몇 연구문헌들이 있고 또한 대통령에 관한 연구문헌들에 관계장관회의 절차나 운영에 관한 정보가 여기저기 조금씩 흩어져 있어서 이들을 활용했다. 그러나 영국, 프랑스, 한국의 경우 관계장관회의 시스템의 절차나 운영 방식에 관한 기존 연구가 거의 없어서 인터뷰를 통해 필요한 자료를 확보했다. 이 책의 집필에는 2003년부터 2007년까지 도중에 1년 동안 손을 놓은 것을 제외하고 4년 정도 걸렸다. 기존 연구문헌에 분석되어 있는 정보의 범위 내에서 집필한 것이 아니라 비교분석이 가능하도록 미리 무엇을 밝힐 것인지를 먼저 정한 다음, 그에 필요한 각국의 관련 정보를 찾아 나섰는데, 이 새로운 정보를 찾고 만드는 데 많은 시간과 노력이 투입되었다. 특히 각국 관계장관회의들의 탄생과 역사적 변천을 추적하는 데 많은 시간이 소요되었다. 일차적으로 법령 자료와 기존 연구문헌들을 검토해 필요한 정보를 확보한 다음, 부족한 정보를 인터뷰와 1차 자료 수집을 통해 채웠다.

이 책을 집필하고 출간하기까지에는 많은 사람들의 도움이 있었다. 그 분들의 정성어린 도움이 없었다면 이 책은 빛을 보지 못했을 것이다.

제일 먼저 고마움을 표해야 할 분들은 바쁜 업무 중에도 인터뷰와 자료 수집에 협조해 주신 분들이다. 인터뷰에 응해 준 프랑스 대통령비서실 정치담당 보좌관 Béchir Mana, 프랑스 전직 행정총괄처장 Jacques Fournier와 프랑스 고등국방연구소 부소장 Christian Dechariére, 프랑스 전직 지사 Paul Bernard, 이분들과 인터뷰를 주선해 주고 자료 수집에 헌신적으로 협조해 준 한불교류협회 김정화 총무이사님께 감사드린다. 또한 영국 내각지원실 William Rickett 경제내정지원실장, Patrick White 외교국방지원실 비서, Mattew Kirk 유럽문제지원실 비서, David Brew 법제지원실 비서, 그리고 이들과의 인터뷰를 주선해 준 외무부 이종국 심의관, 소중한 원고를 보여 준 London City Universtiy의 Chris Brady 교수께 감사드린다.

우리나라 국무회의와 주요 관계장관회의들의 운영 실태에 관해 인터뷰에 응해 주고 자료 수집에 협조해 준 분들도 많다. 국무회의에 대해서는 국무조정실 이호영 의정심의관이 도움을 주셨고, 국가안보회의에 관해서는 이종석 전 통일부장관, 국가안전보장회의 사무처 이상경 국장 그리고 통일부 김천식 국장과 김용규 과장, 경제정책조정회의에 대해서는 재경부 진념 전장관, 김용현 국장, 장호현 과장, 황정훈 서기관 그리고 황신현 주무관, 인적자원개발회의에 대해서는 교육인적자원부 이상주 전 장관, 김문희 서기관, 그리고 이기석 사무관, 국가과학기술위원회와 과학기술관계장관회의에 대해서는 과학기술혁신본부 정희권 서기관, 홍순정 사무관, 그리고 윤성훈 사무관, 사회문화정책관계장관회의에 대해서는 보건복지부 박용주 국장, 김선도 주무관 그리고 마지막으로 주무장관회의와 국정현안정책조정회의에 대해서는 국무조정실 임종순 경제조정관, 길홍근 규제심의관, 김민 서기관, 이은청 서기관 및 황경임 사무관 등이 많은 도움을 주셨다.

또한 여러모로 미흡한 부분이 많은 저술임에도 불구하고 출판을 흔쾌히 허락해 주신 대영문화사 임춘환 사장님께 감사드린다. 경찰대 교수요원 김석범 예비 박사 그리고 경찰대 출신 서울대 대학원생 이정한 군과 김샛별 양도 교정을 보느라 많은 수고를 해 주었다.

아무튼 이 책은 많은 사람들의 도움으로 만들어진 만큼 그분들의 협조에 보답하는 뜻에서 관계장관회의 시스템에 관한 학문적 연구는 물론 실무적 개혁과 설계에 조금이라도 기여할 수 있다면 저자로서는 더 바랄 나위가 없겠다.

2008년 8월

炫政 李 松 浩

차 례

제 1 장 국정운영에서 관계장관회의의 위상과 중요성

제 1 절 관계장관회의의 개념

관계장관회의는 유사한 정책 이슈들을 깊이 있고 효율적으로 논의하기 위해 소수의 관련 부처 장관들로 구성된 회의체이다[1]. 좀더 부연 설명하면 다음과 같다.

첫째, 관계장관회의는 소수의 장관들로 구성된 기구이다. 따라서 소수장관회의라고 부를 수도 있다. 여기서 소수란 국무회의 숫자보다는 적어야 할 뿐만 아니라 효율적인 토론이 가능할 정도의 소수이다. 구체적으로 몇 명이라고 제시하기는 어려우나 보통 10명 이내이다. 그러나 정책 이슈가 복잡해질수록 그 구성 멤버 규모가 늘어나는 추세에 있다. 10명을 넘어 20명에 이르는 경우도 많아졌다. 이 경우 관계장관회의는 그 역할과 운영 실태가 국무회의와 유사해지는데, 이를 극복하기 위해 또다시 일부 구성 멤버들로 분과회의나 소회의를 설치하고 있다.

둘째, 관계장관회의는 논의할 정책 이슈와 직접 관련된 장관들로 구성된

1) 이러한 회의체의 명칭은 각국마다 다르다. 미국에서는 관계장관회의(Council), 영국에서는 내각위원회(Cabinet Committee), 프랑스에서는 관계장관회의(Conseil Interministériel)와 관계장관위원회(Comité Interministériel), 한국에서는 관계장관회의라는 명칭을 사용한다. 이 책에서는 대표 명칭으로 '관계장관회의'를 사용한다.

기구이다. 논의해야 할 정책 이슈에 대해 권한과 책임이 없거나 이슈에 대해 잘 알지 못하는 장관들은 참석시키지 않는다. 깊이 있고 효율적인 논의가 불가능하기 때문이다. 정책 이슈와 관련된 경우 장관들 이외에 대통령(총리)의 고위정책보좌관이나 민간전문가가 추가로 참여하는 경우도 있다.

셋째, 관계장관회의는 정책적 이슈들을 논의하는 기구이다. 정부조직 개편이나 인사 조치 등은 여러 부처와 관련되더라도 정책적 이슈가 아니어서 관계장관회의에서 논의하지는 않는다.

넷째, 관계장관회의는 여러 부처들과 관련된 정책 이슈들을 논의하는 기구이다. 단독 부처가 아닌 여러 부처들과 관련된 정책 이슈들을 논의한다. 즉 부처간 이견이 있는 쟁점 이슈들, 여러 부처가 공동으로 추진해야 할 정책 이슈들, 단독 부처 관할에 속하더라도 다른 부처들의 협조가 필요한 정책 이슈들을 논의한다.

다섯째, 정책을 추진하거나 조정하기 위한 기구이다. 정책의 방향과 내용 및 일정을 논의하거나 관련 부처들의 활동을 조율하거나 부처간 이견을 조정하는 기구이다.

제 2 절 관계장관회의의 중요성

1 주요 정책조정 메커니즘과 한계

오늘날 정책 이슈들이 갈수록 복잡해지고 정치행정 체제가 지속적으로 민주화되어 감에 따라 국정운영도 그만큼 어려워지고 있다. 정책 이슈들이 복잡해짐에 따라 그 해결에 여러 분야의 지식과 전문성이 필요하게 되었고, 체제가 민주화됨에 따라 이해관계 기관이나 집단들의 참여가 제도적으로 보장되어 정책 과정에서 쟁점 사항을 둘러싼 갈등이 전례 없이 증가하고 있다.

정책갈등은 적절하게 조정되지 않으면 국민들의 고통과 자원의 낭비를 초래하게 된다. 즉 상충된 정책들의 추진으로 인한 혼란, 중복 추진으로 인한 자원 낭비, 이해관계 충돌로 인한 집행 지연 등 많은 폐해를 수반한다. 그러나 정책갈등이 반드시 나쁜 것만은 아니다. 나름대로 순기능적인 측면이 있다. 즉 갈등 과정에서 문제의 본질을 좀더 명확히 하게 되고 그 해결에 필요한 다양한 시각과 더 많은 지식을 동원하게 되어 좀더 합리적인 결정을 할 수가 있다. 따라서 문제는 정책갈등 그 자체가 아니라 갈등을 생산적으로 해결할 수 있는 역량이 있느냐 없느냐이다.

국정이 갈수록 전문화되고 복잡해짐에 따라 효율적인 정책조정 메커니즘의 구축과 운영은 어느 나라에서나 초미의 관심사가 되어 있다. 정책갈등의 피해를 줄일 수 있을 뿐만 아니라 국정 최고책임자로서 대통령의 정책조정 부담을 덜어 줄 수 있기 때문이다. 부처간 갈등을 해결해야 최종 책임자는 대통령 개인이다. 정책조정 메커니즘을 통해서 부처간 정책갈등이 상당 부분 해결된다면 대통령은 그만큼 시간을 절약해 국가와 국민들의 미래에 관해 좀더 집중할 수 있다.

정책조정 메커니즘으로는 국무회의와 차관회의, 관계장관회의, 부총리제, 거대부처(superministry), 조정전담장관제, 대통령(총리) 정책보좌관 등 다양한 메커니즘이 시도되어 왔다. 이 중에서도 관계장관회의가 대통령제 국가나 내각제 국가를 막론하고 정책조정의 중추기구로 자리잡아가고 있다. 그 이유는 경험상 관계장관회의가 여타 조정 메커니즘들보다 정책조정에 더 우수하기 때문이다.

1) 국무회의

원래 국가정책에 관한 부처간 이견 조정은 모든 장관들로 구성된 국무회의(cabinet meeting)의 몫이었다. 그러나 오늘날 국무회의는 국정운영의 통일성 확보를 위해 장관들간 정보와 의견을 교환하고 단합을 도모하며, 이미 조정되고 결정된 정책들을 사후에 최종 확정하여 정부 정책으로서 정당성을 부여하는 기구로 바뀌었다. 즉 국무회의가 부처간 정책조정 기구로서 실질적인 역할을 못하고 정보 교환이나 승인 기구로 변하게 된 것이다. 그 이유는 다음과 같다.

첫째, 국무회의 규모가 너무 커졌다는 것이다. 지난 세기 산업화와 복지국가화를 추진하는 과정에서 정부의 역할과 규모가 커짐에 따라 부처 장관들의 수도 늘어나고 그에 따라 어느 나라에서나 국무회의의 구성 멤버가 20명이 넘었다. 20명이 넘게 참석하는 국무회의에서 쟁점 이슈들을 깊이 있게 효율적으로 토론하고 조정하기는 거의 불가능하다.

둘째, 부처간 쟁점 이슈들이 복잡해졌다는 것이다. 쟁점 이슈들이 복잡해짐에 따라 그 심의와 조정에 상당한 정보와 전문지식이 필요하게 된다. 이는 쟁점 이슈와 유관한 부처 장관들이 아니면 쟁점 이슈에 대한 논의와 조정에 적극 참여할 수 없다는 것을 의미한다. 국정 이슈들이 비교적 단순했던 시절에는 쟁점 이슈에 대한 상당한 정보와 전문지식이 없어도 모든 장관들이 참여하는 국무회의에서 충분히 논의하고 조정할 수 있었다. 그러나 쟁점 이슈가 복잡해져 논의에 상당한 정보와 전문지식이 필요하게 상황에서 모든 장관들이 참여하는 국무회의에서 이러한 쟁점 이슈들을 논의할 경우 국정운영의 효율성을 크게 떨어뜨린다. 일부 장관들은 다른 업무로 바빠야 함[2]에도 불구하고 적극 참여할 수 없는 논의가 진행되는 동안 무료하게 앉아 시간을 낭비하거나 아니면 불필요하게 끼어들어 심의 조정을 지연시키거나 그 결과를 호도할 수 있기 때문이다.

셋째, 장관들 간에 조정을 필요로 하는 쟁점 이슈들이 급격히 증가해 왔다는 것이다. 그 결과 국무회의는 이 늘어나는 많은 쟁점 이슈들을 적시에 모두 다 처리할 수 없게 되었다. 그리하여 실질적인 논의와 조정은 다른 곳에서 하고 국무회의는 이를 감독하고 사후 승인할 수밖에 없게 되었다.

이상과 같은 요인들에 의해 모든 장관들이 참석하는 국무회의는 대통령제 국가에서든 내각제 국가에서든 실질적인 정책조정 기구로서의 위상을 대부분 상실했다.

2) 부총리제

부처간 이견조정 기구로서의 부총리제(supersecretary, vice prime minister)는 부처간 갈등을 계층제적으로 해결하려는 제도이다. 즉 업무상 관련성이 커서 서로 간에 갈등이 많은 장관들 가운데 그 업무 분야 주무장관을 부총리로 격상시켜 그로 하여금 관련 장관들로부터 의견을 충분히 들

---

2) 국무위원들은 정책을 구상하고 부처를 관리해야 하며 국회의원과 사회단체 대표들을 접촉해야 하기 때문에 모든 국무위원들을 동시에 자주 소집하기는 어렵다.

은 후 그의 결단으로 부처간 갈등 이슈들을 해결하도록 하는 제도이다.

부총리제는 부처 수가 많은 공산주의 국가들에서 활성화된 적이 있다. 우리나라에서도 1960년대 이래 재정경제부장관이, 최근에는 통일부장관(1991. 1.~1998. 3.)과 교육인적자원부장관(2001. 1.~2007.)이 부총리로 격상되었다. 미국에서는 1973년 닉슨 대통령이 3개 장관[3)]을 presidential counsellor로 지명해 부총리(superminister)에 준하는 역할을 수행하도록 한 적이 있다. 즉 닉슨 대통령은 각 부처 장관들로 하여금 이들을 통해 자신에게 보고하게 했고, 이들을 통해 자신이 의견을 장관들에게 전달했으며, 더 나아가 이들로 하여금 관련 부처들의 입장을 조율하도록 했다.[4)]

부총리제는 정책조정에 효율적일 수 있다. 복잡한 절차나 많은 준비 없이 부총리의 리더십과 역량으로 해결하기 때문이다. 그뿐만 아니라, 부총리제는 분권형 국정운영에도 도움이 된다. 정책조정은 권력 행사의 중요한 수단인데, 대통령에게 집중될 수 있는 권력이 부총리에게 분산되기 때문이다. 마지막으로 부총리 부처의 위상을 제고해 그 부처 공무원들의 책임감과 사기 앙양에도 도움을 준다.

그러나 부총리로의 격상만으로 부처간 갈등을 잘 조정할 수 있는 것은 아니라는 데 한계가 있다. 부총리가 조정력을 충분히 발휘할 수 있기 위해서는 두 가지 조건이 수반되어야 한다.

첫째, 무엇보다도 중요한 것은 부총리가 대통령의 입장을 대변할 수 있을 만큼 대통령으로부터 신임과 위임을 받거나 관련 부처 장관들을 이끌어 갈 만한 정치적 역량을 갖추어야 한다는 것이다. 그렇지 못하면 관련 부처 장관들이 정책조정 과정에서 자신의 입장을 관철하기 위해 부총리를 건너뛰어 곧바로 대통령에게 호소하려는 것(end-run)을 막지 못한다. 그렇게 되면 부총리는 조정력을 발휘하지 못한다.

둘째, 부총리가 관련 부처들을 통할할 수 있는 최소한의 메커니즘과 수단이 갖춰져야 한다는 것이다. 즉 부총리를 의장으로 하는 공식 혹은 비공식 장관회의를 설치하거나 부총리 부처 내에 관련 부처들을 모니터링할 수 있는 시스템을 구축해야 하고, 또한 관련 부처들에게 영향을 미칠 수 있는

3) 천연자원 분야 상무장관, 인적자원 분야 노동장관, 지역개발 분야 교통장관.

4) 그들은 반나절은 백악관에서, 나머지 반나절은 관할 부처에서 근무했다.

예산배분권이나 기획통제권과 같은 수단을 가지고 있어야 조정력을 발휘할 수 있다는 것이다.

미국의 부총리(superminister)는 첫째 조건은 갖추어졌으나 둘째 조건이 갖추어지지 않아 기대만큼 조정력을 발휘하지 못해 1년도 안 되어 폐지되었다. 한국의 경제부총리는 두 가지 조건을 어느 정도 갖추고 있어서 상당한 조정력을 발휘해 왔다. 그러나 한국의 교육부총리와 통일부총리는 두 가지 조건이 모두 충분히 갖춰져 있지 않아 조정력에 한계를 보이고 있다. 즉 같은 부총리임에도 불구하고 경제부총리가 교육부총리나 통일부총리보다 상대적으로 강한 조정력을 발휘할 수 있었던 것은 이러한 조건들의 차이에 기인한다.

그런데 이 두 가지 조건이 갖춰지면 굳이 부총리 직급이 필요하지 않다는 것이다. 두 조건이 갖춰지면 부총리가 아닌 일반 장관들도 조정력을 발휘한다는 것이다. 두 가지 조건을 유지하고 있던 한국의 재경부장관들이 부총리 직급에서 일반장관 직급으로 격하되었던 기간(1998~2001)에 조정력이 약화되었다는 의견은 없다.

그뿐만 아니라 부총리의 조정력 강화를 위해 부총리 부처 내에 관련 부처들을 모니터링하는 조직을 구축하는 것은 정부조직 구조상 중복을 초래하는 문제를 야기한다. 부총리가 분야별로 다수이면 조직 중복의 문제는 그만큼 더 심각해진다.

결론적으로 부총리제는 대통령의 권한 분산과 특정 부처의 위상 강화라는 정치적인 기여는 하되 정책조정력 강화에는 기대만큼 실질적인 공헌을 하지 못한다.

3) 거대부처

거대부처(superdepartment)란 업무상으로 서로 긴밀한 관계가 있는 2~3개 부처들을 통합해 하나로 만든 부처이다. 서로 긴밀한 관계에 있는 부처들은 협력의 필요성과 동시에 갈등도 많다. 이 협력과 갈등문제를 해결하기 위해 거대부처를 만드는 이유는 기관 대 기관으로서 협의 조정하는 것이 쉽지 않아 단일부처를 만들어 내부에서 계층적으로 해결하려는 것이다.

대부처 통합은 여러 나라에서 많이 시도되어 왔다. 우리나라에서도 경제기획원과 재무부를 재정경제원으로, 건설부와 교통부를 건설교통부로, 상공부와 동력자원부를 산업자원부로 통합했다. 미국에서는 1971년에 닉슨 대통령이 4개의 거대부처[5]를 만들려다 실패했다. 부처 수가 상대적으로 적은 일본에서도 부처 수를 더 줄이기 위해 10개 미만의 대부처로 통합하려는 노력이 지속적으로 진행되어 왔다.

대부처는 일면 정책조정에 유리한 측면이 있다.

첫째, 정책갈등이 신속하게 이루어진다는 것이다. 부처간에 긴 협의 절차 없이 계층제에 의해 신속하게 결정을 내릴 수 있기 때문이다.

둘째, 부처간 조정의 수요가 상당히 줄어든다는 것이다. 갈등 당사자들을 통합함으로써 부처간 갈등이 부처내 갈등으로 전환되기 때문이다.

그러나 거대부처는 또 다른 문제들을 야기시킨다.

첫째, 정부내 건설적인 창의성이 줄어들고 통합부처가 정책 판단에서 실수할 경우 이를 교정해 줄 메커니즘이 없어진다. 부처간 경쟁과 견제가 사라지기 때문이다.[6] 그 결과 정책실패의 가능성이 훨씬 커진다.

둘째, 내부 비효율의 발생이다. 거대부처가 되면 내부 계층이 늘어날 뿐만 아니라 실무자들이 더욱 바빠진 장관들을 만나기가 어려워 정책을 설명하고 조정하고 확정하기가 더욱 어려워지기 때문이다. 그 결과 부처간 갈등조정에 걸리는 시간만큼이나 부처 내부의 병목 현상에 의한 지연이 발생할 수 있다.[7]

셋째, 국가 전체적으로 볼 때 갈등을 줄이는 데 크게 기여하지 못할 수 있다. 한 부처가 다른 부처와 통합되면 다른 부처와의 갈등은 해소되나 또 다른 부처와의 갈등을 오히려 증가시킬 수 있기 때문이다. 예를 들어, 기초과학연구 진흥과 관련해 교육부와 갈등 관계에 있고, 응용과학연구 진흥과 관련해 산자부와 갈등 관계에 있는 과학기술부를 교육부와 통합시키면 기초과학연구 진흥 측면에서 교육부와 과학기술부 간의 갈등은 줄어들 수 있

---

5) Department of Economic Affairs, Department of Human Resources, Department of Natural Resources, Department of Community Development.

6) 한국에서 김영삼 정부 시절 경제기획원과 재무부를 통합해 재정경제원을 만들었는데, 이후 발생한 외환위기(IMF)의 원인들 가운데 하나로 양 부처간에 견제가 사라진 것을 지적하는 의견이 상당수였다. 그래서인지 외환위기 극복 과정에서 재정경제원의 업무들이 기획예산처, 공정거래위원회, 금융감독원 등으로 분산되었다.

7) 그 밖에도 장관들이 업무가 크게 늘어나 부처내에서 추진되는 중요 정책을 충분히 이해하지도 못한 채 승인하는 경우가 발생한다는 것이다.

으나 응용과학 연구 진흥과 관련 산자부와의 갈등이 종전보다 더 증가할 수 있다는 것이다.

4) 조정전담장관제

조정전담장관제(coordinating minister)는 장관들 가운데 한두 명을 조정전담장관으로 임명해 이들로 하여금 중립적인 입장에서 갈등 당사자 부처들 사이를 오가면서 갈등을 중재 혹은 조정하도록 하는 제도이다. 조정전담장관은 관할하는 부처조직은 없고 소규모 지원 스태프(staff)만 거느린다. 조정전담장관은 갈등 당사자들의 입장을 충분히 청취한 후 양보나 합의를 유도하거나 제3의 중재안을 제시해 수용케 하는 방식으로 갈등을 조정한다.

과거 우리나라에서 설치 운영했던 무임소장관(1970. 8.~1981. 4.)과 그 후신인 정무장관(1981. 4.~1998. 2.), 최근 일본에서 도입한 내각부 특명담당대신[8] 등이 조정전담장관들이다. 영국에서는 Chancellor of the Dutchy of Lancaster, Lord President of the Council, Lord Privy Seal 등의 전통적 관직명을 갖고 있는 무임소장관들이 있는데,[9] 총리에 따라 이들을 조정전담장관(coordinating minister)으로 지명하는 경우가 있다. 특히 처칠 총리는 이들을 총괄조정장관(overlords)로 지명해 각각 2~3개 부처씩 할당하여 통합 조정하도록 한 적이 있다. 즉 이들에게 조정에만 전념하게 했다. 그러나 명령이나 지침을 내릴 권한은 부여하지 않았다.

조정전담장관제는 조정 영역에서 매우 신축적이다. 특정 정책 영역내 행정부처간 조정은 물론 모든 정책 영역에서 행정부처간 조정을 담당할 수 있으며, 더 나아가 행정부와 집권당 간의 조정, 심지어는 행정부와 야당 간의 정치적 조정에도 간여할 수 있다는 것이다. 대통령이나 총리가 활용하기에 따라 다르다.

---

8) 5명의 특명담당대신을 임명해 각각 경제재정 분야, 방재·식품안전 분야, 오키나와·북방영토·과학기술·국민생활·규제개혁 분야, 지방분권 개혁 분야, 남녀 공동 참여 분야를 조정하도록 하고 있다.

9) 최근에 Lord President는 하원담당 내각장관 겸 하원의장으로, Lord Privy Seal은 상원담당 내각장관 겸 상원의장으로 지명되는 경향이 있다. Chancellor of the Dutchy of Lancaster는 아직도 총리가 그때그때 지정하는 역할을 수행한다.

그뿐만 아니라 조정전담장관제는 부처간 갈등 가운데 장관들의 결단을 요하는 정치적 갈등을 타결하는 데 상당히 효과적이다. 갈등 당사자간 물밑 왕래를 통해 당사자들의 의중과 이해관계를 깊숙이 파악하고 충분히 전달함으로써 서로의 체면과 정치적 입지를 훼손하지 않으면서 양보와 타협을 종용할 수 있기 때문이다.

그러나 정책조정 기구로서 조정전담장관제는 다음과 같은 문제점이 있다.

첫째, 전문기술적 쟁점에 대한 조정에 한계가 있다는 것이다. 조정전담장관이 쟁점 이슈마다 충분히 분석하고 이해할 수 있는 전문적인 역량이나 여건을 구비하고 있지 않기 때문에 정책조정에서 관련 부처간 전문기술적 측면의 해결에는 한계가 있다.

둘째, 셋 이상의 다수 부처들과 관련되는 쟁점 이슈에 대한 조정에 비효율적이라는 것이다. 갈등에 여러 부처들이 관련되어 있는 경우 제3자인 조정전담장관이 모든 당사자들을 개별적으로 접촉해서 각자의 입장을 들은 후 조정하는 것은 너무 많은 시간을 요하기 때문이다. 그뿐만 아니라 관련 다수 부처들 가운데 한 부처만 반대해도 이견 조정이 실패하게 될 소지가 크다. 당사자들 간에 충분한 논의를 거친 후 표결하는 다수결 원칙을 적용하는 것이 아니기 때문이다.

셋째, 범정부적으로 늘어만 가는 수많은 쟁점 이슈들을 조정하는 데 한계가 있다는 것이다. 이 많은 쟁점 이슈들을 해결하기 위해 부처 장관들과는 별도로 여러 명의 무임소 조정전담장관들을 둘 수는 없기 때문이다.

넷째, 조정전담장관의 조정이나 중재를 관련 부처들이 잘 따라주지 않는다는 것이다. 조정전담장관이 강력한 정치적 힘을 갖고 있지 않는 한 조정전담장관과 그 중재안은 부처이기주의 앞에 무기력해지게 된다는 것이다.

그리하여 한국의 정무장관제나 영국의 총괄조정장관제는 조정 역할을 제대로 수행하지 못해 폐지되었다. 일본에서는 최근 궁여지책으로 조정전담장관제를 도입했으나 성공할지는 미지수이다.

5) 대통령 정책보좌관

대통령 보좌관(presidential assistant)은 대통령의 국정운영을 지원하기 위해 조언, 조정, 연락, 평가 등의 업무를 담당하는 참모이다. 즉 대통령의 국정운영 방향과 전략에 대해 조언하고, 각 부처들의 활동이 대통령의 노선에 따라 이루어지도록 조정하며, 주요 여론 지도층에게 대통령의 입장을 알리고 그들의 의견을 대통령에게 전달하며, 각 부처들의 활동을 대통령의 입장에서 평가하는 대통령의 측근들이다.

정책보좌관들은 대통령의 국정운영 방향에 맞는 정책개발을 주도하거나 부처들이 추진하는 정책들이 대통령의 노선에 맞도록 부처간 이견을 조율하는 등 정책조정에 직·간접적으로 깊이 간여한다. 특히 정책 이슈가 국가 발전이나 대통령의 정치적 입장에서 볼 때 중요할 경우 정책보좌관들의 개입은 필연적이다. 그러나 대통령 보좌관들은 부처간 정책갈등이 발생할 때마다 모두 간여하지는 않고, 선택적으로 간여한다.

대통령 정책보좌관들에 의한 갈등조정은 다음과 같은 장점이 있다.

첫째, 정책조정의 일관성을 유지할 수 있다. 부처들의 이해관계에 휘둘리지 않고 대통령의 정책노선에 따라 조정하기 때문이다.

둘째, 정책조정이 신속하고 효율적이다. 정책보좌관은 대통령의 입장을 대변하는 자이고, 쟁점 이슈에 대해 대통령의 입장이 알려지면 대부분의 부처들은 이에 순순히 따를 수밖에 없기 때문이다.[10]

그러나 정책보좌관들이 부처간 갈등에 중립적 조정자(neutral broker)가 아니라 당파적 옹호자(parochial advocate)로서 접근하면 정책조정의 효율성과 합리성이 떨어진다. 갈등 당사자 부처들은 정책보좌관이 공평하지 않다고 생각하면 자신들의 입장을 관철하기 위해 정책보좌관들도 휘말릴 수밖에 없는 정치게임[11]을 벌이게 되는데, 이러한 상황이 되면 부처간 합의에 시간이 많이 걸리게 되고 갈등이 합리성보다는 정치적 타협에 의해 타결될 수밖에 없기 때문이다.

2 관계장관회의의 중요성

정책조정 기구로서 전술한 한계 때문에 국무회의는 이미 그 기능을 상실

10) 그러나 대통령의 입장이 모호하면 부처간 갈등은 지속될 수 있다.
11) 갈등 당사자들은 대통령과 보좌관들의 생각을 자기 편에 유리하도록 만들기 위해 정보 조작(information manipulation)과 지지 동원(support mobilization) 및 다수 형성(coalition building)을 시도한다.

했고, 부총리제와 거대부처 및 조정전담장관제는 극복하기 어려운 문제점들이 많아 일반적으로 널리 활용되지는 않는다. 실질적인 조정기구로서 널리 활용되는 기구는 대통령 보좌기구와 관계장관회의이다. 그러나 대통령 보좌기구는 정책조정만을 전담하는 기구는 아니다. 대부분의 나라에서 정책조정은 관계장관회의 시스템에 맡기고 필요에 따라 대통령 보좌기구가 간여하는 패턴에 따르고 있다. 그 결과 오늘날 민주국가에서 관계장관회의 시스템이 정책조정 및 추진의 핵심 기구로 등장하고 있다. 그 이유는 관계장관회의 시스템이 다음과 같은 장점이 있기 때문이다.

1) 정치적 비전과 관료적 전문 역량의 통합

관계장관회의 시스템은 정책을 추진하고 조정하는 과정에서 정치권의 비전과 관료조직의 역량을 통합하는 데 적합하다. 관계장관회의는 대부분 산하에 관련 부처 공무원들로 구성된 실무회의를 운영하고 있고, 장관회의와 실무회의에 대통령이나 총리 또는 그들의 보좌관들이 직·간접적으로 간여하고 있다. 이러한 구조를 갖고 있는 관계장관회의 시스템은 정치권의 입장에서 보면 자신의 비전을 구체화하고 관료조직을 통제하는 메커니즘이고, 관료조직의 입장에서 보면 국정운영에 자신들의 입장을 반영하고 역량을 발휘하는 채널이다. 정치권과 관료집단 양자의 시각과 역량을 통합할 수 있는 메커니즘이다.[12]

2) 정책조정의 충실성과 효율성

부처간 정책조정에서 관계장관회의는 지금까지 개발된 어떤 기구보다도 충실하고 효율적이다. 관계장관회의에는 갈등 당사자들이 모두 참여하므로 쟁점 이슈에 대한 충분한 정보와 전문지식을 갖고 조정에 임할 수 있고 또

12) 국정운영에 대해 정치집단과 관료집단은 비록 상대적이지만 서로 다른 시각과 역량을 가지고 있다는 것이다. 즉 관료집단은 대체로 사실에 입각한 실용주의적 시각을 견지하는 경향이 있고, 신중함과 균형 감각 및 전문성 등의 역량을 가지고 있으며, 이러한 시각과 역량을 통해 점진적 변화를 시도한다는 것이다. 반면에 정치집단은 가치판단에 입각한 이상주의적 시각을 추구하는 경향이 있고, 열정과 에너지 및 정치적 지지 동원 능력을 갖고 있으며, 이 시각과 역량을 통해 혁신적 변화를 시도한다는 것이다(좀더 자세한 내용은 Aberbach, Putnam & Rockman, 1981: 1-23 참조).

한 누구나 충분한 의견 개진의 기회가 주어지기 때문에 정책조정이 충실하게 이루어질 수 있다. 그뿐만 아니라 조정 과정에서 행정 스태프의 지원도 받을 수 있고 쟁점 이슈의 최종 타결에 다수결 원칙을 적용할 수 있어서 정책갈등이 체계적이고 효율적으로 조정될 수 있다.

3) 막후정치화 방지와 합리적 조정

관계장관회의는 정책을 추진하고 조정하는 데 비합리적 논리와 주장을 차단하고 힘있는 부처의 일방적 독주를 막을 수 있다.

대체로 힘있는 부처들은 정책을 추진하고 조정하는 데 관련 부처들과 1대 1 막후 협상을 선호한다. 다수결에 의해 밀릴 가능성이 없고 각개격파가 가능해 자신들의 힘을 이용한 이해관계 관철이 용이하기 때문이다. 그러나 정책의 추진과 조정이 막후정치화되면 불필요한 경쟁으로 인해 행정력 낭비가 초래되고 정책 이슈의 다양한 측면들을 종합적으로 검토하기보다는 비합리적인 일방적인 주장과 논리가 끼어들 가능성이 커진다.

정책의 추진과 조정에 관계장관회의를 활용하면 이러한 가능성이 차단된다. 이는 이해관계 부처들이 대부분 참여해 일정한 절차와 기준에 따라 다자간 논의를 하기 때문이다.

4) 대통령과 보좌관의 부담과 위험 경감

관계장관회의는 다부처 이슈들을 처리하는 데 대통령과 그 보좌관들의 책임과 부담을 덜어 줄 수 있다. 대통령과 그 보좌관들은 단일 부처 이슈들의 경우 그 추진과 조정의 책임을 일단 관할 부처 장관에게 돌릴 수 있으나 다부처 이슈들의 경우 그 책임을 면할 수 없다. 다부처 이슈들에 관한한 자료분석과 정책안 작성은 관련 부처들에게 분담시키더라도 부처간 갈등조정과 최종 결정은 대통령과 그 보좌관이 담당할 수밖에 없기 때문이다. 또한 대통령과 그 보좌관 입장에서 볼 때 다부처 이슈에는 많은 시간과 노력을 투입해야 한다는 부담뿐만 아니라 정책실패로 이어질지 모를 판단 실수라는 위험이 도사리고 있다.

관계장관회의는 대통령과 그 정책보좌관의 입장에서 볼 때 관련 부처 장관들에게 책임을 분담시키는 메커니즘이자 부담과 위험을 감소시켜 주는 수단이다. 지루하고 많은 시간과 노력이 소요되는 부처간 조정의 대부분을 관계장관회의에 맡길 수 있기 때문이다. 대통령과 정책보좌관은 관계장관회의를 활용함으로써 최소한의 부담과 위험으로 다부처 이슈들에 대한 대책을 성공적으로 추진하고 조정할 수 있다.

5) 다양한 용도

관계장관회의는 정책의 추진과 조정 이외에 다양한 기능을 수행할 수 있다. 즉 관계장관회의는 그 하부기구들을 통해 정책 이슈 발굴, 장기 과제 연구, 주요 동향 점검, 잠재위기 모니터링, 부처간 정보 교환 등 정책 이슈들을 좀더 철저하게 관리하는 데 필요한 다양한 기능을 수행할 수 있다.

제 3 절 관계장관회의에 관한 관심 부족과 연구 미흡

대통령제 국가이든 내각제 국가이든 모든 국가에서 정책조정과 정책추진의 주요 메커니즘으로 관계장관회의를 발전시켜 왔다. 그 결과 현대 국가에서 관계장관회의가 정책 추진과 조정의 핵심 기구가 되어 있다. 그럼에도 불구하고 관계장관회의에 대한 체계적인 연구는 많지 않다. 국내외적으로 계층제 조직에 대해서는 많은 연구가 이루어져 있으나, 관계장관회의를 포함한 회의체 조직에 대한 연구는 미흡하다.

주요 선진국에서 내각이나 정책결정에 관한 연구의 일부로서 관계장관회의를 언급하는 경우는 많으나, 관계장관회의만을 주제로 한 연구는 그리 많지가 않다. 우리나라에서도 행정학 분야 양대 학회지인 『한국행정학보』와 『한국정책학회보』 등을 조사해 보면 관계장관회의에 대한 연구는 극소수에 불과하다. 정부출연연구기관 연구보고서를 보더라도 관계장관회의를 중점적으로 연구한 보고서는 없고 정책조정에 대한 연구의 한 부분으로서 관계장관회의를 소개한 정도에 그치고 체계적인 분석은 하고 있지 않다. 국내외적으로 관계장관회의에 관한 연구는 이제 시작 단계인 것 같다.

먼저, 국외 문헌을 검토해 보면, 대부분 다른 연구의 일부로서 각 나라의 대통령이나 총리가 어떠한 관계장관회의를 설치해 어떻게 활용했는지를 서술하고 있다(Burch & Holliday, 1996; Bennett, 1996; Bledsoe, 1989; Hess, 1988; Porter, 1983; Salamon, 1981; Andrews, 1982; de Baecque & Quermonne, 1982; Py, 1985; Fournier, 1987). 그 가운데 일부는 단지 서술에만 그치지 않고 관계장관회의 시스템이나 활동을 평가(Plowden, 1987; Burke, 1992; Campbell, 1986)하거나, 관계장관회의의 설치 이유와 의장 선정 기준(James, 1992), 국정운영시에 관계장관회의의 활용 방식(Cohen, 1980, 1982) 등을 분석하고 있다.

관계장관회의만을 주제로 한 연구들은 특정 관계장관회의의 주요 측면을 서술 및 분석하고 있다. Porter(1980)는 포드 대통령 시절 경제장관회의인 Economic Policy Board(EPB)의 내부 구조와 운영 절차, 기능과 주요 활동, 다른 조정 기구들과의 관계, 운영 및 성과에 대한 평가 등에 대해 분석하고 있다. 마찬가지로 Destler(1996)의 연구와 Juster & Lazarus(1997)의 연구는 클린턴 대통령의 국가경제회의(National Economic Council)의 역할과 내부구조 및 운영절차를 서술하고, 국가경제회의의 성과와 한계를 평가한 후, 향후 효율적인 경제정책 조정을 위한 방안을 제안하고 있다. 한편 국가안보 분야에서는 Lord(1988)와 Best(2001)가 미국 국가안보회의(National Security Council)의 변천 과정을 서술하고, 내부조직과 절차 및 관련 기구들과의 관계 등을 분석한 후, 대통령의 입장에서 국가안보회의를 어떻게 관리할 것인지를 검토하고 있다.

다음, 국내에서는 정책조정체제 연구의 일환으로 일부 관계장관회의들에 대해 서술하고 있는 문헌이 3편(김영평・신신우, 1991; 이성우, 1993; 박재희, 2000), 경제장관회의의 정책조정 실적을 분석한 문헌으로는 학술지 논문 1편(정정길, 1988), 주요국 관계장관회의 시스템을 비교 분석한 논문 1편(이송호, 2003b), 국민의 정부 분야별 관계장관회의 시스템을 평가한 논문 1편(이송호, 2003a) 정도가 있다.

제4절 이 책의 목적과 구성

이 책의 목적은 주요국의 관계장관회의 시스템을 비교분석해 조직화 및 운영 방식상 주요 특징을 밝혀내고, 이 특징들이 관계장관회의 시스템의 바람직한 조건들에 비추어 어떠한 의미를 갖는지 분석 평가한 후, 이를 바탕으로 관계장관회의 시스템의 바람직한 조직화 및 운영 방식에 관한 일반모형을 제시하는 것이다. 이러한 목적을 위해 이 책은 다음과 같은 내용으로 구성한다.

제2장에서는 이 책에서 사용하는 관계장관회의 시스템 분석틀에 관한 내용으로서 연구분석의 범위, 비교분석의 측면, 평가분석의 기준 등을 제시한다.

제3장부터 제6장에 걸쳐 한국, 미국, 영국, 프랑스의 현행 관계장관회의 시스템과 그 역사적 변천을 기술한 후 각국 시스템의 개략적 특징을 도출한다.

제7장에서는 관계장관회의 시스템들을 여러 측면에서 비교 분석해, 관계장관회의 시스템의 조직화와 운영 방식을 유형화한 후 각국 시스템들이 어떤 유형에 가까운지를 밝힘으로써 각국 시스템의 상대적 특징들을 좀더 명확히 한다. 유형화를 위해서는 시스템들간 비교를 실시하고, 각국 시스템의 특징을 도출하기 위해서는 국가간 비교를 실시한다.

제8장에서는 각국 관계장관회의 시스템들을 제2장에서 제시한 기준들에 따라 평가분석한다. 먼저 평가지표를 개발한 후, 영국과 프랑스는 관계장관회의 시스템 전체를 대상으로 평가하고 미국과 한국은 분야별 관계장관회의 시스템을 대상으로 평가한다.

제9장에서는 바람직한 관계장관회의 시스템에 관한 일반모형을 구축하고 그 성공 여건들을 제시한다. 설치 목적이나 평가 기준에 비추어 관계장관회의 시스템이 어떻게 조직화되고 운영되어야 바람직한지 그 가이드라인을 제시한다. 또한 이 일반모형이 성공적으로 작동하기 위해서 충족되어야 할 조건들을 제시한다. 이 가이드라인과 조건들은 관계장관회의 시스템을

운영해 온 상기 4개국의 경험에 입각해 제시한다.

마지막 제10장에서는 한국 관계장관회의 시스템의 개선 방향과 방안을 탐색한다. 일반모형에 비추어 한국 관계장관회의 시스템의 어느 부분을 어떻게 바꾸어야 하는지를 제시한다.

제 2장 관계장관회의 시스템에 관한 분석틀

제 1 절 연구 범위

이 책에서 연구 범위는 관계장관회의 시스템이다. 관계장관회의 시스템이라고 하면 두 가지 차원에서 정의할 수 있다.

첫째, 하나의 관계장관회의를 구성하는 모든 관련 요소들이다. 즉 관계장관회의의 역할과 구성 멤버, 하부기구, 운영기구, 지원기구, 안건처리 절차, 운영 방식 등을 하나로 묶어 관계장관회의 시스템이라고 하는 것이다.

둘째, 서로 연관되어 있는 다수 관계장관회의들이다. 즉 한 정권이나 국가는 나름대로의 목적과 전략에 따라 다양한 종류의 관계장관회의들을 다수 설치해서 운영하고 있는데, 이 다양한 관계장관회의들을 총칭해 관계장관회의 시스템이라고 하는 것이다.

이 책에서는 두 가지 개념 정의를 모두 활용한다. 관계장관회의 시스템에 관한 개별 분석에서는 전자의 의미로 사용하고, 역대 정권별 관계장관회의 시스템 분석에서는 후자의 의미로 사용한다. 각국 비교분석에서는 경우에 따라 전자 혹은 후자의 의미로 사용한다.

제 2 절 비교분석

1 비교 대상 국가

이 책에서 비교 연구의 대상은 한국, 미국, 영국, 프랑스 4개국의 관계장관회의 시스템이다. 이들을 비교 대상으로 선정한 이유는 다음과 같다.

첫째, 한국을 제외한 세 나라에서는 정책조정이 비교적 잘 이루어지는 것으로 알려져 있기 때문이다. 이들 국가에서 경제사회 구조의 복잡성 증대로 부처간 조정이 필요한 정책 이슈들이 크게 증가해 왔음에도 불구하고 부처간 조정에 큰 어려움이 없었다. 이는 나름대로 효율적인 조정 시스템이 가동되고 있음을 뜻한다. 이들 나라의 관계장관회의 시스템이 각각 어떤 모습으로 어떻게 운영되고 있는지 살펴볼 필요가 있다.

둘째, 네 나라는 각각 나름대로 독특한 관계장관회의 시스템을 발전시켜 왔기 때문이다. 제1차 세계대전 이후 영국에서 태동한 관계장관회의 시스템은 제2차 세계대전 직후 미국과 프랑스로 전파되었고, 1950~60년대에 세계 각국으로 확산되었다. 우리나라는 1960년대 초에 도입되었다. 각국은 정치행정 체제의 특성과 국정운영의 전략에 따라 나름대로의 관계장관회의 시스템을 구축하고 확대 발전시켜 왔다. 그 가운데 이들 네 나라의 관계장관회의 시스템은 서로 간에 독창적인 특징이 있을 뿐만 아니라 여러 유사한 시스템들을 대표하는 대표 유형에 해당된다. 각각의 유형이 어떤 모습으로 어떻게 운영되고 있는지 알아볼 필요가 있다.

셋째, 언어 문제나 자료 접근 측면에서 연구가 비교적 용이하기 때문이다. 관계장관회의에 대한 비교 연구에 사용할 수 있는 1차 자료는 각국의 법령 자료와 내부문서 및 인터뷰 자료 등이고, 2차 자료는 기존 연구 문헌이다. 미국, 영국, 프랑스의 경우 인터넷을 통해 법령 자료 수집이 비교적 용이할 뿐만 아니라 기존 연구 문헌도 조금은 있다. 프랑스에는 자국의 시스템을 구조적 측면에서 소개하는 문헌들이 조금 있으나 그 운영 방식이나 절차에 대한 문헌이 거의 없다. 미국에서는 국가안전보장회의, 국가경제회의 등 개별 관계장관회의들을 분석한 문헌들이, 영국에는 전체 관계장관회의들을 총괄 관리하는 내각사무처에 대한 몇몇 문헌들이 있다. 그 외 나라의 관계장관회의 시스템에 대한 영어 혹은 불어로 된 연구 문헌이나 자료는 매우 드물다.

2 비교분석의 측면

주요국 관계장관회의 시스템을 이해하고 각 시스템의 특징을 밝히기 위해 이 책에서는 각 시스템에 대한 개별 분석과 시스템 간의 비교분석을 차례로 진행한다. 개별 분석은 각 시스템에 관한 기본적인 지식을 확보하는 데 유용한 방법이다. 그러나 이 방법은 각 관계장관회의 시스템의 상대적 특징을 알아내는 데 상당한 어려움이 있다. 한 국가의 관계장관회의 시스템이 어떤 특징을 갖고 있느냐는 관계장관회의 시스템의 보편적인 모습 혹은 다른 나라의 관계장관회의 시스템과 비교해 보지 않고 밝히기는 어렵기 때문이다. 따라서 이 책에서는 먼저 각국 관계장관회의 시스템을 다각도로 분석하고, 이 분석에서 확보한 정보와 지식을 바탕으로 각국 시스템들 간 비교분석을 통해 차이점과 유사점을 밝힘으로써 각국 시스템의 주요 특징을 도출한다.

1) 개별 시스템의 분석 시각과 측면

개별 관계장관회의 시스템의 분석에서는 각각의 관계장관회의 시스템이 어떤 모습으로 어떻게 움직이고 있는지를 집중적으로 알아본다. 관계장관회의 시스템을 충분히 이해하기 위해서는 여러 측면에서의 분석이 필요하다. 그러나 자료의 부족과 분석 기법의 미발달 등으로 다양한 측면들을 모두 분석하기는 현실적으로 불가능하다. 현실적인 제약 속에서 어느 측면을 분석하느냐는 선택의 문제이다. 그뿐만 아니라 다수 측면의 분석만으로 충분하지 않다. 분석 측면들 간에 나름대로 상호 연관성이 있어야 한다. 상호 연관성이 없으면 여러 측면에 관해 모은 정보가 쓸모있게 조직화된 지식이 되지 않기 때문이다.

분석 측면을 선택하고 동시에 상호 연관된 분석 측면들을 확인하는 방법들 가운데 하나가 특정 시각(viewpoint)이나 접근법(approach)을 활용하는 것이다. 정치행정기구를 분석하는 데 흔히 사용할 수 접근법으로 법제도적 접근법(legal-institutional approach), 구조 기능적 접근법(structural- functional approach), 체제적 접근법(system approach), 권력엘리트 접근법(power-elite approach), 문화적 접근법(cultural approach), 역사적 접근법(historical approach) 등이 있다.

여기에서는 각국의 관계장관회의 시스템에 대해 구조기능적 접근법, 체제적 접근법, 역사적 접근법을 사용해 분석한다. 그 이유는 세 가지 접근법들을 통해 관계장관회의 시스템이 어떤 모습으로 어떻게 움직이는지를 잘 밝혀 줄 수 있고, 세 가지 접근법들을 활용하는 데 필요한 자료들을 비교적 용이하게 확보할 수 있기 때문이다. 관계장관회의 시스템의 현재 모습을 보여 주는 데는 구조기능적 접근법[1]이, 왜 그런 모습을 하게 되었는지를 보여 주는 역사적 접근법[2]이 유용하다. 관계장관회의가 어떻게 움직이는지를 밝히는 데는 체제론적 접근법[3]과 권력 엘리트 접근법[4]이 유용하다. 그러나 이 책에서는 권력엘리트 접근법은 사용하지 않는다. 그에 필요한 각국의 자료 확보가 매우 어렵기 때문이다. 따라서 여기에서는 먼저 구조기능적 접근에 입각해 각 관계장관회의 시스템들의 내부구조, 하부기구들의

1) 구조기능적 접근은 하위 단위조직들과 그 기능을 분석 대상으로 한다. 이 접근법은 현재의 관계장관회의 시스템은 어떤 하위 단위조직들로 구성되어 있는지, 각 단위조직들은 무슨 일을 하고 있는지, 그런 일은 왜 필요한지, 단위조직들 간에는 어떠한 관계가 있는지 등을 분석하게 된다.

2) 역사적 접근법은 기구의 변천과 그 원인을 분석 대상으로 한다. 이 접근법에 따르면 관계장관회의 시스템이 어떻게 왜 변했는지, 특정 관계장관회의 시스템이 왜 현재의 모습을 하고 있는지 등을 분석하게 된다.

3) 체제적 접근법은 체제와 환경 간의 투입, 전환, 산출, 환류 등을 분석 대상으로 한다. 따라서 관계장관회의 시스템이 외부 환경과 어떠한 상호 작용을 하는지, 정치행정 여건 속에서 어떻게 작동하는지, 관계장관회의 시스템은 어떤 절차에 따라 업무를 처리하는지, 더 나아가 관계장관회의 시스템에 대한 평가를 통해 기존 시스템을 지속적으로 개선할 수 있는 방안이 무엇인지를 분석하게 된다.

4) 권력 엘리트 접근법은 권력 엘리트들의 영향력과 그 원천, 권력 엘리트들간 상호 작용과 전략, 권력게임의 결과로서 가치 배분 등을 분석 대상으로 한다. 따라서 관련 부처들은 어떠한 영향력을 가지고 있고, 쟁점 이슈들에 대한 자신들의 입장을 관철시키기 위해 어떠한 전략을 구사하는지, 각 부처들은 자신들의 입장을 어느 정도 관철할 수 있는지, 대통령은 자신의 국정운영 전략상 관계장관회의를 어떻게 활용하는지 등을 분석하게 된다.

구성과 기능, 지원기구의 구조와 구성 멤버 및 기능 등을 기술하고 분석한다. 또한 역사적 접근에 입각해 각국 관계장관회의 시스템이 어떻게 변천해 왔는지를 파악한다. 구조기능적 접근법과 역사적 접근법에 따른 분석은 각국의 법령과 정부자료를 활용해 분석한다.

마지막으로 체제적 접근에 입각해 환경과의 관계로서 관계장관회의의 위상과 국무회의와의 관계를 밝히고, 투입-전환-산출로서 관계장관회의 시스템의 내부운영 방식과 함께 회의 안건의 제안에서부터 조정안이라는 결과의 산출에 이르는 심의 조정 절차를 분석하며, 환류로서 각 시스템에 대해 어떤 평가를 할 수 있는지 제시한다. 체제적 관점에 따른 분석은 주로 인터뷰 자료를 활용해 분석한다.

2) 비교분석의 차원과 측면

관계장관회의 시스템에 관한 비교분석은 세 가지 차원에서 이루어진다.

첫째, 관계장관회의 시스템들간 비교분석이다. 이 분석을 통해 주요 측면들에 대한 관계장관회의들의 유형화를 시도한다. 다시 말해, 국가별 · 정권별로 구축 운영되었던 다양한 관계장관회의 시스템들을 비교분석해 주요 측면에서 어떠한 유형 혹은 패턴이 있는지 그 유형과 패턴을 발굴한다.

둘째, 국가간 비교분석이다. 관계장관회의의 주요 측면에 대한 국가간 비

〈표 2-1〉 비교분석의 측면

1) 본회의	• 역할과 관할 업무 • 멤버십 구성
2) 하부기구	• 위상과 기능 • 조직화
3) 운영 및 지원기구	• 각급 회의 의장 • 지원기구의 기능과 조직화
4) 시스템 운영 방식	• 운영의 편향성 • 사전 조정기구 활용 방식 • 부담 경감 방식
5) 안건 처리 절차	• 절차의 구체성 • 안건 확보 방식, 회의 소집 방식, 자료 준비 및 검토, 회의 진행 방식, 이행 확보 방식

교분석을 통해 의미 있고 일관적인 차이점들을 밝혀 각국 시스템들의 상대적인 특징을 도출한다.

셋째, 정권별 비교분석이다. 각국 관계장관회의 시스템이 어떻게 탄생했고 정권이 바뀜에 따라 어떻게 변해 왔는지를 보여 줌으로써 각국 관계장관회의 시스템이 왜 현재의 모습과 특징을 갖게 되었는지를 밝힌다.

비교분석은 관계장관회의 시스템의 본회의, 하부기구, 운영기구, 지원기구, 운영 방식, 안건처리 절차 등의 주요 측면들에 대해 이루어진다. 이를 좀더 구체화하면 앞의 <표 2-1>과 같다.

제 3 절 평가분석

1 바람직한 관계장관회의 시스템의 조건

정책조정을 위한 회의체로서 바람직한 관계장관회의 시스템은 어떠해야 하는가? 성공적인 관계장관회의 시스템이 갖추어야 할 조건들은 무엇인가?

첫째, 생산적이어야 한다. 관계장관회의는 장관들의 노변 정담 장소가 아니다. 국가를 유지 발전시키기 위해 무언가 필요하고 유익한 결과를 만들어 내야 하는 일터이다. 관계장관회의 시스템이 정책조정 기구로서 생산적이기 위해서는 여러 부처와 관련된 많은 쟁점 이슈들을 처리하고 각 쟁점에 대한 부처간 이견을 최대한 줄일 수 있어야 한다. 관계장관회의 시스템이 부처간 쟁점들의 대부분을 처리하지 못하거나 부처간 입장 차이를 좁히지 못하면 생산적이라고 말할 수 없다. 관계장관회의 시스템이 정책조정의 중추 기구여야 하고 동시에 관계장관회의가 개최되면 확실한 결론이 있어야 한다. 관계장관회의가 결론 없이 표류하거나 지지부진해서는 안 된다. 관계장관회의 시스템이 생산적이지 못하면 결국 유명무실해진다.

둘째, 능률적이어야 한다. 능률성이란 동일한 결론을 내는 데 불필요한 시간과 자원을 낭비하지 않는 것, 혹은 동일한 시간과 노력으로 많은 쟁점 이슈들을 처리하고 부처간 이견을 최대한 줄이는 것을 말한다. 관계장관회의 시스템이 능률적이기 위해서는 시스템 내에서 쟁점 해결에 도움이 안 되는 불필요한 논의나 동일한 쟁점에 대한 중복 논의가 없어야 한다.

셋째, 시의적절하게 대응할 수 있어야 한다. 관계장관회의 시스템은 여러 부처들과 관련된 국가적 이슈들에 대해 적시에 대처할 수 있어야 한다. 성급한 대처도 곤란하지만 때늦은 대처는 더욱 곤란하다. 관계장관회의 시스템이 시의적절하게 대응할 수 있으려면, 관계장관회의에로의 안건 상정과 관계장관회의에서의 쟁점 이슈 조정이 지연되거나 보류되어서는 안 된다. 대응이 시의적절하지 못하면 정책의 효과가 떨어져 결국 정책실패를 초래한다.

넷째, 공정해야 한다. 관계장관회의 시스템은 관련 부처들에게 공정해야 한다. 관련 부처들의 의견을 균등하게 반영하라는 것이 아니라 의견을 제시할 수 있는 기회를 주고 그 의견을 진지하게 고려해야 한다는 것이다. 특정 부처들에게 편파적으로 유리하게 하지 말라는 것이다. 편파적이면 다른 부처들이 관계장관회의 시스템에 의한 협의 조정을 회피하게 되어 팀워크도 깨지고 결국 관계장관회의 시스템이 불구가 될 수 있기 때문이다.

다섯째, 충실해야 한다. 관계장관회의 시스템에서의 심의와 조정이 진지하고 충실하게 이루어져야 한다. 충분한 정보와 정확한 분석에 입각해 다각도로 깊이 있게 논의해 한다. 관계장관회의에서의 심의 조정이 요식 절차로 전락해서는 안 된다. 심의 조정이 충실하지 못하면 정책내용의 부실로 정책실패를 초래할 수 있기 때문이다.

2 관계장관회의 시스템의 평가 기준과 측면

관계장관회의 시스템을 평가한다면 어떤 기준을 적용해야 하는가?

시스템 평가란 그 시스템의 본질이나 존립 목적에 비추어 바람직한 상태를 설정하고 현존하는 시스템이 이 바람직한 상태에 어느 정도 도달해 있는지를 밝히는 작업이다. 좀더 구체적으로 말하면, 관계장관회의 시스템에 대한 평가는 각 시스템이 바람직한 상태가 되기 위해 갖추어야 할 조건들을 얼마나 충족시키고 있는지를 밝히는 것이다. 따라서 위에서 논의한 바람직한 관계장관회의 시스템의 조건들이 평가 기준이 될 수 있다. 즉 관계장관회의 시스템은 바람직한 조건들에 비추어 평가될 수 있다는 것이다. 그래서 이 책에서 관계장관회의 시스템의 평가 기준으로 생산성, 능률성, 적시성, 공정성, 충실성 등을 사용한다.

그러면 평가를 위해 관계장관회의 시스템의 어느 측면을 보고 생산성, 능률성, 적시성, 공정성, 충실성 여부를 판단할 것인가?

이 연구의 관심은 시스템 설계에 있다. 즉 바람직한 관계장관회의 시스템은 어떻게 설계되어야 하느냐, 관계장관회의 시스템을 어떻게 설계하면 바람직한 조건들을 충족시킬 수 있느냐이다. 이러한 관심사를 평가에 반영하면 평가는 시스템의 결과(output, outcome)가 아니라 시스템의 구조(structure)와 과정(process) 및 운영 방식(operating style, working style)에 대해 이루어져야 한다. 시스템이 실제로 가져온 결과를 보고 그 결과가 이 기준들에 맞는지를 평가하는 것이 아니라, 시스템이 설계되고 운영되는 모습을 보고 이들 기준에 맞는 결과를 가져올 것인지를 평가하는 것이다. 다시 말해, 관계장관회의 시스템들이 생산성, 적시성, 능률성, 충실성, 공정성 등을 충족시킬 수 있는 구조, 과정 및 운영 방식을 어느 정도 갖추고 있는지를 평가하는 것이다. 다양하게 고루 갖추고 있으면 평가가 높고 갖추고 있지 않으면 평가가 낮게 된다. 요약하면, 이 책에서 평가하려고 하는 관계장관회의 시스템의 측면들은 구조, 과정, 운영 방식 등이다.

제 3 장 한국의 관계장관회의 시스템

제 1 절 개 관[1]

1 탄생과 발전

법령상 한국 최초의 관계장관회의는 1953년 6월 대통령령 제795호로 설치된 국방위원회이다. 국방정책을 심의 조정하기 위해 대통령을 의장으로 하여 국무총리, 국방부장관, 내무부장관, 외무부장관, 재무부장관, 3군 참모총장으로 구성된 위원회이다.

그러나 관계장관회의 시스템이 체계적으로 구축되기 시작한 것은 1960년대 초 당시 국정 현안인 경제개발의 추진과 북한 남침의 억제에 필요한 정책들을 심의 조정하기 위해 경제장관회의(1963. 3.)와 국가안전보장회의(1963. 12.)를 설치하면서부터이다. 이 때부터 국정 과제들의 효율적 심의 조정을 위해 필요에 따라 다양한 관계장관회의들을 설치 운영해 왔다.

1960년대 초부터 현재까지 설치된 우리나라 관계장관회의들을 시기별로

1) 한국 관계장관회의 시스템 분석에 활용한 자료는 법령에 나타난 약 70여개 관계장관회의들이다. 실제로 설치된 관계장관회의는 이보다 더 많다. 기록이 멸실되었거나 불충분하여 윤곽을 파악하기 힘든 관계장관회의들은 분석 대상에서 제외했다.

보면 다음과 같다.

첫째 단계는 1960년대에 국가와 국민의 안전을 도모하고 본격적인 경제개발을 추진하는 데 필요한 관계장관회의들이 설치되는 단계이다.

이 시기에 국방과 외교 분야의 주요 정책들을 심의 조정하기 위한 국가안전보장회의(1963. 12.)와 자연재해로부터 국민의 생명과 재산을 지키기 위한 정책들을 심의 조정하는 중앙재해대책위원회(1967. 2.)가 설치되었고, 경제성장과 효율적 국토개발 및 강력한 수출진흥을 위해 경제장관회의(1963. 3.)와 국토건설종합계획심의회(1963. 12.) 및 수출진흥위원회(1962. 12.)가 설치되었다. 기타 이슈들에 대해서는 필요할 때마다 임시로 관련 부처 장관들을 소집해 심의 조정했다.

둘째 단계는 1970년대부터 1980년대 중반까지 산업진흥 관련 정책들과 환경보전 관련 정책들을 심의 조정하기 위한 관계장관회의들이 설치되는 단계이다.

기존 경공업 중심의 산업구조를 중화학공업 중심의 산업구조로 전환하고, 북한의 군사적 위협 증가와 미국의 주한미군 철수에 대비한 군수산업 육성이 시급함에 따라 산업합리화위원회(1972. 8.), 종합과학기술심의회(1973. 1.), 군수심의회(1973. 2.), 인력개발촉진위원회(1976. 5.), 국산화촉진위원회(1977. 5.) 등이 설치되었다. 동시에 공업화의 진전에 따라 수반된 공해문제와 농촌 붕괴 등에 대비하기 위해 환경보전위원회(1977. 8.), 자연보호위원회(1977. 11.), 해양오염방지심의위원회(1981. 12.), 농어촌대책협의회(1985. 12.) 등이 설치되었다.

셋째 단계는 1980년대 후반부터 1990년대 중반까지 구소련의 붕괴, 독일통일 등 국제정세의 급변에 따라 대외정책 관련 관계장관회의들과 한국 경제의 국제화에 따른 국내개혁 관련 관계장관회의들이 다수 설치되는 단계이다.

우리나라도 비약적 경제성장과 88 올림픽 개최 그리고 공산권 붕괴를 계기로 대외 관계, 남북 관계, 인류 공통의 지구촌 문제, 해외에 거주하는 교민 문제 등에 관심을 갖지 않을 수 없었다. 이러한 정책 이슈들을 효율적으로 관리하기 위해 대외협력위원회(1986. 3.), 남북및북방교류협력조정위원회(1989. 3.), 통일관계장관회의(1991. 3.), 지구환경관계장관대책회의(1992. 7.), 대외홍보위원회(1995. 11.), 재외동포정책위원회(1996. 2.) 등이 설치되었다. 또한 국제화에 따라 국가경쟁력을 강화하고 국제 수준에 부합하도록 국내 제도들에 대한 대대적인 정비가 불가피해졌다. 이러한 제도 정비를 위한 관계장관회의로서 행정규제완화위원회(1990. 5.), 교육개혁추진위원회(1992. 2.) 등이 설치되었다.

넷째 단계는 1990년대 중반 이후 현재까지 선진국 진입, 남북관계 개선, 삶의 질 향상 등과 관련된 정책 이슈들을 심의 조정하기 위한 관계장관회의들이 설치된 단계이다.

선진국 진입과 경제 재도약에 필요한 새로운 성장동력을 육성하기 위해 과학기술장관회의(1996. 3.), 인적자원개발회의(2000 .2.), 정부혁신지방분권위원회(2003. 4.), 동북아경제중심추진위원회(2003. 4.), 국가균형발전위원회(2003. 4.), 저출산고령사회위원회(2004. 2.), 정보화추진위원회(1995. 8.), 관세자유지역위원회(1999. 12.), 부품소재발전위원회(2001. 2.), 지역특화발전특구위원회(2004. 3.), 기업도시위원회(2004. 12.), 노사관계개혁추진위원회(1996. 11.) 등이 설치되었다. 또한 한반도 평화 정착과 대북한 경제 지원을 위해 남북경제협력추진회의(2001. 3.)가 설치되었고, 국민들의 삶의 질 제고를 위한 관계장관회의로는 사회복지정책장관회의(2000. 3.), 장애인복지대책위원회(1996. 8.), 아동정책조정위원회(2004. 1.), 실업대책위원회(1998. 12.), 수도권대기환경관리위원회(2003. 12.) 등이 설치되었다.

우리나라의 관계장관회의 시스템은 이러한 단계적 발전을 거치면서 오늘에 이르렀다. 한편에서는 국가 발전 과정에서 추진해야 할 혹은 해결을 요하는 현안 정책 이슈들을 중심으로 관계장관회의들이 끊임없이 증설되어 왔고, 다른 한편에서는 1990년대 후반부터 분야별 관계장관회의들이 정비 강화되면서부터 이슈별 관계장관회의들의 지나친 남설이 억제되는 추세에 있다.

〈표 3-1〉 시기별 주요 관계장관회의 현황

시기	설치	개편 혹은 폐지
1960년대	- 경제장관회의(63. 3.) - 국가안전보장회의(63. 12.) - 수출진흥위원회(62. 12.) - 국토건설종합계획심의회(63. 12.) - 중앙재해대책위원회(67 .2.)	 83. 12. 폐지 02. 2. 국토정책위원회 95. 7. 중앙안전대책위원회 04. 3. 중앙안전관리위원회

1970년대	- 산업합리화위원회(72. 8.)	81. 12. 산업정책심의회, 1999. 12.폐지
	- 종합과학기술심의회(73. 5.~92. 5.)	01. 1. 국가과학기술위원회로 부활
	- 군수심의회(73. 2.)	93. 12. 방위산업심의회, 1994. 차관급 격하
	- 인력개발촉진위원회(76. 5.)	84. 9. 인력정책심의위원회, 1995. 9. 폐지
	- 국산화촉진위원회(77. 5.)	78. 3. 기계공업정책조정위원회, 1981. 9. 폐지
	- 환경보전위원회(77. 8.)	80. 8. 폐지
	- 자연보호위원회(77. 11.)	93. 7. 폐지
	- 해외사업조정위원회(77. 8.)	83. 1. 폐지
	- 관광정책심의위원회(76. 9.)	95. 7. 차관급 격하. 2000.폐지
	- 인구정책심의위원회(76. 9.)	90. 5. 폐지
1980년대	- 소비자보호위원회(80. 1.)	86. 12. 소비자정책심의위원회
	- 청소년육성위원회(87. 11.)	
	- 교통안전정책위원회(81. 5.)	
	- 해양오염방지심의위원회(81. 12.)	91. 3. 내무부 실무위원회로 격하
	- 정부투자기관경영평가위원회(83. 12.)	99. 2. 차관급으로 격하
	- 농어촌대책협의회(85. 12.)	90. 8. 폐지
	- 항공우주산업개발정책심의회(87. 12.)	
	- 고속전철/신공항건설추진위원회(89. 7.)	96. 11. 사회간접자본건설추진위원회
	- 대외협력위원회(86. 3.)	
	- 남북및북방교류협력조정위원회(89. 3.)	94. 4. 폐지
1990년대	- 통일관계장관회의(91. 3.)	
	- 지구환경관계장관대책회의(92. 7.)	95. 6. 폐지
	- 통일안보조정회의(94. 4.)	
	- 대외홍보위원회(95. 11.)	02. 7. 국가이미지위원회
	- 재외동포정책위원회(96 .2.)	
	- 행정규제완화위원회(90. 5.)	96. 7. 경제행정규제개혁위원회 97. 4. 규제개혁추진회의
	- 교육개혁추진위원회(92. 2.)	93. 8. 폐지, 95. 8. 부활
	- 과학기술장관회의(96. 3.)	
	- 정보화추진위원회(95. 8.)	
	- 국가표준위원회(99. 2.)	
	- 공업입지정책심의회(91. 1.)	96. 7. 폐지
	- 관세자유지역위원회(99. 12.)	
	- 백제문화권개발지원위원회(94. 3.)	95. 6. 폐지, 98. 3. 부활
	- 대도시교통대책위원회(90. 2.)	94. 3. 폐지
	- 장애인복지대책위원회(96. 8.)	00. 2. 폐지
	- 노사관계개혁추진위원회(96. 11.)	98. 2. 폐지
	- 실업대책위원회(98. 12.)	02. 11. 폐지
	- 물관리정책조정위원회(97. 1.)	
	- 2002월드컵유치관계장관회의(99. 6.)	

2000년대	- 2010세계박람회유치지원위원회(00. 1.) - 2014동계올림픽유치지원위원회(05. 4.) - 인적자원개발회의(00. 2.) - 사회복지정책장관회의(00. 3.) - 남북경제협력추진회의(01. 3.) - 기후변화협약대책위원회(01. 9.) - 주한미군대책위원회(03. 10.) - 부품소재발전위원회(01. 2.) - 지역특화발전특구위원회(04. 3.) - 기업도시위원회(04. 12.) - 중앙통합방위협의회(01. 12.) - 수도권대기환경관리위원회(03. 12.) - 아동정책조정위원회(04. 1.) - 문화중심도시정책조정위원회(04. 2.) - 중앙건강가정정책위원회(04. 2.) - 청년실업대책특별위원회(04. 3.) - 동북아경제중심추진위원회(03. 4.) - 국가균형발전위원회(03. 4.) - 정부혁신지방분권위원회(03. 4.) - 저출산고령사회위원회(04. 2.)	02. 12. 폐지 07. 7. 폐지 00. 9. 사회관계장관회의 04. 9. 사회문화정책장관회의 06. 12. 폐지 04. 6. 동북아시대위원회로 변경

2 국무회의와의 관계

대통령제인 우리나라에서 국정에 대한 최종 결정의 주체는 대통령이다. 대통령의 현명한 판단을 지원하기 위해 다양한 사전 심의조정회의들이 발달되어 있다. 그 가운데 최종 심의조정회의는 국무회의이고, 가장 중요한 심의조정회의는 관계장관회의이다.

우리나라 국무회의의 위상과 역할 및 운영 방식, 그리고 관계장관회의와의 관계를 알아보면 다음과 같다.

1) 국무회의 시스템

(1) 역할과 구성

국무회의의 2대 역할은 주요 국정 이슈에 대한 심의 조정과 부처간 정보 공유이다.

먼저, 국무회의는 범정부적 차원에서 국정 전반을 논의하는 헌법상 최고이자 최종 심의조정기구이다. 그러나 국무회의 의결이 대통령의 결정을 구속하지는 않는다. 국무회의는 다음과 같은 국가 중요 사안들을 범정부 차원에서 심의 조정한다.[2]

- 국정의 기본계획, 정부의 중요한 대내외정책, 군사에 관한 중요 사항
- 법령안,[3] 예산안
- 행정부처간 권한배분과 정책조정, 국정처리 상황에 대한 평가·분석
- 주요 고위공직의 임명,[4] 영전 수여, 사면과 복권
- 대통령 긴급명령, 계엄과 그 해제
- 임시국회 소집 요구, 정당 해산의 제소
- 기타 대통령, 국무총리, 국무위원이 제출한 사항

다음으로, 국무회의는 다음과 같은 사항을 관련 부처들로부터 보고받아 국정운영이 어떻게 진행되고 있는지에 대한 정보를 부처간에 공유한다.[5]

- 국내외 중요 정보의 분석
- 정부 역점 사업의 추진 현황
- 국민 생활에 지대한 영향을 미치는 중요 시책의 추진 현황
- 대통령 지시 사항의 점검 현황
- 적극적인 대국민 홍보가 필요한 사항
- 부처간 협조를 필요로 하는 사항 등.

그러나 실제로 국무회의의 심의 조정 역할은 형식화되어 왔다. 국무회의는 실질적인 심의조정기구라기보다는 주요 결정을 정부 공식 입장으로의 승인, 주요 국정 현안에 대한 부처간 정보 교환과 의견 수렴, 주요 국정 현안과 대통령 지시 사항에 대한 진행 상황 점검 등의 목적으로 활용되어 왔다.[6] 장관들에게는 가장 부담이 없는 회의였다.

---

2) 헌법 제89조.
3) 헌법개정안, 국민투표안, 조약안, 법률안, 대통령령안 등.
4) 검찰총장, 합참의장, 각군 참모총장, 국립대총장, 대사, 기타 법률에 정한 공무원, 주요 국영기업체 관리자 등.
5) 전두환 대통령 시절에 추가되었다(국무회의규정 개정 1982. 9. 18 대통령령 제10917호).

국무회의의 심의 조정 역할이 형식화된 이유는 안건들이 사전에 조정을 거쳐 상정되기 때문이다. 모든 안건은 차관회의에서 사전 조정된다. 그 밖에도 정책추진에 관한 안건들은 관계장관회의 조정을 거쳐 상정되고, 법령 제·개정 안건들은 법제처, 예산을 수반하는 안건들은 기획예산처, 조직개편을 수반하는 안건들은 행정자치부의 사전 검토를 거친 후 상정된다. 그 결과 국무회의에 상정될 때에는 이미 핵심 쟁점들에 대한 조정이 끝난 상태여서 국무회의에서 추가로 심도 있게 논의해야 할 이유가 없다.[7)]

국무회의는 대통령을 의장으로, 국무총리를 부의장으로 하여 15인 내지 30인 이하의 국무위원들로 구성된다. 국무위원은 중앙행정 각부를 담당하는 장관들인데, 그 수는 행정기구 개편에 따라 달라진다. 장관이 출석하지 못할 때에는 차관이 대리출석한다.[8)] 또한 국무회의에는 배석자들이 있다. 대통령 비서실장, 국무총리 비서실장, 국무조정실장, 국정홍보처장,[9)] 법제처장, 공정거래위원장, 금융감독위원장, 통상교섭본부장, 중소기업특별위원장, 국가보훈처장 등이 그들이다. 그 밖에도 의장이 필요하다고 인정할 경우 청장들로 하여금 소관 업무와 관련해 국무회의에 출석 발언하게 할 수 있으며,[10)] 대통령 비서실 정책실장 등 중요 직위에 있는 공무원을 배석하게 할 수 있고,[11)] 관련 분야 전문가를 참석하게 하여 의견을 들을 수도 있다.[12)]

국무회의 의장은 대통령이다. 그러나 실제는 대통령의 스타일에 따라 직접 주재하거나 부의장인 총리로 하여금 주재하도록 위임한다. 김영삼 정부까지는 주로 총리가 주재하고 특별한 경우에만 대통령이 주재했으나, 김대

6) 다만, 참여정부에 들어 국무회의는 주요 국정 현안들에 대한 실질적인 논의 기구로 전환되었다. 매회 4~5건의 일반 현안 안건을 1 시간 동안 처리한 후, 별도의 기획 주제를 선정해 1~2시간 토론함으로써 정책의 처리 방향과 부처간 의견을 교환했다. 기획 주제에 대한 토론은 장관들이 많은 것을 직접 준비해야 하는 긴장된 토론이었다.

7) 국무회의에서 건당 논의 시간이 3분 전후여서 실질적인 심의 조정이 이루어졌다고 볼 수 없다.

8) 대리출석한 차관은 발언할 수는 있으나 표결에 참가할 수는 없다.

9) 김대중 대통령 시절에 추가되었다(국무회의규정 개정 1998. 3.16., 대통령령 제15741호).

10) 노태우 대통령 시절에 추가되었다(국무회의규정 개정 1990. 9.10 대통령령 제13102호).

11) 노무현 대통령 시절에 추가되었다. 동시에 1972년부터 배석해 오던 서울시장은 배석자에서 제외되었다(국무회의규정 개정 2003. 4.17 대통령령 17965호).

12) 노무현 대통령 시절에 추가되었다(2003. 4.17 대통령령 17965호).

중 정부에서는 주로 대통령이 주재하고 대통령이 주재할 수 없을 경우에만 총리가 주재했다. 노무현 정부에서는 초기(2003~2004)에는 대통령이 모든 국무회의를 직접 주재했으나 책임총리제를 시도했던 2005년부터는 주로 총리가 주재하고 필요한 경우에만 대통령이 직접 주재하고 있다. 대통령이 주재하면 청와대에서, 총리가 주재할 경우에는 정부중앙청사에서 개최되었다.

(2) 하부기구와 지원기구

국무회의는 안건을 사전에 심의 조정하고 특정 사항을 집중적으로 심의해서 보고하도록 하기 위해 하부기구로서 차관회의를 두고 있다. 차관회의는 국무조정실장을 의장으로[13] 하여 행정 각 부처 차관들로 구성된다.[14]

국무회의는 회의의 소집과 준비 및 마무리를 담당하는 지원기구를 두고 있다. 박정희 정부 이래 국무회의 지원기구는 총무처 총무국이었으나, 김대중 정부 시절 행정자치부 의정국을 거처, 노무현 정부 하에서는 의정심의관실로 바뀌었다. 의정심의관실은 노무현 정부 초기 대통령이 국무회의를 직접 주재하던 기간에는 대통령 비서실에 소속되어 있었으나, 국무총리가 국무회의를 주재하게 되자 국무조정실로 이동했다.

(3) 운영 방식과 실태

국무회의는 정례 국무회의와 임시 국무회의로 구분되어 있다. 전자는 매주 1회[15] 정기적으로[16] 소집하고, 후자는 필요에 따라 수시로 소집된다. 회의는 원격 영상회의 방식으로 진행할 수 있다. 국무회의는 대체로 1시간 정도 진행되어 왔다. 그러나 참여정부에 들어 2~3시간으로 길어졌다.[17]

국무회의 안건은 규정상 출석 3분의 2 이상의 찬성으로 의결하게 되어 있으나, 실제로는 합의를 도출해 만장일치에 의해 의결하고 있다. 합의 도

---

13) 차관회의의 의장은 1994년까지는 경제기획원 차관이 담당했다.
14) 대리출석자, 배석자, 출석발언자, 그리고 운영 방식은 국무회의와 유사하다. 참석자들의 직급만 다를 뿐이다.
15) 박정희 대통령 시절에는 주 2회 소집되었으나, 전두환 대통령 때부터 주 1회로 축소되었다.
16) 정례국무회의는 현재 매주 화요일 오전에 열린다.
17) 노무현 대통령은 약 3시간, 이해찬 총리는 약 2시간 정도 진행했다.

출이 어려운 경우 찬반투표에 부치기보다는 대부분 의장이 의결을 보류하거나 제안 부처에서 안건을 철회한다.

최근 5년 동안 국무회의의 개최 횟수와 처리 안건 총수 및 안건 유형별 처리 건수는 <표 3-2>과 같다. 1회당 처리 안건이 16.6건 내지 29.6건에 이르고, 안건 유형을 보면 보고 안건이 의외로 적다.

〈표 3-2〉 국무회의 운영 실태

연 도	개최 횟수	안건 수	공포안	법률안	대통령안	일반 안건	보고 안건
2001	56	1,033	251	140	386	214	9
2002	55	998	263	114	400	213	8
2003	57	945	207	160	344	222	12
2004	57	1,198	271	217	457	245	8
2005	55	1,629	517	254	600	251	7

출처: 행정자치부(2007). 행정자치통계연보, p.270. 국무회의 운영 중 일부 발췌.

(4) 국무회의 안건 처리 절차

첫째, 국무회의가 개최되기 위해서는 먼저 안건을 지원기구인 국무조정실 의정심의관실에 제출해야 한다.

안건은 대통령, 국무총리 또는 국무위원이 의결 안건과 보고 안건으로 구분해서 제출해야 한다. 의결 안건은 국무회의에서 심의 의결이 필요한 안건이고, 보고 안건은 국정 현황에 대한 정보 공유를 위해 국무회의에 보고해야 하는 안건이다. 의결 안건은 2개 이상의 부처에 관련될 경우 사전에 관계 부처간 합의를 거쳐 제출해야 한다.[18] 보고 안건은 지원기구인 의정심의관실에서 작성한 지침에 따라 각 부처에서 자체 선정해 지원기구에 제출하면 지원기구에서 제출 부처와 협의해 4~5개를 최종 선정한다.[19]

노무현 대통령이 주재했던 국무회의에서는 새로운 안건으로 테마주제

18) 다만, 합의에 이르지 못한 때에는 그 사유를 명시해 국무회의에 상정할 수 있다.
19) 경제안건은 대부분 경제정책조정회의 조정으로 최종 종결하고 국무회의에서 의결안건이나 보고 안건으로 추가 거론되는 경우는 별로 없다. 그러나 기타 안건은 선정 기준에 맞으면 국무회의에서 추가 논의되었다.

안건을 추가했다. 테마주제 안건은 청와대 정책실에서 부처간 조율이 진행 중이거나 방향이 불분명한 과제들 가운데에서 1개를 선정해 제출한다.

안건은 늦어도 차관회의의 개최 3일 전까지 제출해야 한다. 다만, 법률 공포안, 긴급 안건, 그리고 검찰총장, 국립대 총장, 대사, 각군 참모총장, 해병대 사령관, 기타 법률에 정한 공무원, 중요한 국영기업체 관리자 등의 임명안 등은 그러하지 아니하다.

둘째, 안건들이 제출되면 의정심의관실은 먼저 차관회의에 상정해 심의하도록 한다. 긴급 안건인 경우 차관회의를 거치지 않고 바로 국무회의에 상정할 수 있다.

종래에는 차관회의에서 심의한 모든 안건들을 국무회의에 상정했으나 1982년부터[20] 차관회의의 의결 내용에 따라 후속 처리를 달리했다. 즉 가결된 안건은 그 의결 결과를 첨부해 국무회의에 상정하고, 부결된 안건은 상정하지 아니한다.[21] 조건부로 의결된 안건은 관련 부처간 이견을 조정한 후 국무회의에 상정하고, 보류된 안건은 관련 부처간 협의를 거친 후 차관회의에 다시 상정하도록 했다.

셋째, 차관회의 심의가 끝나면 의정심의관실은 국무회의 의사일정을 확정하고 필요한 준비를 한다.

먼저 국무회의에 상정하기로 최종 확정된 안건들과 그에 대한 차관회의 논의 결과를 국무회의 개회 2일 전까지[22] 의사일정과 함께 대통령, 국무총리, 국무위원 및 배석자에게 배부한다. 곧이어 회의 진행 순서, 의결 안건, 보고 안건, 의장 지시 사항 등을 준비해 국무회의 개최 전날 오후까지 의장에게 보고한다. 의결 안건과 보고 안건에는 심의 과정에서 의장이 참고하도록 쟁점 사항 혹은 참고 사항을 첨부한다. 의장 지시 사항은 지원기구인 의정심의관실에서 대통령이나 총리의 요청, 혹은 자체 발굴을 통해 4~5개 선정해 '당부 말씀 자료'로 준비한다.

넷째, 국무회의가 열리면 보통 의장의 인사말, 의결 안건 처리, 국정현안 보고, 테마주제 논의, 지시 사항 전달 등의 순서로 진행된다.

---

20) 차관회의규정 개정(1982. 9. 18 대통령령 제10918호).

21) 다만, 그 부결 이유를 의안에 첨부할 경우에는 국무회의에 상정할 수 있도록 했다.

22) 다만, 임시 국무회의에 의안을 상정하는 경우 또는 긴급한 의안을 상정하는 경우에는 그러하지 아니하다.

먼저 의결 안건은 법률안, 대통령령안, 기타 안건 순으로 처리되는데, 유사한 안건들을 일괄 상정하고 관련 부처의 제안 설명을 들은 후 토론을 거쳐 원안대로 혹은 수정해 통과시킨다. 의결 안건은 대부분 논란 없이 자동적으로 원안대로 통과된다.[23] 대부분 사전에 관계장관회의와 차관회의를 거치면서 주요 쟁점들이 타결되기 때문이다. 다음으로 주요 보고 안건과 테마주제를 논의한다. 보고 안건은 제출 부처의 보고를 받은 후 의견을 교환한다. 테마주제에 관해서는 특별히 1~2시간 동안 집중적으로 논의한다. 대통령 앞에서 많은 토론을 하기 때문에 장관들은 테마주제에 대해 많은 연구와 준비를 해온다. 마지막으로 의장은 국정운영에 필요한 지시 또는 당부를 한다. 사전에 지원기구에서 준비한 말씀자료와 회의에서의 논의 결과를 참고해 장관들에게 지시 혹은 당부를 한다. 대체로 사전에 준비하여 대책을 마련하라는 것, 현황을 파악해 보고하라는 것, 국민들에게 적극 알리라는 것들이 주류를 이룬다.

다섯째, 국무회의가 끝나면 그 결과를 정리해 후속 조치를 취한다.

회의록은 의정심의관이 작성해 국무조정실장이 대통령에게 보고하고, 국무총리, 국무위원, 배석자들에게 배포한다. 국무회의를 통과한 법률안은 대통령의 승인을 받아 국회로 보내고, 그 외 사항은 해당 부처들에 통보해 국정에 반영하거나 집행하도록 한다. 지시 사항의 경우 특별히 그 이행을 점검한다. 대통령 지시 사항인 경우 대통령 지시사항 관리 체제에 따라 처리하고, 총리 지시 사항인 경우 국무조정실내 해당 심의관실에 통보해 이행상황을 점검하도록 한다.

배석했던 국정홍보처장은 국무회의에서 논의된 사항을 간략히 요약해 보도자료를 만든 다음 기자들에게 배포한다.

2) 국무회의와 관계장관회의 간의 관계

우리나라 관계장관회의는 법령상 국무회의와 아무런 관계가 없다. 국무회의 규정이나 관계장관회의 규정 어디에도 양자간의 관계를 설정해 놓지 않았기 때문이다. 그러나 실제적으로 보면 관계장관회의는 국무회의의 분과회의에 해당된다. 관계장관회의가 국무회의에서 최종 확정하기 이전에

---

23) 국무회의는 표결 처리할 경우 3분의 2 이상 찬성으로 의결한다.

부처간 이견이나 주요 쟁점 이슈들을 실질적으로 심의 조정하기 때문이다.

그러나 문제는 국무회의 안건의 고위급 사전 심의조정기구로서 관계장관회의와 차관회의가 병존하고 있고 더군다나 장관급 관계장관회의가 차관회의보다 먼저 심의 조정함으로써 차관회의의 하부기구처럼 되어 있다는 것이다.

우리나라에서 차관회의는 국무회의 안건의 사전 심의기구로서 일찍부터 자리매김되어 왔다. 즉 1948년 정부 수립 때부터 국무회의의 전신인 국무원의 하부기구로서 차관회의가 설치 운영되어 왔다. 국무회의는 국정 주요 이슈들을 모두 심의 의결해야 하기 때문에 각 쟁점 이슈마다 충분한 시간을 할당할 수가 없다. 그렇다고 국무회의 시간을 늘려 바쁜 장관들을 장시간 붙잡아 놓을 수도 없다. 이를 해결하기 위해 일찍부터 차관회의가 설치 운영되어 심의 조정에 많은 시간이 소요되는 쟁점 이슈들을 사전에 집중 조정해 왔다. 그 결과 차관회의는 상당 기간 동안 국정에 관한 실질적인 조정자 역할을 해왔다.

그러나 국정 이슈들이 복잡해지고 정부 부처들의 수도 늘어나 부처간 이견이 빈번해지고 첨예해짐에 따라 차관회의도 국무회의와 동일한 한계에 부딪쳤다. 즉 실질적인 조정자로서의 역할에 한계를 노출하기 시작했다. 쟁점 안건과 관계없이 모든 부처의 차관들이 참석하는 차관회의에서 첨예한 쟁점들에 관해 깊이 있는 심의와 조정이 어렵게 된 것이다.

국무회의와 차관회의의 이러한 문제점을 보완하기 위해 1960년대부터 정책 영역이나 이슈와 관련된 소수 관련 부처 장관들로 구성된 관계장관회의들을 다수 설치 운영하게 되었다. 그 결과 차관회의와 관계장관회의는 국무회의 사전 심의기구로서 경합 관계에 놓이게 되었다. 더 나아가 관계장관회의는 계속 증설되어 왔다. 그럼에도 불구하고 차관회의가 폐지되지 않았다. 그 이유는 관계장관회의의 증설에도 불구하고 차관회의의 역할은 여전히 존재한다는 것이다. 즉 관계장관회의가 주로 정책적 사안을 집중 논의하기 때문에 법령 제·개정, 정부조직 개편, 정부고위직 인사, 권한과 예산의 배분, 사면과 복권 등 차관회의에서 논의할 수밖에 없는 이슈들이 여전히 많이 있다는 것이다.

관계장관회의에서 심의 조정된 안건은 다시 차관회의를 거치게 되어 있다. 쟁점 이슈의 처리 과정에서 보면 불필요한 단계가 하나 더 있는 것이다. 차관회의를 거치게 한 이유를 들자면, 당해 쟁점을 심의 조정한 관계장관회의의 멤버가 아닌 부처들도 의견을 개진할 수 있어야 하기 때문이다. 국무회의에서 여타 장관들이 의견을 개진할 수 있으나 자칫하면 대통령 앞에서 이슈 관련 장관들의 체면을 손상시킬 수 있어서 장관들이 서로 타부처 영역에 대해 의견을 제시하지 않으려는 경향이 있다. 반면에, 차관회의에서는 쟁점 이슈를 심의 조정한 관계장관회의 멤버 부처들을 넘어 모든 부처 차관들이 자기 부처의 입장에서 의견 개진이 상대적으로 용이하다는 것이다. 그러나 대부분의 관계장관회의들도 정규 멤버 이외에 쟁점 이슈와 관련된 부처들을 참석시켜 의견을 개진하도록 하고 있다.

아무튼 사전 심의조정기구들인 관계장관회의와 차관회의 간의 경합, 그리고 관계장관회의 심의 조정 이후 차관회의에 의한 재차 심의는 그리 합리적이지는 않다.

3 관계장관회의 유형

지금까지 우리나라에서는 법률, 대통령령, 총리훈령 등에 의해 다양한 관계장관회의들이 설치되어 왔는데, 이들은 세 가지 차원에서 다음과 같이 분류할 수 있다.

1) 상설 관계장관회의, 한시 관계장관회의 및 임시 관계장관회의

관계장관회의들은 존속 기간에 따라 상설 관계장관회의, 한시 관계장관회의, 임시 관계장관회의로 구분할 수 있다.

상설 관계장관회의는 정기적으로 소집되고 구성 멤버가 사전에 정해져 있는 관계장관회의이다. 대체로 정기회의는 주 1회, 월 1회, 연 1회 이상 등으로 소집한다. 반면에 한시 관계장관회의는 정기적으로 소집되고 그 구성 멤버도 미리 정해져 있으나 그 활동 기간이 미리 정해져 있는 관계장관회의이다. 상설 관계장관회의의 예로는 국가안보회의, 통일관계장관회의, 경제장관회의, 과학기술장관회의, 사회관계장관회의, 인적자원개발회의 등이 있다.[24] 한시 관계장관회의로는 노사관계개혁추진위원회(1996. 11.~1998.

2.), 지구환경관계장관대책회의(1992. 7.~1995. 6.), 주한미군대책위원회(2003. 10.~2006. 12.), 2010세계박람회유치지원위원회(2000. 1.~2002. 12.), 2014동계올림픽유치지원위원회(2005. 4.~2007. 7.) 등이 있다.

임시 관계장관회의는 필요에 따라 소집되고 그 때마다 구성 멤버가 새로 정해지는 관계장관회의들이다. 과거에는 관계기관대책회의란 이름으로 소집되었으나 최근에는 국정현안정책조정회의란 이름으로 소집된다.

2) 총괄 관계장관회의, 제반이슈 관계장관회의, 분야별 관계장관회의 및 단일이슈 관계장관회의

한국의 모든 관계장관회의들은 관할 업무의 범위에 따라 총괄 관계장관회의, 제반이슈 관계장관회의, 분야별 관계장관회의 및 단일이슈 관계장관회의로 구분할 수 있다. 단일이슈 관계장관회의는 하나의 정책 이슈만을 다루는 관계장관회의이고, 분야별 관계장관회의는 국정 전반을 4~5개 영역으로 구분해 한 영역씩 담당하는 관계장관회의들이며, 제반이슈 관계장관회의는 관할 이슈가 정해져 있지 않고 필요하면 어떤 이슈라도 심의 조정하는 관계장관회의이며, 총괄 관계장관회의는 국정 전반에 대해 방향과 전략을 논의하는 관계장관회의이다.

한국의 주무장관회의는 총괄 관계장관회의이고, 국정현안정책조정회의는 제반이슈 관계장관회의이며, 분야별 관계장관회의는 국가안보회의, 경제정책조정회의, 인적자원개발회의, 사회문화정책관계장관회의, 국가과학기술위원회 등이다. 단일이슈 관계장관회의의 대표적인 예로서 산업정책심의회, 규제개혁위원회, 부품소재발전위원회, 물관리정책조정위원회, 국가에너지절약추진위원회, 지구환경관계장관대책회의 등을 들 수 있다.

3) 일반대책 관계장관회의, 지역대책 관계장관회의와 고객대책 관계장관회의

대부분의 관계장관회의들은 전국과 전국민을 관할하는 일반대책 관계장관회의들이다. 그러나 상당수 관계장관회의들은 특정 지역이나 특정 국민

24) 우리나라의 분야별 관계장관회의는 대부분 정기회의와 임시회의가 있는데, 이 중 정기회의는 상설 관계장관회의에 해당되고, 임시회의는 임시 관계장관회의에 해당한다.

을 대상으로 하고 있다.

먼저, 지역대책 관계장관회의들은 다시 국내 지역 관계장관회의와 해외 지역 관계장관회의로 구분할 수 있다. 전자의 예로는 농어촌대책협의회, 대도시교통대책위원회, 기업도시위원회, 백제문화권개발지원위원회, 지역특화발전특구위원회 등이 있고, 후자의 예로는 남북및북방교류협력조정위원회, 대외협력위원회, 해외사업조정위원회 등이 있다.

다음으로, 고객대책 관계장관회의는 다시 사회적 약자들을 지원하는 취약계층 관계장관회의와 특정 사회집단과 관련된 이슈들을 논의하는 특정집단 관계장관회의로 구분할 수 있다. 전자의 예로는 아동정책조정위원회, 장애인복지대책위원회, 소비자보호위원회, 청년실업대책특별위원회, 재외동포정책위원회 등이고, 후자의 예로는 주한미군대책위원회 등이다.

제2절 현행 주요 관계장관회의와 그 시스템

지난 40 여년 동안 우리나라 정부는 다양한 관계장관회의들을 설치 운영해 왔다. 이곳에서는 2006년 현재 우리나라 관계장관회의 시스템의 근간을 이루고 있는 관계장관회의들, 즉 총괄 관계장관회의인 주무장관회의와 제반이슈 관계장관회의인 국정현안정책조정회의 및 5개 분야별 관계장관회의(국가안보회의, 경제정책조정회의, 인적자원개발회의, 과학기술 분야 관계장관회의, 사회문화정책관계장관회의) 등을 알아본다. 이들을 관계장관회의 시스템의 근간이라고 보는 이유는 이들이 비교적 자주 개최되어 활동이 활발할 뿐만 아니라 이들을 통해 국정이슈 대부분을 커버할 수 있기 때문이다.

1 주무장관회의

주무장관회의는 분야별 관계장관회의 의장들로 구성되어 국정운영 전반에 대해 논의하고 총괄하는 관계장관회의이다. 즉 국정운영 방향을 논의하고 분야별 관계장관회의들의 운영 실태를 점검 지원하는 기구이다.

주무장관회의는 김대중 정부 시절 2000년 8월에 형식적으로는 헌법상 총리의 국정통할권에 근거해 설치되었다. 그러나 실질적으로는 김대중 정부 후반기에 내각의 팀워크를 강화해 국정운영의 흐트러짐을 방지하고 그동안 추진해 온 국정과제들을 성공적으로 마무리하기 위해 설치되었다.

주무장관회의는 노무현 정부에서도 폐지되지 않았다. 다만, 그 명칭이 부총리・책임장관회의로 바뀌었다.[25] 노무현 정부가 주무장관회의를 명칭만 바꿔 존치시킨 이유는 두 가지이다.

첫째, 역할 분담을 통해 국정운영의 분권과 효율을 추구하려 했기 때문이다. 즉 노무현 대통령은 자신은 국가원수로서의 업무와 국가 장기전략과제[26] 및 주요 혁신 과제들만 담당하고, 국무총리로 하여금 일상적인 국정운영[27]을 총괄케 하려고 했다.

둘째, 국무총리에게 실질적인 국정통할권을 행사할 수 있도록 하기 위해서이다. 노무현 대통령은 과거 어느 정권보다도 국무총리가 헌법상 국정통할권을 행사할 수 있도록 국무총리에게 많은 권한과 책임을 실어 주려고 했다.

그런데 국무총리에게 국무회의 의장직만 넘겨 주면 국정통할권을 행사하기 어려웠다. 국무회의는 각종 정부법안이나 예산안 및 인사 발령 등을 형식적으로 최종 승인하는 장소이지 국정운영 방향에 대해 심도 있는 논의 장소가 아니기 때문이다. 그리하여 노무현 대통령은 주무장관회의 의장직까지 국무총리에게 부여함으로써 실질적인 권한을 행사하도록 했다.

---

25) 바뀐 이유는 다음과 같은 두 가지 변화를 반영하기 위해서였다. 첫째, 김대중 정부 하에서 4대 분야별 관계장관회의 체제가 노무현 정부에서 5대 분야별 관계장관회의 체제로 개편되었는데, 그 5대 분야별 관계장관회의 의장 가운데 경제정책조정회의 의장인 재정경제부장관, 인적자원개발회의 의장인 교육인적자원부장관, 과학기술장관회의 의장인 과학기술부장관은 부총리로 격상되었으나 국가안보회의 상위위원회 의장인 통일부장관과 사회문화정책관계장관회의 의장인 보건복지부장관은 부총리가 아니었다. 둘째, 구성 멤버로서 분야별 관계장관회의 의장이 아닌 행정자치부장관과 법무부장관 및 기획예산처장관을 추가했다.

26) 동북아 Hub, 국토균형 발전, 저출산 고령화 등.

27) 사회질서와 안전 및 위기관리, 주요 현안 추진 점검, 부처간 이견 조정, 당정 조율 등.

1) 역할과 구성

주무장관회의는 국정운영 전반에 관한 방향 점검과 집행 점검 및 정보 공유를 위해 소집되는 기구였다. 즉 국정운영의 흐름 속에서 예상되는 문제점을 조기에 발견해 대책을 모색하고, 국정운영 방향에 대한 의견을 교환하고 조율해 정책 혼선을 미연에 방지하며, 분야별 관계장관회의들의 운영 방향과 개최 실적 및 주요 과제 추진 상황 등을 점검하고, 국회 대책을 협의하는 기구였다. 그 후신인 부총리·책임장관회의도 국정운영 상황 전반을 점검하고, 분야별 관계장관회의들에 의한 주요 정책들의 조정 실태와 추진 상황을 점검하며, 국회 대책을 논의하는 역할을 수행하고 있다.

주무장관회의는 국무총리를 의장으로 하여 분야별 관계장관회의 의장,[28)]대통령 정책기획수석, 국무조정실장, 국정홍보처장 등으로 구성되었다. 주무장관회의의 후신인 부총리·책임장관회의는 정규 멤버로서 기획예산처장관과 행정자치부장관 및 법무부장관을 추가했고, 대통령 비서실 개편에 따라 대통령 정책기획수석은 대통령 정책실장으로 대체했다.

2) 하부기구 : 주무차관회의(주무부처 간사회의)

주무장관회의는 2001년 4월부터 하부기구로 주무차관회의를 운영해 왔다.

주무차관회의는 국무조정실장의 주재로 4대 주무부처 차관들과 대통령 기획조정비서관, 국무조정실 총괄조정관, 국정홍보처 차장 등이 참석해, 주무장관회의 안건을 사전에 검토하고 주요 정책조정 과제들의 조정 상황을 점검하는 기구이다. 주무차관회의가 수행했던 역할을 좀더 구체적으로 보면, 월별 정책추진 기본 방향 논의, 정책조정 과제 발굴, 정책조정 현황 점검, 분야별 당면 현안 추진 방향 논의 등이었다.

주무장관회의가 부총리·책임장관회의로 바뀜에 따라 주무차관회의도 주무부처 간사회의로 변경(2003. 8.)되었다.[29)] 주무부처 간사회의는 국무조

28) 국가안보회의 상임위원회 의장인 통일부장관, 경제정책조정회의의 의장인 재정경제부장관, 인적자원개발회의 의장인 교육인적자원부장관, 사회관계장관회의 의장인 행정자치부장관.

29) 주무부처 간사회의는 2006년 8월에 폐지했다. 국정운영 방향을 논의하고 조율하는 부총리·책임장관회의 업무 성격상 구체적인 쟁점이 없어서 사전 검토의 의미가 크지 않았을 뿐만 아니라 실제로 담당해 왔던 업무들은 대부분 분야별 관계장관회의에서 처리할

정실 기획차장의 주재 하에 분야별 관계장관회의 의장부처 1급 공무원들[30]과 대통령 기획조정비서관이 참석하여, 분야별 관계장관회의들의 정책조정 계획과 실적을 점검하고, 조정이 필요한 과제들을 발굴하고 향후 처리 방향을 논의 제시하며, 조정 완료된 주요 정책 과제들의 이행 상황을 점검 독려한다.

주무부처 차관회의나 그 후신인 주무부처 간사회의는 실무 차원의 통합 조정보다는 오히려 조정 과제들을 발굴하고 관계장관회의들이 잘 운영되는지 점검하는 데 치중했다.

3) 운영 및 지원 기구

주무장관회의의 의장과 간사는 국무총리와 국무조정실장이었다. 주무차관회의 의장과 간사는 국무조정실장과 총괄조정관이었다. 주무장관회의와 주무차관회의에 대한 행정 지원은 기획심의관실 서기관이 담당했다.

주무장관회의의 후신인 부총리·책임장관회의의 의장과 간사도 주무장관회의와 동일하다. 다만, 주무부처 간사회의의 의장과 간사는 각각 기획차장과 기획관리조정관이다. 부총리·책임장관회의와 주무부처 간사회의 운영에 대한 행정 지원은 총괄심의관실 서기관이 담당한다.

주무장관회의, 부총리·책임장관회의, 후술하는 국정현안정책조정회의 등을 포함한 국무총리가 의장인 각종 관계장관회의들에 대한 행정지원기구는 국무조정실이다. 1998년 2월 김대중 정부 출범과 동시에 종전의 차관급 행정조정실이 장관급으로 격상된 기구이다. 국무조정실은 초기에 국무조정실장 산하 5 조정관 14 심의관 체제로 출발했다. 2004년 8월에 정책상황실이 추가되고 2005년 3월에 기획차장과 정책차장이 신설되어 2차장 5조정관 17심의관 체제로 확대되었다. 국무조정실에는 조정관과 심의관 이외에도 필요에 따라 관련 부처에서 파견된 공무원들로 구성되는 각종 기획단 혹은 추진단이 운영되고 있다.

수 있는 것들이었기 때문이다.

30) 통일부 기획관리실장, 재정경제부 차관보, 교육인적자원부 차관보, 과학기술부 연구개발 담당관, 보건복지부 사회복지정책실장.

〈표 3-3〉 국무조정실 내부구조의 변화

1998. 2. ~ 2005. 3.		2005. 3. ~ 2006. 12.	
총괄조정관	- 기획심의관 - 일반행정심의관 - 외교안보심의관	기획관리조정관	- 총괄심의관 - 일반행정심의관 - 외교안보심의관 - 의정심의관 - 정책홍보심의관
경제조정관	- 재경금융심의관 - 산업심의관 - 농수산건설심의관	좌 동	
사회문화조정관	- 교육문화심의관 - 복지노동심의관	사회문화조정관	- 사회정책심의관 - 교육문화심의관 - 복지여성심의관 - 노동환경심의관
심사평가조정관	- 심사평가 1심의관 - 심사평가 2심의관 - 조사심의관	심사평가조정관	- 평가정책심의관 - 자체평가심의관 - 특정평가심의관
규제개혁조정관	- 규제개혁 1심의관 - 규제개혁 2심의관 - 연구지원심의관	규제개혁조정관	- 규제개혁 1심의관 - 규제개혁 2심의관

4) 운영 방식

주무장관회의와 부총리·책임장관회의는 정기회의만 개최했다. 수시회의를 소집할 만한 안건들은 다른 관계장관회의나 국정현안정책조정회의에서 논의할 수 있기 때문이다. 주무장관회의는 격주마다 정기적으로 개최하는 것을 원칙으로 했으나 실제적으로는 탄력적으로 개최했다. 부총리·책임장관회의도 매월 1회 정기적으로[31] 소집하는 것을 원칙으로 하고 있으나[32] 의장인 국무총리가 해외 순방하거나 정기국회가 열리는 경우 개최하기가 쉽지 않아 실제로 연간 7~8회 정도 개최된다.

주무장관회의나 그 후신인 부총리·책임장관회의는 해외 출장 등 특별

31) 첫째 주 목요일 10:00.

32) 그러나 2004년의 경우 부총리·책임장관회의는 3회, 주무부처 간사회의는 19회 소집되었다.

한 경우가 아니면 대리 참석을 허용하지 않는다. 또한 주무장관회의나 부총리·책임장관회의에서 국정운영 방향이 논의될 때 대통령은 대통령 정책실장을 통해 의사를 전달한다. 주무장관회의나 부총리·책임장관회의 안건들은 매번 비슷하고, 이들 안건들을 심의 안건과 보고 안건으로 구분하지 않는다.

부총리·책임장관회의는 초기에는 분야별 관계장관회의 의장인 멤버들이 소관 분야의 주요 정책현안, 소관 관계장관회의에서의 심의 조정 실적, 총리 지시 사항 추진 현황 등을 보고하고 정보를 공유하는 방식으로 운영되고 있으나, 최근에 좀더 적극적으로 안건들을 발굴해 논의하는 방식으로의 전환을 시도하고 있다.

5) 안건처리 절차

첫째, 상정할 안건들을 발굴하는 단계이다. 부총리·책임장관회의 안건은 회의 개최 1주일 전에 국무조정실 총괄조정관(기획관리조정관)이 심의관회의[33]를 소집해 부총리·책임장관회의에 상정할 안건목록 초안을 작성한다. 각 심의관들은 관련 부처들과 접촉해 제출받은 안건들과 심의관들이 독자적으로 발굴한 안건 등을 제출한다. 안건목록 초안이 작성되면 바로 다음날 국무조정실장이 조정관회의[34]를 소집해 부총리·책임장관회의에 상정할 가치가 있는 안건들을 추려 최종 안건목록을 확정한다.

둘째, 논의 자료를 준비하는 단계이다. 부처에서 제안한 안건이 채택되었으면 해당 부처에 통보해 논의 자료를 준비하도록 조치하고, 국무조정실과 관련된 안건의 경우 해당 조정관실에서 논의 자료를 준비한다. 논의 자료는 안건의 주요 내용과 예상 문제점 및 대응 방향 등을 포함한다. 그뿐만 아니라 정책상황실 혹은 총괄심의관실은 안건 관련 논의 자료와는 별도로 각종 정보 자료를 이용해 그 달의 국정운영 일정과 여건 및 전망 등을 작성한다.

셋째, 총리에게 보고하고 조언하는 단계이다. 회의 개최 이틀 전에 총리에게 국무조정실장은 회의 자료, 즉 안건목록과 논의 자료 및 국정운영 일정

---

33) 국무조정실내 총괄심의관, 일반행정심의관, 외교안보심의관, 재경금융심의관, 산업심의관, 사회정책심의관, 교육문화심의관, 정책상황실장 등이 참석.
34) 총괄조정관, 경제조정관, 사회문화조정관, 심사평가조정관, 규제개혁조정관이 참석.

등을 보고하면서 회의 진행 방식 및 결론 유도 전략 등에 대해 조언한다.

넷째, 본회의를 개최해 안건들에 대해 논의하는 단계이다. 회의가 개최되면 총리의 인사말에 이어 미리 정해진 분야 순으로[35] 안건을 상정해 논의하고, 한 분야에 안건이 여럿일 경우 중요한 안건부터 논의한다. 상정된 안건들 이외에 다른 안건들에 대해 논의하기도 한다. 부총리와 책임장관들은 자신들의 관할이 아닌 다른 분야에 대해서도 자유로이 의견을 개진해 분야간 공감대를 넓히고, 분야간 차이가 있으면 조정하며, 논의 도중에 심도 있는 검토가 필요한 사항이 등장할 경우 별도의 관계장관회의를 소집해 심의 조정하도록 한다. 부총리・책임장관회의에서의 논의 결과는 배석한 행정지원 스태프가 요약한 후 국무조정실장이 확인 서명한다.

다섯째, 보고하고 발표하는 단계이다. 회의 요약은 대통령 정책실장을 통해 대통령에게 보고되고, 동시에 기밀 사항을 제외한 나머지를 보도 자료로 작성해 해당 부처와 언론에 배포한다. 언론에 배포하는 경우 중요한 내용들이 있으면 국정홍보처장이 브리핑 룸에서 설명하고, 중요한 내용이 없으면 유인물만 배포한다. 브리핑을 할 것인지 말 것인지 여부는 회의 말미에 논의해 정한다.

2 국정현안정책조정회의

국정현안정책조정회의는 사회적 갈등이 수반되는 국정 현안들에 대해 범정부적 대응 원칙과 입장을 정하고 이를 일관성 있게 관철하기 위해 2003년 5월에 설치된 관계장관회의이다. 근거 법령 없이 국무총리 주재로 관련 부처 장관들과 청와대 수석비서관들이 참여하는 일종의 비공식 간담회이다.

노무현 정부에서 국정현안정책조정회의를 설치한 이유는 각종 사회적 갈등 이슈들에 대해 효율적으로 대응하기 위해서이다. 노무현 정부 출범 이후 국정 현안들을 둘러싼 이해관계집단들 간의 갈등, 즉 주요 국책사업들을 둘러싼 정부와 이해집단 간의 갈등, 노사 대립에 의한 파업, 국가안보정책과 대북정책을 둘러싼 이념단체들 간의 충돌 등으로 사회 불안과 경제

35) 경제, 인적자원, 과학기술, 통일외교국방, 사회문화, 법무, 행정자치 등.

불안이 가중되었다. 그럼에도 불구하고 관련 부처들은 이견까지 노출하면서 우왕좌왕했다. 국정현안정책조정회의는 이러한 사회적 갈등 현안들을 국무총리 주도로 적극적이고 효율적으로 대처하기 위해 설치되었다.

1) 역할과 구성

국정현안정책조정회의는 국정 현안 가운데 시급한 해결을 요하는 갈등 이슈들을 논의하고 조정하는 기구이다. 좀더 구체적으로 보면 두 가지 역할을 수행하고 있다. 하나는 경제사회적 여파가 큰 사회적 갈등[36]에 대한 범정부적 대책을 마련하고 그 추진을 점검하는 것이고,[37] 다른 하나는 부처간 갈등이 심하여 다른 관계장관회의에서 조정이 잘 안 되는 이슈들에 대해 2차적으로 최종 조정하는 것이다. 설치 당시에는 전자가 주된 역할이었으나 나중에 후자가 추가되었다.

이러한 갈등 이슈들은 분야별 관계장관회의에서 처리하는 것을 원칙으로 한다. 그러나 긴급히 해결할 필요가 있거나 분야별 관계장관회의에서 쉽게 해결되지 않는 경우 국무총리가 직접 개입해 국정현안정책조정회의를 통해 논의 조정한다.[38]

국정현안정책조정회의는 국무총리를 의장으로 하여 현안 이슈와 관련된 부처 장관들과, 청와대 시민사회수석, 민정수석, 사회정책수석, 그리고 국무총리 비서실장과 국무조정실 차장들이 참석한다.

국정현안정책조정회의와 전술한 주무장관회의(그 후신인 부총리·책임장관회의)는 국무총리가 주재하고 국무조정실에서 운영한다는 점에서는 유사하나, 그 역할과 구성 멤버는 다르다. 즉 전자는 구체적인 갈등 현안들을

---

36) 사회집단간 갈등, 정부와 사회집단간 갈등 등.

37) 지금까지 논의 조정했던 주요 이슈들을 보면, 서울외곽순환도로 사패산 터널, 경부고속철 천성산 터널, 방사선폐기물시설 부지 선정, 화물연대 파업 대책, 전국공무원노동조합 파업, 비정규근로자 대책, 서민생활 안정 대책, 폭설 피해 대책, 조류독감 대책, 일본 역사 교과서 왜곡 대책, 한류 확산 대책, 북한 용천재해 지원대책, NEIS 추진 대책, 고유가 대책, 산업원자재 대책, FTA 추진 대책 등이다.

38) 2003년 10월 정부업무 조정 등에 관한 규정을 제정해 부처간 이견 발생시 일차로 당사자간 조정을 시도하고 조정이 안 되면 분야별 관계장관회의를 통해 조정하되 그래도 안 되면 국무조정실에 조정을 의뢰하도록 했다. 국무조정실은 이렇게 올라온 갈등 이슈들의 조정을 위해 국정현안정책조정회의를 활용한다.

심의 조정하는 데 비해, 후자는 국정운영의 전반적인 흐름과 방향을 조율한다. 또한 전자는 현안 관련 부처 장관들이 참석하나 후자는 분야별 관계장관회의 의장들이 참석한다.

2) 하부기구와 운영지원기구

국정현안정책조정회의는 안건의 사전 검토를 위한 하부기구로서 관계부처 차관회의와 실무회의를 두었다. 전자는 국무조정실장을 의장으로 하여 현안 관련 부처 차관들이 참석하고, 후자는 국무조정실 정책차장의 주재 하에 현안 관련 부처 1급 공무원들로 구성된다.

국정현안정책조정회의의 의장은 국무총리이고 간사는 국무조정실장이다. 행정 지원은 국무조정실 내 사회정책심의관실 사회총괄과(2명)에서 제공한다.

3) 운영 방식과 실태

국정현안정책조정회의 설치 초기에는 사전 조정을 위해 실무회의와 차관회의가 차례로 소집되었으나, 2006년 현재는 안건의 중요성에 따라 차관회의 혹은 실무회의 하나만 소집되고, 사전에 부처간 협의를 충분히 거친 안건이면 차관회의나 실무회의를 소집하지 않고 곧바로 본회의를 소집해 갈등을 논의하거나 조정한다.

또한 국정현안정책조정회의는 정례회의만 개최하고 수시회의는 소집하지 않는다. 정례회의는 설치 당시에 매주 2회 개최되었으나 2006년 현재는 매주 1회 개최하는 것을 원칙으로 하고 있다. 다만, 예외적으로 국무총리가 해외 순방하거나 기타 불가피한 사정이 있는 경우 소집되지 않는다. 국정현안정책조정회의의 개최 현황은 <표 3-4>와 같다.

〈표 3-4〉 국정현안정책조정회의 개최 현황 및 처리 안건

시 기	횟 수	빈 도	처리 건수	1회 처리
2003. 5. ~ 12.	49회	주 2 회	231건	4.7건
2004. 1. ~ 12.	46회	주 1 회	189건	4.1건
2005. 1. ~ 10.	30회	주 1 회	59건	2.0건

4) 업무 수행 절차

국정현안정책조정회의를 활용한 사회적 갈등 이슈들에 대한 대응 절차는 비교적 잘 정비되어 있다. 구체적으로 살펴보면 다음과 같다.

첫째, 안건과 참석 범위를 정하는 단계이다. 안건은 국무총리나 청와대의 요청, 장관들의 제출, 국무조정실의 자체 발굴 등에 의해 확보된다. 국무조정실의 자체 발굴은 사회정책심의관실이 분야별 심의관실들과 협력해 발굴한다. 안건목록과 참석자는 사회정책심의관실 사회총괄과에서 초안을 작성한 후, 국무조정실장이나 총리가 가감해 확정한다. 개최 일정은 사회총괄과에서 총리 의전비서실과 국무조정실장 비서실과 협의해 결정한 후 참석 부처에 통보한다. 참석 범위가 좁으면 참석 부처들과 협의하나 넓으면 협의하지 않고 일방적으로 결정한다.

둘째, 안건에 관한 자료를 준비하는 단계이다. 사회총괄과에서 의제를 참석기관들에게 통보하면, 참석기관들은 해당 의제에 대한 대책이나 자료를 준비해 사회총괄과로 제출한다. 대책이나 자료의 준비는 참석기관들이 알아서 작성하나, 종종 사회총괄과에서 안건 통보와 함께 작성지침을 주는 경우도 있다.

대책이나 자료가 제출되면 사회총괄과에서는 이를 사전에 검토해 부실한 내용이나 추가 조정이 필요한 것 등이 있으면 이를 보완하도록 한다. 또한 청와대의 의견도 수렴한다. 청와대 의견은 대체로 사전에 국무조정실장에게 전달되거나 회의석상에서 청와대 수석비서관이 직접 전달하기도 한다.

셋째, 사전에 검토하는 단계이다. 사전 검토가 필요하면 차관회의 혹은 실무회의를 소집한다.[39] 차관회의나 실무회의가 소집되면 쟁점을 명확히 하고, 부처간 조정이 필요하면 1차 조정을 시도해 이견이 크지 않은 쟁점들을 타결한다.[40]

넷째, 의장에게 본회의 준비 사항과 회의 진행 방식을 보고하는 단계이

39) 부처간 논의를 충분히 거친 안건이면 차관회의나 실무회의를 거치지 않고 곧바로 본회의에 상정한다.

40) 설치 초기에 이들 하부기구들이 적극 활용되어 안건들 가운데 50% 이상이 실무회의에서 타결되고, 30~40%는 관계차관회의에서 해결되며, 10~20% 정도만 국정현안정책조정회의에서 종결되었다.

다. 사회총괄과에서 본회의 안건, 진행 순서, 대책자료, 보도자료 등을 준비한 후 서면으로 국무총리에게 보고한다. 경우에 따라 해당 심의관이나 조정관이 부처들의 입장에 대한 검토의견서를 작성해 국무총리에게 조정 방향에 대해 조언을 제공하기도 한다.

다섯째, 본회의를 개최해 논의하는 단계이다. 본회의는 총리의 인사말, 안건의 배경 및 쟁점 설명, 각 부처별 대책 보고, 토론, 보도자료 검토 등의 순서로 진행된다. 회의에는 사회총괄과 사무관이 배석해 회의 결론을 요약한다. 결론 요약에는 대체로 각 부처에서 집행해야 할 내용들이 포함되어 있다. 결론 요약은 이슈들에 대한 논란이 많았던 경우 총리에게 보고해 총리가 확정하고, 그렇지 않은 경우 국무조정실장이 검토해 확정한다.

일곱째, 공표하고 집행을 점검하는 단계이다. 본회의가 끝나면 결론 요약과 보도자료를 배포한다. 결론 요약은 해당 부처에 통보해 참고 혹은 집행하도록 한다. 보도자료는 기자실에서 배포한다. 중요한 내용인 경우 해당 부처 장관이 기자들에게 설명한다. 회의 결정에 대한 집행 상황은 이슈 관련 조정관실에서 점검한다. 점검 결과를 모두 차기 국정현안정책조정회의에 보고하지는 않으나, 중요한 결정의 이행 점검 결과는 차기 회의에서 논의하는 경우도 있다.

3 국가안전보장회의

국가안전보장회의는 외교, 국방, 대북 문제를 심의 조정하는 관계장관회의로서 1963년에 설치된 이래 오늘날까지 유지되어 온 기구이다. 한때 국가안보회의 역할의 일부를 담당하는 관계장관회의들이 별도로 설치 운영되어 그 위상이 흔들린 적이 있었다. 즉 1980년대 후반부터 1990년대 중반까지 한국의 경제성장에 따른 국제적 위상 제고, 공산권의 붕괴와 국제질서 변화, 남북관계 변화, 한국이 무시할 수 없는 지구촌 이슈들의 등장 등으로 국가안전보장회의의 역할이 크게 증대될 것으로 기대되었으나 노태우 및 김영삼 정부가 국가안전보장회의의 역할을 활성화시키지 않고 남북및북방교류협력조정위원회(1989~1994), 통일관계장관회의(1991~현재) 등[41] 대북 및 대외 관련 관계장관회의들을 별도로 설치해 활용했기 때문이다. 그러나 1998년 김대중 정부가 기존에 난립된 통일 및 대외경제협력 관련 관계장관회의들을 정리하고 국가안전보장회의 시스템을 재정비하면서부터 국가안전보장회의는 제자리를 찾았다.

1) 역할과 구성

국가안보회의는 규정상 국가안보 관련 대외정책, 대북정책, 군사정책, 국내정책에 관해 대통령의 자문에 응하는 기구이다. 그러나 규정상 자문기구임에도 불구하고 실제로는 외교, 국방, 대북 문제들에 대한 부처간 심의조정기구로서의 역할을 수행해 오고 있다.

국가안보회의는 지난 40여년 동안 국방, 외교 및 대북 정책의 중추적인 종합 심의조정기구로서 역할을 해 왔는데, 시대별로 주된 역할이 조금씩

〈표 3-5〉 국가안보회의 참석자 변천

참석자	1963. 12. ~ 19981. 12.	1982. 1. ~ 1998. 5.	1998. 6. ~ 2006.
정규 멤버	국무총리, 외무부장관, 국방부장관, 중앙정보부장, 내무부장관, 경제기획원장관, 재무장관, 대통령 지명 무임소장관	국무총리, 외무부장관, 국방부장관, 중앙정보부장, 내무부장관, 경제기획원장관, 재무부장관, 대통령 지명 무임소장관 추가: 비상기획위원회위원장(1986), 통일부장관(1990)	국무총리, 통일부장관, 외무부장관, 국방부장관, 국가정보원장 추가: 대통령비서실장, 국가안보회의 사무처장 제외: 경제부처 장관, 행자부(내무부)장관
출석 발언자	합참의장, 관련 부처 장관	합참의장, 관련 부처 장관	합참의장, 관련 부처 장관, 비상기획위원회 위원장
배석자	대통령비서실장, 사무국장 (1986년부터 의장 지명자)	의장 지명자	사무차장

41) 그 밖에도 차관급 부처간 회의인 북방외교추진협의회(1989~1993), 남북교류협력추진협의회(1989~1990) 등을 설치 운영했다.

변해 왔다. 즉 1960년대부터 1990년대 중반까지는 북한의 대남 위협에 직면해 주로 국방 및 군사적 분야의 심의조정기구 역할을 수행했으나, 1998년부터 국방, 외교, 대북 문제에 관한 종합 심의조정기구로서 역할을 수행해 오고 있다.

국가안보회의는 2005년 현재 대통령을 의장으로 하여 국무총리, 통일부장관, 외교통상부장관, 국방부장관, 국가정보원장, 대통령비서실장, 국가안보회의 사무처장(외교안보수석 겸임)으로 구성되고, 비법정 멤버로서 국무조정실장이 참석한다. 국가안보회의는 필요하면 관련 부처의 장, 비상기획위원회 위원장, 합동참모회의 의장, 기타의 관계자를 회의에 출석시켜 발언하게 할 수 있다.

국가안보회의의 구성 멤버는 1963년에 설치 당시에는 국무총리, 외무부장관, 국방부장관, 중앙정보부장, 내무부장관, 경제기획원장관, 재무부장관 등이었으나, 통일부장관은 통일부 신설에 따라 1990년 12월부터 구성 멤버로 추가되었고, 경제부처 장관과 내무부장관은 1998년 5월부터 구성 멤버에서 제외되었다.

2) 하부기구

국가안보회의 산하에는 공식적으로 소회의격인 상임위원회와 분과회의격인 남북경제협력추진회의가 있고, 그 산하에 실무회의로서 각각 실무조정회의와 정세분석회의 및 남북경제협력추진 실무회의가 있다.

상임위원회는 소회의로서 1998년에 설치되었다. 국가안보회의의 핵심 멤버로 구성되어 평상시에 국가안보회의의 역할을 대행한다. 즉 통일부장관의 주재 하에 외교통상부장관, 국방부장관, 국가정보원장, 국가안보회의 사무처장(외교안보수석)이 모여[42] 국가안보 관련 정책들을 심의 조정한다. 상임위원회는 평상시에 가동되고, 국가적 위기 사안이 있거나 특별한 경우 대통령이 주재하는 국가안보회의가 소집된다.

실무조정회의는 상임위원회 안건을 사전에 검토하는 기구이고, 정세평가회의는 한반도 안보 정세를 분석평가해 대통령과 상임위원회에 보고하는

42) 비법정 멤버로서 국무조정실장이 참석한다. 국가안보회의 사무처 부장(3급)만 배석하고 그 외 배석자는 없다.

[그림 3-1] 국가안보회의 하부기구

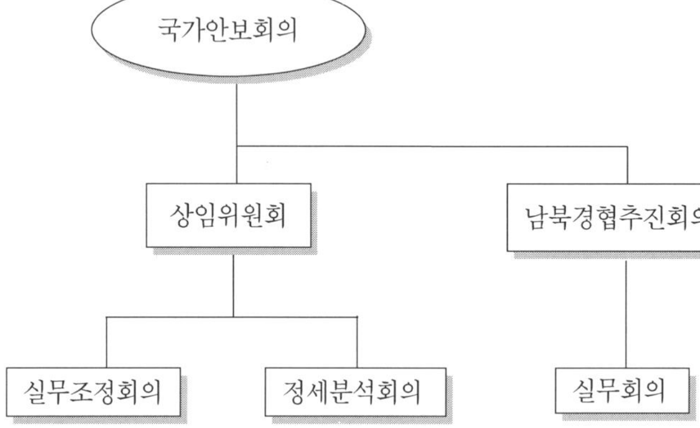

기구이다. 양자 모두 국가안보회의 사무처 차장을 의장으로 사무처내 해당 실장과 4개 관련 기관의 차관보급 공무원으로 구성된다. 즉 실무조정회의 멤버는 사무처 정책조정실장, 통일부 통일정책실장, 외교통상부 차관보, 국방부 정책보좌관, 국가정보원 5국장, 국무조정실 총괄조정관이다. 4개 부처 이외에 안건 관련 부처 1급 공무원이 참석한다. 정세평가회의 멤버는 사무처 정보관리실장과 통일부, 외교통상부, 국방부, 국가정보원의 정보담당 차관보 등이다.

남북경제협력추진회의는 남북한 경제협력을 효율적으로 추진하기 위한 기구로 2000년에 국가안보회의 산하에 한 분과회의로 설치했다. 구체적인 기능은 각 행정기관의 남북 경제협력 사업계획을 심의하고, 경제협력사업의 이행 실태를 점검하며, 남북한 경제협력 관련 중요 사항에 대해 부처간 협의 조정하는 것이다. 재정경제부장관을 의장으로 하여 관련 부처 장관들과 대통령 수석보좌관들로 구성되었다.[43] 남북경제협력추진회의 산하 실무회의는 회의 안건을 사전 검토하고 위임받은 사무를 심의 처리하는 기구로서, 재정경제부 차관을 의장으로 하여 남북경제협력추진회의 멤버 부처 차

43) 통일부장관, 산업자원부장관, 환경부장관, 건설교통부장관, 기획예산처장관, 국가정보원장, 대통령 경제수석비서관, 대통령 외교안보수석비서관 및 안건 관련 행정기관장.

관급 공무원들[44]과 기타 관련 행정기관 1~3급 공무원들로 구성되었다. 그 밖에도 남북경제협력추진회의는 민간자문회의를 두고 있다. 남북한 경제협력에 관한 여론을 수렴하고 남북한 경제협력 정책의 수립에 관해 의장에게 자문하기 위해서이다. 자문회의는 정계·경제계·학계·언론계 등에서 남북한 경제협력에 관한 학식과 경험이 풍부한 자 중에서 대통령이 위촉하는 10인 내지 15인의 위원으로 구성했다.

그러나 참여정부에 들어와서 남북경제협력추진회의는 유명무실해졌다. 대북고위전략회의가 설치되어 그 역할을 대신했는데 대북고위전략회의는 상임위원회 의장이 관련 부처 장관들 및 1~2급 공무원들과 함께 대책을 논의하는 회의이다. 대북 경협 등 정치적 측면뿐만 아니라 전문기술적 측면에서 정확한 정보에 입각해 면밀한 검토가 필요한 안건들을 논의 조정할 필요가 있을 때 장관들로 구성된 상임위원회보다는 장관들과 고위공무원들이 혼합된 대북고위전략회의가 소집된다. 대북고위전략회의는 실무 공무원들이 참석하는 관계로 별도의 실무회의를 두지 않았다.

3) 운영 및 지원기구

2005년 현재 국가안보회의 본회의의 의장과 간사는 대통령과 사무처장이다. 사무처장은 대통령 국가안보보좌관[45]이 겸임한다. 상임위원회의 의장과 간사는 통일부장관[46]과 사무차장이다. 실무조정회의와 정세평가회의의 의장은 사무차장이고, 간사는 각각 사무처 정책조정실장과 정보관리실장이다. 남북경제협력추진회의 의장은 재경부장관이고 간사는 대통령경제수석이다. 동 실무회의 의장은 재경부차관이고 간사는 경제협력국장이다.

그러나 2003년 이전인 김대중 정부 하에서는 국가안보회의 의장은 대통령이, 상임위원회 의장은 통일부장관이, 실무조정회의와 정세평가회의 의장은 사무처장인 대통령 외교안보수석이 담당했다. 국가안보회의와 그 상임위원회의 간사는 사무처장이 담당했고, 실무조정회의와 정세평가회의 간

44) 통일부, 산업자원부, 환경부, 건설교통부 및 기획예산처의 차관, 그리고 국가정보원 제3차장, 국가안전보장회의 사무차장, 대통령 재정경제비서관, 국무조정실 경제조정관.
45) 차관급 외교안보수석을 2003년에 장관급으로 격상시키면서 이름을 국가안보보좌관으로 바꾸었다.
46) 그러나 상임위원회 의장을 대통령 국가안보보좌관이 겸임(2003~2004)한 적도 있다.

〈표 3-6〉 국가안보회의의 운영기구

각급회의	의 장	간 사
국가안보회의	대통령	국가안보회의 사무처장 (1998~2005)
- 상임위원회	통일부장관 (1998~2002) 국가안보보좌관 (2003~2004) 통일부장관 (2004~2005)	국가안보회의 사무처장 (1998~2002) 국가안보회의 사무차장 (2003~2004) 국가안보회의 사무차장 (2004~2005)
· 실무조정회의	국가안보회의 사무처장 (1998~2002) 국가안보회의 사무차장 (2003~2005)	사무처 정책조정부장 (1998~2002) 사무처 정책조정실장 (2003~2005)
· 정세평가회의	국가안보회의 사무처장 (1998~2002) 국가안보회의 사무차장 (2003~2005)	사무처 위기관리실장 (1998~2002) 사무처 정보관리실장 (2003~2005)
- 남북경제협력추진회의	재정경제부장관	대통령 경제수석비서
· 남북경제협력추진실무회의	재정경제부 차관	재경부 경제협력국장
- 대북고위전략회의	통일부장관	사무처 차장

사는 각각 정책조정부장과 위기관리실장이 담당했다. 2003년부터 대통령 외교안보수석보좌관이 차관급에서 장관급 국가안보보좌관으로 바뀜에 따라 장관급이 상임위원회의 간사를 담당하기 곤란해 간사가 사무차장으로 바뀌고, 상임위원회 간사가 담당했던 실무조정회의와 정세평가회의 의장도 사무차장으로 바뀌었다.

국가안보회의와 상임위원회 및 대북고위전략회의는 행정지원기구로서 사무처를 두고 있다. 그러나 남북경제협력추진회의 행정지원기구는 재정경제부 경제협력국내 남북협력과였다.

국가안보회의 사무처는 네 가지 주요 임무를 수행한다.

첫째, 국가안보회의 본회의, 상임위원회, 실무조정회의 및 정세평가회의 등의 운영에 대한 지원이다. 즉 각급 회의에 상정할 안건들을 수집해 회의를 소집하고 회의 요약을 작성해 배포하며, 국가안보회의 및 상임위원회의 결정 사항의 이행 여부를 점검한다.

둘째, 국가안보를 위한 전략기획이다. 즉 한반도를 둘러싼 동북아 평화체제 구축, 남북 군비통제, 남한 군사력 정비 등을 연구 기획하는 것이다.

셋째, 국가안보 관련 정보들의 관리이다. 즉 정보수집 기관들로부터 정보들을 취합해 분석평가하고 배포하는 일이다.

넷째, 국가위기관리 업무이다. 국가위기 관리체계의 구축, 국가위기 관련 현안 정책의 조정, 경보·훈련·평가제도의 정비, 국가안보종합상황실의 운영, 국가위기 관리 관련 조사연구 등을 담당한다.

이러한 임무들을 수행하기 위해 국가안보회의 사무처는 2003년부터 3실 1센터 체제, 즉 전략기획실, 정책조정실, 정보관리실 및 위기관리센터로 조직화되어 있다. 위기관리센터에는 국가안보종합상황실이 설치 운영되고 있는데, 이 상황실은 군사위기, 재해·재난위기, 국가기반시설 위기 등 국가위기 징후와 상황에 관한 각 기관들의 정보들을 실시간으로 종합해 전파하며, 국가위기가 발생하면 대통령이 직접 들러 지휘하는 장소이다. 사무처의 하부구조와 기능 분담은 [그림 3-2]와 같다.

사무처는 기본적으로 민간전문가들과 외교통상부, 통일원, 국가정보원,

[그림 3-2] 국가안보회의 사무처(2003~2005)

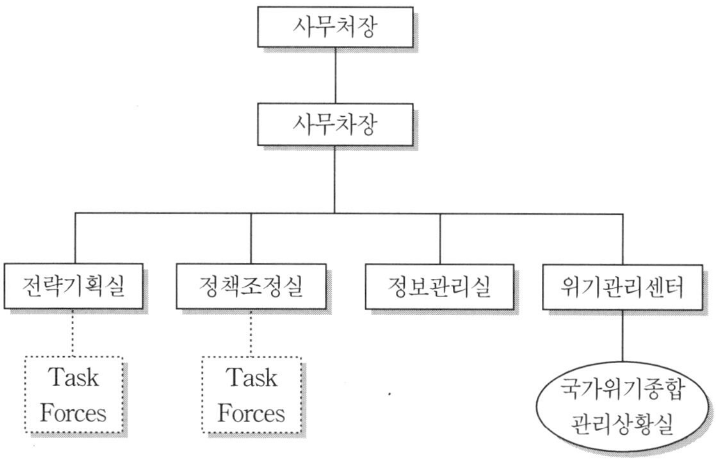

국방부 등에서 차출된 공무원들로 구성되었다. 전략기획실은 민간전문가(국방연구원 선임 연구위원)를 실장으로 하여 동북아 평화체제, 북핵문제, 한미관계, 국방과학기술 등 각 분야 전문가(박사)들과 국가정보원, 외교통상부, 통일부, 국방부 공무원들로 구성되었다. 이들은 모두 전략적 판단력의 소유자로 인정받은 자들이다. 정책조정실은 외교통상부 혹은 통일부 차관보를 실장으로 하여 4개 기관 공무원들과 소수 시민단체 간부들로 구성되었고, 정보관리실은 국가정보원 1급 공무원을 실장으로 하여 4개 부처 정보담당 공무원들과 소수 민간전문가들로 구성했다. 위기관리센터는 공군 준장을 센터장으로 하여 각군 현역 장교들과 소수 민간전문가들로 구성되었다.

[전략기획실] - 국가안보전략, 한반도 평화체제, 군비통제, 국제안보협력 등 기획
- 군사력 건설 방향 및 중장기정책 기획
- 기획 관련 임시조직(Task Forces) 가동

[정책조정실] - 안보회의 · 상임위원회 · 실무조정회의 운영
- 결정 사항에 대한 이행 점검 · 평가
- 정상외교 기획조정, 임시작업반(Task Forces) 가동

[정보관리실] - 정세평가회의의 운영
- 국가안보 관련 정보능력 개선
- 국가안보정보의 종합 · 분석 · 공유

[위기관리센터] - 국가위기 관리체계 구축, 위기관리 매뉴얼 작성
- 국가 재난 · 재해관리의 조정
- 국가종합위기관리상황실의 운영

[총무과] - 예산과 인사, 문서
- 국회관계

국가안보회의 사무처의 기본 업무는 회의 지원이다. 그러나 사무처는 여타 국가안보 관련 부처간 업무들을 추가로 담당해 왔는데, 그 추가 업무는 시기별로 달랐고 그에 따라 사무처 내부 조직도 변해 왔다.

1963년 설치 당시에는 회의 지원 이외에 전시를 염두에 둔 업무들, 즉 국

〈표 3-7〉 국가안보회의 사무처 변천

시 기	사무처 하부조직과 기능
1963~1974	[정책기획실] - 정책기획과 . 국가안보정책에 관한 자료 수집 . 회의 안건 관리 및 회의 결과 처리 - 긴급계획과 . 국가위기 예방책 강구 . 군사목표 및 군사력 검토 평가 [조사동원실] - 조사연구과 . 집단안보 및 국내외 정세에 관한 자료 수집 . 상황실 운영 - 동원과 . 전시자원의 동원과 비축 및 분배 . 산업시설의 전략적 배치 [총무과] . 예산과 인사, 회의기록 보존
1974~1979	[기획관] . 기본운영계획 지침의 수립과 조정 . 예산 편성과 집행, 사업의 진도 파악과 결과 분석 [정책기획실] - 운영담당관 : 회의 안건 정리 - 대외정책연구관 : 안보·통일·외교정책 연구 - 국내정책연구관 : 안보 관련 국내정책과 군사정책 연구 [조사분석실] - 조사분석담당관 : 국가안보 관련 자료의 수집 분석 - 자료관리담당관 : 안보자료와 비밀문서의 관리 [총무과] . 예산, 인사, 문서
1979~1998	비상기획위원회 사무국에서 국가안보회의의 사무국 역할 대행
1998~2003	[정책기획부] - 국가안보전략, 군비통제, 다자안보협력 등 기획조정 - 자문단 운영 [정책조정부] - 안보회의, 상임위원회, 실무조정회의 등 운영 지원 - 회의 결과의 보고와 이행 점검 - 4자회담, 미사일회담, 판문점장성회담 등에 관한 정책 조정 [위기관리실] - 위기예방관리 및 비상사태 대비계획에 관한 기획 조정 - 정세평가회의 운영 [총무과] - 예산과 인사, 대국회 업무

가안보 관련 정보와 자료의 수집, 군사력 증강, 위기 예방, 전시자원 관리 등을 추가해 2실 1과로 출발했고, 10년 후인 1974년 2실 1관 1과로 확대 개편되었다.

그러나 1979년부터는 회의 지원 업무를 제외한 나머지 국가안보 관련 업무가 신설된 비상기획위원회와 그 사무처로 이관되었다. 그 결과 국가안보회의 사무국은 의사과와 총무과 2과 체제로 축소 운영되었는데, 그마저

1986년에 폐지되었다. 그 후 12년 동안 국가안보회의 사무처 역할을 비상기획위원회 사무국이 대신했다.

국가안보회의 사무처는 1998년에 국가안보회의 회의 지원 이외에 동북아 평화와 남북 통일을 염두에 둔 업무들, 즉 국가안보전략, 다자간 안보협력, 남북회담, 위기관리 등을 추가해[47] 사무처장(대통령 외교안보수석비서관 겸임), 사무차장, 2부 1실 1과 체제[48]로 구축되었다. 2003년에 또다시 정보력과 군사력 강화 업무를 추가해, 사무처장, 사무차장, 3실 1센터 1과 체제로 확대되었다. 국가안보회의 사무국의 변천을 보면 <표 3-7>과 같다.

6) 운영 방식 및 실태

먼저, 국가안보회의의 본회의와 상임위원회 및 실무급 회의들의 운영 방식과 실태는 다음과 같다.

본회의는 현재 대통령이 필요시 소집한다. 1963년 국가안보회의 설치 당시 본회의는 정기회의와 임시회의로 구분되어 정기회의는 매월 1회 소집되었으나, 1979년부터 양자 구분을 폐지하고 대통령이 필요에 따라 소집해 왔다. 2006년 현재 본회의는 새로운 안보전략과 정책 방향을 설정하거나 대통령이 결정해야 할 안보상 긴급 현안이 발생했을 때 소집한다.[49] 보통 1년에 1~2회 소집된다. 매년 연초에 1회 소집되는데 이 때는 당해 연도 통일정책, 국방정책, 외교정책 등의 방향과 원칙 및 전략을 논의하고 확정한다. 그 밖에는 안보상 위기가 발생했을 때 혹은 을지훈련 기간에 소집된다. 또한 본회의는 안건을 심의 안건과 보고 안건으로 구분하고 있고,[50] 국가안보상 기밀 사항을 논의하는 경우가 많아 비공개로 진행된다.

---

47) 위기징후목록, 비상사태계획, 국가전시지도지침, 국가통수 및 군지휘기구 운영지침, 남북군비통제 기본 방안 등을 마련했고, 4자회담기획단, 한미미사일회담기획단 등을 설치 운영하고 있으며, 연구개발사업을 관리했다(문장렬, 2001: 36).

48) 국가안보회의 사무처는 처장, 차장, 위기관리실, 정책기획부, 정책조정부, 총무과 등으로 구성되어 있고, 정책기획부에 1명, 정책조정부에 3명, 위기관리실에 3명, 총무과에 5명 총 13명이 배치되어 있다. 처장은 대통령 외교안보수석이 겸임하고, 차장(1), 2급(1), 3급(1), 4급(3), 5급(3), 별정직비서(1)이 충원되어 있고, 그 밖에 영관 장교, 국정원 직원, 행정부 공무원 등 3명이 파견나와 근무했다.

49) 전자의 경우 실무조정회의와 상임위원회를 거치나 후자의 경우 거치지 않는다.

50) 심의 안건은 관련 부처들 간에 집단적 심의 혹은 조정을 통해 다수 의견을 형성해야 할 안건이고, 보고 안건은 관련 부처들 간에 공유해야 정보를 제공하는 안건이다.

상임위원회는 대통령과 긴밀한 조율 하에 운영됐다. 대통령은 외교국방 정책 및 대북정책에 관한 조정을 상임위원회에 대부분 위임해 놓고 상임위원회의 운영과 논의 결과에 관해 보고를 받고 지시를 내리며, 필요하면 직접 안보조정회의[51]를 소집했다. 상임위원회는 정기회의와 임시회의를 구분해 소집한다. 정기회의는 매주 1회 정해진 날짜에 개최되고, 임시회의는 긴급 사태 발생시 혹은 필요시 소집하되 사무처에서 관련 부처 장관들의 비서실과 협의해 날짜와 장소를 결정한다.

실무조정회의는 상임위원회에서 특정 부처의 독주나 장관들 간의 주고받기[52]가 불가능하도록 사전에 정보와 쟁점에 대한 인식을 공유하는 방향으로 운영되고 있다. 또한 실무조정회의는 매주 1회 소집되고, 원칙적으로 국가안보회의 본회의와 상임위원회에 상정할 모든 안건들은 실무조정회의를 거치도록 하고 있다. 다만, 고도의 보안이 요구되는 안건이나 안보상 긴급 사안은 실무조정회의를 거치지 않고 곧바로 본회의나 상임위원회에 상정한다.

정세평가회의는 국가정보원, 국방부, 외교통상부 및 통일원이 각자 독자

〈표 3-8〉 국가안보회의 개최 실적

연 도	본회의	상임위원회	실무조정회의	정세평가회의
1998	2 (9)	36 (164)	22(102)	4 (9)
1999	2(10)	49 (186)	12 (32)	7 (16)
2000	1 (5)	43 (119)	10 (15)	3 (10)
2001	2 (8)	44 (106)	28 (85)	4 (16)
2003	2	35	37	9
2004	1	49	41	7
2005	1	1	42	-
2006	2	2	12	1
계	7(32)	172(575)	72 (234)	18(51)

※ 괄호 안은 처리 안건 수.

51) 안보조정회의는 대통령이 상임위원회 위원들과 갖는 회의이다. 회의 운영 방식은 본회의와 유사하다. 심의 안건과 보고 안건의 구분, 회의의 비공개 등은 본회의와 동일하다.

52) 장관들이 자신들의 입장을 관철하기 위한 방법의 하나로서 장관들 간에 서로 상대방의 입장에 이의를 제기하지 않는 것, 즉 자신의 입장이 관철되도록 눈감아 주면 상대방 입장에 대해서도 눈감아 주는 것을 말한다.

적 정보에 입각해 대통령을 둘러싼 충성 경쟁을 벌이는 폐단을 없애기 위해 각 기관들이 수집한 국가안보정보를 취합해 공유하는 방향으로 운영한다. 이를 위해 매주 2회 소집되어 네 기관에서 가져온 정보들을 검토 종합해 2개의 보고서, 즉 '통일외교안보 정책 동향'과 '일일 정보 보고'를 만들어 청와대, 국무조정실 및 통일부, 외교통상부, 국방부에 배포해 공유하도록 하고 있다. 또한 정보를 취합할 때 수집기관을 실명화해 그 공헌을 인정하고 정보의 신뢰성에 대해 책임지도록 한다. 그러나 대통령에 대한 각 기관들의 직보를 금지하고 있지는 않았다.

김대중 정부에서 국가안보회의 본회의는 개최 횟수를 최소화하면서 대통령의 직접 주재하에 정부의 대북정책 원칙과 기조를 확인하는 수단으로 활용되어 왔다. 상임위원회는 정책조정기구로서 적극 활용되어 왔으나, 대통령이 갈등 해결을 위해 상임위원회를 직접 주재한 경우는 거의 없었다. 또한 극도의 보안 사항(정상회담 준비)은 상임위원회에서 논의하지 않고, 통일부장관, 국정원장, 외교안보수석이 협의해 처리했다. 실무조정회의는 상임위원회 개최 횟수의 절반도 안 되고, 정세평가회의도 과거 4년 동안 평균 분기별로 1회 개최됐다. 노무현 정부에 들어 실무조정회의 소집빈도는 증가됐으나 임기 중반부터 상임위원회와 정세평가회의는 유명무실해졌다.

남북경제협력추진회의 장관급 본회의는 정기회의와 임시회의 구분 없이 필요에 따라 의장이 소집했다. 의장은 회의 안건을 상정하기 전에 상임위원회 위원장과 협의를 거쳐야 하고, 간사는 논의 결과를 곧바로 상임위원회에 보고해야 한다. 남북경제협력추진회의는 김대중 정부 시절 2000~2002년 동안 6회 개최됐다. 그러나 노무현 정부에 들어와서 남북경제협력추진회의는 유명무실해졌다.

국가안보회의 사무처는 전문가들의 의견 수렴과 주요 현안들의 지속적 체계적 관리를 위해 자문팀과 작업반(Task Forces)을 설치 운영하고 있다. 자문팀과 작업반은 10명 내지 15명으로 구성했다.

전문가들의 의견 수렴을 위한 자문팀의 경우 사무차장실에 거시전략 자문팀을 두었고 3실 1센터에도 자문팀을 각각 1개씩 설치했다. 자문팀들은 대부분 학자와 연구위원 등 민간전문가들로 구성됐으나, 정보관리실 자문팀만 과거 정보기관에서 근무했던 민간전문가들로 구성했다. 자문팀은 요청에 의해 의견들을 수렴하거나 단기 보고서를 작성해 제출했다.

주요 현안들을 지속적이고 체계적으로 관리하는 작업반들은 전략기획실과 정책조정실의 관리 하에 주요 이슈별로 설치했다. 전략기획실은 북핵대책반, 한반도평화체제구축반, 한미관계대책반, 북방한계선(NLL)대책반 등을 설치했다. 이들 작업반들은 전략기획실장을 반장으로 하여 관련 부처 3~4급 공무원들로 구성했다. 정책조정실은 대통령방미준비반과 UN사무총장대책반을 설치 운영했는데, 전자는 대통령 외교보좌관을 반장으로 하여 관련 부처 차관보들로 구성했고, 후자는 사무처 차장을 반장으로 하여 3~4급 공무원들로 구성했다. 이들 작업반들은 부여받은 이슈에 관한 모든 정보를 수집해 분석하고, 이슈를 둘러싸고 전개되는 상황을 모니터링하며, 필요하면 대책을 기획하고 집행했다.

5) 심의 조정 절차

외교, 국방 및 남북관계 분야 정책들은 대부분 국가안보회의 상임위원회를 통해 심의 조정된다. 상임위원회를 통한 심의 조정 절차를 보면 다음과 같다.

첫째, 안건 설정 단계이다. 안건은 주로 부처의 제안이나 대통령의 지시 혹은 사무처 작업반의 제안에 의해 제출된다. 회의석상에서 논의 도중 나타난 새로운 쟁점을 다음 회의 안건으로 정하기도 한다. 국가안보회의 사무처에서는 안건을 적극적으로 발굴하기 위해 각 부처들이나 전문가들과의 접촉을 시도하지는 않는다. 그 대신 사무처는 작업반들을 통해 국가안보 관련 주요 현안 이슈들을 모니터링하고 있다가 정부의 방침을 정하거나 대책을 마련해야 할 필요가 있을 경우 안건으로 제출한다.

제출된 안건들은 심의 안건이든 보고 안건이든 간사인 사무차장이 검토해서 상정 안건을 최종 확정한다. 안건들이 너무 많이 제출된 경우 사무차장이 전략적이고 동시에 다수 부처와 관련된 안건들만 선정해 상정 안건으로 최종 확정한다. 반면에 제출된 안건이 전문기술적인 쟁점만 포함하고 있거나 단일 부처 소관이면 해당 부처에서 자율적으로 처리하도록 한다.

둘째, 자료 준비 단계이다. 논의에 필요한 자료보고서는 해당 부처에서 작성하고, 경우에 따라 동일 안건에 대해 2개 부처에서 각각의 보고서를 작성하기도 한다. 사무처는 보고서 작성과 관련한 사전지침을 제공하지 않는다. 다만, 사무처는 제출된 보고서를 검토하고 필요하면 보완을 요청한다.

제안 부처가 보완 요청을 수용하지 않으면 사무처에서 별도의 보고서를 작성해 상정한다. 사무처는 보고서를 수집해 안건과 함께 모든 참석자에게 3일 전까지 배포한다.

셋째, 실무조정회의 논의 단계이다. 실무조정회의에서는 안건에 대한 제안 부처의 설명을 들은 후 논의를 통해 쟁점들을 정리하고 이견들을 좁힌다. 중요한 안건들은 상임위원회에 상정하고 이견이 크지 않거나 중요하지 않은 안건들은 종결 처리한다.

넷째, 상임위원회 타결 단계이다. 상임위원회가 열리기 하루 전에 회의 안건, 검토 자료, 진행 방식 등을 의장에게 보고한다. 보고는 상임위원회 의장이 통일부장관이면 실무조정회의 멤버인 통일부 통일정책실장이, 의장이 대통령 국가안보보좌관이면 역시 실무조정회의 멤버인 대통령 국가안보보좌관[53]이 담당한다. 쟁점 이슈들에 관해 합의 도출 전략이 필요하면 부처간에 비교적 중립적인 입장에 있는 사무차장이 그 전략에 관해 의장에게 직접 보고한다.

상임위원회 회의가 열리면 그 당시 가장 시급하고 비중이 큰 안건이 있으면 그것을 먼저 논의하나, 그러한 안건이 없으면 보고 안건과 심의 안건을 구분 않고 부처 순서(통일부, 외교통상부, 국방부)에 따라 안건들을 논의한다. 회의는 엄격한 보안 속에 철저히 비공개로 진행된다.[54] 따라서 기록 담당자 이외에는 배석하지 않는다.

상임위원회 회의에서 부처간 갈등은 대부분 타결된다. 대부분의 안건에 대해 다수 합의가 이루어진다. 그러나 종종 합의가 이루어지지 않는 경우도 있는데, 이 경우 의장은 대통령에게 보고해 결심을 받아 내거나 차기 회의로 연기해 다시 논의한다. 특히 안건 주무장관이 다수 합의에 동의하지 않는 경우 대통령에게 보고해 타결하는 경향이 있다. 기본 방향이나 원칙에 대해 합의가 도출되었으나 전문기술적 쟁점에 대한 합의가 이루어지지 않는 경우 실무조정회의에 맡겨 타결한다.

회의록은 규정상 사무처장이 작성해 서명 날인한 후 비치하게 되어 있으

---

53) 장관급 국가안보보좌관 산하에 1급 외교보좌관, 안보보좌관, 통일보좌관을 두었다.

54) 경제 관련 의제가 상정된 경우, 이를 먼저 심의해 의제 관련 경제장관을 퇴장시킨 후 나머지 의제들에 대해 논의한다. 관련 부처 고위공무원들이 참석하여 세부 사항에 대해 보고하기도 하나, 보고 후 곧바로 퇴장한다.

나, 실제로는 회의록을 작성하지 않는다. 다만, 사무처 정책조정실 담당관이 배석해 회의 결론(의결 사항)을 요약 작성하면, 사무차장과 사무처장이 검토해 확정한다. 보도자료는 작성하지 않는다.

다섯째, 보고 및 이행점검 단계이다. 회의 결론은 대통령과 국무총리 및 참석 장관들에게 전달된다. 대통령에게는 규정상 사무처장이 소수 의견과 함께 문서로 보고하도록 되어 있다. 그러나 실제는 간사인 사무차장이 보고한다. 보고하면 대부분 수용한다. 사전에 대통령의 입장이 반영되었기 때문이다. 국무총리에게는 비법정 멤버로 참석했던 국무조정실장이 보고한다. 의결 사항의 이행 확보와 관련해서는 사무처에서 집행 상황을 점검한다. 주로 정책조정실이 점검하나, 사무처내 다른 부서들도 협력해 점검한다.

4 경제정책조정회의

경제정책조정회의는 경제장관회의와 경제장관간담회의 후신이다. 경제장관회의는 1963년 3월에 설치되어 35년 동안 경제개발 초기부터 선진국 문턱에 이르기까지 우리나라 경제정책을 총괄 심의 조정해 온 관계장관회의이다. 경제장관회의는 1998년 4월에 폐지된 후 그 해 6월부터 경제장관간담회로 명맥을 유지하다가 1년 만인 1999년 6월에 경제정책조정회의로 다시 부활했다. 경제장관간담회는 한동안 경제정책조정회의와 병행해서 운영되어 왔으나 2005년 3월에 폐지되었다. 그래서 경제정책조정회의만 남게 되었다. 2006년 현재 경제정책조정회의의 역할, 구성, 구조, 운영 방식 및 안건처리 절차는 다음과 같다.

1) 역할과 구성

경제정책조정회의는 법령상 경제 분야 주요 정책들을 종합적인 관점에서 일관성 있게 수립 추진하고 정부 부처들간 협의가 필요한 경제 현안들을 심의 조정하는 관계장관회의이다. 즉 관계장관회의로서 부처간 이견 조정뿐만 아니라, 경제 동향의 종합 점검, 주요 경제정책의 방향 설정 등을 담당하고 있다.

경제 분야 역대 장관회의들이 경제정책조정회의와 동일한 역할 범위를 가졌던 것은 아니다.

첫째, 경제장관회의는 근 20여년 동안 대내경제정책과 대외경제정책 구별 없이 양자 모두를 심의 조정했으나 1986년 이후부터 대내경제정책만 주로 심의 조정해 왔다. 즉 대외협력위원회(1986~1994), 대외경제정책위원회(1994~2001), 대외경제장관회의(2001~2006년 현재) 등이 설치됨으로써 대외경제정책을 심의 조정 대상에서 제외한 것이다.

둘째, 과거 경제장관회의와 경제장관간담회는 그 역할을 심의 조정에 집중했으나, 경제정책조정회의는 심의 조정을 넘어 경제 동향에 대한 점검, 주요 경제정책의 방향 설정 등으로 확대했다.55)

경제정책조정회의는 재정경제부장관을 의장으로 하여 산업자원부장관, 정보통신부장관, 농림부장관, 건설교통부장관 등 13개 부처 장관들56)과 기획예산처장관, 국무조정실장, 공정거래위원장, 금융감독위원장, 통상교섭본부장, 대통령 경제수석비서관, 대통령 정책기획위원장, 국정홍보처장 등으로 구성되었고, 의장은 필요하면 안건 관련 부처의 장과 협의해 참석 범위를 조정할 수 있다.

경제정책조정회의와 그 전신들의 참석 멤버를 보면 경제 관련 부처 장관들 이외에 의장의 요청에 따라 출석하여 발언할 수 있는 자들이 있다. 1963년 경제장관회의 설치 당시에는 한국은행 총재, 한국산업은행 총재 등 공공기관장이 출석 발언할 수 있었고, 나중에 농업중앙회회장 등으로 확대되었으며, 1999년 설치된 경제정책조정회의에서는 해당 분야 민간전문가만 의장의 초청에 의해 출석 발언할 수 있도록 했다.57)

---

55) 경제장관회의나 경제장관간담회가 구체적인 명문 규정 없이 동향 점검과 방향 설정을 해왔기 때문에 종전과 별 차이가 없어 보이나, 이를 명문화한 것은 이들 업무를 정기적으로 특별히 챙기라는 의미가 있다.

56) 교육인적자원부장관, 과학기술부장관, 행정자치부장관, 문화관광부장관, 농림부장관, 산업자원부장관, 정보통신부장관, 보건복지부장관, 환경부장관, 노동부장관, 여성가족부장관, 건설교통부장관, 해양수산부장관.

57) 경제장관회의의 출석 발언 가능자는 다음과 같다.
1964~1967: 한국은행 총재, 산업은행 총재
1967~1990: 한국은행 총재, 한국산업은행 총재, 농업협동조합중앙회 회장, 한국외환은행장
1990~1998: 한국은행 총재, 한국산업은행 총재, 농업협동조합중앙회 회장
1998~2006: 민간전문가

2) 하부기구: 차관조정회의와 실무조정회의

경제정책조정회의에는 하부기구로서 차관조정회의와 실무조정회의가 있다.

실무조정회의는 안건을 사전에 검토하고, 안건과 관련해 장관급 본회의가 위임한 사항을 심의하는 기구이다.[58] 실무조정회의에서의 사전 검토는 안건의 쟁점들을 명확히 하고 전문기술적 쟁점들을 협의 조정하는 것이다. 실무조정회의는 안건을 최종 종결 처리하지는 않는다. 위임 사항은 미리 정해져 있는 것이 아니고 장관급 본회의 논의 도중에 실무조정회의에서 좀 더 충분한 논의할 필요가 있다고 판단되면 그 안건을 실무조정회의에 위임한다. 실무조정회의에는 경제정책조정회의 간사인 재정경제부 차관보의 주재 하에 안건과 관련되는 행정기관의 1급 내지 3급의 공무원들이 참석한다.

차관조정회의는 실무조정회의에서 조정되지 아니한 사항이나 관련 부처들 간에 사전 협의가 필요하다고 인정되는 사항에 대해 논의하는 차관급 사전조정회의이다. 재정경제부 차관 주재 하에 안건 관련 행정기관들의 차관급 공무원으로 구성한다.

과거 경제장관회의나 경제장관간담회는 하부기구로서 차관회의만을 두었다. 그러나 경제정책조정회의는 1998년 설치 당시 어떠한 하부기구도 두지 않았으나 나중에 실무조정회의와 차관조정회의를 설치했다. 즉 3년 후인 2001년 2월에 실무조정회의를 먼저 설치했고, 그 후 4년 뒤인 2005년 2월에는 다시 차관조정회의를 설치했다. 차관조정회의를 설치한 대신 경제정책조정회의 시스템의 효율화를 위해 경제정책조정회의 본회의 임시회의를 폐지하고 정기회의를 월 1회에서 주 1회로 전환했다.

3) 지원기구

경제정책조정회의와 실무조정회의를 지원하는 기구는 1998년 설치 당시 재정경제부 차관보와 경제정책국(정책총괄과, 정책조정과)이었다. 간사로서 차관보는 의장의 안건 선정과 회의 소집 결정을 보좌했고, 지원 스태프로서 정책총괄과는 회의의 소집과 준비를, 정책조정과는 제안 부처들의 안건들에 대한 사전 검토를 담당했다.

---

58) 다만, 경제외교정책 및 대외통상교섭에 관한 사항으로서 외교통상부장관의 조정을 거친 사항은 제외한다.

그러나 2005부터 경제정책조정회의와 실무조정회의의 지원기구가 경제정책국에서 정책조정국으로 바뀌었다.[59] 정책조정국은 정책조정총괄과, 산업경제과, 지역경제정책과, 기술정보과, 서비스정책과 등 5개 과로 구성되어 있는데, 이 정책조정국이 경제정책조정회의의 사무처 역할을 담당하고 있다. 정책총괄과 과장과 사무관 및 직원 등 3명이 경제정책조정회의의 소집과 준비 등 행정 지원을 담당한다. 정책총괄과 나머지 직원들과 4개 과는 경제정책조정회의에 상정될 안건들 가운데 해당 안건들을 사전에 검토하고 필요하면 제안 부처와 비공식 협의 조정을 한다. 이들 5개 과들의 관할 영역은 <표 3-9>와 같다.

과거 경제장관회의는 현재와 유사하게 경제기획원 내 1급 공무원과 서기관이 간사와 지원 스태프를 담당했다. 그러나 경제장관간담회는 간사가 대통령 경제정책수석비서였고 행정지원기구는 경제정책국 정책총괄과와 정책조정과였다. 역대 경제 분야 장관회의들의 의장과 간사 및 지원 스태프

〈표 3-9〉 사전 검토 업무의 정책조정국 내 업무 분담

해당 과	분담 업무
정책조정총괄과	- 시장경제 제도 개선에 관한 정책의 협의·조정 - 부동산 관련 정책의 협의·조정 - 다수의 부처가 관련된 경제정책의 총괄·조정
산업경제과	- 지식기반경제 관련 시책의 총괄·조정 - 산업의 균형 발전과 경쟁력 강화를 위한 기본 정책방향 수립 및 관련 정책의 협의·조정 - 제조업, 농림수산업, 중소기업 관련 정책의 협의·조정
기술정보과	- 기술 관련 정책의 협의·조정 - 정보화 촉진 및 정보통신산업 관련 정책의 협의·조정 - 에너지 및 자원개발 관련 시책의 협의·조정
지역경제정책과	- 지역균형 발전과 지방경제 활성화 관련 정책의 총괄·조정 - 사회간접자본 관련 정책의 협의·조정 - 국토개발과 산업입지 및 토지이용 관련 정책의 협의·조정 - 유통구조 발전과 유통 효율화 관련 정책의 수립·조정
서비스경제과	- 서비스산업 총괄, 서비스산업정책 추진 실적 점검 - 생계형 서비스, 문화·관광 서비스, 방송·광고 서비스 - 서비스 수출

59) 경제정책국내 정책총괄과와 정책조정과가 정책조정국으로 확대 개편되었다.

〈표 3-10〉 경제 분야 관계장관회의의 의장과 간사 및 행정지원 스태프

구 분	회의 수준	의 장	간 사	지원 스태프
경제정책조정회의 (1999~2006)	장관회의	재경부장관	차관보	정책조정국: 정책조정총괄과 등 5개 과
	차관조정회의	재경부 차관	-	
	실무조정회의	재경부 차관보	정책조정국장	
경제장관간담회 (1998~2005)	장관회의	재경원장관	경제수석비서	경제정책국: 정책총괄과, 정책조정과
	차관간담회	재경원 차관	경제정책국장	
경제장관회의 (1964~1998)	장관회의	경제기획원장관	기획관리실장	경제장관회의담당관
	차관회의	경제기획원 차관	경제기획원 공무원	법무담당관

는 <표 3-10>과 같다.

4) 운영 방식 및 현황

경제정책조정회의의 운영 방식상 특징은 다음과 같다.

첫째, 경제정책조정회의는 1999년 설치 당시 정기회의와 수시회의에 서로 다른 역할을 부여하고 구성 멤버도 달리했다. 즉 정기회의는 매월 1회 정기적으로 개최해 경제동향의 종합 점검과 주요 경제정책의 방향 설정 등 전반적인 경제 운영에 관한 사항을 심의했고, 필요에 따라 수시회의를 소집해 대통령, 국무총리, 주무부처장이 요청한 경제 관련 사항을 심의 조정했다. 구성 멤버도 정기회의는 재정경제부장관을 의장으로 하여, 경제 관련 13개 장관[60]과 기획예산처장관, 통상교섭본부장, 공정거래위원회 위원장, 금융감독위원회 위원장, 대통령 경제수석비서관, 대통령자문 정책기획위원회 위원장, 국무조정실장, 국정홍보처장 등 대규모로 구성했다. 반면에 수시회의는 재정경제부장관의 주재 하에 기획예산처장관, 공정거래위원회 위원장, 금융감독위원회 위원장, 대통령 경제수석비서관, 국무조정실장, 안건 제안 부처장 및 관련 부처장 등 비교적 소수 관련자들만 참석케 했다.

2005년 이후부터 2007년 현재 경제정책조정회의는 수시회의는 소집하지

60) 교육인적자원부장관, 과학기술부장관, 행정자치부장관, 문화관광부장관, 농림부장관, 산업자원부장관, 정보통신부장관, 보건복지부장관, 환경부장관, 노동부장관, 여성가족부장관, 건설교통부장관, 해양수산부장관.

않고 정기회의만 매주[61] 개최하면서 반기별로 연 2회 경제운영 방향에 대해 논의하고 나머지 회의에서는 현안 쟁점들에 대해 심의 조정하고 있다. 경제운영 방향에 대해서는 전년도 12월에 상반기 경제운영 방향을, 6월 혹은 7월에 하반기 경제운영 방향을 논의하고 있다.

둘째, 경제정책조정회의는 안건의 종류에 따라 그 처리 방식을 달리하고 있다.

먼저, 안건들 가운데 부처간 이견이 첨예하거나 국민경제에 미치는 효과가 큰 안건들은 실무조정회의를 거쳐 장관급 본회의에 상정하고, 그렇지 않은 대부분의 안건들은 부처간 비공식 협의[62]를 거쳐 곧바로 장관급 본회의에 상정한다. 차관조정회의는 규정상 유지되고 있을 뿐 실제로는 활용되지 않고 있다. 장관회의가 매주 소집되어 차관조정회의의 필요성이 크게 줄어들었을 뿐만 아니라 실무조정회의의 상급기관으로서 차관조정회의는 불필요한 옥상옥으로 간주되기 때문이다.

다음으로, 경제정책조정회의는 안건을 의결 안건, 토의 안건, 보고 안건으로 구분해 장관회의 개최시 의결 안건을 제일 먼저 논의하고 보고 안건을 맨 나중에 논의하고 있다. 의결 안건은 부처간 합의 결정한 후 곧바로 집행에 들어가야 할 안건이고, 토의 안건은 향후 구체적인 결정에 들어가기 전에 미리 큰 방향과 원칙을 정하기 위해 부처 간에 의견 교환이 필요한 안건이며, 보고 안건은 향후 대책 마련 일정이나 경제 현황 및 정책추진 실적 등을 알리는 안건이다.

셋째, 경제정책조정회의는 차관급의 대리 출석을 허용한다. 정규 멤버들이 다수이고 바빠서 모두가 매주 1회씩 꼬박꼬박 참석하기가 어렵기 때문이다. 또한 정규 멤버들은 상정된 안건들이 소관 업무와 관련되어 있지 않으면 불참하는 경우도 많다.

넷째, 경제정책조정회의는 대통령이나 경제보좌관의 간섭을 받지 않고 자율적으로 운영되고 있다. 그러나 청와대와 재정경제부 사이에는 매주 소

61) 정기회의는 매주 금요일에 개최하는 것을 원칙으로 하되, 필요에 따라 개최 시기를 조정할 수 있다.

62) 쟁점 이슈가 있을 경우 관련 부처들의 과장들 혹은 국장들이 그때그때 회의 혹은 전화를 통해 상호 의견을 교환하고 조정하는 회의를 말한다. 규정상 정해진 것은 아니고 비공식적으로 이루어진다.

집되는 비공식 경제상황점검회의가 있어서 재정경제부가 보고하고 청와대가 코멘트하는 과정을 통해 대통령과 보좌관의 의견이 경제정책 전반에 반영되고 있다.

최근 경제정책조정회의의 운영 현황을 보면 <표 3-11>과 같다.

〈표 3-11〉 최근 경제정책조정회의의 개최 횟수와 상정 안건

연 도	개최 횟수	상정 안건
2003년	6회	11건
2004년	21회	48건
2005년	30회	48건
2006년	27회	38건

참고: 2004년은 경제정책조정회의 대신에 경제장관간담회가 소집되었음.

5) 심의 조정 절차

쟁점 이슈들이 경제정책조정회의를 통해 심의 조정되는 절차는 다음과 같다.

첫째, 안건 선정 단계이다. 경제정책조정회의에 상정할 안건들은 관련 부처들의 제안 혹은 재정경제부 정책조정국의 발굴을 통해 확보된다.[63] 부처들은 안건과 관련된 부처들이 많고 부처간 비공식 협의를 통해 쉽게 조정될 것 같지 않으면 재정경제부의 힘을 활용하기 위해 경제정책조정회의에 적극 상정하고, 관련 부처들이 많지 않고 부처간 비공식 협의를 통해 주도적으로 해결할 수 있을 것 같으면 가급적 상정하지 않으려고 한다. 정책조정국은 부처별 PM(Project Manager)[64]들을 통해 각 부처들과 접촉하거나 각 부처들의 연초 업무보고 자료를 검토해 안건을 발굴한다. 의장인 재경부장관이 경제정책조정회의에서 논의 도중 새로운 쟁점이 생기면 다음 회의 안건으로 상정하도록 지시하기도 한다. 제안과 발굴 및 지시를 통해 확

63) 최근에는 회의 소집에 필요한 안건들의 발굴에 어려움을 겪고 있다. 회의가 매주 자주 열릴 뿐만 아니라 국가과학기술위원회와 인적자원개발회의가 활성화되어 안건들이 분산되고 있기 때문이다.

64) 경제 관련 타부처의 특정 업무 분야를 전담하는 PM은 사무관들이 담당한다.

보된 안건들을 정책조정국장이 간사인 차관보와 협의해 3~4개로 압축함으로써 상정 안건이 최종 선정된다. 선정 기준은 중요성과 시급성이다. 덜 중요하고 덜 시급한 안건들은 차기 회의로 미룬다.

둘째, 자료 준비 단계이다. 안건 심의에 필요한 자료는 제안 부처에서 작성한다. 정책조정국은 해당 부처에 자료 작성에 필요한 지침을 주지는 않지만, 해당 부처가 작성한 자료를 검토해 필요하면 보완을 요청하기도 한다.

셋째, 실무조정회의 검토 단계이다. 부처간 이견이 첨예하거나 중요한 안건들은 실무조정회의에서 사전에 검토 조정한다. 실무조정회의는 간사인 차관보의 주재 하에 필요에 따라 수시로 열려 부처간 쟁점들을 논의하고 이견을 좁힌다. 1개 안건에 대한 이견을 좁히기 위해 실무조정회의가 3~4차례 소집되는 경우도 있다. 그러나 안건을 최종 종결 처리하는 경우는 없다. 실무회의에서 논의 조정된 모든 결과는 장관회의에 상정되고, 장관회의에서 최종 종결 처리된다.

넷째, 장관급 본회의 심의 단계이다. 먼저 정책조정국장이 회의 개최 하루 전에 경제정책조정회의 의장에게 상정 안건, 검토자료, 실무회의 논의 결과, 회의 진행 방식 등을 보고한다. 이 보고 과정에서 필요하면 이견 조정의 방향과 전략에 관해 조언하는 경우도 있다. 의장이 이 조언을 반드시 따르는 것은 아니다. 자신의 생각과 소신이 있으면 그대로 처리한다.

회의가 열리면 의장의 인사말에 이어 안건 논의에 들어간다. 안건은 의결 안건, 토의 안건, 보고 안건 순으로 상정되고, 같은 종류의 안건이면 중요하거나 시급한 안건이 먼저 상정된다. 상정되면 제안 부처 장관을 배석한 국장으로부터 설명을 들은 후 자유 토론에 들어간다. 토론은 희망자 순으로 진행한다. 간사인 재경부 차관보는 배석해 장관들의 질의에 응답하기도 하고, 장관들의 의견에 대해 코멘트하기도 한다. 시간이 부족할 경우 보고안건들을 서면으로 대체한다.

회의 결과는 정책조정총괄과 지원 스태프(사무관)가 요약해 작성한다. 보도자료는 제안 부처나 정책총괄과에서 초안을 작성하고 회의가 끝나면 회의 결과를 반영해 수정한다.

다섯째, 통보 및 이행점검 단계이다. 회의가 끝나면 정책조정총괄과에서 회의 결과 요약을 관련 부처들에게 통보한다. 대통령에게는 경제수석비서관이 보고한다. 보도자료도 정책총괄과에서 기자실에 배포한다. 다만, 국민들에게 알려야 할 중요한 내용이 있으면 의장이 기자실에서 직접 브리핑을 한다. 회의에서 결정된 사항의 이행 여부 및 추진 실적은 정책조정국 담당 PM이 분기별로 점검한다. 점검 결과는 취합되어 곧바로 장관급 본회의에 보고된다.

5 인적자원개발회의

인적자원개발회의는 각 부처에 산재되어 있는 인적자원 개발 업무들을 총괄 조정하는 기구이다. 다시 말해 중앙정부, 지자체, 교육연구기관, 기업들이 사람과 지식을 효율적 개발하고 활용할 수 있도록 지원하기 위해 국가적 정책의제를 개발해 추진하고 그 과정에서 부처간 조정과 연계를 도모하기 위한 기구이다.

인적자원 개발 분야 최초의 관계장관회의는 1976년 5월에 설치된 인력개발촉진위원회이다. 이 인력개발촉진위원회는 역할이 확대되어 1984년 9월부터 인력정책심의위원회로 운영되다가 1995년 9월에 폐지되었으나, 2000년 2월에 다시 인적자원개발회의로 부활되어 오늘에 이르고 있다.[65]

1) 역할과 구성

인적자원개발회의의 구체적인 역할은 인적자원 개발을 위한 국가인적자원 개발 기본계획과 시행계획의 수립 지침 및 내용을 심의 조정하고, 그 추진 실적과 투자 실적의 평가 결과를 보고받아 논의하며, 교육·문화·과학기술 등 분야의 인적자원개발을 둘러싼 부처간 이견을 조정하는 것이다. 국가인적자원개발 기본계획은 5년마다 수립되는 중장기 종합계획이고, 그 시행계획은 기본계획에 따라 해당 중앙행정기관들이 수립 추진하는 연도별 세부추진계획이다.

---

65) 인력개발촉진위원회와 인력정책심의위원회는 대통령령으로 설치되고 폐지되었다. 인적자원개발회의는 처음에 대통령령으로 인적자원개발회의규정을 제정(2000. 2.)하여 설치되었으나, 2년이 지난 후 인적자원개발기본법(2002. 8.)과 그 시행령(2003. 2.)을 제정하여 인적자원개발회의 규정을 흡수했다.

과거의 인력개발촉진위원회(1976~1984)는 경제발전에 필요한 기술인력의 개발과 외화 획득을 위한 기술인력의 해외 진출 등을, 인력정책심의위원회(1984~1995)는 장단기 인력 수급 전망과 과학기술 인력 양성 및 실업 대책 등을 심의 조정 대상으로 했으나, 인적자원개발회의(2000~2007 현재)는 과학기술뿐만 아니라 문화, 교육 등 모든 분야의 인력 수급 전망과 인적자원 개발을 심의 조정 대상으로 하고 있다. 인적자원개발회의는 각 부처청에 산재되어 있는 인적자원 개발 업무를 효율적으로 총괄 조정하기 위해 설치되었다.

인적자원개발회의는 의장인 교육인적자원부장관을 포함해 과학기술부장관, 문화관광부장관, 산업자원부장관, 여성가족부장관 등 10개 장관[66]과 기획예산처장관, 중앙인사위원회 위원장, 국무조정실장, 국정홍보처장 등 총 14인으로 구성된다. 의장은 필요하면 중앙행정기관장이나 전문가를 출석시켜 발언하게 할 수 있다.

인적자원개발회의는 과거의 인력개발촉진위원회와 인력정책심의위원회와는 구성 멤버상 차이가 있다. 즉 인적자원개발회의는 교육인적자원부장관을 의장으로 하면서 대통령비서실 수석비서관들을 참여시키지 않고 있으나, 인력개발촉진위원회와 인력정책심의위원회는 경제기획원장관을 의장으로 하여 대통령비서실 수석비서관들을 당연히 참여시켰다.

2) 하부기구 : 실무조정회의와 분야별 전문위원회

인적자원개발회의는 하부기구로서 실무조정회의, 분야별 전문위원회, 평가단, 인적자원개발지원센터 등을 두고 있다. 또한 각 부처와 지방자치단체에 인적자원개발정책 책임관을 지정해 두고 있다.

실무조정회의는 의장인 교육인적자원부 차관보와 안건 관련 중앙행정기관 1~3급 공무원들이 모여, 인적자원개발회의에서 심의 의결이 필요한 안건들을 사전에 검토 조정하고, 본회의 합의 사항의 구체화 방안을 협의하며, 기타 본회의가 위임한 사항을 검토 심의하는 기구이다. 장관급 본회의가 국가인적자원개발 정책의 기본 방향과 향후 계획 및 추진전략(추진 주체, 추진 방법, 추진 일정)에 대한 논의, 주요 정책갈등에 대한 부처간 최종

66) 나머지 5개 장관은 재경부장관, 행자부장관, 정보통신부장관, 보건복지부장관, 노동부장관.

조정, 인적자원개발에 관한 주요 정보의 공유 등을 위한 장소로 주로 활용되는데 반해, 실무조정회의는 부처간 전문기술적 이견의 조정과 합의 사항의 구체화를 위한 장소로 활용되고 있다.

전문위원회는 분야별로 관련 부처 국장급 공무원들과 해당 분야 민간전문가(주로 교수와 연구원)들이 모여 인적자원개발회의 의장이 요청한 사항에 대해 전문적인 검토를 하여 인적자원개발회의에 보고하는 기구이다. 2006년 현재 대학특성화 지원, 교육격차 해소, 문화예술 교육 등 분야에 설치되어 있다. 전문위원회 위원장은 국가인적자원개발회의 의장이 지명하는데, 대체로 교육인적자원부 차관이나 1급 공무원이 지명된다.

평가단은 국가인적자원개발 기본계획과 시행계획의 추진실적을 평가하는 기구로서 평가단장[67] 1인을 포함한 30인 이내의 평가위원으로 구성한다. 평가위원은 인적자원 개발에 관한 전문지식과 경험이 풍부한 자 중에서 관련 중앙행정기관 장의 추천을 받아 교육인적자원부장관이 위촉한다. 대부분 대학교수와 정부출연연구기관 연구원들이다. 임기는 2년이고 1차에 한해 연임할 수 있다.

인적자원개발지원센터는 인력수급에 대한 전망 및 분석, 인적자원개발 기본계획 및 시행계획의 추진실적 평가에 필요한 지표 개발, 인적자원개발 관련 투자실적 분석, 국가인적자원개발 종합정보망(NHRD-Net) 구축 등의 업무를 수행하는 기관이다. 인적자원지원센터는 별도로 설치되어 있는 것이 아니고 인적자원개발 관련 연구기관이나 대학연구소 등이 지정된다. 2007년 현재 한국직업능력개발원의 인적자원정책연구본부가 인적자원개발지원센터로 지정되어 있다.

인적자원개발정책 책임관은 중앙행정기관의 경우 기관장이 지명한 1~3급 공무원이, 지방자치단체의 경우 단체장이 지명한 2~4급 공무원이 하고, 소속기관의 인적자원개발 관련 시행계획의 수립·추진, 추진실적 보고 및 관련 회의 소집 등의 업무를 총괄한다.

과거 인력개발촉진위원회와 인력정책심의위원회는 하부기구로서 차관급 실무위원회와 실무분과위원회를 두었다. 실무위원회는 경제기획원 차관을 의장으로 하여 멤버 부처 차관들과 대통령비서실 경제수석비서관 및 정무

67) 평가단장은 평가위원 중에서 교육인적자원부장관이 지명한다.

[그림 3-3] 인적자원개발회의의 구조(2006년 현재)

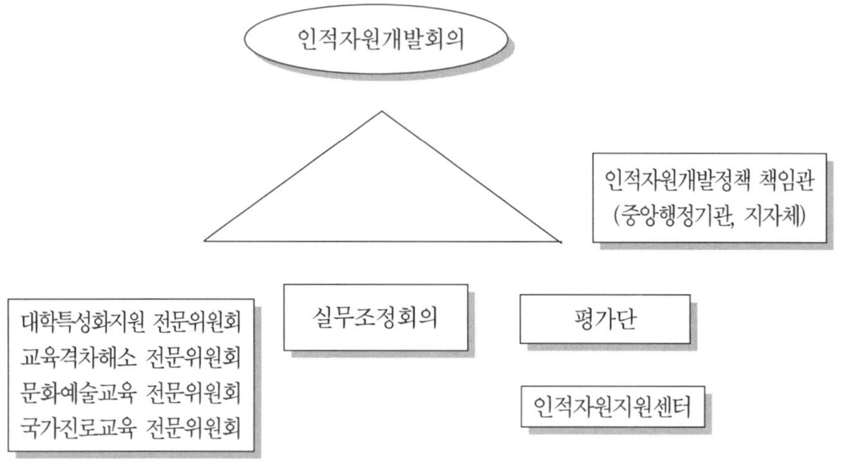

수석비서관 등으로 구성되는 기구였고, 분야별 실무분과위원회는 관련 분야 실무위원회 위원들로 구성된 기구였다. 실무위원회 임무는 본위원회에 상정할 안건들에 대한 사전 검토에 국한되었다.

인적자원개발회의는 설치 당시 하부기구를 설치하지 않았으나 1년 후부터 2년 동안(2001~2002) 교육인적자원부 차관을 의장으로 하고 안건 관련 부처 1~3급 공무원들로 구성된 실무조정회의를 두었다. 그 임무도 안건의 사전 검토 이외에 본회의에서 위임한 사항들을 처리하도록 하였다. 2003년에 [그림 3-3]과 같은 하부기구가 정비되었다.

3) 운영 및 지원 기구

인적자원개발회의의 운영을 책임지는 본회의 의장은 교육인적자원부장관이고, 실무조정회의 의장은 교육인적자원부 차관이며, 간사는 교육인적자원부 차관보이다. 의장들과 간사를 지원하는 기구는 교육인적자원부 인적자원개발국내 정책총괄과와 정책조정과이다.

인적자원개발국이 실질적인 사무처 역할을 한다. 정책총괄과는 인적자원개발회의와 실무조정회의 등의 회의관리를 담당하고, 정책조정과는 제안부처들의 안건들을 사전 검토한다.

과거 인력개발촉진위원회와 인력정책심의위원회의 위원장은 경제기획원 장관, 실무위원회 위원장은 경제기획원 차관, 간사는 경제기획원 경제기획 국장이었다.

4) 운영 방식과 실태

먼저, 인적자원개발회의의 운영 방식을 보면 다음과 같다.

첫째, 매월 1회 정기회의를 개최하고, 필요시 수시회의를 소집하는 것을 원칙으로 했다. 그러나 실제로는 정기회의와 수시회의 구분 없이 운영되고 있다. 인적자원개발회의 의장은 교육인적자원부장관이지만, 경우에 따라서는 대통령이나 총리가 주재하는 경우도 있다.

둘째, 인적자원개발회의는 회의의 효율적 운영을 위해 상정 안건을 세 가지로 구분해 관리하고 있다. 즉 부처간 협의 조정이 필요하면 심의 안건으로, 협의 조정이 필요하지 않으면 보고 안건으로, 각 부처 혹은 부처 공동의 현안으로서 사회적 논란이 되고 있는 이슈들은 의제제안 안건으로 정했다. 심의 안건은 실무조정회의를 거치고 보고 안건과 의제제안 안건은 실무조정회의를 거치지 않고 곧바로 본회의에 상정하는 것을 원칙으로 했다.

〈표 3-12〉 인적자원개발회의 연도별 개최 횟수와 처리안건 수(2000~2006)

연 도	계	의장 주재	대통령 주재	총리 주재
2000	8 (24)	8 (24)	–	–
2001	14 (31)	7 (17)	7 (14)	–
2002	16 (56)	13 (50)	2 (4)	1 (2)
2003	6 (30)	6 (30)	–	–
2004	8 (39)	5 (32)	1 (1)	2 (6)
2005	6 (22)	4 (18)	2 (4)	–
2006	6 (36)	6 (36)	–	–
계	64 (238)	49 (207)	12 (23)	3 (8)

참고: 괄호 안은 안건 수, 실무조정회의는 제외.
출처: 2007 인적자원개발회의 운영계획(안), p.1.

〈표 3-13〉 인적자원개발회의 멤버 부처별 제안 건수(2000~2006)

부 처	제안 건수 / 비율	부 처	제안 건수 / 비율
교육인적자원부	153(72) /64.3	노동부	19(14) / 8.0
과학기술부	16 (8) / 6.7	문화관광부	12 (7) / 5.0
산업자원부	8 (1) / 3.4	정보통신부	5 (3) / 2.1
중앙인사위원회	4 (1) / 1.7	국무조정실	4 (4) / 1.7
여성부	3 (2) / 1.3	국방부	3 (1) / 1.3
환경부	2 (1) / 0.8	농림부	1 (1) / 0.4
보건복지부	1 (0) / 0.4	해양수산부	1 (1) / 0.4
기획예산처	1 (1) / 0.4	기 타	5 (2) / 2.1
총 계		238 (123) / 100	

참고: 괄호 안은 단독 제출.
출처: 2007 인적자원개발회의 운영계획(안), p.3.

〈표 3-14〉 연도별 안건별 처리 건수(2000~2006)

안건 / 연도	의제 제안안건	심의 안건	보고 안건	기타	합계
2000	-	17	5	2	24
2001	4	6	7		17
2002	4	37	9		50
2003	6	12	12		30
2004	4	14	11	3	32
2005	1	6	11		18
2006	1	13	22		36
총계(%)	20 (9.7)	105 (50.7)	77 (37.2)	5 (2.4)	207 (100)

참고: 대통령과 국무총리 주재 간담회는 불포함.
출처: 2007 인적자원개발회의 운영계획(안), p.4.

그러나 실제로는 대부분의 안건들이 실무조정회의를 거치고 있다. 다만, 긴급한 안건인 경우에 한해 실무조정회의를 건너뛰어 본회의에 곧바로 상정된다.

다음으로, 인적자원개발회의의 운영 실태를 보면 다음과 같다.

2000년 3월 설치 이후 2006년까지 연평균 9회 총 64회 개최했고, 안건은 매회 평균 4건 총 238개를 처리했다. 또한 상정안건 중 의장 부처인 교육인적자원부 제출 안건이 절반 이상인 64.3%를 차지하고 있다. 즉 총 238건 중 153건에 이른다. 상정 안건 중 절반이 심의 안건이다. 인적자원개발회의의 구체적 운영 실태를 보면, <표 3-12>, <표 3-13>, <표 3-14>와 같다.

5) 심의 조정 절차

인적자원개발회의의 심의 조정 안건은 크게 인적자원개발에 필요한 계획들과 인적자원개발정책을 둘러싼 부처간 이견들이다. 양자의 심의 조정 절차가 약간 달라 구분해 설명하면 다음과 같다.

(1) 인적자원개발계획의 수립과 추진 절차[68]

국가는 인적자원개발을 위한 종합시책을 세우고, 그 추진에 필요한 행정적·재정적 지원 방안을 강구해야 한다. 해당 중앙행정기관장은 기본계획에 따라 소관 업무에 관한 연도별 시행계획을 수립 집행해야 하고, 지방자치단체도 국가의 시책과 지역적 특성을 고려해 인적자원개발에 필요한 시책을 강구해야 한다. 국가인적자원개발을 위한 기본계획과 시행계획의 수립 및 추진 절차는 다음과 같이 크게 3단계로 구분된다.

첫째, 국가인적자원개발 기본계획의 수립 단계이다.[69] 인적자원개발회의

---

68) 개략적인 절차는 인적자원개발기본법(2003. 8.)과 그 시행령(2003. 2.)에 최초로 규정되어 있다.

69) 제1차 국가인적자원개발 기본계획 수립 절차: i) 인적자원개발회의에서 작업 방향과 계획에 대한 합의(2001. 3.), ii) 실무조정회의에서 세부작업계획 수립과 작업단(총괄반, 부처별 실무작업반) 구성(2001. 4.), iii) 각 부처 실무작업반에서 부문계획 수립(2001. 4~5.), iv) 총괄반에서 부문계획 종합(2001. 6.), v) 기본계획안에 대해 대통령 민간자문기구인 교육인적자원정책위원회의 의견 수렴(2001. 7~8.), vi) 인적자원개발회의에서 최종안 확정, 대통령 보고 및 발표(2001. 9.).

제2차 국가인적자원개발 기본계획 수립 절차: i) 기본계획 방향과 의제 설정을 위한 자문위원회(경제단체 대표, 대학총장, KLI, KDI 원장) 구성(2005. 2.), ii) 인적자원개발회의에서 기본계획 수립지침 확정과 부처 통보(2005. 3.), iii) 기본계획수립추진단(기획단,

[그림 3-4] 국가인적자원개발 기본계획 수립 체계도

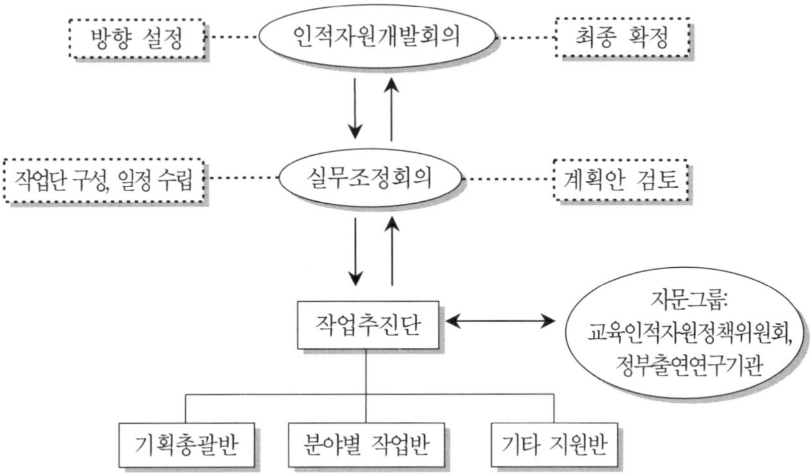

는 5년마다 집행 개시 직전 연도에 국가인적자원개발 기본계획을 수립한다.

i) 기본계획 수립지침을 마련한다. 인적자원개발회의의 의장인 교육인적자원부장관은 인적자원개발국 정책총괄과를 통해 기본계획 수립을 위한 지침을 작성해 인적자원개발회의 실무조정회의와 본회의의 심의 조정을 거쳐 확정한 다음, 이를 관계 중앙행정기관 내에 지정해 둔 인적자원개발정책책임관을 통해 기관장에게 통보한다. 지침 마련과 통보는 2월 말까지 이루어져야 한다. 지침은 국가인적자원개발 기본계획안 작성시 따라야 할 사항들을 규정한 문서로서 다음과 같은 내용을 포함하고 있다.

- 인적자원 개발의 비전, 목표 및 전략
- 기본계획 수립의 기본 원칙[70)]
- 기본계획에 포함되어야 할 주요 내용[71)]

영역별 전문가위원회, 부처공동협의회) 구성(2005. 3.), iv) 기본계획 방향과 정책과제에 대한 부처 협의(2005. 4~7.), v) 소관 분야에 대한 계획안 작성·종합(2005. 5~8.), vi) 인적자원개발회의 실무조정회의 검토(2005. 10.), vii) 기본계획에 대한 국민의견 수렴(2005. 10~11.), viii) 인적자원개발회의 심의·확정(2005. 12.).

70) 과제별 환경분석, 목표와 효과의 구체화, 중기재정계획과의 연계 등.

71) 중장기 인력수급 전망, 인적자원개발의 기본 방향, 행정기관과 민간부문의 인적자원 개

- 기본계획 수립을 위해 구축되어야 할 추진 체제 [72]
- 기본계획 수립의 절차와 일정

ii) 기본계획 수립 작업추진단을 구성한다. 작업추진단은 인적자원개발회의 실무조정회의 의장이 실무조정회의에서 논의를 거쳐 구성한다. 작업추진단은 대체로 기획총괄반과 분야별 작업반들로 구성하고,[73] 교육인적자원부는 인적자원정책국 과장들을 총괄협력관으로 지정해 각 작업반에 배속시켜 지원하도록 한다.

iii) 기본계획안을 작성한다. 먼저, 분야별 작업반에서 기본계획 수립지침에 따라 소관 분야 기본계획안을 작성해 기획총괄반으로 제출한다. 기획총괄반은 제출받은 분야별 기본계획안들을 종합해 국가인적자원개발 기본계획안을 작성한다. 종합하는 과정에서 교육인적자원부 간부들에 의한 내부 검토와 외부 전문가들에 의한 검토를 거친다.

iv) 국민들의 의견을 수렴한다. 기획총괄반은 국가인적자원개발 기본계획안을 대통령 민간자문기구인 교육인적자원정책위원회에 보내 전문가 의견을 구하고 공청회 등을 개최해 국민들의 의견을 수렴한다. 의견 수렴은 대체로 11월에 이루어진다.

v) 확정 통보한다. 인적자원개발회의 의장인 교육인적자원부장관은 국민들의 의견을 반영한 기본계획 수정안을 12월에 인적자원개발회의 실무조정회의와 본회의의 심의 조정을 거쳐 국가인적자원개발 기본계획[74]으로 확정

발정책, 국제협력 사항 등.

72) 작업단, 실무지원팀, 자문위원회 등.

73) 제1차 기본계획 수립시에는 작업단의 하부기구로 총괄반과 부처별 실무작업반들을 설치했다. 작업단장은 인적자원개발회의 간사인 교육인적자원부 차관보가 담당했고, 총괄반은 인적자원개발국장을 반장으로 하여 관련 부처 국장들로 구성했으며, 부처별 실무작업반은 인적자원개발정책 책임관 혹은 소관 부처 과제담당 국장을 반장으로 하여 정부부처, 출연연구기관, 대학 등의 직원들로 구성했다.

제2차 기본계획 수립시에는 기획단과 분야별 전문가위원회들을 설치했다. 기획단은 인적자원개발회의 간사인 차관보를 단장으로 하여 인적자원개발회의 멤버 부처 국장급 공무원과 영역별(총괄, 평생 학습, 배분/활용, 인프라) 전문가위원회 위원장 및 경제단체에서 추천한 자 등 총 20여명으로 구성했고, 영역별 전문가위원회는 민간전문가를 위원장으로 하여 해당 부처들로부터 추천받은 10명 내외의 민간전문가들과 과장급 공무원들로 구성했다. 부처간 협의회는 교육인적자원부 인적자원개발국장을 의장으로 하여 관련 부처 과장급 공무원들로 구성했다.

74) 제1차 국가인적자원개발기본계획(2001~2006)은 18개 부처가 참여해 수립했는데, 4개 영역, 16개 정책 분야, 총 119개 세부 추진 과제로 구성되었다. 제2차 국가인적자원개발기본계획(2006~2010)은 18개 부처가 참여해 수립했는데, 4개 영역, 20개 정책 분야, 총 200개 세부 추진 과제로 구성되었다.

제1차 국가인적자원개발 기본계획 내용

4대 정책 영역	16개 정책분야	총괄 주관 및 관련 부처
전국민의 기본 역량 강화	1. 국민기초교육 보장과 초·중등교육체제 자율화 2. 진취적 창의적 청소년 문화 육성 3. 평생 직업능력 개발 체제 구축 4. 사회적 취약계층의 능력 개발 지원 5. 사회적 신뢰 구축과 민주 시민의식 정립	1. 교육인적자원부 2. 문화관광부 3. 교육인적자원부 등 4개 부처 4. 노동부 등 5개 부처 5. 교육인적자원부 등 6개 부처
성장을 위한 지식과 인력 개발	1. 인재의 조기 발굴 및 육성 2. 국가 전략 분야 지식개발과 인력양성 3. 새로운 성장동력으로서 대학의 역할과 기능 혁신 4. 제조 분야 서비스산업 고도화를 위한 인적자원개발 5. 문화예술의 지식자산화를 위한 전문인력 육성	1. 교육인적자원부 등 2개 부처 2. 교육인적자원부 등 14개 부처 3. 교육인적자원부 등 4개 부처 4. 산업자원부 등 5개 부처 5. 문화관광부 등 2개 부처
국가인적자원 활용 및 관리 선진화	1. 공직 분야 인적자원의 전문성 제고 2. 민간기업의 인적자원 개발·활용 선진화 3. 여성 인적자원의 활용 제고	1. 중앙인사위원회 등 3개 부처 2. 노동부 등 4개 부처 3. 여성부 등 6개 부처
국가인적자원 개발 인프라 구축	1. 인적자원 평가·관리 및 정보 인프라 구축 2. 지식의 유통·관리 체제 정비 3. 인적자원 정책 역량의 강화	1. 노동부 등 6개 부처 2. 문화관광부 3. 교육인적자원부 등 6개 부처

제2차 인적자원개발 기본계획 내용

4대 정책 영역	20개 정책 분야	세부 과제 수
국제경쟁력 있는 핵심인재 양성	1. 미래 유망산업을 이끌 핵심인력 양성 2. 지식서비스 분야 전문인력 양성 3. 대학교육의 산업현장 적합성 제고 4. 인적자원 개발 및 활용의 국제화 5. 수월성 교육의 확대	26 14 14 14 6
전국민의 평생학습 능력 향상	1. 인적자원개발 최적화를 위한 교육체제 개편 2. 국민의 기본 핵심능력 함양 3. 직업교육훈련과 평생학습체제 혁신 4. 지역 인적자원 개발 촉진 5. 군과 공직 분야 인적자원 개발 촉진	2 9 24 7 8
사회통합 및 교육문화복지 증진	1. 여성 인적자원 개발 활성화 2. 청년층 및 중고령층 인적자원 개발 활성화 3. 고용지원서비스 및 고용 관행 혁신 4. 사회적 신뢰와 협력 네트워크 구축 5. 사회적 형평성 제고를 위한 교육문화복지 증진	12 11 3 10 9
인적자원개발 인프라 확충	1. 인력수급 전망체제 구축 2. 인적자원 및 기술혁신 정보의 생성과 제공 3. 지식과 권리의 보호체제 구축 4. 인적자원의 평가인증체제 구축 5. 인적자원개발정책의 총괄조정 기반 구축	7 5 6 7 6

한 다음, 해당 인적자원개발정책 책임관을 통해 중앙행정기관장 및 지자체장에게 통보하고 동시에 국무회의에도 보고한다.

둘째, 국가인적자원개발 시행계획 수립 단계이다. 국가인적자원개발 기본계획을 실현하기 위해 매년 다음 연도 시행계획을 수립하는 단계이다. 국가인적자원개발 시행계획은 다음과 같은 절차를 거쳐 마련하고 있다.

i) 인적자원개발회의 의장은 인적자원개발국 정책총괄과를 통해 매년 연초에 다음 연도 시행계획 수립을 위한 지침을 마련해, 인적자원개발회의 실무조정회의와 본회의의 심의 조정을 거쳐 확정한 다음, 해당 중앙행정기관의 인적자원개발정책 책임관을 통해 해당 기관장들에게 통보한다. 통보는 4월 30일까지 완료한다. 시행계획 수립지침은 시행계획에 포함되어야 할 사항을 기록한 문서이다. 총론과 각론으로 구성되는데, 총론에서는 기본계획상에 나타난 분야별 정책의 추진 배경, 정책목표, 추진 방향 및 전략 등을 기술하고, 각론에서는 세부 추진과제들의 추진 내용(활동 내역, 재정투자계획 및 확보 방안, 제도 개선, 담당 부처 등), 기대 효과, 추진 주체(주관기관/관련 기관), 추진 절차, 추진 일정 등을 기술하도록 하고 있다.

ii) 해당 중앙행정기관장은 인적자원개발정책 책임관을 통해 기본계획상의 세부 추진과제들 가운데 소관 과제들을 대상으로[75] 시행계획 수립지침에 따라 그리고 전년도 추진실적을 반영해[76] 다음 연도의 시행계획안을 작성한다. 시행계획의 총론 부분인 분야별 정책의 추진 배경, 목표, 방향 및 전략 등은 총괄 주관부처가 관련 중앙행정기관과 협의해 작성하고, 각론 부분인 세부 추진과제들의 추진 내용, 기대 효과, 추진 주체 등은 그 과제 소관 중앙행정기관이 작성한다. 작성된 시행계획은 교육인적자원부 인적자원개발국 정책총괄과에 제출한다.[77] 제출 기한은 8월 31일이다.

---

75) 또한 각 정권의 인적자원개발 관련 과제들뿐만 아니라 지금까지의 인적자원개발회의에서 합의한 정책과제들도 기본계획상에 있는 관련 세부 추진과제들에 포함시켜 시행계획을 수립한다.

76) 시행계획 수립에 전년도 시행계획 추진실적 평가 결과를 반영한다. 이를 위해 인적자원개발국 평가지원과는 전년도 추진실적을 중앙행정기관들로부터 제출받아 평가한 후 그 결과를 해당 중앙행정기관에 통보한다. 평가는 민간전문가로 구성된 평가단에 의해 이루어진다. 평가는 상반기와 하반기에 두 차례에 걸쳐 실시되는데, 상반기 평가 결과가 시행계획 수립에 반영된다.

77) 전년도 시행계획 추진실적도 함께 제출한다.

iii) 인적자원개발회의 의장은 인적자원개발국 정책총괄과를 통해 각 부처 시행계획들을 검토 종합해 국가인적자원개발 시행계획안을 마련한다. 검토 종합하는 과정에서 기본계획과 부합하는지, 과제들이 중복되지 않는지 등을 체크한다. 시행계획안은 인적자원개발회의에 상정하기 직전에 민간전문가의 의견을 반영하기 위해 시행계획 추진실적 평가단[78]의 검토를 받는다. 이 시행계획 마련과 평가단 검토는 보통 9~10월에 진행된다.

iv) 국가인적자원개발 시행계획안은 11월에 인적자원개발회의의 실무조정회의와 본회의에서의 심의와 조정[79]을 거쳐 확정된다. 이렇게 확정된 시행계획은 11월 30일까지 해당 기관 인적자원개발정책 책임관을 통해 중앙행정기관장 및 지자체장에게 통보한다.

셋째, 시행계획을 집행하는 단계이다. 해당 중앙행정기관장들은 전년도 추진실적 평가를 고려하면서 시행계획을 효율적으로 집행한다.

넷째, 평가분석하고 그 결과를 통보하는 단계이다. 시행계획의 추진실적과 투자실적에 대해 평가분석하여 그 결과를 인적자원개발회의에서 확정한 후 해당 중앙행정기관장 및 지자체장에게 통보하는 단계이다.

인적자원개발회의 의장은 매년 전년도 시행계획의 추진실적을 평가해서 통보한다. 평가에서 통보까지의 세부절차는 다음 3단계를 거친다.

i) 의장은 인적자원개발국 평가지원과를 통해 평가 대상, 평가 추진 일정, 평가 방법과 지표, 평가 결과의 활용계획 등이 포함된 평가계획을 작성해 인적자원개발회의 실무조정회의와 본회의의 심의 조정을 거쳐 확정한 후, 매년 1월 말까지 평가 대상사업 소관 기관들에게 통보한다. ii) 의장은 평가지원과를 통해 추진실적평가단을 구성한 후 인적자원개발지원센터의 지원을 받아 시행계획의 추진실적에 대해 평가를 실시한다. 평가단은 늦어도 3월 이전에 구성한다. 평가 대상 중앙행정기관장들은 인적자원개발정책 책임관을 통해 전년도 시행계획의 추진실적을 교육인적자원부 인적자원개발국 평가지원과로 제출한다. 제출 기한은 3월 10일까지이다. 평가는 평가단이 정책 영역별로 소위원회를 구성해 정책 영역내 세부 추진과제들에 대해

78) 관계 부처의 추천을 받은 민간전문가들로 구성된다.

79) 시행계획에 대한 인적자원개발회의 심의는 9~11월 중에 적절히 나누어 심의하되, 필요한 경우 9월 이전에도 과제별로 개별 심의한다. 모든 시행계획들이 확정되기 위해서는 인적자원개발회의가 열릴 때마다 수 차례에 걸쳐 상정해야 한다.

실시한다. 평가는 상반기와 하반기 두 차례에 걸쳐 실시된다. 전년도 추진 실적에 대한 평가 결과를 다음 연도 시행계획에 반영하기 위해 상반기에도 평가를 실시한다. iii) 의장은 추진실적 평가보고서가 작성되면 인적자원개발회의 실무조정회의의 검토를 거쳐 본회의에 보고하고, 관계 중앙행정기관과 지자체장에게 통보한다. 보고는 상반기 평가의 경우 7월 말까지, 하반기 평가의 경우 10월 말까지 완료한다.

인적자원개발회의 의장은 시행계획 추진실적 평가 이외에도 매년 해당 중앙행정기관의 인적자원개발사업에 대한 투자실적을 분석해 해당 중앙행정기관과 기획예산처장관 및 지자체장에게 통보한다. 투자실적 분석과 통보도 3단계를 거쳐 이루어진다.

i) 의장은 집행 연도 11월에 실무조정회의를 통해 투자실적 분석의 대상 사업들을 선정[80]한 후, 인적자원개발국 평가지원과를 통해 분석 일정과 절차 등을 포함한 투자실적 분석계획을 작성한 다음, 인적자원개발회의 실무조정회의와 본회의 심의를 거쳐 확정한다. ii) 12월에는 인적자원개발지원센터 전문인력과 외부 전문가들로 투자실적분석팀을 구성한 후, 집행 이듬해 2월 말까지 자료를 수집하고 3~4월에 걸쳐 분석하도록 한다. iii) 분석 결과를 인적자원개발회의 실무조정회의를 거쳐 5월 10일까지 본회의에 보고하고, 이를 기획예산처장관 및 관련 중앙행정기관장에게 통보한다.

다섯째, 환류 단계이다. 해당 중앙행정기관들과 지자체장들은 시행계획 추진실적평가 결과와 투자실적 분석 결과를 내년도 시행계획 및 예산요구서에 반영한다. 시행계획의 추진실적에 대한 상반기 평가는 다음 연도 시행계획 수립에 반영하고, 하반기 평가는 다음 연도 시행계획의 집행에 반영되도록 한다. 추진실적 평가보고서와 투자실적 분석보고서는 데이터베이스화하여 향후 평가 및 분석에 활용한다.

추진실적 평가와 투자실적 분석의 결과는 처벌적 목적으로 사용되지 않는다. 즉 평가가 낮거나 분석상 문제점이 드러난다 해도 인사상 문책이나

80) 투자분석 대상은 투자 규모, 사업 목적, 사업 내용 등을 고려해 ① 각 부처가 추진하고 있는 인적자원개발사업과 유사성 또는 관련성이 있거나, ② 연계가 필요하다고 판단되는 분야, ③ 국가 전체적인 인적자원개발정책에 상당한 영향이 있거나, ④ 사회적 관심이 되고 있는 인적자원개발 관련 사업 등을 선정한다(교육인적자원부, 2002, 국가인적자원개발정책의 추진 현황과 방향, p. 317).

예산 삭감 등 제재를 가하지 않는다. 평가와 분석을 통해 인적자원 개발에 대한 관계 부처들의 관심과 자발적 적극적 노력을 유도하고, 사업간 중복투자 예방과 상호연계성 제고 등 대안을 모색해 국가인적자원개발 기본계획 및 시행계획을 수정·보완한다.

(2) 부처간 이견의 심의 조정 절차

인적자원개발회의 시스템을 활용해 인적자원개발계획의 수립 이외에 인적자원개발정책을 둘러싼 부처간 이견을 심의 조정하는 절차는 다음과 같다.

첫째, 상정할 안건들을 선정한다. 먼저, 인적자원개발국 정책총괄과에서 안건들을 수집한다. 안건 수집은 i) 관련 부처들이 안건 제목을 정책총괄과에 제출하거나 ii) 인적자원개발회의 의장이 자신의 판단이나 간사의 조언에 따라 상정이 필요하다고 판단한 사안들을 해당 중앙행정기관장에게 안건으로 제출하도록 요구함으로써 이루어진다. 대통령 비서실에서도 종종 안건을 제안한다. 다음으로, 제출된 안건들이 너무 많으면 정책총괄과에서 해당 부처와 협의해 가감한 다음, 간사인 차관보가 상정할 안건들을 최종 확정한다. 상정할 만큼 충분히 준비되어 있지 않은 안건들은 다음 회의로 미룬다. 최근에는 안건들을 좀더 체계적으로 발굴하고 좀더 효율적으로 관리하기 위해 정책총괄과에서 매년 연초에 관련 부처들을 대상으로 향후 상정될 예비 안건들을 사전에 조사해 분기별로 안배한 상정예정 안건목록을 작성해 운영하고 있다.[81]

둘째, 안건 검토에 필요한 자료를 준비한다. 상정할 안건이 확정되면 안건을 제안한 부처에서 안건 심의에 필요한 자료들을 준비한다. 자료 작성에 관해 어떠한 지침도 제시하지 않는다. 정책안과 자료는 정책총괄과에서 취합해 정책조정과로 보내 인적자원개발 기본계획에 부합한지 검토한다. 정책안과 자료가 부실하면 보완을 요청한다.

셋째, 심의안건의 경우 실무조정회의에서 사전 검토 조정한다. 실무조정회의에서는 정책안들과 자료들을 검토해 본회의에 원안대로 상정할 것인지, 수정 보완해 상정할 것인지, 아니면 상정을 보류할 것인지를 결정한다.

---

81) 정책총괄과에서 분기별로 안배한 내용을 담은 인적자원개발회의 운영계획을 작성한 후 매년 첫 인적자원개발회의에 보고한 후 시행한다.

이 과정에서 실무조정회의 의장은 쟁점 안건들 가운데 전문적인 검토가 필요한 안건은 전문위원회의 검토를 거치게 할 수 있고, 중요한 정책안에 대해서는 공청회 등 의견 수렴 절차를 거치게 수 있다. 또한 실무조정회의는 심의 조정해야 할 안건들 가운데 부처간 이견이 크지 않은 경우 이를 타결한다. 마지막으로, 실무조정회의는 본회의에서 안건들의 논의 순서를 정해 본회의로 넘긴다.

넷째, 본회의에서 최종 검토 조정한다. 회의 개최 하루 전에 정책총괄과장이 의장에게 상정 안건들(심의 안건, 보고 안건)과 쟁점들에 대한 각 부처들의 입장을 설명한다. 회의가 개최되면 의장의 인사말에 이어 보고 안건, 심의 안건 순으로 논의하고, 심의 안건들은 중요성 순서대로 심의 조정한다. 본회의에서도 조정이 쉽지 않으면 국무총리가 주재하는 국정현안정책조정회의로 넘긴다. 본회의 공식회의록은 작성하지 않고 배석한 정책총괄과장이 회의 결과 요약문을 작성해 간사의 승인을 받아 확정한다. 보도자료는 안건 제출 부처에서 초안을 작성하고 정책총괄과의 검토 수정을 거쳐 간사가 회의 끝날 무렵에 검토 확정한다.

다섯째, 통보하고 이행 현황을 보고한다. 의장은 정책총괄과장을 통해 인적자원개발회의 심의 조정 결과를 관계 중앙행정기관장에게 통보하고 이를 소관 업무에 반영하도록 요청한다. 회의 결과는 대통령과 총리에게 보고된다. 브리핑은 안건의 중요도에 따라 인적자원개발회의 의장, 주무부처 장관 혹은 간사가 하고 안건 관련 부처 과장들이 배석한다.

6 사회문화정책관계장관회의

한국에서 보건복지 분야 관련 정책들을 심의 조정하는 최초의 관계장관회의는 2000년 3월에 설치된 사회복지정책장관회의이다. 이 사회복지정책장관회의는 2000년 9월에 사회질서 분야와 문화 분야를 추가한 사회관계장관회의로 확대 개편되었으나, 2004년 9월 다시 사회질서 분야를 제외하고 환경과 여성 분야를 추가하여 사회문화정책관계장관회의로 재정비되었다.

1) 역할과 구성

사회문화정책관계장관회의는 보건복지, 문화, 환경, 노동, 여성 등 분야 주요 정책의 수립과 집행에 관한 사항을 심의 조정하는 기구이다. 즉 정책 방향의 설정, 기본계획의 수립, 정책의 집행 등에서 부처간 이견을 협의 조정하고, 기타 의장 또는 부처장이 제안한 사항 등을 심의한다.

사회복지문화 분야 역대 관계장관회의들은 그 심의 조정의 범위와 측면에서 차이가 있다. 먼저, 심의 조정의 범위를 보면 사회복지정책장관회의는 심의 조정 분야를 보건복지 분야에 국한했으나, 사회관계장관회의는 사회질서 분야(치안, 인권, 노동 등)와 지자체 분야 및 문화 분야를 추가했고, 사회문화정책관계장관회의는 사회질서 분야 일부(치안, 인권)와 지자체 분야를 삭제하고[82] 그 대신 환경 분야와 여성 분야를 추가했다. 다음으로, 심의 조정의 측면을 보면 사회복지정책장관회의는 생산적 복지 이념 아래 보건복지정책과 경제정책 간의 조율에 치중했고, 사회관계장관회의는 현안들에 대해 해당 부처에서 마련한 대책을 검토 수정하고 관련 지자체 및 행정기관 간의 협조체제 구축에 대해 집중 논의했으며, 사회문화정책관계장관회의는 정책추진의 방향과 원칙을 정하고 부처간 이견을 조정하는 데 치중하고 있다.

사회문화정책관계장관회의는 보건복지부장관을 의장으로 하여 문화관광부장관, 환경부장관, 노동부장관, 여성부장관, 기획예산처장관, 국무조정실장, 대통령 사회정책수석비서관, 대통령 시민사회수석비서관, 국정홍보처장 등으로 구성한다. 의장은 상정 안건과 관련된 부・처・청의 장과 대통령자문 국정과제위원회 위원장 등을 회의에 참석하게 할 수 있다.

역대 사회복지문화 분야 관계장관회의들의 구성 멤버는 심의조정 대상의 변화에 따라 변해 왔다. 이들 3개 관계장관회의 구성 멤버와 출석 발언자는 대체로 유사했으나, 사회관계장관회의에 행자부장관과 법무부장관이 추가되었고, 사회문화정책관계장관회의에는 이들이 빠지고 문화관광부장관이 포함되었다.

---

82) 사회 분야 정책들은 신설된 국정현안정책조정회의에서 심의 조정하도록 했다.

2) 하부기구 : 실무조정회의

사회문화정책관계장관회의는 장관급 본회의를 효율적으로 지원하기 위해 실무조정회의를 두고 있다. 보건복지부 차관의 주재 하에 안건 관련 행정기관 1~3급 공무원들이 참석해 장관급 회의 안건에 대한 사전 협의 조정, 장관급 회의에서 위임한 사항에 대한 협의 조정 등을 담당한다. 위임 사항에 대한 협의 조정의 경우 위임 사항들이 미리 정해져 있는 것은 아니고 본회의 논의 도중 쟁점 이슈들에 관해 실무조정회의에서 좀더 충분히 논의할 필요가 있다고 판단하면 의장이 위원들의 동의를 받아 실무조정회의에 위임한다. 과거 사회복지장관회의는 하부기구를 두지 않았으나, 그 후신인 사회관계장관회의와 사회문화정책관계장관회의는 실무조정회의를 설치했다.

3) 운영 및 지원기구

사회문화정책관계장관회의를 운영하는 의장과 간사는 2006년 현재 보건복지부장관과 정책홍보관리실장이 담당하고 있고, 실무조정회의 의장과 간사는 정책홍보관리실장과 그 산하 재정기획관실 기획관리팀장이 담당하고 있다. 본회의 간사가 실무조정회의 의장을 맡고 있다. 의장과 간사들은 재정기획관실 기획관리팀 직원의 지원을 받는다.

과거 사회복지정책장관회의(2000. 3.~2000. 9.)의 의장과 간사는 보건복지부장관과 사회정책실장이 담당했고, 사회정책실내 사회정책기획과 사무관이 행정지원을 담당했다. 반면에 사회관계장관회의(2000. 10.~2004. 9.)의 의장과 간사는 행정자치부장관과 차관보였고 실무조정회의의 의장은 행정자치부 차관이었으며, 이들 의장과 간사들은 행정자치부 자치행정과 사무관의 지원을 받았다. 다시 사회문화정책관계장관회의로 개편된 이후 의장과 간사 및 지원기구가 사회복지정책장관회의 패턴으로 돌아갔으나, 최근 본회의의 간사와 실무조정회의 의장이 정책홍보관리실장으로, 지원기구는 재정기획관실 기획관리팀으로 바뀌었다.

4) 운영 방식과 실태

첫째, 사회문화정책관계장관회의 본회의는 정기회의와 임시회의가 있고, 전자는 격주 1회, 후자는 필요에 따라 수시로 개최하는 것을 원칙으로 했다. 그러나 실제로는 임시회의를 소집할 만한 긴급사안이 없어서 임시회의를 개최한 적은 없다.

둘째, 사회문화정책관계장관회의는 본회의에 참석 부처 장관과 대통령 수석비서 등 고위 멤버가 참석할 수 없는 경우 그 바로 하위자가 대리출석해 직무를 수행할 수 있도록 하고 있다. 실무조정회의를 소집하는 경우에도 실무조정회의 법정 멤버를 모두 소집하는 것이 아니라 쟁점 안건과 관련해 이견이 있는 부처들의 멤버만 소집하고 있다. 그 밖에도 본회의 의장은 안건 심의에 필요하면 민간전문가를 회의에 참여하게 하여 그 의견을 들을 수 있는데, 실제로 종종 기획 안건을 마련해 미래전략 이슈 관련 민간전문가를 초청해 토론을 벌이고 있다.

셋째, 사회문화정책관계장관회의는 규정상 상정 안건들을 사전에 실무조정회의에서 검토하도록 하고 있으나, 실제로는 모든 이슈들이 실무조정회의의 사전 검토를 거치지는 않는다. 심의 안건이든 보고 안건이든 이견이나 쟁점이 없으면 실무조정회의를 거치지 않고 곧바로 본회의에 상정해 처리한다. 또한 실무조정회의에서 조정하기 쉽지 않을 뿐더러 중요하고 시급한 안건들은 실무조정회의를 거치지 않고 곧바로 본회의에 상정한다.

넷째, 사회문화정책관계장관회의 본회의는 안건들을 유형화해 각 유형별로 처리 방식을 달리하고 있다. 즉 결정 혹은 조정이 필요한 의결 안건, 예비 논의가 필요한 토의안건, 부처간 정보 공유를 필요한 보고안건 등으로 구분해, 각 유형별로 보고로 끝낼 것인지, 보고와 토론만 거칠 것인지, 보고와 토론은 물론 의결까지 갈 것인지를 정해 관리하고 있다.

마지막으로, 사회문화정책관계장관회의 설치 이후 본회의 운영 실태를 보면 <표 3-15>, <표 3-16>과 같다. 본회의는 사정상 격주마다 개최되지 않는 경우도 있어서 월평균 2회가 아닌 1.7회 정도 개최되었고, 1회당 평균

〈표 3-15〉 사회문화정책관계장관회의 개최 실태

기 간	개최 횟수	상정 안건(보고/토의/의결)
2004. 9.~12.	8회	35개 (- 미구분 -)
2005	21회	83개 (- 미구분 -)
2006	18회	54개 (27 / 15 / 12)

〈표 3-16〉 사회문화정책관계장관회의 멤버 부처별 안건 상정 건수

멤버 부처	2004년	2005년	2006년	합 계
전체 합동	2	21	14	37
복수 부처 공동	5	9	-	14
보건복지부	5	19	13	37
환경부	7	10	6	23
여성가족부	5	7	5	17
노동부	3	8	4	15
문화관광부	3	2	4	9
행자부	2	2	3	7
청소년위원회	-	-	4	4
법무부	1	2	-	3
빈부격차차별시정위원회	-	1	1	2
고령화위원회	-	1	-	1
정책기획위원회	-	1	-	1
국정홍보처	1	-	-	1
국무조정실	1	-	-	1
합 계	35	83	54	172

3.7개 안건을 처리했다. 또한 의장 부처인 보건복지부가 제일 많은 안건을 상정했고 환경부, 여성가족부, 노동부 등이 그 뒤를 이었다. 또한 사회문화정책관계장관회의는 연초에는 회의 운영 방향을 심의 안건으로, 매월 사회문화 분야 정책 방향과 과제를 보고안건으로, 연말에는 회의의 성과 평가를 보고 안건으로 상정해 의견을 교환했다.

5) 심의 조정 절차

첫째, 의제화 단계이다.

사회문화정책관계장관의에 상정할 안건들은 대부분 멤버 부처에서 제안한다. 의장 부처에서 안건들을 체계적으로 발굴하거나 대통령 비서실에서 안건을 제안하는 경우는 별로 없다. 안건을 상정하고자 하는 부처는 부처

간 토론이 필요한 토의 안건과 의결 안건은 장관급 본회의 개최 1주일 전까지 제출하고, 보고 안건은 회의 3일 전까지 제출해야 한다. 특히 실무조정회의에서 집중 논의가 필요한 안건은 본회의 개최 2주일 전까지 제출한다. 제출은 지원 스태프를 통해 간사에게 한다.

안건들이 제안되면 본회의 간사이자 실무조정회의 의장인 정책홍보관리실장이 안건들을 검토해 상정 안건들을 최종 확정한다. 간사는 먼저 지원 스태프를 통해 제안 부처와 협의해 쟁점이나 이견이 있는지 확인해 쟁점이 없는 안건들은 상정 안건으로 선정하지 않고 관련 부처들이 독자적으로 처리하도록 유도한다. 그럼에도 불구하고 부처간에 논의해야 할 쟁점 안건들이 너무 많은 경우에는 지원 스태프를 통해 제안 부처들과 다시 협의해 상정 시기를 조율한다.

둘째, 심의 자료 준비 단계이다. 상정할 안건들이 확정되면 본회의 간사는 지원 스태프를 통해 제안 부처로 하여금 안건 심의에 필요한 자료와 함께 의결제안 사항 혹은 토론요구 사항을 함께 제출하도록 한다. 의결제안 사항은 제안 부처가 바라는 의결 내용이고, 토론요구 사항은 제안 부처가 토론해 주기를 바라는 쟁점들을 말한다. 동시에 간사는 상정 안건에 대해 이견이 있는 부처들도 각자 의견과 자료를 실무조정회의에 가지고 나오도록 한다. 간사는 이러한 자료들에 대해 검토를 하거나 보완 요청을 하지 않는다.

셋째, 실무회의에서 검토 조정하는 단계이다. 실무조정회의가 열리면 의장이 간단하게 안건들을 소개한 후 안건별로 토론에 들어간다. 토론 결과 부처간 이견이 크지 않으면 그 자리에서 합의를 도출한다. 그러나 부처간 입장 차이가 커서 합의 도출이 어려우면 경우에 따라 처리 방식을 달리한다. 먼저, 실무자들끼리 조정해야 할 전문기술적 쟁점이면 이해당사자들에게 비공식 협의를 다시 진행하도록 요구하거나 실무조정회의를 재차 소집해 타결한다. 그러나 전문기술적 쟁점이 아니고 장관들의 결심이 필요한 정치적 쟁점이면 본회의에 넘겨 타결한다.

넷째, 본회의에서 최종 심의 조정하는 단계이다.

본회의가 열리기 하루 전에 지원 스태프(재정기획관실 기획관리팀장)가 본회의 의장에게 안건 목록, 심의 자료, 실무회의 논의 결과, 회의 진행 방식 등에 대해 보고한다. 합의 도출 전략에 대한 조언은 의장에 따라 선호하는 경우도 있고 그렇지 않은 경우도 있다. 본회의 열리면 의장의 인사말 후에 안건 처리에 들어간다. 종전에는 모든 상정 안건에 대해 제안 부처의 보고를 들은 후 집단 토론을 거쳐 의결하는 순서로 진행되었다. 그러나 최근에는 회의의 효율적 운영을 위해 안건들이 종류에 따라 처리 방식을 달리하고 있다.

먼저, 쟁점 안건들을 집중 토론하고, 이견이 거의 없는 정보공유 안건들은 회의의 모두나 말미에 간단히 처리한다. 또한 보고 안건은 간단한 보고로서 종결하고, 토의 안건은 보고 후 토론을, 의결 안건은 보고・토론・의결을 거치고 있다. 마지막으로 실무조정회의에서 이견이 해소된 안건들은 본회의에 상정해 제안 부처의 보고 설명을 들은 후 곧바로 의결하고, 이견 해소가 안 된 안건들만 토론을 통해 합의를 도출한 다음 의결한다. 만일, 합의 도출에 실패하면 이견 조정 태스크포스(Task Force)[83]를 구성해 일정 기한 내에 조정한 후 본회의에 보고하도록 하고, 시급하나 합의가 잘 안 되는 현안 안건 등은 국정현안정책조정회의로 넘긴다.

회의가 끝나면 배석했던 지원 스태프가 곧바로 회의 요약을 작성해 간사의 확인을 받아 확정한다. 회의 직후 국민들에게 알려야 할 내용이 있으면 보도자료를 회의가 끝날 무렵 작성해 본회의에서 검토해 확정한다.

다섯째, 통보, 공표 및 이행 점검 단계이다. 간사는 회의 요약을 확정 직후 지원 스태프를 통해 관련 부처들에게 신속하게 통보한다. 대통령에게는 참석했던 대통령 수석비서가 보고하고 의장 부처에서 별도로 보고하지는 않는다. 언론에 대해서는 보도자료를 배포하거나 안건 부처들이 단독 혹은 합동으로 브리핑을 한다. 또한 간사는 지원 스태프를 통해 회의 결론이 해당 부처들의 정책에 제대로 반영되는지를 점검해 차기 본회의에 보고한다. 또한 연말 마지막 본회의 시에는 1년 동안 각종 심의 조정 사항들의 이행 실태를 종합 보고한다.

7 국가과학기술위원회와 과학기술관계장관회의

과학기술 분야 최초의 관계장관회의는 1973년에 설치된 종합과학기술심

83) 태스크 포스(Task Force)는 본회의에서 지정된 책임 부처 실장급 공무원을 의장으로 하여 관련 부처 국장급으로 구성한다.

의회이다.[84] 과학기술진흥법(1967. 1.~2001. 1.)의 개정(1972. 12.)을 통해 설치된 종합과학기술심의회는 총리를 의장으로 하여 경제기획원장관, 과학기술처장관, 관련 중앙행정기관장 및 민간전문가로 구성되어, 장기 경제개발계획의 일환으로 장기 과학기술진흥종합계획(연구개발계획, 인력개발계획, 기술도입계획 등을 포함)을 수립하고 이에 수반되는 예산과 연구사업 등을 조정하기 위해 설치된 기구였다.[85]

그러나 정부는 국가경제의 발전과 국민들의 삶의 질 향상에 이바지할 과학기술 혁신을 위해 주요 정책과 예산, 과학기술혁신5개년계획, 과학기술연구개발사업 등을 심의 조정토록 하기 위해 1997년 4월에 한시법인 과학기술혁신을위한특별조치법(1997. 4.~2002. 6.)을 제정해 재정경제원장관[86]을 의장으로 하는 과학기술장관회의를 설치했다. 그 결과 종합과학기술심의회는 유명무실해졌고,[87] 그 역할을 과학기술장관회의가 대신했다.

정부는 다시 1999년 1월 과학기술혁신을위한특별조치법을 개정해 과학기술부장관이 의장인 과학기술장관회의를 대통령이 위원장인 국가과학기술위원회로 격상시켰다. 격상과 동시에 하부기구들도 확대 강화시켰다. 그러나 국가과학기술위원회의 역할이 거시적이고 중장기적인 주요 정책과 계획들의 심의 조정에 국한된 결과 그때그때 수시로 현안 쟁점들을 심의 조정하는 기구가 없었다. 그리하여 정부는 2004년에 대통령훈령을 통해 과학기술관계장관회의를 설치했다.

2006년 현재 중장기 정책과 계획들을 심의 조정하는 국가과학기술위원회와 단기 현안 이슈들을 심의 조정하는 과학기술관계장관회의가 병행 운영되고 있다.

---

84) 과학기술진흥법 개정(1972. 12.)을 통해 설치 근거를 마련하고 종합과학기술심의회규정(1973~1992)을 제정해 동 심의회의 구성과 운영 방식을 마련했다. 그 후 종합과학기술심의회규정은 1991년 11월에 과학기술진흥법 시행령에 흡수되었다.

85) 1991년에 과학기술연구기관의 육성, 과학기술 개발 촉진 제도의 정비, 과학기술 정보의 유통과 활용 등에 관한 심의 조정 업무가 추가되었다.

86) 1998년 3월에 과학기술부장관으로 바뀌었다.

87) 2001년 과학기술기본법이 제정됨과 동시에 과학기술진흥법이 폐지됨으로써 종합과학기술심의회는 공식적으로 폐지되었다.

1) 국가과학기술위원회

국가과학기술위원회는 과학기술혁신을위한특별법 개정을 통해 1999년 1월에 설치되었고, 2001년 1월 과학기술기본법[88] 제정을 통해 하부기구들이 정비되었으며, 2004년 10월 과학기술 행정체제의 개편에 따라 설치된 과학기술혁신본부가 사무국 역할을 담당하고 있다.

(1) 역할과 구성

국가과학기술위원회는 과학기술 분야 주요 정책과 연구개발계획 및 연구개발사업을 심의 조정하고, 과학기술혁신과 관련된 산업정책과 인력정책 및 지역기술혁신정책을 조정하며, 과학기술 예산의 효율적 운영을 위해 각 부처별로 추진하고 있는 연구개발사업의 예산을 배분 조정하는 관계장관회의이다. 국가과학기술 정책사업의 수행 주체가 다원화되고 투자 규모가 확대됨에 따라 1999년 1월에 설치된 과학기술 분야 최고 정책결정 및 종합조정기구이다. 국가과학기술위원회의 기능을 좀더 구체적으로 살펴보면 다음과 같다.

- 과학기술진흥 정책과 계획(기본계획, 시행계획, 지방과학기술진흥 종합계획)의 수립·조정
- 중장기 국가연구개발사업 관련 계획의 수립
- 과학기술 예산의 확대, 연도별 국가연구개발사업 예산의 배분과 조정, 기술혁신을 위한 자금지원 정책의 조정
- 차세대 성장동력, 부품소재, 공정혁신 등 분야 과학기술혁신 정책의 조정
- 과학기술인력 양성 정책의 조정
- 지적재산권 및 국가표준 관련 정책의 조정
- 과학기술 분야 정부출연연구기관의 육성과 발전 지원 등.

국가과학기술위원회는 대통령을 위원장으로, 과학기술부장관을 부위원장으로 하여 관련 중앙행정기관장 및 과학기술에 관한 전문지식과 경험이 풍부한 자 등 총 25인 이내로 구성한다. 관련 중앙행정기관장은 재정경제

---

88) 2년 한시법인 동 특별법이 폐지됨에 따라 이를 계승한 기본법을 제정했다.

부장관, 교육인적자원부장관, 외교통상부장관, 국방부장관, 산업자원부장관, 농림부장관, 정보통신부장관, 보건복지부장관, 환경부장관, 건설교통부장관, 해양수산부장관, 기획예산처장관, 국무조정실장 및 기타 안건 관련 중앙행정기관장이다. 민간전문가 위원으로 과학기술단체총연합회 회장, 대학교수, 민간기업 CEO, 과학기술연구소 연구위원, 시민단체 대표 등이 참여하고 있다. 간사는 과학기술혁신본부장이다.

(2) **하부기구**

국가과학기술위원회 안건을 사전에 검토하거나 위임받은 안건을 처리하는 하부기구로서 2개의 장관급 특별위원회, 1개 실무급 운영위원회 및 2개의 실무급 진흥협의회가 있다.

원래 1999년 처음 설치될 당시 국가과학기술위원회의 하부기구는 차관급 운영위원회[89]와 그 산하 3개 전문위원회(기획예산 조정, 연구개발, 우주개발), 한국과학기술기획평가원 및 지방과학기술진흥협의회였다. 그 후 2001년에 바이오기술특별위원회가 신설되고 나노기술전문위원회가 추가되었다. 2004년에는 국가기술혁신특별위원회가 신설됨과 동시에 바이오기술특별위원회, 우주개발전문위원회, 나노기술전문위원회 등이 차세대성장동력특별위원회로 통합됨으로써 2개 특별위원회로 정비되었다. 아울러 과학기술인력공동실무협의회가 새로 설치되었다. 2006년에 들어 다시 기초과학연구진흥협의회가 신설됨으로써 [그림 3-5]와 같은 모습을 갖추게 되었다.

① 운영위원회

운영위원회는 국가과학기술위원회 본회의 주요 안건들(과학기술 비전과 정책 방향, 과학기술 기본계획, 국가연구개발사업 등)을 사전에 검토 조정하는 하부기구로서, 국가과학기술위원회 여러 하부기구들 가운데 가장 중추적인 기구이다. 과학기술혁신본부장을 위원장으로 하여 국가과학기술위원회 소속 기관들의 고위공무원, 5개 청[90]의 차장, 국가과학기술자문회의 사무처 고위공무원, 안건 관련 중앙행정기관의 고위공무원 및 민간전문가 등으로 구성된다.[91]

89) 의장은 과학기술부장관이었다.
90) 방위사업청, 농촌진흥청, 중소기업청, 특허청, 식품의약품안전청.

[그림 3-5] 국가과학기술위원회 하부기구(2006년 현재)

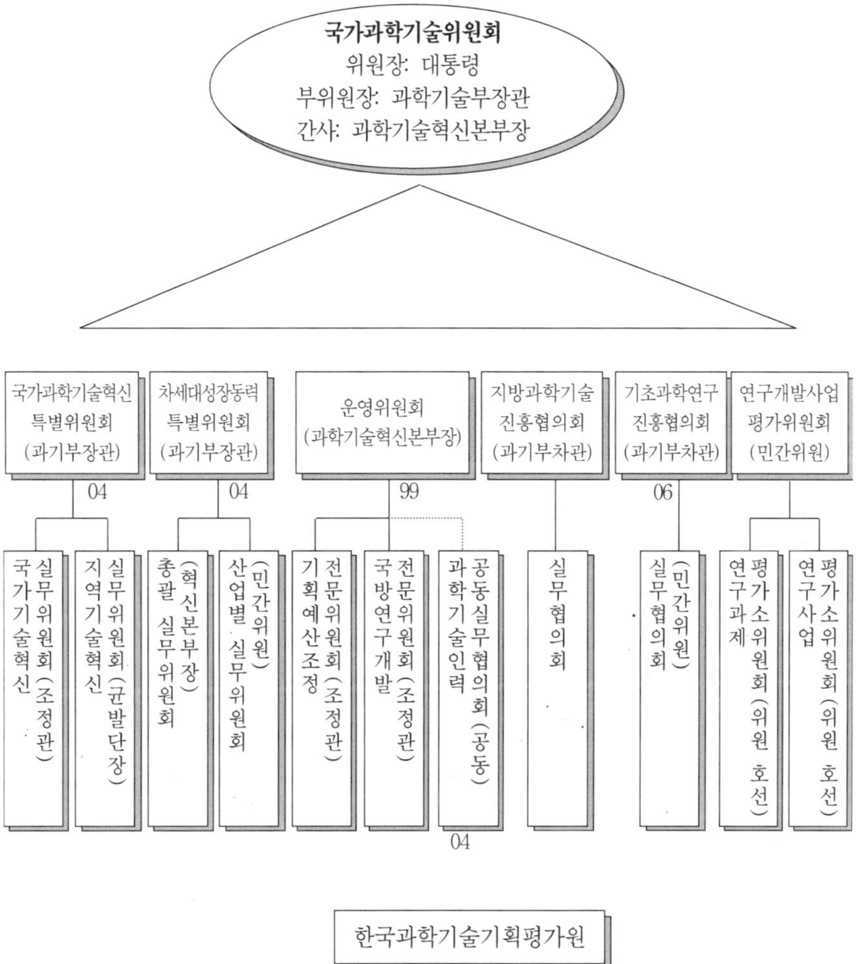

운영위원회는 사전 검토 기능뿐만 아니라 다음에 관한 사항들에 대해서는 본회의의 위임을 받아 최종 심의한다. 이 경우 운영위원회는 본회의를 대신하는 사실상 소회의로서 운영위원회의 심의 조정은 본회의의 심의 조

91) 운영위원회는 1999년 국가과학기술위원회 설치 당시 과학기술부장관을 위원장으로 하는 차관급 위원회였다. 2004년 현재처럼 개편되었다.

정으로 간주된다.

- 과학기술 기본계획의 연도별 시행계획과 그 추진 실적
- 국가연구개발사업에 관한 조사분석평가 계획과 결과
- 각 연구회[92] 및 정부기관 산하 정부출연연구기관들의 사업과 예산 및 평가
- 과학기술 추세 예측, 기술수요 조사, 기술영향 평가, 기술수준 평가 등의 결과
- 정부투자기관들의 연구개발 투자 권고
- 기초과학에의 투자권장 대상 정부투자기관 및 투자 규모[93] 등.

운영위원회는 상정 안건을 좀더 전문적으로 검토하기 위해 기획예산조정 전문위원회와 국방연구개발 전문위원회를 두고 있다.

기획예산조정 전문위원회는 과학기술혁신본부의 연구개발조정관을 위원장으로 하고 관련 중앙행정기관과 과학기술혁신본부의 과학기술정책국장 및 민간전문가 등 45인 이내의 위원으로 구성해 국가과학기술진흥 기본계획, 과학기술발전을 위한 제도개선, 국가연구개발사업의 중장기 계획과 매년도 예산의 배분 조정 등에 관한 사항을 전문적으로 검토한다.

국방연구개발 전문위원회는 위원장과 위원을 기획예산조정 전문위원회와 유사한 방식으로 하되 15인 이내로 구성해 국가연구개발사업 중 국방분야 사업의 범위 설정, 국방 분야 국가연구개발사업의 투자 규모 조정과 제도개선 및 민간 참여, 국방 분야와 타분야 국가연구개발사업들 간의 연계와 조정 등에 관한 사항을 사전에 검토 조정한다.

그 밖에도 운영위원회는 산하에 과학기술인력 공동실무협의회를 두고 있다. 공동실무협의회는 과학기술인력의 양성과 이공계 출신들의 사기 진작 등을 협의 조정하기 위해 국가과학기술위원회와 인적자원개발회의가 공동으로 설치한 기구이다. 말하자면 과학기술인력 공동실무협의회는 국가과학기술위원회와 인적자원개발회의 간의 연결고리이다. 그 결과 공동실무협의회는 2명의 공동위원장(기획예산조정 전문위원회 위원장과 인적자원개

92) 기초기술연구회, 산업기술연구회, 공공기술연구회.

93) 기초과학에 대한 사항은 모두 기초과학연구진흥협의회에 상정되어야 한다. 그러나 기초과학 관련 예산사업인 경우 기초과학기술진흥협의회 심의를 거친 후 추가로 운영위원회에 상정된다.

발회의 실무조정회의 의장)[94]과 23인 이내의 위원[95]으로 구성한다. 과학기술인력 공동실무협의회에서 협의되고 조정된 안건들은 기획예산조정 전문위원회와 인적자원개발회의 실무조정회의의 심의를 거친 것으로 본다. 그러나 국가과학기술위원회(운영위원회 포함)와 인적자원개발회의의 심의는 받아야 한다.[96]

② 특별위원회

국가과학기술위원회는 산하에 2개의 장관급 분과위원회, 즉 국가기술혁신 특별위원회와 차세대성장동력추진 특별위원회를 두고 있다.

국가기술혁신 특별위원회는 과학기술부장관을 위원장으로 하고, 6개 부장관,[97] 기획예산처장, 국무조정실장, 대통령 정책실장, 대통령 정책기획위원회 위원장, 대통령 국정과제위원회 위원장,[98] 대통령 과학기술보좌관, 안건 관련 중앙행정기관장, 학식과 경험이 풍부한 민간위원[99] 등 총 25인 이내의 위원으로 구성되어 다음과 같은 사항들을 검토 심의하는 하부기구이다.

- 국가기술혁신체계 구축에 관한 종합계획 수립·조정과 점검
- 국가과학기술혁신체계의 유형 개발과 평가 기준
- 과학기술혁신 관련 정책조정
- 지역기술혁신정책 지원체제
- 지적재산권 등[100]

94) 간사는 과학기술혁신본부 소속 공무원과 인적자원개발회의 실무조정회의 간사.

95) 재정경제부, 교육인적자원부, 과학기술부, 문화관광부, 산업자원부, 정보통신부, 보건복지부, 노동부, 여성부, 기획예산처, 국무조정실, 중앙인사위원회, 과학기술혁신본부, 중소기업청, 특허청 및 안건과 관련 중앙행정기관의 2~3급 공무원.

96) 국가과학기술위원회는 과학기술인력 양성을 위한 정책조정 안건을 인적자원개발회의 개최 전에 인적자원개발회의에 송부해야 하고, 인적자원개발회의는 송부받은 안건에 대해 심의하고 그 결과를 국가과학기술위원회 개최 전에 위원회에 송부해야 한다.

97) 재정경제부장관, 교육인적자원부장관, 산업자원부장관, 정보통신부장관, 건설교통부장관, 해양수산부장관, 농림부장관, 문화관광부장관, 보건복지부장관, 환경부장관, 노동부장관.

98) 정부혁신지방분권위원회 위원장, 국가균형발전위원회 위원장, 동북아시대위원회 위원장.

99) 임기 2년의 민간위원으로는 대체로 대학교수 및 과학기술 관련 단체장 등이 위촉되고 있다.

100) 그 밖에도 국가기술혁신 특별위원회는 지방과학기술 진흥협의회에 상정되어 심의가

국가기술혁신 특별위원회 산하에는 사전 검토 조정을 위한 실무기구로서 국가기술혁신 실무위원회와 지역기술혁신 실무위원회가 있다. 이들 실무위원회들은 국가기술혁신 특별위원회 소속 기관들의 고위(3급) 공무원과 민간전문가[101] 등으로 구성된다. 다만, 위원장과 간사는 전자의 경우 과학기술혁신본부 연구개발조정관과 과학기술정책국장이, 후자의 경우 국가균형발전기획단 단장과 동 기획단 공무원이 각각 담당한다.

차세대성장동력추진 특별위원회는 과학기술부장관을 위원장으로 하고, 11개 부처 장관,[102] 기획예산처장관, 과학기술혁신본부장, 안건 관련 중앙행정기관장 및 학식과 경험이 풍부한 민간위원[103] 등 총 30인 이내의 위원들로 구성되어, 다음과 같은 사항들을 분담해 검토 심의한다.

- 차세대 성장동력기술의 개발과 산업화를 위한 종합계획 수립
- 차세대 성장동력산업과 관련된 정책들의 조정
- 차세대 성장동력사업들의 추진에 있어서 부처간 역할 분담
- 산업별 차세대 성장동력사업 추진계획 수립 등.

차세대성장동력추진 특별위원회는 산하 실무기구로서 총괄 실무위원회와 산업별 실무위원회들을 두고 있다. 총괄 실무위원회는 과학기술혁신본부장을 위원장으로 하여 동 특별위원회 소속 기관들의 고위(1급) 공무원[104]과 민간전문가[105]로 구성되고, 산업별 실무위원회들은 위원장과 위원들이 민간전문가들로 구성된다.[106]

끝난 안건들을 재차 심의하게 되어 있어서, 지방과학기술진흥협의회가 국가기술혁신특별위원회의 하부기구처럼 운영되고 있다. 이는 법령 입안 과정에서 치밀하지 못했던 데에 기인한 것으로 향후 수정될 예정이다.

101) 대부분 대학교수와 연구기관 연구원들이다.

102) 재정경제부장관, 교육인적자원부장관, 산업자원부장관, 정보통신부장관, 문화관광부장관, 노동부장관.

103) 대부분 대학교수들이다.

104) 대부분 차관보, 기획관리실장, 정책실장들이고 과학기술혁신본부는 연구개발조정관이다.

105) 대부분 대학교수와 연구기관 연구원들이다.

106) 현재 산업별 실무위원회는 바이오신약/장기, 디스플레이, DTV/방송산업, 미래형 자동차기술, 지능형 로봇사업, 지능형 홈네트워크, 차세대 반도체, 차세대 이동통신, 차세대 전지, 디지털 콘텐트 등 분야에 설치되어 있다.

③ 진흥협의회

국가과학기술위원회는 2개의 진흥협의회, 즉 지방과학기술 진흥협의회와 기초과학연구 진흥협의회를 두고 있다.

지방과학기술 진흥협의회는 지방과학기술 종합계획과 연도별 시행계획, 지방과학기술 진흥사업 등을 심의 조정하는 기구로서 과학기술부 차관을 의장으로 하고 11개 부·처·청[107]의 고위공무원과 광역자치단체 1급 공무원 및 민간전문가 등 35인 이내의 위원들로 구성된다.

기초과학연구 진흥협의회는 기초과학 연구 진흥을 위한 정책 방향과 투자를 심의 조정하는 기구로서 12개 부처[108]와 상정 안건과 관련된 중앙행정기관들의 고위공무원, 기초과학 분야 지식과 경험이 풍부한 민간위원 등으로 구성된다. 의장은 민간위원 중에서 과학기술부장관이 임명한다. 상기 두 협의회는 안건을 사전에 검토하기 위해 각각 실무협의회를 두고 있다.

④ 평가위원회

국가연구개발사업 평가위원회는 국가연구개발사업의 조사·분석·평가를 효율적으로 수행하기 위해 설치한 기구이다. 위원장은 국가과학기술위원회 민간위원 중에서 과학기술부장관이 임명하고, 위원은 국가과학기술위원회 운영위원회 민간위원 3인, 연구개발 전문위원회 위원장, 연구사업 평가소위원회 위원장, 민간전문가 등을 포함해 20인 이내의 위원으로 구성한다. 민간전문가들은 과학기술 분야별 전문가와 평가 관련 사회과학 전문가들로 구성된다.

평가위원회 산하에 연구과제 평가소위원회와 연구사업 평가소위원회가 있다. 전자는 연구과제들간 중복성과 연계성 등을 검토하고 그 결과를 연구사업 평가소위원회에 제출한다. 후자는 장관이 요청한 국가과학기술연구사업에 대해 평가·심의한다.

107) 교육인적자원부, 행정자치부, 과학기술부, 산업자원부, 정보통신부, 보건복지부, 건설교통부, 환경부, 기획예산처, 중소기업청, 농촌진흥청.

108) 재정경제부, 교육인적자원부, 과학기술부, 국방부, 산업자원부, 정보통신부, 농림부, 보건복지부, 건설교통부, 해양수산부, 환경부, 기획예산처.

(3) 운영 및 지원 기구

① 의장과 간사

국가과학기술위원회 및 그 산하 장관급 혹은 실무급 위원회들을 운영하는 의장과 간사는 위원회의 수준과 종류에 따라 다르다. 대체로 위원장은 대통령, 과학기술부장관 및 과학기술혁신본부장이 담당하고, 간사는 대부분 과학기술혁신본부 고위공무원들, 즉 본부장, 연구개발조정관, 과학기술정책국장, 에너지·환경심의관, 종합기획과장, 인력기획과장 등이 담당하고 있다. 그 결과 과학기술혁신본부가 국가과학기술위원회의 실질적인 사무처 역할을 담당하고 있다.

〈표 3-17〉 국가과학기술위원회 및 산하 위원회의 위원장과 간사

위원회	의 장	간 사
국가과학기술위원회	대통령	과학기술혁신본부장
- 국가기술혁신 특별위원회	과학기술부 장관	과학기술혁신본부장
• 국가기술혁신 실무위원회	연구개발조정관	과학기술정책국장
• 지역기술혁신 실무위원회	국가균형발전기획단 단장	국가균형발전기획단 공무원
- 차세대성장동력추진 특별위원회	과학기술부장관	연구개발조정관
• 총괄 실무위원회	과학기술혁신본부장	에너지·환경심의관
• 산업별 실무위원회	특별위원회 민간위원	주무 행정기관 공무원
- 운영위원회	과학기술혁신본부장	과학기술정책국장
• 기획예산조정 전문위원회	연구개발조정관	정책국 종합기획과장
• 국방연구개발 전문위원회	연구개발조정관	부재
• 과학기술인력 공동실무협의회	기획예산조정 전문위원회 위원장, 인적자원개발회의 실무위원장	과기부 정책국내 인력정책기획과장, 인적자원개발회의 실무회의 간사
- 지방과학기술 진흥협의회	과학기술부 차관	과학기술부 공무원
- 기초과학연구 진흥협의회	협의회 민간위원	기초연구국장
- 국가연구개발사업 평가위원회	국가과학기술위원회 민간위원	한국과학기술기획평가원 연구사업조사평가단장

② 한국과학기술기획평가원

국가과학기술위원회는 산하에 전문적이고 기술적인 분석과 평가 업무들을 지원할 한국과학기술기획평가원을 두고 있다. 한국과학기술기획평가원은 국가과학기술위원회가 심의하는 주요 정책과 계획의 수립 조정을 지원하고, 과학기술발전 추세를 예측하며, 기술영향 평가와 기술수준 평가 및 국가연구개발사업 타당성 평가 등 평가 업무를 위탁받아 수행한다.

(4) 운영 방식과 실태

첫째, 국가과학기술위원회는 정기회의만 개최한다. 임시회의는 소집하지 않는다. 정기회의는 매년 4월, 7월, 12월 정기적으로 3회 개최되는데, 4월 정기회의는 전년도 국가연구개발사업들을 평가하기 위해 개최되고, 7월 정기회의는 차년도 국가연구개발사업 예산을 심의 조정하기 위해, 12월 정기회의는 차년도 과학기술발전 시행계획을 조정 확정하기 위해 개최된다. 정기회의가 개최되면 그 달에 후술하는 과학기술관계장관회의는 소집되지 않는다. 그 대신 국가과학기술위원회가 과학기술관계장관회의 안건들을 심의 조정한다.

1999년 4월 제1회 정기회의를 개최한 이래 2006년 말까지 총 22회를 개최해 총 139개 안건을 처리했다. 매년 연 2~3회를 개최했고, 정기회의 1회당 평균 6.3건을 처리했다.

둘째, 기밀 사항이 많은 안건과 정보공유 차원의 보고 안건 등은 하부기구들에 의한 사전 검토 없이 곧바로 본회의 상정 처리했으나, 나머지 대부분의 심의 조정이 필요한 안건들은 하부기구들의 사전 검토 조정 후에 본회의에 상정 처리되었다. 또한 상당수의 심의 조정 안건들은 운영위원회에

〈표 3-18〉 정기회의 개최 실태

개최 시기	1999	2000	2001	2002	2003	2004	2005	2006
4~5월	1 (4)	4 (7)	7 (5)	무개최	12 (6)	무개최	17 (7)	20 (3)
7~8월	2 (5)	5 (6)	8 (6)	10(11)	13 (4)	15(14)	18 (4)	21 (7)
11~12월	3 (6)	6 (5)	9 (7)	11 (7)	14(10)	16 (4)	19 (5)	22 (6)

* 괄호 안은 상정 안건 수.

* 자료: http//:www.nstc.go.kr/상정 안건

위임되어 최종 심의 처리되었다. 국가과학기술위원회 시스템 내에서 안건들이 처리되는 유형을 보면 <표 3-19>와 같다.

셋째, 국가과학기술혁신 특별위원회, 차세대성장동력 특별위원회, 지방과학기술 진흥협의회, 기초과학연구 진흥협의회 등은 대체로 연 2회 정도 소집된다. 국가과학기술혁신 특별위원회는 회의를 통한 심의조정 이외에 서면을 통한 심의 조정도 많이 하고 있다. 또한 차세대성장동력 특별위원회는 안건 가운데 기밀 사항이 많아 비공개로 진행하는 경우가 많다.

국가과학기술혁신 특별위원회와 차세대성장동력 특별위원회가 2004년에는 참여정부의 과학기술 분야 역점 정책 방향에 따라 설치되었는데, 이 때부터 종전에 운영위원회에서 논의되던 안건들 가운데 국가과학기술 혁신체계 관련 안건, 지방과학기술 관련 안건, 국토균형발전법상 국가연구개발사업

〈표 3-19〉 안건 처리 유형

처리 유형	주요 안건
운영위원회 → 본회의	. 과학기술 비전과 정책방향 . 과학기술혁신5개년계획과 과학기술기본계획 관련 안건 . 과학기술 연구동향 예측 및 기술영향·기술수준평가 관련 안건 . 성장동력 산업기술과 전략기술 개발 관련 안건 . 국가연구개발사업 조사·분석·평가 관련 안건 . 정부출연연구기관 평가 안건 . 과학기술인력 개발과 이공계 출신 사기 대책 . 기초연구 진흥 . 과학기술혁신 성과 . 지방 R&D사업 등
운영위원회 최종	. 과학기술기본계획 시행계획과 추진실적 관련 안건 . 연도별 국가연구개발사업 예산편성 관련 의견 . 연도별 정부투자기관의 R&D 투자 확대 권고 . 연도별 국가연구개발사업 조사·분석·평가 추진계획 . 연도별 정부출연연구기관 평가(대상, 결과) 안건 등
본회의 단독	. 민군 겸용 기술 관련 안건 . 지난 회의 결정사항의 추진 결과 보고 안건 . 정보공유 차원의 특별보고 안건

* 성장동력 산업기술 : BT, NT, ST, ET.
* 전략기술 : 유전체 기술, 재생에너지 기술, 핵융합로 기술, 심해광물자원 개발기술, 해양과학 기술, 극지과학 기술, 기상 기술, 암정복 기술 등.

안건 등은 국가과학기술혁신 특별위원회에서 사전 검토 조정했고, 차세대 성장동력 기술과 산업화에 관한 안건들은 차세대성장동력 특별위원회에서 사전 심의 조정되었다. 또한 2004년부터 거의 대부분의 안건들이 해당 전문위원회의 검토를 거치고 있다. 그 이전에는 전문위원회를 건너뛰어 바로 운영위원회에 상정되는 안건들도 많았다.

(5) 업무 추진 및 조정 절차

국가과학기술위원회를 통해 국가과학기술 발전계획이 수립되고, 연구개발사업에 대한 예산 배분과 평가가 이루어지며, 주요 과학기술정책 현안들, 즉 차세대 성장동력산업기술 개발, 기초과학연구 진흥 및 지방과학기술 혁신 등이 추진 조정된다.

① 국가과학기술발전계획의 수립 및 시행 절차[109]

제1단계는 중장기 정책 목표와 방향 설정 단계이다.

과학기술부장관[110]은 과학기술발전 중장기 목표와 방향을 설정한다. 먼저, 전문가들로 임시 기획위원회를 구성해 중장기 목표와 방향의 윤곽을 잡는다. 중장기 목표에는 미래 과학기술발전 추세의 예측과 과학기술영향평가 및 우리나라 과학기술수준 평가[111]를 반영해야 하고, 동시에 i) 5년 이상에 걸친 중장기 발전 목표와 실현 전략 및 추진 방향, ii) 국가발전에 필요한 미래 유망 기술[112]과 이에 대한 연구능력 평가 및 확보 전략 등을 포함시켜야 한다. 이렇게 작성된 중장기 정책목표 초안은 전문가 공청회 등 의견 수렴 절차를 거친 후, 국가과학기술위원회 산하 기획예산조정 전문위원회와 운영위원회의 심의 조정을 거쳐 최종적으로 국가과학기술위원회에서 확정한다. 확정된 중장기 목표와 방향은 관련 행정기관장에게 통보하고 이를 공표한다.

제2단계는 국가과학기술발전 기본계획 수립 단계이다.

109) 2004년에 개정된 과학기술기본법 시행령에 처음 규정되었다.

110) 좀더 구체적으로는 과학기술혁신본부 과학기술정책국 종합기획과.

111) 과학기술발전 추세예측(5년마다)과 기술영향평가(과학기술 발전이 경제·사회·문화·윤리·환경 등에 미치는 영향에 대한 사전평가)(대략 연 1회) 및 기술수준평가는 한국과학기술기획평가원에서 실시한다. 과학기술부장관은 기술영향평가 결과를 국가과학기술위원회에 보고하고 관계 중앙행정기관장에게 알려야 한다.

112) 미래 유망 기술은 종합기획과 주관 아래 전문가들로 임시위원회를 구성해 선정한다.

과학기술부장관[113]은 5년마다 관련 중앙행정기관들의 과학기술 관련 계획과 시책 등을 종합하고 과학기술발전 추세 예측 결과를 반영해 기본계획을 세우고, 이를 국가과학기술위원회의 기획예산조정 전문위원회, 운영위원회, 본회의의 심의를 차례로 거쳐 확정한다.[114] 기본계획에 포함되어야 할 사항들은 다음과 같다.

- 과학기술발전 목표와 정책의 기본 방향
- 과학기술혁신 관련 산업정책, 인력정책 및 지역혁신정책 등의 추진 방향
- 과학기술투자의 확대
- 연구개발의 추진, 기술의 이전 및 실용화
- 교육의 질적 고도화, 인력의 양성
- 국제협력, 남북교류, 민간기술개발 등 촉진
- 과학기술기반 확충, 과학연구단지 조성, 지적재산권 보호 등

제3단계는 연도별 시행계획 수립 단계이다.

먼저, 과학기술혁신본부 과학기술정책국 종합기획과는 다음 해의 연도별 시행계획 수립지침을 내부적으로 작성해 이를 매년 7월 31일까지 관련 행정기관장에게 통보한다. 다음, 관련 행정기관장은 이 지침에 따라 소관 분야 연도별 시행계획을 세워 이를 매년 10월 15일까지 과학기술정책국 종합기획과에 제출해야 한다. 시행계획(주로 계속사업)에 포함되는 사항은 다음과 같다.

- 내년 총 투자액과 분야별 투자 내역
- 공모 과제와 일정
- 사업관리 방법
- 사업평가 방법

마지막으로, 과학기술정책국 종합기획과는 이 시행계획들을 검토하고 필

---

113) 좀더 구체적으로는 과학기술혁신본부 과학기술정책국 종합기획과.

114) 동시에 과학기술정책국 기술혁신제도과도 5년마다 임시위원회를 구성해 지방과학기술진흥종합계획안을 작성해 지방과학기술협의회와 국가과학기술위원회(운영위원회, 본회의)의 심의를 거쳐 확정한 후 지방자치단체장에게 통보해야 한다. 이후 지방자치단체의 시행계획 수립과 집행, 시행계획에 대한 실적 보고와 검토 등은 중앙행정기관의 경우와 유사하다.

요하면 자료 보완을 요구해 과학기술기본계획에 따라 종합한 후, 국가과학기술위원회 산하 기획예산조정 전문위원회와 운영위원회의 심의를 거쳐 확정한 후,[115] 매년 12월 31일까지 관련 행정기관장 및 기획예산처장관(과학환경재정과)에게 통보한다.

제4단계는 시행계획을 집행하는 단계이다.

각 중앙행정기관장은 소관 시행계획을 효율적으로 집행한다. 과학기술혁신본부에서 집행 과정을 모니터링하지는 않는다. 시행계획은 관할 기관들의 자율과 책임에 맡겨져 있다.

제5단계는 추진실적 보고 및 검토 단계이다.

관련 행정기관장은 매년 2월 15일까지 지난해 추진실적을 과학기술혁신본부 종합기획과로 제출한다. 종합기획과는 각 기관들의 추진실적을 검토 평가하고 종합해 국가과학기술위원회 산하 기획예산조정 전문위원회와 운영위원회의 심의를 거친 후, 매년 4월 30일까지 관련 행정기관장 및 기획예산처장관(과학환경재정과)에게 통보한다. 그리고 검토 심의 결과를 다음 연도 예산편성에 반영하도록 한다.

② 국가연구개발사업의 예산 배분 및 평가 절차

제1단계는 신규 사업에 대한 사전 타당성 검토 단계이다.

관련 중앙행정기관장은 국가경쟁력 향상과 국민경제 발전에 중요한 핵심 기술들을 발굴하고 이들을 개발하기 위한 신규 국가연구개발사업 계획서를 작성해 과학기술혁신본부 연구개발예산담당관실로 보낸다. 국가연구개발사업 선정에는 과학기술발전 예측 결과와 기술수요 조사 및 기술영향평가 등을 적극 반영해야 한다. 국가연구개발사업은 대부분 중앙행정기관에서 선정하지만 국가과학기술위원회[116]에서 직권으로 선정할 수 있다. 즉 국회나 과학기술계 및 산업계에서 선정 요구하고 있음에도 불구하고 중앙행정기관에서 선정하지 않을 경우 국가과학기술위원회에서 직권 선정할 수 있다.[117]

---

115) 시행계획은 국가과학기술위원회 본회의의 심의를 거치지 않는다. 본회의에서 운영위원회로 위임한 사항이어서 운영위원회의 심의로 종결된다.

116) 과학기술혁신본부 연구개발예산담당관실에서 선정 과정을 지원한다.

117) 그러나 2006년 현재까지 직권 선정된 경우는 없었다.

중앙행정기관에서 신규 국가연구개발사업을 요청한 경우 연구개발예산담당관실은 일정 규모 이상의 예산이 필요한 사업에 대해 사전에 타당성 검토를 한다. 연구개발예산담당관실은 타당성 검토를 위해 대상사업의 선정기준, 조사 방법 및 절차에 대한 지침을 마련해 국가과학기술위원회 산하 기획예산조정 전문위원회와 운영위원회 및 본회의의 심의 조정을 거쳐 확정한 다음, 관련 중앙행정기관장에게 통보하고, 한국과학기술기획평가원에 의뢰해 타당성 검토를 실시한다. 검토 결과 타당성이 높으면 신규 국가연구개발사업으로 인정되어 예산이 배분되고, 그렇지 않으면 거부된다.

제2단계는 사업계획서와 예산요구서를 작성하는 단계이다.[118]

국가연구개발사업을 추진하는 중앙행정기관장들은 국가연구개발사업 관련 계속사업과 신규사업을 포함한 사업계획서를 작성해 시행 전년도 2월 말까지 과학기술혁신본부 연구개발예산담당관실에 제출한다.[119]

연구개발예산담당관실은 먼저 이 사업계획서를 연구개발조정관실로 보내 분야별 심의관들의 검토 조정을 받는다. 그 다음 검토 조정된 사업계획서를 기획예산조정 전문위원회와 운영위위원회 및 본회의의 심의 조정을 거쳐 확정한 후 그 결과를 시행 전년도 4월 30일까지 해당 중앙행정기관장과 기획예산처장관(과학환경재정과)에게 통보한다.

중앙행정기관장은 사업계획서를 승인받는 후 1개월 내에 국가연구개발사업 예산요구서를 작성해 시행 전연도 5월 31일까지 연구개발예산담당관실에 제출한다.

제3단계는 종합적으로 심의 조정하는 단계이다.

예산요구서들이 제출되면 연구개발담당관실은 먼저 기술 분야별 예산전문위원회를 소집해 예산요구서들을 1차 검토하도록 한다. 예산전문위원회는 2006년 현재 9개 기술 분야 총 150여 명의 민간 전문가들로 구성되어 있다. 1차 검토를 받은 예산요구서들은 다시 2차로 연구개발조정관실 산하

118) 국가연구개발사업 관련 계획서 및 예산요구서의 제출 대상에서 군사 비밀로 분류된 국방연구개발사업은 제외한다. 다만, 국가안보와 직접 관련이 적은 국방연구개발사업은 그러하지 아니하다.

119) 국가연구개발사업을 추진하는 중앙행정기관들은 그 이전에 중점 투자 방향, 주요 정책 부문별 우선순위, 관련 제도 개선 방안 등이 포함된 투자 우선순위 의견서를 작성해 당해 국가연구개발사업 시행 전전년도 10월 31일까지 연구개발예산담당관실에 제출한다.

분야별 심의관들의 검토 조정을 받도록 한다. 심의관들은 투자 우선순위, 시행계획, 전년도 실적평가 등을 고려해 예산요구서들을 2~3차례 조정한다. 심의관실은 내부 조정과 동시에 사업부처 및 기획예산처와도 비공식적으로 협의 조정한다. 이견이 크면 쟁점으로 정리해 국가과학기술위원회로 넘긴다.

연구개발예산담당관실은 심의관들이 조정 결과를 종합해 국가과학기술위원회에 넘긴다. 국가과학기술위원회는 산하 기획예산조정 전문위원회와 운영위원회 및 본회의의 심의 조정을 거쳐 확정한 후 그 결과를 시행 전년도 7월 31일까지 해당 중앙행정기관과 기획예산처(과학환경재정과)에 넘긴다. 국가과학기술위원회가 투자 우선순위 의견서, 사업계획서 및 예산요구서 등을 심의 조정할 때 다음 사항들을 고려해야 한다.

- 국가연구개발사업의 목표 및 추진 방향
- 국가연구개발사업의 분야별 사업별 투자 우선순위와 예산배분 내역
- 대형사업의 투자 적정성
- 유사 중복 사업간 조정과 연계, 부처별 역할 분담 등

기획예산처(과학환경재정과)는 국가과학기술자문회의의 의견을 거쳐 전체 국가연구개발사업 예산을 편성한다.

제4단계는 집행 단계이다.

해당 중앙행정기관장은 승인받은 국가연구개발사업과 배정받은 예산을 효율적으로 집행한다. 국가과학기술위원회에서 별도의 집행 점검은 실시하지 않는다.

제5단계는 평가 및 환류 단계이다.

과학기술혁신본부 기술평가국 조사평가과는 매년 국가연구개발사업에 대한 조사・분석・평가 계획을 세워 국가과학기술위원회 산하 기획예산조정 전문위원회와 운영위원회의 심의를 거쳐 사업 집행 연도 11월 30일까지 관련 중앙행정기관장과 해당 연구회 이사장에게 통보한다. 해당 중앙행정기관장과 연구회 이사장은 평가에 필요한 실적 자료를 제출해야 한다.

국가과학기술위원회 산하 국가연구개발사업평가위원회는 평가계획과 제출된 자료를 토대로 국가연구개발사업들을 평가한다. 다만, 연구회 소속 연구기관들의 국가연구개발사업은 연구회가 평가하고 그 결과를 과학기술 혁

신본부 조사평가과를 통해 국가과학기술위원회 운영위원회와 본회의에 보고한다.[120]

평가 결과는 차년도 예산 편성에 반영된다. 그리고 한국과학기술기획평가원에서 자료와 평가 결과를 데이터베이스(DB)화한다. 해당 중앙행정기관장은 평가 등의 결과를 반영해 연구개발투자가 최대한 효율적으로 이루어지도록 해야 한다.

2) 과학기술관계장관회의

과학기술관계장관회의는 국가과학기술위원회를 보완하고 동시에 과학기술 부총리가 과학기술 혁신정책에 대한 범정부적 협의 조정을 원활하게 수행하도록 지원하기 위해 2004년 11월에 설치되었다.

(1) 역할과 구성

과학기술관계장관회의는 과학기술혁신정책(과학기술혁신과 관련된 산업정책, 인력정책, 지역기술혁신정책, 국가연구개발정책 등)의 방향 설정, 기본계획 수립 및 효율적 추진 등에 관해 부처간 이견을 심의 조정하는 기구이다.

과학기술관계장관회의의 역할을 국가과학기술위원회와 비교하여 좀더 구체적으로 살펴보면, 국가과학기술위원회가 법령에 규정된 거시적인 중장기 정책과 각종 종합계획들을 심의 조정하는 데 반해, 과학기술관계장관회의는 법령에 규정되지는 않았으나 부처간 협의가 필요한 미시적이고 단기적인 현안 사항들을 심의 조정한다. 예를 들면, 개발된 기술의 실용화와 산업화, 이공계 출신의 채용, 신기술 인증제도의 통합, 특허심사 기간의 단축, 기술무역 구조의 개선, 한국형 고속열차의 개발, 대형 위그선의 개발, 해외 우수 R&D센터의 유치 등 그때그때 발생하는 현안 이슈들을 심의 조정하고 있다. 과학기술 분야 관계장관회의가 이원화됨으로써 과학기술관계장관회의는 과거의 종합과학기술심의회나 과학기술장관회의보다 그 역할이 축소되어 있는 상태이다.

과학기술관계장관회의의 멤버는 의장인 과학기술부장관과 재정경제부,

120) 평가 대상 연구기관 가운데 국방과학연구소에 대해서는 국방부장관이 계획을 수립해 평가를 실시하고 그 결과를 운영위원회 및 국가과학기술위원회에 보고한다.

교육인적자원부, 국방부, 산업자원부 등 13개 부 장관들[121] 및 기획예산처장, 국무조정실장, 대통령 경제정책수석, 대통령 정보과학기술보좌관, 과학기술혁신본부장 등이다. 그 밖에도 의장은 안건 관련 부처의 장과 협의해 참석 범위를 조정할 수 있다. 의장은 안건 관련 부・처・청의 장 및 대통령 자문 국정과제위원회 위원장 등을 회의에 참석시켜 발언하게 할 수 있고, 필요하면 해당 분야 민간전문가도 회의에 참석하게 하여 그 의견을 들을 수 있다.

과학기술관계장관회의의 구성 멤버는 과거의 종합과학기술심의회와 과학기술장관회의 및 현재의 국가과학기술위원회와 거의 비슷하다. 즉 경제기획원장관과 과학기술부장관 및 관련 부처 장관 그리고 민간전문가이다. 다만, 과학기술관계장관회의의 경우 대통령 보좌관(경제정책, 과학기술)들이 참석한다는 점에서 다른 세 관계장관회의들과는 다르다.

(2) 하부기구 : 실무조정회의

과학기술관계장관회의의 하부기구로는 실무조정회의가 있다. 회의 안건을 사전에 협의 조정하고, 본회의에서 위임한 사항을 심의한다. 과학기술혁신본부장을 의장으로 하여 과학기술관계장관회의 멤버 부처와 국무조정실 및 안건 관련 중앙행정기관의 1~3급 공무원이 참석한다. 그러나 본회의와는 달리 실무조정회의에 대통령 비서관들이 참석하지는 않는다.

과학기술관계장관회의의 안건을 사전에 검토하는 하부기구는 과거 과학기술장관회의의 하부기구와 유사하나, 종합과학기술심의회 및 국가과학기술위원회의 하부기구와는 사뭇 다르다. 과학기술장관회의는 하부기구로서 실무급 부처간 회의인 총괄조정전문위원회[122]를 두었다. 그러나 종합과학기술심의회는 1973년 5월 설치 당시에는 하부기구가 없었으나, 1981년 12월에 총괄조정전문분과회와 그 산하에 10개 분야별 전문분과회[123]를 설치했다.[124]

---

121) 그 밖에 정보통신부장관, 건설교통부장관, 해양수산부장관, 농림부장관, 환경부장관, 보건복지부장관, 문화관광부장관.

122) 과기처 차관을 위원장으로 하여 과학기술장관회의 소속 중앙행정기관의 국장급 공무원과 안건 관련 전문가들로 구성되었다.

123) 기초과학, 기계, 전기・전자, 화학・화공, 금속・재료, 에너지・자원, 환경・보건, 건설・교통, 농림・수산, 인문・사회과학 등이다. 이 10개 분야별 전문분과회는 1992년 5월에 과학기술 투자, 과학기술 인력, 과학기술 정보, 기초과학, 국방과학 기술, 연구개

국가과학기술위원회는 앞서 서술한 것처럼 설치 당시에 운영위원회와 지방과학기술진흥협의회 및 운영위원회 산하 3개 전문위원회가 있었으나, 2004년에 국가과학기술혁신특별위원회와 차세대성장동력특별위원회가 추가되었고, 2006년에 기초과학연구진흥협의회가 또다시 추가되었다.

(3) 운영 기구와 방식

과학기술관계장관회의 운영 및 지원기구는 <표 3-20>과 같다.

본회의의 의장과 간사는 각각 과학기술부 장관과 연구개발조정관이고, 실무조정회의의 경우 각각 과학기술혁신본부장과 과학기술정책국장이다. 본회의와 실무조정회의 간사들은 각각 과학기술정책국 내의 종합기획과 서기관과 기술혁신제도과 사무관의 지원을 받는다.

과학기술관계장관회의는 2004년 11월에 설치된 이래 2006년 말까지 2년 동안 총 20회 소집되어 91개 안건을 심의 조정했다. 본회의에 상정되었던 안건 가운데 95% 정도는 실무조정회의를 거쳤다. 다만, 국가 기밀 사항이 포함된 안건과 특별보고[125] 안건은 실무조정회의의 사전 검토 없이 곧바로 본회의에 상정되어 논의되었다.

과학기술관계장관회의의 운영기구는 과거 과학기술장관회의와는 유사하

〈표 3-20〉 과학기술관계장관회의 의장과 간사

구 분	의 장	간 사	지원기구
본회의	과학기술부장관	연구개발조정관	종합기획과 서기관
실무조정회의	과학기술혁신본부장	과학기술정책국장	기술혁신제도과 사무관

발기획평가, 과학 기술국제협력 등 7개 분야별 전문위원회로 개편되었다.

124) 전문분과회 위원은 총괄조정전문분과회의 경우 과학기술처 과학기술심의실장 및 경제기획원 차관보와 심의회의 소속 기관 1~3급 공무원으로 구성했고, 분야별 전문분과회의 경우 관련 부처 공무원과 민간전문가 7~9인으로 구성했다. 분야별 전문분과회는 해당 분야에 관한 심의회 상정 안건을 전문적으로 연구 검토해 총괄조정전문분과회에 회부하고, 총괄조정전문분과회는 다른 전문분과회에서 연구·검토한 내용을 종합적으로 연구·검토·조정 및 평가해 심의회 상정 안건을 최종 준비함과 동시에 심의회가 위임한 사항들을 처리했다.

125) 특별보고 안건은 대부분 부처간 심의 조정은 불필요하나 부처간 공유가 필요한 정보 보고이다.

나 종합과학기술심의회와는 약간 다르다. 과학기술장관회의의 본회의와 총괄조정위원회의 의장은 각각 과학기술부장관과 차관이 담당했고, 간사는 양자 모두 과학기술부 공무원이 담당했다. 반면에, 종합과학기술심의회 본회의의 의장은 국무총리가 담당했고, 총괄조정전문분과회 의장은 안건에 따라 과학기술부 심의실장 혹은 경제기획원 차관보가 담당했으며, 분야별 전문분과회 의장은 주로 민간위원들이 담당했다. 간사는 거의 대부분 과학기술부 공무원들이 담당했다. 다만, 총괄조정전문위원회의 의장을 경제기획원 차관보가 맡을 때 그 간사는 경제기획원 공무원이 담당했다.

과학기술관계장관회의의 운영 방식은 국가과학기술위원회와는 상호 보완적이다. 과학기술관계장관회의는 의장이 필요하다고 인정하는 때에 수시로 소집할 수 있게 되어 있다. 국가과학기술위원회가 1년에 3회 소집되는 정기회의라면 과학기술관계장관회의는 수시로 소집할 수 있는 임시회의인 셈이다. 그러나 과학기술관계장관회의는 실제로는 정기적으로 매월 4째주 목요일에 소집된다. 다만, 국가과학기술위원회가 개최되는 달은 소집하지 않는다. 또한 회의 형식도 국가과학기술위원회가 근무 시간에 개최되는 정식회의라면 과학기술관계장관회의는 조찬회의로 소집되는 비공식 회의이다.

(4) 심의 조정 절차 : 부처간 이견 조정 절차

첫째, 안건 선정 단계이다.

안건들은 대부분 관련 중앙행정기관장이 제출하거나, 의장이 부처들에게 요구함으로써 확보된다. 그 밖에도 과학기술혁신본부장이나 연구개발조정관이 심의 안건을 건의하기도 하고, 본회의 심의 과정에서 차기회의 안건이 결정되기도 한다. 안건들은 최소한 회의 개최 3일 전까지 과학기술부(과학기술정책국 기술혁신제도과)에 제출해야 한다.[126] 그러나 실제로는 회의 개최 3주 전(본회의가 개최되는 달의 첫째 주)에 안건을 제출한다. 제출된 안건들이 많을 경우 시급하지 않는 안건들을 다음 회의로 넘긴다.

둘째, 안건 관련 자료를 준비하고 관련 부처 의견을 수렴하는 단계이다.

안건 관련 주무부처에서 안건을 심의하는 데 필요한 분석 자료들을 마련한다. 안건이 여러 부처와 관련되어 주무부처가 불분명한 경우에는 과학기

126) 다만, 긴급을 요하는 경우에는 그러하지 아니하다.

술혁신본부의 해당 심의관이 관련 부처 공무원들을 소집해 작성한다. 안건과 분석자료가 준비되면 기술혁신제도과에서 분석자료들을 관련 부처들에 보내 의견을 수렴한다. 부처간에 이견이 있으면 비공식적으로 조정하도록 유도한다. 조정이 안 되면 기술혁신제도과에서 이들을 쟁점으로 정리한다. 이러한 준비작업과 의견 수렴은 본회의 개최 2주 전(본회의가 개최되는 달의 둘째 주)에 이루어진다.

셋째, 실무조정회의에 의한 사전 검토 단계이다.

기술혁신제도과는 다시 안건들과 분석자료들은 과학기술혁신본부장이 주재하는 실무조정회의에 상정한다. 실무조정회의에서는 분석자료들을 검토하고 쟁점들을 조정한다. 대부분의 쟁점들이 이 실무조정회의 논의 과정에서 조정된다. 실무조정회의 사전 검토는 본회의 개최 1주 전(본회의가 열리는 달의 셋째 주)에 이루어진다.

넷째, 본회의에서의 심의 조정 단계이다.

실무조정회의를 거친 안건들과 분석자료들은 다시 본회의에 상정된다. 종합기획과는 본회의의 일시, 장소, 안건 등을 각 위원들에게 개최 2일 전까지 서면으로 통지한다.

본회의가 열리면, 먼저 의장의 인사말, 직전회의에서의 결정 사항 보고, 그 결정 사항들의 이행 상황 점검 등을 마친 후, 안건 토론에 들어간다. 배석한 국장들이 부처순으로 안건들을 보고한 후 장관들 간에 의견 교환과 토론이 이루어진다. 대체로 실무조정회의에서 검토 조정한 내용들을 확인하고 수정한다. 마지막으로 의장이 회의 내용을 요약하고 개략적인 집행 일정을 제시하며 각 부처들의 협조를 당부한다. 배석한 기술혁신제도과 사무관이 참석자와 의결 내용을 요약해 회의록을 작성한다.

다섯째, 결정 사항의 통보와 이행 실적 보고이다.

본회의 심의 결과를 공문으로 관계 중앙행정기관들에게 통보해 반영 혹은 집행하도록 한다. 기술혁신제도과는 해당 부처들에게 의결 사항의 추진 실적을 보고하도록 요청한 후, 이들을 종합해 다음 과학기술관계장관회의 본회의에 보고한다.

제 3 절 역대 정권별 관계장관회의 시스템

1 박정희 정부(1961. 5.~79. 10.)
- 관계장관회의 시스템의 기본틀 구축 -

박정희 대통령은 1961년 5월 16일 군사혁명을 통해 권력을 장악한 후 국가안보와 경제성장을 국정 최우선 과제로 내걸고 집권 기간 내내 이를 강력히 추진했다.

1960년대는 한미동맹 강화와 월남 파병을 통해 국가안보를 튼튼히 했으며, 외국 차관을 이용해 1, 2차 경제개발5개년계획을 성공시킴으로써 산업화의 기틀을 마련했다. 이러한 성공에 힘입어 박정희 대통령은 1970년대 들어 당시 유동적인 국제정세와 적대적인 남북관계 속에 부국강병을 이룩하고자 정치적으로는 장기집권 체제를 구축하면서 경제적으로는 중화학공업정책을 강력히 추진했고, 특히 1970년대 중반 월남 패망과 석유 파동으로 인한 국가적 위기를 성공리에 극복했다. 그러나 1970년대 후반에 들어 민주화를 요구하는 국민들의 저항과, 주한미군 철수와 인권 문제를 둘러싼 미국 카터 정부와의 갈등 와중에 서거했다.

박정희 대통령은 집권하자마자 자신의 국정 최우선 과제인 국가안보와 경제개발을 강력히 추진하기 위해 필요한 국정운영 시스템 정비에 나섰다. 정치 분야에서는 내각책임제를 대통령제로 바꾸었고, 행정 분야에서는 경제 관련 부처들과 중앙정보부를 신설함과 동시에 행정 각 부처들을 효율적으로 관리하기 위한 대통령 비서실의 현대화,[127] 관계장관회의 시스템의 구축 등 제도적 장치를 마련했다. 이러한 시스템 정비에는 미국 시스템을 모델로 했다.

127) 이승만 대통령이 구축 활용했던 잡다한 심부름 위주의 비서 시스템을 전문적인 정보와 정책 아이디어를 제공하는 보좌관 시스템으로 개편했다.

1) 관계장관회의 시스템의 적극적 도입

박정희 대통령은 범부처적 정책 이슈들을 효율적으로 관리하기 위해 관계장관회의를 적극 설치 활용했다.

집권 초기에 박정희 대통령은 북한의 남침을 저지하기 위한 군사안보정책들을 추진하고 조정하기 위해 국가안전보장회의(1963. 12.)[128]를 설치했고, 경제성장을 위한 국토의 효율적 개발과 수출주도형 경공업의 육성을 추진하고 조정하기 위해 경제장관회의(1963. 3.),[129] 수출진흥위원회(1962. 12.), 국토건설종합계획심의회(1963. 12.) 등을 설치했다. 이어 연중행사가 되어 왔던 가뭄과 홍수 등 자연재해로부터 국민들의 생명과 재산을 보호하기 위해 중앙재해대책위원회(1967. 2.)를 설치했다. 이러한 관계장관회의 시스템을 통해 1960년대 북한의 대남 적화 위협, 한미동맹 강화, 수출주도형 경공업 건설, 자연재해의 예방과 피해복구 등에 필요한 정부의 정책과 계획 및 부처간 이견들을 조정했다.

1970년대에 들어 박정희 대통령은 산업구조를 경공업에서 중화학공업으로 전환하기 시작했다. 자주적인 국가안보를 위해 방위산업을 육성해야 할 필요성이 있었을 뿐만 아니라 수출 증대를 위해서는 경공업 제품보다 중공업 제품이 유리했기 때문이다. 이러한 산업구조 조정과 방위산업 육성을 본격적으로 추진하기 위해 산업합리화위원회(1972. 8.), 군수심의회(1973. 2.), 종합과학기술심의회(1973. 5.)를 설치했다.

그런데 1970년대 중반과 후반에 이르러 국제적인 여건 변화로 한국의 국가안보와 경제가 크게 휘청거렸다. 즉 월남 패망(1975)에 크게 고무된 북한이 대남 적화통일에 박차를 가한 반면 미국 카터 대통령은 주한미군 철수를 시도했고, 설상가상으로 2차에 걸친 석유 파동으로 인해 국민경제가 좌초의 위기에 봉착했다. 자주국방과 달러 확보가 국정 최우선 과제로 등장했다.

자주국방을 위해서는 이제 막 시작한 중화학공업 구조로의 전환과 방위산업의 육성에 박차를 가해야 했다. 그러나 기업들은 과학기술의 낙후로

128) 기존의 국방위원회를 폐지하고 1963년 12월에는 미국의 National Security Council을 모방해 한국판 국가안전보장회의를 설치했다.

129) 박정희 대통령은 군정 시절인 1962년 9월에 우리나라 최초의 경제장관회의인 경제각료회의를 설치했고, 민정 이양으로 인해 1963년 3월에 경제장관회의로 명칭을 변경했다.

단순 조립 이외에 중화학 제품의 핵심부품과 원료를 개발할 엄두도 못내고 모두 해외에서 사들여 와야 할 형편이었고, 또한 분야별 현장 고급기술인력도 크게 부족했다. 그리하여 기업들의 이러한 구조적인 문제점들을 정부가 정책적으로 해결해 주기 위해 국산화촉진위원회(1977. 5.)[130]와 인력개발촉진위원회(1976. 5.)[131]를 설치 운영했다.

또한 가격이 폭등한 원유를 구입하기 위해 달러 확보가 절대 절명의 과제였다. 그 당시에 정부가 선택한 전략은 중동 산유국들에 상품과 기술인력 및 건설 서비스를 적극 수출해 오일 달러를 벌어들이는 것이었다. 정부

〈표 3-21〉 박정희 대통령(1961.5.~1979.10.) 시절 관계장관회의 설치 및 개편 현황

분 야	해당 관계장관회의	비 고
안보/안전	- 국가안전보장회의(1963. 12.) - 중앙재해대책위원회(1967. 2.)	
경제 성장	- 경제장관회의(1963. 3.) - 수출진흥위원회(1962. 12.) - 국토건설종합계획심의회(1963. 12.) - 경제계획심의회(1974. 12.)	* 경제각료회의(62. 9.~63. 3.)를 개편
중화학/방위	- 산업합리화위원회(1972. 8.) - 군수심의회(1973. 2.) - 종합과학기술심의회(1973.5.) - 인력개발촉진위원회(1976. 5.) - 국산화촉진위원회(1977. 5.)	* 기계공업정책조정위원회(78. 3.)로 개편
외화 획득	- 관광정책심의위원회(1976. 9.) - 해외사업조정위원회(1977. 8.) - 원양어업진흥대책위원회(1978. 7.)	
공해 방지	- 환경보전위원회(1977. 8.) - 자연보호위원회(1977. 11.)	

130) 경제기획원장관(의장), 7개 관련 부처 장관, 대통령 경제제2수석비서관, 국무총리 기획조정실장, 국무총리 행정조정실장 등이 참석해 기계, 전자, 화학, 산업시설 분야 핵심부품과 기술용역의 국산화를 위한 장·단기계획을 수립하고 각종 지원책들을 종합 조정하는 기구이다. 1979년 3월에 기계공업정책조정위원회로 개편되었는데, 조정 대상으로 전자 및 화학 산업이 제외되어 역할 범위가 축소되었으나 구성 및 하부기구 및 운영방식은 거의 그대로 유지되었다.

131) 기술인력을 체계적으로 육성하고 더 나아가 해외 진출을 효율적으로 지원하는 데 필요한 시책들을 개발 추진하고 부처간 이견을 조정하도록 했다.

는 그 밖에도 궁여지책으로 외국인 국내 관광과 원양어업 등을 통해 달러 확보에 나섰다. 이러한 전략과 대책들을 효율적으로 추진하기 위해 해외사업조정위원회(1977. 8.),[132] 관광정책심의위원회(1976. 9.) 및 원양어업진흥대책위원회(1978. 7.)를 설치해 가동시켰다.

마지막으로, 국토개발과 중화학공업화에 따라 자연환경의 무분별한 훼손이 심해지고 1970년대 후반부터 공단을 중심으로 공해문제가 심각해졌다. 이에 대한 국민들의 우려와 공해 피해 주민들의 대책 마련 요구도 날로 늘어갔다. 이에 정부는 자연환경의 무분별한 훼손 방지를 위한 자연보호위원회(1977. 11.)와, 환경오염의 예방과 방지를 위한 환경보전위원회(1977. 8.)를 설치해 대책 마련에 나섰다.

2) 관계장관회의 시스템의 기본틀 구축과 특징

(1) 분야별 관계장관회의, 이슈별 관계장관회의 및 임시 관계장관회의 설치

박 대통령은 상설 관계장관회의로 분야별 관계장관회의와 이슈별 관계장관회의를 설치했고, 필요에 따라 임시 관계장관회의를 소집했다. 분야별 관계장관회의로는 전술한 국가안전보장회의와 경제장관회의 2개를 설치했고, 이슈별 관계장관회의로는 주로 경제 분야에 수출진흥위원회, 국토건설종합계획심의위원회, 산업합리화위원회 등 다수의 관계장관회의를 설치했다. 그러나 학원소요, 노동운동, 범죄 등 국내 치안유지 분야에서는 그때그때 현안 이슈가 있을 때마다 관계기관대책회의란 이름의 임시 관계장관회의를 소집 활용했다.

(2) 다양한 하부기구 구축

하부기구로는 관계장관회의에 따라 분과위원회, 실무위원회, 실무작업반, 전문위원 등을 설치했다. 다만, 국가안보회의 산하에는 하부기구를 설치하지 않았다.

분과위원회는 총 16개 관계장관회의 가운데 7개 관계장관회의에 설치되었는데, 그 중 4개가 장관급 분과위원회이고 3개가 실무급 분과위원회이다.

---

132) 기업들의 해외 진출을 유도하기 위한 기본정책을 수립하고 각종 지원책들을 종합 조정할 뿐만 아니라 수출 과정에서 국내기업간 과도한 경쟁과 덤핑이 일어나지 않도록 조정하는 기구이다.

〈표 3-22〉 박정희 정부에서 신설 및 개편된 관계장관회의들의 하부구조 유형

유 형	해당 관계장관회의
장관급 분과위원회+실무위원회	- 수출진흥위원회, 산업합리화위원회
장관급 분과위원회+전문위원	- 중앙재해대책위원회, 국토건설종합계획심의회
실무위원회+실무분과위원회+작업반	- 인력개발촉진위원회, 환경보전위원회
실무위원회+작업반	- 경제계획심의위원회, 국산화촉진위원회, 해외사업조정위원회
실무위원회+전문위원	- 자연보호위원회
실무위원회	- 경제장관회의, 군수심의회, 원양어업대책위원회, 관광정책심의회
실무분과위원회	- 종합과학기술심의회
하부기구 부재	- 국가안보회의

실무위원회는 차관급 혹은 국장급으로 설치되었는데, 차관급 실무위원회와 국장급 실무위원회가 각각 반씩이다. 전문위원들은 안건에 대한 연구조사를 맡기기 위해 설치했다. 박정희 정부에서 신설 혹은 개편된 관계장관회의들의 하부구조 유형를 보면 <표 3-22>와 같다.

(3) 의장의 3두화와 지원기구의 이원화

관계장관회의를 주재하는 의장은 대통령과 국무총리 및 부총리로 3두화시켰다. 대통령은 국가안보회의를 직접 주재했고, 국무총리는 비경제 분야 관계장관회의들을, 경제기획원장관은 경제 및 산업 분야 관계장관회의들을 주재하도록 했다.

지원기구는 두 가지 방식을 활용했다. 사무국 시스템과 간사 시스템이다. 국가안전보장회의와 산업합리화심의회는 사무국 시스템을 도입했고, 나머지 모든 관계장관회의들은 간사 시스템을 채택했다. 사무국 시스템은 관련 기관들의 공무원 혹은 임직원들을 파견받아 조직화되었고, 간사 시스템은 주무부처 1~2급 공무원이 간사로 지정되어 그 부하인 과장이나 사무관의 지원을 받아 회의 운영을 총괄하도록 했다.

(4) 관계장관회의 운영 방식

관계장관회의는 장관회의임에도 불구하고 필요에 따라 관련 부처 장관

〈표 3-23〉 박정희 정부 관계장관회의 의장과 지원기구

관계장관회의	의 장	지원기구
- 국가안전보장회의	대통령	사무국
- 중앙재해대책위원회	국무총리	건설부(주무부처) 공무원
- 국토건설종합계획심의회	국무총리	건설부(주무부처) 공무원
- 환경보전위원회	국무총리	환경청(주무부처) 공무원
- 자연보호위원회	국무총리	내무부(주무부처) 공무원
- 군수심의회	국무총리	국방부(주무부처) 공무원
- 종합과학기술심의회	국무총리	과기부(주무부처) 공무원
- 관광정책심의위원회	국무총리	교통부(주무부처) 공무원
- 해외사업조정위원회	국무총리	경제기획원(주무부처) 공무원
- 경제계획심의회	국무총리	경제기획원(주무부처) 공무원
- 수출진흥위원회	국무총리	상공부(주무부처) 공무원
- 경제장관회의	부총리(경제기획원장관)	경제기획원(주무부처) 공무원
- 원양어업진흥대책위원회	부총리(경제기획원장관)	농림수산부(주무부처) 공무원
- 산업합리화위원회	부총리(경제기획원장관)	사무국
- 국산화촉진위원회	부총리(경제기획원장관)	경제기획원(의장부처) 공무원
- 인력개발촉진위원회	부총리(경제기획원장관)	경제기획원(의장부처) 공무원

들 이외에도 대통령 수석비서관, 공공기관장,[133] 지자체장은 물론 민간전문가들도 구성 멤버로 포함시켰다.[134] 대통령 수석비서관들은 1970년대에 설치된 관계장관회의에 참석시켰다.

회의 방식에서 분야별 관계장관회의와 이슈별 관계장관회의 간에 약간의 차이가 있다.

분야별 관계장관회의인 국가안전보장회의와 경제장관회의는 정기회의와 임시회의를 개최하고, 회의 안건도 의결 안건과 보고 안건을 구분해 상정했다. 회의를 구분한 것은 북한의 동태, 경제 및 수출입 동향 등 주기적으로 점검해야 할 사안들이 많아 회의를 정기적으로[135] 개최할 필요가 있었기

133) 한국은행 총재, 산업은행 총재, 농협중앙회 회장, 한국무역협회 회장, 대한상공회의소회장 등.

134) 경제계획심의회(1974. 12.)는 관련 부처 장관, 대통령 경제수석, 민간전문가뿐만 아니라 국무총리 행정조정실장, 국책연구기관장, 각계 직능단체장 등 다양한 인사들을 멤버로 참석시켰다.

135) 국가안전보장회의는 매월 1회 개최했고, 경제장관회의는 1960년대는 격주에 1회, 1970년대에는 매주 1회 개최했다.

〈표 3-24〉 박정희 정부 관계장관회의 추가 멤버

추가 멤버	해당 관계장관회의
대통령 수석비서관	- 국산화촉진위원회, 인력개발촉진위원회, 해외사업조정위원회, 원양어업대책위원회, 환경보전위원회
공공기관장	- 경제장관회의, 수출진흥위원회, 산업합리화위원회
지방자치단체장	- 환경보전위원회, 자연보호위원회
민간전문가	- 중앙재해대책위원회, 국토건설종합계획심의회, 산업합리화위원회, 종합과학기술심의회, 관광정책심의회

때문이다. 또한 안건들을 구분한 것은 관할 이슈들이 많아 회의를 효율적으로 운영하기 위해서였다. 즉 부처간 합의를 도출해야 할 안건과 부처간 정보공유를 위해 단순히 제출하는 안건으로 구분하면, 전자에는 더 많은 시간을 할애하고 후자에는 적게 할애함으로써 제한된 회의 시간을 효율적으로 활용할 수 있었기 때문이다. 회의는 재적 3분의 2 이상의 참석으로 개의하고 출석 과반수 이상의 찬성으로 의결했다.

그러나 대부분의 이슈별 관계장관회의들은 정기회의와 임시회의 구분 없이 안건이 있을 때 의장이 소집했고, 안건도 의결 안건과 보고 안건을 구분하지 않았다. 회의도 재적 과반수 이상의 참석으로 개의하고,[136] 출석 과반수 이상의 찬성으로 의결했다.

분야별 관계장관회의든 이슈별 관계장관회의든 회의록을 작성하고, 필요하면 관련 기관이나 전문가들의 협조를 요청할 수 있도록 했다.

3) 박정희 정부의 관계장관회의 시스템에 대한 평가

박정희 정부가 구축한 관계장관회의 시스템에 대해서는 다음과 같은 긍정적인 평가를 할 수 있다.

첫째, 상당한 통합조정력을 발휘할 수 있도록 구축되었다는 것이다. 관계장관회의의 의장을 대통령과 국무총리 및 경제기획원장관에게 집중시켰을 뿐만 아니라 1970년대에 들어 신설된 관계장관회의 10개 가운데 6개[137]에

136) 다만, 국토건설종합계획심의회와 산업합리화위원회는 다른 이슈별 관계장관회의들과는 달리 재적위원 3분의 2 이상의 참석으로 개의할 수 있도록 했다.

137) 경제계획심의회, 인력개발촉진위원회, 국산화촉진위원회, 해외사업조정위원회, 환경보

대통령 수석비서관을 참석시켜 대통령의 의중이 사전에 반영되도록 했고, 또한 총리가 의장인 6개 관계장관회의 가운데 3개[138]에 총리 행정조정실장이 참석했기 때문이다.[139] 그 결과 관계장관회의에 의한 조정은 사실상 정부내 최종 조정이었다.

둘째, 관계장관회의들이 효율적으로 역할을 할 수 있도록 구축되었다는 것이다. 상설 관계장관회의들의 남설을 억제하고 그 대신 필요에 따라 임시 관계장관회의를 활용했을 뿐만 아니라, 참석 규모가 작게는 7명 많게는 19명으로 평균 12명 정도로 구성해 실질적인 논의가 이루어지도록 했다. 또한 규모가 크거나 세부 분야별로 전문적이고 집중적인 논의가 필요한 관계장관회의의 경우 분과위원회를 설치했고, 장관급 관계장관회의에 앞서 전문기술적인 문제들을 논의 조정할 실무위원회를 설치함으로써 관계장관회의 시스템이 효율적으로 운영되도록 했다.

그러나 박정희 정부가 구축한 관계장관회의 시스템은 문제점도 없지 않았다.

첫째, 실무 수준의 조정이 취약하고 본회의와 실무위원회 간의 유기적 연계가 미흡한 시스템이다. 실무위원회를 설치하는 이유는 본회의의 안건을 사전에 심의해 전문기술적 이슈들을 분석하고 이들에 대한 부처간 이견을 조정하도록 하기 위함이다. 따라서 실무위원들은 전문기술적인 이슈에 밝은 공무원들로 구성되어야 한다. 그럼에도 불구하고 전체 실무위원회 13개 중 전문기술적 이슈들을 취급하기에는 부적절한 차관급 실무위원회가 7개가 된다.

또한 본회의의 논의와 실무위원회의 논의는 유기적으로 연계되는 것이 효율적이고, 이러한 연계를 위해서는 본회의가 돌아가는 내막을 많이 알고 있는 본회의 멤버나 간사, 최소한 의장 부처 공무원이 실무위원회 위원장을 담당하는 것이 합리적이다. 그러나 실무위원회가 설치된 13개 관계장관회의 가운데 본회의와 실무위원회가 이런 방식으로 연계되어 있지 않은 관계장관회의가 6개나 된다.

전위원회, 원양어업진흥대책위원회.

138) 경제계획심의회, 해외사업조정위원회, 환경보전위원회.

139) 1960년대에는 대통령 수석비서관이나 총리 행정조정실장이 참석하는 관계장관회의가 없었다.

둘째, 부처간 조정에 관한 제도적 경험(institutional memory)이 축적되기 어려운 시스템이다. 국가안전보장회의와 산업합리화위원회를 제외한 대부분의 관계장관회의들이 지원기구로서 간사 시스템을 채택했고, 간사로서 주무부처 공무원[140]을 지명했다. 그 결과 관계장관회의의 운영면에서 주무부처의 영향력은 강화되었으나, 간사가 주무부처 공무원인 까닭에 부처간 갈등 이슈에 대해 공정하게 지원하리라는 보장이 없고, 간사와 그를 지원하는 과장 혹은 사무관들은 자주 바뀌어서 부처간 조정에 대한 경험을 축적하기 어렵게 되어 있다.

셋째, 효율적인 심의 조정에 필요한 절차와 기준이 마련되지 않았다. 대부분의 관계장관회의들이 의제 선정, 자료 준비, 사전 검토 조정, 본회의 심의 조정, 사후 조치 등의 절차뿐만 아니라 선정 및 검토에 있어서 고려해야 할 기준 등을 마련하지 않았다. 특히 관계장관회의의 사전 준비와 사후 조치에 대한 지침이 없다. 다만, 국토건설종합계획심의회와 중앙재해대책위원회만 계획 수립 절차를 규정하고 있을 뿐이다. 국토건설종합계획심의회는 종합계획의 수립 조정 절차, 내용(필요성, 사업, 비용, 일정, 효과) 및 검토 사항(사업간 관련성과 우선순위)을 규정했다.

특이한 것은 경제장관회의가 2개 이상의 부처간 쟁점 이슈는 사전에 협의 및 조정을 끝낸 후 상정하도록 함으로써 스스로 존재 이유를 퇴색시켰다. 사전에 협의 조정된 것만을 논의하겠다는 것은 관계장관회의를 심의조정기구보다는 정보 교환이나 승인 기구화하는 것이고, 정보 교환이나 승인은 국무회의에서 해도 충분함에도 불구하고 관계장관회의를 설치한 것은 불필요한 기구를 중복 설치한 것이나 다름없기 때문이다. 또한 경제장관회의는 정기회의와 임시회의를 구분해 놓고 정기회의를 매주 1회 빈번히 개최하는 것도 문제이다. 정기회의를 빈번히 개최하면 정기회의와 임시회의간에 역할 분담이 안 되고 또한 임시회의의 존재 가치도 없어지기 때문이다.

넷째, 실무위원회가 아닌 장관회의에 전문성을 이유로 민간전문가를 참석시켰다. 전문기술적인 측면은 실무위원회에서, 정치적인 측면은 장관급회의에서 다루어지는 것이 합리적이다. 전문가의 조언을 듣기 위해 민간전

140) 간사 시스템을 도입한 13개 관계장관회의들 가운데 11개가 주무부처 공무원을 간사로 지정하고 있다.

문가를 실무회의가 아닌 장관급 회의에 참석시킨 것은 장관급 회의의 역할은 물론 논의 조정 결과에 대한 책임 확보 측면에서 볼 때 그리 합리적이지 못하다.

2 전두환 정부(1980. 9.~88. 2.)
- 관계장관회의 시스템의 민주화 -

전두환은 평생 군인으로 살아오다가 1979년 10월 26일에 일어난 박정희 대통령 저격사건을 처리하는 과정에서 갑자기 대통령이 되었다. 그는 육군사관학교 시절 학업성적은 중하위였으나 각종 운동에는 뛰어났으며, 군생활에서도 책임감, 친화력, 근면성으로 동기 중에 선두였다. 박정희 대통령이 중앙정보부장의 총격에 의해 서거할 당시 국군보안사령관으로서 저격사건을 수사하는 과정에서 12·12사건을 주도하고, 그 이후 발생한 5·18광주사태를 진압하는 과정에서 국가의 최고권력자로 등장했다. 최규하 대통령의 사임으로 전두환은 유신헌법 절차에 따라 통일주체국민회의 대의원 투표에 의해 대통령에 선출되었고, 다시 헌법을 개정하여 대통령선거인단 투표에 의해 7년 단임의 대통령으로 재선출되었다.

갑자기 등장한 전두환은 정치나 경제에 대해 아무런 경험도 없고 충분한 준비도 없이 대통령이 되었다. 그래서 자신이 좀 아는 분야는 소신대로, 모르는 분야는 배우면서 국정을 이끌어 갔다. 즉 정치와 군사 분야는 자신의 소신대로, 외교와 경제 분야는 전문가들의 의견에 따라 국정을 운영했다.[141] 따라서 국가발전에 기여한 것도 많지만 과오도 많았다.

전두환 대통령이 집권할 당시는 국정의 모든 분야가 위기였다.

정치사회 분야는 권위주의적 통치에 반발하는 민주화운동과 저임금에 항의하는 노동운동, 그리고 이에 대한 정보기관과 공안기관의 강경 대응으로 하루도 조용한 날이 없었다. 경제 분야에서는 제2차 석유 파동으로 인한

141) 특히 그는 취임과 동시에 매일 새벽 2~3시간씩 경제 전문가들로부터 경제 전반을 성실히 배웠고, 배운 대로 정책화했으며, 배운 지식을 바탕으로 진두지휘한 것으로 알려져 있다.

원유가 폭등, 살인적인 인플레이션, 중화학산업에 대한 과잉투자와 비효율, 경상수지 적자, 연쇄 부도의 위험, 대규모 파업 등으로 한국 경제가 파탄을 면할 수 있을지 불안하기 그지없었다. 대외 관계에서도 우방인 미국 및 일본과의 관계가 극히 불편했다. 1975년 월남 패망으로 북한의 대남 압박이 가중되는 상황에서 카터 대통령이 주한미군 철수를 주장하자 이에 맞선 박정희 대통령의 자주국방 시도로 한미관계가 난기류에 휘말려 있었고, 김대중 납치사건과 문세광 저격사건 등의 후유증으로 인해 한일관계도 불편한 긴장 관계에 있었다.

취임한 이후 전두환 대통령은 안정과 개혁을 기치로 내걸고 위기 수습과 당면 현안 해결에 나섰다.

정치사회적 안정을 위해 대통령 단임제와 평화적 정권교체를 약속하고 비대해진 청와대,[142] 중앙정보부 및 중앙정부의 권한과 규모를 축소함과 동시에 일련의 강경한 조치들을 취했다. 즉 지나친 경쟁 방지를 이유로 비판적인 언론기관들을 강제로 통폐합하고, 정의사회 구현을 내세워 부정부패 혐의가 있는 정치인들을 처벌하고 고위공직자의 재산등록제와 청탁배격운동을 실시했으며, 서민들을 괴롭히는 깡패나 불량배들을 강제로 군부대로 보내 순화교육을 시켰다. 집권 기간 동안 자신의 권력에 대한 정통성을 부정하고 도전하는 정치인들과 학생운동 및 노동운동을 탄압했다.

대외 관계에서는 미국을 방문해 한미관계를 정상화시키고 주한미군 계속 주둔, 군현대화 지원 등의 약속을 받아 냄으로써 안보 불안을 해소했고, 일본을 방문해 한일관계를 정상화시키고 차관 지원을 약속받았다. 또한 서울올림픽을 유치(1981. 9.)하고 이를 준비하는 과정에서 공산권과의 대화 채널을 열었고 남북관계를 개선해 이산가족 고향 방문과 남북 예술단 교환을 성사시켰다. 또한 동남아 및 아프리카 국가들과 경제적 실리외교를 전개했다.

경제 위기 극복과 재도약을 위해서는 경제정책의 방향을 전환하고 물가안정과 고도성장을 추구했다. 경제정책의 방향을 자율화와 개방화로 전환

142) 청와대 비서실을 조직과 인력을 축소하고, 그 권한은 대통령 보좌 기능에만 국한시키고 각 부처 업무에는 간섭하지 못하게 했다. 그리하여 청와대 비서실은 대통령의 주요 정책을 기획, 조정, 점검 및 평가에 치중했다.

했다. 즉 관 주도에서 민간 주도로, 폐쇄경제 체제에서 대외개방경제 체제로 바꾸었다. 이에 따라 은행을 민영화시키고 수입자유화 조치를 단행했다. 물가 안정을 위해 임금 억제, 농어촌과 기업에 대한 지원 억제 등의 조치를 취했고, 산업구조를 개혁하기 위해 중화학 분야 기업들을 통폐합하고 재벌의 문어발식 경영을 규제했으며, 과학기술의 진흥과 전자통신산업의 육성에 힘써 오늘날 정보통신산업이 발전할 수 있는 기반을 닦았다. 그 결과 집권 3년 만에 연 30%에 육박하던 물가 수준을 3%대로 낮췄으며, 만성적인 무역적자를 집권 후반기인 1986년부터 흑자로 전환시켰고,[143] 집권 7년 동안에 1인당 국민소득을 2배로 증가시켰으며,[144] 세계 12위 무역대국을 이루었다.

정치와 경제 및 대외관계를 안정시킨 이후 사회통제 완화와 소득 재분배를 추진했다. 즉 통행금지 폐지, 중고생 교복 자율화, 해외유학 및 해외여행에 대한 규제 완화, 학원 자율화 등을 실시했으며, 국민연금제와 최저임금제를 도입하고 의료보험 대상을 전국민으로 확대했다. 집권 마지막 연도에 6·29선언을 계기로 민주화 조치를 취하고, 임기 7년을 마치고 물러났다.

전두환 대통령은 지휘관 스타일이지만 국정 운영에서는 전문성, 권한위임과 점검, 팀워크를 중시했다(김충남, 2006: 417-419). 정책결정에서는 참모와 전문가들의 의견을 중요시하고 두뇌집단(Think Tank)을 잘 활용했다. 장관들에게는 권한과 책임을 더 많이 부여함과 동시에 장관들의 업무능력을 면밀히 파악하고 주요 정책들의 진척 상황을 확인 점검했다. 또한 대통령 보좌관들의 팀워크와 장관들의 팀워크는 물론 양자간의 팀워크도 강조했다. 주요 정책들을 국무회의나 장관회의를 통해 결정했다. 전두환 대통령의 이러한 스타일은 학창 시절 운동부의 주장을 했고, 군대식 참모 제도에 익숙해져 있었기 때문인 것으로 보인다.

전두환 정부가 박정희 정부로부터 물려받은 관계장관회의 시스템을 어떻게 개편했는지 그 내용과 특징을 살펴보면 다음과 같다.

---

143) 집권 전인 1979년에 연 40억 달러이던 무역수지 적자가 근대화 시작 이후 최초로 1986년에 흑자로 돌아선 후 1987년엔 흑자가 100억 달러에 이르렀다.

144) 1980년 국민총생산이 630억 달러에서 1987년 1,360억 달러를 넘어서면서 1인당 국민소득도 약 1,600달러에서 약 3,200달러로 증가했다.

1) 관계장관회의 시스템 정비

전두환 정부는 대체로 기존 관계장관회의 시스템의 골격을 유지했다. 다만, 국내외 새로운 여건 변화에 따라 일부 분야에서 관계장관회의들을 재정비했다.

(1) 국가안보 및 국민안전 분야 관계장관회의 보강

전두환 정부는 박정희 정부 시절 구축된 국가안보 및 국민안전 분야 기존 관계장관회의들을 그대로 유지하고, 추가로 2개의 관계장관회의를 설치했다. 즉 국가안전보장회의, 중앙재해대책위원회, 방위산업심의회[145]를 그대로 두고, 교통사고를 줄이기 위한 교통안전정책위원회(1981. 5.)[146]와 군 현대화를 위한 유도무기 개발을 위해 항공우주산업개발정책심의회(1987. 12.)[147]를 새로 설치했다.

(2) 산업정책의 방향 전환과 그에 따른 관계장관회의 정비

전두환 정부는 경제 전반을 관리하는 경제장관회의와 효율적 국토개발을 위한 국토건설종합계획심의회 등은 그대로 유지했다. 다만, 산업정책의 방향 전환에 따라 그와 관련된 관계장관회의들을 신설하고 폐지했다.

1960년대와 70년대에 정부 주도적이고 폐쇄적이었던 경제정책을 1980년대에 들어 논란 끝에 경제의 자율화 및 개방화로 그 정책 방향을 선회했다. 이유는 두 가지였다. 첫째, 경제 도약을 위한 노력이 민간기업의 창의적이고 기업가적인 혁신 없이 정부 주도로는 한계에 부딪쳤다는 인식이었다. 그 결과 관주도 경제체제를 민간주도 경제체제로 개편해야 했다. 둘째, 우리나라의 무역 규모가 커져감에 따라 선진국들로부터 압력이 거세져 국내

145) 원래 1973년에 설치된 군수심의회였으나 1983년 12월에 명칭만 방위산업심의회로 바꾸었다.

146) 국무총리를 위원장으로 하여 교통부장관 등 11명의 관련 부처 장관과 민간전문가들로 하여금 교통안전에 관한 기본계획과 대책을 심의 의결하도록 하기 위해 설치한 기구이다.

147) 국무총리(의장), 7개 부처 장관(재정경제부, 국방부, 산업자원부, 정보통신부, 건설교통부, 기획예산처, 과학기술처), 국공립연구기관장, 민간전문가 등으로 구성해 항공우주산업 개발을 위한 기본계획과 연구개발 정책 및 예산을 심의하고 부처간 이견을 조정하도록 하기 위해 설치한 기구이다.

시장 개방이 불가피해졌을 뿐만 아니라 우리나라 경제가 재도약하기 위해서는 기업들이 정부의 보호 아래 안주할 것이 아니라 스스로 국제 무대에서 경쟁을 통해 체질을 강화해야 한다는 판단이었다. 그리하여 폐쇄적 경제체제를 개방적 경제체제로 바꾸었다.

이러한 경제정책의 방향 전환에 따라 국내 산업구조의 합리적 개편, 대외 개방을 위한 제도 정비, 국내 기업들의 국제경쟁력 강화 등이 시급한 정책 과제로 등장했다. 정부는 이들 과제들을 효율적으로 추진하기 위해 3개 관계장관회의를 신설했고, 새로운 정책 방향에 맞지 않는 4개의 관계장관회의들을 폐지했으며, 2개를 개편했다.

먼저, 정부는 국내 산업구조의 개편과 효율화를 위해 1981년 12월에 관련 부처들로 구성된 산업정책심의회를 설치해 정부의 보호막을 줄이고 산업구조의 합리적 개편에 착수했다. 즉 산업정책심의회[148]로 하여금 새로운 산업정책의 기본 방향을 설정하고 산업구조의 개편을 위한 기술개발 및 설비투자의 우선순위, 산업정책과 관련된 지원책,[149] 주요 정부투자사업, 정부 지원 대규모 민간투자사업 등에 관해 심의 조정하도록 했다. 이와 동시에 정부는 산업구조 개편에 따른 인력 수급과 실업 문제 등에 관한 정책들을 추진 조정하기 위해 기존의 인력개발촉진위원회(1976. 5.~1984. 9.)를 인력정책심의위원회(1984. 9.)로 확대 개편했고,[150] 공기업들의 효율성 강화를 위해 정부투자기관경영평가위원회(1983. 12.)를 설치했다.

---

148) 경제기획원장관을 위원장으로 하여, 재무부장관, 농수산부장관, 상공부장관, 동자부장관, 건설부장관, 보사부장관, 노동부장관, 교통부장관, 체신부장관, 과기처장관으로 구성.

149) 조세 감면, 관세 감면과 분할 납부, 수출입 제한, 기금 운영 등.

150) 1970년대와 1980년대 초반 정부의 인력정책은 국내산업과 해외 진출을 위한 기술인력의 육성이었다. 즉 우수한 기능 인력을 많이 육성해 고도화되어 가는 국내 산업 현장에 공급하고, 또한 해외로 진출시켜 외화도 벌어들이자는 것이었다. 그러나 정부는 1980년대 중반에 인력정책의 방향을 공급 위주에서 수급 조절 중심으로 전환했다. 이유는 산업구조가 고도화 다양화되어 감에 따라 부문 간에 인력 배분이 적정화되지 않아 마찰적 실업이 발생했기 때문이다. 그리하여 기존의 기능 인력 육성을 위한 심의 조정기구였던 인력개발촉진위원회를 산업구조 변화에 따른 인력 수급과 실업 대책을 심의 조정하는 인력정책심의위원회로 변경했다. 즉 인력정책심의위원회로 하여금 경제사회 발전에 필요한 장단기 인력수급 전망, 과학기술인력 양성계획, 실업대책 등에 관해 종합 조정을 담당하도록 했다. 1992년 2월에는 인력수급과 실업대책에 또다시 임금정책 방향, 근로자복지 증진정책 등을 추가했다.

다음으로, 주요 무역 상대국들과 경제적 마찰을 줄이고 한국 기업들의 국제경쟁력 확보를 위해서 1986년 3월에 대외협력위원회(1986. 3.~1994. 5.)를 설치해 대외경제 협력에 관한 정책들을 종합적으로 심의 조정하도록 했다.[151] 즉 쌍무간 및 다자간 경제 현안에 관한 정부의 입장, 외국 기업으로부터의 투자 유치와 기술 도입, 국내 기업의 해외 진출 등을 심의 조정하고, 정상회담에서 다루어야 할 경제 분야 의제를 선정해 정부의 기본 입장을 정리 조정하도록 했다.

한편, 정부는 경제정책 방향의 자유화와 개방화에 따라 관주도적이고 보호무역주의적 산업정책을 심의 조정해 온 관계장관회의들을 폐지하거나 약화시켰다. 기계공업정책조정위원회(1978. 3.~1981. 9.), 해외사업조정위원회(1977. 8.~1983. 1.), 수출진흥위원회(1962. 12.~1983. 12.), 산업합리화심의화(1972. 8.~1983. 12.) 등을 폐지했고, 원양어업진흥대책위원회(1978. 7.~1980. 7.)는 차관급 회의로 격하시켰다.

(3) 공업화정책의 피해자 배려를 위한 관계장관회의 신설

전두환 정부는 정치적 지지 확대뿐만 아니라 지난 1960~70년대 기업 위주의 공업화정책 추진 과정에서 상대적으로 피해를 보았던 농어민과 소비자를 배려하는 정책들을 추진하기 위해 소비자보호위원회(1980. 1.)[152]와 농어촌대책협의회(1985. 12.)를 설치했다. 또한 미래의 희망인 청소년들이 학업 이외의 분야에서 건전하게 성장할 수 있도록 지원하기 위해 청소년육성위원회(1987. 11.)[153]를 설치했다.

---

151) 경제기획원장관을 위원장으로 하여 외무부장관, 재무부장관, 농수산부장관, 상공부장관, 과학기술처장관, 대통령 경제수석비서관, 국무총리 행정조정실장, 위원장이 지정하는 관계 부처장으로 구성된다.

152) 경제기획원장관(의장)과 7개 부처 장관(내무부, 재무부, 농림수산부, 상공부, 동력자원부, 보건사회부, 체신부, 과학기술처) 및 소비자 대표, 경제계 대표, 소비자문제 전문가 등으로 구성해 제품에 대한 소비자 안전 기준의 제정과 표시, 제품의 부당거래 시정명령, 소비자 피해 보상 등에 관한 사항 등을 심의하도록 했다. 1986년 12월에 소비자정책심의위원회로 개편해 심의 대상과 참석 멤버를 확대하고 전문위원회를 추가 설치했으나 그 외 사항은 동일했다.

153) 국무총리를 위원장으로 하여 체육부장관 및 17개 관련 부처 장관, 정무제2장관, 서울특별시장, 한국청소년단체협의회 회장, 민간전문가 등으로 구성해, 청소년 육성에 관한 종합계획의 수립, 청소년시설 관리 및 지원, 청소년 단체 및 지도자 육성, 청소년 국제 교류 등에 관한 정책을 심의하고 부처간 이견을 조정하도록 했다.

〈표 3-25〉 전두환 정부(1980. 1.~1988. 2.)의 주요 관계장관회의 현황

분 야	관계장관회의	비 고
안보/안전	- 국가안전보장회의 - 중앙재해대책위원회 - 군수심의회(1973. 2) - 교통안전정책위원회(1979. 12.) - 항공우주산업개발정책심의회(1987. 12.)	유지 유지 1983. 12. 방위산업심의회로 개편 신설 신설
경제/산업	- 경제장관회의 - 국토건설종합계획심의회 - 경제계획심의회 - 관광정책심의위원회 - 산업합리화위원회(1972. 8.) - 인력개발촉진위원회 - 정부투자기관경영평가위원회(1983. 12.) - 대외협력위원회(1986. 3.) - 원양어업진흥대책위원회(1978. 7.) - 수출진흥위원회(1962. 12.) - 해외사업조정위원회(1977. 8.) - 기계공업정책조정위원회(1978. 3.)	유지 유지 유지 유지 1981. 12. 산업정책심의회로 개편 인력정책심의회로 개편 신설 신설 1980. 7. 차관급 회의로 격하 1983. 12. 폐지 1983. 1. 폐지 1981. 9. 폐지
환경 보호	- 자연보호위원회 - 환경보전위원회 - 해양오염방지심의위원회(1981. 12.)	유지 유지 신설
취약계층 보호	- 소비자보호위원회(1980. 1.) - 농어촌대책협의회(1985. 12.) - 청소년육성위원회(1987. 11.)	신설, 1986. 12. 폐지 신설 신설

특히 농어촌대책협의회는 관련 부처들로 하여금 농어민 소득 증대와 복지 향상을 위한 각종 지원 시책들을 추진하도록 하고 이들을 효율적으로 조정하기 위해 1985년 12월에 설치되었다. 1960~70년대 공업화정책으로 인해 농촌지역은 이농 현상과 저곡가 정책 및 투자 미흡으로 인해 상대적으로 낙후되고 피폐되어 왔다. 1980년대에 들어 공업화정책의 피해지역인 농어촌에 대해 어떤 형태이든 보상이 필요했고, 또한 선진국이 되기 위해서도 농촌 지역의 소득과 복지 향상은 반드시 해결해야 할 과제였다. 그리하여 정부는 농어촌대책협의회[154]를 설치해 농어민 소득 증대, 농어촌지역

154) 위원장은 경제기획원장관이 되고, 부위원장은 농수산부장관이 되며, 위원은 12개 부처

종합개발사업, 농어촌지역 공업 육성, 농수축산물의 적정가격 유지와 수출입 및 재해방지대책, 농어촌지역 도로·교통·통신 등 사회간접자본의 확충, 농어민들 교육·보건의료·문화, 그리고 이 사업들을 위한 재정, 금융, 세제의 지원 등에 관해 심의 조정토록 했다.

2) 전두환 정부의 관계장관회의 설치 운영상 특징

전두환 정부가 관계장관회의들을 신설하거나 개편하는 과정에서 보여준 특징들은 다음과 같다.

(1) 고객대책 및 지역대책 관계장관회의 추가

전두환 정부는 박정희 정부가 설치한 기존의 분야별 관계장관회의, 이슈별 관계장관회의에 새로운 관계장관회의 유형으로 고객대책 관계장관회의와 지역대책 관계장관회의를 추가했다. 소비자보호위원회(1980. 1.), 청소년육성위원회(1987. 11.), 농어촌대책협의회(1985. 12.) 등이 그것이다.

(2) 소위원회와 정보교환 실무위원회의 설치, 차관급 실무위원회의 축소

전두환 정부는 최초로 소위원회를 설치했다. 그러나 장관급 분과위원회는 설치하지 않았다. 농어촌대책협의회에 하부기구로서 실무위원회와 전문위원회에 추가해 처음으로 소위원회를 설치했다.[155]

아울러 전두환 정부는 정보교환을 목적으로 하는 실무위원회를 설치했다. 즉 대외협력위원회 산하에 설치한 실무위원회가 그것이다. 대부분의 실무위원회는 본회의 안건의 사전 검토 조정을 위해 설치되었으나, 대외협력위원회 실무위원회는 사전 검토 조정이 아닌 정보교환을 목적으로 설치되었다.

그뿐만 아니라 전두환 정부는 차관급 실무위원회를 줄이고 1~3급 실무위원회를 증가시켰다. 박정희 정부에서 설치된 실무위원회 13개 가운데 7개가 차관급이었으나, 전두환 정부에서는 신설 혹은 개편한 9개 실무위원

장관, 정무장관(제1), 대통령 정무제2수석비서관. 대통령 경제수석비서관, 국무총리 행정조정실장, 농어촌문제 전문가이다.

155) 소위원회(회의)는 대규모 관계장관회의에서 논의할 필요가 없는 경우 대규모 관계장관회의를 대신해 논의하기 위해 소수 핵심 멤버들로 구성되는 장관급 위원회(회의)이다. 소위원회(회의)에서의 심의 조정은 본회의의 심의 조정으로 간주된다.

〈표 3-26〉 전두환 정부에서 신설 및 개편된 관계장관회의들의 하부구조 유형

유 형	해당 관계장관회의
소위원회+실무위원회+전문위원	- 농어촌대책협의회
실무위원회+실무분과위원회	- 인력정책심의위원회
실무위원회+전문위원	- 교통안전정책위원회, 청소년육성위원회
실무위원회	- 산업정책심의회, 방위산업심의회, 대외협력위원회, 항공우주산업개발정책심의회, 소비자보호위원회
하부기구 부재	- 해양오염방지심의위원회, 정부투자기관경영평가위원회

회 중 2개만이 차관급이었다.

(3) 지원기구의 간사 시스템화 및 간사의 주무부처화

전두환 정부에서 신설 혹은 개편된 관계장관회의들은 지원기구를 간사 시스템으로 통일했다. 산업합리화위원회를 산업정책심의회로 개편하는 과정에서 사무국 시스템을 간사 시스템으로 전환했고, 신설된 관계장관회의들은 모두 간사 시스템을 채택했다. 기존 국가안전보장회의 사무국도 1981년 11월에 과장급 행정실로 축소했고, 1986년 6월에는 행정실을 아예 없애

〈표 3-27〉 전두환 정부에서 신설 및 개편된 관계장관회의들의 의장과 간사

관계장관회의	의 장	간 사
방위산업심의회	국무총리	국방부(주무부처) 공무원
항공우주산업개발정책심의회	국무총리	산자부(주무부처) 공무원
교통안전정책위원회	국무총리	교통부(주무부처) 공무원
청소년육성위원회	국무총리	체육부(주무부처) 공무원
정부투자기관경영평가위원회	부총리(경제기획원장관)	경제기획원(주무부처) 공무원
대외협력위원회	부총리(경제기획원장관)	경제기획원(주무부처) 공무원
소비자보호위원회	부총리(경제기획원장관)	경제기획원(주무부처) 공무원
해양오염방지심의위원회	부총리(경제기획원장관)	환경청(주무청) 공무원
산업정책심의회	부총리(경제기획원장관)	경제기획원(의장부처) 공무원
인력정책심의위원회	부총리(경제기획원장관)	경제기획원(의장부처) 공무원
농어촌대책협의회	부총리(경제기획원장관)	경제기획원(의장부처) 공무원

고 간사 시스템으로 바꾸었다. 간사를 국가비상위원회 사무국 조사연구실장으로 하여금 겸임하도록 했다.

또한 대다수 관계장관회의들이 간사로서 주무부처 공무원을 지정했다. 국무총리가 의장인 4개 관계장관회의는 박정희정부에서와 같이 주무부처 공무원을 간사로 지정했다. 더 나아가 경제기획원장관이 의장인 7개의 관계장관회의 가운데 4개도 주무부처 공무원을 간사로 지정했다.

(4) 참석 멤버로서 대통령 수석비서 배제와 민간전문가 참여 강화

전두환 정부는 신설 혹은 개편된 관계장관회의들의 의장을 결정하는 데 있어서 박정희 정부와 유사했다. 즉 의장을 국무총리 혹은 경제기획원장관으로 국한시켰다.

그러나 참석 멤버를 선정하는 패턴은 약간 변했다. 대부분 관계장관회의에서 대통령 수석비서관을 배제한 반면, 민간전문가들은 추가했다. 그 이유는 전두환 대통령이 박정희 대통령의 말기를 반면교사로 삼아 국정운영에서 대통령 비서실의 간여를 줄여 장관들의 자율과 책임을 강조하고, 민간부문의 의견을 많이 반영하려고 했기 때문이다. 그럼에도 불구하고 예외적으로 농어촌대책협의회와 대외경제협력위원회 및 인력정책심의회에는 대통령 수석비서를 참석시킨 반면, 산업정책심의회에는 민간전문가를 포함시키지 않았는데, 그 이유는 전자의 경우 당시 농어촌 문제와 대외경제 협력문제의 심각성에 대한 대통령의 관심이 컸기 때문이고, 후자의 경우 산업구조 조정에서 민간 이해관계 기업들의 입김을 배제하려 했기 때문이다.

(5) 민간자문기구 신설

전두환 정부는 민간자문위원회를 설치했다. 박정희 정부는 민간전문가를 관계장관회의의 멤버나 전문위원으로 참여시켰으나 전두환 정부는 관계장관회의 외곽 지원기구로서 자문회의를 설치하여 민간전문가들을 참여시켰다.

자문회의로서 산업정책심의회에 산업정책자문회의와 산업발전민간협의회를, 항공우주산업개발심의회에 항공우주산업자문위원회를, 정부투자기관경영평가위원회에 경영평가단을 설치했다. 산업정책자문위원회와 경영평가단은 주요 쟁점 이슈들에 대한 자문을 받기 위해 학식과 경험이 풍부한 자들로 구성해 설치한 반면, 산업발전민간협의회[156]와 항공우주산업자문위원회는 정부와 민간부문 상호간 혹은 군과 민간부문 상호간 각종 정보의 원활한 교류를 도모하고 협조를 강화하기 위해 설치했다.

3) 전두환 정부의 관계장관회의 시스템에 대한 평가

(1) 관계장관회의의 추진 조정 역할 강화

정책의 추진과 조정 기구로서 관계장관회의의 역할과 영향력이 강화되었다. 그 이유는 전두환 대통령이 장관들에게 권한을 더 많이 위임하고 팀워크를 강조한 반면, 대통령 보좌관들에게는 내각 업무에 간섭하지 못하게 하면서 관계장관회의에 대통령 수석비서관의 참석을 가급적 제한했기 때문이다. 특히 관계장관회의에 대통령 수석비서관들의 참석을 억제함으로써 관계장관회의의 자율성을 높였다. 박정희 정부에서 전체 관계장관회의 가운데 수석비서관이 참석하는 관계장관회의가 약 50%였으나 전두환 정부에 들어서는 24%로 줄어들었다.[157] 관계장관회의에 대통령 수석비서관이 참석하게 되면 대통령의 의사가 직·간접적으로 전달되어 관계장관회의에 의해 조정되는 것이 아니라 대통령에 의해 조정되는 것이나 다름없다.

(2) 주무부처의 영향력 강화

관계장관회의 운영시에 주무부처의 영향력이 강화되었다. 전두환 정부에 들어와서 모든 관계장관회의의 지원기구가 간사 시스템으로 전환되고 동시에 간사들이 대부분 주무부처 공무원으로 지정되었기 때문이다.

(3) 민주성 강화

관계장관회의 시스템의 민주성이 강화되었다. 즉 관계장관회의에서의 논의 조정에 민간 참여가 크게 강화되었다. 이는 전두환 정부가 신설 혹은 개편한 10개 관계장관회의 모두에 민간전문가를 참석시켰고, 일부 관계장관회의에는 민간자문위원회까지 설치했기 때문이다.

---

156) 필요에 따라 산업별·기능별·특정문제별로 설치할 수 있도록 했다.

157) 박정희 정부에서 전두환 정부로 넘어오면서 대통령이 주재하지 않는 관계장관회의가 약 14개에서 17개로 늘었으나, 대통령 경제수석이나 정무수석이 참석한 관계장관회의는 7개에서 4개로 줄었다.

(4) 절차와 기준의 미흡, 제도적 경험 축적의 곤란

전두환 정부에서도 관계장관회의의 운영 방식과 심의 조정 절차, 그리고 제도적 경험 축적의 메커니즘 등은 마련되지 않았다. 그 결과 박정희 정부가 갖고 있던 문제점이 여전히 남아 있었다. 전두환 정부에서 신설 혹은 개편된 관계장관회의들은 모두가 이슈별 관계장관회의로서 회의 방식이나 절차가 박정희 정부의 이슈별 관계장관회의와 별로 달라진 것이 없었다. 즉 안건 구분(의결/보고)과 회의 구분(정기/임시)을 하지 않았고, 의장의 판단으로 회의를 소집하고, 재적 과반수 이상 출석으로 개의하고 출석 과반수 이상으로 의결했다.

3 노태우 정부(1988. 2.~93. 2.)
- 관계장관회의 시스템의 확대 -

노태우는 사단장 시절 전두환 정권 탄생에 결정적으로 기여한 공로로 국군보안사령관, 정무1장관, 체육부장관, 88 서울올림픽조직위원장, 국회의원, 민정당 대표위원 등을 거쳐 선거를 통해 대통령에 당선되었다. 대통령이 되기 전까지 7년에 걸쳐 행정, 외교, 정치 등 분야에서 착실하게 경험을 쌓았다. 노태우 대통령은 신중하고 인내심이 많았으며, 누구와도 정면 대결을 피했고, 언제나 분쟁을 조정하고 화해시키는 역할을 하는 리더였다(김충남, 2006: 434).

그는 집권 기간 동안 민주화를 진행시키면서, 외교정책 및 남북관계에서는 비교적 성공한 반면, 경제정책에서는 실패한 대통령으로 인식되고 있다. 소련에서 고르바초프의 등장으로 국제정세가 해빙되는 여건 속에서 88 서울올림픽을 성공리에 개최한 후 뚜렷한 비전과 로드맵을 갖고 북방정책을 적극적이고 집요하게 추진해 1990년 한·소수교, 1991년 남북기본합의서 도출, 1991년 유엔 가입, 1992년 한·중수교 등의 업적을 쌓았다. 그러나 경제 분야에서는 비전과 전략이 없어서 정책노선이 분배, 성장, 안정, 성장 등으로 오락가락했고, 특히 무역흑자를 경제체질 개선과 경쟁력 강화로 연결시키지 못하고 부동산 투기와 주식 투기로 이어지는 것을 방치함으로써

잘 나가던 경제를 위기 상황에 빠뜨렸다.158)

노태우 대통령은 집권 후 자신의 대선 공약이자 국정목표인 민주화를 위해 정치, 경제, 사회 모든 측면에서 권위적인 요소를 배제하려고 했다. 특히 국정운영체제와 관련해서는 대통령 비서실의 역할과 규모를 축소했고,159) 각 부처들에 대한 대통령 비서실의 통제도 완화시켰으며, 국정을 회의체를 통해 민주적으로 운영하려고 했다.

이러한 노태우 대통령이 물려받은 관계장관회의 시스템을 어떻게 변형시켜 활용했는지를 살펴보면 다음과 같다.

1) 관계장관회의 시스템의 확대

노태우 정부는 집권 첫해인 1988년에 국가안전보장회의, 경제장관회의, 인력정책심의위원회, 산업정책심의회 등 기존 관계장관회의들을 유지했다.

그러나 88 서울올림픽이 끝난 후 국제 무대에 커다란 변화가 일기 시작했다. 즉 소련 및 동구 공산체제의 붕괴, 독일 통일, 국가간 무역전쟁, 지구환경 보전에 대한 국제적 관심 등이었다. 이러한 변화에 대응하기 위해 노태우 정부는 기존 관계장관회의들 가운데 1개를 폐지하고 2개를 개편한 반면에, 8개를 신설했다.

(1) 북방협력 및 남북통일 대비 관계장관회의 정비

먼저, 노태우 정부는 88 서울올림픽 이후 공산권의 변화와 그에 따른 한반도 주변 정세가 변화함에 따라 이에 대응하기 위해 기존 관계장관회의 1개를 확대 개편하고, 2개의 관계장관회의를 새로 설치했다.

1988년부터 소련을 필두로 동구 공산국가들이 경제 파탄을 막기 위해 민주화와 개혁개방 정책을 추진하자 우리나라의 수출을 늘릴 수 있는 새로운 시장 개척의 기회가 왔다. 이에 노태우 정부는 공산국가들의 개혁개방 정책에 맞춰 새로운 교역 확대를 위한 대책들을 마련하고 조정하기 위해

158) 집권 후 경제민주화를 명분으로 분배정책을 추진했으나 노사 분규, 임금 폭등, 성장률 하락 등의 부작용을 초래했고, 성장정책으로 전환했으나 물가 앙등과 부동산 투기가 수반되어 다시 안정정책으로 전환하는 등 경제정책에 대한 비전과 일관성이 없어 그때 그때 발생한 문제점들에 해결하기 위한 미봉책으로 일관했다. 그 결과 한국 경제를 경쟁력 약화, 성장률 둔화, 무역 적자 등 위기 상황에 빠뜨렸다.

159) 그러나 필요에 의해 외교안보 수석비서관, 정책보좌관, 정치특별보좌관 등을 설치했다.

1988년 10월 기존 대외협력위원회를 확대 개편했다. 즉 대외협력위원회로 하여금 정책조정의 대상으로 대북방 경제교류를 추가하도록 했고, 아울러 실무협의회를 분야별로 설치하도록 했다.

그러나 북방 사회주의 국가들과의 경제교류를 시장 확대만을 위한 수단으로 활용할 것이 아니라 수교협상으로 전환해 한반도 냉전체제를 완화시키는 지렛대로 활용해야 할 필요가 있었다. 이러한 인식에 따라 노태우 정부는 1989년 3월에 북한, 중공, 소련, 동구 등을 포함한 북방 사회주의 국가들과의 경제교류를 정치·외교·경제 등 종합적 전략적 시각에서 접근하고 관련 정부 정책들을 심의 조정하기 위해 남북및북방교류협력조정위원회[160]를 설치했다. 즉 동 위원회로 하여금 북방 사회주의 국가들과의 교류·협력에 관한 기본 방침을 설정하고 주요 교류협력 정책들을 종합적으로 심의 조정하도록 했다.

더 나아가 정부는 1989년부터 1991년에 걸쳐 발생한 동구 공산국가들과 소련의 붕괴, 베를린 장벽의 붕괴와 독일 통일 등으로 유럽에서 냉전체제가 와해되자 한반도에서도 남북통일이 가능하리라는 기대에 부풀어 1990년 12월 통일원장관을 부총리로 격상시켜 통일을 촉진하고 통일에 대비하기 위한 모든 대북정책을 총괄 조정하도록 정부조직법을 개정했다. 이에 따라 통일부총리의 총괄조정권 행사 수단으로서 통일 및 남북대화에 관한 주요 정책을 종합적으로 심의 조정하는 통일관계장관회의[161]를 1991년 3월에 설치했다. 즉 통일정책, 남북대화 대책,[162] 통일홍보 대책 등을 추진하는 과정에서 부처간의 쟁점들을 심의 조정하도록 했다.

---

160) 국무총리(위원장), 경제기획원장관, 국가안전기획부장, 외무부장관, 법무부장관, 국방부장관, 국토통일원장관, 대통령비서실 정책보좌관, 국무총리 행정조정실장, 위원장 지명 중앙행정기관장으로 구성해, 북한 및 북방 사회주의 국가들과의 교류 협력에 관한 주요 정책을 종합적으로 심의 조정하기 위한 기구이다.

161) 남북대화 및 통일에 관한 주요 정책을 종합적으로 심의 조정하기 위해 설치한 기구이다. 통일부총리를 위원장으로 하여 경제기획원장관과 외무부장관을 포함한 11개 장관, 정무1장관, 안건 관련 부처장 등으로 구성하고, 국가안전기획부장, 대통령 비서실장, 비상기획위원회 위원장, 민주평화통일자문회의 사무총장, 국무총리 행정조정실장 등은 출석 발언할 수 있게 했다.

162) 이에 따라 남북 교류협력은 총리 산하에 남북및북방교류협력조정위원회에서, 남북 대화는 통일관계장관회의에서 담당하게 되었다.

(2) 시장 개방과 경쟁력 강화를 위한 관계장관회의

노태우 정부는 88 올림픽 이후 대외개방의 가속화와 국제경쟁력의 강화에 수반되는 대책들을 마련하기 위해 6개 관계장관회의를 신설하고 1개 관계장관회의를 폐지했다.

1980년대 후반부터 한국은 국제무대에서 주요 수출 대국으로 부상하고 무역흑자를 기록하자 당연히 한국에 대한 국제사회의 시장개방 압력은 거세어졌다. 외국기업들이 국내에서도 자유롭게 활동할 수 있도록 하고 보호무역주의적 요소가 있는 법제도들을 정비하라는 압력도 받았다. 또한 민주화에 따라 지금까지 기업들과 국민들에게 가해졌던 정부 규제들을 완화해 달라는 여론도 비등해졌다. 이러한 국내외 압력과 여론에 대한 대응으로 행정규제완화위원회(1990. 5.)[163]를 설치하고, 농어촌대책협의회(1990. 8.)를 폐지했다.

그러나 우리나라의 무역 규모가 늘어나고는 있으나 국제 무대에서 선진국들과 경쟁할 만한 비장의 무기가 없었고 또한 늘어나던 무역 흑자도 갑자기 적자로 돌아서기 시작했다. 이러한 취약한 경제체질을 개선하기 위해서는 국내 기업들의 경쟁력 강화를 위한 인프라 구축이 불가피해졌다. 그리하여 노태우 정부는 국내 경제의 팽창에 따른 수송 시설의 부족과 자동차 증가에 따른 대도시 교통 체증[164]을 경쟁력 약화의 한 요인으로 보고 교통인프라 확충을 위해 고속전철·신국제공항건설추진위원회(1989. 7.)[165]와 대도시교통대책위원회(1990. 2.)[166]를 설치했고, 부동산 투기로 토지가

---

163) 기업 활동의 촉진과 국민 편의의 증진을 위해 불필요한 행정규제들을 완화하기 위해 관련 부처들의 의견을 조정하는 기구이다. 안건이 경제행정 분야이면 국무총리, 경제기획원장관, 법제처장, 11개 경제 관련 부처장, 국무총리 행정조정실장이 참석하고, 안건이 일반행정 분야이면 국무총리, 총무처장관, 법제처장, 6개 행정 관련 부처장, 국무총리 행정조정실장이 참석해 심의 조정한다.

164) 자동차 산업의 발달과 소득 증대로 소위 마이 카 시대에 들어서자 자동차 보급이 크게 늘어 대도시 교통 체증으로 인한 경제적 손실이 크게 증가하고 있었다.

165) 신국제공항과 고속전철 건설을 위한 기본계획 수립, 기술의 도입과 개발, 자금 조달 등에 관해 관련 부처간 심의 조정을 위해 설치한 기구이다. 경제기획원장관을 위원장으로 하여 교통부장관을 포함한 10개 부처 장관, 3개 청장, 서울시장, 대통령 경제담당비서관, 총리 행정조정실장, 전문가 등으로 구성했다.

166) 대도시 교통문제에 대한 제반대책, 즉 기본계획, 투자재원 조달, 관계 법령 등에 대한 심의 조정을 위해 설치한 기구이다. 국무총리를 위원장으로 하여 7개 부처 장관과 서

격이 상승함에 따라 공장부지 확보에 어려움을 겪자 이를 해소해 주기 위해 공업입지정책심의회(1991. 1.)[167]를 설치했다. 그러나 국제경쟁력 강화는 이러한 하드웨어적 인프라로만 해결될 수 없는 문제였다. 창의적인 인재의 발굴과 육성 없이는 불가능했다. 그리하여 늦게나마 임기 마지막 해인 1992년 2월에 교육개혁추진위원회(1992. 2.~1993. 8.)[168]를 설치했다.

또한 노태우 정부는 1992년에 지구환경 보전을 위한 그린 라운드(Green Round)에 대비하고 우리 기업들의 국제경쟁력을 강화하기 위해 1개의 관계장관회의를 설치했다. 1980년대 중반부터 지구 온난화, 오존층 파괴 등으로 인해 지구환경 보호에 대한 관심이 크게 부각되면서 1989년 UN총회에서 경제개발과 환경보전을 조화시킬 수 있는 대안 마련을 촉구하고 나섰고, 1992년에는 리우회의에서 지구환경 보전을 위한 리우선언(Rio Declaration on Environment and Development)과 그 실천계획인 의제 21(Agenda 21)을 발표했으며, 지구환경 보호조치들을 강제하기 위해 무역과 환경을 연계[169]하는 그린 라운드가 태동했다. 그린 라운드의 태동은 환경문제 해결 없이 국제무역에서 경쟁력을 갖추기는 어렵게 되었고, 국제 무역을 통해 살아가야 하는 우리나라로서는 큰 도전이 아닐 수 없다. 정부는 리우선언과 실천계획을 이행하고 동시에 앞으로 다가올 그린 라운드에 효과적으로 대응하기 위해 범부처적 대책을 마련하지 않을 수 없었는데, 이를 위해 설치한 것이 지구환경관계장관대책회의(1992. 7.)[170]이다.

(3) 삶의 질 향상을 위한 관계장관회의

마지막으로, 노태우 정부는 경제성장의 과실을 국민들의 복지 향상으로

울시장으로 구성했다.

167) 공업단지와 관련된 주요 정책들을 관련 부처간에 협의 조정하기 위해 설치한 기구이다. 경제기획원장관을 위원장으로 하여 상공부장관과 건설부장관을 포함한 13개 부처장으로 구성했다.

168) 교육개혁추진과 관련된 주요 정책들을 심의 조정했던 기구이다. 국무총리를 위원장으로 하여 7개 부처 장관과 민간전문가로 구성했다.

169) WTO, OECD 등 각종 국제기구는 물론 국제협약에서도 국가간 상품 거래에 환경 기준을 적용하려는 노력들이 가속화되었다.

170) 지구환경 문제와 관련된 국제협약, 리우선언과 의제21, 국제협력, 대국민 홍보 등에 관해 심의 조정하기 위해 설치된 기구이다. 국무총리를 위원장으로 하여 경제기획원장관을 포함한 17개 부처 장관으로 구성했다.

연결시키고 동시에 근로자들의 임금 인상 요구에 대응하기 위해 1개의 관계장관회의를 확대 개편했다. 즉 지금까지 인력수급, 실업대책, 과학기술인력 양성 등을 심의 조정해 온 기존 인력정책심의위원회로 하여금 임금정책 방향과 근로자 복지증진 정책을 추가로 심의 조정하도록 했다.

〈표 3-28〉 노태우 정부(1988. 2.~1993. 2.)의 주요 관계장관회의 현황

분 야	관계장관회의	비고
안보/국제	- 국가안전보장회의	유지
	- 방위산업심의회	유지
	- 항공우주산업개발정책심의회	유지
	- 중앙재해대책위원회	유지
	- 대외협력위원회	유지
	- 통일관계장관회의(1991. 3.)	신설
	- 남북및북방교류협력조정위원회(1989. 3.)	신설
경제/산업	- 경제장관회의	유지
	- 국토건설종합계획심의회	유지
	- 경제계획심의회	유지
	- 산업정책심의회	유지
	- 정부투자기관경영평가위원회	유지
	- 인력정책심의위원회	유지
	- 관광정책심의위원회	유지
경쟁력/인프라	- 고속전철 · 신국제공항건설추진위원회(1989. 7.)	신설
	- 대도시교통대책위원회(1990 .2.)	신설
	- 공업입지정책심의회(1991. 1.)	신설
	- 교육개혁추진위원회(1992. 2.)	신설
	- 행정규제완화위원회(1990. 5.)	신설
	- 농어촌대책협의회	폐지
환경	- 환경보전위원회	유지
	- 자연보호위원회	유지
	- 지구환경관계장관대책회의(1992. 7.)	신설
	- 해양오염방지위원회(1981. 12.~1991. 3.)	내무부 실무위원회로 격하
취약계층 보호	- 청소년육성위원회	유지
	- 소비자정책심의위원회	유지
	- 교통안전정책위원회	유지

2) 노태우 정부의 관계장관회의 설치 운영에서의 특징

(1) 관리조정 관계장관회의(umbrella council)의 탄생

기존의 장관급 관계장관회의와 차관급 관계부처회의들을 관리하는 새로운 관계장관회의, 즉 남북및북방교류협력조정위원회를 설치했다.

북방정세의 급변에 따라 경제기획원은 1988년 10월에 기존의 대외협력위원회[171]에 북방사회주의 국가들과의 경제교류에 관한 정책을 심의 조정하도록 했고, 곧이어 1989년 3월에 외무부는 자신이 주도할 수 있는 북방외교추진협의회[172]를 설치했으며, 통일부 역시 1989년 3월에 자신이 주도할 수 있는 남북교류협력추진협의회[173]를 설치했다. 새로운 상황의 전개에 따라 외교부장관과 국토통일원장관이 자신들의 업무 영역에서 자신들이 주도할 수 있는 고위급 부처간 회의를 경쟁적으로 설치한 것이다. 이들은 장관급 관계장관회의를 설치하고 싶었으나 당시에 관계장관회의의 의장은 주무장관이 아니라 국무총리와 부총리인 경제기획원장관이 담당하는 것이 관례여서 자신들이 의장이 될 수 없는 장관급 관계장관회의는 설치하지 않고 그 대신 차관급 부처간 회의를 설치한 것이다. 그 결과 북방 사회주의 국가들과 관련된 고위급 부처간 회의가 영역에 따라 3개나 설치되어 독립적으로 움직이게 됨으로써 이들 국가들에 대한 통합적이고 전략적인 접근이 어

---

171) 대외협력위원회는 경제기획원장관을 의장으로 하는 장관급 관계장관회의였다.

172) 북방외교추진협의회(1989. 3.~1993. 7.)는 외교부장관을 의장으로 하여 관련 부처 차관들로 구성된 차관급 부처간 협의회였다. 즉 북방사회주의 국가과의 관계개선 및 교류협력에 관한 주요 정책을 심의 조정, 즉 관계 개선 및 교류협력에 관한 주요 정책, 각종 제도와 지침의 제정, 북방교류협력 추진 사업에 대한 지원 등을 심의 조정하기 위한 차관급 부처간 회의로서, 외무부장관을 의장으로 하여 5개 부처 차관(기획원, 외무부, 국방부, 문공부, 통일원), 대통령 정책담당보좌관(나중에 외교안보보좌관), 국무총리 행정조정실장, 국가안전기획부 제2차장, 기타 위원장이 지명한 자로 구성되었다. 산하에 실무위원회를 두었고, 외무부 공무원이 간사를 담당했다.

173) 남북교류협력추진협의회(1989. 3.~1990. 8.)는 통일원장관을 의장으로 관련 부처 차관들로 구성된 부처간 회의였다. 남북교류협력추진협의회는 남북한 상호 교류 및 협력에 관한 정책을 협의 조정하고, 남북 교류협력에 관한 중요 사항을 심의 의결하기 위해 1990년 8월 남북교류협력에관한법률(법률 4239호)에 의해 설치된 차관급 부처간 회의로서, 국토통일원장관을 위원장으로 하여 차관 및 차관급 공무원 중에서 국무총리가 지명하는 자로 구성된다. 간사는 국토통일원 공무원이 담당하고 협의회에 상정할 안건을 준비하고 협의회로부터 위임받은 사무를 처리하게 하기 위한 실무위원회를 두었다.

렵게 되었다.

노태우 정부는 이러한 문제점을 해결하고자 이들 3개 부처간 회의를 총괄 조정하기 위해 국무총리를 의장으로 하는 남북및북방교류협력조정위원회를 설치했다. 그리하여 3개 부처간 회의에서 심의된 사항은 다시 남북및북방교류협력조정위원회에서 심의 조정하도록 했다.

(2) 구성 멤버로서 민간전문가와 수석비서의 제한 및 청장의 참여

노태우 정부는 관계장관회의에 민간전문가의 참여는 제한했다. 즉 신설 혹은 개편한 11개 관계장관회의 가운데 민간전문가가 구성 멤버로 참여한 경우는 3개뿐이다. 전두환 정부가 신설 혹은 개편한 모든 관계장관회의에 민간전문가를 참여시킨 것과는 대조적이다. 또한 노태우 정부는 대통령이 특별히 관심 있는 관계장관회의에만 대통령 비서관을 참석시켰다. 신설 혹은 개편한 11개 관계장관회의 가운데 3개 관계장관회의, 즉 남북및북방교류협력조정위원회, 통일관계장관회의, 고속철도및신국제공항건설추진위원회에만 자신의 비서관들을 참석하도록 했다.

반면에 노태우 정부는 관계장관회의 구성 멤버를 처음으로 청장에까지 확대했다. 종전까지 관련 부처 장관들 이외에 필요에 따라 민간전문가, 지자체장, 공공단체장, 민간단체 대표 등을 참석시켰으나, 노태우 정부에서는 고속철도및신국제공항건설추진위원회에 차관급 청장들도 참석시켰다.

(3) 간사의 의장부처화

관계장관회의의 의장은 여전히 국무총리와 부총리로 국한되었으나, 간사는 의장 부처로 통일되어 갔다. 의장은 기존의 국무총리와 경제기획원 부총리 이외에 통일부장관이 부총리로 승격되면서 통일부총리도 의장으로 추가되었다. 간사는 종전까지 주무부처 공무원을 간사로 지정하던 관행에서 크게 벗어났다. 국무총리를 의장으로 하든 부총리를 의장으로 하든 신설 혹은 개편된 관계장관회의들은 대부분 간사로 의장 부처 공무원을 지정했다.

(4) 점검 평가를 위한 실무기구 신설

노태우 정부는 신설된 지구환경관계장관대책회의와 대도시교통대책위원회 산하에 추진점검과 평가를 담당하는 기획단과 임시작업반을 각각 설치했다. 종전까지 하부 실무기구는 실무위원회나 전문위원(회) 형태로 대부분 본회의 안건의 사전 심의 조정, 부처간 정보 교환, 안건 관련 조사연구 등을 위해 설치되었다. 그러나 노태우 정부에서는 이러한 목적 이외에도 관계장관회의 결정의 집행 상황을 점검하거나 평가하기 위한 하부기구를 설치한 것이다.

〈표 3-29〉 노태우 정부에서 신설 및 개편한 관계장관회의들의 의장과 간사

관계장관회의	의 장	간 사
교육개혁추진위원회	국무총리	행정조정실장(의장부처)
지구환경관계장관대책회의	국무총리	행정조정실장(의장부처)
대도시교통대책위원회	국무총리	행정조정실장(의장부처)
남북및북방교류협력조정위원회	국무총리	행정조정실(의장부처) 공무원
환경보전위원회	국무총리	행정조정실(의장부처) 공무원
행정규제완화위원회	국무총리	기획원/총무처(주무부처) 차관
통일관계장관회의	통일부총리	국토통일원(의장부처) 공무원
공업입지정책심의회	경제부총리	경제기획원(의장부처) 공무원
대외경제협력위원회	경제부총리	경제기획원(의장부처) 공무원
인력정책심의위원회	경제부총리	경제기획원(의장부처) 공무원
고속전철·신국제공항건설추진위원회	경제부총리	교통부(주무부처) 공무원

〈표 3-30〉 노태우 정부에서 신설 및 개편된 관계장관회의들의 하부구조 유형

유 형	해당 관계장관회의
소위원회+실무위원회+기획단	- 지구환경관계장관대책회의
분과위원회+실무위원회	- 통일관계장관회의*
실무위원회+실무분과위원회+작업반	- 대외협력위원회, 인력정책심의위원회
실무위원회+작업반	- 고속철·신국제공항건설추진위원회, 대도시교통대책위원회
실무위원회+전문위원	- 교육개혁추진위원회*
실무위원회	- 공업입지정책심의회, 환경보전위원회
실무분과위원회	- 행정규제완화위원회
하부기구 부재	- 남북및북방교류협력조정위원회

* 민간자문위원회 설치.

3) 노태우 정부 관계장관회의 시스템에 대한 평가

(1) 관계장관회의들의 중복 신설과 국가안보회의의 유명무실화

노태우 정부는 북방사회주의 국가들과의 관계, 남북관계 등 새로 등장한 이슈들을 기존의 국가안전보장회의에서 취급할 수 있었음에도 불구하고 남북및북방교류협력조정위원회(1989. 3.)와 통일관계장관회의(1991. 3.)를 별도로 설치했다. 즉 신설된 관계장관회의들을 국가안전보장회의 분과위원회로서 설치할 수 있었음에도 불구하고 이들을 국가안전보장회의와는 별개로 설치했다. 그 결과 국가안전보장회의가 유명무실해졌다.

(2) 관계장관회의 의장들의 주도권 강화

관계장관회의 운영에서 의장의 주도권은 강화되었다. 종전처럼 관계장관회의 의장을 총리와 부총리로 국한했고, 더 나아가 관계장관회의 의장을 지원하는 간사를 주무부처 공무원에서 의장부처 공무원으로 전환했기 때문이다.

4 김영삼 정부(1993. 2.~98. 2.)
- 관계장관회의 시스템의 확대와 민주화 -

김영삼은 일찍부터 정치에 입문해 평생 민주화 운동을 해 온 정치인이었다. 일찍부터 대통령이 되겠다는 꿈을 갖고 정치에 뛰어들어 정치 9단이라 불릴 정도로 정치적 감각과 수완이 뛰어났다. 민주화에 대한 확고한 신념과 용기를 가지고 권위주의 정권에 맞서 싸워 왔다.

1989년 연말 원내 제3당인 통일민주당의 리더였던 김영삼은 원내 제1당이자 여당이었던 민정당 및 제4당이었던 자유민주연합 등과 3당 합당[174]을 통해 거대 집권여당의 대표가 된 다음, 1992년 12월 선거를 통해 대통령에

174) 아이러니컬하게도 자유민주연합과 민정당은 자신이 민주화를 위해 오랜 세월 싸워왔던 박정희 정권과 전두환 정권의 계승자였다. 김영삼은 1988년 4월 국회의원 선거에서 지역 감정에 의해 형성된 4당 체제 하에서 제3당의 리더로서 대통령이 되기가 어려울 것으로 판단하고 라이벌인 제2당의 리더인 김대중보다 대통령에 이르는 좀더 유리한 고지를 점령하기 위해 3당 합당을 결행했다.

당선되었다.

정치인 김영삼은 평생 정치투쟁과 민주화에 전념하면서 국정운영에 대한 비전과 전략에 대한 관심은 적었다. 그는 자신의 국정운영의 비전과 전략을 구상하고 개발하기보다는 우수한 인재를 등용하면 모든 것이 해결될 것으로 생각했다. 대통령에 당선된 시점에서도 한국병을 치유하고 신한국을 세우겠다는 생각과 이를 위해 광범위한 개혁이 필요하다는 생각만 있었지, 구체적인 비전과 전략이 없었던 것으로 알려졌다.

김영삼 대통령이 집권할 무렵 국내외 정치경제 여건은 다음과 같았다.

첫째, 공산체제의 붕괴와 미국의 이라크전 승리로 인한 국제 정치경제 질서가 급속히 재편되어 가고 있었고, 북한의 붕괴 가능성과 핵개발 의혹 등 예측 불허의 북한 정세가 긴박하게 돌아가고 있었다. 한국 정부로서는 북한의 핵개발을 방지하고 통일을 준비해야 하는 상황이었다.

둘째, 노태우 정권 후반기부터 시작된 국내경제의 침체가 지속되고 있었고, 1993년 말 우루과이 라운드(Uruguay Round)의 타결로 세계무역기구(World Trade Organization)가 탄생함으로써 세계경제의 통합, 무역과 투자의 자유화가 가속화되었고, 그린 라운드(Green Round)의 태동이 가세되어 세계 무역질서가 크게 재편되고 있었다. 따라서 한국으로서는 국내경제의 활성화와 국제경쟁력의 강화를 추진해야 할 시점이었다.

셋째, 국내 정치에서는 민주화의 후유증으로 불법과 이기주의적 집단행동이 만연되어 있었고, 동시에 민주화가 아직 완성되지 못해 권위주의적 통치의 잔재가 남아 있었다. 정치사회적 안정과 함께 지속적인 민주화가 요청되는 시기였다.

이러한 여건 속에서 김영삼 대통령은 신한국 창조를 위한 변화와 개혁을 추구했다. 특히 김영삼 대통령은 30년 만의 문민 대통령으로 과거 군인통치와 차별화된 문민정부의 업적을 지나치게 의식해 과거와의 단절을 시도하는 과감한 변화와 개혁을 추진했다. 그러나 비전과 전략 및 충분한 준비도 없이 여론과 직관적인 판단에 따라 추진했다.

첫째, 김영삼 대통령은 남북관계에 획기적인 돌파구를 마련하기 위해 남북정상회담에 집착했다. 그러나 북한의 벼랑 끝 전략과 도발,[175] 미국의 대

175) 북한의 NPT 탈퇴 선언(1993. 3.), 서울불바다 협박(1994. 3.), 핵연료봉 재처리 시작

북 제제와 카터 전 대통령의 방북,[176] 김일성 사망,[177] 북미간 합의[178] 등 일련의 사태에 대응하는 과정에서 여론과 정치적 계산에 따라 강온책 간에 오락가락하고 미국과의 갈등을 유발했을 뿐 별다른 성과가 없었다.

둘째, 김영삼 정부는 당면한 경제침체를 극복하기 위해 1993년에 신경제 100일 작전을 전개하면서 경제정책의 방향을 안정정책에서 성장정책으로 전환했고, 장기적으로 국제 무역질서 변화에 대응하기 위한 경제체질의 개선을 위해 1994년에 경제규제 완화, 1995년에 세계화를 추진했고, 1996년에는 OECD 가입을 추진했다. 세계화 정책을 통해 각종 제도와 관행, 공무원들과 국민들의 의식, 과학기술 등을 국제 수준으로 향상시켜야 함을 강조했고, 경제규제를 완화하고 국내산업 보호 시책들을 폐지했으며 무역, 금융, 투자 등을 과감하게 개방했다. 그러나 1997년 대기업들의 잇따른 도산과 금융대란을 막지 못했다.

셋째, 김영삼 대통령은 그가 말하는 한국병을 치유하기 위해 1993년에 재산공개와 금융실명제 및 성역 없는 사정을 실시했고, 군내 사조직인 하나회 척결, 안기부와 기무사의 정치 간여 금지 등을 단행했으며, 1994년에는 선거법, 정치자금법, 지방자치법 등을 개정해 정치제도를 개혁했고, 1995~96년에는 역사 바로세우기 작업의 일환으로 12·12 사태와 5·18 광주사태 주동자들을 단죄했다. 그 결과 깨끗한 정치를 구현했고, 권위주의 잔재를 청산했으며, 정치불안의 악순환을 제거했다. 그럼에도 불구하고, 1996년에 아들과 측근들의 비리, 1997년에 한보그룹 비리 등이 터져 그의 개혁이 무색해졌다.

김영삼 대통령은 이러한 일련의 사태에 대한 대응책 마련과 개혁을 추진하는 과정에서 중요한 사항은 측근과 비선조직에 의존하는 스타일을 보였다. 즉 국정운영에 관계장관회의를 적극 활용하지 않은 것이다. 그럼에도 불구하고 김영삼 정부의 장관들은 국정 중요 현안들의 부침에 따라 관계장

(1994. 5.), 서해5도와 판문점 공동경비구역에서의 도발, 강릉 잠수정 침입(1996) 등. 북한은 국제사회와 남한의 압력으로 1992년에 NPT에 가입했었다.

176) 미국의 대북 군사제재 착수와 카터 전 대통령의 방북 및 김일성 면담(1994. 6.).

177) 1994년 7월 8일.

178) 1994년 10월 북한의 핵활동 동결과 사찰 수용을 전제로 원전과 중유 제공을 내용으로 하는 합의이다.

관회의들을 설치하거나 폐지했다. 김영삼 정부가 노태우 정부로부터 물려받은 관계장관회의 시스템을 어떻게 개편했는지, 그 개편의 특징은 무엇인지 구체적인 내용을 살펴보면 다음과 같다.

1) 관계장관회의 시스템의 개편

(1) 남북 및 북방 관련 관계장관회의 정비

김영삼 정부 출범 당시에 남북 및 북방 관련 관계장관회의로는 국가안보회의, 통일관계장관회의, 남북및북방교류협력조정위원회, 대외협력위원회 등 4개의 장관회의가 업무 영역이 일부 중복된 채 난립하고 있었다. 국가안보회의는 유명무실해져 있었고, 통일관계장관회의는 관련 부처들을 대부분 포함시킨 결과 참석 멤버가 20여 명에 이르러 설치 당시부터 효율적인 운영이 어려웠다.[179] 남북및북방교류협력조정위원회는 같은 장관급인 대외협력위원회와 업무 중복이 있었을 뿐만 아니라 총리 주도로 운영되는 기구여서 대통령이 영향력을 행사하는 데 약간의 제약이 있었다. 그 결과 북한체제의 붕괴나 북핵위기 발생시 신속하게 대응할 수가 없는 상황이었다.

김영삼 정부는 1994년에 이처럼 난립된 관계장관회의들을 정비해 하나의 실질적인 조정기구로 통일했다. 즉 통일안보정책조정회의를 설치해 국가안보회의, 통일관계장관회의, 남북및북방교류협력조정위원회 등 3개 관계장관회의의 기능을 대신하도록 했다. 또한 효율적인 논의가 가능하도록 하기 위해 참석 규모를 대폭 줄였고, 자신의 의사가 잘 반영될 수 있도록 대통령 비서실장과 외교안보수석을 참석시켰다. 그 결과 통일안보정책조정회의는 통일부총리 주재 하에 외무부장관, 국방부장관, 국가안전기획부장, 대통령비서실장, 외교안보수석 등 6인이 참석해, 국가안보, 남북대화, 북방교류, 남북교류 등을 실질적으로 총괄 조정하는 기구가 되었다.

통일안보조정회의의 설치와 함께 남북및북방교류협력조정위원회는 폐지하고 국가안보회의나 통일관계장관회의를 폐지하지는 않았다. 국가안보회의나 통일관계장관회의는 법률에 의해 설치되어 폐지를 위해서는 법률을 개정해야 했기 때문이다. 통일안보조정회의는 법령의 근거가 없는 임의기구이나 실질적으로 남북 및 북방 관계 분야 총괄 조정기구로 활용된 결과

179) 통일관계장관회의는 1993년 겨우 3회 소집되었다.

국가안보회의나 통일관계장관회의는 자연히 유명무실해졌다.

그러나 여전히 국가안보회의, 통일관계장관회의, 통일안보정책조정회의 3자가 난립하고 있을 뿐만 아니라 임의기구인 통일안보정책조정회의가 공식기구인 국가안보회의와 통일관계장관회의를 실질적으로 대체하고 있다는 비판이 끊이지 않았고, 그 대안으로 국가안보회의와 사무처를 강화해야 한다는 주장도 있었다.

이에 김영삼 대통령과 그 측근들은 1996년 8월에 비공식적인 통일안보정책조정회의를 해체하고 공식적인 통일관계장관회의 내에 분과위원회를 설치키로 결정했다. 그리하여 1997년에 남북대화, 경제협력, 사회문화 등 3개 분야에 분과위원회를 설치했다.[180] 분과위원회는 통일부총리를 의장으로 하여 안건과 관련 있는 위원들로 구성하도록 했다. 또한 총 17명 이상이 위원으로 참석하는 통일관계장관회의는 분기별로 개최하고 3개 분과위원회들은 필요에 따라 수시로 소집하되, 분과위원회에서 심의 조정을 마친 안건들은 통일관계장관회의에 보고하여 승인받도록 했다.

(2) 선진국 진입을 위한 관계장관회의

김영삼 정부는 명실상부한 선진국 진입을 위한 국력 신장과 제도 개선을 위해 2개 관계장관회의를 개편하고 3개의 관계장관회의를 신설했다.

선진국 진입을 위해서는 무엇보다도 그에 상응한 국력 신장을 위한 국제경쟁력 강화가 필요했다. 김영삼 정부는 집권 2년째에 국제경쟁력 강화를 강조하면서 적극적인 대외 개방과 대외 진출 전략을 마련하기 위해 대외협력위원회를 대외경제정책조정회의(1994. 5.)로 개편했다.[181] 또한 김영삼 정부는 지금까지 선진국의 기술을 모방해 선진국 문턱에까지 왔으나 독자적인 신기술 없이는 선진국 진입에 필요한 경제성장이 불가능하다는 판단에 따라 과학기술 정책을 좀더 강력히 추진하기 위해 1996년 3월 기존의 차관급 과학기술연구조정위원회를 장관급 과학기술장관회의[182]로 격상시

180) 대통령령 제15262호(1997. 2. 1.)로 통일관계장관회의 규정을 개정해 분과위원회 설치 근거를 마련했다.

181) 대외협력위원회의 심의 조정 대상으로서 쌍무간 및 다자간 협상에 관한 정부의 입장, 외국인 투자, 기술 도입 이외에 대외 개방 및 대외 진출 전략에 관한 조정을 추가했다. 그동안 대외협력위원회가 담당했던 북방 교류 업무에 관한 조정은 전술한 통일안보조정회의로 이관했다.

켰다. 그 밖에도 김영삼 정부는 경쟁력 강화를 위해 정보화추진위원회(1995. 8.)[183]와 벤처기업활성화위원회(1997. 10.)[184]를 신설하고, 고속전철및신국제공항건설추진위원회(1989. 7.)를 사회간접자본건설추진위원회(1996. 11.)[185]로 확대 개편했다.

그뿐만 아니라 선진국에 진입하기 위해서는 각종 제도와 관행을 국제적 수준에 맞게 개혁할 필요가 있었다. 이를 위해 김영삼 정부는 집권 3년째부터 세계화를 주장하면서 3개의 관계장관회의를 신설했다.

국무총리를 의장으로 하는 세계화추진회의(1994. 12.)를 설치해[186] 세계질서 형성에 적극 참여할 수 있도록 1995년부터 정치·경제·사회·문화 등 각 분야를 세계적 수준으로 향상시키도록 했고, 1996년에는 경제행정규제개혁위원회(1996. 7.)[187]와 노사개혁추진위원회(1996. 11.)[188]를 신설해

182) 과학기술장관회의는 국가경제의 발전과 국민의 삶의 질 향상에 이바지할 과학기술 관련 주요 정책과 연구개발사업들에 관한 부처간 조정, 과학기술 관련 예산의 효율적 집행에 필요한 심의 조정을 위한 기구이다.

183) 국무총리를 위원장으로 하여 재정경제원장관, 관계 행정기관장, 국회사무총장, 법원행정처장 등으로 구성해, 정보화 촉진을 위한 기본계획과 주요 정책, 초고속정보통신 기반구축, 국가기간전산망 구축, 정보통신기금의 운영방침 등을 심의 조정하는 기구이다.

184) 벤처기업 업종의 지정, 벤처기술개발 지원계획 시행지침, 벤처기술평가기관의 지정 등을 심의 의결하기 위해, 재경부장관을 의장으로 하여 11개 부처 장관(국방부장관, 교육부장관, 문화체육부장관, 농림부장관, 정보통신부장관, 환경부장관, 보건복지부장관, 노동부장관, 건설교통부장관, 해양수산부장관, 과학기술처장관), 공정거래위원회위원장, 중소기업청장, 특허청장 및 전문가들로 구성된 기구이다.

185) 고속전철과 신국제공항 건설 이외에 신항만 건설 추가.

186) 세계화를 위한 비전과 목표 및 부문별 부처별 추진계획 등을 심의 조정하고, 추진 상황을 점검 및 평가하기 위한 기구로서, 국무총리를 위원장으로 하여 재정경제원장관, 통일원장관, 안건 관련 장관, 4개 대통령자문위원회 위원장(21세기위원회 위원장, 행정쇄신위원회 위원장, 교육개혁위원회 위원장, 국가과학기술자문회의 의장) 및 세계화 관련 전문가 등으로 구성했다.

187) 경제행정규제개혁위원회는 경제규제 개혁을 위한 중요 사항을 심의 조정, 즉 경제규제 개혁의 정책방향 결정 및 계획 수립, 경제규제 법령의 투명성 제고 등과 관련된 사항들을 심의 조정하는 기구이다.

188) 노사개혁추진위원회는 노사관계 개혁에 관한 주요 정책을 심의 조정하는 기구이다. 즉 노사관계개혁의 추진 및 지원에 관한 사항을 협의 조정하기 위해 한시적으로(1996. 11.~1998. 2.) 설치된 기구이다. 국무총리를 위원장으로 하고 재경원장관을 부위원장으로 하여 12개 부처장(내무부, 법무부, 교육부, 통산부, 정통부, 노동부, 건교부, 해수부, 총무처, 공보처, 정무, 법제처)으로 구성했다.

경제 및 노사 관련 제도와 관행을 국제 수준에 맞도록 고치고 경제성장의 발목을 잡는 규제들을 개혁하도록 했다. 1997년 4월에는 규제개혁추진회의[189]를 설치해 경제 활성화뿐만 아니라 국민생활 편의 제고를 위해 각종 규제들을 효과적으로 개혁하도록 했다.

마지막으로, 김영삼 정부는 군사 독재 국가의 이미지를 불식시키고 선진 민주국가로서의 이미지를 구축하기 위해 대외홍보위원회[190]를 설치했다. 동 위원회는 원래 1994년 11월에 공보처장관을 의장으로 하는 차관급 위원회로 출발했으나, 1995년 11월에 한국 바로 알리기 사업을 추가하면서 국무총리를 위원장으로 하는 장관급 위원회로 전환되었다.

(3) 약자 배려를 위한 관계장관회의

경제력 신장에 따라 그동안 방치해 왔던 해외 동포들과 국내 장애인들을 배려하기 위해 재외동포정책위원회(1996. 2.)와 장애인복지대책위원회(1996. 8.)를 설치했다. 재외동포정책위원회는 재외동포에 관한 정책을 종합적으로 심의 조정하기 설치한 기구이다.[191] 즉 재외동포의 정착 지원, 법적・사회적 지위 향상, 유대 강화, 국내외 경제활동 지원, 부처별 재외동포 사업계획 등에 관해 심의 조정하기 위해 설치한 기구이다. 장애인복지대책위원회는 장애인 복지 증진을 위한 정책 방향, 제도 개선과 예산 지원 방안 등에 관해 국무총리의 자문에 응하고 심의 조정하는 기구이다.[192]

---

189) 규제개혁 관련 기본방침과 실천, 규제 체계 개선, 규제개혁 추진 상황의 점검 평가, 행정기능의 민간이양 촉진 등을 심의 조정하는 기구로서, 국무총리를 의장으로 하여 재정경제원장관, 통상산업부장관, 총무처장관, 법제처장, 안건 관련 부처장, 행정쇄신위원회 위원장, 경제규제개혁위원회 위원장, 기업활동규제심의위원회 위원장, 금융개혁위원회 위원장, 국가경쟁력강화민간위원회 위원장 등으로 구성했다.

190) 대외홍보위원회는 국가의 대외 이미지 개선을 위한 대외홍보 업무에 관한 정책 과제를 심의 조정, 즉 각 부처 대외홍보사업의 유기적 조정, 민간부문 대외홍보사업을 국가 이미지 홍보로 연결시키기 위한 범국가적 협력과 지원, 외국 문헌 내의 한국 관련 사항 오류 시정을 포함한 한국 바로 알리기 사업 등을 심의 조정하는 기구이다.

191) 국무총리를 위원장으로 하여 8개 부처 장관(재정경제원, 통일원, 외무부, 내무부, 법무부, 교육부, 문화체육부, 공보처), 안건 관련 장관, 민간전문가 등으로 구성했다.

192) 국무총리를 위원장으로 하고 재경원장관과 보건복지부장관을 부위원장으로 하여, 8개 부처 장관(내무부, 교육부, 문체부, 정통부, 노동부, 건교부, 총무처, 공보처), 행정조정실장, 그리고 장애인 관련 민간단체장이나 장애인 전문가들로 구성했다.

(4) 안전을 강화하기 위한 관계장관회의

김영삼 정부 하에서는 각종 대형 재난사고들이 잇달아 일어났다. 성수대교 붕괴(1994. 10.), 도시가스 폭발(1995. 4.), 삼풍백화점 붕괴(1995. 6.), 열차 탈선, 선박 전복 등 수없이 많았다. 이에 정부는 성수대교 붕괴를 계기로 1994년 11월에 중앙안전점검통제회의[193]를 설치해 교량, 댐, 철도, 지하철, 공항, 항만, 가스시설, 대형 건축물 등에 대한 중앙행정기관과 지방자치단체의 안전 점검과 사후 조치 및 예산·인력·장비상의 문제점을 협의 조정하도록 했다.

한편, 김영삼 정부는 1996년 10월 강릉에 북한 잠수함이 침투한 사건을 계기로 1997년 1월에 중앙통합방위협의회를 설치했다.[194] 적의 침투·도발이나 그 위협 또는 우발적인 충돌 상황을 효율적으로 대응하기 위해 민·관·군·경과 향토예비군 및 민방위대 등을 통합적으로 운용할 필요성이 있었기 때문이다.[195] 통합방위협의회로 하여금 통합방위 정책, 통합방위 사태의 선포와 해제, 통합방위 작전에 필요한 지침과 훈련 등에 관해 심의 조정하도록 했다.[196]

---

193) 국무총리를 의장으로 하여 경제기획원장관, 내무부장관, 국방부장관, 상공자원부장관, 건설부장관, 교통부장관, 안건 관련 국무위원, 홍보처장관, 서울특별시장, 행정조정실장, 시설물 안전관리 전문가 등으로 구성했다.

194) 정부 기록에 의하면 이러한 통합방위체제는 1960년대 북한의 침투·도발이 증가함에 따라 범국가적 종합 대책으로 1967년 12월에 대통령훈령 제18호 '간첩봉쇄대책'이 제정되었으며, 1970년 1월에는 대통령훈령 제28호 '통합방위지침'으로 개정되었고, 1997년 1월에 '통합방위법'을 제정함으로써 법적 근거를 갖추게 되었다.

195) 북한은 휴전 이후 1990년대까지 침투와 도발을 2,400여 회나 자행했으며, 현재에도 체제 유지를 위해 군사우선 정책을 계속 견지한 가운데 인민무력부 산하에 10만여 명의 특수전 병력을 지속적으로 훈련시키고 다양한 침투 수단을 확보하고 있으며, 남북 교류시에도 도발을 자행한 점으로 미루어 볼 때 언제든지 재도발할 가능성이 있다.

196) 국무총리를 의장으로 하여 전체 국무위원, 국가안보회의 상임위원, 비상기획위원회 위원장, 국가정보원장, 국가보훈처장, 국정홍보처장, 국방부 통합방위본부장(합참의장) 등으로 구성되었다. 산하에 지역별 직장별 통합방위협의회, 실무위원회 및 통합방위상황실을 두었다. 실무위원회는 중앙통합방위협의회 간사인 국방부 통합방위 부본부장(작전참모부장)을 위원장으로 하여 각군 작전처장, 행정자치부·국방부·국가정보원·경찰청·해양경찰청의 관련 국장, 합동참모본부의 정보부장과 작전부장 등으로 구성되었다.

〈표 3-31〉 김영삼 정부(1993. 2.~1998. 2.)의 주요 관계장관회의 현황

분야	관계장관회의	비 고
안보/국제	- 국가안전보장회의	유지
	- 통일관계장관회의	유지
	- 항공우주산업개발정책심의회	유지
	- 통일안보정책조정회의(1994. 4.)	신설(비공식 회의)
	- 재외동포정책위원회(1996. 2.)	신설
	- 중앙통합방위협의회(1997. 1.)	신설
	- 대외홍보위원회(1995. 11.)	차관급을 격상
	- 대외협력위원회(1986. 3.)	1994. 5. 대외경제조정위원회로 개편
	- 방위산업심의회(1983. 12.)	1994. 차관급으로 격하
	- 중앙안전점검통제회의(1994. 11.)	신설, 1995. 9. 폐지
	- 남북및북방교류협력조정위원회(1989. 3.)	1994. 4. 폐지
경제/산업	- 경제장관회의	유지
	- 국토건설종합계획심의회	유지
	- 산업정책심의회	유지
	- 정부투자기관경영평가위원회	유지
	- 경제계획심의회(1974. 12.)	유지, 1997. 9. 폐지
	- 벤처기업활성화위원회(1997. 10.)	신설
	- 관광정책심의위원회(1976. 9.)	1995. 7. 차관급 회의로 격하
	- 벤처기업활성화위원회(1997. 10.)	1998. 2. 차관급 회의로 격하
	- 공업입지정책심의회(1991. 1.)	1996. 7. 폐지
	- 인구정책심의위원회(1984. 9.)	1995. 9. 폐지
국제경쟁력	- 교육개혁추진위원회(1992. 2.)	유지
	- 행정규제완화위원회(1990. 5.)	1996. 7. 경제행정규제개혁위원회로 개편
	- 고속전철·신국제공항건설추진위원회(1989. 7.)	1996. 11. 사회간접자본건설추진위원회로 개편
	- 노사관계개혁추진위원회(1996. 11.)	신설
	- 정보화추진위원회(1995. 8.)	신설
	- 과학기술장관회의(1996. 3.)	신설
	- 대도시교통대책위원회(1990. 2.)	1994. 3. 폐지
환경	- 환경보전위원회	유지
	- 물관리정책조정위원회(1997. 1.)	신설
	- 자연보호위원회(1977. 11.)	1993. 7. 폐지
	- 지구환경관계장관대책회의(1992. 7.)	1995. 6. 폐지
복지	- 소비자정책심의위원회	유지
	- 청소년육성위원회	유지
	- 교통안전정책위원회	유지
	- 장애인복지대책위원회(1996. 8.)	신설
	- 백제문화권개발지원위원회(1994. 3.)	1995. 6. 폐지

(5) 격하 및 폐지

김영삼 정부는 방위산업위원회와 관광정책심의위원회 및 벤처기업활성화위원회 등을 차관급 회의로 격하시키고, 자연보호위원회, 대도시교통대책위원회, 지구환경관계장관대책회의, 백제문화권개발지원위원회, 인력정책심의위원회, 공업입지정책심의회 등을 폐지했다.

2) 김영삼 정부 하에서 관계장관회의 설치 운영상 특징

김영삼 정부가 관계장관회의들을 개편하고 신설하면서 보여 준 특징은 다음과 같다.

(1) 추진 점검을 위한 관계장관회의 설치

중앙안전점검통제회의는 비록 그 존속 기간(1994. 11.~1995. 9.)은 짧았으나 우리나라에서 추진 상황 점검을 위한 최초의 관계장관회의였다. 지금까지 관계장관회의는 대부분 심의 조정을 목적으로 설치해 왔고, 추진 상황 점검만을 위해 설치한 적은 없었다.

(2) 대통령 수석비서관의 참석 제한과 간사의 주무부처화

관계장관회의에 대통령 수석비서관의 참석이 상당히 제한되었다. 신설 혹은 개편된 16개 관계장관회의 가운데 통일안보조정회의와 사회간접자본건설추진위원회 2개에만 대통령 수석비서관의 참석이 허용되었다.

관계장관회의 의장은 관례처럼 국무총리와 부총리에 국한되었다. 그러나 간사를 주무부처 공무원으로 지정한 관계장관회의들이 크게 증가했다. 김영삼 정부에서 개편 혹은 신설된 관계장관회의들 가운데 간사를 주무부처 공무원이 담당하는 관계장관회의들이 절반에 이르렀다. 노태우 정부에서는 간사를 대부분 의장부처 공무원이 담당했었다.

(3) 민간전문가 실무위원회와 외부 실무분과위원회

김영삼 정부는 신설 혹은 개편된 16개 관계장관회의 가운데 14개 관계장관회의에 실무위원회를 설치했는데, 그 중 5개 관계장관회의는 차관급 실무위원회를,[197] 8개 관계장관회의[198]는 국장급 실무위원회를 설치했다. 특

---

197) 정보화추진위원회, 경제행정규제개혁위원회, 노사관계개혁추진위원회, 물관리정책조정

〈표 3-32〉 김영삼 정부에서 개편 혹은 신설된 관계장관회의의 의장과 간사

관계장관회의	의 장	간 사
<신설>		
정보화추진위원회	국무총리	행정조정실장(의장부처)
규제개혁추진회의	국무총리	행정조정실장(의장부처)
노사관계개혁추진위원회	국무총리	행정조정실장(의장부처)
장애인복지대책위원회	국무총리	행정조정실장(의장부처)
재외동포정책위원회	국무총리	행정조정실(의장부처) 제1 조정관
중앙안전점검통제회의	국무총리	행정조정실(의장부처) 제3 조정관
물관리정책조정위원회	국무총리	행정조정실장(의장부처)
세계화추진회의	국무총리	안건부처(주무부처) 차관
대외홍보위원회	국무총리	공보처(주무부처) 해외공보관장
경제행정규제개혁위원회	국무총리	재경원(주무부처) 국장
중앙통합방위협의회	국무총리	국방부(주무부처) 통합방위부본부장
과학기술장관회의	부총리(재경원장관)	과학기술처(주무부처) 공무원
벤처기업활성화위원회	부총리(재경원장관)	통상산업부(주무부처) 공무원
통일안보정책조정회의	부총리(통일원장관)	외교안보수석
<개편>		
교통안전대책위원회	국무총리	국무총리 지명자
대외경제조정위원회	부총리(재경원장관)	재경원(주무부처) 차관보
사회간접자본건설추진위원회	부총리(재경원장관)	건교/해수부(주무부처) 공무원

이한 것은 두 개의 관계장관회의에 민간전문가들로 구성된 실무위원회를 설치했다는 것이다. 즉 벤처기업활성화위원회와 규제개혁추진회의 산하에 본회의 안건을 사전에 검토하는 실무위원회로서 민간전문가들로만 구성된 전문위원회를 설치했다.

실무분과위원회는 정보화추진위원회, 대외경제조정위원회, 물관리정책조정위원회 등 3개 관계장관회의에 설치했는데, 특이한 것은 규제개혁추진회의이다. 규제개혁추진회의는 산하에 별도의 하부기구를 두지 않고, 외부 기구들을 하부기구처럼 활용한 것이다. 즉 각 부처들로 하여금 안건을 상정하기 전에 일반행정 규제는 대통령 민간자문기구인 행정쇄신위원회의 사전

위원회 등.

198) 과학기술장관회의, 대외경제조정위원회, 사회간접자본건설추진위원회, 재외동포정책위원회, 장애인복지대책위원회, 중앙안전점검통제회의, 중앙통합방위협의회 등.

검토 조정을, 경제규제 안건은 재정경제원 소속 차관급 경제규제개혁위원회의 사전 검토 조정을 거치도록 함으로써 이들 두 기구를 실무분과위원회처럼 활용한 것이다.

(4) 정책의제 발굴 및 정책 입안을 위한 실무기구(기획단) 설치

지금까지 관계장관회의 산하에 설치된 실무기구들은 대부분 장관회의 안건에 대한 사전 검토 및 조정을 위한 실무기구들이었고, 최근에 추진 상황의 점검과 평가를 위한 실무기구가 설치된 적이 있었다. 김영삼 정부에서는 한 걸음 더 나아가 관계장관회의에서 논의할 의제들을 발굴하고 입안하는 실무기구(기획단 혹은 작업반 혹은 본부)들을 다수 설치했다. 신설 혹은 개편된 16개 관계장관회의 가운데 이러한 기획단 혹은 대책반 혹은 본부 형태의 실무기구를 설치한 관계장관회의는 세계화추진회의, 경제행정규제개혁위원회, 물관리정책조정위원회, 사회간접자본건설추진위원회, 중앙안전점검통제회의, 중앙통합방위협의회 등 6개이다.

(5) 심의 조정 절차의 강화

전반적으로 관계장관회의 시스템을 통한 심의 조정 절차들이 박정희 정부 이후 큰 변화는 없으나, 두 가지 새로운 변화가 나타나기 시작했다.

〈표 3-33〉 김영삼 정부에서 신설 및 개편된 관계장관회의들의 하부구조 유형

유 형	해당 관계장관회의
소위원회+실무위원회+실무분과위원회	- 대외경제조정위원회
분과위원회+실무위원회	- 규제개혁추진회의
실무위원회+실무분과위원회	- 정보화추진위원회*
실무위원회+기획단(작업반, 본부)	- 중앙안전점검통제회의, 중앙통합방위협의회, 경제행정규제개혁위원회, 물관리정책조정위원회,* 사회간접자본건설추진위원회
실무위원회	- 통일안보조정회의, 대외홍보위원회, 재외동포정책위원회, 과학기술장관회의, 벤처기업활성화위원회, 노사관계개혁추진위원회, 장애인복지대책위원회, 교통안전대책위원회
기획단	- 세계화추진회의

* 민간자문위원회 설치.

하나는 절차를 좀더 구체화하는 관계장관회의들이 늘어나기 시작했다. 업무를 일정한 계획을 세워 추진하도록 하면서 이 계획 수립의 공식적 절차를 상당히 구체적으로 규정한 것이다. 예를 들면, 과학기술장관회의, 세계화추진회의, 규제개혁추진회의 등이다.

다른 하나는 관계장관회의에서 심의 조정한 결과를 해당 부처에서 제대로 이행하도록 요구하는 이행 확보 절차가 강화되었다. 즉 관련 부처들에게 추진 실적을 평가해 의장에게 보고하도록 하거나, 이행 조치 후 그 조치 내용을 의장에게 보고하도록 하는 절차를 마련하는 관계장관회의들이 늘어났다. 정보화추진위원회, 세계화추진회의, 재외동포위원회, 중앙안전점검통제회의 등 4개의 관계장관회의에서 이러한 이행 확보 절차를 규정하고 있다. 종전에는 심의 조정하는 절차를 넘어 이행 확보를 위한 절차를 마련한 관계장관회의는 거의 없었다.

3) 김영삼 정부의 관계장관회의 시스템에 대한 평가

(1) 정책 추진기구로서의 역할 강화

관계장관회의가 정책의 심의 조정기구로서뿐만 아니라 정책의 추진기구로서의 역할이 강화되었다. 이는 두 가지 요인에 기인한다. 하나는 정책의제 발굴과 정책 입안을 담당하는 기획단을 설치하는 관계장관회의가 증가했고, 다른 하나는 관계장관회의에 의한 정책추진 절차가 구체적으로 마련되어 가고 있다는 것이다. 즉 쟁점들의 심의 조정 절차에 이어 계획의 수립 조정 절차, 이행 확보 절차 등을 강화하는 관계장관회의들이 증가했기 때문이다.

(2) 주무부처들의 영향력 강화

관계장관회의 시스템 운영에 주무부처들의 영향력이 강화되었다. 관계장관회의의 구성에 대통령 보좌관들의 참석을 줄였고, 관계장관회의 간사들을 주무부처 공무원으로 지정하는 비율을 높였기 때문이다.

5 김대중 정부(1998. 2.~2003. 2.)
- 관계장관회의 시스템의 재정비와 체계화 -

정치인 김대중은 오랜 세월 동안 민주화 투쟁을 하면서 감옥살이, 망명, 사형선고와 감형 등으로 파란만장한 인생을 살아왔다. 야당의 리더로서 1971년, 1987년, 1992년 대통령 선거에 도전해 모두 실패했고, 1997년 대통령 선거에서 고령의 나이에도 불구하고 정당연합을 통해 역대 대통령 선거 가운데 가장 근소한 차이[199]로 정권을 잡는 데 성공했다.

그는 대중 설득력, 조직력, 정치력에서 뛰어난 정치인이었다. 또한 전문가들과 많은 대화를 하고 독서를 많이 하여 역대 정치인들 가운데 국정 전반에 걸쳐 가장 많은 지식과 아이디어를 가진 정치인이었다. 그러나 그가 집권할 당시 국회는 야당이 장악하고 있었고 그는 너무 고령인데다가 그와 측근들은 행정 경험이 없어서 국정을 효율적으로 이끌어 갈 수 있을지에 대해 많은 우려가 있었다.

김대중 정부는 전임 김영삼 정부로부터 물려받은 두 가지 시급한 국가적 과제를 안고 출발했다. 하나는 외환위기 극복이고, 다른 하나는 강온책으로 갈팡질팡하던 대북관계를 안정시키고 통일의 기반을 마련하는 것이었다.

먼저, 김대중 대통령의 집권 전후 경제위기 상황을 보면, 대외부채는 1,500억 달러였고 1997년 12월 말까지 246억 달러, 1998년 1월 말까지 149억 달러를 갚아야 했으나 외환보유고는 30억 달러밖에 되지 않았다. 또한 1998년 1월 한 달 동안 중소기업 3천 개 이상이 도산했고, 1998년 경제성장률은 -6.7%, 1인당 국민소득은 1997년 1만 달러에서 1998년 6,800달러로 줄어들었다.

이에 김대중 당선자는 당선 이틀 후인 1997년 12월 20일에 김영삼 대통령과 합의해 경제위기관리공동위원회를 설치한 후, IMF가 요구하는 구조조정을 이행하겠다는 조건으로 미·일 정상 및 국제금융계 리더들을 상대로 달러 외교를 전개해 차관 제공 은행들과 단기 외채를 중기 외채로 전환

199) 총 유효 투표 2,600만 표 가운데 39만 표 차이.

하는 데 합의(1. 28.)하여 우선 급한 불을 껐다. 또한 재벌 회장들과 구조개혁을 추진하기로 합의(1. 13.)하고, 정부기구 축소를 위한 정부개혁위원회를 설치(1. 26.)했으며, 노사정위원회를 설치해 대타협(2. 6.)을 이루어냈다. KBS를 통해 중계되는 국민과의 대화(1. 19.) 시간을 갖고 위기 극복에 동참해 줄 것을 호소했다.

김대중 대통령은 2월 25일 취임 후, 금융 개혁, 재벌 개혁, 노동 개혁, 공공부문 개혁, 외국인 투자 유치를 위한 제도 개혁 등에 착수해, 2년 만에 외환위기를 극복하고 외환위기 이전 수준으로 회복시켰다. 그리하여 1998년에 -6.7%이던 경제성장률이 1999년에 10.7%를 기록했고, 84억 달러 적자가 240억 흑자로 전환되었다. 그러나 2001년부터 경제성장이 둔화하자 부동산 규제를 완화했고, 소비 촉진을 위한 카드 사용을 권장했다. 그 결과 부동산 가격은 폭등했고, 과소비와 신용불량자 양산을 초래했다.

다음으로, 오래 전부터 3단계 통일론을 제시해 온 김대중 대통령은 집권하자 남북관계의 획기적인 돌파구를 마련하기 위해 이른바 햇볕정책을 일관성 있게 추진했다. 해방 이후 대북 관계에서 역대 정부가 안보를 우선시해 왔으나, 김대중 정부는 교류와 협력을 통해 북한을 개혁과 개방으로 유도하고 궁극적으로는 평화 통일이 가능하도록 하려고 했다.

이를 위해 김대중 대통령은 2월 25일 취임 연설에서 대북정책 3원칙을 밝히고, 대북정책 추진에서 정경분리 원칙을 적용해 남한 기업들의 북한내 기업 활동을 보장했으며, 정주영의 소떼 방북과 현대그룹의 금강산 관광사업을 허용했다. 그러나 북한 김정일은 개혁과 개방을 거부하고 강성대국과 선군정치를 표방하면서 대남 도발[200]을 자행했다.

그럼에도 불구하고 김대중 대통령은 인도적 차원에서 식량과 비료를 지원했고 금강산 관광을 지속시켰다. 2000년 3월에는 베를린 자유대학에서 북한내 사회간접자본 재건을 위한 획기적인 지원을 선언했다.

이에 북한이 호응함에 따라 3주간의 비밀회담 끝에 2000년 6월 15일부터 사흘간 평양에서 남북정상회담을 개최했다. 그 결과 6·15 남북공동선언에 합의했다. 곧이어 6·15 남북공동선언 이행을 위한 후속 남북장관급회담을

200) 1998년 6월 강릉 잠수정 침투, 8월 장거리 미사일 발사, 1999년 연평도 북방한계선 침범과 군사 충돌 등.

열어 남북 철도 및 도로의 연결, 개성공단의 건설 등에 착수했고, 투자보장 협정 등 경제협력합의서도 채택했으며, 이산가족 상봉, 문화예술단체 교류, 시드니올림픽 공동 입장 등이 이루어졌다. 그러나 남북군사회담은 별다른 진전이 없었다.

마지막으로, 김대중 정부는 근로자와 서민층의 지지를 확보하기 위해 대대적인 복지개혁을 실시했다. 생산적 복지 개념을 정립하고, 이에 따라 1999년부터 의료보험 개혁, 국민연금 개혁, 교육 개혁 등을 단행했고 저소득층을 위한 최저생계비 지원 제도를 도입했다.

자신의 비전에 따라 국정을 운영하는 데 있어서 김대중 대통령은 김영삼 대통령이 공식 절차를 경시하는 개인적 리더십으로 인해 자주 시행착오를 겪는 것을 보고 국정운영 시스템을 정비하여 활용하려고 했다. 그러나 당선자 시절과 집권 직후 김대중 대통령은 국정운영에서 관계장관회의들을 활용하기보다는 직접 관련 부처 장관들로부터 보고를 받고 지시하는 방식으로 운영했다. 외환위기 극복을 위해 시급히 처리할 안건들이 많아 관계장관회의 논의를 기다릴 여유가 없었기 때문이다.

외환위기라는 급한 불을 끈 이후에야 각종 관계장관회의들을 정비하고 체계화시켜, 오늘날의 관계장관회의 시스템의 기본 틀을 완성시켰다.

1) 기존 관계장관회의 시스템의 재정비 및 체계화

(1) 경제위기 극복과 경쟁력 강화를 위한 관계장관회의

집권하자마자 김대중 대통령은 외환위기 극복 대책들을 논의 결정하기 위해 재정경제부장관, 기획예산처장, 금융감독원장, 공정거래위원장, 경제수석비서관 등으로 구성된 비공식적인 경제대책조정회의를 설치해 직접 주재하면서, 금융개혁, 재벌개혁 등 경제개혁을 추진 조정했다. 경제대책조정회의가 가동됨에 따라 경제기획원장관이 의장이던 경제장관회의는 1998년 4월에 폐지되었다. 그러나 2개월 후 경제장관회의를 경제장관간담회 형태로 부활시켰다. 외환위기 극복을 위한 주요 경제정책들의 수립과 집행을 원활히 하기 위해서는 경제 관련 부처 장관들이 모두 모여 협의하고 조정해야 할 사항들이 많았기 때문이다. 김대중 정부는 외환 위기가 어느 정도 극복되자 대통령이 의장인 경제대책조정회의를 폐지하고 1999년 6월에 재정경제부장관을 의장으로 하는 경제정책조정회의를 설치했다. 그 결과 경

제장관간담회는 유명무실해졌고 얼마 후 폐지되었다.[201]

외환위기 극복 과정에서 발생한 실업자들에 대한 대책을 수립하기 위해 김대중 정부는 1998년 12월에 실업대책위원회를 설치했다. 기업들의 구조조정으로 실업자들이 급격히 늘어나자 이 실업자들을 구제하기 위한 일자리 및 생계 대책을 수립 조정하고, 추진 상황을 점검 평가하기 위해 설치했다.

외환위기를 극복한 후 김대중 정부는 국민경제의 국제경쟁력을 강화하기 위해 노력했다. 이러한 노력을 뒷받침하기 위해 몇 개의 관계장관회의들을 개편 혹은 신설했다.

먼저, 과학기술장관회의를 국가과학기술위원회로 격상시켰다. 국제경쟁력 강화에 과학기술의 중요성을 강조하고 과학기술진흥 정책을 획기적으로 추진하기 위해 1999년 1월에 대통령이 직접 주재하는 회의로 바꾸었고, 그 역할도 확대했다. 격상과 함께 추가된 역할은 과학기술진흥을 위한 주요 정책과 계획의 수립 조정, 국가연구개발사업의 우선순위 조정, 주요 과학기술연구단체들[202]에 대한 평가와 발전 방안 수립 등이다.[203]

다음으로, 인적자원개발회의를 신설했다. 국가경쟁력 강화와 사회복지 차원에서 인적 자원의 중요성을 인식하고 그 개발과 효율적 활용을 교육정책, 산업정책, 고용정책 등과 연계해 추진하기 위해서 2000년 2월에 설치되었다. 육성 개발의 주요 대상은 성장동력으로서 국가전략산업 분야[204] 고급인력, 경쟁력이 취약한 금융·투자·컨설팅 등 서비스산업 분야 고급인력, 여성과 저소득층 등 사회적 취약계층의 직업 능력, 청소년들의 진취적이고 창의적인 능력 등이다.

마지막으로, 국제 물류기지의 육성과 외국인의 투자 유치를 위해 관세자유지역위원회(1999. 12.)를 설치했고, 부품소재 전문기업을 육성하기 위해 부품소재발전위원회(2001. 2.)를 신설한 반면에, WTO 체제 하에서 지속시키기 어려운 산업정책심의회(1999. 12.)는 폐지했다.

201) 유명무실해진 경제장관간담회 규정은 공식적으로 2005년 3월에 폐지되었다.

202) 기초기술연구회, 산업기술연구회, 공공기술연구회, 한국과학기술원, 국방과학연구소, 한국원자력연구소, 한국원자력안전기술원, 광주과학기술원 등.

203) 이와 함께 하부기구인 총괄조정위원회도 운영위원회로 변경시켜 그 위원장과 멤버를 과기부장관과 차관급 멤버들로 격상시켰다.

204) Information Technology, Bio Technology, Nano Technology, Space Technology, Environment Technology, Culture Technology 등.

(2) 대북정책 추진을 위한 관계장관회의 정비

김대중 대통령은 집권 첫해에 외환위기 극복을 위해 전력투구하면서 동시에 자신의 주요 관심사인 대북정책을 본격적으로 추진하기에 앞서 정책 추진 및 조정 시스템을 정비했다. 김영삼 정부 하에서 대북정책과 관련해 국가안보회의, 통일관계장관회의, 통일안보정책조정회의 등이 중복 설치되어 그 가운데 비공식적인 통일안보정책조정회의만 가동되었고 나머지 두 개의 공식적인 관계장관회의는 유명무실한 상태였다.

김대중 정부는 1998년 5월에 비공식적인 통일안보정책조정회의를 폐지하고, 그동안 유명무실해졌던 국가안보회의를 활성화시키고 하부기구와 지원기구를 확대 강화시켰다.[205] 또한 2001년 3월에 김영삼 정부에서 폐지된 남북및북방교류협력조정위원회(1989. 3.~1994. 4.)의 기능 일부를 남북경제협력추진회의로 부활시켜 국가안보회의 산하로 배속시켰다.[206] 그러나 김대중 정부는 통일관계장관회의를 폐지하지 않았으나 적극 활용하지도 않았다.

(3) 정치적 지지 확보를 위한 관계장관회의

김대중 정부는 김종필 자민련 총재의 결정적인 도움으로 당시 여당 후보에 겨우 39만 표 차이로 집권했다. 그 결과 정치권에서나 유권자들 사이에 지지기반이 탄탄하지 못했다. 그리하여 김대중 정부는 관계장관회의 시스템을 구축하는 과정에서 지지기반을 강화하고자 했다.

먼저, 김종필 총재에 대한 배려와 지속적인 협력을 유도하기 위해 그를 총리로 임명하고 당시 국정현안인 외환위기 극복에도 참여할 수 있도록 1998년 4월에 대외경제조정위원회의 역할을 확대해[207] 국무총리로 하여금 주재하도록 했다. 즉 의장을 경제기획원장관에서 국무총리로 교체했다.[208]

---

205) 산하에 상임위원회, 남북경제협력추진회의, 실무조정회의, 정세평가회의 등을 새로 설치하고 사무처를 확대 부활시켰다.

206) 이로써 노태우 대통령 이래 국가안보, 북방 교류, 대북 교류, 통일 관계 등을 담당하던 다양한 관계장관회의들이 실질적으로 국가안보회의로 통합되었다.

207) 대외경제정책조정위원회로 하여금 국제경제기구들과의 협력, 양자간·다자간 대외통상교섭에 관한 기본 입장의 수립 및 조정 등 업무에 집중하도록 했다. 그러나 정상회담에서 논의할 경제의제와 대외경제 진출전략을 조정하는 업무에 대해서는 손을 떼도록 했다.

또한 김대중 정부는 김영삼 정부에서 잠시 운영하다 폐지했던 백제문화권 개발지원위원회(1994. 3.~1995. 6.)를 1998년 3월에 부활시켰다. 이는 김대중 대통령이 문화에 대해 관심이 많았을 뿐만 아니라 김종필 총재의 지지기반인 충청권 유권자들을 배려할 필요가 있었기 때문이다.

더 나아가 김대중 대통령은 집권 2년 만에 외환위기를 극복한 후, 자신의 지지기반인 서민층과 근로자들을 위한 복지정책에 관심을 돌렸다. 평생을 서민층을 위한 정치인임을 주장해 온 터라 이들의 바람을 무시할 수는 없었다. 그뿐만 아니라 국회의원 선거를 앞두고 집권 소수당의 한계를 극복하기 위해 원내 다수당 확보가 절박한 상황이었고, 다수당 확보를 위해서는 이들 서민층의 지지가 절실했다. 그리하여 김대중 정부는 선거 직전인 2000년 3월에 기존의 장애인복지대책위원회를 사회복지정책장관회의로 확대 개편했다. 국민들의 복지를 증진함과 동시에 생산적 복지 이념에 따라 복지정책과 경제정책 간의 조화를 이룰 수 있도록 복지 관련 주요 정책들을 심의 조정하기 위해 설치했다. 그러나 사회복지정책장관회의는 3개월 후에 심의 조정 대상으로 치안정책과 문화정책이 추가된 사회관계장관회의로 다시 확대되었다.

마지막으로, 김대중 정부는 낙후된 접경지역에 대한 개발을 촉진하고 2000년 4월 국회의원 선거 과정에서 약속한 공약을 이행하기 위해 2001년 1월에 접경지역정책심의위원회를 설치했다. 동 위원회로 하여금 접경지역 종합개발계획의 수립에 필요한 목표와 지침, 지원사업의 우선순위 등을 심의 조정하도록 했다.[209]

(4) 지방분권을 위한 관계장관회의

김대중 정부는 행정개혁을 추진하면서 지방자치단체의 자율성을 제고하고 국민생활의 편익을 도모하기 위해 중앙행정기관의 권한 중 주민의 복리 증진과 지역의 발전에 이바지할 수 있는 권한을 지방자치단체에 최대한 이

208) 이러한 격상에 따라 실무위원회 위원장도 경제기획원 차관보에서 국무조정실장으로, 구성 멤버는 2~3급 공무원에서 차관급 공무원으로 격상시켰고, 간사는 경제기획원 차관보에서 국무조정실 경제행정조정관으로 변경했다.

209) 국무총리를 의장으로 하여 13개 관련 부처 장관, 기획예산처장관, 국무조정실장, 농촌진흥청장, 산림청장, 관련 시도지사, 민간전문가 등 30인 이내로 구성했고, 간사는 행자부 공무원이었다. 2006년에 행자부장관을 위원장으로 하는 차관급 회의로 격하되었다.

〈표 3-34〉 김대중 정부(1998. 2.~2003. 2.)의 관계장관회의 현황

분 야	관계장관회의	비 고
국정 총괄	- 주무장관회의(2000.8.)	신설
안보/국제	- 국가안보회의	유지, 하부기구 개편
	- 중앙안전대책위원회	유지
	- 통일관계장관회의	유지, 그러나 유명무실
	- 항공우주산업개발정책심의회	유지
	- 재외동포정책위원회	유지
	- 대외홍보위원회(1995. 11.)	2002. 7. 국가이미지위원회로 개편
	- 2002월드컵유치관계장관회의	한시
	- 2010세계박람회유치지원위원회	한시
	- 통일안보조정회의(1994. 4.)	1998. 5. 폐지
	- 대외경제조정회의(1994. 5.)	2001. 2. 폐지
경제/산업	- 경제장관회의(1963. 3.)	1998. 4. 경제장관간담회(1998. 6.)로 개편 경제정책조정회의(1999. 6.)로 개편
	- 대외경제정책조정위원회(1998. 4.)	개편, 2001. 2. 폐지
	- 국토건설종합계획심의회(1963. 12.)	2002. 2. 국토정책위원회로 개편
	- 사회간접자본건설추진위원회	유지
	- 부품소재발전위원회(2001. 2.)	신설
	- 벤처기업활성화위원회(1997. 10.)	1998. 2. 차관급으로 격하
	- 산업정책심의회(1981. 12.)	1999. 12. 폐지
경쟁력 강화	- 경제규제개혁위원회	유지
	- 정보화추진위원회	유지
	- 관세자유지역위원회(1999. 12)	신설
	- 국가표준위원회(1999. 2.)	신설
	- 지방이양추진위원회(1999. 7.)	신설
	- 인적자원개발회의(2000. 2.)	신설
	- 과학기술장관회의(1996. 3.)	1999. 1. 국가과학기술위원회로 개편
	- 정부투자기관경영평가위원회(1983. 12.)	1999. 12. 차관급으로 격하
복지 문화	- 교통안전정책위원회	유지
	- 소비자정책심의위원회	유지
	- 청소년육성위원회	유지
	- 백제문화권개발지원위원회(1998. 3.)	부활
	- 실업대책위원회(1998. 12.)	신설, 2002. 11. 폐지
	- 접경지역정책심의위원회(2001. 8.)	신설
	- 사회복지정책장관회의(2000. 3.)	2000. 9. 사회관계장관회의로 개편
	- 장애인복지대책위원회(1996. 8.)	유지, 2000. 2. 폐지
환경	- 환경보전위원회	유지
	- 물관리정책조정위원회	유지
	- 기후변화협약대책위원회(2001. 9.)	신설

양함과 아울러 지방자치단체 간에 사무를 합리적으로 배분하기 위해 지방이양추진위원회(1999. 7.)를 설치했다. 동 위원회로 하여금 지방이양 기본계획의 수립과 시행, 이양 및 재배분 대상 업무의 조사 및 결정에 관한 사항을 심의 의결하도록 했다.[210]

(5) 기 타

김대중 정부는 2002년 월드컵과 2010년 세계박람회의 국내 유치를 지원하기 위한 월드컵유치관계장관회의(1999. 6.)와 세계박람회유치지원위원회(2000. 1.)를 각각 한시적으로 설치 운영했다. 그 밖에도 기후변화협약대책위원회(2001. 9.)를 설치하고, 국토건설종합계획심의회는 국토개발 업무에 국토이용 업무를 추가해 국토정책위원회(2002. 2.)로 개편했으며, 정부투자기관경영평가위원회는 차관급으로 격하시켰다.

2) 김대중 정부의 관계장관회의 설치 및 운영상 특징

(1) 총괄 관계장관회의 설치

김대중 정부는 총괄 관계장관회의라는 새로운 유형의 관계장관회의를 설치했다. 그 역할 측면에서 보면 국정 전반에 관한 방향 설정과 집행 점검 및 정보 공유를 위해 소집되는 기구로서 축소 국무회의에 가깝고, 구성 측면에서 보면 4대 주요 분야별 관계장관회의 의장들이 참석하는 기구로서 관계장관회의 중의 관계장관회의 혹은 상급 관계장관회의라고 볼 수도 있다. 구조적으로 보면 산하에 주무차관회의와 기획관리실장회의를 두고 있어서 국무회의와 관계장관회의의 중간적 특징을 가진다.

(2) 국가안보회의 시스템의 정교화

국가안보회의의 하부기구와 지원기구를 역대 어느 관계장관회의보다 더 확대 강화시켰다. 산하에 소위원회로서 상임위원회를, 장관급 분과위원회로서 남북경제협력추진회의를, 상임위원회 산하 실무위원회로서 실무조정회의와 정세평가회의를, 남북경제협력추진회의 산하 실무위원회로서 남북

---

210) 국무총리와 학식과 경륜 있는 자를 공동의장으로 하여, 행자부장관, 기획예산처장관, 국무조정실장, 법제처장, 행자부장관이 추천하는 4인 이내 지방자치단체장, 학식과 경륜 있는 자 등으로 구성했다. 간사는 민간 의장이 지명한 비공무원 위원이 담당했다.

〈표 3-35〉 김대중 정부에서 신설 및 개편된 관계장관회의들의 하부구조

유 형	해당 관계장관회의
소위원회+분과위원회+분야별 실무위원회	- 국가안보회의
소위원회+전문위원	- 국토정책위원회
실무위원회+실무분과위원회+전문위원	- 지방이양추진위원회
실무위원회+실무분과위원회	- 국가이미지위원회
실무위원회+작업반 혹은 기획단	- 주무장관회의, 실업대책위원회,* 기후변화협약대책위원회,* 2010세계박람회유치지원위원회
실무위원회+전문위원	- 국가과학기술위원회
실무위원회	- 경제정책조정회의, 사회관계장관회의, 인적자원개발회의, 국가표준위원회, 부품소재발전위원회, 관세자유지역위원회, 2002월드컵유치관계장관회의
하부기구 부재	- 백제문화권개발지원위원회, 사회복지정책장관회의, 접경지역정책심의위원회

* 민간자문위원회 설치.

경제협력추진실무회의를 설치했다. 지원기구인 사무국 또한 부활 강화시켰다. 사무국은 정책기획부, 정책조정부, 위기관리실, 총무과로 확대했다.

특히 남북경제협력추진회의에 남북경제협력민간자문회의를 설치했다.[211] 남북 경제협력에 관한 여론을 수렴하고 남북한 경제협력 정책의 수립 조정에 관해 추진회의 의장의 자문에 응하기 위해서이다.

(3) 구성 멤버와 의장의 다양화

김대중 정부는 관계장관회의가 장관회의임에도 불구하고 그에 구애받지 않고 필요하면 다양한 부류의 인사들을 참석시켰다. 그 결과 관계장관회의의 구성 멤버로서 장관들 이외에 대통령 수석비서, 청장, 지자체장, 민간전문가 등이 참석했다. 분야별 관계장관회의들과 국제행사유치지원 관계장관

211) 자문회의는 정계·경제계·학계·언론계 등에서 남북한 간의 경제협력에 관한 학식과 경험이 풍부한 자 중에서 대통령이 위촉하는 10인 내지 15인의 위원으로 구성하고, 자문회의 의장은 자문회의 위원 중 경제 분야의 행정 경험이 풍부한 자를 대통령이 임명했다.

〈표 3-36〉 김대중 정부에서 개편 및 신설된 관계장관회의의 멤버십 구성 유형

멤버십 구성 유형	해당 관계장관회의
장관 + 수석비서	경제정책조정회의, 인적자원개발회의, 사회복지정책장관회의, 사회관계장관회의
장관 + 수석비서 + 지자체장	2002월드컵유치관계장관회의, 2010세계박람회유치지원위원회
장관 + 지자체장	백제문화권개발지원위원회, 실업대책위원회
장관 + 지자체장 + 민간전문가	지방이양추진위원회, 접경지역정책심의위원회
장관 + 민간전문가	국가과학기술위원회, 부품소재발전위원회, 국토정책위원회, 국가이미지위원회

〈표 3-37〉 김대중 정부에서 신설 및 개편된 관계장관회의들의 의장과 간사

관계장관회의	의 장	간 사
국가안보회의	대통령	국가안보회의 사무처장
국가과학기술위원회	대통령	과학기술부(주무부처) 공무원
주무장관회의	국무총리	국무조정실(의장부처)
기후변화협약대책위원회	국무총리	국무조정실(의장부처) 경제조정관
2002월드컵유치관계장관회의	국무총리	국무조정실(의장부처) 총괄조정관
2010세계박람회유치지원위원회	국무총리	국무조정실(의장부처) 경제조정관
실업대책위원회	국무총리	국무조정실(의장부처) 사회문화조정관
국가이미지위원회	국무총리	국무조정실(의장부처) 총괄조정관/ 국정홍보처(주무부처) 차장
부품소재발전위원회	국무총리	산업자원부(주무부처) 공무원
국가표준위원회	국무총리	산업자원부(주무부처) 공무원
국토정책위원회	국무총리	건설교통부(주무부처) 국토계획국장
백제문화권개발지원위원회	국무총리	건설교통부(주무부처) 국토계획국장
접경지역정책심의위원회	국무총리	행정자치부(주무부처) 공무원
지방이양추진위원회	국무총리/민간인	민간의장 지명 비공무원 위원
경제정책조정회의	부총리(재경부장관)	재경부(의장부처) 차관보
인적자원개발회의	부총리(교인부장관)	교육인적자원부(의장부처) 차관보
관세자유지역위원회	부총리(재경부장관)	재정경제부(주무부처) 공무원
사회관계장관회의	행정자치부장관	행정자치부(의장부처) 차관보
사회복지정책장관회의	보건복지부장관	보건복지부(의장부처) 사회복지정책실장

회의들에는 대통령 수석비서를 참석시켰고, 지역 이슈를 관할하는 관계장관회의들에는 지자체장을 참석시켰으며, 전문기술적인 이슈들을 취급하는 관계장관회의들에는 민간전문가들을 참석시켰다.

또한 김대중 정부는 관계장관회의 의장도 다양화시켰다. 종전까지 유지되어 오던 대통령, 국무총리 및 부총리가 의장을 담당하던 의장 3두 체제가 무너졌다. 김대중 정부에 들어서서 의장직이 교육인적자원부장관, 보건복지부장관, 행정자치부장관 등으로 확대되었는데, 재정경제원장관과 교육인적자원부장관 등은 부총리였으나 행정자치부장관과 보건복지부장관 등은 부총리가 아니었기 때문이다.

(4) 장관급 실무위원장

김대중 정부에서 실무위원장의 직급을 격상시켰다. 개편 혹은 신설된 19개 관계장관회의 가운데 15개 관계장관회의에 실무위원회를 설치했고, 15개 실무위원회 가운데 차관급이 7개, 국실장급이 8개이다. 특이한 것은 실무위원회 위원장이 대부분 장차관들이고, 그 중에 장관급 위원장이 5개나 된다. 종전에는 대부분 차관급 혹은 실국장급이 실무위원장이었다.

(5) 이행 절차의 강화

김대중 정부에서도 전임 김영삼 정부에서와 마찬가지로 이행 확보를 위한 절차를 규정하는 관계장관회의들이 상당수에 이른다. 예를 들면, 국가표준위원회, 부품소재발전위원회, 국가과학기술위원회 등이다.

〈표 3-38〉 김대중 정부 관계장관회의 산하 실무위원회 위원장과 위원

위원장	위 원	해당 관계장관회의
장 관	차관	주무장관회의, 국가과학기술위원회, 부품소재발전위원회, 기후변화협약대책위원회
	실국장	국가표준위원회
차 관	차관	실업대책위원회, 2002월드컵유치관계장관회의, 지방이양추진위원회
	실국장	인적자원개발회의, 사회관계장관회의, 국가안보회의, 국가이미지위원회, 관세자유지역위원회, 2010세계박람회유치지원위원회
차관보	실국장	경제정책조정회의

3) 김대중 정부의 관계장관회의 시스템에 대한 평가

(1) 분야별 관계장관회의 시스템의 체계화

김대중 정부는 5대 분야별 관계장관회의 시스템을 구축했다.

집권 초기에 기존의 통일안보정책조정회의와 통일관계장관회의를 폐지 또는 유명무실화시키고 그 대신 국가안보회의를 활성화시켜 국방, 외교, 통일 등의 업무를 총괄 조정하도록 함으로써, 기존의 경제장관회의와 과학기술장관회의와 함께 3대 분야별 관계장관회의 시스템을 구축했다.

집권 중반에 들어 김대중 정부는 인적자원개발회의와 사회복지장관회의를 추가했다. 과학기술장관회의와 사회복지장관회의는 나중에 각각 국가과학기술위원회와 사회관계장관회의로 개편했다. 그리하여 김대중 정부 하에서 국방·외교·통일 분야는 국가안보회의, 경제·산업·국토개발 분야는 경제정책조정회의, 과학기술 분야는 국가과학기술위원회, 인적자원개발 분야는 인적자원개발회의, 복지·문화·환경 분야는 사회장관회의를 설치했다.

(2) 대통령의 간접 지배 시스템

김대중 정부의 관계장관회의 시스템은 대통령에 의해 간접적으로 지배되는 시스템이다. 대통령이 관계장관회의를 주재하는 경우는 극소수이지만 국정 전반을 커버할 수 있는 5대 분야별 관계장관회의에 대통령 수석비서를 정규 멤버로 참석시킴으로써 국정 전반에 대통령의 의중을 반영할 수 있도록 했기 때문이다.

(3) 전문기술적 사전 검토의 부실화

실무위원회들이 그 본연의 기능인 전문기술적 사전 검토를 충실하게 수행하기 곤란한 시스템이다. 실무위원회 가운데 과반수를 차관급으로 구성했고 그 의장도 장차관급이 담당했는데, 전문기술적 이슈들을 논의 조정하기에는 참석 멤버나 의장의 직급이 너무 높은 편이기 때문이다.

제 4 절 한국 관계장관회의 시스템의 전반적 특징

1 다양한 유형의 관계장관회의

한국은 다양한 유형의 관계장관회의들을 설치해 왔다. 분야별 관계장관회의와 이슈별 관계장관회의 이외에 지역대책 관계장관회의와 고객대책 관계장관회의를 설치해 왔고, 최근에는 총괄 관계장관회의와 제반이슈 관계장관회의를 설치했다.

특이한 것은 다른 나라에는 없는 총괄 관계장관회의와 제반이슈 관계장관회의를 설치하고 있다는 것이다. 일반적으로 관계장관회의는 국정의 한 분야나 특정 이슈에 대해 논의 조정하는 기구이다. 그러나 한국에는 특이하게도 국정운영을 총괄하는 총괄 관계장관회의가 설치되어 있다. 주무장관회의[212)]가 그것이다. 또한 관계장관회의는 대부분 하나의 이슈를 논의하거나 내용상 상호 관련된 다수 이슈들을 논의하기 위해 설치된다. 그러나 한국에서는 서로 관련이 없는 다양한 이슈들을 논의하는 제반이슈 관계장관회의가 설치되어 있다. 국정현안정책조정회의[213)]가 그것이다.

2 관료들의 협의 조정기구

한국의 관계장관회의는 대통령의 국정운영 기구라기보다는 관료들의 협의조정 기구에 가깝다. 그 근거는 다음과 같다.

첫째, 대부분의 관계장관회의들이 대통령의 정책방향에 맞는 정책들을 적극적으로 발굴 추진하고 부처간 갈등이 예상되는 이슈들을 적극 발굴해

212) 주무장관회의는 4대 분야별 관계장관회의 의장들로 구성되어 주로 국정 전반에 관한 방향 설정과 집행 점검을 위해 소집되는 기구이다.

213) 사회적 갈등이 수반되는 제반 국정 현안들이나 여타 관계장관회의에서 타결되지 않은 안건들을 재차 논의하는 관계장관회의이다.

해결을 시도하는 것이 아니라, 소속 부처들이 제안한 안건을 논의하거나 부처간 갈등을 사후에 해결하는 소극적 역할에 머무르고 있다는 것이다.

둘째, 관계장관회의 시스템 운영에 대통령과 그 보좌관들의 역할이 상당히 제한되어 있다. 대부분의 관계장관회의 의장은 국무총리와 주무장관들이 차지하고 있다. 주무장관회의와 국정현안정책조정회의 의장은 총리가 담당하고, 분야별 관계장관회의들의 의장은 주무부처 장관들이 차지하고 있으며, 기타 관계장관회의들의 의장도 총리 혹은 주무장관이 맡고 있다. 수석비서들이 관계장관회의의 멤버로 참석하는 경우도 상당히 제한되어 있고, 실무위원회 위원장직을 맡는 경우는 거의 없다. 예외적으로, 국가안보회의 의장과 그 실무회의 의장은 각각 대통령과 국가안보보좌관(국가안보회의 사무처장)이 담당하고 있다.

〈표 3-39〉 신설 및 개편 관계장관회의 중 대통령 수석비서 참석 비율과 의장 분포

역대 정부	관계장관회의	수석비서 참석 비율	의 장
박정희	15	6 (40.0%)	대통령 1, 총리 9, 경제부총리 5
전두환	11	3 (27.3%)	총리 4, 경제부총리 7
노태우	11	3 (27.3%)	총리 6, 경제부총리 4, 통일부총리 1
김영삼	17	2 (11.7%)	총리 12, 재경부총리 4, 통일부총리 1
김대중	19	6 (31.5%)	대통령 2, 총리 12, 주무부처 5

3 간단한 하부기구와 절차

한국에서는 관계장관회의들을 설치 운영해 온 기간에 비해 하부기구와 전담 지원기구가 충분히 발달하지 못했고, 운영에 필요한 절차와 기준도 제대로 마련되어 있지 않다.

첫째, 우리나라 관계장관회의 산하에는 실무위원회 이외에 여타 하부기구들이 잘 발달되어 있지 않다. 분과위원회가 별로 설치되어 있지 않을 뿐만 아니라 소위원회는 국가안보회의 이외에 어떠한 관계장관회의에서도 활용하고 있지 않다.

〈표 3-40〉 역대 정부 신설 및 개편 관계장관회의들의 하부기구 설치 현황

역대 정부	장관회의	소위원회	분과 위원회	실무위원회	기획단/작업반	민간자문 위원회	부재
박정희	15	0	4	12 (80.0%)	5 (33.3%)	0	1
전두환	11	1	0	9 (81.8%)	1 (9.1%)	3	2
노태우	11	1	1	10 (90.9%)	5 (45.5%)	2	1
김영삼	17	1	2	16 (94.1%)	6 (35.3%)	2	0
김대중	19	2	1	15 (79.0%)	4 (21.1%)	3	4

* 숫자는 하부기구를 설치한 관계장관회의 수.

둘째, 관계장관회의를 전문적으로 지원하는 기구도 잘 발달되어 있지 않다. 국가안보회의를 제외한 모든 관계장관회의는 전담 지원기구 없이 의장부처 혹은 주무부처에서 지원한다. 즉 총리가 의장인 주무장관회의와 국정현안정책조정회의는 총리 국무조정실에서, 경제정책조정회의, 인적자원개발회의, 사회문화장관회의 등 분야별 관계장관회의들은 의장부처에서, 기타 관계장관회의들은 의장부처 혹은 주무부처에서 지원한다. 이들 의장부처 혹은 주무부처의 차관보가 관계장관회의 간사로서 의장의 회의 운영을 지원하고 있다. 이들 간사들은 다시 자신들의 부하인 서기관 혹은 사무관의 도움을 받는다. 이들 간사와 행정요원들은 각자의 고유 업무를 수행하면서 관계장관회의 지원 업무를 겸임하고 있다.

셋째, 마지막으로 관계장관회의의 운영과 심의 조정에 필요한 기준과 절차가 부실하다. 대부분의 관계장관회의들이 회의 소집권자, 정족수, 관련

〈표 3-41〉 역대 정권별 신설 및 개편 관계장관회의 절차 및 기준 규정 실태

역대 정부	관계장관회의	계획 수립 조정 절차	이슈 검토 기준	이행 확보 조치
박정희	15	2	1	1
전두환	11	1	0	0
노태우	11	0	0	1
김영삼	17	2	0	3
김대중	19	2	0	3

* 숫자는 관계장관회의 수.

기관들의 협조 요청, 회의록 기록 의무 등만 규정하고 있다. 다만, 각종 계획을 심의 조정해야 하는 일부 관계장관회의들은 그 계획의 수립 조정에 필요한 절차와 기준을 규정해 놓고 있다. 즉 계획의 수립 조정 절차, 이슈 검토의 기준, 이행 확보 조치 등이 명시되어 있다. 역대 정부별 그 실태를 보면 앞의 <표 3-41>과 같다.

4 장관회의 위주의 운영, 의견 수렴 위주의 운영

한국의 관계장관회의는 장관회의 중심으로 운영되고 있다. 다른 나라들과는 달리 실무회의에 비해 장관급 본회의의 소집 빈도가 매우 높다. 그 실태를 보면 이 책 제8장의 <표 8-2>와 같다. 이는 긴급 안건이나 보고 안건들을 실무회의를 거치지 않고 바로 장관급 본회의에 상정할 뿐만 아니라 실무회의에서 논의된 안건들을 대부분 기계적으로 장관급 본회의에 상정하고 있기 때문이다. 이는 장관급 본회의가 자잘한 이슈들까지도 논의하고 있음을 의미한다.

또한 관계장관회의는 안건 관할 부처 정책안에 관련 부처들의 의견을 수렴하는 방식으로 운영되고 있다. 부처들 간에 진지한 토론을 통한 조정은 사실상 보기 드물다. 여기에는 여러가지 이유가 있다.

첫째, 부처들이 공식회의 석상에서 부처간 집단이기주의로 보일 수 있는 논쟁과 갈등을 보이고 싶지 않기 때문이다.

둘째, 실질적인 갈등 요인은 관계장관회의 시스템에 상정하기 전에 이해관계 부처 실무자들 간 1 대 1 비공식 접촉을 통해 해결되는 경우가 많기 때문이다.

5 격상된 실무위원회

실무위원회가 차관급으로 구성되는 비율이 높다. 관계장관회의가 설치되기 시작한 1960년대 이래 역대 정부에서 차관급 실무위원회가 설치 안 된 적이 없다. 특히 박정희 정부와 김대중 정부에서는 차관급 실무위원회가 절반에 이른다.

〈표 3-42〉 역대 정부 신설 및 개편 관계장관회의 실무위원회 멤버와 위원장 직급

역대 정부	실무위원회	위원 직급	위원장 직급
박정희	12	차관 6, 국실장 6	장관 1, 차관 6, 차관보 5
전두환	9	차관 2, 국실장 7	장관 2, 차관 3, 차관보 6
노태우	10	차관 3, 국실장 7	차관 10
김영삼	15	차관 4, 국실장 9, 민간 2	차관 10, 차관보 3, 민간 2
김대중	15	차관 7, 국실장 8	장관 5, 차관 9, 차관보 1

* 숫자는 관계장관회의 수.

제 4 장 미국의 관계장관회의 시스템

제 1 절 개 관

1 관계장관회의(Cabinet Council)의 태동과 발전

미국에서는 1947년 이전까지만 해도 관계장관회의가 별로 발달하지 않았다. 대통령들은 국정운영의 기본 방향을 정하거나 부처간 조정을 위해 국무회의를 활용했고, 중요한 정책들은 해당 장관 혹은 보좌관들과 협의해 직접 결정했다.[1] 다만, 윌슨 대통령(1913~21)이 제1차 세계대전을 효율적으로 수행하기 위해 전시국방회의(Council of National Defense, 1916~1921)를 설치 활용했을 뿐이다.

전시국방회의는 문헌상 미국 최초의 관계장관회의로서 법률(39 stat 649, 1916. 8. 29)에 의거해 설치되었다. 전시에 산업 활동과 자원 동원을 위한

1) 20세기 초만 하더라도 연방정부의 규모가 그다지 크지 않아 장관들이 10명 미만인 소규모 내각으로 인해 관계장관회의를 설치할 필요성이 없었다. 또한 1930~40년대에는 대공황 극복과 제2차 세계대전으로 인해 정부 규모가 급팽창했고 부처 간에 조정해야 할 이슈들이 급격히 증가했음에도 불구하고, 루즈벨트 대통령(1933~45)은 회의체를 활용하지 않고 백악관 보좌관을 활용했다.

기획과 조정 및 집행을 담당하도록 하기 위해 설치된 기구로서, 대통령을 의장으로 하여 전쟁장관, 해군장관, 내무장관, 농무장관, 산업장관, 노동장관 등으로 구성되었고, 산하에 산업, 농업, 교통, 자원 분야 전문가들로 구성된 자문위원회(Advisory Commission)와 사무처(Secretariat)를 두었다.[2] 윌슨 대통령은 이 전시국방회의를 통해 제1차 세계대전 수행에 필요한 자원 동원과 배분에 관한 중요한 쟁점들을 논의하고 조정했다.

그러나 루즈벨트 대통령은 제2차 세계대전 수행을 위해 정부 부처들의 활동을 기획하고 조정하는 기구로서 회의체(Council, Committee, Board)보다는 다양한 계선조직(Office)들을 중복 설치해 활용했다. 이를 위해 루즈벨트 대통령은 1940년에 비상사태관리실(Office of Emergency Management)을 설치하고 1941년에 전시국방회의 시스템을 별도의 기구(Office)로 개편한 후 두 개의 기구(Office)를 경쟁시키면서 전쟁을 관리했다.

미국에서 오늘날과 같은 관계장관회의가 발전하기 시작한 것은 트루먼 대통령 시절부터이다. 이 때부터 정권이 추진해야 할 정책의제를 선정하고, 대통령의 정책결정 과정에서 관련 부처들의 의견을 조정 통합하며, 대통령 결정의 집행을 점검하는 회의체로서 관계장관회의(Council, 종종 Board)가 발전하기 시작한 것이다. 그러나 관계장관회의가 모든 분야에 동시에 설치된 것은 아니다. 먼저 국가안보 분야에 국가안보회의(National Security Council)가 1947년에 최초로 설치되고, 이를 모델로 경제정책 분야와 국내정책 분야로 확산되었다. 관계장관회의가 미처 설치되지 않은 분야에서는 정책결정이 대부분 대통령과 주무장관 간의 협의에 의해 결정되고 부처간 이견은 관련 정책보좌관이나 부처간 비공식 임시그룹(Task Force)을 통해 조정했다.

트루먼 대통령(1947)부터 레이건 대통령 집권 1기(1984)까지 미국의 역

---

2) 자문위원회(Advisory Commission)를 Industrial Production, Industrial Materials, Employment, Farm Products, Price Stabilization, Transportation, Consumer Protection 등 7개 분과로 조직화하고 각 분과는 1명의 커미셔너(commissioner)와 다수의 전문가 스태프로 구성해 소관 분야에 관해 전시국방회의와 대통령에게 건의할 대책들을 조사(investigation), 연구(research), 조정(coordination)하고, 집행을 지휘하도록 했다. 또한 사무처(Secretariat)는 조사자료국, 국방구매국, 정부간연락국 등으로 구성했고, 대통령 행정보좌관으로 하여금 전시국방회의 시스템을 관리하도록 했다.

대 대통령들은 자신들의 선호와 국정운영 스타일에 따라 다양한 관계장관회의를 설치하고 그 운영 방식을 달리해 왔다. 즉 관계장관회의를 설치하는 정책 분야, 관계장관회의의 내부구조와 절차, 관계장관회의의 활용 방식 등이 대통령마다 달랐다. 말하자면 다양한 종류와 형태의 관계장관회의들을 시도한 것이다. 그러다가 레이건 대통령 집권 2기(1985~88)부터 부시 대통령(1989~1992)을 거치면서 설치 분야와 내부구조 및 절차 등이 어느 정도 표준화됨으로써 관계장관회의 시스템이 안정화되었다.

또한 관계장관회의는 대부분 대통령과 그 핵심 참모들의 주도로 설치되어 왔다. 그 결과 대부분이 대통령 명령(Executive Order)에 의해 설치되었고, 일부 소수만이 법률(Act)이나 대통령의 지시(Memo, Letter)에 의해 설치되었다. 의회가 주도해 법률에 의해 설치된 관계장관회의는 국가안보회의(National Security Council),[3] 에너지자원회의(Energy Resources Council),[4] 국제경제회의(Council on International Economic Policy)[5] 등이고, 대통령의 지시에 의해 설치된 관계장관회의는 경제성장안정회의(Advisory Board on Economic Growth and Stability, 1953. 6), 대외경제회의(Council on Foreign Economic Policy, 1954. 12), 경제정책회의(Council on Economic Policy, 1973.2) 등이 그 예이다.

2 국무회의(Cabinet Meeting)와의 관계

미국 관계장관회의들은 국무회의 산하가 아니라 국무회의와는 별도로 설치된다. 따라서 영국과 프랑스에서와는 달리 관계장관회의를 통과한 안건이 국무회의를 거쳐야 할 필요는 없다. 대신 대통령의 승인은 받아야 한다.

미국의 국무회의는 현재 대통령, 부통령, 각 부처 장관, 그리고 관리예산처장과 유엔대사 등 대통령이 초청하는 고위공직자들로 구성된 회의로서 헌법이나 법률상 근거 없이 관례에 따라 존재해 온 기구이다. 따라서 국무

3) National Security Act of 1947.
4) Energy Reorganization Act of 1974.
5) International Economic Policy Act of 1972.

회의는 국정운영에 대한 공식적인 권한과 책임은 없고, 의원내각제 내각회의처럼 집단적 리더십을 행사하지도 않는다. 국정운영의 책임은 대통령 개인에게 있기 때문이다.

국무회의의 역할과 활동은 대통령의 국정운영 스타일에 따라 변해 왔다. 19세기에는 대통령의 자문기구 및 주요 쟁점에 대한 심의기구였고, 또한 대통령을 위한 정치적 지지 동원의 수단으로 활용되었다. 그러나 20세기 들어와서, 특히 루즈벨트 대통령에 의해 대통령부(Executive Office of the President)가 설치된 이후부터 국무회의는 대통령에 따라 의견 개진의 장소(sounding board) 혹은 조언기구(advisory board)로 활용되어 왔다.

루즈벨트 대통령 이후 역대 대통령들의 국무회의 활용 방식은 다음과 같이 네 가지 유형으로 분류할 수 있다.

첫째는 국무회의를 거의 활용하지 않는 유형이다. 케네디, 레이건, 클린턴 대통령이 이에 해당된다. 케네디 대통령은 국무회의가 시간 낭비만 초래하는 무용지물이라고 생각했다. 모든 문제를 보좌기구를 통하거나 장관들과 개별적 협의를 통해 처리하고, 국무회의는 거의 소집하지 않았다. 소관 업무와 관련 없는 이슈에 관해 장관들이 모여 논의하고 경청하는 것은 불합리하다고 생각했기 때문이다. 레이건 대통령은 집권 직후 국무회의를 1주일 한 번씩 소집해 예산과 같이 여러 부처에 영향을 미치는 이슈들을 논의했으나 장관들이 잘 알지도 못하는 이슈에 대해 장황하게 발언하고 비밀을 유지하지도 않는다는 것을 알게 되자 국무회의를 거의 활용하지 않았다. 클린턴 대통령도 국무회의를 집권 첫해 7회밖에 소집하지 않았고 그나마 사교적인 목적으로 소집했다.

두 번째는 국무회의를 정보 교환이나 명령 하달 및 단결 과시의 장소로 활용하는 유형이다. 이러한 목적으로 국제 정세, 경제 현황, 의회내 행정부 프로그램 처리 현황 등이 주로 논의된다. 루즈벨트와 존슨 대통령이 이 유형에 속한다.

루즈벨트 대통령은 국무회의를 정보와 아이디어를 수집하기 위한 수단으로 활용했고, 국무회의에서 정치전략을 논의하거나 중요한 정책 이슈에 관해 조언을 받은 적이 없었다(Bledsoe, 1989: 977). 존슨 대통령도 국무회의를 실질적인 조언을 받기보다는 국제 정세에 대한 정보 교환, 명령 하달, 자신의 결정에 대한 사후 지지 확보, 국정에 대한 국론 통일 과시 등을 위해 소집했다 (Bledsoe, 1989: 978-979).

세 번째는 국무회의를 정책결정을 위한 조언기구로 적극 활용하는 유형이다. 트루먼, 아이젠하워, 포드 대통령이 이 유형에 속한다.

트루먼 대통령은 중요한 결정은 자신이 직접 했으나 국정운영의 기본 방향을 결정하는 데 국무회의를 활용했고 종종 쟁점 이슈에 대해 국무회의의 표결에 부치기도 했다 (Bledsoe, 1989: 978). 아이젠하워 대통령은 국무회의를 집단적인 심의기구로 활용했다. 즉 광범위하고 중요한 이슈들에 관해 각 부처에서 작성한 보고서를 중심으로 국무회의에서 논의하도록 함으로써 국무회의를 중요 정책에 관한 조언기구로서 활용했다. 그 밖에도 아이젠하워 대통령은 국무회의를 자신의 결정이 제대로 집행되는지 점검하는 기구로써, 정보를 수집 교환하고 자신의 아이디어가 적절한지를 점검해 보는 수단으로써, 장관들 간 갈등을 예방하고 팀스피리트를 고취하는 수단으로써, 정부 주역들의 기강 확립을 위한 수단으로써 활용했다.[6] 포드 대통령은 닉슨 대통령의 워터게이트(Watergate)사건이 국무회의를 경시하고 백악관 보좌관들에게 너무 많은 권한을 줌으로써 발생한 것으로 판단하고 국무회의를 정책심의와 정보교환 기구로 격상시켰다.[7]

마지막 네 번째는 집권 초기에 국무회의를 조언기구로 활용했으나 갈수록 경시한 유형이다. 닉슨, 카터, 부시 대통령이 이에 해당된다.

닉슨 대통령은 케네디와 존슨에 의해 시도된 보좌관들의 개인화(사병화)와 그들에 의한 국정운영이 잘못되었다고 평가하고 집권 후 내각 중심의 국정운영으로 전환했다. 그리하여 국무회의를 집단적 조언기구로 활용했다. 그러나 시간이 지날수록 장관들이 닉슨 자신이 원하는 대로 일을 처리하지 않는다는 것을 알고, 국무회의가 자신에게 쓸모가 없다고 생각해 거의 소집하지 않았다. 카터 대통령은 임기 첫해는 매주 국무회의를 소집했고, 2년째는 2주에 한 번, 3년째는 한 달에 한 번, 4년째는 간간이 한 번씩 소집했다. 이는 카터 대통령도 닉슨과 마찬가지로 국무회의가 시간이 흐를수록

6) 이를 위해 매주 1회 서너 시간씩 회의를 개최했고, 백악관 비서실 내에 내각지원실(cabinet secretariat)을 설치해 국무회의 의제와 검토보고서를 준비하고 회의록을 작성하며, 대통령과 국무회의와의 연락을 담당하도록 했다 (Bledsoe, 1989: 978).

7) 그는 국무회의에 대한 행정 지원을 위해 아이젠하워 대통령이 설치했으나 후임 대통령이 폐지한 내각지원실(cabinet secretariat)을 부활시켰다 (Bledsoe, 1989: 979).

자신의 정책결정에 별 도움이 안 된다고 판단했기 때문이다. 부시 대통령은 닉슨이나 카터와는 달리 장관 중심의 국정운영을 공약하지 않았다. 그럼에도 불구하고 그는 초기에 국무회의를 자주 소집했으나 시간이 흐를수록 소집하지 않았다.

대다수 미국 대통령들은 왜 국무회의를 정책결정을 위한 조언 및 심의기구로 적극 활용하지 않았는가? 그 이유는 다음과 같다(Diclerico, 1995: 199-201).

첫째 국정운영에 있어서 효율적인 지휘의 필요성 때문이다. 대통령은 장관들을 임명할 때 관례, 정치적 균형, 자신이 진 신세 등을 고려해야 하기 때문에 자신의 노선에 따르지 않고 자신에 대한 충성도 의심스러운 인사들을 장관으로 임명할 수밖에 없고, 이러한 정치적 상황에서 제도화되고 강력한 국무회의가 가동되면 대통령이 국정운영에 필요한 정보와 자원을 효율적으로 통제하기 어렵다(Bledsoe, 1989: 980). 따라서 대통령들은 국무회의의 제도화와 역할 강화를 원하지 않았다.

둘째, 다수 장관들이 관료들에 의해 설득당해(captured) 부처 이익을 옹호하고 대통령의 정책 프로그램에는 그리 열정적이지 않기 때문이다. 부처 장관들은 부처 이익을 위해 예산과 권한 등 자원 확보 경쟁에 치중한 반면, 대통령들이 원하는 혁신적인 정책 아이디어를 제공하지 못했다. 자원 확보 전략으로서 국무회의에서 일부 장관들이 다른 부처의 프로그램을 함부로 비난하거나, 아니면 대부분의 장관들이 자신들의 프로그램을 보호하기 위해 다른 부처의 프로그램에 대한 언급을 자제하는 경우만 많아졌다(Bledsoe, 1989: 979). 더 나아가 소관 정책 영역에서 의회, 이익집단들과의 긴밀한 협조로 구축한 정치적 지지기반을 활용하여 대통령의 정책 주도권을 쉽게 무력화시키기도 했다. 그리하여 대통령들은 혁신적인 아이디어를 관료기구 밖에서 구하려고 했다(Wayne, 1978: 31).

셋째, 국무회의에 참석하는 인원의 증가로 인해 효율적인 국정 논의가 어려워졌기 때문이다. 정부 업무의 증가와 분화로 인해 장관들이 소관 업무 밖의 국정 이슈에 관해 논의하기가 쉽지 않아졌고, 또한 부처 수의 증가로 국무회의 참석자가 많아 능률적으로 회의를 진행하기가 어려워졌다.

넷째, 민감한 이슈에 대해 비밀 유지가 어렵기 때문이다. 국무회의는 대통령과 의견이 다른 사람들이 있을 수 있고 또한 다수가 참여하기 때문에 비밀이 유지되어야 할 이슈를 논의하기 위해 국무회의를 활용하기는 어렵다.

그리하여 국무회의는 국정 이슈를 진지하고 생산적으로 논의하기가 어려워짐으로써 시간에 쫓기는 대통령과 장관들 모두에게 부담스러운 존재가 되었다. 그 결과 대통령들은 정책의 조정과 결정에 국무회의를 적극 활용하지 않았다. 국무회의는 조언기구보다는 장관들 간의 단합(unity)이나 열정(enthusiasm)을 도출하기 위한 수단으로 활용되었다(Bledsoe, 1989: 980).

대통령들이 자신에게 충성하지 않는 사람을 장관으로 임명해야 되고 장관들이 관료들에게 포획(captured)되어 부처 이익을 옹호하는 한 국무회의는 대통령의 정책 조정 및 결정기구로서 유용한 역할을 하지 못할 것이다. 그럼에도 불구하고 대통령들은 전문적인 도움을 받기 위해 장관들을 다른 방법으로 활용하는 방법을 강구해 왔다. 모든 대통령들은 필요하면 언제라도 장관들을 개별적으로 접촉해 조언을 구했다. 대다수 대통령들은 관례적으로 비공식 핵심장관회의[8]를 운영해 왔다. 케네디 대통령처럼 장관들과 보좌관 및 고위공무원으로 구성된 작업반을 설치해 특정 정책 이슈를 논의한 경우도 있었다. 그러나 장관들이 포함된 실질적인 정책결정기구로서 가

---

8) 대부분의 대통령들은 관례적으로 핵심장관회의(inner cabinet)와 외곽장관회의(outer cabinet)로 구분해 달리 취급해 왔다.

핵심장관회의 구성원은 국무장관, 국방장관, 재무장관, 법무장관 및 대통령 측근 보좌관 등이다. 부처 업무 속성상 이들은 대통령과 거의 매일 접촉하면서 여러 분야에서 대통령의 정책결정에 지대한 영향을 미쳐 왔다. 역대 대통령은 이들 장관자리를 충원하는데 각별한 배려를 해 왔고 그 결과 실제로 대부분이 대통령의 정책노선을 추종하는 사람들이었다. 또한 대통령들은 핵심장관회의 멤버들을 장기간 내보내지 않고 그들간 자리를 바꾸면서 활용해 왔다. 그 이유는 대통령들이 자신들이 존경하고 자신들과 각별한 관계에 있는 사람들을 핵심장관회의에 임명하고 이들을 통해 자신들의 정책노선을 구현하려고 해 왔고, 또한 이들은 광범위한 분야에 관심과 식견을 갖고 있고 일하는 과정에서 팀워크가 형성되어 그들과 함께 일하는 것이 편하기 때문이다.

반면에 외곽장관회의(outer cabinet)는 매우 조직화되고 전문화된 고객집단을 상대하고 또한 소관 분야의 이익을 옹호하는 국내정책 및 산업 분야 부처 장관들로 구성되어 왔다. 핵심장관회의 멤버가 개인적인 친밀성과 충성에 의해 충원된다면, 외곽장관회의 멤버들은 지역적·인종적·정치적 대표성에 의해 충원되었다. 그 결과 대통령의 정책에 대한 충성이 강하지 않고 부처 이익을 옹호하는 역할에 치중해 왔다. 그래서 이 분야의 대통령 고위보좌관들은 외곽장관회의가 대통령에게 도움되기보다는 부담이 된다고 간주하고 자신들이 장관들의 역할을 대신해 왔다(Bledsoe, 1989: 981-983).

장 많이 활용되어 온 것은 관계장관회의이다.

3 관계장관회의의 유형

1) 분야별 관계장관회의와 이슈별 관계장관회의

미국의 관계장관회의들은 취급하는 정책 이슈의 범위에 따라 비교적 광범위한 이슈들을 관할하는 분야별 관계장관회의(Sectoral Cabinet Council)와 특정 이슈만을 담당하는 이슈별 관계장관회의(Issue Cabinet Council)로 구분할 수 있다.

분야별 관계장관회의는 국가안보 분야, 경제 분야, 국내 분야, 과학기술 분야 등 국정의 4개 핵심 영역을 중심으로 제도화되어 왔다. 그 결과 국가안보회의(National Security Council), 국가경제회의(National Economic Council), 국내정책회의(Domestic Policy Council), 국가과학기술회의(National Science and Technology Council) 등이 설치되어 있다.

분야별 관계장관회의 가운데 가장 먼저 설치되어 여러 대통령에 걸쳐 가장 오랫동안 활용되어 온 것은 국가안보회의이다. 1947년에 의회가 국가안전보장법[9]에 의해 국가안보회의를 설치한 이래 오늘날까지 유지되고 있다.

경제 분야 관계장관회의는 아이젠하워 대통령 시절에 최초로 설치되었고, 국내 분야 관계장관회의는 닉슨 대통령 시절에 처음으로 설치되었으나, 양자가 몇 차례 변천을 거듭한 후 레이건 대통령 집권 2기부터 정착되기 시작했다. 과학기술 분야 관계장관회의는 부시 대통령 때 설치되어[10] 클린턴 대통령에 의해 확대 강화된 이후 오늘에 이르고 있다.

이슈별 관계장관회의는 각 시기에 떠오르는 중요 이슈를 대상으로 설치되어 그 이슈의 중요성이 떨어짐과 동시에 폐지되었다. 그 중에는 통상정책회의(Trade Policy Committee, 1962~현재)와 국가우주개발회의(National

---

9) 1947년에 제정된 동법은 국가안전보장 기구를 확립한 법으로서 NSC와 함께 CIA를 설치하고 육군부, 해군부, 공군부를 통괄할 국방부를 설치했다.

10) 1948년부터 실무급 부처간 조정기구로 설치 운영되어 오다가 부시 대통령에 의해 장관급인 관계장관회의로 전환되었다.

〈표 4-1〉 과거 설치 운영되었던 주요 이슈별 관계장관회의

명 칭	역 할	구성 멤버
국가안보자원회의(1947~53) (Nat'l Security Resources Board)	전시 군사, 산업, 민간용 자원의 확보, 효율적인 동원 및 조정	국무, 재무, 국방, 내무, 농무, 상무, 노동 장관 등
국가우주개발회의(1958~74, 89~93) (National Space Council)[11]	우주개발 정책과 전략의 개발, 조정 및 집행 점검	부통령(의장), 국무, 재무, 국방, 상무, 교통, 에너지, NASA처장, OMB처장, 국가안보보좌관, 과학기술보좌관, 정보총괄국장, 합참의장 등
수출확대위원회(1963~73) (Committee on Export Expansion)	수출 확대 방안에 대한 조언	상무(의장), 재무, 농무, 국무, 국방, 수출입은행 총재, 중소기업처장, 국제개발청장
국가해양자원개발회의(1966~71) (Nat'l Council on Marine Resources and Engineering Development)[12]	해양과학기술 활용에 대한 조언, 해양자원개발 기관들에 대한 평가·조정, 해양개발 장기종합계획 수립, 국제협력 프로그램 조정	부통령(의장), 국무, 내무, 상무, HEW, 교통, 해군 장관, AEC장, NSF장
에너지조정회의(1974~82) (Energy Coordinating Council)[13]	에너지관리 기본틀 작성, 에너지정책 조정	에너지(의장), 국무, 재무, 국방, 내무, 농무, 상무, 노동, HEW, HUD, 교통 등 장관, 국가안보보좌관, OMB처장, 국내정책보좌관, CEA 의장, CEQ·NRC·NSF 의장
국가생산성회의(1978~82) (National Productivity Council)	공공 및 민간부문 생산성 향상을 위한 연방정부 프로그램 조정	OMB처장(의장), 재무, 상무, 노동, 통상대표, CEA 의장, CEQ 의장, CSC장, 대통령 과학기술정책실장

Space Council, 1958~74, 89~93)처럼 장기간에 걸쳐 유지된 경우가 있는가 하면, 짧은 기간 동안만 활동한 관계장관회의도 있었다. 현재 주요 이슈

11) 1958-74년에는 국가항공우주회의(National Aeronautics and Space Council)였다.
12) Marine Resources and Development Act of 1966에 의해 설치.
13) 1974~78년에는 에너지자원회의(Energy Resources Committee)였다.

별 관계장관회의로는 통상정책회의(Trade Policy Committee), 국토안보회의(Homeland Security Council), 마약대책회의(Council on Counter-Narcotics), 식품안전회의(Food Safety Council) 등이 있다.

2) 문제지역대책 관계장관회의와 취약계층대책 관계장관회의

미국 관계장관회의들 가운데는 정치·경제·사회적으로 어려운 여건에 있는 부분을 지원하기 위한 종합대책을 마련하는 관계장관회의들이 있다.

〈표 4-2〉 과거 주요 문제지역대책 관계장관회의

명 칭	역 할	구성 멤버
농촌개발위원회(1959~86)* (Rural Development Committee)	농촌지역 개발 프로그램 조정	상무(의장), 내무, 노동, 재무, HEW, 주택금융처장, 중소기업처장
지역경제개발회의(1967~86) (Council on Regional Economic Development)	개발지역, 개발목표, 개발계획 관련 연방 프로그램 등의 검토와 건의	상무(의장), 농무, HEW, HUD, 내무, 노동, 교통 장관, 기회균등실장, 중소기업처장 등
도시문제회의(1969~70) (Council for Urban Affairs)	도시개발정책에 대한 조언, 도시대상 연방 프로그램 조정, 정부간 협력 촉진	대통령(의장), 부통령, 법무, 교통, 농무, 상무, 노동, HEW, HUD 등
농촌문제회의(1969~70) (Council for Rural Affairs)	농촌문제 연구-해결책 개발, 농촌대상 연방 프로그램 조정, 정부간 협력 촉진	대통령(의장), 부통령, 농무, 내무, 상무, 노동, HEW, HUD, CEQ, 예산국장 등

〈표 4-3〉 과거 주요 취약계층대책 관계장관회의

명 칭	역 할	구성 멤버
기회균등회의(1961~65)* (Council on Equal Opportunity)[14]	인권보호와 기획균등을 위한 정책 개발과 조정	부통령(의장), 국방, 법무, 상무, 농무, 노동, HEW 장관, CSC, 대통령부내 기획균등실장 등
노령대책회의(1962~82) (Council on Aging)	노령대책에 대한 연구와 부처간 조정, 연방·주·지방·민간간 정보교환	HEW(의장), 상무, 농무, 노동, 재무, CSC장, 원호처장
인디언대책회의(1968~74) (Council on Indian Opportunity)	연방정부 정책의 인디언에 대한 영향 평가 및 개선대안 개발, 인디언 관련 연방정부 프로그램 집행·조정	부통령(의장), 내무, 상무, 농무, 노동, HEW, HUD, 기회균등실장, 6명의 인디언 리더

14) 1961~64년에는 고용기회균등위원회(Committee on Equal Employment Opportunity)였다.

이들은 문제지역대책 관계장관회의와 취약계층대책 관계장관회의로 구분할 수 있다.

3) 조사분석 관계장관회의와 지지확보 관계장관회의

마지막으로, 미국 관계장관회의들 중에는 조사분석에 치중하는 관계장관회의들과 지지확보를 위한 관계장관회의들이 있다.

관계장관회의들은 대부분 부처간 주요 정책 이슈들에 대한 검토(review)와 건의(recommendation)는 물론 조정(coordination)까지 담당하나, 일부 관계장관회의들은 검토와 개선안 건의에 그치는 경우가 있다. 이들은 조사분석 관계장관회의로 부를 수 있다. 또한 이슈별 관계장관회의들은 각 정권마다 다양한 정치적 지지확보 수단으로 설치 운영된 경우가 많았다. 즉 대통령이 특정 이슈에 관심이 있음을 일반 국민들에게 알리기 위해 설치한 경우, 특정 부류의 유권자들의 불만을 잠재우기 위해 설치한 경우, 특정 이슈를 제기해 그 이슈에 관심이 있는 자들로부터 정치적 지지를 유도하기 위해 설치한 경우 등이 있다. 이들은 지지확보 관계장관회의로 부를 수 있다.

〈표 4-4〉 과거 주요 조사분석 관계장관회의

명 칭	역 할	구성 멤버
여가자연경관회의(1962~69) * (Council on Recreation and Natural Beauty)[15]	여가활동과 자연경관에 영향을 미치는 연방 각 부처 프로그램의 검토와 개선 방안 건의	내무, 농무, 상무, HUD(의장),[16] 국방, HEW 장관, FPC 의장, 연방총무처장
여성지위향상회의(1963~77) (Council relating to the Status of Women)	연방부처들의 여성지위 향상 노력 평가, 연방·주·지방정부 간 협력 촉진	노동(의장), 국무, 국방, 법무, 상무, 농무, HEW 장관, CSC장
임금물가안정회의(1974~81) (Council on Wage and Price Stability)	임금·물가·생산성 등 점검, 주요 경제정책과 그 인플레이션 효과 평가	재무(의장), 국무, 내무, 상무, 농무, 노동, HEW, HUD 장관, 국내정책보좌관, OMB처장, CEA 의장, 통상대표
인력개발회의(1964~70) (Council on Manpower)	국가인력 수급의 현황과 전망을 평가 예측하고 필요한 대책 개발	노동(의장), 국방, 내무, 상공, 농무, HEW 장관, AEC, NASA, NSF CSC의 장

15) 1962~66년에는 여가대책회의(Recreation Advisory Council)였다.
16) 의장은 내무, 농무, 상무, HUD 장관이 2년씩 순번제로 담당했다.

제 2 절 현행 주요 관계장관회의와 그 시스템

1 국가안전보장회의(National Security Council)

국가안보회의는 외교국방 분야 관계장관회의로서 1947년 트루먼 대통령 시절 의회 주도로 입안되어 통과된 국가안보법(The National Security Act)[17]에 의해 설치되어 오늘에 이르고 있다.

1) 역할과 구성 멤버

국가안보회의는 대통령이 국가안보정책[18]에 관해 일관성 있고 종합적인 정책 판단을 하도록 지원하는 기구이다. 즉 i) 국가안보에 관해 대통령에게 조언하고, ii) 국가안보와 관련된 외교정책, 군사정책, 경제정책, 국내정책을 통합하며, iii) 국가안보정책의 입안 및 집행 과정에서 관련 부처들의 입장과 활동을 조정하며, iv) 대통령의 지시에 따라 국가안보정책상의 위험을 평가하고 대책을 마련해 건의하는 기구이다. 달리 말하면, 국가안보회의는 정책결정 기구가 아니라, 대통령의 결정이 필요한 국가안보 이슈들을 발굴 분석하여 정책대안들을 개발하고, 부처간 이견과 활동을 조정하며, 대통령의 결정이 잘 집행되도록 점검하고 지원하는 기구이다.

국가안보회의는 대통령의 외교국방정책에 관한 심의조정기구로서 그 위상과 역할이 시간이 흐름에 따라 확고해져 왔다. 그러나 좀더 자세히 보면, 국가안보회의의 역할은 역대 대통령들의 스타일에 따라 조금씩 달랐다.[19]

---

17) 1947년 7월 26일에 통과된 동 법은 국가안전보장 시스템을 확립한 법으로서 국가안보회의(National Security Council)뿐만 아니라 중앙정보국(Central Intelligence Agency), 국가안보자원위원회(National Security Resources Board), 그리고 육군부, 해군부, 공군부를 통합한 국방부(Ministry of Defense) 등을 설치했다.

18) 국가안보는 미국을 방어하는 것 이외에, 해외에서 미국의 국익 증진을 포함하는 개념이다.

19) 좀더 구체적으로 말하면 대통령과 그의 보좌관 및 관련 장관들 간의 관계에 따라 변해왔다.

대부분의 대통령들이 국가안보회의를 i) 정책 입안이나 정책 조정의 중추 기구로 활용했으나,[20] 일부 대통령들은 국가안보회의를 ii) 국가안보정책 결정에 참여하는 다수 기구들 가운데 하나로 취급하면서 관료조직내 정보와 아이디어를 수집하는 수단로 활용하거나,[21] iii) 의견 교환 및 자문기구로 활용하거나,[22] iv) 대통령의 결정을 사후 추인하거나 대통령의 결정을 관련 부처들에게 집행을 촉구하는 기구로 활용한 경우[23]도 있었다.

현재 국가안보회의에는 대통령, 부통령, 국무장관, 국방장관, 재무장관, 국가안보보좌관, 중앙정보국장, 합참의장 등 정규 멤버 8인 이외에 대통령 비서실장, 대통령 경제보좌관 등이 초청에 의해 항상 참석한다. 법무장관과 관리예산처장은 관련 이슈가 논의될 때 참석하고, 대통령 법률고문은 국가안보보좌관과 상의해 필요하면 참석한다. 기타 행정기관장들도 필요시 초청에 의해 참석할 수 있다. 국가안보회의의 의장은 대통령이다. 대통령이 참석하지 않을 경우 부통령이 주재한다.

1947년 설치 당시 구성멤버는 대통령(의장), 국무장관, 국방장관, 국가안보자원회의 의장, 육·해·공 3군 장관 등 7명이었다. 그러나 2년 후인 1949년에 3군 장관들이 빠지고 대신 부통령이 법정 멤버가 되었으며, 국가안보자원회의(National Security Resources Board)가 국방동원실(Office of Defense Mobilization)로, 또다시 민군안보동원실(Office of Defense Civil Mobilization)로 바뀌면서 각각 그 장이 참석해 오다가 1974년부터 법정 멤버에서 제외되었다.

일반적으로 국가안보회의 법정 멤버는 대통령, 부통령, 국무장관, 국방장관 등 4인이고, 정보총괄국장(Director of Central Intelligence, CIA 국장이 겸임)과 합참의장(Chairman of Joint Chiefs of Staff)은 각각 정보 분야와 군사 분야의 법정 조언자로서, 국가안보보좌관은 국가안보회의 관리자이자 대통령에 대한 조언자로서 항상 참석하며, 그 밖에 대통령의 필요에 따라 혹은 논의 의제에 따라 관련 장관이나 보좌관들이 추가로 참석한다.

---

20) 트루먼(한국전 이후), 아이젠하워, 닉슨, 포드, 부시, 클린턴 대통령.
21) 케네디, 존슨, 카터 대통령.
22) 트루먼(한국전 이전).
23) 레이건 대통령.

2) 하부기구

국가안보회의는 정책 입안과 정책 조정 및 집행 점검 등의 업무를 효율적이고 전문적으로 수행하기 위해 하부기구들을 설치하고 있다. 2006년 현재 고위위원회(Principals Committee, NSC/PC), 차관위원회(Deputies Committee, NSC/DC), 정책조정실무위원회(Policy Coordination Committees, NSC/PCCs)가 설치되어 있다.

고위위원회(NSC/PC)는 국가안보회의 핵심 멤버들로 구성되어,[24] 대통령이 주재하는 국가안보회의에 상정할 정책 이슈들을 사전에 검토 조정하고, 대통령의 간여가 필요하지 않는 이슈들에 대해서는 사실상 최종 결정하는 장관급 위원회이다.

고위위원회 의장은 국가안보보좌관이다. 소집 여부는 의장이 멤버들과 상의해 결정하고, 회의 의제도 의장이 정한다. 회의 주재는 통상 국가안보보좌관이 담당하나, 논의 의제가 국제경제 이슈인 경우는 대통령 경제보좌관이 주재한다. 회의 관리는 대통령 국가안보 부보좌관이 담당한다.

차관위원회(NSC/DC)는 국가안보회의 참석 부처들의 부장관이나 차관들로 구성되어,[25] 산하 정책조정실무위원회들의 활동을 지휘 감독하고, 국가안보회의나 고위위원회에 상정할 이슈들이 제대로 분석되고 준비되었는지를 점검하며, 위기를 관리하는 차관급 위원회이다. 차관위원회 의장은 국가안보 부보좌관이다. 회의 소집과 의제 선정은 의장이 담당하나, 위기관리에 필요할 경우 차관위원회 멤버라면 누구라도 회의 소집을 요구할 수 있다. 회의는 의장인 국가안보 부보좌관이 주재한다. 다만, 의제가 국제경제 이슈인 경우 그 의제에 한해 대통령 경제담당 부보좌관이 주재한다.

---

24) 고위위원회는 국가안보보좌관, 국무장관, 국방장관, 재무장관, 대통령 비서실장 등이 고정적으로 참석하고, 부통령 비서실장과 안보보좌관이 추가로 참석하며, 논의 이슈에 따라 정보총괄국장, 합참의장, 법무장관, 관리예산처장 등이 참석한다. 특히 고위위원회 논의 이슈가 국제경제 이슈이면 상무장관, 통상대표, 농무장관, 대통령 경제보좌관 등이 참석한다.

25) 차관위원회는 국무부, 국방부, 재무부, 법무부의 부장관이나 차관, 그리고 관리예산처 부처장, 정보총괄 부국장, 합참 부의장, 대통령 비서실 부실장, 부통령 비서실장과 안보보좌관, 대통령 국제경제담당 부보좌관, 국가안보 부보좌관으로 구성되고, 의제가 국제경제 이슈이면 상무부 부장관, 통상대표실 부대표, 농무부 부장관 등이 참석한다.

정책조정실무위원회(NSC/PCCs)은 차관위원회 멤버 부처들의 실무대표자들로 구성되어 국가안보회의, 고위위원회, 차관위원회 등에 상정될 정책 이슈들에 대해 분석하고, 정책의 입안과 집행 과정에서 다수 이해관계 부처들의 입장을 조정하며, 대통령이 내린 결정에 대해 관련 부처들이 시의적절하게 집행하도록 촉구하는 실무위원회이다. 정책조정실무위원회는 <표 4-5>와 같이 지역별로 6개, 기능별로 11개가 설치되어 있다. 국가안보보좌관은 대통령의 허락을 받거나 국무장관, 국방장관 등과 협의해 정책조정실무위원회를 추가로 설치할 수 있다.

정책조정실무위원회 위원장은 대부분 국무장관 혹은 국가안보보좌관이 지명한 차관급 혹은 차관보급 공무원이 담당한다. 6개의 지역별 정책조정실무위원회 위원장은 모두 국무장관이 지명한다. 11개 기능별 정책조정실무위원회 위원장은 대부분 대통령 국가안보보좌관이 지명하나, 국제개발지

〈표 4-5〉 부시 정부의 정책조정실무위원회

지역별 조정실무위원회(6개)
- 유럽과 러시아(Europe and Eurasia)
- 서반구(Western Hemisphere)
- 동아시아(East Asia)
- 남아시아(South Asia)
- 중동과 북아프리카(Near East and North Africa)
- 아프리카(Africa)
기능별 조정실무위원회(11개)
- 민주주의와 인권(Democracy and Human Rights)
- 국제개발지원(International Development and Humanitarian Assistance)
- 지구환경(Global Environment)
- 국제금융(International Finance)
- 국제경제(Transnational Economic Issues)
- 테러방지(Counter-Terrorism and National Preparedness)
- 국방전략기획(Defense Strategy, Force Structure and Planning)
- 군비축소(Arms Control)
- 대량살상무기 확산방지·내국방어(Counter-proliferation and Homeland Defense)
- 정보·역정보(Intelligence and Counter-intelligence)
- 기록접근·정보보안(Records Access and Information Security)
- 통상(Trade Issues)

원 조정실무위원회 위원장은 국무장관이, 국제금융 조정실무위원회 위원장은 재무장관이, 국제경제 조정실무위원회 위원장은 대통령 경제보좌관이, 국방전략기획 조정실무위원회 위원장은 국방장관이 지명한다. 다만 통상조정실무위원회는 통상대표(USTR)가 위원장이다.

정책조정실무위원회 위원장은 필요하면 산하에 작업반(Working Groups)을 설치할 수 있다.

역대 국가안보회의 하부기구로서는 고위위원회(Senior Review Group, Principals Committee), 분과위원회(Subcommittees), 차관위원회(Deputies Committee), 임시위원회(Ad hoc Committees), 실무작업반(Working Groups, Task Forces) 등이 설치되는데, 이들 하부기구들은 대체로 다음 세 가지 방식으로 조직화되었다.

첫째, 분과위원회-실무작업반 형태이다. 분과위원회는 국가안보회의의 관할 영역을 좀더 세분해 세부 영역과 관련된 부처들의 장관급 혹은 차관급으로 구성되는 하부기구이다. 지금까지 분과위원회는 주로 이슈별 혹은 기능별 혹은 관할 범위별로 조직화되어 왔다. 즉 대통령(국가안보보좌관)에 따라 군사, 정보, 외교, 국제무역 등 이슈별로 조직화하거나,[26] 정책입안 조정, 정책집행 점검 등 기능에 따라 조직화하거나,[27] 혹은 단일 부처 이슈, 다수 부처 이슈 등 관할 범위에 따라 조직화했다.[28]

실무작업반은 대부분 관련 부처(주로 국무부, 국방부) 차관보급 공무원들과 국가안보회의 지원실(NSC Secretariat) 스태프들로 구성된다. 실무작업반들은 대체로 이슈별 지역별 혼합 형태로 다수 설치된다. 즉 군축, 정보 등 주요 국가안보 이슈에 따른 작업반과 유럽, 러시아, 아시아 등 안보상 주요 관심 지역에 따른 작업반 등 양자를 혼합해 설치하는 방식이다. 그러나 예외적으로 작업반을 분과위원회 멤버 부처 실무자들로 구성해 분과위원회별로 하나씩 설치한 경우도 있다.

둘째, 고위위원회-차관위원회-실무작업반 형태이다.[29] 고위위원회는 국가안보회의의 구성 멤버 가운데 소수 핵심 멤버들로 구성되어 사실상 국가안보회

26) 닉슨, 포드, 레이건 대통령.
27) 아이젠하워 대통령 등.
28) 카터 대통령.
29) 이 형태는 부시 대통령이 채택해 클린턴 대통령을 거쳐 오늘날까지 유지되고 있다.

의 역할을 대행하는 하부기구이다. 차관위원회는 차관급으로 구성되어 집행 문제 조정, 실무작업반 관리, 기타 위임받은 업무 등을 담당하는 기구이다. 실무작업반은 이슈별 지역별로 구성되어 자료를 분석하거나 정책대안을 마련하는 기구이다.

셋째, 임시위원회 형태이다.30) 임시위원회는 주요 현안 이슈를 중심으로 장관, 차관, 실무공무원, 민간인 등을 혼합해 구성했다. 임시위원회에 실무공무원들을 참석시킨 결과 산하에 별도의 실무작업반을 둘 필요는 없었다.

3) 운영 및 지원기구

국가안보회의 시스템은 대통령 국가안보보좌관과 그 지원실(NSC Secretariat)에 의해 운영된다. 국가안보보좌관은 국가안보에 관해서 대통령에게 개인적으로 조언하는 전문가 역할과 국가안보회의의 운영을 책임지는 관리자 역할을 동시에 담당하고 있다. 이러한 국가안보보좌관의 업무 수행을 지원하기 위해서 국가안보회의 지원실이 설치되어 있다. 지원실의 장은 국가안보보좌관이 겸임하고, 지원실은 국가안보 주요 이슈들에 대한 이슈 전문가, 세계 주요 지역들에 대한 지역 전문가, 그리고 일반행정 지원 스태프 등으로 구성되어, 국가안보보좌관에게 전문적인 지식과 정보를 제공함과 동시에 국가안보회의의 소집, 진행, 뒷마무리 등 회의 지원 서비스를 제공한다.

좀더 구체적으로 보면, 국가안보보좌관은 국가안보회의 간사 겸 고위위원회 의장으로서, 국가안보 부보좌관은 차관위원회 의장으로서, 국가안보회의 지원실 전문가들은 고위위원회, 차관위원회 및 모든 정책조정실무위원회들의 간사(혹은 일부 정책조정실무위원회의 위원장)로서 국가안보회의 시스템 운영에 주도적인 역할을 하고 있다. 이들은 간사로서 혹은 의장으로서 회의 의제와 일정 설정, 논의에 필요한 보고서 준비, 회의록 작성, 대통령 결정 기록 등을 담당한다. 국가안보회의나 고위위원회의 의제가 국제경제 이슈일 경우 국가안보보좌관은 대통령 경제보좌관과 함께 이러한 작업들을 수행한다.

30) 이 형태는 케네디, 존슨 대통령이 채택했다.

〈표 4-6〉 국가안보회의 시스템 운영 및 지원 기구

기 구	의 장	지원기구
국가안보회의	대통령	국가안보보좌관
고위위원회	국가안보보좌관	NSC 스태프
차관위원회	국가안보 부보좌관	NSC 스태프
정책조정실무위원회	NSC 스태프 혹은 부처 공무원	NSC 스태프

4) 정책 추진과 조정 절차

국가안보회의 시스템을 통해 국가안보 관련 주요 정책 이슈들을 처리하는 절차는 대통령(국가안보보좌관)에 따라 다르다. 각 정권별로 대통령과 국가안보보좌관의 스타일에 맞게 국가안보 이슈들을 관리하기 편리한 절차를 구축해 왔기 때문이다. 특히 아이젠하워, 닉슨, 카터 대통령 시절에는 정교한 절차가 마련되었다.[31)]

대체로 대통령과 국가안보보좌관이 주도해 의제를 설정하면, 관련 실무작업반에서 정책대안들의 초안을 작성하고, 장관급 고위위원회에서 검토해 부처간 이견을 조정한 후, 대통령의 최종 승인을 받아 집행에 들어간다. 집행 과정에서 발생하는 부처간 이견은 차관위원회에서 조정했다. 최근 부시 대통령(1989~92)이 구축해 현재까지 활용되고 있는 절차는 다음과 같다.

첫째, 국가안보보좌관이 의제를 선정하면 관련 정책조정실무위원회(PCC)에서 작업반을 구성해 정책검토보고서 초안을 작성한다.

둘째, 정책조정실무위원회에서 이 정책검토보고서 초안에 대해 부처간 의견을 교환하고 조정한다. 충분한 검토와 의견교환이 이루어지면 정책조정실무위원회 위원장이 정책대안들을 요약해 차관위원회에 보고한다.

셋째, 차관위원회에서 국가안보 부보좌관의 주재 하에 정책검토보고서가 쟁점 이슈를 충분히 분석했는지, 증거 자료를 공정하고 적절하게 제시하고 있는지, 다양한 시각과 대안들을 충분히 고려했는지, 각 대안의 전망과 위험을 만족할 만큼 평가했는지 등을 검토한다.

넷째, 고위위원회에서는 국가안보보좌관의 주재 하에 부처간 이견들을 좀더 좁히고 정책안들을 좀더 명확히 한 다음 대통령에게 보고한다.

31) 구체적 내용은 각 대통령 부분 참조.

다섯째, 대통령의 결정 혹은 승인을 받아 집행에 들어간다. 대통령은 필요하면 국가안보회의 본회의를 소집하여 추가 논의할 수 있다. 집행 과정에서의 문제점은 차관위원회를 소집하여 해결한다.

2 경제정책회의(Economic Policy Council)

경제 분야에서 정책들을 입안 조정하기 위해 관계장관회의를 공식적으로 처음 설치한 대통령은 아이젠하워 대통령이다. 즉 아이젠하워 대통령은 경제성장안정회의(Board on Economic Growth and Stability)와 국제경제회의(Council on Foreign Economic Policy)를 설치해 각각 대내 경제정책과 대외 경제정책을 입안 조정하도록 했다. 이 관계장관회의들은 케네디와 존슨 대통령 시절에 폐지되었으나, 닉슨 대통령에 의해 부활되었다.

경제 분야 관계장관회의들은 대체로 그 숫자, 명칭, 역할, 참석 범위, 운영 절차 등이 정권이 바뀔 때마다 변해 국가안보회의처럼 여러 정권에 걸쳐 안정적으로 유지되어 온 것이 없다. 대체로 대내경제담당 관계장관회의와

〈표 4-7〉 역대 경제 분야 관계장관회의

대통령	관계장관회의
아이젠하워	경제성장안정회의(Board on Economic Growth and Stability) 대외경제정책회의(Council on Foreign Economic Policy)
닉슨	국내경제정책회의(Council on Economic Policy) 국제경제정책회의(Council on International Economic Policy)
포드	경제정책회의(Economic Policy Board) 국제경제정책회의(Council on International Economic Policy)
카터	경제정책그룹(Economic Policy Group)
레이건(집권1기)	경제장관회의(Cabinet Council on Economic Policy) 통상장관회의(Cabinet Committee on Trade Policy)
(집권2기)	경제정책회의(Economic Policy Council)
부시	경제정책회의(Economic Policy Council)
클린턴	국가경제회의(National Economic Council)

대외경제담당 관계장관회의가 별도로 유지되어 오다가 레이건 대통령 집권 2기부터 통합되었으며, 부시 대통령에 의해 오늘날의 하부기구와 절차가 마련되었다.

2006년 현재 국가경제회의(National Economic Council, NEC)는 대통령이 경제정책에 관해 일관성 있고 종합적인 판단을 할 수 있도록 지원하는 경제장관회의이다. 클린턴 대통령이 1993년에 구축한 것을 약간 수정 보완한 것이다. 그 기능, 구성 멤버, 하부기구, 지원기구, 정책의 입안과 조정 절차, 다른 기구들과의 관계 등을 살펴보면 다음과 같다.

1) 역할과 구성

국가경제회의(NEC)는 국내외 경제동향에 입각하여 경제운용 전략에 관해 조언하고, 국내외 경제정책과 관련된 부처들의 입장과 활동을 대통령의 노선에 맞게 조정하며, 대통령 경제 프로그램의 집행을 점검하는 기구이다. 국가경제회의의 기능을 좀더 구체적으로 보면, i) 분야별 경제정책[32]을 통합하고 경제정책에 관한 관련 부처들의 이견을 조정하며, ii) 대통령이 고려할 수 있는 정책대안을 준비하며, iii) 행정부의 경제 프로그램이 대통령의 정책 노선에 맞는지 검토 확인하며, iv) 대통령이 특별히 관심을 갖는 경제정책의 집행을 모니터링하는 것이다. 국가경제회의는 국내 경제정책뿐만 아니라 대외 경제정책도 동시에 논의 조정한다.

국가경제회의 구성 멤버는 대통령, 부통령, 경제 관련 장관,[33] 주요 보좌관[34] 및 관리예산처장(Office of Management and Budget, OMB), 경제자문회의(Council of Economic Advisors, CEA) 의장, 무역대표(US Trade Representative, USTR) 등이다. 국가경제회의의 의장은 대통령이고, 대통령 불참시 대통령 경제정책보좌관으로 하여금 대행하도록 했다.

역대 경제 분야 관계장관회의의 구성 멤버는 장관들만으로 구성하는 경우, 장관들에다 관리예산처장과 경제자문회의 의장을 포함시킨 경우, 대통령 경제정책보좌관까지 포함시킨 경우가 있다. 장관들만 참석한 경우는 아

32) 거시경제정책과 미시경제정책, 국내경제정책과 국제경제정책 등.

33) 국무, 재무, 농무, 상무, 노동, 교통, 에너지, 주택, 도시개발, 환경청장.

34) 경제정책보좌관, 국내정책보좌관, 국가안보보좌관, 과학기술보좌관.

〈표 4-8〉 경제 분야 관계장관회의의 의장과 구성 멤버 유형

유 형	의장과 멤버	해당 관계장관회의	
대통령 · 보좌관형	- 의장: 대통령(임시: 경제정책보좌관) - 장관들 + CEA, OMB, USTR - 대통령 보좌관	닉슨 레이건 클린턴	국제경제정책회의 경제장관회의 통상장관회의 국가경제회의
주무장관 · 보좌관형	- 의장: 주무장관 - 장관들 + CEA, OMB - 대통령 보좌관	포드 카터	경제정책회의 경제정책그룹
대통령 · 장관형	- 의장: 대통령(임시: 경제정책보좌관) - 장관들 + OMB, CEA	닉슨 부시	국내경제정책회의 경제정책회의
주무장관 · 장관형	- 의장: 주무장관 - 장관들	아이젠하워 레이건	대외경제정책회의 경제정책회의
기 타	- 의장: CEA 의장 - 장관들 + FRB, BOB	아이젠하워	경제성장안정회의

이젠하워 대통령의 대외 경제정책회의와 레이건 대통령의 경제정책회의이고, 관리예산처장과 경제자문회의 의장까지 참석한 경우는 아이젠하워의 경제성장안정회의와 닉슨 대통령의 국내경제정책회의 및 부시 대통령의 경제정책회의 등이며, 나머지 모두는 대통령 보좌관들까지 참석했다.

또한 역대 경제 분야 관계장관회의들의 의장은 주로 대통령 혹은 주무장관이 담당했다. 누가 의장을 맡느냐는 대통령이 관계장관회의를 관리하는 방식에 따라 달랐다. 역대 대통령들이 경제 분야 관계장관회의를 관리하는 방식은 크게 두 가지이다. 하나는 주무장관을 의장으로 임명해 자신을 대리해 관리하도록 하는 방식이고, 다른 하나는 자신이 의장을 담당하되 경제정책보좌관이나 주무장관을 임시의장으로 지명해 관리하도록 하고 자신은 중요 이슈에 대한 논의 조정이 있을 때만 참석하는 방식이다. 대부분의 대통령들은 후자의 방식으로 관리한 반면에, 아이젠하워, 카터, 레이건(집권 2기) 대통령은 전자의 방식에 의해 관리했다.

2) 하부기구

국가경제회의는 국가안보회의처럼 산하에 장관급 고위위원회(NEC Principals Committee), 차관위원회(NEC Deputies Committee), 실무작업반

(NEC Interagency Working Groups)을 두었다.

장관급 고위위원회(NEC/PC)는 재무장관, 상무장관, 노동장관, 관리예산처장, 경제자문회의 의장, 국가안보보좌관,[35] 기타 이슈 관련 행정기관장으로 구성되어, i) 국가경제에 영향을 미치는 모든 정책 이슈들을 검토하고, ii) 국가 경제정책의 개발과 집행을 조정하고 모니터링하며, iii) 긴급 현안, 대통령의 관심이 큰 이슈, 대통령이 최종 결정을 내릴 준비가 되어 있는 이슈 등을 집중적으로 논의 조정하고, iv) 대통령의 간여가 불필요한 이슈들에 대해서는 최종적으로 논의 결정하는 기구이다. 장관급 고위위원회는 백악관 경제정책 보좌관이 주재하고, 회의 의제의 설정, 의제에 대한 정책보고서 준비, 회의 소집도 그가 담당한다.

차관위원회(NEC/DC)는 이슈 관련 부처나 기관들의 부장관(Deputy Secretary) 혹은 차관(Undersecretary)들로 구성되어, i) 국가 경제에 영향을 미치는 정책 이슈들을 선택해 정책 내용이나 추진 전략에 필요한 아이디어를 발굴하고, ii) 실무작업반의 설치, 의장 선정, 활동 모니터링 등을 담당하고, iii) 국가경제회의 본회의 및 고위위원회에서 논의할 정책보고서들이 관련 부처나 실무작업반에 의해 충실하게 작성되었는지를 검토하며,[36] iv) 대통령의 주요 정책들이 제때에 효율적으로 집행되고 있는지를 점검하는 기구이다. 차관위원회는 일주일에 두세 번 자유롭게 모였는데, 백악관 경제정책 부보좌관이 주재하고, 의제 선정, 회의 소집, 논의 보고서 준비 등도 그의 주도로 이루어진다.

실무작업반(NEC/IWG)들은 정책개발실(Office of Policy Development) 스태프와 관련 부처 공무원들로 구성된 기구로서 정기적으로 모임을 갖고 정책을 분석하고 대안을 작성하며, 집행을 점검하고 조정했다. 작업반은 차관위원회가 필요에 따라 상설 혹은 임시로 설치한다.

역대 경제 분야 관계장관회의 산하에 설치된 하부기구로는 장관급 소위원회, 장관급 혹은 차관급 (분과)위원회, 실무작업반 등이 있었는데, 각 대통령마다 하부기구들을 달리 구축했다. 다음과 같은 네 가지 유형을 확인

---

35) 국제경제나 국가안보와 관련된 이슈들을 논의할 경우에만 초청되었다.

36) 쟁점 이슈에 대한 분석, 관련 자료의 정리, 광범위한 의견 수렴, 정책대안 작성 등이 충실하게 이루어졌는지 검토한다.

할 수 있다.

첫째, 하부기구를 전혀 설치하지 않는 경우이다. 최초로 경제 분야 관계장관회의를 설치한 아이젠하워 대통령은 국가안보회의에서와는 달리 경제관계장관회의 산하에 어떠한 하부기구를 설치하지 않았고, 닉슨 대통령은 국제경제정책회의에서와는 달리 국내경제정책회의에는 하부기구를 설치하지 않았다.

둘째, 장관급 소위원회 1단 하부기구만 설치한 경우이다. 카터 대통령은 경제정책그룹(Economic Policy Group)의 구성 멤버가 많아 효율적인 논의가 어려워지자 핵심 멤버들로 집행위원회(Executive Committee, Steering Committee)를 구성해 그 역할을 대행하도록 했다.

셋째, 장관급 소위원회와 실무위원회 등 2단 하부기구를 설치한 경우이다. 포드와 레이건 대통령은 장관급 집행위원회와 실무급 작업반을 설치 활용했다. 다만 전자는 상설기구로, 후자는 임시기구로 설치했다.

넷째, 장관급 소위원회, 차관급 위원회, 실무급 작업반 등 3단 하부기구를 설치한 경우이다. 닉슨 대통령은 국제경제정책회의 산하에 장관급 집행위원회, 차관급 정책검토그룹과 집행조정그룹, 실무작업반을 두었고, 부시와 클린턴 대통령은 장관급 고위위원회, 차관위원회, 실무작업반을 설치했다.

〈표 4-9〉 역대 경제정책 관계장관회의 하부기구 설치 유형

유 형	하부기구	해당 관계장관회의	
부재형	없 음	아이젠하워 닉슨	경제성장안정회의 대외경제정책회의 국내경제정책회의
1단형	장관급 소위원회	카터	경제정책그룹
2단형	장차관급 소위원회 차관보급 실무위원회	케네디 포드 레이건	통상정책회의 경제정책회의 경제장관회의 통상장관회의
3단형	장관급 소위원회 차관급 위원회 차관보급 실무작업반	닉슨 부시 클린턴	국제경제정책회의 경제정책회의 국가경제회의

3) 지원기구

2006년 현재 국가경제회의 관리자는 대통령 경제정책보좌관과 정책개발실 스태프들이다. 경제정책보좌관은 두 명의 부보좌관(국내경제 담당, 국제경제 담당)과 다수 특별보좌관(농업, 상업, 에너지, 재정, 의료보호, 노동, 사회보장 등), 그리고 대통령부 소속 정책개발실(Office of Policy Development) 전문가 및 행정요원들의 지원을 받는다. 국제경제담당 부보좌관은 아울러 국가안보좌관에게도 보고한다.[37]

정책개발실(OPD) 스태프의 규모는 업무량에 따라 달라지나, 대략 18~22명 정도가 6개 영역으로 구분되어 지원하고 있다. 6개 영역은 i) 국제경제(NEC, NSC 동시 지원), ii) 규제정책, 금융제도, 지역개발, iii) 에너지, 환경, 천연자원, iv) 연구개발, 기술정책, v) 방위산업, 군사기지, vi) 인프라, 교통 등이다. 스태프들은 대통령이나 백악관 보좌관들에게 경제 정보와 자료를 제공하고, 각 부처들의 다양한 의견이 공정하게 표출되고 제때에 결론이 내려지도록 부처간 이견 조정을 유도한다.

〈표 4-10〉 경제 분야 관계장관회의의 지원기구

지원기구	해당 관계장관회의	
의장부처 공무원	아이젠하워	경제성장안정회의 대외경제정책회의
	카터	경제정책그룹
전담 사무국	닉슨	국제경제정책회의 국내경제정책회의
경제정책보좌관, 스태프	포드	경제정책회의
내각비서, 내각지원실	레이건(2기)	경제정책회의
	부시	경제정책회의
경제정책보좌관, 정책개발실	레이건(1기)	경제장관회의 통상장관회의
	클린턴	경제정책회의

37) 국가안보보좌관을 지원하는 특별보좌관들도 필요하면 경제보좌관을 지원한다.

역대 경제 분야 관계장관회의들의 지원기구는 크게 볼 때 의장부처 공무원, 전담 사무국, 대통령 보좌관 순으로 바뀌어 왔다. 의장이 대통령이면 대통령 보좌관이, 의장이 주무장관이면 의장부처 공무원이 지원 서비스를 제공했다.[38] 대통령 보좌관으로는 경제정책보좌관 혹은 내각지원실장이 지원해 왔다. 포드 대통령 시절부터 대부분 경제정책보좌관이 담당해 왔다. 예외적으로 레이건 대통령 집권 2기와 부시 대통령 시절처럼 대통령 비서실장이 정책에 강한 영향력을 행사하려는 경우 경제 분야 관계장관회의들에 대한 관리 지원 업무가 내각지원실로 이관되었다.

4) 정책 추진 및 조정 절차

경제정책회의를 통한 정책의 추진 및 조정 절차는 대통령과 경제정책보좌관에 따라 달라져 왔다. 전반적으로 볼 때 국가안보회의 절차를 모델로 하고 있으나 국가안보회의 절차만큼 정교하지는 않았다. 역대 경제 분야 관계장관회의들 가운데 가정 정교한 정책 추진 및 조정 절차를 구축한 관계장관회의는 포드 대통령의 경제정책회의(Economic Policy Board, EPB)이다. EPB는 산하에 집행위원회(Executive Committee), 실무위원회와 작업반(working groups), 지원실(executive director's office) 등으로 조직화되어 있었다. 포드 대통령이 이 경제정책회의를 활용해 구축한 정책 추진 절차를 구체적으로 살펴보면 다음과 같다.

첫째, 정책결정을 위한 의제를 선정하는 단계이다. 의제는 대체로 경제정책회의 멤버부처, 대통령 경제정책보좌관, 경제정책회의 집행위원회 산하 실무위원회와 작업반에서 제안했다(Porter, 1980: 61-62). 지원실 스태프들은 경제정책회의 멤버부처 내에 지정된 차관보를 접촉해 집행위원회에서 논의해야 할 의제를 수집했다. 매 분기마다 향후 3 개월 내에 논의해야 할 의제들을 수집하고, 동시에 매주 목요일에 향후 2~3주 내에 논의해야 할 의제를 수집했다. 이 과정에서 각 부처는 대통령의 결정이 필요한 정책의제를 제안했다. 또한 경제정책보좌관도 대통령이 관심을 가질 만한 이슈나 집행위원회에서 논의해야 할 이슈를 발굴해 정책결정을 위한 의제로 제안

38) 다만, 레이건 대통령 집권 2기 경제정책회의는 의장이 재무장관이었으나 그 지원 업무는 대통령 보좌기구에서 제공했다.

했다. 마지막으로 집행위원회 산하에서 경제 각 부문을 모니터링하거나 장기정책 연구를 수행해 온 실무위원회와 실무작업반들에서 그들의 판단에 따라 대통령의 결정이 필요한 정책의제를 제안했다.

둘째, 논의 일정을 잡고 정책보고서를 준비하는 단계이다. 정책의제가 정해지면 정책보고서들의 준비와 및 배포 그리고 논의 등 일정을 구체화했다. 자료의 수집과 분석, 대안의 작성 등을 내용으로 하는 정책보고서는 주로 집행위원회 산하 부처간 실무기구나 의제 제안 부처에서 작성했다. 집행위원회 산하 부처간 실무기구를 활용할 경우 정책보고서의 작성에 장기간이 필요한 이슈이면 실무작업반을 신설해 연구 준비하도록 했고, 단기간에 작성할 수 있으면 비공식 임시 실무그룹을 구성해 준비했다. 의제 제안부처에서 정책보고서를 작성할 경우에는 실무 수준에서 관리예산처와 경제자문회의 및 이해관계 부처들과 비공식 협의를 거쳐서 작성했다.

셋째, 경제정책회의 집행위원회 정기회의[39]에서 논의하는 단계이다. 집행위원회가 소집되면 먼저 정책보고서를 작성한 작업반의 반장이 보고서를 설명한 후 논의에 들어갔다. 집행위원회 위원들 간에 합의가 이루어지지 않으면 다음 정기회의에서 다시 논의를 진행했다. 50분 가량 진행되는 정기회의에서 심도 있게 논의하기가 곤란한 이슈들은 2~3시간 진행되는 별도의 특별회의[40]에서 논의했다.

넷째, 대통령과 집행위원회 위원들과의 합동회의에서 최종 조율하는 단계이다. 집행위원회에서 일차적으로 논의된 정책대안을 대통령과 함께 최종 논의하기 위해 합동회의[41]를 연다. 대통령과의 회의를 개최하기 위해서

---

39) 주 4회 모임을 갖고, 매회 보통 3개 정도의 의제를 중심으로 50분 가량 회의를 했다. 멤버들은 일주일 전에 다음 주 논의 의제를 통보받고, 회의 당일 의제는 하루 전에 새로운 의제 및 관련 보고서와 함께 전달된다. 회의록은 논의 주제, 주요 쟁점, 결정 사항, 집행 업무 분담 내용 등을 기록했는데, 자유롭고 진지한 토론을 유도하기 위해 언론에 유출되지 않도록 했고 발언자의 이름도 기록하지 않았다. 회의록은 경제정책보좌관의 스태프가 기록했고, 경제정책보좌관의 확인을 거친 후 멤버들에게 회의 당일 배포되었다(Porter, 1980: 57-60).

40) 대체로 단일 이슈 혹은 서로 관련된 2~3개 이슈를 심도 있게 논의하기 위해 주중 오후나 토요일 오전에 2~3시간 논의를 한다. 특별회의는 평균 2주에 1회 정도 개최되었다(Porter, 1980: 64-65).

41) 합동회의는 대체로 일주일에 한 번(4회 정도의 정기회의를 개최한 후), 한 번에 한 시간 가량 회합을 가졌다. 대통령이 정책보고서에 근거해 결정을 할 수도 있으나, 집행위원회

는 먼저 정책결정메모(Decision Memorandum)를 포함한 브리핑 보고서(Briefing Paper)[42]를 대통령에게 보낸다. 정책결정메모는 경제정책보좌관이 작성한 것으로서, 대통령이 결정해야 할 이슈에 대한 설명과 문제가 된 배경, 관련 자료, 집행위원회에서 논의한 정책 대안, 각 대안의 장단점, 각 집행위원들과 이슈 관련 행정기관 및 백악관 보좌기구의 의견 등을 담고 있다. 이 정책결정메모에서 경제정책보좌관은 다른 집행위원회 멤버들과는 달리 특정 정책대안에 대한 공식적인 선호를 표명하지 않았다.

집행위원들과의 합동회의에서 대통령은 결정해야 할 이슈를 관할하는 장관으로 하여금 설명하도록 한 후 의견이 있는 모든 집행위원들에게 발언할 기회를 주었다. 대통령은 자유롭고 진지한 논의 분위기를 만들었고, 또한 참석자들이 그러한 논의를 위해 충분한 준비를 한 후 참석하도록 했다. 대통령은 또한 정책 논의가 한두 사람의 시각에 의해 지배되지 않도록 했다. 이를 위해 대통령은 처음부터 특정 대안에 대한 선호 표시를 일체 하지 않았고, 다양한 시각과 의견이 표출되도록 유도했다. 그 다음, 대통령이 질문을 하고 참석자들의 논의를 경청했다. 종종 대통령은 새로운 대안을 제시하고 그에 대한 참석자들의 의견을 요청하기도 했다.

다섯째, 대통령에 의한 최종 결정이다. 대통령은 합동회의를 마치면서 논란이 적은 이슈에 대해서는 그 자리에서 최종 결정을 내렸고, 논란이 많은 이슈에 대해서는 좀더 시간을 갖고 생각해 본 다음 최종 결정했다.

위원들과의 합동회의가 필요한 이유는 중요 이슈에 관해 대통령과 구두로 의견을 교환함으로써 문서로 작성된 정책대안보고서의 한계점을 보완할 수 있기 때문이다. 즉 대통령으로서는 각 대안에 대한 선호의 강도를 감지할 수 있고, 의문점에 대한 질문을 할 수 있으며, 자신의 생각을 좀더 분명히 할 수 있어서, 더 나은 결정을 내릴 수 있고, 동시에 자동적으로 기자회견에 대비할 수 있게 된다. 집행위원들로서는 문서로 표현하기 어렵거나 문서로 작성되면 유출되기 쉬운 민감한 내용들을 구두로 보고함으로써 좀더 정확하고 안전하게 대통령과 논의할 수 있었다(Porter, 1980: 67).

42) 동 보고서는 정책결정메모 이외에 EPB 주간활동보고서(EPB Weekly Report)와 최근 경제동향보고서를 함께 담고 있다. EPB 주간활동보고서는 지난 한 주 동안 EPB 집행위원회에서 검토한 이슈와 집행위원회에서 취한 조치, 지난 한 주 동안 집행위원회에 보고서를 제출한 작업반의 활동, 향후 집행위원회에서 논의될 주요 의제 등을 기록하고 있는 약 2 페이지 정도의 보고서이다. 최근 경제동향보고서는 경제자문회의(CEA)에서 작성한 1페이지짜리 보고서로서 물가, 고용, 생산, 특정 경제 부문 등에서의 최근 동향에 대한 설명과 통계자료 분석을 담고 있다.

3 국내정책회의(Domestic Policy Council)

국내정책 분야에서 최초로 관계장관회의 시스템을 구축한 대통령은 닉슨이다. 닉슨 대통령 이전에는 주요 국내정책 이슈들이 관계장관회의가 아니라 의회, 주무부처, 예산국 및 백악관 보좌관들에 의해 관리되어 왔다. 즉 루즈벨트 대통령 이전에는 의회와 행정부처가 대부분의 국내정책 프로그램들을 주도해 왔고, 루즈벨트, 트루먼, 케네디, 존슨 대통령 시절에는 대통령에게 중요한 이슈들만 백악관 보좌관의 주도로 관리하고,[43] 그렇지 않은 이슈들은 의회와 예산국 및 행정부처들에게 맡겼다. 다만, 아이젠하워 대통령 시절에는 주요 국내정책 이슈가 제기될 때마다 백악관 비서실장이 관련 부처 장관들을 임시로 소집하여 논의 조정했을 뿐이다. 닉슨 대통령에 이르러서야 국내정책 이슈들이 관계장관회의 시스템을 통해 체계적으로 입안 조정되기 시작했다.

닉슨 대통령은 집권 첫해인 1969년에 도시문제회의(Council for Urban Affairs)[44]와 농촌문제회의(Council for Rural Affairs)[45]를 설치했으나 그 활동이 기대에 미치지 못하자 이들을 통합 강화해 국내문제회의(Domestic Council)를 설치했다. 그 후 국내 분야 관계장관회의는 여러 대통령들을 거치는 동안 명칭, 역할, 구성 멤버, 하부구조 및 운영 방식을 달리하면서 오늘날까지 유지되고 있다.

---

43) 대통령 보좌관들간 역할 분담을 분명히 하지 않았던 루즈벨트 대통령은 자신이 관심을 갖고 있는 국내정책 프로그램들을 그때그때 시간이 나는 아무 보좌관에게나 맡겼고, 트루먼 대통령은 대통령 특별고문(Special Counsel) 클리퍼드(Clark Clifford)의 주도로, 케네디와 존슨 대통령도 대통령 특별고문 캘리파노(Joseph Califano)의 주도로 대통령의 국내정책 프로그램을 입안하고 조정하도록 했다.

44) 도시문제회의(1969~70)는 도시문제 해결 전략의 개발, 도시정책에 대한 부처간 이견 조정, 도시정책을 둘러싼 연방·주·지방 정부간 협력의 강화 등을 위해 설치한 관계장관회의이다. 자세한 내용은 닉슨 부분 참조.

45) 농촌문제회의(1969~70)도 농촌문제 해결 전략의 개발, 농촌정책에 대한 부처간 이견의 조정, 연방·주·지방 정부간 협력의 강화 등을 위해 설치한 관계장관회의이다. 자세한 내용은 닉슨 부분 참조.

〈표 4-11〉 역대 국내 분야 관계장관회의

대통령	관계장관회의
닉슨, 포드	- 국내문제회의(Domestic Council)
카터	- 임시 현안이슈장관회의(Cabinet Clusters)
레이건(1기)	- 인적자원장관회의(Cabinet Council on Human Resources) - 자원환경장관회의(Cabinet Council on Natural Resources and the Environment) - 식품농업장관회의(Cabinet Council on Food and Agriculture) - 사법정책장관회의(Cabinet Council on Legal Policy) - 관리행정장관회의(Cabinet Council on Management and Administration)
레이건(2기)	- 국내정책회의(Domestic Policy Council)
부시, 클린턴	- 국내정책회의(Domestic Policy Council)

클린턴 대통령이 1993년에 구축하여 활용한 국내정책회의 시스템(DPC system)의 기능, 구성 멤버, 하부기구, 지원기구, 정책의 입안과 조정 절차 등을 보면 다음과 같다.

1) 역할과 구성

국내정책회의(DPC)는 국가안보회의, 국가경제회의 등과 마찬가지로 국내정책 분야에서 대통령에게 조언을 제공하고 정책을 조정하며 집행을 점검하는 장관회의이다. 즉 교육, 보건, 복지, 사법, 연방관계(federalism), 교통, 환경, 노동, 원호 업무 등을 포함하는 국내정책 분야에서, i) 대통령에게 조언과 정보를 제공하고 대통령의 국내정책 프로그램을 개발하며, ii) 행정 각 부처들의 정책 프로그램들이 대통령의 노선과 정책 우선순위에 맞게 검토 조정하며, iii) 대통령 국내정책 프로그램의 집행을 모니터링하는 것이다. 국내정책을 추진하는 모든 행정기관들은 국내정책회의를 통해 부처간 이견을 조정해야 한다.

국내정책회의는 대통령, 부통령, 국무장관과 국방장관을 제외한 모든 장관,[46] 그리고 대통령 경제정책보좌관, 국내정책보좌관, 백악관 마약통제실

46) 법무, 내무, 교육, 주택도시개발(Housing and Urban Development), 보건복지(Health and Human Services), 농무, 교통, 에너지, 재무, 상무, 노동, 환경처, 원호처(Veterans Affairs) 등 장관들.

장과 관리예산처장 등으로 구성되었다. 국내정책회의는 대통령이 의장이다. 대통령이 참석할 수 없는 경우에는 부통령, 국내정책보좌관 순으로 주재한다. 대통령이나 부통령이 불참하는 경우가 많아 대부분 국내정책보좌관이 주재한다.

역대 국내정책 관계장관회의의 구성 멤버의 범위는 대통령에 따라 다양하다. 장관들만으로 구성한 경우가 있는가 하면, 부통령을 포함시킨 경우, 보좌관을 포함시킨 경우, 양자를 모두 포함시킨 경우가 있다. 국내정책 관계장관회의의 의장은 대부분 대통령이 담당했으나, 닉슨 대통령의 농촌문제회의, 카터 대통령의 현안이슈장관회의와 레이건 대통령(집권 2기)의 국내정책회의는 주무장관이 담당했다.

〈표 4-12〉 역대 국내정책 관계장관회의의 의장과 멤버십 유형

유 형	의장과 멤버	해당 관계장관회의
대통령·보좌관형	- 의장: 대통령 (부의장: 부통령) - 장관들 + 보좌관들	클린턴 국내정책회의
	- 의장: 대통령 (부의장: 주무장관) - 장관들 + 보좌관 + OMB, CEA	닉슨 국내문제회의
대통령·장관형	- 의장: 대통령 (부의장: 부통령) - 장관들	부시 국내정책회의 닉슨 도시문제회의
	- 의장: 대통령 - 장관들 + OMB, CEQ	포드 국내문제회의
주무장관·장관형	- 의장: 주무장관 - 장관들 (+ OMB, CEQ)	닉슨 농촌문제회의 카터 현안이슈장관회의 레이건(1)* 인적자원장관회의 자원환경장관회의 식품농업장관회의 레이건(2) 국내정책회의

* 규정상 대통령이 의장이나 실질적으로는 주무장관이 의장직 수행.

2) 하부기구

국내정책회의(DPC) 산하에는 임시 실무작업반(task forces or interagency working groups)을 두도록 하고 있다. 이들의 설치와 구성 멤버는 백악관 국내정책보좌관이 결정한다. 실무작업반은 이슈 관련 부처들의 차

관보급 공무원으로 구성되며, 국내정책보좌관의 고위 스태프와 주무부처 차관보가 공동으로 주재한다. 실무작업반들은 특정 이슈에 관한 정책안을 작성하기 위해 설치되고 그 이슈에 관한 입법이 끝나면 해체된다.

역대 국내 분야 관계장관회의 산하에 설치된 하부기구들의 유형을 보면, <표 4-13>과 같다. 대체로 장관급 위원회와 실무급 작업반 형태로 구축되고 있다.

〈표 4-13〉 역대 국내정책 분야 관계장관회의 하부기구 설치 유형

유 형	하부기구	해당 관계장관회의
1단형	임시 실무작업반	카터 현안이슈장관회의 클린턴 국내정책회의
2단형	장관급 분과위원회 실무급 작업반	닉슨 도시문제회의 국내정책회의 포드 국내문제회의 레이건 인적자원장관회의 자원환경장관회의 식품농업장관회의 사법정책장관회의 관리행정장관회의
3단형	장관급 소위원회 차관급 위원회 실무급 작업반	부시 국내정책회의

3) 지원기구

국내정책회의(DPC)에 대한 지원과 관리는 국내정책보좌관이 담당하고, 정책개발실 스태프의 절반이 국내정책보좌관을 지원한다. 클린턴 대통령은 레이건 대통령이나 부시 대통령과는 달리 내각지원실이 아니라 정책개발실에서 지원하도록 했다.

역대 국내정책 분야 관계장관회의 지원기구를 보면, 초기에는 전담 사무국을 설치했으나, 그 후에는 내각지원실이나 정책개발실에서 지원 관리하고 있다. 국내정책 분야 관계장관회의 지원 스태프들은 정치화되어 있다. 즉 전문성이나 자격 요건보다는 대통령의 노선을 잘 알고 그 노선을 행정부처에

〈표 4-14〉 역대 국내정책 분야 관계장관회의 지원기구

지원기구	해당 관계장관회의	
전담 사무국	닉슨	도시문제회의
		국내문제회의
	포드	국내문제회의
내각지원실	레이건(2기)	국내정책회의
	부시	국내정책회의
내각지원실 → 정책개발실	카터	현안이슈장관회의
정책개발실	레이건(1기)	인적자원장관회의
		자원환경장관회의
		식품농업장관회의
	클린턴	국내정책회의

관철시킬 수 있는 선거 참모들인 경우가 많다.

4) 정책 입안과 조정 절차

국내정책 분야에서도 관계장관회의 시스템을 활용한 정책의 추진 및 조정 절차는 대통령과 국내정책보좌관이 누구냐에 따라 달라져 왔다. 비교적 정교한 절차를 개발했던 대통령은 닉슨과 클린턴 대통령이다.

닉슨 대통령은 국내정책보좌관과 각 부처가 서로 보완적으로 활동할 수 있는 국내문제회의(Domestic Council)를 활용한 절차를 구축했다. 닉슨 대통령이 국내정책 추진 과정에서[47] 국내문제회의를 이용한 절차를 구축한 이유는 관료 주도의 정책결정 과정이나 대통령 보좌관 주도의 정책결정 과정이 갖는 문제점을 극복하고 동시에 양자의 장점을 활용하기 위해서였다. 대통령 보좌관이 주도하는 정책결정 과정의 문제점으로는 i) 정책의 집행 문제를 고려하지 않고, ii) 정책내용의 전문 기술적 측면에 대한 배려가 없이 정치적 측면만 강조하는 경향이 있으며, iii) 정부의 기존 프로그램과 중복되는 프로그램을 만들어 낼 소지가 크다는 것이다(Salamon, 1981: 182). 또한 iv) 정책 프로그램이 예산과 연계가 없이 개발되는 것도 문제였다. 닉

47) 닉슨 대통령은 주관심사가 국가안보정책에 있었음에도 불구하고 복지제도 개혁, 연방세입 공유 등 국내정책에도 많은 노력을 기울였다.

슨 대통령이 1970~72년에 구축 활용한 국내정책 프로그램 작성 절차는 다음 4단계로 되어 있다(DiClerico, 1995: 212).

첫째, 매년 봄에 국내정책보좌관과 국내문제회의 지원실 스태프들이 대통령의 입장에서 중요하다고 생각되는 국내정책 이슈들을 선정하고 정책검토보고서를 작성할 임시 실무작업반을 구성하는 단계이다. 임시 실무작업반 구성 멤버는 국내문제회의 지원실장인 국내정책보좌관이 선정한 지원실(Secretariat of Domestic Council) 스태프 1명, 관리예산처(OMB) 스태프 1명, 경제자문회의 지원실(CEA Secretariat) 혹은 과학담당보좌관실(Science Adviser's Office) 스태프 가운데 1명, 관련 부처당 차관보 1명이다.[48] 작업반의 반장은 국내정책회의 지원실 부실장이 담당했다.

둘째, 임시 작업반에서 대통령의 결정에 필요한 정책검토보고서 초안을 작성하는 단계이다. 정책검토보고서에는 각 이슈별 배경, 정치권의 여론, 해결 대안과 그 비용효과, 의회 통과 가능성 등을 분석한 내용이 포함되도록 했다.

셋째, 국내문제회의에서 정책검토보고서 초안을 논의 조정하는 단계이다. 초안이 완성되면 우선 작업반 활동을 지휘 조정해 온 국내문제회의 지원실 부실장이 보고서 내용이 대통령의 정책 노선을 반영하고 있는지, 보고서가 여럿일 경우 보고서 간에 상충된 내용은 없는지 등을 확인하고 조정했다. 그 다음에 일차 조정된 보고서를 다시 국내문제회의에 상정해 논의 조정했다. 국내문제회의 산하 장관급 관련 분과위원회와 전체회의에 차례로 상정해 논의했다.[49]

넷째, 대통령이 최종 결정하는 단계이다. 국내문제회의에서 논의가 끝나면 국내문제회의 지원실장이자 대통령 국내정책보좌관이 정책검토보고서와 국내정책회의에서 논의된 내용을 대통령에게 전달하면, 대통령은 정책검토보고서와 논의 결과를 검토한 후 최종 결정했다. 최종 결정시 닉슨 대

---

48) 관련 부처의 차관보 선정시에 대통령의 정책 입장과 일치하는 사람을 선택한 결과, 해당 부처 내에서 장관과는 다른 입장을 갖고 있는 차관보가 작업반 멤버로 선정된 경우가 많았다.

49) 그러나 국내정책회의에서의 논의 단계를 건너뛰어 바로 대통령에게 보고되는 경우가 많았다. 이 경우 닉슨 대통령의 국내정책 결정 패턴은 존슨 대통령의 대통령보좌관(Califano)와 작업반 중심의 정책결정 패턴과 거의 같다.

통령은 필요하면 백악관 보좌관들이나 해당 장관들과의 추가적인 질의 응답을 가졌던 다른 대통령들과는 달리 자신의 집무실에서 혼자 숙고한 후에 결론을 내렸다.

4 국가과학기술회의(National Science and Technology Council)

미국은 경제적 번영과 일자리 창출, 국가안보, 삶의 질(의료, 에너지, 교통, 환경) 등의 원동력으로서 과학기술의 중요성에 관심을 갖고 그 증진에 많은 노력을 기울여 왔다. 특히 제2차 세계대전 이후 과학기술을 경제적 번영과 국가안보의 초석으로 간주하고 세계 최고 수준을 유지하기 위해 많은 투자를 해 왔다. 세계 최고 수준의 과학기술 능력을 보유하기 위해서는 국가과학기술에 관한 장기적인 목표와 전략적인 투자 및 효율적인 집행이 필요했고, 이러한 활동에는 정부 각 부처, 민간 기업과 학계 등 여러 주체들이 참여해야 하므로 이들 간에 조정과 협력이 수반되어야 했다. 미국 정부는 이러한 일련의 활동에 효율적으로 대처하기 위해 일찍부터 조정기구와 자문기구를 설치 운영해 왔다.

과학기술 분야 조정기구로서 최초의 관계장관회의는 부시 대통령의 연방과학기술조정회의(Federal Coordinating Council for Science, Engineering and Technology, FCCSET)이다. 그러나 그 이전에도 과학기술 분야 부처간 조정기구들이 있었다. 다만, 장관급 조정회의가 아니었을 뿐이다. 과학기술정책 분야 최초의 조정회의는 1947년 트루먼 대통령 시절에 설치된 과학연구개발부처간위원회(Interagency Committee on Scientific Research and Development, ICSRD, 1947~59)이다.[50] 동 위원회(ICSRD)는 관련

50) 트루먼 대통령은 1947년 12월에 Interdepartmental Committee for Scientific Research and Development(Executive Order 9912)를 설치했다. 트루먼 대통령은 초기에 과학기술에 관한 조언을 예산국장으로부터 받다오다가 대통령보좌관 스틸먼(John Steelman)의 건의에 따라 R&D 강화와 함께, 이를 조정할 기구로서 ICSRD(1947)를 설치했다. 그뿐만 아니라 트루먼 대통령은 골든(William T. Golden)의 건의에 따라 백악관에 과학기술보좌관과 자문위원회를 설치하려 했으나, 우여곡절 끝에 Office of Defense Mobilization 산하에 11명의 과학자들로 구성된 Science Advisory Committee만 설치했다. 그 밖에도 National Science Foundation(1950)을 설치해 과학기술 활동을 평가하도록 했으나,

부처 공무원들로 구성되어 R&D를 둘러싼 부처간 이견과 우선순위를 조정하는 기구였다.[51] 과학연구개발부처간위원회는 1959년에 아이젠하워 대통령에 의해 연방과학기술회의(Federal Council for Science and Technology, FCST, 1959~76)로 개편되었고,[52] 다시 1976년 포드 대통령 시절에 연방과학기술조정회의(Federal Coordinating Council for Science, Engineering and Technology, FCCSET)로 명칭은 바뀌었으나[53] 여전히 장관

NSF는 같은 연방부처들의 과학기술 프로그램에 대한 평가를 주저했다(Stats, 1993: 145).

51) 그러나 ICSRD는 1940~50년대 연방정부의 R&D 조정에 그리 효과적이지 못했다. 정책 건의와 정보 교환에는 나름대로 역할을 했으나 구성원들의 지위가 낮아 정책 조정에는 취약했다(Staat, 1993: 146).

52) 아이젠하워 초기에는 과학기술에 관한 정책적 관심과 제도 정비가 미미했다. 그러나 소련의 스푸트니크(Sputnik) 우주선 발사에 대응하기 위해, 대통령 과학기술민간자문회의(President's Science Advisory Council)의 건의에 따라 1959년 3월 13일 EO 10807에 의해 ICSRD를 개편해 연방과학기술회의(Federal Council for Science and Technology, FCST, 1959~76)를 설치했다. FCST는 i) 과학기술 분야 진전 상황 점검 및 연구 대상 확인, ii) 두 개 이상의 부처들과 관련된 이슈 논의, iii) 연방정부 과학기술 프로그램의 효율적인 기획과 관리, iv) 과학기술 자원과 시설의 효율적 활용에 필요한 정책 건의, v) 과학기술 국제협력 촉진 등을 담당하는 기구로서, 대통령 과학기술보좌관, NSF 이사장, NASA 처장과, 국방·내무·농무·상무·HEW 장관이 지명한 관할 부처내 정책담당 정무직 공무원들로 구성하고, 국무장관과 예산국장이 지명한 소속 공무원은 업저버로 참석하도록 했다. 의장은 구성원 중에서 대통령이 지명했고, 의장의 지휘 하에 연구와 보고서 작성을 위해 상임위원회를 두었으며, 보고서 작성과 행정 지원에 필요한 스태프는 멤버부처에서 차출한 공무원들이 담당하였다. 그러나 FCST 구성 멤버의 위상이 여전히 높지 않아 부처간 갈등이 있거나 이해관계가 큰 경우 부처들은 FCST를 우회했다(Wells, Jr., 1993: 263).

53) Federal Coordinating Council for Science, Engineering and Technology(1976~93)는 1976년 포드 대통령이 The National Science and Technology Policy, Organization, and Priorities Act (PL 94-248)에 의해 설치했다. 동법에 의해 대통령 과학기술보좌관(Assistant to the President for Science and Technology Policy), 대통령 민간자문기구인 President's Science Advisory Council(PSAC), 대통령부 내 보좌기구인 Office of Science and Technology Policy(OSTP) 등이 부활되고, 정부간 정책조정기구인 Intergovernmental Council for Science, Engineering and Technology(ICSET)가 신설되었다. 대통령 과학기술보좌관이 OSTP장, FCCSET와 ICSET 의장을 겸임했다. 당시 의회는 과학기술정책 추진기구를 재건하기 위해, Council of Economic Advisers처럼 3인의 위원으로 구성된 Council을 설치하는 방안과 Department of Science and Technology를 설치하는 방안을 검토했으나, 결국 종전의 기구들을 부활시키기로 결정했다.

ICSET는 연방정부와 주정부/지방정부 간 조정기구이다. 전현직 주지사, 대도시 시

급 조정기구는 아니었다.

장관급 조정기구는 1989년 부시 대통령이 그의 과학기술보좌관의 건의에 따라 기존 연방과학기술조정회의(FCCSET, 1976~89)를 장관급 기구로 격상시키고 그 역할과 하부기구를 강화시킴으로써 탄생했다. 장관급 조정기구로 격상시킨 이유는 한마디로 그 이전의 조정기구들이 조정기구로서 제 역할을 하지 못했기 때문이었다.

국가과학기술회의(National Science and Technology Council, NSTC)는 여러 부처에 흩어져 있는 과학, 기술, 우주 개발 활동을 통합 조정하고 촉진하고자 클린턴 대통령이 1993년 11월 대통령령(Executive Order 12881)에 의해 연방과학기술조정회의(FCCSET)를 확대 개편한 것이다. 좀 더 구체적으로 보면, 국가성과평가위원회(National Performance Review)의 건의에 따라 국정운영에서 과학기술의 비중을 높이고 과학기술 관련 기구들의 효율화를 위해 기존의 연방과학기술조정회의(FCCSET, 1989~93)에 국가우주개발회의(National Space Council, 1989~93)[54]와 국가전략물자회의(National Critical Materials Council, 1984~93)[55]를 통합시키고[56]

장, 주의원, 연방 공무원 등으로 구성해, 주나 대도시에 중요하고 연방정부가 도와 줄 수 있는 과학기술 이슈들을 선정하도록 했다. 이를 지원하기 위해 FCCSET 내에 대통령 지방정부담당보좌관(Assistant to the President for Intergovernmental Affairs)을 의장으로 하여 여러 부처 공무원들로 구성된 Committee on Intergovernmental Science, Engineering and Technology를 설치했다. 동 위원회는 연방정부가 ICSET의 건의에 따라 주정부와 지방정부를 지원하도록 독려했다. 그러나 ICSET는 구체적인 이슈에 치중하지 않아 성과가 미미해 레이건 대통령이 폐지했으나(Bromley, 1991: 40.) 부시 대통령이 1992년에 다시 부활시켰다.

54) 국가우주개발회의는 우주개발정책을 추진하고 조정하는 관계장관회의이다. 최초의 우주개발 관계장관회의는 1958년 아이젠하워 대통령에 의해 설치된 국가항공우주회의(National Aeronautics & Space Council)이다. 동 회의는 1973년 닉슨 대통령에 의해 폐지되었으나, 1989년 4월에 부시 대통령에 의해 다시 부활되었고, 클린턴 대통령에 의해 국가과학기술회의(NSTC) 내로 통합되었다.

55) 국가전략물자회의는 3인의 위원으로 구성된 기구로서, i) 국방과 경제에 중요한 전략물자에 관한 대통령의 정책 수립과 집행에 대해 조언하고, ii) 연방정부의 전략물자 정책과 프로그램을 조정하고, 예산 우선순위를 정해 OMB 처장에게 조언하며, iii) 연방정부의 전략물자 프로그램과 활동 및 규제를 평가하고 개선 방안을 의회에 건의하며, iv) 전략물자에 대한 미국내 수요와 국제적 수급 동향을 모니터링하고, 전략물자 정책 수립과 입법에 필요한 연구와 분석을 수행한다. 대통령이 임명하는 3인의 위원은 전략물자에 대한 지식과 경험이 풍부한 저명인사들이고, 그 중 한 명이 위원장을 맡는다. 산하에는

그 의장을 과학기술보좌관에서 대통령으로 격상시켜 새로운 모습으로 탈바꿈시킨 것이다.

클린턴 대통령이 이러한 확대 강화 조치를 취한 것은 과학기술을 자신의 국정 목표를 실현하기 위한 핵심 수단으로 간주함과 동시에 과학기술에 대한 투자를 미국의 미래에 대한 투자로 간주했기 때문이다. 즉 국가경쟁력 강화, 좋은 일자리 창출, 환경 보호, 의료 보호 개선, 국가안보 등의 목표를 달성하는 데 과학기술의 뒷받침이 절실하게 필요하다는 것이다. 국가과학기술정책회의(NSTC) 시스템은 다음과 같다.

1) 역할과 구성

국가과학기술회의는 i) 과학기술 진흥을 위한 대통령의 정책 의제와 프로그램을 구축하고, ii) 연방 각 부처들의 과학기술 관련 정책들이 대통령의 정책 목표에 맞게 추진되도록 조정하며, iii) 투자를 위한 국가 과학기술 목표를 설정하고, 이를 반영하는 R&D 전략과 예산을 연구하고 각 개별 부처의 R&D예산안을 검토 평가해 관리예산처장에게 조언하며,[57] iv) 연방 각 부처의 일반정책 개발과 집행시에 과학기술적 측면이 고려되도록 촉구하고, v) 과학기술에 관한 국제협력을 촉진하는 것이다. 특히 과학기술 개발 투자가 대통령의 국정운영 목표 달성에 공헌하도록 유도하고, 각 부처의 R&D 예산 편성과 그 우선순위 설정을 지도한다.

국가과학기술회의는 대통령, 부통령, 상무장관, 국방장관, 에너지장관, 보건복지장관(HHS), 국무장관, 내무장관, 항공우주처장(NASA), 국가과학재단(NSF) 이사장, 환경청장, 대통령 과학기술보좌관, 국가안보보좌관, 경제정책보좌관, 국내정책보좌관, 관리예산처(OMB)장, 기타 대통령이 지명한 기관장들로 구성된다. 대통령이 의장이고, 대통령이 참석할 수 없으면 부통

자문위원회(Special Advisory Panels)와 부처간조정위원회(Federal Interagency Committees)를 두었는데, 전자는 기업과 학계의 대표자들로 구성했고, 후자는 관련 부처 실무공무원들로 구성했다. 사무국장과 12명 이내의 스태프들로 구성된 별도의 사무국을 설치해 지원하도록 했다.

56) 군사적 목적의 우주개발은 국가안보회의에서 관리하도록 했고, 상업용과 민간용 우주개발만 NSTC로 이관되었다.

57) 연방 부처들을 조정해 R&D전략 및 예산안 수립한다. 전략은 우수성(excellency) 확보, 효과의 극대화, 비용의 최소화를 목표로 한다.

령, 과학기술보좌관 순으로 회의를 주재한다.

2) 하부기구

국가과학기술회의의 하부기구로는 2004년 현재 차관위원회(Deputies Group)와 차관보급 5개 상설 실무분과위원회(Standing Committees)[58] 및 각 상설 실무분과위원회 산하 임시작업반(ad hoc Working Group or Task Force)들이 있다. 국가과학기술회의 산하 5개 상설 실무분과위원회와 그 업무 영역 및 작업반은 <표 4-15> 및 <표 4-16>과 같다.

실무분과위원회는 각각 해당 영역에서 연방정부 차원의 R&D 정책과 전략, 부처간 R&D 활동의 조정안, R&D 활동의 효율성 제고 방안, 연방정부의 R&D 투자 우선순위 및 그에 따른 예산안 등을 작성해 국가과학기술회의에 건의한다. 다만, 실무분과위원회 가운데 기술위원회는 정부와 민간부문 간에 파트너십을 구축하고 관리하는 업무를 추가로 담당한다. 임시작업반은 실무분과위원회가 의뢰한 특정 이슈에 대해 조사 분석한다. 차관위원회는 국가과학기술회의의 건의에 따라 대통령이 결정한 정책들의 집행을 점검하고 집행 과정에서 발생한 부처간 이견과 이해관계를 조정하는 역할을 한다.

〈표 4-15〉 국가과학기술회의 산하 상설 실무분과위원회와 업무 영역

실무분과위원회	업무 영역
과학위원회	- 자연과학이나 사회과학 분야의 새로운 지식 창출과 그 응용
기술위원회	- 경쟁력 강화, 장기 경제성장, 일자리 창출 등에 필요한 기술 개발
안보위원회	- 국가안보 관련 기술 개발
자원환경위원회	- 자원과 환경 분야 기술 개발
국제협력위원회	- 과학기술 분야 국제 협력

58) 1993년 설치 당시에는 9개 실무분과위원회로 출발했다(Health, Safety, and Food; National Security; Information and Communication; Civilian Industrial Technology; International Science, Engineering and Technology; Environment and Natural Resources; Transportation R&D; Education and Training; Fundamental Science).

〈표 4-16〉 국가과학기술회의 산하 상설 실무분과위원회와 실무작업반

실무분과위원회	실무작업반
과학위원회 (Science)	- Food Safety - Biotechnology - Human Nutrition Research - Radiation (Biology) Research - Aquaculture - Plant Genomes - Multi-Agency Tissue Engineering Science - Government-University Partnership - Future S&T Workforce - Children's Initiative - Human Subjects Research (Social, Behavioral and Economic Science)
기술위원회 (Technology)	- Construction and Building - Materials - Nanoscale Science, Engineering and Technology - Transportation R&D - Partnership for a New Generation of Vehicles - Crime Technology - Critical Infrastructure R&D
안보위원회 (National Security)	- International Technology Transfer - Non-Proliferation and Arms Control Technology - Critical Infrastructure Protection R&D
자원환경위원회 (Environment and National Resources)	- Global Change Research - Air Quality Research - Ecological Systems - Toxic and Risk Assessment - Natural Disaster Reduction - Health and Environment - Oceans
국제협력위원회 (International Science, Engineering and Technology)	- China - Japan - Russia - OECD - APEC

*참고: 2004년 기준. 다만, 기술위원회는 2000년 기준.

각 실무분과위원회는 1995년에 소관 영역의 국가과학기술 목표, 주요 이슈들, 연구 우선순위 등을 내용으로 하는 전략계획(Strategic Plan)을 작성한 후 이를 주기적으로 재검토해 수정해 오고 있다. 이 전략계획에 따라 관리예산처는 R&D 예산지침을 작성하고, 연방 각 부처들은 각자의 과학기술 프로그램과 예산 및 성과지표 등을 재조정한다. 또한 각 실무분과위원회는 소관 업무 관련 주요 이슈들을 발굴하기 위해 분야별 혹은 지역별 포럼을 개최해 다양한 분야의 전문가와 이해관계자들의 의견을 수렴한다.

각 실무분과위원회는 담당 업무와 관련된 차관보급 이상의 공무원이나 스태프로 구성된다. 국방부, 내무부, 농무부, 상무부, 보건복지부, 교통부 등 6개 연방부처, 과학기술정책의 핵심집행기구인 국립과학재단(National Science Foundation, NSF)과 국가항공우주처(National Aeronautics and Space Administration, NASA), 대통령 참모기구인 과학기술정책실(Office of Science and Technology Policy, OSTP), R&D 예산을 담당하는 관리예산처(OMB) 등은 모든 위원회에 참석한다. 그 외에 추가적으로 연방 부처나 대통령 보좌기구들은 해당 실무분과위원회에만 참석한다. 추가 멤버들은 <표 4-17>과 같다. 임시작업반은 대체로 실무분과위원회 참석 기관들 가운데 이슈와 관련된 기관들의 국장급(부차관보 Deputy Assistant Secretary) 공무원과 스태프로 구성된다.

실무분과위원회 위원장은 주무부처 차관급 공무원과 대통령부 과학기술정책실(OSTP) 고위 스태프(Associate Director)가 공동으로 담당하고, 과학기술보좌관에게 보고하고 지시를 받는다.

〈표 4-17〉 국가과학기술회의 산하 각 상설 실무분과위원회 추가 참석 기관

실무분과위원회	추가 참석 기관
과학위원회	- 국무, 노동, 에너지, 교육, 원호; NIH, EPA; DPC, NEC
기술위원회	- 노동, 에너지, 교육 ; NIH, EPA, NSA; NEC, CIA
안보위원회	- 국무, 노동, 원호, 재무, 법무; CIA, NSC
자원환경위원회	- 국무, 법무, 에너지, 주택도시개발 ; EPA; CIA, DPC, NEC, CEA
국제협력위원회	- 국무, 노동, 에너지, 교육, 재무, 법무; NIH, EPA, NRC, AID; CIA, USTR, NEC, NSC

3) 지원기구

국가과학기술회의의 관리는 대통령 과학기술보좌관과 과학기술정책실에서 담당한다. 과학기술보좌관은 과학기술정책실[59]의 장을 겸하고 그 스태프들의 지원을 받아 과학기술정책회의를 관리한다.

그러나 과학기술회의 산하 실무분과위원회와 임시작업반에 대한 행정지원(executive secretary)은 과학기술정책실에서 담당하지 않는다. 과학기술정책회의의 고위 스태프가 실무분과위원회의 공동위원장(co-chair)을 담당하나, 각 실무분과위원회와 임시작업반에 대한 행정 지원은 과학기술정책실(OSTP)에서 전담하지 않고, 의장 부처 공무원들이 담당한다.

4) 정책 입안과 조정

국가과학기술회의 시스템을 통해 일반 과학기술 정책들이 추진 조정되는 절차는 다음과 같다.

첫째, 대통령 과학기술보좌관이 국가과학기술회의 멤버 혹은 실무분과위원회 위원장들과 상의해 의제를 설정한다. 둘째, 관할 실무분과위원회에서 작업반을 구성해 정책검토보고서를 작성한다. 셋째, 작성된 보고서는 실무분과위원회에서 사전에 검토 조정한다. 그 결과를 과학기술보좌관에게 보고한다. 실무분과위원회 수준에서 해결되지 못한 쟁점 이슈들이 있으면 과학기술보좌관은 국가과학기술회의를 소집해 다시 논의해 합의를 도출하거나 타결한다. 넷째, 합의된 정책안은 대통령의 승인을 받아 집행한다. 집행 과정에서 부처간 이견은 차관회의에서 조정한다.

반면에, 과학기술 진흥 계획과 R&D 예산안이 입안되고 조정되는 절차는 다음과 같다. 이 절차는 부시 대통령(1989~92)이 구축한 절차이다(Bromely, 1993: 32-35).

첫째, 매년 연초에 대통령이 과학기술보좌관에게 대통령이 추진해야 할 이슈 영역 발굴을 요청하면, 과학기술보좌관은 연방과학기술조정회의(국가

59) 과학기술정책실은 National Science and Technology Policy, Organization and Priorities Act(1976)에 의해 설치된 대통령부(EOP) 내 기구로서 과학기술 정책과 예산에 관해 대통령에게 조언하고 대통령의 과학기술정책을 수립하며, 정부·산업계·연구기관간 협력을 촉진하는 기구이다.

과학기술회의의 전신) 각 멤버 부처들에게 국가적으로 중요하고 여러 부처와 관련되며 대통령이 관심을 가질 만한 2~3개의 이슈 영역들을 선정해서 제출하도록 요청한다.

둘째, 제출된 이슈 영역들이 20~25개에 이르면, 과학기술보좌관은 연방과학기술조정회의를 소집해 심사를 통해 1차적으로 5~6개 이슈 영역으로 압축한다. 과학기술보좌관은 의장으로서 회의 소집 2주일 전에 이슈 영역 선정에 대한 브리핑 보고서를 참석 기관들에게 미리 배포하고, 회의 소집 1주일 전에 브리핑 보고서가 참석 기관장들에게 제대로 보고되고 검토되었는지를 미리 점검한다.[60] 브리핑 보고서는 연방과학기술조정회의 사무국에서 작성한다. 회의가 열리면 본격적인 논의가 시작되기 전에 저명한 과학자나 공학자들로부터 과학기술 현안들에 대해 설명을 듣고 질의 응답 시간을 갖는 경우가 많다.

셋째, 다시 연방과학기술조정회의를 소집해 제안서들을 면밀히 검토한 후 5~6개 이슈 영역들 가운데 2차적으로 최종 2개를 선정한다.[61] 이를 위해 1차 심사를 통과한 5~6개 이슈 영역을 제안한 각 부처들은 2차 심사를 위해 동참을 희망하는 부처들과 함께[62] 2~3 페이지짜리 정식 제안서를 작성한다. 각 제안서에서는 이슈 영역이 국가적으로 왜 중요하고, 어떤 부처들이 관련되며, 왜 대통령이 관심을 가져야 하는가를 밝힌다. 또한 실현 가능성을 체크하기 위해 각 이슈 영역과 관련된 외부 전문가들과 민간기업들의 의견을 수렴하여 포함시킨다.

넷째, 최종 이슈 영역이 선정되면 각 이슈 영역별로 작업반을 구성해 향후 5개년 연구계획을 세운다. 과학기술보좌관은 이슈 영역 관할 실무분과위원회 위원장과 함께 작업반 반장을 선정하고, 다시 연방과학기술조정회의 멤버들과 상의해 작업반 구성 멤버를 정한다. 작업반 멤버는 대체로 관련 부처에서 한 명씩 선정했다. 이렇게 구성된 작업반은 이슈 영역에서 연

60) 의장은 브리핑 보고서를 전달하고, 보고서가 검토되었는지를 확인하기 위해 각 멤버 부처 내에 1 명의 연락관(point-of-contact)을 지정해 두었다.

61) 부시 대통령 재임 4년 동안 대통령이 관심을 가져야 할 주요 이슈 영역으로 최종적으로 6개 영역이 선정되었다. 즉 i) global change research, ii) high performance computing and communication, iii) material science and processing, iv) biotechnology, v) mathematics and science education, vi) advanced manufacturing 등이다.

62) 이슈 영역에 대한 동참 여부는 각 부처들의 선택에 맡겨졌다.

방정부가 해야 할 활동들의 목록을 작성하고, 향후 5년 동안의 연구계획을 세운다. 또한 관리예산처(OMB)와 협력해 의회가 어느 정도의 예산을 배정할지 몇 가지 수준을 가정한 후 각 수준에 맞는 예산 활용 방안을 개발한다. 이 작업은 대체로 매년 12월 초까지 완결한다.

다섯째, 각 작업반과 참여 부처들이 합동으로 관리예산처(OMB) 고위 스태프들에게 설명회를 갖고, 향후 5년 동안 추진할 계획에 대해 합의한다. 동 계획에는 각 참여 부처들의 활동 및 예산 수준이 포함되어 있다.

여섯째, 마지막으로 작업반은 대통령의 대의회 예산 요구에 첨부될 보고서를 작성한다. 이 보고서에는 5개년 계획과 활동 목록이 들어 있다.

5) 관련 기구들

국가과학기술회의(NSTC)와 그 산하 실무분과위원회들은 논의 이슈와 관련해서 대통령 과학기술민간자문위원회(President's Committee of Advisers on Science and Technology, PCAST)로부터 전문적인 조언을 받는다. 대통령 과학기술민간자문위원회는 과학기술 분야 민간자문기구[63]로

63) 미국은 과학기술 분야에 공직자로 구성된 부처간 조정기구 이외에 학계, 연구소, 기업 등 민간부문의 저명한 인사들로 구성된 민간자문기구를 설치 운영해 왔다.

최초의 대통령 과학기술 민간자문기구는 트루먼 대통령이 설치한 Science Advisory Council(SAC, 1951~57)이다. 트루먼 대통령이 골든(William T. Golden)의 건의에 따라 백악관에 과학기술보좌관과 자문위원회를 설치하려 했으나, 우여곡절 끝에 1951년 4월 Office of Defense Mobilization 산하에 11명의 과학자들로 구성된 Science Advisory Committee(SAC)만 설치하는 데 그쳤다. 동 SAC는 소련의 우주선 발사에 충격을 받은 아이젠하워 대통령에 의해 1957년 11월에 ODM 산하가 아닌 대통령 산하 President's Science Advisory Committee(PSAC, 1957~73)로 격상되었다. 동시에 의장이 대통령 과학기술보좌관으로 임명되었다. 아이젠하워의 PSAC은 주로 국가안보 및 우주개발과 관련된 과학기술 이슈들을 검토 논의했다.

그 후 PSAC는 1973년 7월 닉슨 대통령이 대통령부 내 Office of Science and Technology와 함께 폐지했다. 이유는 대통령 과학기술보좌관과 PSAC 과학자들이 초음속기와 요격미사일을 개발하려는 자신의 계획에 공개적으로 반대했기 때문이다 (Bromely, 1993: 23).

그러나 1976년 The National Science and Technology Policy, Organization, and Priorities Act(PL 94-248)에 의해 President's Committee on Science and Technology (PCST, 1976-77)로 부활되었다. 동시에 동 법은 Office of Science and Technology를 부활시키고, Intergovernmental Council for Science, Engineering and Technology를 새로 설치했다.

서 과학기술 분야 지식과 경험이 많은 학계, 기업, 비정부기구(NGO) 등의 저명한 인사들로 구성되어, 국가과학기술정책의 형성, 집행, 평가에 민간 부문의 의견을 반영하는 기구이다. 대통령 과학기술민간자문위원회는 대통령에게 독자적인 조언 활동을 하면서 동시에 국가과학기술회의에도 조언한다.

또한 국가과학기술회의는 관리예산처(OMB)와 긴밀한 협조 관계를 유지하고 있다. 두 기구가 협력해 매년 연방 각 부처들이 참고해야 할 R&D 예산지침을 작성하고, 각 부처들이 제안한 R&D 예산안을 검토해 의회에 제출할 대통령의 R&D 예산안을 작성한다.

5 통상정책회의(Trade Policy Committee)

통상정책회의 시스템은 케네디 대통령이 통상진흥법(Trade Expansion Act, 1962)에 의해 설치한 이래 오늘날까지 유지되고 있다. 법률에 의해 설치된 결과 대통령이 바뀌어도 명칭, 역할, 구성 멤버, 구조 등이 크게 바뀌지는 않았다.[64] 다만 대통령에 따라 활성화 정도가 달랐다.

다시 카터 대통령이 1977년 7월에 PCST 폐지했다. 그의 고위보좌관들이 백악관 정책 결정 과정에 민간인이 참여하는 것을 반대했기 때문이다. 즉 이들은 민간인들이 제기할 의제와 입장을 아무 제한 없이 반영시키는 것은 바람직스럽지 않다고 생각했다. 레이건 대통령 임기 초에 대통령이 아니라 과학기술보좌관의 민간자문기구인 White House Science Council로 부활되었으나, 그마저 임기 말에 폐지되었다.

현재의 President's Council of Advisers on Science and Technology(PCAST)는 부시 대통령이 선거공약에 따라 1990년 1월 Executive Order 12700에 의해 대통령 민간 자문기구로 설치한 것이다. 동시에 의장을 대통령 과학기술보좌관으로 임명했고, PCAST 산하에 특정 이슈를 취급하는 하부기구로 PCAST 멤버 가운데 한 사람을 의장으로 하는 다양한 패널(Panels)을 운영했다. PCAST 지원 스태프들은 1명의 사무국장(Executive Secretary), 2~3명의 정책분석가와 지원 요원으로 구성되었다. 사무국장과 스태프들은 자문회의와 패널회의들을 지원하고, OSTP 내 회의체(Councils, FCCSET, ICSET, PCAST) 담당 부장(Assistant director)에게 그 활동을 보고했다.

64) 통상정책회의(TPC) 이외의 다른 경제장관회의들은 대부분 대통령명령(Executive Order)에 의해 설치되어 대통령이 바뀜에 따라 명칭, 역할, 멤버, 구조, 운영 방식 등이 자주바뀌었다.

1) 역할과 구성

통상정책회의(TPC)는 국제 통상과 투자에 관한 미국 정부의 정책을 개발하고 조정하기 위해 설치된 이슈별 관계장관회의이다. 즉 GATT, UR, WTO, OECD, APEC, UNCTAD, FTA 등 다자간 무역 협상뿐만 아니라 양자간 무역 협상에서 미국 정부의 입장과 협상 전략을 개발하고 그 과정에서 연방부처 간, 정부와 민간 간, 연방정부와 지방정부 간 의견을 조정하는 기구이다.

통상정책회의는 통상문제에 이해관계가 있는 상무, 농무, 국무, 재무, 노동, 법무, 국방, 내무, 교통, 에너지, 보건복지 등 장관들과, 관리예산처장, 경제자문회의 위원, 연방환경청장, 국제개발협력처장, 국가경제회의와 국가안보회의의 국제경제담당 부보좌관 및 기타 이슈에 따라 초청된 기관장 등으로 구성된다.

2) 하부기구와 지원기구

통상정책회의 산하에 통상정책검토그룹(Trade Policy Review Group, TPRG)과 통상정책실무위원회(Trade Policy Staff Committee, TPSC)가 설치되어 있는데, 전자는 통상정책회의 참석기관들의 차관급으로 구성하고, 후자는 차관보급 공무원으로 구성했다. 통상정책실무위원회(TPSC)는 특정 영역들을 담당하는 분과위원회와 특정 이슈를 분석하는 작업반을 50~60개 정도 두고 있다.

통상정책회의(TPC)와 통상정책검토그룹(TPRG)과 통상정책실무위원회(TPSC)에 대한 지원은 통상대표실(Office of U. S. Trade Representative)[65]에서 담당한다. 의장은 각각 통상대표(USTR), 통상부대표(Deputy

---

65) 통상대표실은 1명의 대표, 2명의 부대표로 구성되어 있고, 워싱턴 본부와 제네바 대표부가 있다. 워싱턴 본부는 1명의 부대표 아래 5개국으로 구성되어 있다.

- Bilateral Negotiations: Western Hemisphere, European and the Mediterranean, Japan, China, Asia and Pacific, Africa.
- Multilateral Negotiations: WTO and Multilateral Affairs, GSP and UNCTAD.
- Sectoral Activities: Financial and Investment Policy, Industrial Affairs, Agricultural Affairs, Textiles, Services/Investment/Intellectual Property, Environment and Natural Resources.

USTR), 통상대표실 스태프들이 담당하고, 행정 지원도 통상대표실에서 제공한다.

3) 통상정책과 협상전략의 개발과 조정 과정

국제무역 및 해외투자 관련 모든 이슈들은 일차적으로 통상정책실무위원회(TPSC) 산하 분과위원회나 작업반에서 분석하고 정책건의안을 작성한다. 이 건의안은 통상정책실무위원회에서 논의하고 조정한다. 통상정책실무회의에서 조정되지 않은 쟁점 이슈들이나 중요한 이슈들은 통상정책검토그룹(TPRG)에서 다시 논의해 타결한다. 통상정책실무회의나 통상정책검토그룹에서 타결된 이슈들은 절차상 통상정책회의(TPC)에서 최종 합의를 거친다. 통상정책회의의 합의안은 대통령의 승인을 받음으로써 확정된다. 그러나 통상대표(USTR)는 통상정책회의(TPC)의 합의안과 다른 안을 대통령에게 건의할 수 있다. 확정된 정책의 집행은 통상대표가 책임진다. 통상대표는 필요하면 집행 책임을 상무부, 농무부 등 다른 부처들에 위임할 수 있다.

통상정책과 협상전략의 개발과 조정 과정에서 의회(Congress), 주정부와 지방정부, 민간기업과 이익집단, 일반 국민들로부터 의견을 수렴한다. 의회의 여론은 의회통상정책자문단들[66]로부터 조언을 받거나 통상대표가 의원들을 접촉해서 수렴하고, 소비자를 포함한 일반 국민들로부터의 의견 수렴은 공청회를 개최하거나 연방 공보게시판(Federal Register Notice)을 활용해 의견서 제출을 요청하는 방법으로 이루어진다. 민간이익집단, 주정부, 지방정부 등으로부터의 의견은 1974년에 만들어진 자문기구 시스템을 통해 수렴된다. 자문기구로는 2001년 현재 대통령통상자문위원회(President's Advisory Committee for Trade Policy and Negotiations)[67]와 6개

- Analysis, Legal Affairs and Policy Coordination: General Counsel, Economic Affairs, Policy Development and Coordination.
- Public Outreach: Congressional Affairs, Public/Media Affairs, Intergovernmental Affairs.

66) 상하 양원으로부터 각 5명씩 총 10명의 의원으로 구성된 통상정책자문단이 법적 기구로 설치되어 있고, 특정 통상 이슈에 대해 별도의 자문단을 구성할 수 있다. 통상대표가 관리한다.

67) 대통령통상자문위원회는 대통령이 임명한 경제 주요 분야별 민간대표 45명으로 구성되

의 분야별 정책자문위원회(Policy Advisory Committee)[68] 및 4개의 기능별 위원회(functional committee),[69] 22개의 품목별 위원회(technical committee)[70]들이 있다. 이들 위원회들은 관련 부처들의 협조를 받아 통상대표실(Office of U. S. Trade Representative)에서 관리한다.

4) 경제정책회의와의 관계

통상정책회의(TPC)는 대통령이 경제정책회의(Economic Policy Council)를 설치해 적극 활용하면 유명무실해지고, 그 하부기구들인 통상정책검토그룹(TPRG)과 통상정책조정위원회(TPSC)는 경제정책회의의 하부기구로 흡수된다. 그러나 경제정책회의가 활성화되지 않을 경우 통상정책회의가 국제 무역 및 투자정책의 실질적인 최고 조정기구가 된다.

6 국토안전회의(Homeland Security Council)

국토안전회의(HSC)는 미국 내에서 발생하는 테러에 대한 대책을 담당하는 이슈별 관계장관회의이다. 미국 영토와 국가기간시설 및 시민들에 대한 물리적 테러 공격이나 사이버 테러 공격을 사전에 방지하고, 테러 발생시 그 피해를 최소화하기 위한 정책과 프로그램을 개발하고 집행하는 데 필요

어 미국의 통상정책과 협정들을 국익의 관점에서 검토하고 건의한다.

68) 통상대표가 단독으로 임명하고 관리하는 Intergovernmental Policy Advisory Committee for Trade와 Trade Advisory Committee for Africa, 통상대표와 관련 장관이 공동으로 임명하고 관리하는 Agricultural Policy Advisory Committee, Labor Advisory Committee, Defense Policy Advisory Committee, Trade and Environment Policy Advisory Committee 등이다. Intergovernmental Policy Advisory Committee for Trade는 주지사, 시장, 주의회 의원, 군의 고위공무원(County Officials) 등으로 구성되어 주정부와 지방정부의 의견을 수렴해 건의하고, 나머지는 민간인들로 구성되어 해당 분야의 의견을 수렴해 반영한다.

69) 4개 기능별 위원회는 Committee on Customs, Committee on Standards, Committee on Intellectual Properties, Committee on Electronic Commerce이다. 통상대표와 상무장관이 공동으로 관리한다.

70) 17개 공산품과 5개 농산품별로 설치되어 있고 미국의 통상정책이 해당 품목의 수출입에 미치는 영향에 대해 조언한다. 이 위원회들은 통상대표가 상무장관 혹은 농무장관과 함께 관리한다.

한 조정을 하는 기구이다.

미국의 대테러 업무는 국가안보기구, 정보기구, 국내치안기구 등에 분산되어 있었으나, 1991년 소련 붕괴 이후 통합되기 시작했다. 제2차 세계대전 이후 미국과 군사적 경제적 경쟁을 벌여 오던 소련이 붕괴함으로써 미국은 군사적으로나 경제적으로 세계 유일의 최강 국가가 되었다. 이는 향후 21세기에는 적대 세력들이 미국에 전통적인 군사적 공격을 감행할 가능성은 거의 사라졌으나, 테러 공격을 감행할 가능성은 한층 증가하게 됨을 의미했다. 또한 첨단무기의 발달은 테러리스트들의 파괴력이 전보다 훨씬 강력해질 것임을 암시했다.

그리하여 1993년 클린턴 대통령이 집권하면서부터 테러 대책을 국가안보의 최우선 순위로 설정하고, 테러 억제에 대한 확고한 의지 표명과 함께 테러 관련 기존 시스템과 프로그램을 검토 강화했다.[71)]

클린턴 대통령은 국가안보회의 고위위원회(NSC Principals Committee)로 하여금 180일 이내에 국가기간시설보호계획(National Infrastructure Assurance Plan)을 수립하도록 했고, 국가안보회의 지원실 내에 테러담당조정관(National Coordinator for Security, Infrastructure Protection, and Counter-terrorism)과 기간시설보호조정그룹(Critical Infrastructure Coordinating Group)을 설치해 범국가적 대테러 활동들을 조정하도록 했다.[72)] 기간시설보호조정그룹(CICG)은 분야별 기간시설보호조정관(Functional Coordinators, Sector Liaison Officials)[73)]들로 구성된 부처간 위원회로서 기간시

71) Presidential Decision Directive 63 참조.

72) 아울러 국가기간시설보호자문회의(National Infrastructure Assurance Council)도 설치했다. 동 회의는 연방정부, 주정부, 지방정부의 고위공무원들과 국가기간시설 운영 민간기업 임원들로 구성된 대통령 자문기구로서 공공부문과 민간부문 간의 협력을 촉진하는 기구이다. 의장은 대통령이 지명했고, 사무처장(Executive Secretary)은 테러담당 조정관(National Coordinator)이 겸임했다.

73) 클린턴 대통령은 국가기간시설을 국가안보 시설, 국내치안 시설, 해외정보 시설, 외교 시설, 정보통신 시설, 금융 시설, 교통 시설, 물공급 시설, 에너지 시설 등 12개 분야로 구분해 각 분야별 기간시설들의 보호를 책임지는 주무부처를 지정했다. 주무부처들은 차관보급 이상의 공무원으로 기간시설조정관을 임명했다. 민간시설이 없어서 민간 분야와 협력할 필요가 없는 국가안보 시설, 국내치안 시설, 해외정보 시설, 외교 시설 분야는 Functional Coordinator를, 민간 소유 기간시설들이 많아 민간부문과의 협력이 필요한 경우 Sector Liaison Official을 임명했다.

설 보호를 위한 정책의 개발과 집행을 조정하고 기간시설 보호에 투입할 각 부처들의 예산안에 대해 조언을 제공하는 기구이다. 테러 담당조정관(National Coordinator)은 기간시설보호조정그룹의 의장을 담당하고, 대통령에 대한 보고는 국가안보보좌관을 통해 하나, 국가안보회의 고위위원회나 차관위원회에 대한 보고는 직접 한다.

동시에 클린턴 대통령은 관련 부처들로 하여금 테러 공격에 취약한 부분을 줄이고 테러에 대한 사전 억제와 사후 대응 역량을 강화하도록 했으며, 테러 활동에 대한 분석과 시의적절한 경고를 위해 국가기간시설보호센터(National Infrastructure Protection Center)[74]를 연방수사국(FBI) 내에 신설했다.

클린턴 대통령이 이처럼 대테러 시스템을 강화했음에도 불구하고, 후임 부시 대통령이 대외 강경 노선을 천명하자 2001년 9월 11일 테러리스트들이 미국 민간 여객기들을 납치해 미국의 국방부(Pentagon)와 세계무역센터(World Trade Center)를 자살 공격하는 사건, 이른바 9·11테러가 발생해 미국 전역이 불안과 공포에 휩싸였다.

이에 대한 대응으로 부시 대통령은 그 해 10월 대통령 명령(Executive Order) 제13228호에 의해 국가안보회의 시스템에 버금가는 강력한 대테러 관계장관회의 시스템을 구축했다.[75] 국가안보회의 시스템에서 담당해 오던 테러 업무 가운데 미국 영토 내에서 발생하는 테러에 대한 업무를 분리 확대해 별도의 국토안전회의(HSC) 시스템을 구축한 것이다.[76] 부시 대통령은 국

---

74) 모든 기관들은 관할 국가기간시설에 대한 테러 위협이나 공격을 즉각 NIPC에 보고하도록 했다.

75) 대테러 관련 정책조정 기구로는 9·11테러 이전부터 네 가지 방안이 제안되었다. 첫째, 기존 국가안보회의를 활용하는 것이다. National Commission on Terrorism에서 작성한 건의안이다. 둘째, 기존 국가안보회의 시스템과 유사한 시스템을 구축하는 것이다. Gilmore Commission에서 작성한 방안이다. 셋째, 국가안보회의를 활용함과 동시에 기존의 테러 관련 기구들을 통합하고 추가로 기획조정 기능을 갖는 장관급 Agency를 구축하는 것이다. Hart-Rudman Commission에서 작성한 건의안이다. 넷째, 부통령을 의장으로 하는 관계장관회의(Council)와 지원 스태프를 구축하는 방안이다. Center for Strategic and International Studies에서 작성한 건의안이다. 부시 대통령은 9·11테러 직후에 Gilmore Commission의 건의안을 채택했으나, 나중에 Hart-Rudman 건의안을 추가했다.

76) 국토안전회의 설치에 이어 같은 달에 특별히 국가기간시설의 정보통신 시스템에 대한

토안전회의뿐만 아니라 대통령비서실 내에 국토안전보좌관(The Assistant to the President for Homeland Security)과 대통령부 내에 국토안전대책실(The Office of Homeland Security)[77] 및 국토안전민간자문회의(President's Homeland Security Advisory Council)[78]를 설치했다.

테러 공격을 방지하기 위한 부처간 조정기구로서 Executive Order 13231호에 의해 국가기간시설보호위원회(President's Critical Infrastructure Protection Board)를 설치했다.

정보화 시대에 정부 운영, 국가안보, 금융 서비스, 기업거래, 의료 서비스, 교통 서비스, 에너지 서비스 등 국가 주요 활동들은 정보통신 시스템에 크게 의존하고 있다. 국가기간시설들의 정보통신 시스템에 이상이 생기면 이러한 시설들에 의한 서비스 활동들이 대부분 중단된다. 국가기간 정보통신 시스템에 대한 종합적인 보호가 중요한 국가적 과제로 떠올랐다. 국가기간시설보호위원회(CIPB)는 국가기간시설들의 정보통신 시스템을 보호하기 위해 필요한 대책들을 마련하고 집행하는 과정에서 필요한 조정을 하는 부처간 조정회의이다.

구성 멤버는 국무, 재무, 국방, 법무, 상무, 보건복지, 교통, 에너지 등 8개 장관들과, 과학기술정책실장, 국가안보보좌관, 국토안전보좌관, 경제정책보좌관 등 4개 보좌관 및 정보총괄국장(DCI), 합참의장(JCS), 관리예산처장, 연방비상관리청장(Federal Emergency Management Agency), 그리고 대통령 비서실장, 부통령 비서실장, 연방총무처장(Administration of General Services) 등이 지명한 고위공무원이나 스태프이다. 의장은 대통령 사이버보안 특별보좌관(Special Advisor to the President for Cyberspace Security)이 담당하고, 의장은 국가안보보좌관과 국토안전보좌관에게 보고한다. 하부기구로는 정책조정위원회(Policy Coordination Committee)와 10개 상임위원회(Standing Committees)가 있다. 각 상임위원회 위원장은 필요에 따라 분과위원회(Subcommittees)를 설치할 수 있다. 지원기구는 의장인 백악관 사이버보안 특별보좌관의 스태프들과 관련 부처에서 차출된 공무원들로 구성되어 있다.

국가기간시설보호위원회는 민간부문의 시각을 반영하기 위해 정보통신 분야 대통령 민간자문회의인 국가안보통신자문위원회(President's National Security Communications Advisory Committee, NSTAC) 및 국가기간시설자문위원회(National Infrastructure Advisory Council, NIAC)와 긴밀한 협조 관계를 유지한다. 전자는 국가안보 및 비상사태 관련 정보통신 시스템의 보안에 관해 대통령에게 조언하는 기구이고, 후자는 경제 분야 국가기간시설들의 정보통신 시스템 보호를 위해 공공부문과 민간부문 간 협력을 증진하고 대통령에게 조언하는 기구이다.

77) 국토안전대책실(Office of Homeland Security)의 핵심 역할은 대테러국가종합전략(National Strategy for Homeland Strategy)을 수립하고, 이 전략의 실행을 위해 국토안전회의(Homeland Security Council)를 통해 연방부처간 조정과 국토안전민간자문회의(President's Homeland Security Advisory Council)를 통해 연방정부, 지방정부, 민간부문 간의 협력을 촉진하는 것이다. 또한 OMB와 협의해 각 부처들의 대테러 대책 예산안을 검토해 그 수준과 용도에 대해 조언한다.

78) 국토안전민간자문회의(PHSAC)는 민간기업, 학계, 사회단체, 주정부, 지방정부 등의 임원

더 나아가 이듬해인 2002년에는 국가안전부(Department of Homeland Security)까지 설치했다.[79] 테러대책은 9·11 이전에는 국가기간시설들의 정보통신 시스템에 대한 사이버 공격 억제에 치중했으나, 9·11 이후에는 정보통신 시스템뿐만 아니라 국가기간시설 자체와 미국시민들의 보호로 확대되었다.

부시 대통령이 설치한 국토안전회의(HSC) 시스템은 내부구조와 지원기구 및 운영절차에서 국가안보회의(NSC) 시스템과 매우 유사하다.

1) 기능과 구성

국토안전회의(HSC)는 테러로부터 미국 영토와 미국인들을 지키기 위해 필요한 모든 측면에서 대통령에게 조언하고, 테러 대책을 입안할 뿐만 아니라 부처간 입장들을 조정하며, 효율적인 집행을 확보하기 위해 설치된 관계장관회의이다. 그 밖에도 국가안전회의는 미국내 테러 위험에 대한 평가는 물론 테러 방지를 위한 미국 연방 부처들의 의지와 정책 등을 평가하고, 대통령에게 개선책을 건의한다.

법정 멤버로는 대통령, 부통령, 재무장관, 국방장관, 법무장관, 보건복지장관, 교통장관, 연방비상사태관리처장(Director of Federal Emergency Management Agency), 연방수사국장(Director of Federal Bureau of Investigation), 정보총괄국장(Director of Central Intelligence), 대통령 국토안보보좌관 등이다. 대통령 비서실장, 부통령 비서실장, 국가안보보좌관, 대통령 특별고문, 관리예산처장 등이 항상 초청되고, 그 외 장관들과 대통령 보좌관들도 논의 의제에 따라 초청된다. 의장은 대통령이고, 대통령이 참석하지 못하면 부통령이 주재한다.

과 고위공무원으로 구성되어 대통령에게 대테러 종합전략의 개발과 집행에 관해 조언, 민간부문과 공공부문 간의 협력 촉진 방안에 관한 조언, 특정 테러 대책의 실현 가능성과 효과성에 대한 검토 조언 등을 담당하는 기구이다. 대통령에 대한 조언은 국토안전보좌관을 통해서 한다. 산하에 분야별로 4개 위원회(Senior Advisory Committees)를 두었다.

79) 국토안전부(Department of Homeland Security) 설치로 인해 2003년 2월에 국가기간시설보호회의(President's Critical Infrastructure Protection Board)를, 3월에 국토안전민간자문회의(President's Homeland Security Advisory Council)를 폐지했다. 국가기간시설보호위원회의 기능은 국토안전부로 이관되었다.

2) 하부기구

국토안전회의 하부기구로는 고위위원회(Principals Committee, HSC/PC), 차관위원회(Deputies Committee, HSC/DC), 11개 정책조정실무위원회(Policy Coordination Committees, HSC/PCCs)를 설치했다.

고위위원회(HSC/PC)는 국토안전회의를 자주 소집하기 쉽지 않아 그 역할을 대신하는 기구로서 재무, 국방, 법무, 보건복지, 교통 등 5개 장관과 관리예산처장(OMB), 대통령 국토안전보좌관, 대통령 비서실장, 정보총괄국장(DCI), 연방수사국장(FBI), 연방비상관리청장(FEMA), 부통령 비서실장 등으로 구성된다. 그 밖에도 국가안보보좌관은 항상 초청되고, 여타 부처장들과 보좌관들도 관련 이슈가 논의되면 초청된다. 고위위원회의 의장은 대통령 국토안전보좌관이 담당한다. 고위위원회는 의장인 국토안전보좌관의 소집이 있을 경우 개최되며, 의장이 정규 멤버들과 상의해 의제를 정하고, 논의에 필요한 보고서가 준비되도록 조치를 취한다.

차관위원회(HSC/DC)는 고위위원회 참석 기관들의 부장관이나 차장으로 구성되어, 실무조정위원회들을 지휘 감독하고, 국토안전회의나 고위위원회에서 논의해야 할 이슈들이 실무조정위원회에 의해 충분히 분석되어 준비되었는지를 점검한다. 국토안전대책실 부실장이 의장을 맡는다. 마찬가지로 의장의 요구에 의해 개최되며, 의장이 멤버들과 상의해 의제를 결정하고 보고서 준비를 책임진다.

정책조정실무위원회(HSC/PCCs)는 기능별로 11개[80]가 설치되어 있고, 대통령 국토안전보좌관은 대통령의 지시나 주요 장관들과 협의해 정책조정

---

80) - Detection, Surveillance and Intelligence
- Plans, Training and Evaluation
- Law Enforcement and Investigation
- Key Asset, Border and Airspace Security
- Domestic Transportation Security
- Domestic Threat Response and Incident Management
- Medical and Public Health Preparedness
- WMD Consequence Management
- Economic Consequences
- Research and Development
- Public Affairs

실무위원회를 추가로 설치할 수 있다.

각 정책조정실무위원회는 차관위원회 참석 기관들의 공무원들이나 스태프로 구성되어, 해당 분야에서 i) 정책의 개발과 집행 과정에서 기관 간 이견 조정, ii) 정책을 둘러싼 연방정부, 주정부 및 지방정부 간의 의견 조율, iii) 고위위원회와 차관위원회에서 검토할 이슈들에 대한 분석과 대안 작성, iv) 대통령 결정의 즉각적인 이행 독려 등의 업무를 담당한다.

정책조정실무위원회 의장은 국토안전대책실 부장들(senior director of directorate)이 담당하고, 업무 수행에 필요하면 작업반을 구성할 수 있다. 정책조정실무위원회는 상시 활동하고 있다.

3) 운영 및 지원기구

국토안전회의 시스템은 대통령 국토안전보좌관(Assistant to the President for Homeland Security)과 국토안전대책실(Office of Homeland Security)에 의해 운영된다. 국토안전보좌관은 대통령의 개인 보좌관이자 국토안전회의 시스템의 관리책임자이다. 국토안전보좌관의 이러한 역할 수행은 대통령부 내에 설치된 국토안전대책실이 지원한다. 국토안전대책실은 1명의 실장, 2명의 부실장과 1명의 사무국장(Executive Secretary)으로 구성되어 있고, 부실장들 산하에는 8개 부서(directorate)[81]와 테러위협감시센터(Threat Monitoring Center)가 있다. 국토안전대책실장은 대통령 국토안전보좌관이 겸임한다.

대통령이 의장인 국토안전회의는 국토안전대책실장이, 국토안전보좌관이 주재하는 고위위원회(HSC/PC)는 국토안전대책실 부실장이 간사역을

---

81) - Research and Development
- Policy and Plans
- Intelligence and Detection
- Protection and Prevention
- Response and Recovery
- Communications
- Public Liaison
- Intergovernmental Affairs

이 중 Research and Development와 Intelligence and Detection의 부장은 각각 과학기술정책보좌관과 국가안보보좌관에게도 보고한다.

〈표 4-18〉 국토안전회의 시스템의 운영 및 지원기구

기 구	의 장	간 사
본회의	대통령	국토안전대책실장
고위위원회	국토안전보좌관	국토안전대책실 부실장
차관위원회	국토안전대책실 부실장	국토안전대책실 사무국장
정책조정실무위원회	국토안전대책실 부장	국토안전대책실 스태프

맡아 회의 운영을 지원한다. 국토안전대책실 부장들이 주재하는 정책조정실무위원회(HSC/PCCs)들에도 국토안전대책실 스태프가 간사로 1명씩 배속되어 지원한다.

이들 간사들은 의장을 도와 회의 의제를 선정하고, 의제 관련 검토보고서를 준비하며, 회의를 소집하고 회의록을 작성한다. 이러한 지원 업무 수행에는 국토안전대책실 스태프들의 도움을 받는다.

4) 국토안전 정책의 입안 및 조정 절차

국토안전회의 시스템에서 정책의 입안과 조정은 일반적인 절차에 따른다. 즉 정책조정실무위원회 산하 작업반에서 주요 이슈들에 대한 분석과 대안을 작성하면, 정책조정실무위원회에서 1차적인 검토와 조정을 시도하고, 여기서 조정이 안 된 쟁점들은 고위위원회와 국토안전회의 본회의에서 타결한다.

7 마약정책회의(Drug Policy Council)

마약정책회의(DPC)는 마약의 불법적인 생산, 유통, 소비를 막기 위한 대책을 마련하고 부처간 조정을 위해 클린턴 대통령이 1996년 11월에 설치한 이슈별 관계장관회의이다.[82] 그 이전부터 마약 관련 관계장관회의로 법무장관을 의장으로 하는 국가마약대책회의(National Drug Policy Board,

82) 1996년 3월에 Executive Order 12992에 의해 Council on Counter-Narcotics를 설치했으나, 11월에 구성 멤버를 확대하면서 그 명칭을 Drug Policy Council로 바꾸었다.

1987~96)가 설치되어 있으나,[83] 대통령을 의장으로 하는 마약정책회의가 설치됨으로써 국가마약대책회의는 유명무실해졌다.

1) 역할과 구성

마약정책회의(DPC)는 대통령부 마약통제정책실(Office of National Drug Control Policy, ONDCP) 주도로 수립한 국가마약통제전략(National Drug Control Strategy)의 운영과 점검에 관해 대통령에게 조언하고, 마약통제전략의 집행 과정에서 부처들 간의 의견과 활동을 조정하는 기구이다. 마약정책회의는 대통령, 부통령, 12개 부처 장관,[84] 대통령 비서실장, 국가안보보좌관, 국내정책보좌관, 대통령 특별고문, 마약통제정책실장(Director, Office of National Drug Control Policy),[85] 그리고 유엔대사, 관리예산처장, 정보총괄국장(DCI), 합참의장 등으로 구성되었다. 의장은 대통령이고, 대통령이 참석하지 못하면 부통령이 주재한다.

2) 하부기구

마약정책회의는 하부기구로 장관급 집행위원회(Executive Committee)와 실무급 부처간 조정기구들을 두고 있다. 집행위원회는 법무장관, 재무장관, 국방장관, 교통장관, 국무장관, 국가안보보좌관, 정보총괄국장, 마약통제정책실장 등 8인으로 구성되어 마약정책회의가 소집되지 않을 경우 마약대책회의의 역할을 대신한다. 실무급 부처간 조정기구로는 마약정보조정그룹(Counterdrug Intelligence Coordinating Group, CDICG)과, 마약정책작업반(Counter-Narcotics Interagency Working Group), 반입금지위원회(Interdiction Committee), 마약정보위원회(Committee on Narcotics Intelligence Issues) 등이 있다.

---

83) National Drug Policy Board는 1987년 3월 Executive Order 12590에 의해 설치된 관계장관회의로 법무(의장), HHS, 국무, 재무, 국방, 내무, 농무, 노동, HUD, 교통, 에너지, 교육 등 장관들과 관리예산처장, 국가안보보좌관, 정보총괄국장, 대통령부 마약대책실장 등으로 구성되어, i) 연방정부의 마약 남용을 방지하는 데 필요한 정책과 전략 및 자원을 검토, 평가, 개발, ii) 관련 연방 부처에 가이드라인 제공, iii) 국내외 불법 마약 거래와 남용을 방지하기 위한 연방 부처들의 활동 조정 등을 담당하는 기구이다.

84) 국무, 재무, 국방, 법무, 교통, 내무, 교통, 농무, 보건복지, 주택도시 개발, 교육, 원호처.

85) 대통령부(Executive Office of President) 소속 기관이다.

마약정보조정그룹(CDICG)은 집행위원회(Executive Committee) 위원들이 각각 1명씩 지명한 고위공무원들과 마약 업무 집행기관장들[86]이 각각 1명씩 지명한 고위공무원들로 구성되어, 마약 업무에 간여하는 정보기관들과 법집행기관들 간의 조정, 연방정부-주정부-지방정부 간의 마약 업무 조정, 외국 정부들과의 마약 퇴치 협력 촉진, 소속 기관들 간의 업무 할당 등을 수행한다. 마약정보조정그룹은 이슈들을 분석하고 대안을 작성해야 하는 경우 작업반들을 설치해 왔다. 마약정보조정그룹의 의장은 2명인데, 한 명은 정보총괄국장이 지명한 고위공무원이고, 다른 한 명은 마약 관련 법집행기관장들이 합의 지명한 고위공무원이다.

마약정책작업반은 마약통제를 위한 정책 가이드를 작성하는 기구로서 마약통제정책실장이 지명하는 고위 스태프가 반장을 담당하고 있다. 반입금지위원회는 마약류의 미국내 반입을 차단하기 위해 관련 기관들을 조정하는 기구로서 관세청장(U. S. Customs)이 위원장을 맡고 있다. 마약정보위원회는 여러 정보기관들의 마약 관련 업무를 조정하는 기구로서 중앙정보국 산하 마약범죄센터의 소장이 위원장을 맡고 있다.

3) 지원기구

마약정책회의 본회의와 집행위원회에 대한 지원 및 관리는 대통령부 내에 설치된 마약통제정책실(ONDCP)에서 담당한다. 그러나 그 산하 마약정보조정그룹(CDICG)은 별도의 마약정보사무국(Counterdrug Intelligence Executive Secretariat)을 두고 있다.

마약통제정책실은 대통령 보좌기구로서 마약 통제에 관해 대통령에게 조언함과 동시에 마약 통제 전략의 형성과 집행을 총괄 지휘하는 기구이다. 마약정보사무국은 마약정보조정그룹에 대한 행정 지원과 동시에 전문가 서비스(professional service)를 제공한다. 회의 소집과 준비 및 진행을 지원할 뿐만 아니라, 마약 관련 이슈들을 분석 검토하고 해결 대안을 마련하고, 관련 부처 간에 갈등이 발생하면 1차적으로 해결을 시도하며, 연방정부와 지방정부 및 외국정부의 마약 담당 기관들 간에 정보 협력을 촉진한다. 마

86) Drug Enforcement Administration, Federal Bureau of Investigation, U. S. Customs, Internal Revenue Service, U. S. Coast Guard.

약정보사무국은 관련 부처에서 차출한 10여 명의 공무원들과 국장을 포함한 5명의 행정요원으로 구성되어 있고, 업무량에 따라 관련 부처에서 공무원들을 파트타임으로 차출해 활용한다. 국장은 법집행기관 출신 공무원이 담당하고, 부국장은 정보기관 출신 공무원이 담당한다.

4) 마약억제 정책의 추진과 조정 절차

마약정책회의는 대통령의 소집에 의해 개최되나 자주 소집되는 것은 아니고, 보통 분기에 한 번 정도 개최된다. 따라서 평소에는 집행위원회, 산하 마약정보조정그룹 그리고 마약정보사무국에 의해 논의되고 조정된다.

새로운 마약 대책을 내놓기 위해서는 우선 마약정보사무국에서 이슈를 분석해 대안을 마련하고, 마약정보조정그룹(CDICG)에서 1차적으로 논의 조정하며, 여기서 해결되지 않으면 마약정책회의 집행위원회, 본회의에서 최종 조정한 후 대통령의 승인을 받는 절차를 거친다. 새로운 이슈들은 마약정책회의 구성 멤버 기관, 마약통제정책실, 마약정보조정그룹과 그 산하 작업반은 물론 마약정보사무국 자체에 의해서도 제기된다.

또한 마약정책작업반, 반입금지위원회, 마약정보위원회 등에서 해결되지 않은 이슈들은 마약정보조정그룹에서 논의 조정하고 이곳에서도 해결되지 않으면 마약정책회의(집행위원회)에서 최종 타결한다.

8 식품안전회의(Council on Food Safety)

식품안전회의(CFS)는 안전한 식품의 공급과 관련된 정책들을 효율적으로 조정하기 위해 1998년 8월에 대통령 명령(Executive Order) 제13100호에 의해 설치된 이슈별 관계장관회의이다. 당시 미국에서는 매년 음식으로 인해 수백만 명이 발병하고 그 가운데 상당수가 사망했다. 그리하여 1997년 1월 클린턴 대통령은 농장에서 식탁에 이르기까지 먹거리의 안전성을 강화[87]하기 위한 식품안전 구상(Food Safety Initiative)을 밝히고, 국립과

87) 클린턴 대통령은 과학적 규제(science-based regulation)와 안전검사(Inspection), 법집행(Law Enforcement), 연구(Research), 교육(Education) 등을 통해 불량식품을 예방함

학원(National Academy of Sciences)으로 하여금 식품안전관리 시스템을 검토 평가해 보고하도록 했다. 식품안전회의는 이 보고서의 건의 따라 설치되었다.

식품안전회의에 부여된 구체적인 역할은 i) 연방식품안전종합계획(Comprehensive Strategic Plan for Federal Food Safety Activities)의 개발[88]과 주기적인 검토 보완, ii) 대통령에게 연방식품안전종합계획의 효율적인 집행 방법에 관한 조언, iii) 연방정부기관들 간의 조정, 연방정부-주정부-지방정부-민간부문 간의 조정, iv) 연방정부기관들에게 식품안전 중점투자에 대한 조언과, 관련 부처들의 식품안전 예산안에 대한 조정 등이다.

식품안전회의는 농무부장관, 상무부장관, 보건복지부장관과, 과학기술보좌관, 국내정책보좌관, 관리예산처장(OMB), 연방환경청장(EPA) 등으로 구성되었는데, 그 의장은 농무부장관, 보건복지부장관, 과학기술보좌관이 분기마다 돌아가면서 공동으로 담당했다. 의장과 멤버들은 대리인으로 하여금 자신을 대신해 참석하게 할 수 있다.

식품안전회의의 하부기구로는 장관급 혹은 실무급 위원회나 작업반들을 설치했는데, 그 설치 여부는 공동의장들이 구성 멤버들과 상의해 정했다.

식품안전회의에 대한 행정 지원은 별도의 사무국(Secretariat)에서 담당했는데, 사무국은 농무부와 보건복지부 공무원으로 구성되었다. 사무국은 행정 지원 이외에도 식품안전회의 활동의 조정, 구성 멤버들 간의 커뮤니케이션 촉진 등을 담당했다.

식품안전회의는 정기회의와 임시회의가 개최된다. 정기회의는 분기마다 개최되고 그 시간과 장소는 의장이 정했다. 임시회의는 공동의장의 요청이나 구성 멤버 과반수 이상의 요청에 의해 소집된다. 식품안전회의는 매년 3월 대통령에게 지난 1년 동안의 활동과 성과, 향후 1년간의 활동계획, 식품안전종합계획상의 전략 목표들을 향한 진척 상황 등을 포함하는 보고서를 작성해 제출한다.

으로써 미국민의 건강을 지키려고 했다.

88) 식품안전종합계획은 모든 이해관계 당사자들의 의견, 노인과 어린이 등 취약 계층의 욕구, 식품 안전을 위협하는 장단기 이슈 등을 고려함과 동시에, 우선순위 설정과 조정, 효율적인 집행과 진도 측정, 사전 예방 강화 등에 도움이 될 수 있도록 작성했다.

제 3 절 역대 정권별 관계장관회의 설치 운영

미국의 관계장관회의는 1947년에 국가안보회의가 설치되고, 이 모델이 경제 분야와 국내정책 분야에 확산됨으로써 발전해 왔다. 미국 역대 대통령들은 나름대로의 관계장관회의 시스템을 구축하여 활용해 왔다. 이곳에서는 어떠한 관계장관회의를 설치해 어떻게 활용했는지 그 실태를 개관한다.

1 트루먼 대통령(Harry S. Truman, 1945~53)
- 국가안보회의 설치와 소극적 활용 -

트루먼은 루즈벨트 대통령이 사망하자 1945년 4월 12일 대통령직을 승계했다. 부통령으로 재임한 지 82일 만이었다. 그가 대통령직을 물려받을 당시는 제2차 세계대전이 막을 내리려는 시기였다. 그는 취임 후 한 달 만인 5월에 독일군의 항복을 받아내고, 8월에 일본에 원자폭탄을 투하함으로써 제2차 세계대전을 마무리지었다. 전후 트루먼 대통령의 당면과제는 전쟁 과정에서 국제적 리더가 된 미국의 대통령으로서 국제질서를 어떻게 개편하느냐 하는 것과 국내적으로 전시 경제체제를 평시 경제체제로 전환하는 것이었다.

트루먼 대통령의 집권 기간에 국내외적으로 긴장과 소용돌이가 그치지 않았는데, 유럽에서는 소련이 끊임없이 팽창 의욕을 드러내면서 핵무기까지 개발(1949)했고, 아시아에서는 1949년 중국이 공산화되고 소련과 중국의 지원을 받은 북한이 1950년 남한을 침략했으며,[89] 국내에서는 전후 임금 상승 요구가 빗발쳤고, 생필품 부족으로 물가 상승 압력 또한 거세었다.

트루먼 대통령은 이러한 일련의 과업과 사태에 대응해 국제적으로 냉전

---

89) 1950년 연초부터 국무장관 애치슨(Dean Acheson)이 한반도를 미국의 방위 영역에서 제외하겠다고 선언(Acheson Line)하고 일부 주한 미군을 철수시키자 5개월 후 북한군이 남한을 침략했다.

을 벌이고, 국내적으로는 루즈벨트 대통령의 뉴딜(New Deal)에 이어 진보적인 페어딜(Fair Deal) 프로그램을 추진했다. 즉 공산주의자들의 팽창을 억제하기 위해 유럽에서는 유럽경제부흥계획(Marshall Plan)과 북대서양조약기구(NATO)를 창설했고, 아시아에서는 한국전쟁에 적극 개입했다.[90] 또한 국내적으로는 전시 행정기구들을 폐지했을 뿐만 아니라 범국민적 의료보험제도, 교육 지원, 농가소득 지원, 저소득층을 위한 세금 감면, 공공주택 건설 촉진, 시민권 강화, 군내 인종차별 금지 등 진보적인 정책들을 추진했다.

트루먼 대통령은 전후 국내외적으로 산적한 이러한 국정 과제들에 대응하고 추진하기 위해 백악관 보좌기구를 약간 확대한 것[91] 이외에 별다른 시스템을 구축하지 않았다. 즉 전통적인 방식에 따라 대통령인 자신이 주무장관들과 협의해 처리하고 부처간 조정이 필요하면 국무회의를 활용했다. 관계장관회의 시스템에 대해서는 별로 알지도 못했고 관심도 없었다. 그는 비전을 제시하고 국정운영을 적극 주도한 것이 아니라 일련의 사태에 끌려갔으며 자신이 잘 알면 직접 결정하고 그렇지 않으면 장관들에게 맡기는 스타일이었다.

그런데 의회가 1947년에 입법을 통해 국가안보회의(National Security Council)와 국가안보자원회의(National Security Resources Board)를 설치했다. 영국의 제국국방위원회(Committee of Imperial Defense) 시스템을 모방해 대통령을 의장으로 하는 국가안보회의를 설치한 것이다.

의회가 국가안보회의를 설치한 이유는 제2차 세계대전 당시 루즈벨트 대통령이 전쟁전략을 개인적으로 작성하고 한두 보좌관들로 하여금 전쟁 관련 부처들 간의 이견을 조정하도록 하는 것을 보고 불안해 했던 다수의 상하원 의원들이 대통령으로 하여금 군사 외교 문제에 관해 광범하고 다양한 시각과 아이디어를 검토한 후 이들을 조정해 좀더 신중한 결정을 하도록 하기 위해서였다(DiClerico, 1995: 205).

---

90) 다급해진 트루먼 대통령은 한국전쟁에 개입해 북한군을 격퇴했으나 공산주의자들을 섬멸하기 위해 만주까지 진격하려는 맥아더를 해임시키자 전쟁은 교착 상태에 빠졌다.

91) 정보보좌관 신설, 군사보좌관 확대, Council of Economic Advisers 신설 등 자세한 내용은 이송호(2002: 110-116) 참조.

1) 국가안보회의(National Security Council)

의회가 설치한 국가안보회의(National Security Council)는 전원회의와 이를 지원하는 소규모 행정요원으로 구성되었다.

전원회의 법정 멤버는 출범 초기에 대통령, 국무장관, 국방장관, 육·해·공군 장관들, 국가안보자원회의 의장 등이었으나, 2년 후 법 개정으로 3군 장관들이 부통령으로 교체되고 합참의장이 국가안보회의 자문관으로서 참석할 수 있게 되었다.

행정요원은 사무처장(Executive Secretary)과 관련 부처나 군에서 차출된 소수 공무원들[92]로 구성했는데, 사무처장에게는 소속 공무원들에 대한 관리와 함께 대통령에게 국제정세를 보고하는 역할이 부여되었고, 사무처 공무원들에게는 회의 소집과 관리 등 행정 지원 역할만 부여되고 정책내용에 대해서는 어떠한 역할도 부여되지 않았다(Best, Jr., 2001: 52; Shoemaker, 1992: 11-12).

국가안보회의 운영 절차를 보면, i) 국무부 정책기획실(Policy Planning Staff)에서 국가안보회의에 상정될 의제를 선정해 정책 초안을 작성하면, ii) 국가안보회의에서 논의 조정하고, iii) 대통령의 최종 결정을 거쳐, iv) 관련 부처들이 집행하는 것이었다.

그러나 트루먼 대통령은 초기에 이러한 국가안보회의 시스템을 정책결정에 적극 활용하지 않았다. 국가안보회의에 거의 참석하지 않고[93] 국무장관으로 하여금 주재하도록 위임했다. 또한 국가안보회의를 정책결정을 위한 실질적인 논의 조정기구가 아니라 정보를 평가하고 아이디어를 제안하는 단순한 자문기구로 활용했다(Best, Jr., 2001: 10). 사소한 이슈들의 조정 이외에 국가안보회의 시스템을 통해 주요 정책들을 결정하는 전례를 만들지 않으려고 했다. 트루먼 대통령도 루즈벨트 대통령처럼 국가안보정책 결정을 위한 실질적 조언은 안보 관련 부처 장관들로부터 개별적으로 받았고, 부처간 이견은 백악관내 개인 보좌관을 통해 조정했다(Best, Jr., 2001: 53).

---

92) 처음 3명으로 출발했으나, 2년 후 15명으로 늘어났다.

93) 1947년 9월 NSC 설치 이후 1950년 6월 한국전쟁 발발시까지 총 57회 NSC 회의를 개최했으나 그 중 12회만 참석해 주재했다.

트루먼 대통령이 국가안보회의 시스템을 적극 활용하지 않은 근본 이유는 자신의 권한 약화를 우려했기 때문이다. 즉 의회가 국가안보회의를 설치한 동기가 자신의 권한을 제한하기 위한 것으로 의심했고, 또한 국가안보회의를 통한 정책결정은 참석자들 간에 투표가 수반될 수밖에 없는데 이 투표는 곧 대통령인 자신의 권한을 제약한다고 생각했기 때문이다(Best, Jr., 2001: 10).

그러나 트루먼 대통령은 1950년 한국전쟁의 발발을 계기로 국가안보회의에 관심을 갖고 적극 활용했다. 즉 국가안보회의를 매주 목요일 소집하여 대통령 자신이 대부분 직접 주재하면서, 대부분의 안보 관련 이슈들을 국가안보회의에서 논의해 결정했다. 그럼에도 불구하고 주요 정책은 자신이 국무장관과 협의해 결정했고, 부처간 조정이 필요한 사안들에 대해서만 국가안보회의를 활용했다(Best, Jr., 2001: 11).

2) 국가안보자원회의(National Security Resources Board, 1947~53)

국가안보자원회의(NSRB)는 전시에 각종 자원과 시설들의 동원, 민수용과 군수용 간의 배분, 물자의 생산 배분, 전략물자 비축 등에 관한 정책과 집행 프로그램을 작성해 대통령에게 건의하는 기구로서 국무, 국방, 재무, 내무, 농무, 상무, 노동 장관 등으로 구성되었다. 의장은 장관이 아닌 대통령의 측근이었던 힐(Arthur Hill)이 담당했다. 산하에 실무 분과위원회와 사무처를 두었다. 사무처는 회의지원부, 기획부, 동원부, 법률팀으로 조직화되었다.

2 아이젠하워 대통령(Dwight D. Eisenhower, 1953~61)
- 관계장관회의 시스템의 기본 형태 구축 -

공화당 후보로 당선되어 20년 민주당 통치를 종식시킨 아이젠하워 대통령은 제2차 세계대전을 승리로 이끈 연합군 총사령관이었다. 아이러니컬하게도 장군 출신인 그가 당면한 과제는 전쟁이 아니라 평화와 번영이었다. 20세기에 들어 제1, 2차 대전과 한국전쟁으로 지친 미국 국민들에게 휴식을 제공하면서 소련의 팽창을 저지해야 했고, 동시에, 매카시즘(McCarthyism)으로 인한 국론 분열을 막고 경제를 부흥시켜야 했다.

그리하여 그는 재임 기간에 교착 상태에 빠져 있는 한국전쟁을 종결(1953)시켰고, 제2차 중동전[94]과 수에즈운하 분쟁[95]을 조정했다. 더 나아가 공산주의 팽창을 억제하기 위해 동남아조약기구(Southeast Asia Treaty Organization, 1954)와 중앙아시아조약기구(Central Treaty Organization, 1958)를 창설했고, 월남에 군사고문단을 파견(1955)했을 뿐만 아니라 이란에 친미정권을 수립(1953)[96]했으며, 아시아와 중동 및 아프리카 개발도상국들에 대한 경제 원조 등을 추진했다.

또한 경제 침체를 방지하기 위해 세금 감축, 연방고속도로 건설, 중소기업 지원, 민간기업에 의한 자원 개발, 주택 건설 촉진 등을 추진했다. 그러나 선거공약과는 달리 뉴딜과 페어딜 프로그램들을 폐지하지는 않았다. 오히려 연방정부와 군 내에서 인종 차별을 금지하고, 농민 지원, 노인 지원, 의료보호, 교육 지원을 확대했다. 그러나 약속했던 낙후지역에 대한 지원, 실업 감축 등은 성공적으로 추진되지 못했다.

아이젠하워 대통령은 이러한 국정 과제들을 구분하여, 광범위하고 중요한 이슈들은 국무회의에서 논의했고, 주요 정책들은 관계장관회의들을 설치하여 처리했다. 즉 집권하자마자 자신의 주된 관심사인 소련 공산주의 팽창 저지 정책을 추진하기 위해 기존의 국가안보회의 시스템을 강화하고, 미국 경제의 번영에 필요한 정책들을 효율적으로 추진하기 위해 경제 및 국내정책 분야에 새로운 관계장관회의들을 설치했으며, 소련의 인공위성 발사에 자극받아 국가항공우주회의를 설치했다.

아이젠하워 대통령이 관계장관회의의 설치 운영에 적극적이었던 구체적인 이유는 두 가지였다. 첫째, 자신의 스타일 때문이다. 즉 아이젠하워 대통령은 장관들에게 많은 권한을 위임하면서도 자신이 최종 책임을 지는 스타일이었고, 또한 장군 출신이면서도 토론의 중요성을 알고 활용하는 스타일이었으며, 진두 지휘보다는 간접적인 조정에 탁월한 스타일이었다. 둘째, 대통령인 자신이 국정 전반에 걸쳐 다 잘 알 수 없기 때문이었다. 즉 주요

94) 이스라엘이 이집트의 시나이(Sinai) 반도를 점령한 전쟁.
95) 이집트가 수에즈운하를 국유화하자 영국과 프랑스가 이집트를 침공한 사건.
96) 쿠데타 유도를 통해 친소 모사데크 정권을 친미 팔레비 정권으로 교체.

정책들을 관련 장관들이나 보좌관들과 사전에 심도 있게 검토하는 것이 바람직하다고 생각했기 때문이었다.

1) 국가안보회의 시스템의 강화와 활성화

냉전의 전개에 대응한 국가전략의 필요성을 절감한 아이젠하워 대통령은 트루먼 대통령과는 달리 국가안보회의 시스템을 강화하고 외교국방 정책 결정의 중심 기구로 활성화시켰다. 그 이유는, 첫째, 국가안보정책에 관심이 많은 자신이 정책의 결정과 집행에 직접 간여하는 과정에서 효율적인 지원기구가 필요했고, 둘째, 제2차 세계대전시 유럽 전선에서 연합군을 지휘하면서 당시 영국 제국국방위원회(Committee of Imperial Defense)[97]의 운영과 효용성을 알고 있었기 때문이었다.

국가안보회의 시스템의 강화는 위상과 역할 강화, 하부기구 설치, 사무처 강화, 업무 처리절차 정비 등을 통해 이루어졌다.[98] 아이젠하워 대통령은 국가안보회의 시스템을 강화했음에도 불구하고 긴급한 위기 사태를 관리하거나 일상적인 외교국방 업무를 처리하는 데는 자신이 구축한 공식적인 국가안보회의 시스템을 활용하지 않았다. 공식적인 국가안보회의 시스템은 주요 정책을 검토하는 데에 활용한 반면, 위기 상황은 소수 핵심 장관들과의 비공식 회합을 통해 대응했고, 일상적인 외교국방 업무는 관련 부처 장관과 협의해 처리했다(Best, Jr., 2001: 58-59).

(1) 위상과 역할 강화

국가안보회의의 위상 강화는 참석 범위를 법정 멤버 이외에 재무장관, 예산국장, 정보총괄국장(DCI)으로 확대하고 회의를 대통령 자신이 직접 주재하는 방식으로 이루어졌다. 국가안보회의 90% 이상을 직접 참석해 주재했고, 자신이 직접 참석하지 못할 경우 국무장관이 아니라 부통령으로 하여금 주재하도록 했다.[99] 또한 국가안보회의의 역할을 자문기구에서 실질

97) 내각회의 산하에 전쟁 관련 소수 장관들로 구성된 자문기구. 일종의 관계장관회의이다.
98) 아이젠하워 국가안보회의 시스템은 초대 국가안보특별보좌관이자 사무처장인 커틀러(Robert Cuttler)가 대통령의 요청으로 1953년 3월에 작성한 보고서에 따라 강화되었다.
99) 부통령이 주재토록 한 것은 각 부처들을 공정하게 취급하고 국가안보회의의 위상을 강화하기 위함이었다.

적인 결정기구로 격상시켰다. 격주마다 개최하면서 국가안보에 관한 국제정세를 정보총괄국장으로부터 브리핑받은 후, 국가안보정책을 실질적으로 심의 조정해 그 자리에서 결정했다.

(2) 하부기구 설치

국가안보회의의 강화된 역할을 지원하기 위해 하부기구를 신설했다. 즉 국가안보회의 산하에 기획위원회(Planning Board)와 집행조정위원회(Operations Coordinating Board)[100] 및 부처간 실무작업반(Interagency Working Groups)을 신설했다.

기획위원회는 국가안보회의의 참석 부처들의 차관보[101]들로 구성되어 국가안보회의 의제와 정책안을 사전에 준비하고 검토하는 기구였다. 기획위원회 의장은 국가안보특별보좌관이었다. 아이젠하워 대통령이 기획위원회를 설치한 이유는 스태프에 의한 사전 기획과 검토를 통해 보좌관들이나 장관들 간의 논의가 좀더 창의적일 수가 있고, 정책 대안에 대한 합의를 용이하게 할 수 있다고 믿었기 때문이다 (Best, Jr., 2001: 55).

집행조정위원회는 관련 부처의 차관급 간부(undersecretaries), 즉 국무차관, 국방차관, 중앙정보국장, 공보처장, 해외협력청장, 국가안보특별보좌관 등으로 구성되어 대통령이 최종 결정한 국가안보정책의 효율적인 집행을 도모하는 기구였다. 집행조정위원회 의장은 초기에는 국무차관이 당당했으나 나중에는 국가안보특별보좌관이 담당했다.[102]

부처간 실무작업반은 40여개 설치했는데, 이슈별 혹은 국가별 전문가들로 구성했다.

(3) 사무처 강화

대통령 비서실에 신설된 국가안보특별보좌관으로 하여금 국가안보회의의 사무처장을 겸임하도록 했고, 그 지원 스태프의 규모를 확대했다. 아울러

---

100) 집행조정위원회는 1953년 9월에 Executive Order 10483에 의해 NSC와는 별도로 설치되었으나, 1957년에 NSC 산하로 들어왔다.

101) 차관보들(assistant secretaries)은 소속 부처 장관과 긴밀한 관계를 유지하면서 기획위원회에서 부처의 입장을 옹호하고 논의된 사항을 다시 장관에게 보고했다.

102) 그 이유는 의장인 국무차관들이 국무부에 득이 되지 않거나 껄그로운 이슈들을 집행조정위원회의 의제에서 제외하는 등 그 운영이 편파적이었기 때문이다.

사무처의 역할도 단순한 회의관리뿐만 아니라 전문적인 지식을 수집 제공하도록 했다. 이를 위해 지원 스태프로 행정지원 스태프 이외에 정책전문가 스태프들을 추가했다. 그러나 이들 전문가 스태프들도 행정 지원 스태프들처럼 여전히 관련 부처에서 차출된 공무원들이었다.

(4) 정책 추진 및 조정 절차 정비

아이젠하워 대통령이 국가안보회의 시스템을 활용하여 구축한 국가안보 이슈가 처리 절차를 보면 다음과 같다(Best, Jr., 2001: 56).

먼저, 기획위원회에서 국가안보회의에서 논의할 의제를 선정한 후 의제에 대한 정책보고서 초안을 국무부와 국방부 등 관련 부처에서 작성하거나, 국가안보회의 사무처 스태프의 지원을 받아 기획위원회에서 직접 작성하게 했다.[103] 아울러 사무처 스태프는 해당 부처나 기획위원회에서 작성된 정책보고서 초안에 대해 독자적인 평가 메모를 작성하여 국가안보특별보좌관이자 사무처장에게 제공했다.[104]

기획위원회는 부처 간에 이견이 있으면 실무 수준의 조정을 했다. 구성원들 간의 의견 불일치는 최종 정책보고서에 포함되어 국가안보회의에 넘겨졌다. 기획위원회는 국가안보특별보좌관의 주재 하에 매주 화요일과 금요일 오후에 회합을 가졌다. 기획위원회는 민주적으로 운영되어, 구성원은 누구든지 자신의 전문 분야나 소속 부처와 관계 없이 어느 이슈에 대해서도 의견을 개진했다. 국가안보특별보좌관은 특정 입장을 옹호하기보다는 조정자 및 관리자 역할을 했다.[105]

다음으로, 국가안보회의가 개최되었다. 격주마다 목요일 오전에 열리는 국가안보회의는 대통령의 주재 하에 정보총괄국장이 국가안보 정세에 관해 브리핑을 한 후, 기획위원회에서 올라온 정책보고서들에 대해 논의했다. 국

103) 기획위원회가 하나의 정책보고서를 완성하는 데 보통 3~4회의 회합을 가졌다.

104) 이 평가 메모는 국가안보보좌관이 기획위원회를 운영하고 대통령에게 경과 보고를 하는 데 활용되었다.

105) 국가안보특별보좌관 겸 사무처장은 자신의 역할을 종전처럼 여러 부처들의 입장이 충분히 논의되고 반영되도록 하는 정책과정 관리에 국한시켰다. 정책 아이디어를 개발하고 대통령의 입장과 정책 우선순위를 관철하는 정책옹호자 역할을 하지 않았다. 그 이유는 대통령과 장관들 사이에 끼여들지 않기 위해서였다(Best, Jr., 2001: 57; Shoemaker, 1991: 13).

가안보특별보좌관 겸 사무처장은 토론되어야 할 쟁점들을 미리 브리핑하고 논의 결과도 요약했다.

마지막으로 집행조정위원회에서 집행에 필요한 사전준비 작업과 집행 후 점검을 실시했다. 집행조정위원회는 매주 수요일 오후에 소집되어 집행 지침을 작성하고, 집행 부처들을 조정하고 독려하며, 그 성과를 파악해 국가안보회의에 보고했다. 집행점검은 집행조정위원회 산하 작업반에서 담당했다. 집행문제에 관한 부처간 이견은 1 차적으로 집행조정위원회에서 해결하고, 여기서 타결되지 않으면 국가안보회의에 상정했다.

(5) **아이젠하워 국가안보 시스템에 대한 평가**

아이젠하워 대통령이 구축한 이 시스템은 후임 대통령들이 국가안보 분야뿐만 아니라 여타 분야의 관계장관회의 시스템을 구축하는 데 모델이 되어 왔다. 그러나 아이젠하워 대통령이 구축한 공식적 국가안보회의 시스템에 대한 구체적인 평가는 엇갈린다. 한마디로 국가안보 정책을 추진하는데 질서와 통합은 가져왔으나, 창의성과 혁신을 어렵게 했다는 것이다.

아이젠하워 시스템의 장점으로 지적된 내용은 다음과 같다(Best, Jr., 2001: 13-14).

첫째, 국가안보 기본전략의 작성과 평가를 가능케 했다. 그 결과 외교 군사에 관한 계획 수립과 정책 결정이 분명한 목표 아래 일관성 있게 이루어질 수 있었다. 둘째, 대통령에 대해 좀더 체계적이고 전문적인 조언이 이루어졌고, 외교국방정책에 대한 대통령의 부담을 크게 줄였다. 국가안보회의에서 논의된 안건들은 대부분 사전에 하부기구에서 수주 또는 수개월에 걸쳐 실질적인 검토가 이루어졌기 때문이다. 셋째, 국가안보 문제에 대해 정부내 불협화음을 크게 줄였다. 정기적인 정책토론을 통해 대통령과 관련 부처 및 대통령 보좌관들 간에 의견 교환이 원활하게 이루어져 주요 이슈에 대해 공유된 충분한 정보를 갖게 되었기 때문이다. 넷째, 국가안보회의 결정의 집행이 일사불란하게 이루어졌다. 결정이 대통령이 참석하는 회의에서 내려진 것이어었고, 동시에 집행조정위원회를 두었기 때문이다.

그러나 다음과 같은 문제점도 지적되고 있다(Best, Jr., 2001: 13-14, 581; 花井等・木村卓司, 1990: 80-81). 첫째, 대통령이 선택할 수 있는 정책대안을 축소시켰다.[106] 국가안보회의를 통해 대통령에게 건의되는 정책대안은 대부분이 사전에 관련 부처들 간에 합의가 이루어진 것이기 때문이었다. 대통령은 사실상 양자택일하는 경우가 대부분이었다. 둘째, 임박한 위기들을 예견하고 적시에 대응책을 마련하기 어려웠다. 절차가 너무 복잡해 대응책이 나오기까지 너무 많은 시간을 소모했기 때문이다. 셋째, 새로운 아이디어 창출이나 정책혁신 능력이 부족했다. 이미 만들어진 아이디어를 좀더 세련화하는 데 그쳤다. 기획위원회 멤버들이 대부분 소속 부처의 고위공무원들로 부처 이익의 옹호에 치중하고, 대통령을 위해 새로운 정책을 제안하겠다는 의식이 부족했기 때문이다. 넷째, 스태프가 지나치게 많고 절차가 복잡해 신축적이지 못했다.

2) 경제성장안정회의와 대외경제정책회의 및 임시 관계장관회의 신설

아이젠하워 대통령은 기존의 국가안보회의를 강화시켰을 뿐만 아니라 경제정책 및 국내정책 분야에 관계장관회의들을 새로 설치했다. 국가안보회의 시스템처럼 비중 있고 정교하게 구축하지는 않았지만, 관계장관회의 시스템을 국가안보 분야에서 경제정책과 국내정책 분야로 확대하기 시작한 것이다.

먼저, 경제정책 분야에서는 경제성장안정회의(Advisory Board on Economic Growth and Stability, 1953. 6.)와 대외경제정책회의(Council on Foreign Economic Policy, 1954. 12.)를 설치했다. 전자는 경제자문회의(Council of Economic Advisers) 의장, 예산국장(Bureau of Budgets), 연방지불준비위원회(Federal Reserve Board) 의장, 재무장관, 상무장관, 농무장관, 노동장관으로 구성해 국내 거시경제와 관련하여 정부의 입장을 조정하도록 했고, 후자는 관련 부처 장관들로 하여금 정기적으로 모임을 갖고 대외경제정책 이슈에 관해 논의하고 조정하도록 했다. 두 경제장관회의는 아이젠하워 집권 기간 동안 적극적으로 활동했다. 그 밖에도 중소기업대책위원회(Cabinet Committee on Small Business), 농촌개발위원회(Committee for the Rural Development Program) 등의 관계장관회의를 설치했다.

---

106) 그러나 반대로 평가하는 경우도 있다. 즉 대통령이 국가안보회의에 참석해 다양한 시각과 견해를 접함으로써 자신의 입장을 좀더 분명하게 최종 결정할 수 있었다는 것이다(Best, Jr., 2001: 14).

다음으로, 국내정책 분야에서는 이슈 중심으로 임시 관계장관회의(ad hoc meetings)를 운영했다. 이슈에 따라 관련 장관들을 소집해 대통령의 입법안을 입안 조정하도록 했다. 루즈벨트와 트루먼 대통령 시절에는 대통령 보좌관 가운데 한 명이 예산국(BOB)과 함께 국내정책 이슈들을 조정했다. 즉 대통령 보좌관[107]이 국내정책 추진의 방향이나 윤곽을 잡고, 예산국은 예산 편성과 연계해 해당 부처들의 국내정책들을 조정 통제했다. 아이젠하워 대통령에 이르러 관련 장관들이 모여 국내정책들을 조정하기에 이르렀다. 그럼에도 불구하고 국내정책들을 조정하는 데 임시 관계장관회의의 역할과 영향력은 그리 크지 않았고, 예산국의 영향력이 여전히 강했다.

그러나 아이젠하워 대통령은 국가안보회의와는 달리 자신이 직접 국내정책 및 경제정책 분야 관계장관회의들을 주재하지 않았다. 국내정책 분야 임시 관계장관회의는 대통령 비서실장에게, 경제성장안정회의는 경제자문회의(CEA) 의장에게, 대외경제정책회의는 주무장관에게 의장을 맡겼다. 군인으로서 장기간 해외근무를 한 자신이 경제정책 및 국내정책 정책 문제를 잘 알지 못해 그 조정에 적극 개입하려고 하지 않았기 때문이었다.

또한 국가안보회의와는 달리 경제정책 및 국내 분야 관계장관회의들에는 하부기구를 설치하지 않았고, 별도의 사무처도 설치하지 않았다. 경제성장안정회의는 CEA 의장 스태프들로 하여금 관리하도록 했고, 국내정책 분야 임시 관계장관회의들은 대통령비서실내 내각지원실장(Cabinet Secretary)으로 하여금 관리하도록 했다.

3) 국가항공우주회의

아이젠하워 대통령은 1958년에 대통령 민간과학자문회의(President's Science Advisory Council)의 건의에 따라 법률로 국가항공우주회의(National Aeronautics and Space Council)를 설치했다.[108] 1957년 10월 소련의 인공

---

107) 루즈벨트 대통령 시절에는 행정보좌관(Administrative Assistant)이, 트루먼 대통령 시절에는 특별고문(Special Counsel)이 법률적인 조언 이외에 추가로 대통령의 국내정책 분야를 관리했다.

108) 이와 함께, 대통령 과학기술보좌관(Special Assistant to the President for Science and Technology)을 새로 설치했고(1957), 기존 부처간 실무조정 기구인 Interdepartmental Committee for Science Research and Development를 Federal Council for

위성 스푸트니크(Sputnik) 발사는 미국 정부와 과학자 및 국민들에게 커다란 충격이었다. 그 당시까지 우주과학기술의 우위를 자부해 온 미국이었기 때문이다. 또한 당시 소련과 미국은 핵폭탄과 미사일을 중심으로 물밑 군비경쟁이 치열했는데, 원자폭탄, 수소폭탄 및 그 운반 수단인 장거리 폭격기 개발에서 미국이 당연히 앞섰다. 그런데 소련이 원자폭탄, 수소폭탄 분야에서 미국을 바짝 따라오더니 그 운반 수단인 장거리 미사일로 사용될 수 있는 우주선 발사 로켓을 먼저 개발한 것이다. 이는 표면상 우주개발에서 한 발 뒤진 것에 불과하지만, 실질적으로는 군사적 우위가 역전될 수 있는 상황이었다.

이에 아이젠하워 대통령은 미국의 우주개발 사업을 가속화해 우주개발 경쟁에서 우위를 탈환하기 위한 정책들을 추진하기 위해 국가항공우주회의를 설치했다. 즉 우주 개발에 참여하는 연방기관들의 정책과 프로그램들을 조정하고, 그 활동과 실적들을 검토하여 독려하고 대통령에게 조언하는 관계장관회의를 설치한 것이다.

아이젠하워 대통령은 국가우주항공회의를 국무장관, 국방장관, 국가항공우주처(NASA) 처장, 핵에너지위원회(Atomic Energy Commission) 위원장, 국가과학재단(National Science Foundation) 이사장, 기타 대통령이 지명한 3인의 민간전문가 등 9인으로 구성하여 자신이 직접 주재했다. 국가항공우주회의 산하에 하부기구들을 설치하지는 않았으나, 지원실장(executive secretary)과 소규모 스태프를 두어 행정지원만 담당하도록 했다.

아이젠하워 대통령은 초기에 한국전쟁의 종결로 과학기술에 관한 정책적 관심과 제도 정비에 소홀했으나, 소련의 스푸트니크 발사를 계기로 국가항공우주회의를 설치해 과학기술 정책의 추진과 조정의 기본 틀을 구축했다. 그러나 이러한 제도적 정비에도 불구하고, 과학기술에 전략적 대응보다는 전술적 대응에 치우쳤다는 평가이다(Wells, Jr., 1993: 263). 국가항공우주회의는 1973년 닉슨 대통령이 폐지할 때까지 활동하면서 당초 의도대로 우주 분야에서 소련을 앞지르는 데 성공적으로 기여했다.

Science and Technology로 확대(1959)해 National Science Foundation이 아닌 대통령 과학기술보좌관으로 하여금 관리하도록 했으며, Office of Defense Mobilization 산하 민간자문기구인 Science Advisory Council을 대통령 직속 President's Science Advisory Council로 격상시켰다.

3 케네디 대통령(John F. Kennedy, 1961~63)과 존슨 대통령(Lyndon B. Johnson, 1963~69)
- 이슈별 관계장관회의와 비공식 임시위원회 -

진보적인 민주당 대통령들인 케네디와 존슨은 대외적으로는 공산주의 팽창 억제와 자유무역 확대를 추구하고, 국내적으로 경제 부흥과 인권 신장에 치중했다.

케네디 대통령은 소련과의 군사 대결을 벌이면서 피그만 공격(Bay of Pigs Invasion, 1961),[109] 평화봉사단(Peace Corps, 1961) 창설, 쿠바 미사일 위기(Cuban Missile Crisis, 1962)[110] 해소, 소련 및 영국과의 핵실험 제한 조약(Nuclear Test Ban Treaty, 1963) 체결, 해외 경제원조 등을 일으키거나 추진했다. 그러나 피그만 공격은 실패했고, 베를린 장벽 건설(1961)을 막지 못했다. 또한 경제 활성화를 위해 이자율을 내리고 세금 감축과 고용 확대를 시도했으며, 뉴프론티어(New Frontier) 확대를 기치로 내걸고 자유무역 확대, 우주 개발, 경제적 낙후지역 개발, 인권(civil rights) 신장 등을 추진했다. 그 밖에도 노인 지원, 농민 보호, 저소득층 주택 공급 확대, 최저 임금 인상 등을 추진했다.

한편 1963년 11월 케네디 대통령의 암살로 대통령직을 이어받은 존슨 대통령도 케네디 노선의 연장선상에서 핵실험 제한과 베트남전에의 개입 확대를 추진함과 동시에, 위대한 사회(Great Society) 건설을 기치로 내걸고 가난 퇴치(War on Poverty), 의료 보호(Medicare and Medicaid), 환경 보호, 도시재개발, 소비자 보호, 사회적 취약계층(장애인, 농민, 노인, 저소득층) 지원, 인권 신장 등의 정책들을 추진했다.

케네디와 존슨 대통령은 이러한 정책들을 추진하고 조정하는 과정에서 비공식 임시위원회(informal ad hoc committees)에 크게 의존했다. 아이젠

---

109) 카스트로 공산정권을 붕괴시키기 위해 CIA가 지원한 쿠바 난민에 의한 쿠바 침공.

110) 소련이 쿠바에 미사일을 설치하자 케네디가 이를 철수시키는 과정에서 핵전쟁을 초래할 뻔했던 사건.

하워 대통령과는 달리 국무회의나 관계장관회의를 거의 활용하지 않았다. 법률로 정해진 국가안보회의 이외에 국내정책 분야에서 이슈별 관계장관회의들을 다수 설치했으나 적극 활용하지 않았다. 주요 정책들을 추진하고 조정하는 데 공식적인 관계장관회의보다는 자신들이 주무장관들과 직접 협의해 결정하거나 자신의 측근들로 구성된 비공식적 임시위원회[111]를 활용했다. 그 이유는 성격이 급하여 번거로운 관료적 절차를 싫어했을 뿐만 아니라 국정운영에서 개인적인 주도권 확보를 중요시했기 때문이다.

1) 국가안보회의 시스템의 간소화

케네디 대통령은 국가안보회의의 역할을 축소하고 전임 아이젠하워 대통령이 구축한 국가안보회의의 하부기구와 정책추진 조정 절차를 해체했다. 국가안보회의를 외교국방정책 추진의 중추기구가 아니라 자신의 결정을 위해 조언하는 다양한 기구들 가운데 하나로 취급했고, 최소한의 법정 멤버들만 참석하는 비공식 간담회 형식으로 한 달에 한 번 정도 소집해 조언을 들었다. 또한 국가안보회의 산하 기획위원회(Planning Board)와 집행조정위원회(Operations Coordination Board)도 폐지하고 지원 스태프의 규모도 대폭 축소해 그 업무의 많은 부분을 국무부, 국방부 등으로 이관했다.

그 대신에 케네디 대통령은 중요한 외교 안보 이슈에 관해 정책을 입안하거나 여러 부처들의 입장을 조율할 필요가 있을 때에는 국가안보회의 시스템을 활용하기보다는 그때그때 임시위원회[112]를 설치하여 대응했다. 국가안보특별보좌관과 그 지원 스태프는 국가안보회의의 관리자가 아니라 임시위원회의 관리자로서[113] 또한 대통령의 개인보좌관으로서[114] 활동하도

---

111) 이러한 임시위원회에는 자신들의 측근들인 장관이나 고위보좌관들은 물론 필요하면 실무 공무원들과 외부 민간인들까지도 참여시켰다.

112) 예를 들면, Special Group for Counterinsurgency, Special Group on Berlin, Special Group on Vietnam, Executive Committee for Cuban Missile Crisis 등.

113) 대통령의 지침을 임시위원회에 전달하고 임시위원회의 활동을 대통령에게 보고하는 역할을 담당했다.

114) 국가안보특별보좌관은 대통령에게 자신의 판단과 견해를 건의함과 동시에 대통령의 입장을 옹호하도록 했다. 지원 스태프들도 종전처럼 관련 부처에서 차출하지 않고 별도로 충원하여 국가안보회의보다는 대통령을 지원하도록 했다. 즉 대통령을 위해 각 부처내 정보도 수집하고, 독자적인 판단에 따라 정책대안도 작성하며, 집행도 점검하도록 했다 (Shoemaker, 1991: 14).

록 했다.

케네디 대통령이 집권 직후 아이젠하워 시스템을 폐지하고 자신의 이러한 시스템을 구축한 이유는 i) 당면 현안과 위기 사태 관리에만 치중하고 장래 기획에는 별 관심이 없었고, ii) 관료적 구조와 절차를 혐오하고 모든 일에 자신이 적극 개입하는 업무 스타일 때문이었다. 특히 소규모 임시위원회를 적극 활용한 이유는 국가안보를 취급하는 데 비밀 유지가 용이하고, 무엇이 대통령에게 가장 바람직한가에 대해 참가자들 간에 솔직한 의견 교환을 할 수 있기 때문이었다(花井等・木村卓司, 1990: 95).

그러나 이러한 임시위원회 중심의 외교안보정책 시스템은 얼마 가지 않아 많은 문제점을 노출했다(Burke, 1992: 77-88; Kolodziej, 1969: 576, 578).

첫째, 임시위원회들을 계획성 없이 즉흥적으로 소집 운영한 결과 충분히 논의가 안 된 대안들을 너무 빨리 대통령에게 올려 보내거나 아니면 대통령이 재고할 시간이 없을 정도로 너무 늦게 올려 보냈다. 둘째, 임시위원회 내에서는 의제 선정, 보고서 준비, 정책안 검토 등 체계적인 절차가 정비되어 있지 않아 성급한 결론, 무비판적 동조 등의 폐단이 초래되었다. 셋째, 장기적인 대응책이나 거시적인 정책지침을 개발하는 메커니즘은 물론, 정책집행을 모니터링하고 조정하는 메커니즘도 없었다. 넷째, 대통령의 결정과 지휘 채널이 다양해 국가안보에 관한 정부의 입장이 무엇인지에 관해 중하위 관료들에게 혼선을 초래하는 경우가 많았다. 이 모두가 대통령에게 상당한 부담이 되었다.

그리하여 케네디 대통령은 집권 후 1년도 안 되어 한두 차례 정책실패[115]를 경험한 후 국가안보정책 추진 시스템을 재정비했다. 소그룹 토론과 직접 개입을 선호하는 자신의 스타일을 손상시키지 않으면서도 임시위원회 시스템의 문제점을 극복하는 방향으로 다음과 같은 재조직화를 시도했다.[116]

115) 대표적인 것이 1961년 초 피그만(The Bay of Pigs) 침공 실패와 그에 따른 위기 대응 실패이다.

116) 그 밖에도 케네디 대통령은 테일러(Maxwell Taylor) 장군을 군사보좌관으로 임명하여 군사, 정보, 냉전 대응에 대해 조언을 하고, 지속되는 베를린 위기와 긴장이 고조되는 인도차이나 반도에 특별한 관심을 갖도록 했다. 케네디는 인도차이나 반도에 대한 테일러 장군의 보고서에 따라 미국의 개입을 결정했다.

첫째, 국가안보회의 산하에 국가안보에 관한 다양한 업무를 기획하고 조정하는 상임위원회(Standing Committee)를 설치했다. 동 위원회에는 초기에 국무부 정무차관의 주재 하에 국방부 차관, 중앙정보국장, 국가안보특별보좌관 등이 참석했으나, 나중에는 국가안보특별보좌관의 주재 하에 법무장관(Attorney General), 합참의장, 재무차관 등이 추가로 참석했다.

둘째, 국가안보회의 산하에 정책집행을 모니터링하기 위한 상황실(The Situation Room)을 설치했다. 상황실은 국무부, 국방부, 중앙정보국 등의 통신 채널과 연결되어 대통령이나 국가안보특별보좌관에 의한 현장 점검을 가능케 했다.

한편 존슨 대통령도 케네디와 마찬가지로 국가안보회의를 명목상 유지시키고 실질적으로 활용하지 않았다. 즉 실질적인 조정과 결정을 위해서는 비공식적 소규모 집단을 활용했고, 국가안보회의는 이를 추인하는 기구로 활용했다(Best, Jr., 2001: 18, 63; Hess, 1988: 100).

첫째, 국가안보회의는 불규칙하게나마 종종 소집했으나[117] 중요 정책의 논의 장소로 활용하지 않았다. 국가안보회의는 중요 이슈에 대한 실질적 논의 기구가 되지 못하고 별 중요성이 없는 이슈들에 대해서만 간략히 거론했다. 그 이유는 참석자가 많아 정책 결정을 논의하기에 부적절하고 주요 보안 사항이 누출될 염려가 있다는 것이었다(Best, Jr., 2001: 63). 그 대신 중요 정책들은 국가안보회의의 축소판으로서 대통령 자신을 포함하여 국무장관, 국방장관, 국가안보특별보좌관, 중앙정보국장, 합참의장으로 구성된 비공식적인 '화요오찬그룹(Tuesday Lunch Group)'을 설치해 논의 조정했다.

둘째, 존슨 대통령도 전임 케네디 대통령처럼 특별한 이슈가 발생할 때마다 다양한 임시위원회나 비공식그룹을 활용했다. 예를 들면, 케네디 대통령이 쿠바 위기 발생시 임시 집행위원회(Executive Committee)를 설치 운영했던 것처럼, 존슨 대통령도 중동에서 6일 전쟁이 발발한 직후 대중동정책을 조정하기 위해 임시 특별위원회(Special Committee)를 설치해 활용했다. 또한 국가안보특별보좌관과 그 스태프들도 국가안보회의 지원보다는 대통령을 위한 아이디어 개발과 전문적인 조언에 치중하도록 했다. 존슨

117) 대체로 평균 매월 2회 정도로 케네디보다는 자주 소집했다.

대통령은 이슈가 중요할수록 국가안보특별보좌관을 포함한 소수 측근들의 조언을 받았다.

화요오찬그룹이나 임시 특별위원회는 소규모여서 집단적 논의를 솔직하고 진지하게 할 수 있었으나, 비공식적 성격과 비밀 유지로 인해 의제가 사전에 정해지지 않아 장관들이 충분한 준비 없이 참여하기도 하고 해당 부처 공무원들이 결정된 사항을 집행하는 데 많은 어려움을 초래했다(Best, Jr., 2001: 64).

그리하여 존슨 대통령도 임기 중반에 이러한 비공식 임시위원회 시스템의 한계를 극복하기 위해 두 가지 조치를 취했다.

첫째, 복잡하여 신중한 접근이 필요한 외교안보 이슈들을 국가안보회의에서 사전에 검토하도록 했다. 이로써 단지 정보 교환과 상호간 학습을 목적으로 소집되던 국가안보회의가 중요 사안들을 논의하는 기구로 격상되었다. 그럼에도 불구하고, 국가안보회의는 여전히 정책 결정과 조정의 중추기구는 아니었다. 둘째, 국무부 내에 고위부처간그룹(Senior Interdepartmental Group, SIG)과 그 산하에 부처간 지역그룹들(Interdepartmental Regional Groups, IRGs)을 설치해 국가안보정책을 기획하고 조정하게 했다. 고위부처간그룹(SIG)은 국무부 차관을 의장으로 하여 국가안보특별보좌관, 국방부 부장관, 중앙정보국장, 합참의장, 국제개발처장(Agency for International Development), 해외공보처장(US Information Agency)으로 구성했고, 부처간 지역그룹(IRGs)들은 국무부 해당 차관보들을 의장으로 하여 관련 부처 실무 공무원들로 구성했다. 그러나 SIG/IRG 시스템은 잘 작동하지 않았다. 그 이유는 국무부의 열의 부족과 이들 위원회의 활동을 지원할 스태프가 부족했기 때문이다(Best, Jr., 2001: 18).

존슨이 구축한 비공식 임시 시스템은 임기 말에 가까워지자 전혀 작동하지 않았다. 즉 화요오찬그룹, 임시특별위원회, SIG/IRGs 등 어느 것도 제대로 움직이지 않았다.

2) 비공식 조정기구와 통상정책회의

케네디 대통령은 아이젠하워 대통령이 설치한 경제 분야 관계장관회의들(Board on Economic Growth and Stability와 Council on Foreign Economic Policy)을 모두 폐지했다. 그 대신 비공식 조정 메커니즘을 설치 활용했다.

국내 거시경제 정책에 관한 전반적인 조정에는 비공식적 삼자(Troika)회의[118]를, 중소기업, 노사 관계 등 미시적인 경제 이슈들의 조정을 위해서는 비공식 임시 실무위원회를 활용했다. 특별히 경제 성장 이슈에 대해 경제성장회의(Cabinet Committee on Economic Growth)[119]를 설치했으나, 이것도 비공식 기구로 활용했다.

대외경제정책 조정을 위해서도 케네디 대통령은 국가안보 부보좌관[120]으로 하여금 부처간 임시 실무위원회(Ad hoc Committees)[121]를 구성하여 국제수지, 통상 협상, 해외 원조, 국제금융 시스템 등을 논의 조정하도록 했다. 특별히 국제수지 방어를 위해 관계장관회의인 국제수지회의(Cabinet Committee on the Balance of Payment)[122]를 설치했으나 이것도 비공식 기구로 운영했다.

케네디 대통령 시절에 설치된 공식적인 관계장관회의로는 법률에 의해 설치된 통상정책회의(Trade Policy Committee, TPC)[123]가 유일하다.

케네디 대통령이 암살당하자 대통령직을 승계받은 존슨 대통령도 케네디 시스템을 그대로 활용했다. 장관급 조정회의로서는 삼자(Troika)회의, 사자(Quadriad)회의[124] 등을 활용하고, 추가로 금융당당 재무차관 주도로 실무조정그룹을 구성[125]해 국제금융 시스템 개혁을 논의하고 부처간 이견을 조정하도록 했다.

---

118) 재무장관, 경제자문회의(CEA) 의장, 예산처장이 필요에 따라 만나는 회합.

119) 1962년 8월에 재무장관, 상무장관, 예산국장, 경제자문회의 의장을 구성 멤버로 하여 설치했다.

120) Carl Kaysen, 후임 Francis Bator.

121) 자신의 측근인 국가안보특별부보좌관(Carl Kaysen)을 중심으로 하여 예산처, 경제자문회의(CEA), 통상대표실(USTR), 재무부, 국무부 등의 스태프로 구성.

122) 재무장관을 의장으로 하여 국방장관, 상무장관, 국무차관, AID처장, BOB 국장, CEA 의장, NSC 특별부보좌관(Carl Kaysen) 등이 참석했다. 나중에 통상대표(1963), 농무장관(1965), 교통장관(1967)이 추가로 참석했다. 대통령에게 연 2~3회 활동 상황을 보고했다.

123) Trade Expansion Act of 1962에 의해 설치된 것으로 통상대표가 의장이다.

124) Troika + FRB 의장

125) 재무부, 국무부, CEA, FRB, 대통령 비서실 스태프 등으로 구성.

3) 취약계층대책 관계장관회의

케네디 대통령은 아이젠하워 대통령이 설치한 국내정책 분야 임시 관계장관회의들을 모두 폐지했다. 그 대신 부통령을 의장으로 하는 기회균등회의(President's Committee on Equal Employment Opportunity, 1961), 보건복지교육(HEW)장관이 의장인 노령대책회의(Council on Aging, 1962), 주무장관들을 공동의장으로 하는 여가대책회의(Recreation Advisory Council, 1962) 등을 설치했다.

후임 존슨 대통령도 케네디 시스템을 그대로 활용하면서, 자신의 관심사에 따라 관계장관회의를 다수 추가했다. 새로 추가된 관계장관회의는 노동장관이 의장인 여성지위향상회의(Council Relating to the Status of Women, 1963), 부통령이 의장인 인디언대책회의(National Council on Indian Opportunity, 1968), 상무장관이 의장인 지역경제개발회의(Federal Council on Regional Economic Development, 1967) 등이다. 그 밖에도 존슨 대통령은 노동장관이 의장인 인력개발회의(President's Committee on Manpower, 1964)와 부통령이 의장인 국가해양자원회의(National Council on Marine Resources and Engineering Development, 1966)를 설치했다.

4) 케네디와 존슨 시스템에 대한 평가

첫째, 관계장관회의 시스템의 축소와 유명무실화이다. 케네디와 존슨 대통령은 국가안보 분야와 경제정책 분야에서 아이젠하워 대통령에게서 물려받은 공식적인 관계장관회의 시스템을 약화 혹은 폐지하고 자신들의 선호에 맞는 비공식 회의를 구축 활용했다.

케네디 대통령과 존슨 대통령 집권기에 공식적 관계장관회의들이 적극 활용되지 않은 결과 산하에 하부기구들도 설치되지 않았고, 별도의 사무처를 설치한 경우에도 사무처장(executive secretary)과 소수 스태프들이 회의관리 서비스만 제공했다.

둘째, 취약계층대책 관계장관회의들의 설치이다. 케네디와 존슨 대통령은 국내정책 분야에서 자신들의 진보적 정치 이념에 따라 사회적 약자나 취약계층에 대한 보호 대책을 마련하기 위해 기회균등회의, 여성지위향상회의, 인디언대책회의, 노령대책회의 등 새로운 유형의 관계장관회의들을 설치했다. 그럼에도 불구하고 이들 관계장관회의들보다는 자신들의 측근 보좌관이 관리하는 임시작업반들(Ad hoc Task Forces)에 크게 의존했다.

4 닉슨 대통령(Richard M. Nixon, 1969~74)
- 관계장관회의 시스템의 체계화 -

공화당 후보로 당선된 닉슨 대통령은 정치력이 뛰어나고 비전이 있는 정치인이었다. 그는 대외적으로 월남전의 명예로운 종결, 소련과의 화해, 중국과의 국교 정상화, 핵무기 경쟁 중지와 첨단무기 확충 등을 추구했다. 대내적으로는 무역 분쟁과 석유 파동을 겪었으면서 스태그플레이션을 해결하기 위해 임금과 물가 통제, 세금 감면, 재정지출 억제 등을 추진했고, 세입분배(Revenue-Sharing), 법질서 확립, 마약 퇴치, 환경 보호, 소비자 보호, 교육 지원, 복지프로그램 확대 등을 위해 노력했다. 그러나 워터게이트 사건(Watergate Scandal)[126]으로 재선 후 2년 7개월째인 1974년 8월에 사임했다.

닉슨 대통령은 케네디-존슨과는 달리 국정운영에 비공식적 임시 기구보다는 공식적으로 제도화된 기구를 선호했다. 케네디 대통령과 존슨 대통령과는 달리 크고작은 모든 이슈들에 간여하지 않고 자신은 중요한 이슈들에만 선별적으로 간여하려고 했다. 즉 대부분의 정책추진과 조정은 제도화된 시스템에 맡기고 자신은 중요하고 장기적인 비전에만 치중하려고 했다. 이 점에서 닉슨 대통령은 아이젠하워 대통령과 유사했다.

그리하여 닉슨 대통령은 정책 추진과 조정 시스템으로서 관계장관회의 시스템 구축에 많은 노력을 기울였다. 닉슨 대통령은 공식적 관계장관회의 시스템을 분야별 관계장관회의들을 중심으로 정비했다.

닉슨 대통령은 국가안보 및 경제정책 분야에서는 아이젠하워 시스템과 유사한 분야별 관계장관회의 시스템을 구축했고, 국내정책 분야에서는 새

126) 닉슨 대통령 추종자들이 1972년 6월 워터게이트에 있는 민주당 중앙당사를 무단 침입해 선거전략 문서들을 훔친 사실이 탄로나 닉슨 대통령이 의회의 탄핵을 받게 된 사건. 닉슨 대통령은 탄핵 결정 직전에 사임했다.

로운 분야별 관계장관회의를 추가로 설치했다. 즉 국안안보 분야에서 아이젠하워처럼 국가안보회의 하부기구를 강화했고, 경제정책 분야에서는 아이젠하워 시스템과 유사한 경제정책회의(Cabinet Committee on Economic Policy, Council on Economic Policy)와 국제경제정책회의(Council on International Economic Policy)를 설치했으며, 국내정책 분야에서 처음으로 국내문제회의(Domestic Council)를 설치한 것이다.

반면에 닉슨 대통령은 기회균등회의(President's Council on Equal Opportunity, 1969), 여가자연경관회의(President's Council on Recreation and Natural Beauty, 1969), 인력개발회의(Council on Manpower, 1970), 국가해양자원개발회의(National Council on Marine Resources and Engineering Development, 1971), 국가항공우주회의(National Aeronautics and Space Council, 1973), 인디언대책회의(Council on Indian Opportunity, 1974) 등은 폐지했다. 기존의 다수 이슈별 관계장관회의들을 폐지한 이유는 신설한 국내정책회의를 통해 감당할 수 있기 때문이었다.[127]

전체적으로 볼 때 케네디와 존슨 대통령 시절에 설치된 다수의 이슈별 관계장관회의들이 닉슨 대통령에 이르러 분야별 관계장관회의로 통합되었다.

닉슨 대통령은 3개 분야별 관계장관회의, 즉 국가안보회의, 경제정책회의, 국내정책회의를 강력한 정책결정 기구로 활용하려고 시도했다. 그러나 집단적 토론과 회의를 싫어했던 닉슨 대통령은 외교국방정책, 경제정책, 국내정책 분야에 각각 제왕적 지휘감독자(Czars)[128]를 두고 이들로 하여금 해당 분야 정책들을 종합적으로 조정하고 관리하도록 했다.

1) 국가안보회의 시스템의 부활 및 강화

닉슨 대통령은 케네디와 존슨 대통령과는 달리 국가안보정책을 취급하

---

127) 그러나 국가항공우주회의의 폐지는 그 이유가 이와 다르다. 닉슨 대통령은 과학자들이 월남전 정책과 군비정책에 대해 반대하자 과학기술 관련 보좌기구와 관계장관회의 및 자문기구들을 모두 폐지했는데, 국가항공우주회의도 그 일환으로 폐지되었다.

128) 보통 언론과 학계에서 National Security Czar로 불리는 키신저(Henry Kissinger) 국가안보보좌관, Domestic Czar로 불리는 엘리크만(John Ehrlichman) 국내정책보좌관, Economic Czar라고 불리는 재무장관 커넬리(John Connally, 1971~72), 재무장관 겸 대통령 경제보좌관 겸 CEP 의장 슐츠(George Shultz, 1972-74), 대통령 경제보좌관 겸 대부분의 경제 관련 관계장관회의 의장이었던 러쉬(Kenneth Rush, 1974) 등이다.

는 데 현안문제와 위기관리보다는 장기 목표와 기획에 중점을 두면서, 자신이 선택할 수 있도록 다양한 대안들을 충분히 검토해 제시해 주는 시스템을 원했다(Best, Jr., 2001: 18).

그리하여 닉슨은 집권하자마자 국가안보회의가 새로운 역할을 충실히 수행하고 아이젠하워 시스템의 문제점뿐만 아니라 케네디 시스템의 문제점을 보완할 수 있도록 그 시스템을 재정비했다.[129] 기본 구조는 아이젠하워 시스템을 채택했으나 그 절차를 단순화시켰고, 국가안보보좌관의 역할은 아이젠하워와 케네디 시스템을 통합했다. 좀더 구체적으로 보면 다음과 같다.

(1) 역할 강화

닉슨 대통령은 국가안보회의의 역할을 강화하고,[130] 반면에 장관과 관료기구의 역할을 축소시켰다. 국가안보회의를 강화한 것은 케네디-존슨 시절에 국가안보회의를 잘 활용하지 않아 대외정책을 효과적으로 추진하지 못함으로써 해외에서 미국의 지위가 위협받고 있다고 생각했기 때문이고(Hess, 1988: 106), 관료기구의 역할을 축소한 것은 주요 정책에 대한 단일 대안이 관료기구의 총의라는 이름 하에 대통령에게 강요되어 대통령이 다양한 선택 대안을 갖지 못하게 되는 것에 대한 반발이었다(花井等・木村卓司, 1990: 83).

(2) 하부기구들의 증설

국가안보회의 산하에 정책검토그룹(NSC Policy Review Group)과 차관위원회(NSC Under-Secretaries Committee) 및 부처간 실무작업반(Interagency Working Groups)을 설치했다.

정책검토그룹은 국가안보회의에 상정할 의제들을 검토하고 이들 의제들

---

129) 실질적인 설계자는 키신저였다. 키신저는 케네디-존슨 시스템의 문제점으로 정책결정에 이르는 합리적 절차, 집행을 모니터링하는 스태프, 장기기획 메커니즘, 정책들간 통합성 등의 부재를 지적했다(Shoemaker, 1991: 16-17).

130) 닉슨은 집권하자마자 National Security Memorandum 2에 의해 국가안보회의 강화를 위한 기본 지침을 내렸다. 주요 내용은 첫째, 국가안보회의를 정기적이고 효율성 있게 개최하고, 둘째, 국가안보회의에서 모든 대안과 관련 부처의 견해를 검토할 수 있도록 하며, 셋째, 국가안보회의를 지원하는 하부 위원회를 설치해 관련 부처 대표들이 참석하도록 할 것 등이다.

에 대해 실무작업반에서 마련한 정책검토보고서가 제대로 작성되었는지를 국가안보회의에 상정하기 전에 점검하는 고위위원회이다. 정책검토그룹은 국가안보보좌관을 의장으로 하여 국무부차관, 국방부차관, 중앙정보국장, 합참의장 및 기타 관련 부처 차관으로 구성했다.[131]

정책검토그룹은 나중에 '고위정책검토그룹(Senior Policy Review Group, 위기와 군축 이외의 정책 전반)', '워싱턴특별행동그룹(Washington Special Actions Group, 국제위기관리와 비상기획),' '사찰패널(Verification Panel, 군비통제협상)', '정보위원회(Intelligence Committee, 정보활동 지침 제공과 평가),' '40인 위원회(40 Committee, 비밀 활동),' '국방계획검토위원회(Defense Program Review Committee, 자원 배분에서 국방예산 수준 조정),' '베트남특별연구위원회(Vietnam Special Studies Group)' 등으로 분화 확대되었다. 이들 위원회는 국무부 부장관, 국방부 부장관, 중앙정보국장과 담당 이슈 관련 부처들의 부장관 혹은 차관으로 구성되고, 국방계획검토위원회를 제외한 모든 위원회들의 의장은 대통령 국가안보보좌관(Kissinger)이 담당했다.

차관위원회는 국가안보정책의 집행상 문제들을 조정하고 국가안보회의나 대통령 수준에서 고려할 필요가 없는 이슈들을 처리하는 기구로서, 국무차관을 의장으로 하여 국방차관, 중앙정보국장, 합참의장, 국가안보보좌관, 기타 관련 부처 차관으로 구성했다.

부처간 실무그룹으로는 지역별 이슈별로 구축한 상설 실무그룹과 특정 이슈를 담당하는 임시 실무그룹을 두었다. 상설 실무그룹들은 국무부 차관보를 의장으로 하여 국가안보회의 사무처, 국방부, 중앙정보국, 합참, 기타 관련 기관의 차관보급 공무원들로 구성하고, 그 임무는 국가안보회의에서 논의할 정책보고서를 작성하고, 위기 발생에 대비해 비상계획을 준비하는 것이다. 지역별 상설 실무그룹은 유럽, 라틴아메리카, 동아시아와 태평양, 중동과 남아시아, 아프리카 등으로 구분해 구성했고, 이슈별 상설 실무그룹은 정치군사, 무역, 대외원조, 국제금융 등을 중심으로 설치했다. 한편 임시 실무그룹은 상설 실무그룹에서 취급하기 어려운 특수한 문제를 처리하기

131) 닉슨의 정책검토그룹(Policy Review Group)과 유사한 기능을 수행했던 아이젠하워의 기획위원회(Policy Planning Board)는 차관보급으로 구성했다.

위해 설치되었는데 구성 멤버와 의장은 대통령이 지명했다.

(3) 지원기구 강화

닉슨 대통령은 국가안보보좌관의 역할을 확대하고, 그 지원 스태프의 규모도 크게 늘렸다.

국가안보보좌관과 그 스태프들은 국가안보회의 운영 지원, 부처간 이견 조정, 정책 개발, 집행 점검 등 국가안보정책 과정 전반에 걸쳐 간여할 수 있게 했다. 아이젠하워 대통령은 국가안보보좌관과 그 스태프의 역할을 국가안보회의 지원과 집행 점검에 국한시켰고, 국가안보정책의 입안 조정 과정에서 자신들의 입장을 주장하지 못하도록 했다. 반면에 케네디 대통령은 국가안보회의 운영보다는 자신에게 정보와 아이디어를 제공하고 자신들의 정책대안을 주창하는 개인 참모로 활용했다. 그런데 닉슨 대통령은 이 두 가지 역할을 동시에 수행하도록 했다.

또한 국가안보회의 시스템을 지원하는 스태프의 규모를 70여 명으로 확대했다. 아이젠하워 대통령은 15명, 케네디와 존슨 대통령은 10명 전후를 유지했다.

(4) 정책의 추진 및 조정 절차 재정비

국가안보회의는 정기적으로 개최했다. 닉슨 대통령이 국가안보회의 시스템을 통해 국가안보 이슈들을 처리하기 위해 정비한 절차는 다음과 같다.

첫째, 국가안보보좌관이 국가안보회의에서 검토할 가치가 있는 정책 이슈들을 선정했다. 국가안보보좌관은 대통령의 지시, 국무장관 및 국방장관들과의 협의, 혹은 다른 멤버들의 제안을 받아 선정했다.

둘째, 이슈가 정해지면 이슈를 분석하고 정책 대안을 마련하는 정책보고서를 작성했다. 국가안보보좌관은 정책보고서를 작성할 실무작업반을 지정하고, 정책보고서 작성에서 고려해야 할 지침을 내리며, 정책보고서 작성 기한을 정해 주었다.

셋째, 작성된 정책보고서는 정책검토그룹에서 검토했다. 정책검토그룹에서는 현실적인 정책대안들이 모두 검토되었는지, 사실 자료가 충분히 뒷받침되었는지, 대통령의 입장이 충분히 반영되었는지, 이해관계 부처들의 입장이 모두 공정하게 배려되었는지 등을 검토했다. 적절한 대안들이 고려되지 않았거나 대통령의 입장이 충분히 반영되지 않았으면 국가안보회의 지원실 스태프들이 정책보고서를 직접 수정했다.

넷째, 정책검토그룹에서 논의된 정책 이슈 가운데 국가안보보좌관이 중요하다고 판단하거나 정책안에 대해 부처간 이견이 있는 이슈들을 국가안보회의에 상정해 다시 논의했다. 대통령은 국가안보회의에서 의견을 직접 청취한 후 보통 2~3일 후에 최종 결정을 내렸다.

다섯째, 대통령이 최종적으로 결론을 내리면, 국가안보회의 지원실 스태프가 집행 관련 기관들에게 대통령의 결정을 통보했다. 집행 과정에서 발생하는 부처간 이견들은 차관위원회에서 조정했다.

(5) 닉슨 대통령의 국가안보회의 시스템에 대한 평가

닉슨 대통령은 국가안보회의 시스템을 아이젠하워 시스템으로 복귀시켰을 뿐만 아니라 더 나아가 강화시켰다. 그 결과 닉슨 시스템은 아이젠하워 시스템과 유사한 장점 이외에 다음과 같은 장점을 갖고 있었다.

첫째, 국가안보정책에 관한 대통령의 통제력을 확보할 수 있게 했다. 다양한 정책대안들이 대통령과 국가안보보좌관의 지배 하에 있는 국가안보회의 시스템 안에서 검토와 논의가 이루어지도록 했기 때문이다. 둘째, 장기 및 단기 정책 이슈들을 미리 확인하고 검토할 수 있게 했다. 부처간 실무그룹을 설치 활용했기 때문이다. 셋째, 미국 외교안보정책의 정당성과 설득력을 강화시켜 주었다. 기존 정책들의 목표와 수단을 상황 변화에 맞춰 지속적으로 검토하고 수정하도록 했기 때문이다.

닉슨 대통령의 국가안보회의 시스템은 아이젠하워 시스템을 기본 틀로 하여 확대했음에도 불구하고 아이젠하워 시스템이 갖고 있었던 문제점들은 지적되고 있지 않다. 즉 아이젠하워 시스템과는 달리 대통령의 선택의 폭을 줄이거나 새로운 아이디어가 사장되거나 정책의 검토와 조정이 크게 지연되지 않았다. 이유는 다양한 정책대안들이 충분히 고려되었는지 의도적으로 체크했고, 일련의 보고서를 통해 다양한 아이디어들을 활용하려고 했으며, 고위급이든 실무급이든 각 위원회의 운영권을 의장에게 부여해 신속하고 능률적으로 관리하도록 함으로써 부처간 이견 조정이 지연되는 일이 적었기 때문이다.

그러나 닉슨 대통령의 국가안보회의 시스템은 정책의 결정과 집행에서 지나친 1인 지배[132]와 관료들의 비협조를 초래했다는 평가를 받고 있다. 국가안보보좌관 키신저의 1인 지배는 한편으로는 키신저 자신의 지적 역량과 관료정치적 기술, 다른 한편으로는 정책의 주요 분야를 자신의 대리인을 통해 관리하려는 닉슨 대통령의 스타일에 기인한 것 같다. 관료들이 비협조적으로 나온 이유는 닉슨과 키신저가 국가안보회의 산하 주요 위원회의 멤버를 대통령 보좌기구 출신들을 중심으로 구성해 관료들을 정책결정 과정에서 배제했기 때문이다.

2) 경제정책회의와 국제경제정책회의

닉슨 대통령은 경제정책 분야에 경제정책회의와 국제경제정책회의를 설치했다. 즉 침체되어 가는 국내경제를 회생시키고 동시에 좀더 체계적으로 경제정책들을 개발하고 조정하기 위해 1969년에 경제정책회의를 설치했고, 또한 당시 격화되던 무역경쟁, 특히 미·일간 통상 분쟁에 대응하기 위해 1971년에 대외경제정책회의를 신설했다.

그러나 닉슨 대통령은 경제정책에 대한 관심이 적었을 뿐만 아니라 장관들과 집단적으로 논의하는 것을 싫어해 관계장관회의를 직접 주재하거나 적극 활용하지는 않았다. 그 대신 대리인들[133]을 두어 이들에게 경제정책에 관한 결정 및 조정 권한을 위임했다(Porter, 1983: 408-411).

(1) 경제정책회의

닉슨 대통령이 집권하자마자 1969년에 설치한 경제정책회의는 경제담당 내각위원회(Cabinet Committee on Economic Policy, CCEP)이다.[134] 대통령인 자신을 의장으로 하여 부통령, 재무장관, 농무장관, 상무장관, 노동장관, 주택도시개발 장관, 경제자문회의(CEA) 의장, 예산국장 등으로 구성했다. 그러나 의장을 자신이 직접 맡지 않고 대리인인 대통령 경제보좌관 겸 재무장관에게 맡기기 위해 1973년에 이를 국내경제정책회의(Council on Economic Policy)로 개편했다.[135] 국내경제정책회의 지원실장은 별도로 두

---

132) 그 증거로, 국가안보회의 의제의 설정, 부처간 실무위원회에서 검토 분석해야 할 주제의 선정, 대다수 고위조정위원회의 의장, 국가간 주요 협상에의 직접 개입 등.

133) Economic Czar라고 불리는 재무장관 커낼리(John Connally, 1971~72), 재무장관 겸 대통령 경제보좌관 겸 CEP 의장 슐츠(George Shultz, 1972~74), 대통령 경제보좌관 겸 대부분의 경제 관련 관계장관회의 의장이었던 러시(Kenneth Rush, 1974) 등.

134) 1969. 1. 24. Executive Order에 의해 설치.

었으나 그 스태프는 별도로 충원하지 않고 국제경제정책회의(CIEP) 스태프를 활용했다.

(2) 국제경제정책회의

닉슨 대통령은 1971년에 미국과 유럽 및 일본 간에 무역경쟁이 격화되자, 자신을 의장으로 하는 국제경제정책회의(Council for International Economic Policy, CIEP)를 설치해[136] 대외경제정책의 심의 조정, 대외 및 대내 경제정책 간의 조정, 외교안보정책의 경제적 측면 검토 등을 담당하도록 했다. 기존에 통상대표(USTR)가 주도하는 통상정책회의가 있음에도 불구하고 자신이 의장인 국제경제정책회의를 설치한 것은 무역마찰에 대해 좀더 효율적이고 강력하게 대응하기 위해서였다.

국무장관, 재무장관, 국방장관, 상무장관, 농무장관, 노동장관, 관리예산처장, 경제자문회의(CEA) 의장, 국가안보보좌관, 국내정책보좌관, 통상대표(USTR) 등으로 구성된 국제경제회의는 지금까지 통상정책회의(Trade Policy Committee)에서 담당해 오던 부처간 통상정책의 조정 역할을 대행하게 되었다.

하부기구로서 대통령이 주재하는 장관급 집행위원회(Executive Committee), 국제경제정책회의 지원실장(Executive Director)이 주재하는 차관급 고위검토그룹(Senior Review Group), 경제담당 국무차관(Under-Secretary of State for Economic Affairs)이 의장인 차관급 집행조정그룹(Operations Group), 특정 이슈를 검토하고 그 이슈에 이해관계가 가장 큰 부처의 차관보가 반장인 임시실무작업반(Ad hoc interagency groups) 등을 설치했다.

지원기구로는 별도의 지원실장(Executive Director)과 소규모 스태프를 두었다. 백악관 보좌관이 지원실장인 이 지원기구에서 의제를 개발하고, 활동 프로그램을 작성하며, 실무작업반을 설치 관리했다.

국제경제정책회의 전체회의는 필요에 따라 소집되었고, 대부분의 업무는 하부기구들에 의해 처리되었다.

---

135) 대통령 메모 1973. 2. 2.

136) 1971년 대통령 메모랜덤에 의해 설치한 후, 1972년에 입법화된 International Economic Policy Act에 의해 강화되었다.

3) 국내문제회의 신설

닉슨 대통령은 국내정책 분야에서 최초로 분야별 관계장관회의를 설치했다.[137] 집권 첫해인 1969년 1월에 도시문제회의(Council for Urban Affairs)와 11월에 농촌문제회의(Council for Rural Affairs)를 신설해 장관들이 정책을 주도할 수 있도록 했다. 신설한 이유는 국가안보 분야처럼 닉슨 대통령 자신이 고려할 국내정책 이슈를 좀더 체계적으로 발굴 분석하고, 국내정책 관련 부처들의 의견들을 조정할 필요가 있다고 생각했기 때문이다. 그러나 집권 1년이 지나면서 장관들 주도의 도시문제회의와 농촌문제회의의 활동과 성과가 닉슨 자신의 기대에 못 미치자 이들을 폐지하고 1970년 7월에 자신과 국내정책보좌관이 주도할 수 있는 국내문제회의(Domestic Council)를 신설했다.

(1) 국내문제회의의 전신: 도시문제회의, 농촌문제회의

① 도시문제회의

도시문제회의(Council for Urban Affairs, 1969~70)는 1960년대 중후반 도시 폭동의 원인이 되었던 열악한 도시환경, 즉 범죄, 불량주택, 가난 등을 해결할 정책들을 개발하기 위해 대통령 명령[138]에 의해 설치되었다. 그 역할을 좀더 구체적으로 보면, i) 대통령에게 도시정책 개발에 관해 정보와 조언을 제공하고, ii) 도시지역을 대상으로 하는 각종 연방 프로그램들을 조정하며, iii) 연방정부, 주정부, 지방정부 간의 협력을 촉진하고, iv) 사회질서가 위협받거나 기타 비상사태 발생시에 대통령에게 조언하도록 하기 위해 설치했다.

도시문제회의는 대통령을 의장으로 하여 부통령, 법무, 농무, 상무, 노동, 보건복지교육, 주택도시개발, 교통 등 장관들과 기타 이슈 관련 행정기관장

137) 닉슨 이전에는 공식적인 입안 혹은 조정기구가 없었다. 국내정책 문제들은 백악관 보좌관들이 비공식적으로 관리했다. 즉 루즈벨트는 즉흥적으로 아무 보좌관에게 맡겨 입안 조정하도록 했고, 트루먼 대통령은 부처에서 주도해 입안하고 백악관 특별고문 주도 하에 소수 보좌관들이 검토 조정하도록 했으며, 아이젠하워 대통령은 비서실장에게 조정하도록 했고, 케네디와 존슨 대통령은 특별고문(Joseph Califano) 주도 하의 소수 비공식 보좌관팀으로 하여금 입안 조정하도록 했다.

138) Executive Order 11452.

등으로 구성했다.

도시문제회의의 운영을 지원하기 위해 지원실(Secretariat)을 두었는데, 지원실에는 지원실장(Executive Secretary)과 6명의 스태프를 두었고, 지원실장(Daniel P. Moynihan)으로 하여금 대통령 보좌관직(Assistant to the President for Urban Affairs)을 겸하도록 했다.

도시문제회의 산하에 대선 때 거론했던 주요 이슈들을 중심으로 10개 장관급 분과위원회를[139] 설치했고, 각 분과위원회 내에는 외부 전문가와 학자들로 구성된 작업반(Task Force)들을 두었다. 각 분과위원회는 주무부처 장관을 의장으로 했고, 의장부처 공무원들과 사무처 스태프 1명으로 구성된 별도의 지원 스태프를 두었다. 분과위원회의 설치 여부는 지원실장이 결정했다.

도시문제회의는 분과위원회를 중심으로 비교적 자유롭게 활동하도록 했다. 분과위원회 의장인 주무장관이 분과위원회 회의 의제를 선정한 후, 작업반을 구성해 분석 검토하게 한 다음, 분과위원회에서 작업반의 건의를 바탕으로 정책대안을 작성한다. 작성된 정책대안은 대통령이 의장인 도시문제회의에서 논의하여 확정하도록 했다. 분과위원회를 자유롭게 활동하도록 한 이유는 대통령 보좌관 겸 도시문제회의 지원실장이 각 분과위원회의 활동에 지침을 제공하거나 크게 간여하지 않고, 자신의 관심사인 복지제도 개혁에 치중하려고 했기 때문이다 (Warshaw, 1997: 43).

그러나 도시문제회의는 그 임무를 닉슨의 기대에 맞게 수행하지 못했다. 집권 1년이 지나도록 닉슨의 대선 공약(범죄통제, 복지개혁, 직업훈련, Revenue Sharing 도입 등) 이행이나 정치적으로 주목할 만한 정책을 추진하지 못했다. 그 이유는 다음과 같다 (Warshaw, 1997: 31-33, 43, 55).

첫째, 대통령 경제보좌관과의 갈등이다. 닉슨 대통령은 백악관 내에 별도로 보수적인 경제정책보좌관(Arthur Burns)을 두어 진보적인 대통령 보좌관 겸 도시문제회의 지원실장(Daniel P. Moynihan)과 경쟁시켜 균형을 잡으려고 했다. 그러나 두 사람 간의 갈등은 오히려 정책 추진을 어렵게 만들

139) The Future of the Poverty Program, The Future of the Model Cities Program, Minority Business Enterprise, Welfare, Crime, Voluntary Action, Internal Migration, Surplus Food and Nutrition, Mass Transit, The Transition to Peacetime Economy at the End of the Vietnam War.

었다.

둘째, 진보적인 도시문제회의 지원실장이 자신의 신념에 따라 보수적인 닉슨 대통령의 정책에서 벗어난 정책들을 추진하려고 했다. 닉슨 대통령은 이를 허용할 수가 없었다. 셋째, 분과위원회에서 개발한 정책들이 부처 이해관계만 반영하고 대통령의 이해관계를 소홀히 했다.

② 농촌문제회의

농촌문제회의(Council for Rural Affairs, 1969~70)는 가난, 복지 등 농촌문제를 해결하기 위해 대통령이 추진해야 할 정책들을 발굴 건의하고, 농촌문제와 관련된 정부 프로그램들을 조정하기 위해 대통령 명령[140]으로 1969년 11월에 설치한 기구이다. 좀더 구체적으로 보면, i) 농촌의 당면 문제들에 대해 정보를 수집하고 그 문제들의 원인을 규명하며, ii) 농촌문제에 대한 해결 대책을 마련하고, iii) 농촌지역과 관련된 연방 각 부처 정책 프로그램들을 조정하며, iv) 농촌문제의 해결을 위해 연방정부, 주정부, 지방정부 간의 협력을 촉진하는 것이다.

도시문제는 그 해결을 위한 도시문제회의가 있으나, 농촌문제는 그 해결을 위한 전담기구가 없다는 농민들이 불만에 따라 이를 무마하기 위해 농촌문제회의를 설치한 것이다.

농촌문제회의도 대통령을 의장으로 하여 부통령, 농무, 내무, 상무, 보건보건복지교육, 주택도시개발, 노동장관들과 경제자문회의(CEA) 의장, 관리예산처장, 기회균등실장 등으로 구성했고, 관리 및 행정지원은 대통령 국내정책보좌관(Assistant to the President for Domestic Affairs)이 담당하도록 했다. 그러나 얼마 안 되어 국내문제회의로 통합되는 바람에 하부기구도 제대로 정비되지 않았고 별다른 활동도 하지 못했다.

(2) 국내문제회의로의 통합

닉슨 대통령은 기대했던 도시문제회의가 제 역할을 못하자 그의 측근인 엘리크만(John Ehrlichman)을 대통령 국내정책보좌관(Assistant to the President for Domestic Affairs)으로 임명(1969. 11.)하고, 애쉬위원회(Ash Council)의 건의에 따라 1970년 7월에 국가안보회의를 모델로 하는

140) Executive Order 11493.

국내문제회의(Domestic Council)를 설치한 후,[141] 그 지원실장을 담당하도록 했다. 국내문제회의 설치에 따라 도시문제회의와 농촌문제회의 등을 폐지하고 그 지원 스태프들을 통합했다. 이로써 닉슨 대통령 집권 초기의 양대 국내정책 추진기구들이 하나로 통합되었다. 닉슨 대통령은 도시문제회의의 경험을 거울삼아 국내문제회의의 구성과 운영 방식을 조금 달리했다.

① 역할과 구성

닉슨 대통령은 신설된 국내문제회의로 하여금 정부의 국내정책을 개발하고 조정하도록 했다. 즉 국내정책의 수요를 평가하고, 정책대안을 개발하고 우선순위를 조정하며, 각 부처의 국내정책 프로그램들을 지속적으로 검토하도록 했다.

대통령 자신을 의장으로 하고, 부통령과 관련 장관들 및 대통령 고위보좌관들로 구성했다. 장관으로는 법무, 내무, 재무, 농무, 상무, 노동, 보건복지교육(HEW), 주택도시개발(HUD), 교통 장관 등이, 대통령 보좌관들로는 국내정책보좌관, 의회관계실장(Office of Legislative Affairs), 관리예산처장, 경제자문회의(CEA) 의장, 환경질위원회(Council on Environmental Quality) 위원장, 경제기회실장(Office of Economic Opportunity) 등이 참석했다.

② 하부기구

국내문제회의 산하에는 장관급 분과위원회(Cabinet Committees)와 작업반(Working Groups)들을 두었다.

장관급 분과위원회로서는 초기에 천연자원(Natural Resources) 분과위원회, 인적자원(Human Resources) 분과위원회, 지역개발(Community Development) 분과위원회를 두었으나, 재집권에 성공한 이후에는 세분화하여 14개 분과위원회[142]로 확대시켰다. 분과위원회들은 관련 분야 장관과

---

141) 닉슨의 Domestic Council은 NSC 포맷(관계장관회의, 지원실장인 국가안보보좌관, 전문가와 행정 지원 인력으로 구성된 지원실)을 주장한 Ash Council의 건의에 따라 1970년 7월 1일 Executive Order 11541에 의해 구축되었다(Salamon, 1981: 181).

142) Health Insurance, Income Security, Aging, Veterans Services, Environmental Resources, Land Use, Community Development, Civil Rights, Bicentennial, Drug Abuse, Crime Prevention and Rehabilitation, Virgin Islands, Privacy, Illegal

행정기관장, 백악관 보좌관, 대통령부(EOP) 보좌관 등으로 구성되었고, 의장은 해당 분야 주무장관으로 하여금 맡도록 했다. 그러나 도시문제회의에서와는 달리 분과위원회의 의제를 국내정책보좌관이 정했고, 분과위원회 활동도 국내정책회의 지원실 스태프가 지원했다.

작업반[143]은 상설이 아닌 임시로 설치했다. 국내문제회의 지원실 부장(assistant director)을 반장으로 하여, 관리예산처 스태프 1명, 검토해야 할 이슈 관련 부처들의 차관보(assistant secretaries), 민간기업이나 학계에서 온 외부 전문가들로 구성했다. 작업반은 대통령의 필요에 따라 정책입장(position paper) 혹은 정책대안(option paper)에 관한 검토보고서를 작성하면서, 동시에 각 부처들의 국내정책 추진을 점검해 대통령의 노선에 맞도록 조정하는 역할을 했다.

③ 지원기구

국내문제회의 지원실(Secretariat)은 초기에 도시문제회의 스태프와 농촌문제회의 스태프를 통합해 구성했으나, 서로 융화가 안 되어 몇 달 만에 대부분 교체되었다. 지원실 스태프는 전문가 스태프와 행정지원 인력으로 구성되었는데, 전문가 스태프는 직업 공무원이 아닌 자들[144]로 충원되었다. 지원실 전체 규모는 교체 후 2년 사이에 66명으로, 재집권 후에는 80명으로 증가했다.

지원실은 대통령 국내정책보좌관을 지원실장으로 하여, 그 아래 부실장(deputy director)과 5개 부서(assistant director)로 전문화시켰다. 5개 부서는 집권 1기에 인적자원(Human Resources), 천연자원(Natural Resources), 도시개발 1(Community Development 1), 도시개발 2(Community Development 2), 법집행(Law Enforcement)이었으나, 재선 이후에 도시개발 분야(Community Development)를 하나로 합치고, 정부일반(General Government) 부서와 정부간 관계(Intergovernment Relations) 부서를 신

Aliens.

143) Financial Affairs; Natural Resources; Urban Affairs; Welfare and Education; Civil Rights, Youth and Culture; Justice.

144) Ash Council 건의에서는 지원실 전문가 스태프를 직업공무원 출신 전문가와 비직업공무원 출신 전문가로 혼합할 것을 건의했으나 실제는 비직업공무원 전문가로 충원했다.

설했다.

④ 정책의 추진 및 조정 절차

닉슨 대통령과 국내정책보좌관 엘리크만이 마련한 국내정책회의를 통한 정책의 추진 및 조정 절차는 다음과 같다.

대통령 선거 과정에서 공약한 이슈나 대통령의 지지를 받을 수 있는 이슈들인 경우,[145] i) 국내정책보좌관이 의제를 선정하고 작업반들을 구성해 이슈 검토에 필요한 지침을 내리고, ii) 지원실 부장의 지휘 하에 작업반에서 이슈에 대한 검토보고서를 작성하면, iii) 분과위원회와 국내문제회의에서 논의 조정하도록 했다. 회의 일정과 장소 등은 국내정책회의 지원실에서 정했다. iv) 국내정책보좌관이 조정된 결과를 자신의 메모와 함께 대통령에게 보고하면 대통령이 최종 결론을 내렸다.

한편, 각 부처에서 마련한 일반 국내정책안들은 분과위원회와 국내문제회의에서 대통령의 정책방향과 우선순위에 맞는지 검토 조정한 다음, 대통령에게 보고해 최종 승인을 받도록 했다.

⑤ 도시문제회의 시스템과의 차이

국내문제회의는 그 구성과 운영 방식에서 이전의 도시문제회의와 몇 가지 다른 점이 있었다.

첫째, 국내문제회의와 분과위원회의 구성 멤버로서 관련 부처 장관들만이 아니라 대통령 보좌관들을 참석시켰다. 도시문제회의와 그 분과위원회들은 장관들로만 구성되었었다. 둘째, 국내문제회의 작업반 구성에서도 외부 전문가들 이외에 관련 부처 고위공무원들과 대통령 중하위 보좌관들을 추가했다. 도시문제회의 작업반은 외부 전문가들로만 구성했었다. 또한 도시문제회의 산하 작업반은 상설로 설치되어 구성 멤버와 담당 이슈가 정해져 있었으나, 국내문제회의 산하 작업반은 검토할 이슈가 발생할 때마다 임시로 설치되어 이슈에 따라 구성 멤버가 정해졌다. 셋째, 국내문제회의 의제 선정과 작업반 활동을 국내정책보좌관과 그 스태프들로 하여금 주도하도록 했다. 도시문제회의에서는 주무장관들과 주무부처 공무원들이 주도했다.

145) 범죄, 복지, 도시황폐화(urban decay), 연방정부와 지방정부간 관계 등.

이 새로운 조치들은 정책 추진 및 조정 과정에서 백악관 스태프들과 각 부처 고위직 간의 정기적인 접촉을 통해 관련 부처의 의견을 반영하면서도 부처의 정책 추진이 대통령의 정책 노선에서 이탈하지 못하게 하고, 동시에 정책결정이 지나치게 부처 이해관계나 이익집단의 압력에 의해 좌우되지 않도록 하기 위해서였다 (Warshaw, 1997: 55). 즉 닉슨의 국내문제회의 시스템은 대통령 비서실과 관련 부처들 간의 협력 시스템이었다.

(3) 국내문제회의에 대한 평가

닉슨 대통령이 국내문제회의 시스템은 케네디와 존슨 대통령이 활용했던 임시위원회(Ad hoc Committee or Task Forces)에 비해 몇 가지 장점이 있었다. 즉 케네디-존슨 대통령의 임시위원회가 주로 외부 인사들로 구성됨으로써 제도적 경험(Institutional Memory)이 형성되지 않았고, 집행상의 제약과 정치적 한계가 전혀 고려되지 않았으나, 닉슨 대통령의 국내문제회의 시스템은 장관들과 보좌관들 및 공무원들로 구성되어 임시위원회의 이러한 문제점들을 극복할 수 있었다 (Warshaw, 1997: 9).

그러나 실제로 닉슨 대통령의 국내문제회의는 본래의 취지대로 운영되지 않았다 (DiClerico, 1995: 212). 국내문제회의와 분과위원회가 자주 열리지도 않았을 뿐만 아니라 소집된 경우에도 주로 의견과 정보를 교환하는 정도(a show-and-tell exercise)에 그쳤다 (Warshaw, 1997: 45). 그 결과 실질적인 논의와 조정의 실적이 많지 않았다.

반면에 대통령의 결정을 위한 정책대안 개발과 조정 등 핵심적인 업무는 국내문제회의와 그 분과위원회가 아닌 국내정책보좌관(Ehrlichman)이 지원실 스태프들과 작업반의 도움을 받아 주도했다. 국내정책 분야의 우선순위 설정과 당면 현안에 대한 정책대안 개발, 각 부처들의 정책추진 활동에 대한 감시 점검 등을 대부분 지원실장과 그 스태프들이 직접 담당했다. 특히 국내정책보좌관은 위기관리와 정부개혁[146]과 같은 중요 이슈, 대통령의 관심이 큰 이슈들[147]을 직접 관리했고, 선거에 임박해서는 공약 이슈를 챙

146) 당시 12개 행정부처를 8개로 줄이는 계획을 세웠다. 즉 국무부, 국방부, 재무부, 법무부를 제외한 8개 부처를 인적자원부(Human Resources), 천연자원부(Natural Resources), 지역개발부(Community Development), 경제개발부(Economic Development)로 개편하는 것이었다. 그러나 의회의 반대로 실현되지 못했다.

졌다 (Warshaw, 1997: 50-51).

그 결과 장관급 회의는 유명무실해졌고, 각 부처들의 자율적 정책개발도 크게 약화되었다.[148] 장관들은 정책문제에 관해 의견이 있으면 국내정책보좌관이나 지원실 스태프를 접촉해 반영했다.

국내정책이 회의체 시스템보다 국내정책보좌관과 그 스태프에 의해 관리된 주된 이유는 닉슨 대통령의 성격과 통치 스타일 및 국내정책보좌관 엘리크만의 스타일에 기인했다는 지적이 많다. 즉 닉슨 대통령은 타고난 연설가임에도 불구하고 대인기피증이 있어서 장관들과의 회의를 기피하는 성격인데다가 국내정책에 대해 별로 관심이 없어서 이 분야 정책들을 대리인인 국내정책보좌관을 통해 간접 관리하는 방식을 구사했고, 또한 엘리크만은 닉슨 대통령의 충복으로서 닉슨 대통령이 원하는 바를 구현하기 위해 장관들의 간섭을 배제하려고 했기 때문이라는 것이다.

닉슨 대통령의 이러한 국내정책 관리 시스템도 국내정책보좌관(Ehrlichman)이 워터게이트 사건에 연루되어 물러난 이후 그 역할이 크게 축소되었다. 즉 지원실 스태프들은 정책 추진보다는 그날그날 발생하는 문제들을 해결하는 소방수 역할에 그친 것이다.

4) 이슈별 관계장관회의

닉슨 대통령은 다수의 이슈별 관계장관회의들을 폐지해 분야별 관계장관회의 시스템을 구축했음에도 불구하고, 당시 긴급한 국정 현안이던 스태그플레이션(stagflation)과 석유 파동(oil shock)에 대응하기 위해 1974년에 특별히 임금물가안정회의(Council on Wage and Price Stability)와 에너지자원회의(Council for Energy Resources) 등 새로운 이슈별 관계장관회의들을 설치했다.

(1) 임금물가안정회의

임금물가안정회의는 1970년경부터 나타난 스태그플레이션, 즉 경기침체하에서도 물가가 올라가는 현상에 대한 대책을 마련하기 위해 설치했다.

---

147) New Federalism, Revenue Sharing, 환경, 범죄, 복지, 인권 등.

148) 그러나 워터게이트(Watergate)사건이 폭로된 이후에는 각 부처들이 백악관이나 다른 부처들과 상의 없이 독자적으로 정책을 추진했다 (Warshaw, 1997: 43, 54).

재무장관, 상무장관, 농무장관, 노동장관, 관리예산처장(OMB), 대통령 경제보좌관 등으로 구성해 물가, 임금, 생산성에 영향을 미치는 요인들을 확인 점검하고 연방 각 부처들의 정책들이 인플레이션에 어느 정도 영향을 미치는지를 평가하여 물가 안정 및 경제활성화 대책을 마련하기 위해 설치한 기구이다.

임금물가안정회의는 재무장관이 주재했고, 별도의 소규모 지원 스태프를 두었다. 지원 스태프는 법률고문, 물가임금 감시팀, 정부활동 평가팀, 홍보·의회관계팀으로 구성되었다.

(2) 에너지자원회의

에너지자원회의는 1974년 석유 파동에 대응하기 위해 설치했다. 1973년 10월 제4차 중동전쟁으로 인해 아랍석유수출국기구(OPEC)가 원유를 무기화해 대량 감산하자 이른바 석유 파동, 즉 전 세계적인 석유 부족 현상이 일어났다. 모든 나라가 단기적으로는 석유 수급을 안정시키고 장기적으로는 안정적 에너지원 확보가 절실한 상황에 직면했다. 이에 닉슨 대통령은 에너지 자원의 안정적 확보와 효율적 관리를 위한 연방정부의 정책방향을 수립하고, 부처간에 이견을 조정해 대통령에게 일관적인 정책대안을 제공할 수 있도록 하기 위해 에너지자원회의를 설치했다.[149]

에너지자원회의는 장관 10명,[150] 대통령 정책보좌관 4명,[151] 에너지 관련 독립규제위원회,[152] 관리예산처, 경제자문회의(CEA), 환경질위원회(CEQ), 국가과학재단(NSF) 등의 장들로 구성되었고, 의장은 상무장관이 담당했다. 사무처장(executive secretary)은 연방에너지처장(Federal Energy Administration)이었고, 지원 서비스도 연방에너지처 공무원들이 제공했다.

149) EO 11814, Energy Reorganization Act of 1974.

150) 상무장관, 국무장관, 재무장관, 국방장관, 법무장관, 내무장관, 농무장관, HEW 장관, HUD 장관, 교통장관.

151) 국가안보보좌관, 경제정책보좌관, 국내정책보좌관, 소비보호특별보좌관.

152) Nucrear Regulatory Commission, Federal Power Commission.

5 포드 대통령(Gerald Ford, 1974~77)
- 정교한 경제정책회의 시스템의 개발 -

포드 대통령은 1974년 8월 닉슨 대통령의 사임으로 대통령직을 승계했다. 그는 집권 2년 5개월 동안 새로운 정책들을 추진하지 않고, 닉슨 대통령으로부터 물려받은 당면 현안 문제들을 해결하는 데 충실했다.

국제적으로는 월남전 종식(1975), 동서긴장 완화, 동맹국들과의 유대 강화 등을 추진했고, 경제 분야에서는 최악의 상황에서 실업, 인플레이션, 에너지위기 등을 해결하기 위해 노력했으며, 국내정책 분야에서는 전임 닉슨 대통령을 사면한 후 워터게이트 사건의 상처를 치유하고자 노력했다.

포드 대통령은 닉슨으로부터 물려받은 관계장관회의 시스템을 폐지하지 않고 그 기본 골격을 유지했다. 다만 약간 수정했을 뿐이다. 그 이유는 워터게이트 사건 후유증을 치유하기 위해 미국의 리더십과 제도 및 절차에 대한 미국 국민들의 신뢰를 회복하는 것이 중요하다고 믿었기 때문이다.

이에 따라 닉슨의 국가안보회의 시스템은 그대로 유지했고, 워터게이트 사건에 연루되어 비난받았던 국내문제회의와 그 지원실도 그 역할과 구조를 약간 축소 개편했을 뿐 폐지하지는 않았다. 반면에, 당시에 심각했던 경제침체 문제를 해결하기 위해 정교한 경제정책회의(Economic Policy Board)를 새로이 구축했다. 포드 대통령은 내각 중심의 국정운영 공약에 따라 경제정책회의와 국내문제회의의 구축과 개편 및 운영에서 백악관 비서실 보좌관들보다는 내각장관들의 입지를 강화했다.

1) 경제정책회의 시스템의 구축

포드 대통령은 자신이 적극 활용할 수 있는 경제정책회의를 구축했다. 닉슨 대통령으로부터 물려받은 경제정책회의(Council on Economic Policy)를 폐지하고, 그 대신 새로운 경제정책회의(Economic Policy Board, EPB)를 신설해 대내외 경제정책을 통합 조정토록 했다.[153] 그 결과 국제경제정책

153) 포드 대통령 이전의 경제 분야 관계장관회의는 대부분 국내경제 분야와 대외경제 분야에 별도로 설치되어 있었으나, 포드 대통령에 이르러 처음으로 통합되었다.

회의(Council on International Economic Policy)와 통상정책회의(Trade Policy Committee)는 실제로 유명무실해졌다.

포드 대통령이 경제정책회의(EPB)를 설치해 적극 활용한 이유는 세 가지였다(Porter, 1983: 411-412).

첫째, 당시 미국이 직면한 경제위기를 효율적으로 대처하기 위해 경제정책에 대한 관리 책임을 일원화하기 위함이었다.

둘째, 국정운영 방식에서 전임 닉슨 대통령과의 차별화를 시도하기 위해서이다. 즉 측근 보좌관 중심의 비밀스럽고 무언가 숨기는 듯한 국정운영 방식을 탈피해 내각 중심의 좀더 개방적이고 솔직한 국정운영 방식으로 전환하고, 백악관의 과도한 지배에 의해 위축된 부처들에게 더 많은 자율성을 부여하여 사기를 제고하려고 했기 때문이다.

셋째, 포드 대통령 캠프 내에 경제 분야의 저명한 인물이 없었기 때문이다. 정치인 출신으로 경제 분야에 전문성이 부족한 포드 대통령의 입장에서는 자신을 대신해 경제 분야를 총괄적으로 관리해 줄 만한 인물이 필요했다. 그러나 측근들 가운데 그러한 인물이 없었다. 이에 포드 대통령은 경제에 대한 집단적 접근(collegial approach)을 선택했다.

(1) 역할과 구성

포드 대통령이 경제정책회의(EPB)에 부여한 공식적인 역할은 국내외 경제정책의 모든 측면에 관한 조언과, 모든 경제정책의 입안과 집행에 대한 조정이었다. 실제 담당했던 역할을 구체적으로 보면 다음 다섯 가지로 요약할 수 있다(Porter, 1980: 86-89).

첫째, 경제 분야에 관한 조언이다. 즉 대통령이 관심을 가져야 할 경제정책 이슈들을 발굴하고, 대통령의 결정이 필요한 이슈들에 관해 정보를 수집 분석해 정책 대안을 작성하며, 대통령에게 전달되는 다양한 경제정보를 조정하는 것이다.

둘째, 대통령의 경제 관련 연설과 메시지의 사전 점검이다. 대통령의 경제 관련 연설에 필요한 주제(theme)와 아이디어를 제공하고, 경제와 관련해 대통령(백악관)으로부터 나가는 모든 발언과 메시지를 사전에 검토하고 조정하는 것이다.

셋째, 정책 조정을 촉진하는 것이다. 경제정책회의(EPB)는 대통령이 관심을 갖는 경제정책에 관한 부처간 이견 조정 뿐만 아니라 의회에 제출되는 각 부처의 경제 입법안까지 조정했다.[154]

넷째, 경제 관련 정보의 범정부적 교환이다. 단일 부처 소관 이슈라도 중요한 이슈인 경우 경제부처 상호간뿐만 아니라[155] 대통령 비서실과 경제부처들 간에 정보의 교환을 촉진하는 것이다. 이는 장관들로 하여금 부하 관료들이 제공한 시각과 이해관계를 넘어 다양한 시각을 갖게 하고, 동시에 국민들이나 의회에 일관성 있는 의견을 제시할 수 있도록 하기 위해서이다.

다섯째, 기존 경제정책에 대한 모니터링과 평가이다.

경제정책회의(EPB)는 9명의 장관과[156] 대통령 경제보좌관, 경제자문회의 의장, 관리예산처장, 통상대표[157] 및 기타 필요에 따라 대통령이 지정한 기관장[158] 등으로 구성했다. 의장은 재무장관이다.

(2) 하부기구

경제정책회의(EPB) 산하에는 집행위원회(Executive Committee), 실무위원회(Sub-cabinet Committees), 작업반(Task Forces) 등이 설치되었다.

경제정책회의는 참석자가 너무 많아 실질적인 논의가 어렵기 때문에 집행위원회를 설치해,[159] 정책의 입안과 조정 및 집행 감독 등 경제정책회의에 부여된 역할을 대행하도록 했다. 그 대신 경제정책회의 본회의는 연 3~4회 소집해 경제 관련 국무회의(Cabinet Meeting)처럼 장관들 간의 정보 교환 및 대통령의 경제정책 추진에 필요한 지지 확보 장소로 활용했다.[160]

---

154) 원래 각 부처가 의회에 제출하는 경제 입법안과 정부정책은 관리예산처 입법검토실(Legislative Reference Division) 스태프들에 의해 관련 부처 실무자들과 협의를 통해 조정하게 되어 있으나, 이러한 조정이 여의치 않을 경우 관리예산처 입법검토실은 장관급 EPB 집행위원회에서 조정하도록 요청했다.

155) 특히 단일 부처의 배타적 관할에 속하는 이슈들도 중요하면 부처간 논의를 거치도록 함으로써 부처간 정보 교환을 촉진했다.

156) 재무장관, 국무장관, 내무장관, 상무장관, 농무장관, 노동장관, 교통장관, 보건복지교육장관, 주택도시개발장관.

157) 통상대표(Special Representative for Trade Negotiation)는 국제경제회의 지원실장(Executive Director of the Council on International Economic Policy)을 겸임했다.

158) 주로 CIEP 사무처장과 중기청장이 초청되었다.

159) 재무장관, 국무장관, 상무장관, 노동장관, 경제보좌관, 관리예산처장, 경제자문회의 의장, 통상대표, 논의 이슈 관할 장관 등.

160) 전원회의는 정책의 논의와 결정을 위해 소집되지는 않았다. 장관들이 정부의 경제정책

즉 정부정책 프로그램 개발 초기에 방향을 논의하고, 대통령이 최종 확정한 주요 정책 프로그램들의 배경과 당위성을 설명함으로써, 장관들의 지지 협조를 유도하는 장소로 활용했다.

집행위원회 의장(chairman)은 재무장관이 담당하도록 했다. 집행위원회는 그 산하에 정책 이슈에 관한 자료의 수집 분석, 정책대안의 개발 등 실무작업을 담당할 지원기구로서 실무위원회와 작업반들을 두었다. 집행위원회는 논의에 필요한 정보나 정책보고서를 종종 관련 부처에 요청하기도 했으나, 대체로 산하 실무위원회와 작업반에 크게 의존했다. 집행위원회는 실무위원회와 작업반의 효율적 운영을 위해 분기별 활동계획을 작성해 활용했다. 실무위원회와 작업반들은 성격별로 그 기능을 달리했다.

첫째, 상설 실무위원회들(permanent sub-cabinet committees)이다. 이들 위원회들 가운데 일부는 경제상황 변화를 예측하고 거시경제정책을 수립하는 데 필요한 자료를 수집 분석했고(Troika II, Committee on Economic Statistics), 또 다른 일부는 위기에 대한 조기경보를 위해 특정 분야를 지속적으로 모니터링했으며(Labor Negotiations Committee, Food Deputies Group), 나머지는 정책방향을 구상했다(EPB/NSC Commodities Policy Coordination Committee,[161] Committee on Small Business). 이들 위원회는 그 활동을 집행위원회에 2주 혹은 4주마다 정기적으로 보고했다.

상설 실무위원회의 멤버는 대부분 관련 부처나 대통령 보좌기구의 차관보급으로 구성되고, 의장직은 검토 대상 이슈를 1 차적으로 책임져야 할 부처의 고위공무원이나 경제자문회의(CEA) 멤버들이 담당했다.[162] 대통령 경제보좌관 스태프들은 실무위원회의 의장직(chairman)을 담당하지는 않고 구성 멤버로 참석해 그 활동 과정을 모니터링했다. 각 실무위원회의 활

을 이해하고 일반 국민들에게 그 정당성을 설명할 수 있도록 대통령의 주요 경제정책에 관한 설명과 정보 교환, 주요 정책의 개발 초기 단계에 지지와 협조 및 아이디어 확보를 위해 소집되었다. EPB 본회의는 집권 직후에는 매달 1회, 그 이후부터는 1년에 3~4회 정도밖에 개최되지 않았다. 반면에 집행위원회는 평균 매주 5회 정도 개최되었다(Porter, 1980: 62).

161) 선후진국간 남북문제 취급.

162) 닉슨 시절에는 이러한 유형의 하부조직의 장은 대부분 백악관 보좌관이나 스태프가 담당했다. EPB 집행위원회 산하 부처간 실무기구 의장직의 분포는 경제자문회의 6, 재무부 5, 상무부 3, 국무부 3, 교통부 2, 노동부 1, 농무부 1, 법무부 1, 중소기업청 1이었다.

동은 집행위원회에서 작성한 분기별 활동계획에 따라 진행되었다.

둘째, 임시 실무위원회(ad hoc informal sub-cabinet committees)이다. 임시 실무위원회는 집행위원회에서 논의할 만한 정책 이슈를 발굴하고 그 이슈에 관한 정책보고서를 작성하기 위해 소집되는 비공식 임시그룹이다. 특히 집행위원회에서 논의할 이슈들 가운데 그 이슈에 관해 비교적 단기간에 보고서가 작성되어야 할 경우, 민감한 이슈에 관한 보고서를 작성할 경우, 대통령 경제보좌관이 영향력을 행사하고 싶은 정책 이슈에 관한 보고서를 작성할 경우에 활용된다.

임시 실무위원회들은 집행위원회 운영실장인 대통령 경제보좌관이 이슈에 따라 참석 범위를 정해 소집한다. 대체로 이슈에 관해 전문성이 있고 이해관계 부처들을 대표하는 차관보급 공무원 5~6명으로 구성된다. 이들은 기관장과 가깝고, 기관의 자원을 신속히 동원할 수 있으며, 서로간에 협조를 잘할 수 있는 사람들이다. 이들은 임시 실무위원회의 작업 과정에서 장관의 입장을 대변하고 동시에 임시 실무위원회의 작업 내용을 장관에게 설득할 수 있을 정도로 자신들의 장관과 친밀한 사람들이다.

셋째, 임시 작업반들(ad hoc task forces)이다. 이들은 장기적인 연구와 정책 개발을 위해 특별 이슈별로 설치한 임시그룹이다. 임시 작업반이 구성된 주요 이슈들은 금융산업 규제개혁(Banking Regulatory Reform), 철도산업 구조개혁(Railroad Reorganization), 자본 축적(Capital Formation), 생산성 향상(Productivity), 생산자 책임(Product Liability), 다자통상 협력(Services and Multilateral Trade Negotiations), 국제항공 수송정책(International Air Transportation Policy), 기업 해외 뇌물(Questionable Corporate Payment Abroad), 국제 투자(Taxation and International Investment) 등이다.

(3) 지원기구

경제정책회의(EPB)나 그 집행위원회는 법률에 의해 설치된 기관이 아니므로 독자적인 스태프를 가지고 있지 않았다. 그리하여 실질적인 운영 및 관리(Executive Director) 책임을 대통령 경제보좌관에게 맡겼다. 대통령 경제보좌관은 경제정책회의(EPB) 시스템의 운영자로서 실제로 수행한 역할은 다음과 같다.[163]

첫째, 회의관리(clerk)이다. 의제를 선정하고 논의 일정을 잡으며, 회의를 소집하고, 보고서를 사전에 준비시키고 배포하며, 대통령 결정에 필요한 정책 대안보고서(Option paper)와 회의록 및 집행 메모(Decision Memorandum) 등을 작성했다.

둘째, 공정한 정책관리(policy manager)이다. 경제보좌관은 이해관계 부처들의 참여를 보장해 관련 부처들의 불만을 방지하고 관련 부처 자원을 동원하며 이들 부처들에게 공헌할 기회를 제공했다. 또한 부처간 타협에 의해 주요 이슈가 수면 아래로 잠복하는 것을 방지했고, 집행위원회에서 자신의 입장을 옹호하지 않고, 성급한 타협을 유도하기보다 쟁점에 대한 이견을 부각시키는 데 중점을 두었으며, 소홀히 취급되는 이해관계와 대통령의 입장을 주지시키고 조정을 촉진시켰으며, 정책대안을 대통령에게 보고하기 전에 공정한 분석과 다양한 대안 개발을 요구했다.

셋째, 정책추진 촉진(catalyst)이다. 많은 시간을 들여 부처 활동뿐만 아니라 주요 경제 분야의 동향과 추세 등을 모니터링[164]함으로써 논의할 가치가 있는 이슈들을 발굴했고, 주요 이슈들에 대해 현황보고서를 요구하거나 집행위원회 의제로 선정함으로써 주요 이슈들이 거대한 관료조직에 파묻혀 대통령의 관심사에서 벗어나지 않도록 유도했다. 또한 장기 연구 과제들을 선정하고 이들을 연구하고 대안을 개발할 작업반을 구성했다.

넷째, 집행 점검(implementor)이다. 해당 고위공무원들에게 집행에 관한 명확한 지침을 주어 이들이 스스로 집행하도록 유도함과 동시에, 대통령의 결정이 현장에서 제대로 이행되는지 점검하기 위해 진도표(charts), 주간점검(weekly monitoring), 불시점검(spot check) 등으로 구성된 정교한 시스템을 개발해 활용했다.[165]

다섯째, 대외연락(link to the outside world)이다. 의회, 경제계, 금융계, 노동계, 학계 등 외부 세계와의 지속적인 접촉을 통해 수집한 정보를 집행위원회에 제공함으로써 집행위원회가 외부 세계의 견해에 민감하게 하고

---

163) 그 밖에도 대통령의 보좌관으로서 경제보좌관은 대통령의 눈과 귀 및 수호자 역할을 했다. 즉 경제정책회의 활동을 대통령에게 보고하고, 집행위원회에서 대통령의 시각과 입장을 알려 대통령의 이해관계가 소홀히 취급되지 않도록 환기시켰다.

164) 각종 소식지, 보고서, 신문, 잡지, 개인적 정보 네트워크 등을 활용했다.

165) 이 점검에 너무 많은 시간이 소요되자 일부 프로그램 점검을 OMB에 이관했다.

외부의 다양한 시각들에 대해 적절히 대응할 수 있도록 했다.

경제보좌관은 스태프 10여 명[166]의 지원을 받아 경제정책회의, 집행위원회, 실무위원회와 작업반들을 관리했다. 업무량에 비해 지원 스태프가 소규모였으나 이를 확대하지 않았다.[167] 그 이유는 다음과 같다(Porter, 1980: 84-86).

첫째, 정직한 조정자(honest broker)로서의 자신의 이미지를 유지하기 위해서이다. 스태프의 규모가 커지면 자신이 야심가(empire builder)로서 오해받을 것을 염려했다. 둘째, 각 부처 장관들의 협조를 유도하기 위해서이다. 자신의 스태프를 증가시키면 각 부처 장관들이 자신을 경쟁자로 간주하여 비협조적일 것으로 판단했기 때문이다. 셋째, 대규모 스태프에 수반되는 문제점을 피하기 위해서이다. 즉 확대된 스태프의 관리를 위해 자신의 부족한 업무 시간을 추가로 할애해야 하는 문제, 충분히 활용되지 않은 일부 유능한 스태프에 의해 불필요한 엉뚱한 일이 만들어지는 문제 등은 그가 원하는 바가 아니었다. 넷째, EPB 운영에 부족한 스태프는 다른 곳에서 차출해 활용할 수 있었기 때문이다.[168]

(4) 운영 방식

집행위원회는 정기회의(Regular Meeting), 특별회의(Special Session), 분기별 검토회의(Quarterly Review Meeting)를 축으로 하여 운영했다.

정기회의는 재무장관(의장), 경제보좌관(EPB 지원실장), 상무장관, 노동장관, 국무장관, 관리예산처장, 경제자문회의 의장, 국제경제정책회의(CIEP) 지원실장, 통상대표 등이 매주 3~4회 모여 논의 조정하는 회의이다. 특별회의는 정기회의에서 해결을 보지 못한 단일 혹은 관련된 2~3개 주제[169]에 대해 토요일 오전 혹은 주중 오후에 2~3시간 동안 집중적인 논의를 거

---

166) 반은 전문가들(professional)이고 나머지 반은 행정인력(supporting staff)이다.

167) 닉슨 대통령 시절 키신저는 국가안보회의(NSC)를 엘리크만은 국내문제회의(DC)를 운영하는 데 지원 스태프로 40~100명을 유지했었다.

168) 특히 국제경제정책회의(CIEP)의 스태프로부터 지원을 받을 수 있었다. 국제경제정책회의는 법정기관이어서 충분한 스태프를 보유하고 있었으나, 국제경제 이슈도 동시에 취급하는 EPB가 활성화됨에 따라 국제경제정책회의의 역할이 유명무실해졌고, 국제경제정책회의의 운영실장(Executive Director)인 통상대표가 EPB 집행위원회 멤버여서 국제경제정책회의 소속 스태프들이 EPB 집행위원회를 지원하게 되었다.

169) 조세개혁, 실업, 에너지 등.

쳐 정책을 결정하는 회의이다. 대체로 2주에 한 번씩[170] 개최되었다.

정기회의의 의제는 다음 네 가지 경로를 통해 선정되었다. 첫째, 부처 제안이다. 부처의 제안은 지원 스태프(executive secretary)가 매주 목요일 각 부처 내에 지정된 차관보를 접촉해 수집했다. 대체로 향후 2주 내에 논의할 의제들을 수집했다. 둘째, 경제보좌관의 제안이다. 셋째, 작업반(Task Forces)으로부터의 제안이다. 넷째, 3개월 혹은 6개월 작업계획(Three-month or six-month work plan)에 의한 의제 도출이다. 작업계획은 장관과 작업반 반장으로부터 향후 3개월 혹은 6개월 내에 검토해야 할 이슈들을 조사해 놓은 것이다. 이 작업계획상 예정된 이슈들을 논의 의제로 선정했다.

의제에 대한 정기회의에서의 논의 일정은 지원 스태프(executive secretary)가 장관들의 스케줄을 체크해 확정한다. 의제 관련 보고서는 작업반이나 해당 부처에서 작성하고, 회의 개최 1주 전에 의제와 보고서를 배포한다. 회의록은 지원 스태프가 작성해 당일에 배포했다. 회의록에는 의제, 제시된 의견, 결정, 집행 분담 등만 기록하고, 자유롭고 진지한 토론이 가능하도록 누가 무슨 발언을 했는지는 기록하지 않았다.

대통령은 집행위원회 회합 3~4회당 1회(대략 주 1회) 정도 참석했다. 참석 이유는 보고서(Option Paper)에 의한 결정이 갖는 한계를 극복하고 기자회견에 필요한 충분한 지식을 확보하기 위해서였다. 즉 대통령 자신이 갖고 있는 의문 사항을 질문할 수 있고, 장관과 보좌관들의 의견과 각 대안에 대한 선호 강도를 확인할 수 있으며, 이를 통해 자신의 입장을 구체화하는 데 도움이 되기 때문이었다. 대통령이 참석하게 되면 사전에 보고서(Briefing Paper)를 준비한다.[171] 대통령이 참석하는 집행위원회는 의제에

170) 보통 6~8주 만에 1회, 할 일이 많으면 1주에 2회.

171) Briefing Paper는 다음 세 가지 내용으로 구성되었다. 첫째는 EPB Weekly Report이다. 지난 주 집행위원회에서 논의한 이슈와 취한 조치, 지난 주 집행위원회 산하 작업반들의 활동, 향후 집행위원회의 주요 의제 등에 관한 보고서이다. 둘째, Economic Fact Sheet이다. CEA에서 작성한 물가, 생산, 실업 등 주요 경제 분야 최근 동향 보고서이다. 셋째, Decision Memorandum(option paper)이다. 대통령의 결정이 필요한 이슈들에 대한 배경, 사실 및 분석 정보, 집행위원회에서 검토한 대안, 각 대안의 장단점, 각 장관과 보좌관들이 선호하는 대안(그러나 경제보좌관인 Seidman은 선호 표시 안 함) 등을 포함한 보고서로서 경제보좌관이 집행위원회 논의 결과를 토대로 작성한 것이다.

대한 안건 관할 부처의 설명, 참석자들의 의견 개진, 대통령의 질의와 응답 순으로 1시간 15분 정도 진행되었다. 대통령은 대부분의 이슈에 대해 회의 석상에서 최종 결정했으나, 중요한 이슈인 경우 좀더 많은 숙고와 의견 수렴 후에 결정했다.

분기별 검토회의(Quarterly Review Meeting)는 경제 전망에 대한 평가, 경제정책 방향의 검토, 특정 문제 영역에 대한 분석 등을 위해 매 분기별로 개최해 2~3일간 진행되는 회의이다. 경제 전망과 정책 방향과 관련해 집행위원들은 다양한 시각을 가진 10~12명의 외부 경제학자들과 3~4시간 동안에 걸쳐 질문과 응답 및 토론을 했다. 토론의 결과는 경제자문회의 의장이 요약해 대통령에게 보고했다. 또한 거시경제와 특정 산업에 대한 정책결정에 활용할 경제 예측에 대해서는 3자그룹(Troika II Group)[172]이 자체 예측치와 6개 주요 예측기관 예측치를 비교 제시한 후 이들 기관의 대표들과 토론했다. 마지막으로 집행위원들은 특정 정책(산업)에 관해 작업반(Interagency Task Force)이나 혹은 관련 부처에서 작성한 보고서를 검토했다. 분기별 검토회의 개최에 필요한 주제 선정, 회의 포맷 결정, 필요한 작업반 구성 등 준비는 8~10주 전부터 시작했다.

(5) 경제정책회의 시스템에 대한 평가

포드 대통령이 구축한 경제정책회의(EPB) 시스템의 장점으로 다음과 같은 것들이 지적되고 있다(Porter, 1980: 174-196).

첫째, 대통령이 관심을 가져야 할 중요한 이슈와 기회를 조기에 발견하는 데 공헌했다. 주요 경제 이슈들을 놓친 적이 없고, 사전에 충분한 시간적 여유를 갖고 검토했다. 이것이 가능했던 이유는 i) 경제의 주요 분야를 모니터링할 상설 실무위원회를 가동했고, ii) 향후 3개월 활동계획, 6개월 활동계획을 수립해 활용했기 때문이다.

둘째, 대통령에게 체계적이고 균형잡힌 시각을 제공했다. 이는 경제보좌관이 관련 부처들이 제시하는 경쟁적인 시각과 의견들을 공정하고 중립적인 절차에 따라 관리했기 때문에 가능했다. 이해관계 부처들에게 그들의 입장을 개진할 기회를 제공했고, 또한 경제보좌관이 자신의 입장을 밀어붙

172) 차관급 Troika, 즉 재무부, 관리예산처, 경제자문회의의 차관급으로 구성된 그룹.

이지 않았다. 그 결과 대통령은 판사처럼 다양한 대안들을 확인하고 평가한 후 결정할 수 있도록 했다. 이렇게 결정된 정책은 번복하기도 어렵고 관련된 부처들로부터 이의 제기가 없어서 집행이 용이했다.

셋째, 질 높은 정책 정보와 대안을 제공했다. 특히 경제정책회의 절차(EPB Process)를 거치면 정책 초안의 질이 크게 개선되었다. 특정 이슈와 관련된 관련 부처들의 전문가와 데이터베이스를 충분히 활용했고, 서로 다른 시각들을 가지고 있는 부처들 간의 동태적 상호 작용을 통해 새로운 대안들을 만들어 갔기 때문이다. 경제정책회의(EPB) 시스템은 전문 지식만 제공하는 두뇌집단(Think Tank)처럼 활동하거나, 각 부처들의 시각이나 대안을 단순히 취합만 하는 기구로 활동하지 않았다. 각 부처나 작업반에서 대안을 작성하더라도 집행위원회에서 부처간에 충분한 논의를 거치기 때문에 부처이기주의적인 대안이 만들어지는 경우는 거의 없었다.

넷째, 단기적인 현안 이슈들뿐만 아니라 중장기적인 이슈들까지도 고려했다. 경제정책회의(EPB)가 분기별 검토회의를 개최하고, 특별히 장기적인 이슈들을 연구하는 작업반을 설치 운영했기 때문에 가능했다.

다섯째, 장관들로 하여금 대통령의 관심사에 충실하도록 했다. 이는 대통령과 집행위원들 간의 빈번한 정기적 접촉 때문에 가능했다. 대통령과 장관 간의 빈번한 접촉은 장관들이 관할 부처 공무원들의 관심사보다는 대통령의 관심사에 훨씬 민감하게 반응하게 했다.

여섯째, 주요 이슈들에 대한 결정이 실기한 경우가 별로 없었다. 즉 주요한 결정이 몇몇 예외적인 경우를 제외하고 대부분 지체없이 적시에 이루어졌다. 이는 이슈들을 미리 예측하는 메커니즘이 구축되었고, 또한 집행위원회가 거의 격일로 개최되었기 때문에 가능했다.

그러나 경제정책회의(EPB) 시스템은 문제점도 없지 않았다(Porter, 1980: 197-212).

첫째, 정치적 배려의 부족이다. 대안을 평가하는 데 관련 부처들의 입장을 지나치게 존중한 나머지 대안들이 미칠 국내 정치적 여파를 고려하지 않았다는 것이다. 둘째, 상호 관련된 이슈들을 취급할 때 전략적 사고의 부족이다. 상호 관련된 여러 이슈들을 연계시켜 통합적 프로그램으로 연결시키지 못했다는 것이다. 셋째, 안건 관할 부처 장관의 리더십 약화이다. 정책에 대한 대통령의 선택과 지휘(direction)를 강조하고 모든 부처들의 의견에 동일한 기회를 부여함으로써, 즉 안건 관할 부처 장관의 의견에 특별한 비중을 두지 않음으로써 상대적으로 안건 관할 부처 장관의 부처내, 대(對)의회, 대(對)고객집단 관계에서 리더십을 약화시켰다.

2) 국내문제회의의 축소와 개편

포드 대통령은 닉슨으로부터 물려받은 국내문제회의 시스템을 폐지하지는 않았다. 워터게이트 사건으로 약화된 기능은 그대로 지속시키고, 기본 구조만 약간 수정했다.

먼저, 국내문제회의와 그 지원실의 역할을 약화시켰다. 적극적인 정책 추진이나 조정보다는 소방수 역할과 위기관리에 치중하도록 했다. 즉 i) 부처 정책안에 대한 별도의 대안 검토, ii) 그날그날의 긴급사안 처리, iii) 의회 통과 법안에 대한 거부권 여부 검토, iv) 대통령 메시지 준비 등만 담당하도록 했다(Warshaw, 1997: 64). 더군다나 신설된 경제정책회의가 일부 국내정책 이슈까지 취급하게 되자 국내문제회의는 사실상 유명무실해졌다.

또한 내각 중심의 국정운영 방침에 따라 국내문제회의 구성과 운영에 대통령 보좌관들의 참여와 영향력 행사를 가급적 배제했다. 즉 국내문제회의를 장관들로만 구성했고, 부처간 실무작업반의 반장도 대통령 비서실 스태프들이 아니라 이슈 관할 부처 차관보로 하여금 담당하도록 했다.

그런데 집권 8개월 후 포드 대통령은 국내정책 분야에서 자신의 구상을 적극 추진하기 위해 좀더 비중이 있는 록펠러(Nelson Rockefeller) 부통령으로 하여금 국내문제회의를 관리하도록 했다. 이에 따라 록펠러는 국내문제회의의 개편을 시도했다. 즉 지원실장을 자신의 측근으로 교체한 후 지원실 스태프[173)]의 확대, 정책의제의 개발과 우선순위 설정 및 조정에 적극 나서도록 했고, 또한 관련 부처 장관들로 하여금 각 부처가 당면한 정책 이슈들과 각 부처가 추구하는 상위 5개 정책 목표를 요약해 제출하도록 했다.

그러나 록펠러의 노력은 실패로 돌아갔다. 포드 대통령의 적극적인 협조 부족과 대통령 비서실장 럼스펠드(Donald Rumsfeld)의 견제로 뜻을 이루지 못한 것이다. 포드가 적극적인 협조를 하지 않은 이유는 포드 대통령은

173) 전문가 스태프(professinal staff) 23명과 지원 스태프(secretarial staff) 6명으로 확대 추진.

록펠러가 국내문제회의를 통해 연방정부 프로그램의 확대를 적극 억제하고 주정부와 지방정부의 역할을 강화해 주기를 기대했으나, 록펠러는 그와는 반대로 국내문제회의를 새로운 정책 이슈를 발굴해 결정하는 중추기구로 회복시키려고 했기 때문이다(Warshaw, 1997: 67). 또한 럼스펠드는 국내정책도 대통령 비서실내 보좌관 회의에서 다른 정책들과의 연계 하에 논의되어야 한다는 이유로 부통령이 국내문제회의를 독점 관리하는 것을 방해했다.[174]

6 카터 대통령(Jimmy Carter, 1977~81)
- 비공식화와 현안이슈 관계장관회의 -

카터 대통령은 기존 워싱턴 정치에 대한 미국 시민들의 실망 속에 도덕성과 개혁을 내걸고 당선되었다.

그는 대외적으로 군사외교보다는 인권외교를 강조하면서 중동평화,[175] 소련과 전략무기 감축(SALT II), 주한미군 철수, 군비지출 삭감 등을 추구했다. 그러나 이란의 팔레비 정권 붕괴(1979)와 소련의 아프간 침략(1979)을 막지 못했고, 이란에 억류된 미국인 인질 구출 작전(1980)에도 실패했다. 경제적 측면에서는 경제 침체, 인플레이션, 고실업, 재정적자 등을 해결하기 위해 규제 완화, 실업 감축, 인플레이션 억제, 정부개혁을 통한 균형예산 등을 추진했고, 국내정책 분야에서는 에너지개혁, 환경보호, 의료보호개혁, 복지개혁, 행정개혁 등을 추진했다.

카터 대통령은 이러한 국정 과제들을 처리하는 데 있어서 대통령 비서실의 역할과 규모를 축소한 대신, 내각 장관들의 역할을 강화시키고 접촉 빈도를 늘렸다. 닉슨 대통령의 대통령 비서실 중심의 국정운영에 대한 반발로 내각 중심의 국정운영을 시도한 것이다.

174) 반면에 록펠러는 럼스펠드가 대통령 비서실 운영에 편파적이고 대통령을 지나치게 공화당 우파 노선으로 유도해 자신의 노력을 방해하고 있다고 의심했다.

175) 카터 대통령은 자신의 중재로 이스라엘의 베긴(Menachem Begin) 총리와 이집트의 사다트(Anwar Sadat) 대통령 간의 평화협정인 캠프 데이비드(Camp David) 협정을 성사시켰다.

그리하여 물려받은 공식적인 관계장관회의 시스템을 재편해 가급적 비공식적 임시기구로 전환하고, 복잡한 하부기구와 절차들을 간소화했으며, 대통령 정책보좌관들의 개입을 금지시켰다.

좀더 구체적으로 보면 국가안보회의 시스템을 축소했고, 국내정책회의 대신에 그때그때 비공식적인 현안이슈 관계장관회의(Cabinet Clusters)를 활용했으며, 공식적인 경제정책회의(Economic Policy Board)를 폐지하고 비공식적인 경제정책그룹(Economic Policy Group)을 설치 활용했다. 또한 국제경제회의(Council on International Economic Policy)를 폐지하고 통상정책회의를 부활시켰다. 그 밖에도 국가생산성회의(National Productivity Council)를 신설했다.

1) 국가안보회의의 축소 간소화와 비공식 조정회의 활용

카터 대통령은 닉슨과 키신저가 구축한 국가안보회의 시스템이 권한과 구조면에서 지나치게 방대해 대통령으로 하여금 다양한 정책대안들을 접하지 못하게 했다고 평가하고, 국가안보회의를 국가안보정책을 주도하는 기구가 아니라 국무부, 국방부 등과 협력하는 기구로 전환하려고 했다(Best, Jr., 2001: 69). 이에 따라 카터 대통령은 국가안보회의의 역할과 규모 및 하부구조를 축소하고 간소화시켰다.

(1) 국가안보회의 개편: 아이젠하워 시스템으로 복귀

① 국가안보회의 역할 조정

국가안보회의의 역할을 부처간 조정(coordination)과 아이디어 제공(think tank)에 국한시켰다. 카터 대통령은 전임 민주당 대통령인 케네디나 존슨과는 달리 국가안보회의를 유명무실하게 하지는 않았다. 그렇다고 전임 공화당 대통령들처럼 국가안보회의를 외교국방정책 추진을 위한 핵심기구로 활용하지도 않았다. 카터 대통령은 국가안보회의의 역할을 그 중간에 설정해 부처간 이견 조정과 자신의 결정에 필요한 아이디어 제공을 담당하도록 했다.

② 하부기구 간소화

닉슨 시절 설치되어 포드 대통령 시절까지 유지되어 온 국가안보회의 산하 각종 고위위원회들을 모두 폐지하고, 그 대신 정책검토위원회(Policy Review Committee, PRC)와 특별조정위원회(Special Coordination Committee, SCC) 두 개의 정책조정위원회를 설치했다.

정책검토위원회는 주로 1개 부처의 관할에 속하면서도 다른 부처에 영향을 미치는 이슈들을 검토하는 기구이고, 특별조정위원회는 여러 부처의 관할에 속하거나 관할이 불분명한 특수 이슈들을 검토하는 기구이다. 즉 전자는 여러 부처에 영향을 미치나 주무부처가 비교적 명확한 외교, 국방, 국제경제, 정보기관들의 예산 등의 이슈들을 관할하고, 후자는 주무부처가 불분명한 군비통제, 정보활동 감독, 위기관리 등의 이슈들을 관할했다.

정책검토위원회와 특별조정위원회는 구성 멤버가 동일했다. 즉 부통령, 국무장관, 국방장관, 국가안보보좌관, 중앙정보국장, 합참의장 및 이슈에 따라 대통령이 지정한 부처장 등으로 구성했다. 또한 두 위원회는 백악관 상황실(Situation Room)에서 개최되었다. 다만, 정책검토위원회의 의장은 대통령이 의제에 따라 지정했는데 대부분 국무장관이나 국방장관이 맡았고, 특별조정위원회의 의장은 항상 국가안보보좌관이 담당하도록 했다.[176]

또한 카터 대통령은 두 장관급 위원회의 실무 수준 복사판으로서 실무검토위원회(mini-PRC)와 실무조정위원회(mini-SCC)를 설치 운영했다. 대통령 명령[177]으로 정책검토위원회 산하에 실무작업반(NSC Interdepartmental Working Groups)을 설치할 수 있도록 했으나, 이 작업반들이 설치된 적이 없다. 그 대신 실무검토위원회와 실무조정위원회를 설치한 것이다. 두 실무위원회는 장관급 위원회에 상정될 이슈들을 미리 검토하고, 그 중요성이 크지 않아 장관급 회의에 상정 안 해도 될 이슈들을 조정했다.

③ 국가안보보좌관의 공식적 권한 축소

동시에 국가안보보좌관의 권한도 다소 축소해, 키신저와 같은 국가안보정책의 1인 주도자가 아니라 여러 유력자 중의 하나가 되도록 했다. 내각중심의 국정운영을 위해 국가안보보좌관이 담당해 왔던 권한과 책임을 상당 부분 관련 부처로 이관한 것이다.

176) 카터 대통령은 두 위원회의 의장을 달리함으로써, 국가안보정책 결정에 관련 부처의 역할을 강화함과 동시에 국가안보보좌관이 키신저처럼 주도하지 못하도록 했다.

177) Executive Order 11652, Presidential Directive/NSC-2.

그럼에도 불구하고 카터 집권 후반기에 국가안보보좌관은 그 역할이나 스타일에서 키신저와 거의 동일했다. 즉 국가안보회의 관리자로서뿐만 아니라 정책노선 주창자, 정책 입안자, 정책 조정자, 정책 대변인으로서 강력한 영향력을 행사했다. 그 이유는 i) 위기상황이 자주 발생해 대통령과 국가안보보좌관의 접촉이 빈번했고,[178] ii) 카터가 대외정책과 안보정책에 관해 경험이 없어서 국가안보 이슈에 해박하고 적극적인 보좌관을 곁에 두고 안보정책에 관한 정보와 아이디어 및 조언을 받으려고 했기 때문이다. 그러나 닉슨의 국가안보보좌관과는 달리 국가안보정책의 집행인 협상을 극히 예외적인 경우(중국과의 정상화)를 제외하고 수행하지 않았다.

④ 지원 스태프 축소와 재조직화

국가안보회의 지원 스태프도 그 규모를 줄임과 동시에 역할 분담 방식도 바꾸었다. 닉슨-포드 시절 70여 명이었던 스태프를 30여 명으로 줄였고, 지역별 주제별로 재조직화했다.

⑤ 정책 추진 및 조정 절차 재설계

카터 대통령 시절 국가안보회의에 의한 공식적 정책조정은 국가안보보좌관과 지원실 스태프의 지원을 받아[179] 다음과 같은 5단계 절차에 따라 이루어졌다.

첫째, 국가안보보좌관이 대통령의 지시[180]를 받거나 국무장관과 국방장관과의 협의를 거쳐 국가안보회의에서 검토할 정책 이슈를 선정하는 단계이다. 정책 이슈가 선정되면 국가안보보좌관은 분석되어야 할 쟁점, 분석보고서 작성 시한, 분석보고서를 검토 조정해야 할 위원회(정책검토위원회 혹은 특별조정위원회) 등을 명시한 대통령 검토메모(Presidential Review

178) 국가안보보좌관으로 하여금 매일 아침 단독으로 안보 정세를 보고하고, 매주 한 차례 국가안보회의 활동에 관한 보고를 하도록 했다.

179) 국가안보회의에 대한 지원 업무, 즉 정보를 수집하고, 의제를 설정하며, 대통령 검토메모(Presidential Review Memorandum), 정책보고서를 작성하는 일 등은 국가안보보좌관과 그가 지휘하는 국가안보회의 사무처 스태프들이 담당했다.

180) 브레진스키 보좌관은 대통령에게 매주 미국의 주요 외교활동과 문제점 및 정책대안 등에 관해 보고했는데 카터 대통령은 이 보고서에 자신의 견해를 주석으로 달았고, 브레진스키는 이 보고서를 정책추진의 출발점이자 국가안보회의 활동의 기초로 활용했다 (Best, Jr., 2001: 71).

Memorandum, PRM)를 작성해, 분석보고서를 검토해야 할 위원회로 보냈다.

둘째, 대통령 정책검토메모에 의거해 분석보고서를 작성하는 단계이다. 정책 이슈가 검토위원회에서 검토해야 할 이슈인 경우 그 이슈를 주관할 정책검토위원회 의장이 지명되고, 그 의장의 주도로 구성한 임시작업반에서 분석보고서를 작성했다. 반면에 정책 이슈가 특별조정위원회에서 검토해야 할 이슈인 경우 국가안보회의 지원실에서 분석보고서를 작성했다.

셋째, 분석보고서를 정책검토위원회나 특별조정위원회에서 논의하는 단계이다. 국가안보회의에 회부되는 모든 이슈는 사전에 정책검토위원회 혹은 특별조정위원회를 거쳐야 했다. 위원회에서는 정책보고서가 의미 있는 정책대안들과 이를 뒷받침하는 자료가 포함되어 있는지를 검토하고, 정책대안들에 관해 논의 조정했다. 논의 조정 결과 단일안에 대한 합의가 이루어지면 대통령의 최종 승인을 요구하기 위해 국가안보회의 지원실 스태프에 의해 2~3페이지 문서로 작성되어 국가안보보좌관을 거쳐서 대통령에게 제출되었다. 그러나 단일안에 대한 합의가 이루어지지 않고 여러 대안들이 경합할 경우 이들 대안들은 국가안보회의 지원실 스태프에 의해 정책대안보고서(Option Paper)로 작성되어 국가안보회의에 회부되었다.

넷째, 국가안보회의에서 논의하는 단계이다. 국가안보회의에서는 각 대안들을 다시 검토 조정해 대안들의 수를 줄여 대통령에게 건의할 최종 대안들을 문서로 작성했다.

다섯째, 대통령이 제출된 문서에 기초해 최종 결정을 내리는 단계이다. 결정은 문서에 표시된 방안들의 리스트를 보고 가부를 표시하는 방식으로 이루어졌다. 결정된 내용은 국가안보회의 지원실에서 대통령 지시(Presidential Directive)로 작성되어 관련 부처에 전달되었다.

(2) 비공식 조정회의 구축

카터 대통령은 이상과 같은 공식적인 기구 이외에 국가안보정책을 검토할 수 있는 비공식 메커니즘도 마련했다. '금요조찬회'와 '3인오찬회'가 그것이다. 카터 대통령은 공식적인 국가안보회의 시스템 대신에 자유로운 아이디어 교환이 용이한 비공식 메커니즘, 특히 금요조찬회를 빈번히 활용했다.

금요조찬회는 원래 대통령 주재 하에 부통령, 국무장관, 국가안보보좌관이 참석해 국무장관으로부터 안보정세에 관한 보고를 받은 후 주요 안보이슈들들을 논의하는 4인 모임이었으나 나중에 국방장관, 국내정책보좌관 등이 추가되어 사실상 비공식 국가안보회의나 다름없게 되었다. 금요조찬모임의 경우 사전에 의제도 준비되지 않았고 논의 결과를 기록하지도 않아 나중에 결정에 대한 해석을 둘러싸고 갈등이 야기되기도 했다.

3인오찬회는 국무장관, 국방장관, 국가안보보좌관 3인이 오찬에 회동해, 정책검토위원회나 특별조정위원회를 개최할 정도가 아닌 이슈들을 검토했다.[181] 3인오찬회를 위해 국가안보회의 지원실 스태프가 사전에 의제를 준비하고 논의 후 합의 사항에 대해서는 국가안보보좌관이 메모를 작성해 대통령과 관련 장관들에게 보고했다.

(3) 카터 대통령의 국가안보회의 시스템의 특징

카터 대통령의 공식적 국가안보회의 시스템은 다음과 같은 특징을 가지고 있다.

첫째, 하부구조로서 장관급 분과위원회를 설치한 것이다. 카터 대통령은 전임 민주당 대통령인 케네디나 존슨과는 달리 국가안보회의에 하부기구를 설치했다. 아이젠하워 대통령 시절과 닉슨 대통령 집권 초기처럼 2개의 조정위원회를 설치했는데, 아이젠하워와 닉슨과는 달리 구성 멤버를 장관급으로 구성했다. 아이젠하워가 하나는 차관급, 다른 하나는 차관보급으로 구성하고, 닉슨은 모두 차관급으로 구성했으나, 카터는 모두 장관급으로 구성했다.

둘째, 경쟁체제이다. 하나는 국가안보회의내 정책검토위원회와 특별조정위원회 간의 경쟁이고, 다른 하나는 국가안보회의라는 공식 채널과 금요조찬회, 3인오찬회 등 비공식 채널 간의 경쟁이다. 정책검토위원회와 특별조정위원회의 관할 이슈는 서류상 구분되어 있으나, 실제로 현안 이슈를 어디에서 논의해야 하는지 불분명한 경우가 더 많았다. 그리하여 양자간에 관할 경쟁이 일어났다. 카터 대통령의 집권 전반기에는 정책검토위원회가 우세해 회의도 자주 개최하고 주도적인 역할을 했다. 그러나 집권 후반기에 들어 특별조정위원회가 우세했다.

---

181) 중성자탄 제조 재개나 대중공 기술 이전 등이 이 오찬회에서 결정되었다.

셋째, 대통령의 결정을 제대로 이행하는지 모니터링하는 메커니즘은 설치되지 않았다.

(4) 카터 대통령의 국가안보회의 시스템에 대한 평가

카터 대통령은 국가안보에 관한 정책안을 개발 검토하고 의견을 조정하기 위해 나름대로 공식적 비공식적 구조와 절차를 구축했음에도 불구하고, 자신이 구축한 시스템으로부터 항상 도움을 받은 것은 아니었다.

첫째, 각종 회의 참석자들은 이견이 있음에도 불구하고 공식회의 석상에서 거론하지 않으려 했고, 예상되는 결과를 면밀히 검토하기보다는 카터의 신념이나 견해에 따라 쉽게 동조하는 경향이 있었다.

그 이유는 i) 카터 자신이 모든 정책문서를 검토해 직접 결정하려는 성향을 갖고 있었을 뿐만 아니라[182] 국가안보정책에 관한 기본 원칙이 없어서 주위의 조언에 따라 자신의 결정을 자주 번복했고(Best, Jr., 2001: 70-71), ii) 카터는 항상 다른 사람들에게 자기가 얼마나 많이 알고 있는지를 과시하려는 경향이 있어서 참모들 간에 활발한 토론을 유도하는 대인관계 테크닉이 부족했기 때문이다(Burke, 1992: 125).

둘째, 정책검토위원회와 특별조정위원회 간에 업무 관할이 분명하지 않아 집권 전반기에 양자간의 갈등이 빈번했다. 특히 이러한 모호한 역할 분담으로 정책검토위원회 의장을 주로 담당했던 국무장관(Cyrus Vance)과 특별조정위원회 의장인 국가안보보좌관(Zbigniew Brzezinsky) 간에 주요 이슈들[183]을 놓고 갈등이 끊이질 않았는데, 카터 대통령이 이를 직접 조정하지 못하고 우왕좌왕함으로써 연이은 정책실패를 초래했다.

셋째, 카터 대통령의 비공식 메커니즘에 대한 선호는 다양한 의견과 정보를 제공했으나, 정책추진과 조정을 더욱 복잡하고 혼란스럽게 만들었다.

넷째, 카터는 공식적인 조정절차가 완결되기도 전에 성급하게 자신이 먼저 결정해 버리는 경향이 있었다(Campbell, 1986: 66). 따라서 카터는 결정과정에서 공식·비공식 시스템을 통해 충분한 조언을 듣지 못했고, 자신의 결정에 어떠한 제약과 한계가 있는지를 알지 못한 경우가 많았다.

---

182) 보좌관들이 그의 정책결정 과정에서 자질구레한 업무량을 줄여 주려고 하면 자신의 권한을 빼앗기는 것처럼 불안해 했다(Campbell, 1986: 66).

183) 예를 들면, 소련의 아프간 침공, 이란혁명에 대한 대응, 이란 억류 미국인 인질 구출 등.

2) 경제정책 조정가구의 비공식화와 다원화

경제침체, 인플레이션, 고실업, 재정적자 등이 절정에 이르고 그 처방에 대한 전문가들의 의견이 분열되었던 시기에 대통령으로 당선된 카터 대통령은 성공적인 것으로 평가되던 경제정책회의(Economic Policy Board) 시스템을 거부했다. 그 대신 국내 경제정책 조정을 위해 비공식적인 관계장관회의인 경제정책그룹(Economic Policy Group)을 설치하고, 대외 경제정책 조정을 위해서는 신설한 국제금융그룹(International Monetary Group)과 기존의 통상정책회의(Trade Policy Committee) 및 국가안보회의의 스태프를 활용했다.

(1) 비공식 경제정책그룹의 설치

경제정책그룹(EPG)은 재무장관과 경제자문회의(CEA) 의장을 공동 의장으로 하고, 경제정책에 이해관계가 있는 모든 장관과 대통령 보좌관들로 하여금 참석하도록 했다. 그 결과 너무 방대해 실질적인 논의 및 조정이 불가능해, 초기에는 집행위원회(EPG Executive Committee)를, 임기 중반에는 다시 운영위원회(EPG Steering Committee)를 설치하는 방법으로 참석범위를 부통령, 재무장관, 경제자문회의(CEA) 의장, 관리예산처장(OMB), 국내정책보좌관,[184] 국가안보보좌관으로 축소했다.

집행위원회나 운영위원회는 매주 재무부장관이 주재했으나, 산하에 부처간 실무위원회나 별도의 지원 스태프를 두지는 않았다. 따라서 회의의 준비와 절차 등이 정비되지 않아 공식 의제와 정책검토보고서 및 회의 기록도 없는 비공식 조찬모임으로 운영되었다. 그 결과 회의 내용에 대해 각 부처가 각각 해석을 달리해 정책조정이 안 되었고, 정책결정 과정이 안정된 패턴 없이 전반적으로 혼란에 빠졌다(Campbell, 1986: 138).

경제정책그룹의 영향력은 이슈에 따라 달랐다. 많은 이슈들의 추진과 조정 권한을 둘러싸고 후술하는 국내정책실(Domestic Policy Staff)과 경합했기 때문이다.

184) 카터 대통령은 경제정책보좌관을 두지 않았다.

(2) 대외경제정책 조정기구의 다원화

한편 카터 대통령은 국제경제 분야에서 기존의 국제경제회의(CIEP)를 폐지했다. 그 대신 통상정책회의(TPC)를 부활시켜 국제무역정책을 조정하도록 했고, 재무장관을 의장으로 하는 비공식 관계장관회의인 국제금융그룹(International Monetary Group)을 설치해 국제금융정책을 조정하도록 했으며, 국가안보와 관련된 일부 국제경제정책들은 국가안보회의 지원실 고위 스태프인 오웬(Henry Owen) 대사로 하여금 조정하도록 했다. 그러나 신설된 국제금융그룹은 꼭 필요한 경우가 아니면 거의 소집하지 않았다.

3) 국내정책 조정 시스템의 축소와 변화

(1) 현안이슈장관회의와 국내정책실 설치

카터 대통령은 포드 대통령으로부터 물려받은 국내정책회의 시스템을 닉슨의 잔영으로 간주해 완전히 폐지했다(1977. 7.). 그 대신 국내정책들[185)]을 관리하기 위해 현안이슈장관회의(Cabinet Clusters)와 국내정책실(Domestic Policy Staff)을 새로 설치했다.

현안이슈장관회의는 그때그때 취급해야 할 이슈에 따라 관련된 소수 장관들로 구성한 임시 관계장관회의이다. 현안이슈장관회의들은 검토해야 할 주요 이슈가 있을 때 구성 소집했다.[186)]

국내정책실은 국내정책회의 지원실을 축소 개편한 것이다. 즉 복잡했던 내부구조를 에너지・천연자원(energy and natural resources), 농업・농촌개발(agriculture and rural development), 도시문제(urban affairs), 인권(civil right), 특별 프로젝트(special projects)[187)] 등 기능별로 재조직화하고, 스태프의 규모를 전문가 스태프 20여 명과 행정 지원 스태프 17명으로 축소했다.

---

185) 카터 대통령은 국내정책 분야에서 새로운 정책 프로그램들을 신설하기보다는 행정개혁, 규제 완화, ZBB 도입, B/C분석 도입 등 연방정부의 관리능력 향상에 관심이 있었다.

186) 장관들이 서로 참석하려고 한 결과 규모가 지나치게 커져 의제와 정책대안에 관한 논란만 무성해지는 경우가 많았다.

187) 학문(academics), 인적자원(human resources), 경제(economics and business), 연방규제(federal regulations) 등.

(2) 국내정책 조정 절차와 주도권 변화

카터 대통령이 집권 전반기에 현안이슈장관회의를 활용해 내각 중심의 정책 입안 및 조정 절차를 구축했다. 부처들이 정책추진을 주도하고, 대통령 보좌관들과 그 스태프들은 보완적인 역할을 하는 절차를 개발한 것이다. 구체적으로 살펴보면 다음과 같다(Warshaw, 1996: 110; Warshaw, 1997: 96, 100).

첫째, 현안 이슈를 선정하고 그 대책안을 마련할 현안이슈장관회의를 구성한다. 장관들이 내각지원비서(Cabinet Secretary)와 상의해 현안 이슈를 선정하면, 내각지원비서가 현안이슈장관회의를 구성했다.

둘째, 현안이슈장관회의에서 정책대안들을 개발한다. 현안이슈장관회의는 주무부처 혹은 임시 실무작업반으로 하여금 정책검토보고서를 작성하도록 한 다음, 이 정책검토보고서를 심의 조정해 정책대안들을 다듬었다. 임시 실무작업반은 대통령 비서실의 실무 스태프를 배제하고, 관련 부처의 실무 공무원들로만 구성되었다.

셋째, 국내정책실의 검토와 대통령 보좌관들의 의견 수렴이다. 먼저, 국내정책실 스태프들이 현안이슈장관회의에서 마련한 정책안을 검토한다. 정책대안이 대통령의 노선에 맞는지, 기존 정책과의 관계, 정치적 여파와 입법 전략 등에 관한 평가보고서를 작성한다. 다음에, 내각지원비서가 대통령 보좌관들의 의견을 수렴한다. 현안이슈장관회의에서 마련한 정책안들을 관리예산처와 대통령 고위보좌관들에게 회람시켜 코멘트를 받는다.

넷째, 대통령이 최종 결정한다. 내각지원비서가 현안이슈장관회의에서 마련한 정책대안들, 국내정책실의 평가보고서, 각 정책대안들이 예산과 경제에 미치는 영향에 관한 관리예산처의 검토보고서, 기타 대통령 고위보좌관들의 의견 등을 대통령에게 보고하면, 대통령이 검토해 최종 결정을 내렸다. 카터 대통령은 다양한 정책대안들을 직접 검토하고 결정했다. 카터 대통령의 결정은 현안이슈관계장관회의에서 작성한 정책안에 대해 승인, 거부, 추가정보 요구 등의 방식으로 이루어졌다.

이 절차의 특징은 카터 정부의 국내정책 의제를 정하고 그 대안을 작성하는 데 행정 부처들에게 최대한 자율성을 보장하고, 대통령 보좌관이나 스태프들은 간여를 최소한으로 줄이는 데 있다. 즉 카터 대통령이 천명한 내각 중심의 국정운영 방침에 따라, 현안 이슈 선정시에 내각지원실장은 대통령 선거공약이나 대통령 비서실에서 선호하는 이슈들을 특별하게 우선적으로 배려하지는 않았고,[188] 정책대안을 마련하는 과정에서도 국내정책실은 스스로 어떠한 영향력도 행사하지 않았다. 정책대안을 직접 개발하거나 현안이슈장관회의에 의한 정책개발 과정에 어떠한 지침이나 가이드 라인도 내리지 않았고 현안이슈장관회의에서 마련한 정책대안을 수정하지도 않았다. 다만, 현안이슈장관회의의 정책 제안에 대해 국내정책실에서 두뇌집단으로서의 몇 가지 검토 의견만 제시했다.[189]

카터 대통령은 이러한 현안이슈장관회의 시스템을 통해 집권 첫해 에너지정책, 복지개혁, 보건의료개혁 등을 처리했다. 그러나 카터의 이러한 시스템은 각 부처들의 정책추진을 효율적으로 관리하지 못했고, 각 부처들간 갈등을 효율적으로 조율하지도 못했다(Warshaw, 1997: 99). 대통령 비서실에서 범정부적 정책방향을 설정하지 않았고, 현안이슈관계장관회의[190]도 효율적으로 관리하지 못했기 때문이다.

그 결과 각 부처들은 정책들 간에 상호 관련성을 전혀 고려하지 않았으며, 대통령의 정책노선에서 벗어나 그에 도전하기까지 했다. 집권 초기에 업적도 없이 국정 혼란이 초래되고, 급기야 대통령 리더십에 대한 여론 지지도가 바닥을 맴돌았다.

이에 카터 대통령은 집권 8개월이 지나면서 국내정책 조정 시스템의 운영 방식을 내각 중심에서 대통령 비서실 중심으로 바꾸었다. 즉 정책 추진과 조정의 주도권을 내각에서 대통령 비서실로, 현안이슈장관회의의 관리권을 내각지원비서에서 국내정책보좌관으로 이동시켰다.[191] 그 결과 국내정책보좌관과 국내정책실 스태프들이 현안이슈장관회의의 구성과 운영, 정

188) 그러나 국내정책보좌관 겸 국내정책실장(Eizenstat)은 대통령 연설문담당보좌관과 빈번한 접촉을 통해 국내정책과 관련된 대통령의 연설문 내용을 검토하면서 국내정책의제를 조율하고 관리했다.

189) 국내정책실의 초기 역할은 현안이슈장관회의의 정책안에 대한 검토 이외에 위기관리, 부처간 관할 분쟁 중재 등 소방수 역할이었다. 범정부적 정책목표 설정이나 구체적 정책추진은 내각 부처들의 몫이었다.

190) 의제 선정과 주무부처 선정시에 불협화음이 잦았고 대안들의 논의 조정에서도 지루한 논쟁으로 얼룩져 충실한 정책대안을 마련하지 못한 경우가 많았다(Warshaw, 1997: 96, 100).

191) 그 결과 내각지원비서는 정책추진에서 손을 떼고 본래의 임무인 국무회의 지원, 대통령 지시사항 이행 점검, 정책집행을 위한 정부간 협력 관리 등에 치중하게 되었다.

책안의 개발과 조정에 적극 개입했다.

카터 대통령이 국내정책의 추진과 조정을 위해 새로 구축한 절차는 다음과 같다(Warshaw, 1996: 111-112; Warshaw, 1997: 101).

첫째, 국내정책실에서 정책의제를 선정한 후 이슈검토메모(Issue Definition Memorandum)를 작성해 대통령에게 보고한다. 이슈검토메모에는 현안이슈장관회의에서 거론되어야 할 이슈, 논의되어야 할 쟁점, 주무부처, 참여해야 할 부처, 논의 일정 등이 명시된다.

둘째, 대통령이 이슈검토메모를 검토한 후 승인하면, 주무부처에서 국내정책실의 감독 하에 현안 이슈에 대해 기본 자료 조사와 분석을 진행한다.

셋째, 현안이슈장관회의에서 논의해 정책대안을 작성한다. 국내정책실 요원들[192]이 현안이슈장관회의에 참석해 정책대안들에 대한 논의와 조정을 통제한다.

넷째, 국내정책실 스태프가 대통령 검토메모(Presidential Review Memorandum)를 작성해 이해관계 부처 장관들에게 회람시킨다. 대통령검토메모에는 현안이슈장관회의에서 마련한 정책대안들과 각 대안들에 대한 참석 장관들의 찬반 의견이 기록된다. 이해관계 부처들의 요구에 의해 필요하면 정책대안을 수정하기도 한다.

다섯째, 국내정책보좌관이 조정된 대통령 검토메모를 대통령에게 보고하면 대통령이 최종 결정한다. 종전의 절차에서는 대통령에게 최종 전달되는 정책안이 현안이슈장관회의에서 마련한 원본이었으나, 새로운 절차에서는 국내정책실에서 검토 수정한 정책안이다.

이 과정에서 백악관 국내정책보좌관과 그 지원 스태프들이 현안이슈장관회의 설치와 구성, 현안이슈장관회의의 의제와 시간 및 장소를 결정했고, 정책안의 입안과 조정을 주도했다. 현안이슈장관회의는 국내정책보좌관의 요구가 있을 때만 소집되어 그 빈도가 크게 줄었고, 그 역할도 새로운 정책의 추진보다는 조정에 국한되었다(Warshaw, 1996: 111). 그 결과 각 부처

---

192) 보통 현안이슈장관회의가 구성되면, 국내정책실의 1명의 부장(associate director), 1~5명의 차장(assistant directors), 다수의 비서(secretaries)들이 배속되었다. 이 당시 국내정책실은 실장(director)인 국내정책보좌관 1명, 부실장(deputy director) 1명, 부장(associate directors) 10명, 차장(assistant directors) 10명, 기타 다수의 전문가들(professionals)과 행정요원(clerical staff)으로 확대되었다.

들은 의제 선정이나 정책추진 시에 자율성이 크게 축소되었다.[193]

그러나 이 새로운 시스템에 의한 정책추진도 카터 대통령을 궁지에서 탈출시키는 데 별 효용이 없었다. 집권 전반기에 실책은 많고 실적이 적었기 때문에 유능하지 못한 정권으로 낙인찍혀 국민들이 이미 등을 돌렸기 때문이다.

7 레이건 대통령(Ronald Reagan, 1981~89)

- 다양한 관계장관회의에서 3개 분야별 관계장관회의로 -

캘리포니아 주지사 레이건은 카터 대통령의 무능과 실정에 실망한 국민들에게 강력한 미국 건설을 내걸고 대통령에 당선되었다.

그는 공화당 보수주의 노선에 따라 경제 활성화와 국방력 강화를 국정의 제1과제로 천명했다. 그리하여 대외적으로 초기에 대소 강경노선을 견지했다. 소련을 '사악한 제국(Evil Empire)'으로 규정하고 소련의 핵미사일들을 우주 공간에서 요격해 무력화시키기 위한 Strategic Defense Initiative를 추진하는 등 군비 증강에 박차를 가했다. 그러나 소련의 새로운 지도자로 등장(1985)한 고르바초프가 개혁을 천명하자 대소 화해 및 전략무기 감축을 위한 협상을 벌였다. 1983년에 그레나다(Grenada) 치안 확보를 위해 군대를 파견했고, 1988년에는 고르바초프와 협의해 아프간에서 소련군을 철수시켰다. 그러나 자신의 보좌관들이 불법적으로 추진한 이른바 이란-콘트라 스캔들이 1987년 11월에 터져 곤혹을 치르기도 했다.

경제회복 전략으로 공급 중심의 경제정책(supply-side economics)을 채택했다. 그에 따라 경제에 대한 정부의 간섭을 최소화하기 위한 대대적인 규제 완화를 단행했고, 투자를 활성화하여 실업을 줄이기 위해 대폭적인 세금 감면을 추진했으며, 재정적자를 줄이기 위해 복지 지출을 축소했다. 또한 노조의 파업에 대해 강경 대응했다.

---

193) 그럼에도 불구하고 장관들이 카터 대통령의 입장과 관계 없이 독자적으로 행동하자 1978년에 각 장관들에게 위임했던 고위공직자 임명권을 회수했고, 1979년에는 장관들을 대폭 교체했다.

레이건 대통령은 확실한 국정운영의 방향과 우선순위를 가지고 있었고 국민들과 의회의 지지를 이끌어 내는 데 탁월한 능력을 가지고 있었으나 자신의 관심사를 정부 내에서 어떻게 구체화해야 하는지에 대한 전략적인 아이디어가 전혀 없었다. 이 부분은 순전히 그의 핵심 참모들의 몫이었다. 따라서 핵심 참모가 누구냐에 따라서 그의 국정운영 시스템이 달라졌다.

레이건 정권 하에서 정책을 추진하고 조정하는 시스템으로서의 관계장관회의는 광범위하게 활용되었다. 레이건 정권은 예산과 같은 범정부적 이슈는 국무회의에서 논의하고, 각 분야별 정책 이슈들은 관계장관회의를 설치해 심의하려고 했다. 그리하여 집권 초기에 가장 광범위하고 체계적인 관계장관회의 시스템을 구축했다.

즉 집권 1기에 국가안보회의 시스템을 재정비하고 경제 및 국내 분야에 7개의 관계장관회의를 신설했다. 그러나 집권 2기에 들어서서 이들을 정비해 국가안보회의, 경제정책회의, 국내정책회의 등 3개 분야별 관계장관회의 시스템으로 재편했다. 그 밖에도 기존의 이슈별 관계장관회의들인 임금물가안정회의(1981), 국가생산성회의(1982), 에너지조정회의(1982), 지역경제개발회의(1986) 등은 폐지하고, 국가마약정책회의(National Drug Policy Board)를 새로 설치했다.

전반적으로 레이건 대통령의 경제정책 및 국내정책 분야 관계장관회의 시스템은 잘 조직화되고 관리되었으나, 국가안보 분야 관계장관회의 시스템은 팀워크 부재, 도덕적 해이, 방향 감각 부재 등으로 얼룩졌다.

1) 집권 1기: 국가안보회의의 무력화와 관계장관회의의 시스템의 세분화

(1) 국가안보회의 시스템의 재편과 약화

레이건 대통령은 닉슨 시절 지나치게 강력했던 국가안보보좌관의 역할, 카터 시절 국가안보보좌관과 국무장관 간의 갈등 등을 비판하면서 그 병폐를 없애기 위해 국가안보회의 시스템을 대폭 개편할 것임을 밝혔다.

그러나 집권 첫해에 국가안보보좌관과 그 지원 스태프의 역할을 약화시키고, '국가안보기획그룹(National Security Planning Group)'을 설치한 것[194] 이외에 별다른 개편을 하지 못했다. 이유는, i) 집권 첫해 재정개혁에

194) 1981년 여름에 설치. 부통령 주재 위기관리그룹까지 설치하려고 했으나 국무장관의 반

치중한 나머지 국가안보회의 시스템 개편에 많은 관심을 갖지 못했고, ii) 개편만을 약속했지 구체적인 복안이 없었으며, iii) 집권 후 국가안보회의 시스템 개편을 둘러싸고 국무장관과 대통령 비서실 측근들 간에 이견이 있었기 때문이다(Carness, 1988: 75).

레이건 대통령은 집권하자마자 국가안보보좌관의 역할을 국가안보회의에 대한 행정 지원에만 국한시키고 정책의 개발과 조정 등에 간여하지 못하게 했다(Shoemaker, 1991: 59-60). 국가안보보좌관의 역할이 케네디 대통령 이전인 아이젠하워 시절로 돌아간 것이다. 더군다나 레이건 대통령은 국가안보 정세를 국가안보보좌관(Richard Allen)으로부터 직접 보고받지 않고 대통령 정책자문관(Edwin Meese)을 통해 받았다. 레이건 대통령은 국가안보정책을 국가안보보좌관이 아닌 국무장관이 주도하도록 했다.

또한 레이건 대통령은 국가안보기획그룹을 설치해 국가안보회의에 공식적으로 상정되어 논의될 정책의 윤곽을 사전에 결정했고, 관련 보고서는 국무부 고위공무원들이 주재하는 부처간 작업반에서 작성하도록 했다. 매주 소집된 국가안보기획그룹은 대통령, 부통령, 국무장관, 국방장관, 국가안보보좌관, 중앙정보국장, 합참의장으로 구성되어 국가안보회의나 다름없는 비공식 기구이다.

레이건 정부가 독자적인 국가안보회의 시스템을 갖추어 가기 시작한 것은 집권 2년째부터이다. 국가안보회의 산하에 새로운 하부기구들을 설치하고, 이 하부기구들의 운영을 국무부, 국방부, 중앙정보국이 주도하도록 함으로써, 국가안보보좌관과 그 지원실의 역할을 약화시켰다.

① 하부기구 재편

레이건 대통령은 국가안보회의 산하에 3개의 고위협의그룹(Senior Interagency Groups, SIGs)을 설치하고, 각 고위협의그룹(SIG) 밑에 부처간 실무그룹들(Interagency Groups, IGs)을 설치했다. 이로써 카터 대통령에 의해 설치된 정책검토위원회(PRC)와 특별조정위원회(SCC)는 공식적으로 폐지되었다. 아울러 레이건 대통령은 국가안보회의 산하에 위기관리 시스템을 구축했다.

대로 설치하지 못했다.

고위협의그룹은 외교(SIG for Foreign Policy, SIG-FP), 국방(SIG for Defense Policy, SIG-DP), 정보(SIG for Intelligence, SIG-I) 등 3개 분야에 설치해,[195] 해당 분야 정책목표의 설정, 정책대안들의 조정, 결정된 정책의 집행 점검 등을 담당하도록 했다. 고위협의그룹은 부장관급(Deputy Secretary) 위원회로서 각각 국가안보보좌관, 정보총괄국장, 합참의장, 국무부 부장관, 국방부 부장관 등을 고정 멤버로 하고, 추가로 각 그룹의 업무 영역과 관련된 기관들의 대표자들을 의장 초청에 의해 참석하도록 했다. 고위협의그룹의 의장은 각각 국무부 부장관, 국방부 부장관, 정보총괄국장(CIA 국장이 겸임)이 담당했다.

부처간 실무그룹은 차관보급 위원회로서 고위협의그룹별로 적정 수를 설치해, 고위협의그룹을 지원하도록 했다. 즉 외교 분야 고위협의그룹(SIG-FP) 산하에는 주요 지역별로 5개 부처간 실무그룹[196]과 2개의 기능별 부처간 실무그룹(정치군사, 국제경제)을 설치하도록 했고, 국방 분야 고위협의그룹(SIG-DP)과 정보 분야 고위협의그룹(SIG-I) 산하에는 기능별로 부처간 실무 그룹을 설치하도록 했다.[197] 각 부처간 실무그룹은 국무장관, 국방장관, 국가안보보좌관, 정보총괄국장, 합참의장, 기타 논의 이슈 관련 기관장들이 지명한 소속 부처 차관보급 공무원들로 구성했고, 주무부처 내 관련 차관보들로 하여금 의장을 담당하도록 했다. 즉 외교 분야 부처간 실무그룹들의 의장은 국무부 내 관련 차관보들이, 국방 분야 부처간 실무그룹들은 국방부 내 관련 차관보들이, 정보 분야 부처간 실무그룹의 의장은 정보총괄국장이 지명한 차관보급 공무원이 담당하도록 했다. 그러나 실제로 부처간 실무그룹은 국무부가 주도하는 외교 분야를 제외한 나머지 두 분야에서는 설치되지 않았다.[198]

한편, 레이건 대통령은 국가안보회의 지원실(NSC Secretariat)을 고위협의그룹과 부처간 실무그룹들을 관리할 지원기구로 활용하지 않았다. 고위

195) 나중에 국제경제고위협의그룹(SIG-IEP)이 추가되었다.
196) 지역별 부처간 그룹은 국무부 내 지역별 국편제(bureaus)에 상응하게 설치했다.
197) 국방 분야의 경우 국방부 내 기능별 국편제에 상응하게 설치하도록 했다.
198) 국무부도 고위협의그룹과 부처간 그룹을 이슈가 발생하면 그때그때 소집해 대응하는 임시기구로 활용함으로써 체계적으로 정책을 개발하고 조정하는 기구로 발전시키지 못했다.

협의그룹별로 의장 부처 공무원들을 주축으로 한 독자적인 지원 스태프를 구성하도록 했다. 그러나 실제로 3개 고위협의그룹 모두 별도의 지원 스태프를 설치하지 않았다.

그 밖에도 레이건 대통령은 위기관리를 위해 특별상황그룹(Special Situation Group)을 설치하고, 이를 지원하기 위해 위기기획반(Crisis Pre-Planning Group)과 위기관리센터(Crisis Management Center)를 설치했다.

특별상황그룹은 부통령(의장), 국무장관, 국방장관, 대통령 자문관, 정보총괄국장, 합참의장, 대통령 비서실장, 국가안보보좌관, 기타 부통령이 지명하는 자로 구성하여 위기 발생에 대비한 비상기획을 수립하고, 국가안보회의나 대통령에게 건의할 위기 대책을 마련하며, 대통령 결정의 집행을 점검하도록 했다.

위기기획반은 특별상황그룹을 지원하기 위해 설치된 부처간 실무작업반으로서 국가안보 부보좌관이 반장을 담당했다.

특별상황그룹과 위기기획반에 대한 행정 지원은 국가안보회의 지원실(NSC Secretariat) 스태프들로 하여금 담당하도록 했다.

② 국가안보보좌관의 역할 축소와 빈번한 교체

레이건 대통령은 대부분의 국가안보보좌관들을 정치적 비중이나 전문성이 부족한 인사로 충원하고, 또한 자주 교체했다.[199] 그리하여 국가안보보좌관들은 정책 입안과 조정을 효율적으로 관리할 수 없었다. 다만, 3대 국가안보보좌관 클라크(William Clark)만이 대통령과의 각별한 친분 관계를 이용해 국가안보보좌관의 역할을 어느 정도 원상 회복시켰을 뿐이다.[200]

③ 레이건 국가안보회의 시스템에 대한 평가

그러나 강력한 국가안보보좌관의 부재와 복잡하고 산만한 하부구조를

---

199) 레이건 대통령은 집권 8년 동안에 6명의 국가안보보좌관을 임명했다. 대부분 대통령들이 평균 4년에 1명 정도 임명했던 것과는 대조적이다.

200) 레이건 대통령의 핵심 측근이 아니었던 대부분의 국가안보보좌관들은 핵심 측근들의 견제로 국가안보회의 시스템의 구축과 운영에서 적극적인 역할을 하지 못했다. 그러나 레이건 대통령의 오랜 친구인 클라크(Willian Clark)가 국가안보보좌관이 되자 상황은 달라졌다. 핵심 측근들의 견제 없이 대통령을 직접 만나고, 국가안보회의의 시스템과 절차에 질서를 부여하려고 했으며, 주요 국가안보정책의 조정과 결정에 적극 개입했다.

특징으로 한 레이건 대통령의 국가안보회의 시스템은 효율적으로 작동하지 않았다. 조직과 운영에서 많은 결함을 가지고 있었다. 구체적으로 지적되었던 문제점은 다음과 같다(Carness, 1988: 77-78, 152; Shoemaker, 1991: 62).

첫째, 정책추진과 조정에서 정체와 혼란이 빈번히 발생했다. 하부구조의 지나친 세분화로 권한과 책임을 둘러싼 내부 갈등과 경쟁이 벌어졌고, 절차의 미비와 지원 스태프의 부재로 국가안보회의 하부기구들의 활동이 적절하게 조율되지 못했기 때문이다.

둘째, 현안 이슈에 대한 다양한 입장들이 공정하게 표출되거나 통합되지도 않았다(Best, Jr., 2001: 27). 국가안보회의 하부기구들의 운영을 주무부처들에게 분산만 시켰지, 이들을 통합 조율할 책임자를 두지 않았기 때문이다. 다시 말해, 고위협의그룹(SIG)들을 국가안보보좌관이 대통령의 입장에서 공정하게 관리하게 한 것이 아니라 주무부처에서 알아서 관리하도록 한 결과이다. 그 결과 고위협의그룹은 별로 소집되지 않았고, 소집된 경우에도 공정하게 운영되지 않았다.

셋째, 힘이 실리지 않은 국가안보보좌관과 그 스태프들도 많은 혼선과 월권행위를 야기시켰다. 국무장관, 국방장관, 중앙정보국장 등에 밀려 주요 정책의 개발이나 조정 및 집행에 적극 개입할 수 없게 되자 국가안보보좌관과 그 스태프들은 과거 정권 하에서처럼 국가안보정책의 주도권을 확보하려는 욕심에 무리한 기구 확대와 권한 밖의 활동을 직접 추진했다. 즉 자신들이 주재하는 비공식 고위협의그룹과 부처간 실무그룹을 다수 증설했고, 또한 비밀공작 업무나 집행 업무 등 전통적으로 국가안보회의의 권한 밖의 업무에도 간여했다.

(2) 7개 관계장관회의와 정책개발실 신설

레이건 대통령은 물려받은 경제정책 및 국내정책 분야 관계장관회의들을 모두 폐지하고 나름대로 새로운 관계장관회의 시스템을 구축했다. 내각 중심의 국정운영을 공약한 레이건 대통령은 장관들을 대통령의 정책결정 과정에 참여시키기 위해 국내정책 및 경제정책 분야를 소영역별로 세분화해 초기에 5개를 설치했고, 나중에 2개를 추가해 7개의 관계장관회의(councils)를 두었다.[201]

---

201) 그 밖에도 경제정책 분야 조정기구로서 재무장관, OMB 처장, CEA 의장, 백악관 정책

동시에 레이건 대통령은 카터 대통령 시절의 국정혼란을 거울삼아 처음부터 대통령 보좌관들이 적극 개입할 수 있는 관계장관회의 시스템을 구축했다. 즉 7개 관계장관회의를 대통령 정책자문관(Counsellor to the President)과 정책개발실(Office of Policy Development)의 통제 하에 두었다. 레이건 대통령이 설치한 7개의 관계장관회의는 다음과 같다.

- 경제정책장관회의(Cabinet Council on Economic Affairs)[202]
- 통상정책장관회의(Cabinet Council on Commerce and Trade)
- 인적자원장관회의(Cabinet Council on Human Resources)
- 자원・환경장관회의(Cabinet Council on Natural Resources and the Environment)
- 식품・농업장관회의(Cabinet Council on Food and Agriculture)
- 사법정책장관회의(Cabinet Council on Legal Policy)
- 관리・행정장관회의(Cabinet Council on Management and Administration)

① 구성

각 관계장관회의는 관련 부처 장관 4~5명으로 구성하되, 대통령 고위보좌관들도 참석시켰다. 대통령 정책개발보좌관(Assistant to the President for Policy Development)은 모든 관계장관회의에 참석할 수 있도록 했고, 경제자문회의(CEA) 의장, 관리예산처(OMB) 처장 등은 관련 관계장관회의의 멤버로 참석토록 했다. 부통령, 대통령 비서실장, 대통령 자문관(Counselor to the President)은 비공식 멤버로 중요한 이슈가 논의될 때에만 참석하도록 했다. 장관들은 보통 3~4개 관계장관회의의 멤버가 되었다.

관계장관회의 의장은 명목상 대통령이지만, 실제로는 임시의장(chairman pro tem)인 각 관계장관회의 주무장관이 회의를 주재했다. 즉 대통령

개발실장으로 구성된 비공식 조찬모임과, President's Economic Policy Advisory Board를 운영했다. 전자는 재무장관 주도 하에 경제전략을 논의하고, 경제장관회의에서 합의된 정책안을 검토 수정했으며, 후자는 President's Foreign Policy Advisory Board의 counterpart로서 저명한 학자와 전직 고위 경제장관들의 조언을 듣기 위해 설치했다.

202) 경제정책장관회의가 설치되기 이전인 정권 인수 기간에는 OMB 내정자(David Stockman) 주도로 Economic Policy Coordinating Committee를 설치해, 조세 및 지출 축소 프로그램을 작성했다.

불참시 각각 재무장관, 상무장관, 보건복지장관, 내무장관, 농무장관, 법무장관, 대통령 자문관 등으로 하여금 회의를 주재하도록 했다. 각 관계장관회의는 항상 백악관에서 개최했고, 장관들은 대리출석이 허용되지 않아 직접 출석했다.

② 하부기구: 임시 소위원회와 작업반

각 관계장관회의 아래에는 장관급 임시소위원회(committee)와 실무급 임시작업반(working groups)을 설치했다.

임시소위원회는 관계장관회의에서 논의될 안건들을 사전에 점검하는 위원회로서, 주무장관(lead department)의 주재 하에 이슈 관련 2~3개 부처 장관과 관리예산처(OMB) 처장, 대통령 자문관 등으로 구성했다.

실무작업반(working group)은 정책 이슈들을 분석해 대안들을 마련하는 팀으로서 정책개발실 스태프를 반장으로 하고 검토해야 할 이슈와 관련된 부처들의 차관보들로 구성했다.

③ 지원기구: 정책개발실

7개 관계장관회의에 대한 절차관리 및 지원은 대통령부 내에 신설된 정책개발실(Office of Policy Development)에서 담당했다.[203] 정책개발실은 국내정책실(Domestic Policy Staff)을 확대 개편한 것이나, 국내정책 분야 관계장관회의뿐만 아니라 경제정책 분야 관계장관회의도 지원하게 했다.

정책개발실장은 대통령 정책개발보좌관(Assistant to the President for Policy Development)[204]이 겸임하도록 했고, 정책개발실장은 매일 대통령 자문관(Counsellor to the President)[205]을 만나 각 관계장관회의와 그 작업반에서 준비하고 있는 정책안들을 보고하고 함께 검토했다.

정책개발실 스태프들은 초기에 정책전문가들보다는 일반행정가들로 충

203) 그러나 국무회의(Cabinet Meeting)는 내각지원실(Office of Cabinet Administration)에서 담당했다.

204) 레이건 대통령은 국내정책보좌관이나 경제정책보좌관을 두지 않고 정책개발보좌관을 두었다.

205) 레이건 대통령이 설치한 전례 없는 특별한 직책인데, 레이건 정권의 보수주의 정책 프로그램에 대한 최고위 관리자이다. 즉 레이건 대통령은 자신의 최근인 미즈(Edwin Meese)를 대통령 자문관으로 임명해 국가안보보좌관, 정책개발보좌관을 사실상 지휘하고, 중요 쟁점에 대해 최종 결론을 내리도록 했다.

원해, 7개 관계장관회의에 상응하게 7개 부서로 조직화한 다음, 관계장관회의들을 관리 및 지원하도록 했다. 즉 7개 부서의 장(assistant director)은 각각 해당 관계장관회의의 관리 책임(executive secretary)을 맡도록 했고, 그 스태프들은 직접 정책개발을 담당하기보다는 추진되는 정책들이 대통령의 정책노선과 관리예산처의 예산지침에 맞는지 검토하도록 했다(Warshaw, 1997: 127). 그 밖에도 정책개발실 스태프들은 관계장관회의 산하 실무작업반의 장으로서 그 운영도 담당했다.

④ 정책추진 및 조정 절차

관계장관회의를 통해 정책이 추진 및 조정되는 절차를 보면 다음과 같다(Warshaw, 1996: 149; Warshaw, 1997: 126).

첫째, 대통령 정책개발보좌관이 의제를 정하면, 소관 관계장관회의 실무작업반에서 정책제안보고서를 작성해 정책개발실에 제출한다. 보고서 작성 과정에서 관리예산처 스태프는 작업반에 정기적으로 참석해 정책제안이 예산지침이나 의회 요구를 충족하는지 점검한다.

둘째, 정책개발실 스태프들이 제출된 보고서를 검토한다. 종종 보고서를 수정해 재작성하기도 한다. 스태프들은 초대 정책개발실장이자 대통령 정책개발보좌관(Martin Anderson)이 노트북(notebook) 형태로 정리해 놓은 레이건 대통령의 정책노선에 의거해 검토 수정했다. 또한 스태프들은 관계장관회의에서의 논의가 효율적으로 진행되도록 쟁점을 명확하게 정리하기도 한다.

셋째, 소관 관계장관회의를 소집해 논의 조정한다.

먼저 임시소위원회에서 정책대안들과 함께 각 대안들에 대한 의회 지지 가능성 및 집행상의 장애 요인 등을 검토한 후, 직접 종결 처리할 것인지 아니면 관계장관회의에 상정할 것인지를 논의한다.[206] 관계장관회의에 상정하기로 결정하면 관계장관회의를 소집해 논의 조정하고 합의를 도출한다.

넷째, 관계장관회의에서 합의된 이슈들은 대통령 자문관에게 보고해 승

206) 예를 들어, 경제장관회의의 경우, 작업반에서 준비한 이슈는 매주 화요일 오전에 열리는 재무장관, 예산관리처장, CEA 의장, 국무장관, 대통령자문관(Edwin Meese)으로 구성된 5인 임시소위원회에서 어떤 이슈를 경제장관회의에 회부하고 어떤 이슈는 회부하지 않을 것인지를 결정했다.

인을 받도록 했고, 합의가 안 된 이슈들은 입법전략그룹(Legislative Strategy Group)[207]이나 대통령 자문관이 사실상 결정했다 (Campbell, 1986: 143).

또한 중요한 이슈인 경우 관계장관회의에서의 논의 결과를 국무회의에서 다시 논의한다.[208] 레이건 대통령은 자신이 정책보고서를 직접 검토하기보다는 국무회의에서의 논의를 선호했다. 그러나 레이건 대통령은 국무회의에서 논의를 경청해 마음을 정할 뿐 즉석에서 직접 결론내는 경우가 거의 없었다.

다섯째, 논의 조정된 결과를 정책개발실에서 한 페이지로 요약 정리해 대통령에게 보고하면, 대통령이 최종 결정한다. 대통령의 결정은 논의 조정된 결과에 대해 원안 승인, 조정안 승인, 거부 등의 의사표시로 이루어진다.[209]

⑤ 7개 관계장관회의 시스템에 대한 평가

7개 관계장관회의 시스템에 관한 평가는 상반되고 있다.

긍정적인 평가에 의하면, 첫째, 레이건 대통령의 핵심 선거공약 대부분[210]이 관계장관회의 시스템을 통해 정책안으로 입안되고 조정되었다는 것이다 (Warshaw, 1996: 150). 즉 정부 프로그램 축소, 감세, 규제 완화 등 대부분의 레이건 어젠다가 관계장관회의에서 논의 조정되었다는 것이다.

둘째, 이 관계장관회의 시스템은 레이건 정부가 기대한 역할을 정확히 수행했다는 것이다. 즉 백악관 참모들과 행정부처 간의 팀워크를 강화해

207) 레이건 대통령이 설치 운영한 기구로서 대통령 비서실장(James Baker), 대통령 자문관(Edwin Meese), 관리예산처장(David Stockman), 재무장관(Donald Regan), 대통령 비서실 의회관계실장(Max Friedersdorf), 기타 대통령 고위보좌관들로 구성되어, 정부 법안의 의회 통과 전략을 수립하고 집행하는 기구였다.

208) 국무회의의 의제를 수집 확인하고 일정을 잡는 등 일상적인 행정 지원은 대통령 비서실내 내각지원실(Office of Cabinet Administration)에서 담당했다.

209) 대통령의 승인이 떨어지면 입법전략그룹(Legislative Strategy Group)에서 의회나 이익집단 및 일반 국민들을 대상으로 정치적 지지 확보에 나섰다. 정치적 지지 확보를 위해 정책 원안을 수정하기도 하는데, 이를 위해 원안을 심의했던 관계장관회의를 다시 소집하지는 않고 정책개발실하고만 협의해 결정했다.

210) 그러나 정치적으로 민감한 이슈나 즉각적인 반응을 요하는 이슈들은 관계장관회의를 거치지 않고 관리예산처와 입법전략그룹에서 직접 처리했다.

대통령의 정책 방향이나 목표를 각 부처에 주지시키고 대통령의 주요 정책들을 집행하는 데 필요한 정책대안과 집행전략을 작성하고 논의 조정했다는 것이다(Warshaw, 1996: 150; Warshaw, 1997: 126, 128). 각 부처들에 의한 새로운 정책 개발은 대통령의 정책노선과 관리예산처의 예산지침에 맞는 경우만 허용하고 그렇지 않으면 가급적 억제했다(Warshaw, 1997: 127). 행정부처 장관들이 관료들에 의해 사로잡히는 것을 방지해 대통령의 팀원으로 활동하도록 했고, 무엇보다도 명확한 정책의제와 정책목표를 갖고 들어온 레이건 정부를 위해 그 실현 수단을 제공하는 데 크게 공헌했다는 것이다(Burke, 1992: 147).

셋째, 실질적인 정책 논의 및 조정기구였다는 것이다. 레이건 대통령이 관계장관회의에 종종 직접 참석하고 팀워크를 강조한 결과 관계장관회의에서의 논의와 조정이 활발했을 뿐만 아니라 회의가 소집되면 장관들이 미리 도착해 사전에 비공식적 조율을 하기도 했다는 것이다.

이처럼 레이건 집권 1기 관계장관회의 시스템이 성공적이었던 요인으로는, i) 정기적으로 회합을 가짐으로써 멤버들 간에 응집력을 구축했고, ii) 대통령이 회의를 매번은 아니지만 종종 주재함으로써 장관들의 직접적인 참여를 유도했으며, iii) 정책개발실(OPD)의 소규모 우수한 스태프들이 관계장관회의의 준비와 논의 및 뒷처리를 중립적이고 효율적으로 관리(neutral brokerage)했다는 것이 지적되고 있다(Campbell, 1986: 151).

이와 반대로, 부정적인 평가에 의하면, 관계장관회의들이 적극 활용되지 않았을 뿐만 아니라, 정책의 실질적인 입안과 조정에 중요한 역할을 하지 못했다는 지적이다.

첫째, 7개 관계장관회의 가운데 경제정책장관회의와 통상정책장관회의는 적극 활용되어 성공적이라고 볼 수 있었으나,[211] 인적자원장관회의, 자원·

211) 통상정책장관회의(CCCT)의 설치로 인해 오랫동안 통상 관련 정책을 조정해 온 통상정책회의(Trade Policy Committee, 장관급, 의장 USTR)가 유명무실해졌다. 통상정책회의 멤버들은 통상정책회의보다는 대통령이 종종 참석하는 통상정책장관회의에서 이슈를 논의하려고 했기 때문이다. 통상정책회의(Trade Policy Committee)는 산하에 Trade Policy Review Group(차관급, 의장은 deputy USTR), Trade Policy Staff Committee(실무국장급, 의장은 USTR 직원)을 두었는데, 레이건 집권 기간에 TPC는 거의 소집되지 않았고, TPRG와 TPSC는 신설된 통상정책장관회의(CCCT)에 종속되었다. 즉 TPC 의장인 USTR은 TPRG를 주재하면서 대다수 통상 이슈들을 조정했으

환경장관회의, 식량·농업장관회의 등은 거의 활용되지 못했다는 것이다. 즉, 경제정책장관회의는 1주에 2회, 통상정책장관회의는 1주에 1회 개최했고, 4~5회마다 한 번씩 대통령이 참석했다. 그러나 나머지 관계장관회의들은 해결해야 할 이슈가 있을 때에만 개최했다. 또한 각 관계장관회의의 활동 수준은 관할 이슈의 정부내 우선순위에 의해 좌우되었다(Plowden, 1987: 73). 즉 우선순위가 높으면 적극 활동했고, 낮으면 거의 활동하지 않았다는 것이다.

둘째, 관계장관회의들이 정책의 실질적인 입안과 조정에 중요한 역할을 못했다는 것이다(Burke, 1992: 144-146). 가장 큰 이유는, 레이건 대통령이 관계장관회의들을 정책 개발이나 조정보다는 대통령 비서실에서 이미 결정한 정책들을 각 부처들이 수용하고 충실히 집행하도록 독려하는 수단으로 활용했기 때문이라는 것이다. 관계장관회의는 정책을 둘러싸고 발생하는 갈등을 조정하는 장소보다는 우호적인 분위기에서 좌담하는 장소였다는 것이다. 또한 실질적인 정책 입안과 조정에 충실하지 못한 또 다른 이유는 관계장관회의 간에 혹은 관계장관회의와 다른 정책기구 간에 관할 경쟁으로 혼선이 야기되었기 때문이라는 것이다. 예를 들어, 통상정책장관회의(CCCT)의 경우 국가안보회의 산하 국제경제담당 고위부처간 협의그룹(SIG-IEP)과 통상정책 관할권을 둘러싸고 경쟁을 벌였고, 이러한 혼선과 갈등으로 부처간 정책의 입안과 조정에 충실하지 못했다는 것이다.

2) 집권 2기 : 3대 분야별 관계장관회의 시스템으로 재편

레이건 대통령은 집권 2기에 들어서 집권 1기에 구축한 너무 다기화된 관계장관회의들을 재정비했다. 즉 재집권에 성공한 레이건 대통령은 신임 비서실장 리건(Donald Regan)의 주장에 따라 1985년 4월에 7개의 관계장관회의를 경제정책회의(Economic Policy Council)와 국내정책회의(Domestic Policy Council) 2개로 통합했다.[212] 그 결과 경제정책회의와 국내정책회의는 기존 국가안보회의와 함께 3대 분야별 관계장관회의 시스템을

나, 주요 쟁점 이슈들은 TPC보다는 CCCT에 상정해 처리했다(Campbell, 1986: 146; Juster & Lazarus, 1997).

212) 새 비서실장 리건(Donald Regan)이 권한을 자신에게 집중시키기 위해 7개의 관계장관회의(Cabinet Council)들을 2개로 축소 통폐합을 주장했다.

형성하게 되었고, 이 시스템은 오늘날까지 유지되고 있다.

그 밖에 불법마약 거래에 강력히 대응하기 위해 국가마약대책회의(National Drug Policy Board)를 국내정책회의와는 별도로 설치했다.

(1) 국가안보회의의 개편

레이건 대통령이 집권 1기에 구축한 국가안보회의 시스템은 그 구조와 운영상의 문제점으로 인해 시간이 흐름에 따라 방만해지고 중심을 잃어갔다. 고위협의그룹과 부처간 실무그룹은 5년 동안 각각 22개와 55개가 추가되었고, 그 가운데 상당수가 유명무실해졌다. 또한 국가안보회의 지원실 스태프들이 이란-콘트라 스캔들(1986)을 일으켰다. 이에 의회는 이란-콘트라 스캔들에 대한 청문회를 개최함과 동시에 타워 위원회(Tower Board)를 구성해 국가안보회의 시스템 전반에 대해 문제점들을 검토하여 보고서를 작성했다. 이 보고서에 따라 국가안보회의 시스템에 상당한 변경이 가해졌다.

첫째, 기존의 고위협의그룹들(SIGs)은 대부분 폐지하고, 그 대신 국가안보기획그룹(National Security Planning Group, NSPG)을 설치하고 그 산하에 장관급 집행검토그룹(Senior Review Group, SRG)과 차관급 정책검토그룹(Policy Review Group, PRG)을 각각 1개씩 두었다. 또한 각종 지역별·기능별 차관보급 부처간 실무그룹(IGs)들도 그 역할을 재검토해 불요불급한 것들을 대폭 정리했다.

국가안보기획그룹(NSPG)은 대통령(의장), 부통령, 국무장관, 국방장관, 법무장관, 재무장관, 대통령 비서실장, 국가안보보좌관, 합참의장, 정보총괄국장, 관리예산처장으로 구성해 국가안보정책의 개발과 집행 상황을 총괄점검하는 기구이다. 집행검토그룹(SRG)과 정책검토그룹(PRG)은 정책집행점검과 정책개발 점검을 분담하는 기구들로서, 전자는 국가안보좌관(의장), 국무장관, 국방장관, 대통령 비서실장, 정보총괄국장, 합참의장으로 구성해 관련 부처들의 국가안보정책 집행 상황을 점검하도록 했고, 후자는 국가안보 부보좌관(의장)과 국무부, 국방부, 중앙정보국, 합참, 관리예산처 등의 차관 혹은 차관보급 공무원들로 구성해 기능별 지역별 부처간 실무그룹들(IGs)에서 개발한 정책안들을 검토 조정하도록 했다.

둘째, 이러한 새로운 국가안보회의 시스템에 대한 관리는 국가안보보좌관과 그 지원 스태프들이 담당하도록 했다. 동시에 국가안보보좌관과 그 스태프들은 집행적 업무와 비밀공작 업무에 간여하지 못하게 했다.

이렇게 개편된 시스템은 하부기구들을 정책입안 검토기구와 정책집행 점검기구로 이원화시킨 점에서 아이젠하워 대통령과 닉슨 대통령의 국가안보회의 시스템과 유사했다.

그러나 이러한 개편에도 불구하고 국가안보회의를 활성화시키지 않으려는 레이건 대통령의 방침, 이란-콘트라 사건의 후유증, 임기 말 레임덕 현상 등으로 인해 레이건 대통령의 국가안보회의 시스템은 정권이 끝날 때까지 과거 정권 하에서처럼 제 역할을 하지 못했다.

(2) 7개 관계장관회의 재정비 : 경제정책회의와 국내정책회의로의 통합

레이건 대통령은 1985년 4월에 7개의 관계장관회의를 2개로 통합하고 그 운영 방식도 바꾸었다.

경제정책장관회의(CCEP)와 통상장관회의(CCCT)를 경제정책회의(Economic Policy Council, EPC)로 통합했고, 인적자원관계장관회의, 자원·환경관계장관회의, 식품·농업관계장관회의, 사법정책관계장관회의, 관리·행정관계장관회의 등 4개의 관계장관회의를 국내정책회의(Domestic Policy Douncil, DPC)로 통합했다.

경제정책회의(EPC)는 재무장관, 국무장관, 농무장관, 상무장관, 노동장관과 무역대표, 경제자문회의 의장, 관리예산처장 등으로 구성했고, 국내정책회의는 법무장관, 내무장관, 보건복지장관, 주택도시개발장관, 교통장관, 교육장관, 에너지장관, 관리예산처장 및 이슈 관련 부처의 장으로 구성했다. 의장은 경제정책회의 경우 재무장관이, 국내정책회의의 경우 법무부장관이 담당하도록 했다. 대통령은 더 이상 관계장관회의를 주재하지 않게 되었다. 이러한 개편으로 부처 장관들과 대통령 간의 접촉 기회가 현저히 줄어들었다.

관계장관회의에 대한 관리와 지원은 내각지원실(Office of Cabinet Affairs)에서 담당하도록 했다. 신임 비서실장 리건은 자신의 측근인 킹건(Alfred Kingon)을 내각지원실장으로 임명해 관계장관회의들을 관리하도록 했다. 그 결과 정책개발실은 정책의제 선정과 정책 입안에서 배제되었고, 관련 부처들과의 접촉도 차단되었다. 정책개발실은 정책 분야에서 기획과 소방수 역할만 했다.

관계장관회의 운영 절차도 약간 수정했다. 기본 절차는 이전과 같았다. 그러나 달라진 것은 관계장관회의에서 논의 조정된 정책안을 대통령에게 보내기 전에 검토하는 주체이다. 과거의 절차에서는 대통령 자문관이었으나, 새로운 절차에서는 대통령 비서실장이었다. 대통령 비서실장은 검토한 후 수정하도록 관계장관회의에 되돌려 보내거나 자신의 의견을 붙인 후 대통령을 직접 독대하여 결정했다.

레이건 대통령 집권 2기 관계장관회의 시스템 개편은 신임 비서실장 리건(Donald Regan)이 대내정책을 자신의 통제 하에 두려는 포석이었다.[213] 즉 대내정책 결정에서 대통령과 정책개발보좌관을 배제하고 비서실장 자신의 영향력을 강화하기 위해 대통령의 관계장관회의 참석을 차단하고, 측근인 내각지원실장을 통한 관계장관회의를 관리하도록 했으며, 모든 정책안에 반드시 자신의 검토를 거치게 했다.

그러나 집권 2기의 관계장관회의 시스템은 경제정책 및 국내정책 이슈들을 효율적으로 입안 및 조정하지 못했다는 평가를 받고 있다. 그 이유는 다음과 같다.

첫째, 새로운 시스템에 대한 부처 장관들의 불평이 많아지고, 나아가 부처 장관들이 비서실장과 내각지원실장을 우회해 국무회의에서 혹은 전화를 통해 대통령에게 직접 접근했기 때문이다. 이는 비서실장과 그의 측근인 내각지원실장의 부처들에 대한 지나친 통제와 오만함 등에 대한 반발 때문이었다.

둘째, 레이건 이슈들이 집권 1기에 대부분 처리되어, 집권 2기에 처리해야 할 이슈들이 별로 없었기 때문이다.

(3) 국가마약정책회의(National Drug Policy Board) 설치

레이건 대통령은 마약의 불법 공급과 소비를 줄이기 위한 정책을 개발하고 부처들이 추진하는 마약억제 활동[214]을 조정하기 위해 1987년에 대통령

213) 1986년 11월 이란-콘트라 스캔들이 터지면서 비서실장 리건이 교체된 후 관계장관회의 시스템도 수정되었다. 대통령이 관계장관회의에 참석할 수 있게 되었고, 동시에 관계장관회의를 관리하는 내각지원실장도 교체되었다. 그러나 이란-콘트라 스캔들과 추진해야 할 의제가 별로 없는 집권 말기인 관계로 관계장관회의 시스템은 활성화되지 못했다.

214) 국가간 활동, 법집행, 예방과 교육, 치료와 재활, 조사연구 등.

령(Executive Order 12590)에 의해 국가마약정책회의(National Drug Policy Board)를 설치했다.[215] 좀더 구체적으로 보면, 국가마약정책회의는 i) 불법 마약 억제를 위한 정책과 전략 및 자원에 대한 평가와 개발, ii) 국내외적 불법 거래와 남용 방지를 위한 연방 부처들의 활동 조정, iii) 각 부처에 마약 억제 활동을 위한 가이드라인 제공 등의 업무를 수행했다.

법무, 보건복지, 국무, 재무, 국방 등 12개 장관과 국가안보보좌관, 관리예산처장, 정보총괄국장(DCI), 마약통제실장, 기타 기관장으로 구성했고, 의장과 부의장을 각각 법무장관과 보건복지장관이 담당했다.

하부기구로는 집행조정그룹(Drug Enforcement Coordinating Group)과 남용방지그룹(Drug Abuse Prevention and Health Group)을 두었으며, 각각의 구성원과 팀장은 의장인 법무장관이 정했다. 지원 업무는 정책개발실(OPD) 내에 새로 설치된 마약남용대책부(Office of Drug Abuse Policy)에서 담당했다.

8 부시 대통령(George Bush, 1989~93)

- 분야별 관계장관회의 내부구조의 표준화 -

레이건 대통령이 불러일으킨 보수주의 분위기에 편승해 당선된 부시 대통령은 새로운 비전을 제시하지 않고 같은 공화당 출신인 전임 레이건 대통령이 추진한 정책들을 대부분 승계했다. 즉 군비 강화, 소련과의 군축 협상, 정부 프로그램 축소, 규제 완화 등 주요 정책들을 그대로 지속했다. 다만, 레이건 대통령과는 다른 새로운 리더십 스타일을 보였다. 국민들에게 무엇을 달성하겠다는 분명한 메시지를 보내지 않으면서 풍부한 국정 경험으로 국정을 신중하면서도 능숙하게 잘 운영하는 스타일이었다.

그는 전략무기 현대화와 전략방위(SDI) 시스템 구축을 지속하면서도 소

215) 그 이전에도 부처간 실무대책 기구인 Interdepartmental Committee on Narcotics (1951~70)가 있었다. 재무, 국무, 국방, 법무, 농무, 연방보안청(Federal Security Agency)의 고위공무원들로 구성된 이 기구는 조정기구라기보다는 연구자문기구로서 마약 규제에 대한 국제적 동향, 연방정부와 주정부 및 지방정부의 마약규제법 집행 실태, 마약중독 예방책 등을 조사 연구해 필요한 대책을 건의하는 기능을 수행했다.

련 지도자 고르바초프와 전략무기 감축 협상을 추진했고, 나토(NATO)군과 바르샤바(Warsaw)군 간 군축을 추진하던 중에 베를린장벽(1990. 10.), 소련 체제(1991. 12.), 동유럽 공산국 등이 차례로 붕괴되는 사태를 맞아 이를 잘 수습했다. 또한 마약밀매 협의로 파나마의 노리에가(Manuel A. Noriega) 정권을 전복(1989. 12.)시켰고, 쿠웨이트를 침략한 이라크와의 전쟁(1991)을 최단 기간에 승리로 이끌었다. 그 결과 그의 재임 기간에 미국은 세계 유일의 초강대국이 되었다. 그럼에도 불구하고 환경보호, 마약퇴치 이외에 별다른 국내 업적이 없던 터에 임기 후반에 국내경제가 급속히 악화되자 재선에 실패했다.

부시 대통령은 물려받은 국가안보회의, 국내정책회의, 경제정책회의 등 3대 분야별 관계장관회의 시스템을 그대로 유지했다. 레이건 정권 하에서 부통령을 지내면서 관계장관회의를 통해 내각장관들과 보좌관들 간의 긴밀한 관계를 구축하는 것이 각 부처들의 정책을 대통령의 목표에 일치시키는 데 유용하다는 것을 깨달았기 때문이었다. 다만, 하부기구를 장관급 위원회, 차관급 위원회, 차관보급 실무작업반으로 표준화했다. 이 때 구축한 관계장관회의 시스템의 기본 골격은 클린턴 대통령을 거쳐 오늘날까지 유지되고 있다.

또한 부시 대통령은 미국 경제의 경쟁력 강화와 미국민의 삶의 질 향상에 과학기술의 중요성을 강조하면서 처음으로 과학기술 분야에 관계장관회의인 연방과학기술회의(Federal Coordinating Council for Science, Engineering and Technology, 1989)를 설치했고, 동시에 닉슨 대통령이 폐지한 국가항공우주회의를 국가우주개발회의(National Space Council)로 부활시켰다.

그러나 부시 대통령은 대외 정책을 통해 국민들의 지지를 얻으려고 한 결과 경제정책회의와 국내정책회의를 적극적으로 활용하지 않았다. 그러나 국제질서 재편이 어느 정도 마무리되자 1991년 말부터 미국 내에서는 대내정책이 주요 관심사로 떠올랐고, 동시에 재선에도 대비하기 위해 경제정책 및 국내정책 분야에서 새로운 정책들을 추진할 필요가 생겼다. 부시 대통령은 이러한 필요에 효율적으로 대처하기 위해 국내정책회의와 경제정책회의를 통합해 정책조정그룹(Policy Coordination Group)을 설치했다.

1) 국가안보회의 : 하부기구와 절차의 간결화

부시 대통령은 물려받은 국가안보회의 시스템을 자신의 선호에 맞게 수정했다.[216] 즉 국가안보기획그룹(NSPG), 집행검토그룹(SRG), 정책검토그룹(PRG), 지역별 기능별 부처간 그룹(IGs) 등 기존의 모든 하부기구들을 폐지하고, 그 자리에 고위위원회(Principals Committee, NSC/PC), 차관위원회(Deputies Committee, NSC/DC), 정책조정실무위원회(Policy Coordination Committees, NSC/PCCs)를 설치했다.

고위위원회(NSC/PC)는 국가안보정책의 개발과 집행을 검토 조정하고 점검하는 장관급 위원회이다. 구성 멤버는 국가안보보좌관(의장), 국무장관, 국방장관, 정보총괄국장, 합참의장, 대통령 비서실장, 기타 이슈 관련 장관들이다.[217] 의장인 국가안보보좌관이 국무장관 및 국방장관과 상의해 의제를 선정하고 회의를 소집하며, 국가안보회의 지원실 스태프들의 지원을 받아 정책조정실무위원회들로 하여금 정책보고서를 작성하도록 했다.

차관위원회(NSC/DC)는 정책조정실무위원회들의 설치와 활동을 지휘 감독하면서, 이들 실무위원회들이 마련한 정책검토보고서가 충실하게 작성되었는지 국가안보회의와 고위위원회에서 논의되기 전에 미리 검토하는 차관급 위원회이다. 구성 멤버는 국가안보 부보좌관(의장), 국방부 정책담당 차관, 국무부 정치담당 차관, 정보총괄 부국장, 합참 부의장, 기타 이슈 관련 부처들의 차관급 공무원이다. 국가안보 부보좌관이 국무부 차관 및 국방부 차관과 협의를 거쳐 의제를 선정하고 회의를 소집한다.

정책조정실무위원회(NSC/PCCs)는 정책 이슈를 발굴하고, 정책대안과 검토보고서를 작성 조정하며, 결정된 정책의 집행을 점검하는 차관보급 위원회이다. 정책조정실무위원회로는 유럽, 소련, 남미, 동아시아, 아프리카, 중동/남아시아 등 6개의 지역별 위원회와, 국방, 국제경제, 정보, 비상기획, 테러방지, 군비통제, 대량살상무기 비확산, 기술이전 통제, 해양·환경·과학, 난민대책 등 10여 개의 기능별 위원회를 구성했다. 각 정책조정실무위

---

216) National Security Directive 1, 10.

217) 고위위원회에는 대체로 대통령이 참석하지 않는다. 장관들 간에 좀더 깊이 있고 진지한 논의를 통해 합의를 도출하고, 이견이 있으면 이를 명확히 부각시키기 위해서이다 (Patterson, Jr., 2000: 54).

원회의 구성 멤버는 차관위원회 구성 부처의 차관보급 해당 공무원들로 구성했고, 그 위원장은 지역별 위원회의 경우 국무장관이, 기능별 위원회의 경우 각각 국방장관, 재무장관, 정보총괄국장, 국가안보보좌관이 지명했다. 그뿐만 아니라 각 정책조정실무위원회 위원장은 국가안보회의 지원실 스태프 1명을 간사로 배정받아 회의 일정, 의제 선정, 활동 기록, 보고서 배포 등을 처리했고, 필요에 따라 작업반(Working Groups)을 설치할 수 있도록 했다.

부시 대통령은 간결하면서도 효율적인 국가안보회의 시스템을 구축했다는 평가를 받고 있다. 부시 대통령은 이 시스템을 활용해 1989~1992년에 걸쳐 발생한 주요 국제 현안들, 즉 독일 통일(1989. 11.~1990. 10.), 파나마 노리에가 정권 축출(1989. 12.~1990. 1.), 이라크전쟁(1990. 8.~1991. 2.), 소련 붕괴(1991. 11.) 등을 성공적으로 처리했다. 이 시스템 자체에 대해 별다른 문제점이 지적되고 있지 않다.

2) 경제정책회의와 국내정책회의

부시 대통령은 레이건 집권 2기에 설치된 국내정책회의와 경제정책회의를 집권 중반기까지 유지했다.[218] 부시 대통령은 물려받은 경제정책회의와

---

218) 부시 대통령은 대내정책 관리에서 정책방향 제시와 부처간 갈등 조정 메커니즘을 달리 했다. 정책방향 제시는 신설한 대통령 비서실 정책보좌관(Assistant to the President for Economic and Domestic Affairs)의 지휘 하에 정책개발실(Office of Policy Development)과 정책기획실(Office of Policy Planning)로 하여금 담당하도록 했고, 정책갈등 조정은 대통령 비서실 내각지원실장이 관리하는 국내정책회의와 경제정책회의에서 담당하도록 했다.

대통령 선거 과정에서 공약한 주요 이슈들(예산 삭감, 범죄, 교육, 마약, 환경)에 관해 의제를 설정하고 정책을 개발하는 책임을 부여받은 정책보좌관은 정책기획실을 신설해 장기정책 기획을, 기존 정책개발실은 단기정책 개발을 담당하도록 하는 시스템을 구축했다. 정책기획실은 21명의 스태프로 구성해 국내경제, 국제경제, 환경, 에너지, 천연자원, 보건복지, 교육주택 도시개발, 교통 등에 대해 행정부가 추구해야 할 중장기정책을 발굴 검토하도록 했다. 반면에 정책개발실은 대통령의 목표와 이해관계가 충실히 반영되고 있는지 각 부처들의 정책 프로그램들을 검토하도록 했다. 주로 새로운 프로그램의 설치보다는 기존 프로그램의 개혁과 축소에 치중하도록 했다.

그러나 대통령 비서실 정책보좌관은 이러한 시스템 구축으로 정책결정 과정에서 주도적인 역할을 할 수 있게 되었음에도 불구하고, 이러한 시스템을 이용해 부시 정부를 대표할 만한 정책 프로그램을 구상 추진하지 않았다.

국내정책회의를 폐지하지 않고 몇 가지 측면에서 약간의 수정을 가했다.

(1) 수정

각 관계장관회의의 의장을 주무장관에서 대통령으로 바꾸었다. 대통령이 참석하지 못할 경우에만 각각 재무장관과 법무장관으로 하여금 주재하도록 했다. 구성 멤버도 거의 유사하다. 다만, 정규 멤버 이외에 어느 장관이라도 관심 있는 이슈가 논의되면 참석할 수 있도록 했다.

하부기구로는 국가안보회의처럼 장관급 고위위원회(Principals Committee), 차관위원회(Deputies Committee), 실무작업반들(Working Groups)을 설치했다. 이로써 3개 분야별 관계장관회의의 하부기구가 유사하게 표준화되었다.

두 관계장관회의에 대한 관리는 대통령 비서실내 내각지원실(Office of Cabinet Affairs)에서 담당하도록 했다.

그러나 부시 대통령은 경제정책 및 국내정책들의 입안과 조정을 위한 절차를 정교하게 정비하지 않았다. 대체로 다음 두 가지 방식으로 정책이 추진되었다.

하나는 주무부처 주도로 정책이 추진되는 경우이다. 주무부처에서 이슈를 발굴해 분석하고 관련 부처들의 관심사를 반영한 정책안들을 작성한 후, 관계장관회의에서 논의 조정을 거쳐, 마지막으로 대통령이 최종 결정했다. 이 절차에는 대통령이 검토하기 전에 내각지원실이나 정책개발실에서 정책안을 검토하는 단계가 없다.

다른 하나는 대통령의 주도로 정책이 추진되는 경우이다.

첫째, 부시 대통령이 당면 현안에 대해 주무부처의 브리핑을 요구하면 주무부처에서 정책 건의가 포함된 브리핑 자료를 준비한다.

정책개발실은 정책방향과 새로운 의제를 제시(policy initiation)하기보다는 정책 프로그램의 세부적 내용을 갖고 씨름했고, 시간이 많이 소요되는 복잡한 절차에 따라 부처간 합의를 도출하는 데에 치중했다. 이는 '정책개발실 스태프는 정직한 브로커(honest broker) 역할을 해야 한다'는 정책보좌관의 지론에 따라 이해관계 부처들의 참여 확대와 합의 도출에만 치중했기 때문이다.

정책기획실도 끊임없이 새로운 장기정책 아이디어를 개발했음에도 불구하고 구체적인 정책으로 전환하지 못했다. 이는 고위보좌관들이 호응하지 않았기 때문이다. 정책보좌관은 대통령이 관심을 갖는 소수 이슈에만 매달렸고, 비서실장은 예산 삭감, 세금 삭감, 신규 프로그램 억제 등에만 관심이 있었다.

둘째, 정책개발실에서 브리핑 자료를 검토하여 검토의견서를 작성한다. 정책개발실은 검토에서 예산상의 제약과 입법 과정상의 문제점을 지적할 뿐 새로운 대안을 제시하거나 각 대안에 대한 정치적 혹은 정책노선상의 문제점을 지적하지는 않았다.[219]

셋째, 정책개발실은 주무부처에서 작성한 정책대안들과 스태프들의 검토의견서 등을 관련 장관들에게 배포해 각 대안들에 대한 찬반 의견을 수렴한 다음, 정책결정메모를 작성한다. 정책개발실장은 부시 대통령의 결정에 영향력을 행사하기보다 부시 대통령이 다양한 대안들과 의견들을 접할 수 있도록 했다.

넷째, 부시 대통령은 정책대안들에 대한 정책검토실의 의견과 관련 부처의 찬반 의견이 포함된 정책결정메모를 검토한 뒤, 혼자 결정하거나 대통령 비서실장, 관련 보좌관 혹은 장관들과 추가적으로 논의한 후 결정했다. 정치적 판단이 필요할 경우 공화당 전국위원회 의장이나 대통령 비서실장으로부터 의견을 구했다.

(2) 평가

부시 대통령의 경제정책회의와 국내정책회의는 정책 추진과 조정에 중추기구적인 역할을 하지 못했다.

경제정책회의는 자주 소집되지도 않았고 정책 이슈들을 처리하는 절차도 마련되지 않았으며(Nelson, 1996: 1125), 또한 국내정책회의도 5주마다 한 번씩 개최되었고 정책 이슈를 적극적으로 개발하고 정책안을 입안하기보다는 부처간 이견이 있는 이슈들에 대해 소극적으로 논의 조정하는 역할에 그쳤다(Warshaw, 1997: 161).

그 결과 범부처적 정책 프로그램을 개발하지도 못했고, 몇몇 이슈[220]에 대해 대통령 비서실과 부처가 서로 다른 입장을 피력하기도 했다. 국내정책회의에서 논의된 의제들도 의료사고방지 개혁(medical malpractice reform), 취약계층 교육(minority education), 중산층 범죄(white collar crime), 마약범죄 두목에 대한 사형(death penalty for drug kingpins) 등 범정부 차원의 이슈들이라기보다 개별 장관들, 특히 의장인 법무장관이 제의한 의제

219) 카터와 레이건 대통령 시절에는 정치적 여파, 대통령 노선과의 일치 등을 검토했다.
220) 재난건강보험, 모기지론, 대기정화법 개정 등.

가 대부분이었다.

그 이유는 부시 대통령이 대외정책에만 치중한 나머지 경제정책 및 국내정책에 대한 새로운 비전을 제시하지 않았고, 두 관계장관회의들이 무엇을 어떻게 해야 하는지에 대해 어떠한 지침도 내리지 않기 때문이다(Warshaw, 1997: 162-163). 정책의제는 주요 부처들에 의해 선정되었고, 관계장관회의는 부처에서 올라온 이슈들에 대한 소극적 조정에, 정책개발실은 정직한 중재자(honest broker) 역할에 치중했다.

그 결과 장관들은 보수주의 노선에만 맞으면 어떠한 정책이라도 자신들의 선호에 따라 자유롭게 추진했고, 대부분의 정책들은 소관 장관들이 대통령 혹은 비서실장과 1 대 1 면담을 통해 결정했다.

3) 연방과학기술조정회의 설치 : 과학기술 분야 최초의 관계장관회의

부시 대통령은 과학기술 분야 최초의 관계장관회의인 연방과학기술조정회의(Federal Coordinating Council for Science, Engineering and Technology, FCCSET) 시스템을 구축했다. 기존의 차관급 조정회의를 장관급 조정기구로 확대 개편한 것이다. 즉 구성 멤버를 장관급으로 교체하고, 하부기구와 지원기구를 확대하고, 업무 추진 절차를 새로 정비한 것이다.

장관급 기구로 개편한 이유는 기존 실무급 기구들이 조정 역할을 제대로 수행하지 못했기 때문이다. 기존 조정기구들의 구성 멤버들이 정치적 비중이 낮아 조정 결과가 고위보좌관이나 장관들에 의해 자주 묵살되거나 수정되었다는 것이다(Bromley, 1993: 32).

(1) 역할과 구성

연방과학기술조정회의의 역할은 크게 변경하지 않았다. 즉 종전처럼 연방정부의 과학기술 프로그램 조정, 과학기술 시설과 자원 활용의 효율화, 과학기술 국제협력 등의 기능을 수행하고, 과학기술 분야들 가운데 국가적으로 중요하고 여러 부처와 관련된 영역에서 R&D 전략과 우선순위 및 예산안을 작성하도록 하도록 했다.

그러나 구성 멤버는 장관급으로 교체해 12개 주요 부처 장관(혹은 부장관 Deputy Secretary)들과,[221] 국가항공우주처장(NASA), 국립과학재단

221) 국무, 국방, 내무, 상무, 농무, 노동, 보건복지, 주택도시개발, 교통, 에너지, 교육, 원호.

(NSF) 이사장, 환경청장(EPA), 관리예산처장(OMB), 중앙정보국장(CIA)으로 구성했다. 이러한 교체와 동시에 특별한 사유가 있으면 이들의 불참은 허용하되, 대리 참석은 허용하지 않았다. 의장은 종전처럼 대통령 과학기술보좌관으로 하여금 담당하도록 했다.

(2) 산하기구와 지원기구

연방과학기술조정회의는 하부기구도 확대해 산하에 과학기술 전 분야를 8개 분야로 나누어 각 분야에 상설 실무분과위원회를 설치하고, 각 실무분과위원회 산하에 특정 이슈를 취급할 임시작업반들을 설치했다. 작업반의 반장과 구성원은 연방과학기술조정회의의 의장이 해당 실무분과위원회 의장과 연방과학기술조정회의(FCCSET) 멤버들과 상의해 선정한다.

연방과학기술조정회의의 본회의와 실무분과위원회 및 임시작업반에 대한 행정 지원은 1명의 사무국장(Executive Secretary), 정책분석가와 행정 지원 요원으로 구성된 사무국에서 담당한다. 사무국 스태프들은 멤버 부처들로부터 돌아가면서 차출된다. 사무국장은 대통령 과학기술정책실(Office of Science and Technology Policy)내 회의체[222]담당 부장(Assistant director for Management and Councils)에게 그 활동을 보고한다.

(3) 업무 추진 및 조정 절차

연방과학기술조정회의는 대통령의 과학기술정책(Presidential Initiatives)을 발굴 조정한다. 즉 대통령의 요구에 의해 국가적으로 중요한 이슈 영역들을 선정하고 각 영역별 전략기획을 수립 조정해 대통령에게 조언한다. 선정된 이슈 영역들을 발굴 조정하는 절차는 앞에서 이미 설명한 바와 같다.[223]

(4) 평가

연방과학기술조정회의는 대통령이 자주 참석해 격려하고 멤버들 간에 신뢰가 쌓여감에 따라 전례 없이 부처간 협조와 조정이 잘 되었던 것으로

222) Federal Coordinating Council for Science, Engineering and Technology; Intergovernmental Council for Science, Engineering and Technology; President's Council of Advisers on Science and Technology 등.

223) 제4장 제2절 4의 4) 참조.

평가되고 있다(Bromley, 1993: 35).

5) 국가우주개발회의

부시 대통령은 1989년 4월에 대통령령(Executive Order 12675)에 의해 국가우주개발회의(National Space Council, 1989~93)를 설치했다. 닉슨 대통령이 해체한 국가항공우주회의(National Aeronautics and Space Council)를 다시 되살린 것이다.

국가우주개발회의의 역할은 우주개발 정책과 전략을 형성하고 집행하는데 대통령에게 조언하고 부처간 입장을 조정하는 것이다. 즉, i) 대통령에게 국가우주개발 정책에 필요한 정보와 조언을 제공하고, ii) 우주개발을 위한 장기 목표를 검토하고, 우주개발 정책과 전략을 개발하고 조정하며, iii) 우주개발 정책들의 집행을 점검하고 조정하며, iv) 민간, 군사, 상업용 우주개발 주체들 간의 협력은 물론 정보와 기술의 교환을 촉진하는 것 등이다. 그 밖에도 국가우주개발회의는 매년 연방정부의 우주개발 정책과 전략에 대한 평가와 건의안을 포함하는 보고서를 작성해 제출해야 한다.

국가우주개발회의는 부통령을 의장으로 하여 국무, 재무, 국방, 상무, 교통, 에너지 등 6개 장관과, 대통령비서실장, 국가안보보좌관, 과학기술보좌관, 관리예산처장, 중앙정보국장, 국가항공우주처장(NASA)으로 구성하고, 필요하면 합참의장이나 관련 기관장 등을 초청했다. 하부기구로는 집행위원회(Executive Committee)와 작업반(Working Groups)을 설치해 운영했다. 국가우주개발회의에 대한 행정 지원은 대통령 비서실내 행정실(Office of Administration)에서 담당했다.

의장인 부통령이 구성 멤버들과 협의해 의제를 선정하면, 작업반에서 정책안 작성, 집행위에서 검토 조정, 본회의에서 최종 조정을 거쳐, 의장인 부통령이 대통령에게 보고하면 대통령이 최종 결정했다.

9 클린턴 대통령(Bill Clinton, 1993~2001)
- 현재의 시스템 제도화 -

클린턴 대통령은 냉전 종식와 경제 침체라는 새로운 환경을 맞아 미국

정부가 정책 우선순위와 자원 배분을 국가안보에서 경제 분야로 이동시킬 필요가 있다고 판단했다. 그리하여 국정운영에서 내치(內治) 우선을 선언하고 전임 부시 대통령과는 달리 외교국방 분야보다는 경제정책과 국내정책 분야에 심혈을 기울였다.

미국 경제의 활성화와 국제경쟁력 강화를 위해 북미자유무역협정(North American Free Trade Agreement, NAFTA) 체결 등 자유무역 확대를 추진하고, 산업 인프라 구축, 연구개발, 직업훈련 등에 적극 투자했으며, 교육개혁과 정부개혁에도 많은 노력을 기울였다. 그 결과 미국 경제는 다시 세계 제1의 경쟁력을 확보했다. 또한 클린턴 대통령은 미국민들의 삶의 질 향상을 위해 의료보호체계 개선, 도시 재건, 범죄 퇴치 등을 추진했고, 경제회복으로 재정이 튼튼해지자 사회복지 지출을 확대했다.

외교국방 분야에서는 세계 유일의 군사강국으로서 국제질서와 분쟁의 평화적 관리에 치중했다. 이스라엘과 팔레스타인해방기구(PLO)가 평화협정을 체결하도록 중재해 성사시켰고, 보스니아 사태[224]를 해결해 인종학살을 막았으며, 러시아와의 전략무기 감축, 국제마약거래와 테러 통제, 화학무기협정 체결 등을 추진했다. 북한 핵도 협상을 통해 해결하려고 노력했다. 그러나 소말리아 사태[225]는 해결하지 못하고 방치해 버렸다.

클린턴 대통령은 집권 후 자신의 정책 의제들을 효율적으로 추진하기 위해 관계장관회의 시스템을 개편했다. 부처간 갈등을 최소화하는 팀워크와

224) 1990년대 초 동유럽 공산국가이자 다민족 연방국가인 유고슬라비아가 붕괴되어 가는 과정에서 발생한 민족분쟁이다. 먼저, 유고연방 내 보스니아인과 크로아티아인이 1992년 보스니아로 분리 독립함으로써 유고슬라비아는 보스니아와 신유고연방으로 분리되었다. 그런데 보스니아 내 30%를 차지하는 세르비아인들이 신유고연방의 지원을 받아 분리 독립을 선언함으로써 신생국 보스니아 내에서 내전이 발생했다. 밀로세비치를 중심으로 하는 세르비아군이 크로아티아인들에 대한 무자비한 무차별 살육이라는 인종청소를 자행하자 1992년 8월 UN이 평화유지군을 파견했다. 그럼에도 불구하고 사태는 해결되지 않고 악화되던 중 1995년 12월에 미국, 러시아, EU의 중재 아래 분쟁 당사자들인 보스니아, 세르비아, 크로아티아가 평화 협정을 체결함으로써 인종 청소는 마감되었다.

225) 소말리아에서는 1990년에 반정부 게릴라군이 정권을 잡았으나 게릴라군 내부에서 권력다툼이 내전으로 비화되었다. 내전과 기아로 수백만의 난민이 발생하자 1992년 12월 유엔 안전보장이사회는 미군을 주축으로 국제연합 평화유지군을 파견했다. 그러나 상황이 악화되면서 미군 측의 피해가 잇따르자 미국내 철군 여론이 비등하면서 1995년 3월에는 평화유지군을 완전히 철수했다.

백악관 주도의 정책추진을 강조하면서 물려받은 관계장관회의 시스템을 그대로 활용하지 않고 상당한 수정을 가했다. 국가안보회의 시스템을 개편하고, 부시 정권 말기에 폐지되었던 경제정책회의와 국내정책회의를 다시 부활시킨 것이다. 또한 연방과학기술조정회의와 국가우주개발회의를 통합 확대해 국가과학기술회의(National Science and Technology Council, NSTC)를 탄생시켰다. 그 결과 4개의 분야별 관계장관회의 시스템이 정착되었다.

4개 분야별 관계장관회의에는 팀워크를 위해 내각장관들만이 아니라 대통령 비서실 보좌관들도 참석시켰고,[226] 대통령 비서실 보좌관들은 정책목표를, 관계장관회의들은 구체적인 정책대안을 마련하도록 했다. 클린턴 자신은 국가안보보좌관, 경제정책보좌관, 국내정책보좌관, 과학기술보좌관으로 하여금 매일 아침 주요 정책 이슈들과 관계장관회의 활동 상황에 대해 브리핑하도록 했고, 경제 및 국내 정책들의 추진과 조정에는 자신이 직접 깊숙이 개입했다.

1) 국가안보회의 시스템의 수정

클린턴 대통령은 부시 대통령이 구축한 국가안보회의 시스템을 거의 그대로 유지했다. 즉 하부기구와 절차 및 지원기구와 지원 방식을 거의 그대로 활용했다. 다만 새로운 상황에 대응해 약간만 수정했을 뿐이다.

첫째, 국가안보정책을 추진하면서 경제적 측면을 강조하기 위해 국가안보회의와 그 하부기구들의 공식 구성 멤버로서 경제 관련 장관들과 대통령 보좌관들을 추가했다. 즉 국가안보회의 공식적인 구성 멤버를 부통령, 국무장관, 국방장관, 중앙정보국장, 합참의장, 국가안보보좌관, 대통령 비서실장 이외에 재무장관, 무역대표, 경제정책보좌관 등으로 확대했다. 고위위원회(NSC/PC)와 차관위원회(NSC/DC)에서도 각각 대통령 경제정책보좌관과 경제정책 부보좌관을 추가했다.

둘째, 부시 대통령으로부터 물려받은 고위위원회(Principals Committee), 차관위원회(Deputies Committee) 및 부처간 실무작업반(Interagency

226) 이러한 팀플레이는 내각장관들로 하여금 대통령의 정책노선에서 이탈하지 못하도록 했고, 동시에 부처간 권한 갈등의 소지를 현저하게 줄였다(Warshaw, 1996: 217).

Working Groups) 등 하부기구 구조는 그대로 유지했으나 각각의 기능을 약간 변경했다.

고위위원회(NSC/PC)에서는 국가안보회의에 상정할 이슈를 사전에 논의하고, 대통령의 참석이 필요하지 않는 이슈일 경우는 사실상 결정하도록 했다. 차관위원회(NSC/DC)는 국가안보정책의 집행을 점검하고, 일상적인 위기에 대처하며, 부처간 실무작업반들을 관리하도록 했다. 부처간 실무작업반들(NSC/IWGs)은 차관위원회의 결정에 따라 지역별 기능별로 조직화해 정책대안을 마련하고 정책집행을 점검 조정하도록 했다. 부처간 실무작업반은 일부는 상설로 일부는 임시로 설치했고, 국가안보회의 시스템의 효율성을 확보하기 위해 그 숫자를 최소한으로 유지했다. 반장은 관련 부처 차관보나 국가안보회의 스태프가 담당했다.

그러나 클린턴 대통령은 국가안보회의 전원회의를 거의 소집하지 않았다. 전원회의를 소집하면 공식 회의록 작성, 다수의 검토보고서 준비, 언론보도자료 작성 등 공식적인 작업들이 많아지는데, 이러한 공식적이고 번거로운 절차를 싫어했기 때문이다(Patterson, Jr., 2000: 54).

2) 국가경제회의

대선 기간 중 경제정책을 국정의 최우선 순위로 할 것임을 공약한 클린턴 대통령은 1993년 1월 집권하자마자 국가안보회의(National Security Council)를 모방한 국가경제회의(National Economic Council, NEC)를 설치했다.[227][228]

227) Executive Order 12835.

228) 원래 1992년에 Carnegie Endowment for International Peace와 Institute for International Economics의 지원을 받아 구성된 정부혁신위원회(Commission for Government Renewal)는 보고서를 통해 클린턴 대통령에게 국내경제와 국제경제를 통합 조정하는 관계장관회의 설치를 건의했고, 대통령 부인 힐러리는 상당한 규모의 두뇌집단(Think Tank) 형태를 주장했으나, 클린턴의 핵심 경제참모들에 의해 관계장관회의 형태로 귀결되었다. 핵심 참모들이 이러한 결정을 한 이유는 i) 백악관 내에서 영향력을 확보하는 데에는 정책 정보나 아이디어 제공보다 정책결정 절차를 조직화하고 관리하는 것이 유리했다는 역사적 경험, ii) 정책 아이디어 측면에서 부처들을 능가하려는 것은 어리석은 짓이라는 판단, iii) 자신들이 절차관리에 국한함으로써 CEA와의 충돌을 예방할 필요성 때문이었다(Destler, 1996: 8-10).

(1) 기능과 구성

국가경제회의(NEC)의 주된 기능은, i) 분야별 경제정책[229]을 통합하고 경제정책에 관한 관련 부처들의 의견을 조정하며, ii) 대통령이 고려할 수 있는 정책대안을 준비하며, iii) 행정부의 경제정책 프로그램이 대통령의 정책노선에 맞는지 검토 확인하며, iv) 대통령이 특별히 관심을 갖는 경제정책의 집행을 모니터링하는 것이다. 국가경제회의는 대내 경제정책뿐만 아니라 대외 경제정책도 동시에 논의 조정했다.

국가경제회의 구성 멤버는 대통령, 부통령, 경제 관련 장관,[230] 주요 보좌관[231] 및 관리예산처장, 경제자문회의 의장, 무역대표 등이다. 국가경제회의의 의장은 대통령이었다. 대통령 불참시 부통령, 경제정책보좌관 순으로 의장직을 대행했다.

(2) 하부기구

국가경제회의는 국가안보회의처럼 산하에 장관급 고위위원회(NEC Principals Committee), 차관위원회(NEC Deputies Committee), 실무작업반(NEC Interagency Working Groups)을 두었다.

클린턴 대통령은 장관급 고위위원회를 재무장관, 상무장관, 노동장관, 관리예산처장, 경제자문회의 의장, 국가안보보좌관,[232] 기타 이슈 관련 행정기관장으로 구성해, i) 국가경제에 영향을 미치는 모든 정책 이슈들을 검토하고, ii) 국가경제정책의 개발과 집행을 조정하고 모니터링하며, iii) 긴급 현안, 대통령의 관심이 큰 이슈, 대통령이 최종 결정을 내릴 준비가 되어 있는 이슈 등을 집중적으로 논의 조정하고, iv) 대통령의 간여가 필요하지 않은 이슈들에 대해서는 독자적으로 논의 결정을 하는 기구였다.

장관급 고위위원회는 대통령 경제정책보좌관이 주재하고, 회의 의제 설정, 의제에 대한 정책보고서 준비, 회의 소집도 그가 담당했다. 집권 초기에는 매주 3~4회, 그 후는 격주마다 개최되었다.

차관위원회는 이슈 관련 부처나 기관들의 부장관(Deputy Secretary) 혹

---

229) 거시경제정책과 미시경제정책, 국내경제정책과 국제경제정책 등.
230) 국무, 재무, 농무, 상무, 노동, 교통, 에너지, 주택도시개발, 환경청장.
231) 경제정책보좌관, 국내정책보좌관, 국가안보보좌관, 과학기술보좌관.
232) 국제경제나 국가안보와 관련된 이슈들을 논의할 경우에만 초청되었다.

은 차관(Undersecretary)들로 구성해, i) 국가경제에 영향을 미치는 정책 이슈들을 선택해 정책 내용이나 추진전략에 필요한 아이디어를 발굴하고, ii) 실무작업반의 설치 및 반장의 결정, 실무작업반 활동의 모니터링을 담당하고, iii) 국가경제회의 및 그 고위위원회에서 논의할 정책보고서들이 관련 부처나 실무작업반에 의해 충실하게 작성되었는지를 검토하며,[233] iv) 대통령의 주요 정책들이 제때에 효율적으로 집행되고 있는지를 점검하도록 했다.

차관위원회는 일주일에 두세 번 자유롭게 모였는데, 대통령 경제정책 부보좌관이 주재하고, 의제 선정, 회의 소집, 논의 보고서 준비 등도 그의 주도로 이루어진다. 매주 2~3회 개최되었으나, 참석자들은 합의 도출에 대한 부담 없이 자유롭게 토론했다.

실무작업반들은 정책개발실(Office of Policy Development) 스태프와 관련 부처 공무원들로 구성된 기구로서 정기적으로 모임을 갖고 정책 이슈들을 분석하고 대안을 작성하며, 정책집행을 점검하고 조정했다. 작업반은 차관위원회가 필요에 따라 상설 혹은 임시로 설치했다.

(3) 운영과 지원

국가경제회의 시스템은 대통령 경제정책보좌관이 관리하고,[234] 대통령부 소속 정책개발실(Office of Policy Development) 스태프들의 지원을 받았다.

국가경제회의 본회의는 필요에 따라 개최한다. 대통령이 직접 소집하거나 대통령의 지시에 따라 대통령 경제정책보좌관이 소집한다. 집권 초기에 매일 개최되었으나 그 후 평균 2주에 1회 열렸다.

논의 의제는 대통령의 지시에 따라 혹은 경제정책보좌관이 재무장관, 관리예산처장, 국가안보보좌관 등과 상의해 결정한다. 국가안보회의 다른 멤버들도 국가경제회의에서 거론할 의제를 제안할 수 있다. 경제정책보좌관이 필요한 보고서가 사전에 준비되도록 조치를 취한다. 정책의 입안과 조정

233) 쟁점 이슈에 대한 분석, 관련 자료의 정리, 광범위한 의견 수렴을 통한 대안 작성, 각 대안들에 대한 평가 등 측면에서 검토하였다.

234) 부보좌관 가운데 한 사람(Sperling)은 예산과 조세, 대통령 경제 공약, 대통령 경제정책 홍보 등을 담당한 반면, 다른 한 사람(Cutter Tarullo)은 비예산 이슈(특히 국제경제 이슈), 스태프 관리 등을 담당했다.

과정에서 경제정책보좌관(Robert Rubin)은 정직한 중재자(honest broker) 역할을 했다.

정책개발실내 지원 스태프의 규모는 업무량에 따라 달라지나, 대략 18~22명 정도가 6개 영역으로 구분되어 지원하고 있다. 스태프들은 대통령이나 보좌관들에게 경제 정보와 자료를 제공하고, 각 부처들의 다양한 의견이 공정하게 표출되고 제때에 결론이 내려지도록 부처간 이견 조정을 유도했다.

(4) 다른 기구들과의 관계

국가경제회의의 설치는 기존 조정기구들과 부분적으로 관할이 중복된다. 특히 경제자문회의, 국내정책회의, 통상정책회의, 국가안보회의 등과 관할을 둘러싼 갈등의 소지가 있다. 이러한 관할 중복은 다음과 같이 정비되었다(Destler, 1996: 10-13; Juster & Lazarus, 1997: 43-51).

첫째, 경제자문회의(Council of Economic Advisers)와의 관계이다. 국가경제회의는 경제 동향을 예측하고 주요 현안을 분석하는 경제자문회의의 역할을 가급적 침해하지 않도록 배려했다. 국가경제회의가 지원 스태프로서 다수 경제전문가들을 고용하지 않고 소규모 스태프로 절차관리에만 치중함으로써, 경제자문회의와 그 스태프들의 전통적 역할이 유지되도록 배려했다.

둘째, 국내정책회의(Domestic Policy Council)와의 관계이다. 복지, 교육, 환경, 규제 등 주요 국내정책 이슈들은 경제적 측면을 갖고 있어서 국가경제회의에서도 관심이 많다. 그러나 이 이슈들의 관할에 관한 국가경제회의와 국내정책회의 간에 명확한 가이드 라인이 없다. 이에 국가경제회의는 국내정책회의와 공동 조정하거나[235] 국내정책회의에서 주도하고 있는 이슈들에 대한 간여를 가급적 자제했다.

셋째, 통상정책회의(Trade Policy Committee)와의 관계이다. 국가경제회의가 대외경제 정책까지 관리하게 됨에 따라 무역정책의 관할이 국가경제회의와 통상정책회의 간에 중복된다.

국가경제회의는 기존의 통상정책회의 시스템을 사실상 흡수했다. 통상정

235) 국내정책회의 조정 과정에 경제정책보좌관이 참여하거나, 국내정책보좌관과 경제정책보좌관이 긴밀하게 협조했다.

책회의의 역할은 국가경제회의 고위위원회에서, 통상정책회의 산하 차관급 통상정책검토그룹(Trade Policy Review Group)의 역할은 국가경제회의 차관위원회에서 흡수했다. 다만, 통상정책회의 산하 실무작업반(Trade Policy Staff Committee)들은 흡수되지 않고 여전히 활성화되어 국가경제회의를 지원했다. 그 결과, 법률상 기구인 통상정책회의 시스템은 폐지되지는 않았으나 유명무실해졌고, 통상정책회의 의장인 무역대표(U. S. Trade Representative)는 통상 분야 조정자가 아니라, 국가경제회의 멤버로서 통상 분야 옹호자(advocate)이자 통상정책의 집행자 및 협상자로 자리매김되었다.

넷째, 국가안보회의(National Security Council)와의 관계이다. 국가경제회의와 국가안보회의는 국가안보와 관련된 국제경제 정책을 둘러싸고 관할이 중첩된다. 이를 해결하기 위해, 국가안보회의나 국가경제회의의 차관위원회가 국제경제 이슈를 논의할 경우 그 의장을 이슈에 따라 국가안보 부보좌관(deputy director)과 경제정책 부보좌관이 교대로 담당하도록 하고, 동시에 국제경제 문제를 지원하는 실무 스태프(international economic staff)를 각자 두는 것이 아니라 국가경제회의 산하에 두고 국가경제회의는 물론 국가안보회의도 지원하도록 하는 등 양자간에 긴밀한 협조 체제를 구축함으로써 관할 문제를 해결했다.

(5) 국가경제회의 시스템에 대한 평가

클린턴 대통령의 국가경제회의 시스템은 구조상 몇 가지 문제가 있었던 것으로 지적된다.

첫째, 대통령이 직면한 단기 현안(here and now) 이슈에 대처할 수 있도록 구축되었다는 것이다. 즉 전략적 우선순위 설정, 핵심 이슈들에 대한 장기기획, 떠오르는 이슈들에 대한 대처,[236] 기존 정책에 대한 주기적 검토

---

236) 키신저의 NSC는 National Security Study Memorandum을 통해 조만간 대통령이 검토해야 할 이슈들을 사전에 분석하는 부처간 태스크 포스(Task Force)를 구성했다. 즉 장차 고위급 회의에서의 논의와 대통령의 최종 결정이 필요한 이슈들에 대해 미리 분석하고 대안을 작성하도록 했다. 이는 바쁜 장관들로부터 새로운 이슈에 대한 관심을 유도하는 데 효과적이었다. NEC도 이러한 작업들을 했더라면 초기 단계 이후에 영향력이 줄지 않았을 것이다. 초기 단계를 지나면 조정 이슈가 많지 않고 집행 업무가 중요해지므로 관계장관회의의 중요성이 떨어지는데, 관계장관회의의 영향력을 유지하기

등을 담당하는 하부기구나 절차를 두지 않았다(Destler, 1996: 29-33). 둘째, 사전 준비를 위한 부처간 실무작업반이 활성화되지 못했다는 것이다. 차관회의가 지나치게 활성화되어 실무작업반의 설치와 활용이 미흡했다(Destler, 1996: 31-36). 그 결과 논의할 이슈에 대한 체계적인 대안 개발과 분석이 부실한 체 쟁점 이슈가 너무 빨리 고위위원회로 올라갔다.

또한 클린턴의 국가경제회의 시스템은 체계적으로 질서 있게 관리되지 못했다는 평가이다. 그 근거로 다음과 같은 운영상의 문제점이 지적되고 있다(Destler, 1996: 34-36).

첫째, 회의가 시간적 여유 없이 소집되고 회의 참석자의 범위도 즉흥적으로 결정되어 각 참석자들이 충분한 준비 없이 참석하거나 이해관계자가 참석하지 못하는 경우가 많았다는 것이다. 둘째, 회의 의제가 분명하지 않아 논의가 표류하는 경우도 많았으며, 논의 과정에서 잠정적인 결론이나 교통정리를 하지 않고 합의에 이를 때까지 회의를 되풀이했다는 것이다. 셋째, 회의에서 논의 내용이나 합의에 관해 기록을 하지 않아 참석자들이 회의 결과에 대한 각자 나름대로의 해석을 갖게 되어 며칠 후에 동일한 이유로 회의를 다시 소집하는 경우가 많았다는 것이다.

이러한 운영상 문제점은 행정지원 스태프가 부족했을 뿐만 아니라, 자유분방하고 예측 불가능한 방식으로 간여하는 클린턴 대통령의 국정운영 스타일, 정책의 다양한 측면에 대한 관심으로 인해 국가경제회의에서 결론을 내지 않고 정치적 측근들과 논의해 최종 결정하는 클린턴의 성향 때문이라는 것이다(Destler, 1996: 34, 61).

이러한 구조상 운영상의 문제점에도 불구하고 클린턴 대통령의 국가경제회의 시스템은 나름대로 성공적이었던 것으로 평가된다. 즉 클린턴 정권 내외의 역학 관계에 따라 그 역할이 변했지만 경제정책 전반에 관한 조정기구로서의 위상과 영향력은 유지되었다는 것이다(Destler, 1996: 49-59).

집권 초기인 1993년에는 국가경제회의 고위위원회가 정책조정과 결정의 중심이었다. 선거공약들을 당장 적극 추진해야 할 이슈, 나중에 추진해야 할 이슈, 폐기해야 할 이슈로 구분하여 그 중 일부를 걸러냈고, 또한 주요 경제정책 프로그램을 작성했으며, 통상 이슈(UR, NAFTA, APEC 정상회

위해서는 새로운 이슈에 대한 예측과 검토가 중요하다(Destler, 1996: 32-33).

담, 일본과의 협상 등)에 대한 전략적 선택에서 주도적인 역할을 했다. 1994년에도 의료보호 개혁[237]을 제외한 다른 경제 이슈들에 대해서는 중심적인 역할을 수행했다.

그러나 1995년에는 국가경제회의의 고위위원회, 차관위원회 등 회의 소집 빈도가 축소되었고, 주요 경제 이슈들에 대한 통제력도 약화되었다. 그 이유는 다음 두 가지에 기인했다. 첫째, 의회 다수당이 민주당에서 공화당으로 바뀜으로써, 행정부는 정책을 개발하기보다는 의회의 요구에 맞서 예산을 통과시키기에 급급했고, 주요 경제 이슈들이 의회에서 당파적 계산에 의해 처리되기 시작했다. 둘째, 대통령 비서실내 주요 보직에 대한 인사로 신임 경제정책보좌관 겸 국가경제회의 지원실장의 영향력이 크게 약화되었다. 경제정책보좌관 겸 국가경제회의 지원실장이 루빈(Robert Rubin)[238]에서 타이슨(Laura Tyson)[239]으로 바뀌고, 대통령 비서실장은 정책에 문외한이었던 맥라티(Thomas McLarty)[240]에서 예산정치 전문가인 파네타(Leon Panetta)[241]로 교체되었는데, 신임 비서실장이 예산안 작성과 통과를 위해 예산전략그룹(Budget Strategy Group)을 만들어 주도한 것이다.

1996년에 들어 국가경제회의의 위상과 영향력은 어느 정도 회복되기 시작했다. 예산이 통과되었고, 국가경제회의 영향력 회복을 위한 타이슨의 적극적인 노력이 있었으며, 각 장관들 사이에 국가경제회의(NEC) 절차를 무시하고 대통령을 직접 만나는 것이 각 부처에 반드시 유리한 것은 아니라는 인식이 확산되었기 때문이다(Destler, 1996).

3) 국내정책회의의 부활

클린턴 대통령은 국내정책의 방향과 목표는 국내정책보좌관과 함께 결

237) 클린턴 대통령은 1994년에 정책 우선순위를 의료보호제도 개혁(health care reform)에 두었는데, 이를 국가경제회의(NEC) 틀 속에서 논의하지 않고 그의 부인인 힐러리로 하여금 별도의 스태프의 지원을 받아 처리하도록 함으로써 국가경제회의는 주변적인 역할에 머물렀다.

238) 대선 과정에서 클린턴에게 조언해 온 투자자문회사 골드만 삭스(Goldman & Sachs) 사장 출신.

239) 경제학 교수 출신의 여성.

240) 클린턴의 고향 친구로서 기업가 출신.

241) 하원 예산위원장을 거쳐 클린턴 정부의 관리예산처장을 역임.

정했고, 이를 구현할 국내정책의 개발과 조정의 메커니즘으로서 국내정책회의를 1993년 8월에 설치했다. 사실상 부시 대통령 집권 말에 폐지된 국내정책회의를 부활시켜 약간 수정한 것이다.

(1) 조직과 운영

① 기능과 구성

주된 기능은 i) 국내정책에 관한 관련 부처의 조언과 정책결정 과정을 조정하고, ii) 행정부의 국내정책 프로그램이 대통령의 정책 목표에 맞는지 검토 확인하며, iii) 국내정책 프로그램의 집행을 모니터링하는 것이다. 특히 국내정책을 추진하는 모든 행정기관은 국내정책회의를 통해 의견을 조정하도록 했다. 국내정책회의는 비교적 광범한 권한을 부여받았으나 조정에 치중했다(Warshaw, 1997: 194).

국내정책회의는 대통령, 부통령, 국무장관과 국방장관을 제외한 모든 장관,[242] 그리고 대통령 경제정책보좌관, 국내정책보좌관, 마약통제실장과 관리예산처장 등으로 구성했다. 닉슨 대통령 이래 역대 대통령들과는 달리 클린턴은 보좌관들을 다수 포함시켰다.

국내정책회의는 대통령이 주재하나 대통령 불참시에는 부통령, 국내정책보좌관 순으로 주재한다. 그러나 대통령이나 부통령이 불참하는 경우가 많아 국내정책보좌관이 주재하는 경우가 많았다. 클린턴 대통령은 국내정책회의를 불참한 대신에 국내정책보좌관을 매주 2회씩 만나 국내정책회의에서 논의되는 이슈들과 각 부처의 주요 정책 이슈들을 검토했다.

② 하부기구

국내정책회의 산하에는 임시 실무작업반(task forces or interagency working groups)을 두도록 하고 있다. 이들의 설치와 구성 멤버는 국내정책보좌관이 결정한다. 실무작업반은 이슈 관련 부처들의 차관보급 공무원으로 구성되며, 국내정책보좌관의 고위 스태프와 주무부처 차관보가 공동으로 주재한다. 실무작업반들은 특정 이슈에 관한 정책안을 작성하기 위해

242) 법무, 내무, 교육, 주택도시개발, 보건복지, 농무, 교통, 에너지, 재무, 상무, 노동, 환경처, 원호처 등 장관들.

설치되고 이슈에 관한 입법이 끝나면 해체된다.

③ 운영과 지원

국내정책회의에 대한 관리는 국내정책보좌관이 담당하고, 정책개발실 스태프의 절반이 국내정책보좌관을 지원했다.

국내정책회의는 월요일마다 격주로 백악관에서 개최되었는데, 대통령의 명을 받아 국내정책보좌관이 소집한다. 대규모 국내정책회의를 정기적으로 소집하는 이유는 장관들이 자신들이 관리하는 부처보다는 대통령의 팀원임을 환기시키기 위함이었다(Warshaw, 1997: 195). 국내정책에 관한 실질적인 입안과 조정은 실무작업반에서 담당했고, 국내정책회의는 정보를 교환하고 대통령 정책의 우선순위를 논의했다.[243]

클린턴 대통령은 레이건 대통령이나 부시 대통령과는 달리 내각지원실이 아니라 정책개발실에서 지원하도록 했다. 클린턴 대통령의 정책개발실은 클린턴의 목표, 민주당 리더십회의의 목표, 대통령 고위보좌관들의 의견 등에 기초한 지침을 작성해 국내정책회의에서의 정책 입안 및 조정에 참고했다.

(2) **국내정책회의 시스템에 대한 평가**

클린턴 대통령은 부시 대통령과는 달리 대통령 보좌관 주도의 국내정책 추진 시스템과 절차를 구축하려고 했다. 그리하여 국내정책회의를 대통령 비서실에서 개최하고 국내정책회의 시스템의 주요 요직에 대통령 보좌관들을 포진시킴으로써 국내정책회의 시스템을 대통령 비서실의 통제 하에 두었다. 그러나 클린턴의 국내정책회의 시스템은 대통령 보좌관들이 중추적인 역할을 하는 기구가 아니었을 뿐만 아니라, 예상과는 달리 제대로 작동하지 않았다.

첫째, 국내정책회의 시스템은 집권화된 대통령 비서실 중심의 기구도 아니고 그렇다고 분권화된 장관 중심의 기구도 아니었다(Warshaw, 1996: 220). 그 결과 대통령 보좌관이나 부처 장관들 어느 쪽에서도 정책 과정을 주도하지 못했다.

둘째, 국내정책회의 시스템은 느리고 무질서하며 비효율적이었다. 그 이유는 국내정책보좌관이 국내정책회의의 운영과 정책대안 검토에 관한 명확

243) 국내정책회의 시스템을 통해 정책을 추진 조정하는 절차는 제4장 제2절 3의4)를 참조.

한 가이드 라인을 정하지 않았을 뿐만 아니라, 각종 회의에 참석자가 너무 많았고, 다양한 정책대안들을 직접 검토하려고 하고 대안들에 대한 논의를 끊고 맺음이 없이 자신의 기대에 부응할 때까지 토론하거나 재검토시키는 클린턴 대통령의 스타일 때문이었다(Warshaw, 1997: 210). 클린턴 대통령은 카터 대통령처럼 모든 대안들을 직접 검토해 결정하려고 했고, 또한 관계장관회의 시스템을 통해 마련된 대안들이 기대에 못 미치면 전면 재검토하도록 했다(Warshaw, 1996: 196).

셋째, 국내정책회의 시스템은 국정운영 과정에서 주도적인 역할을 하지 못했다. 국내정책회의와 국내정책보좌관은 현안 국내정책 이슈에 대한 적극적인 의제 설정과 대안 개발 및 조정을 주도하지 못했다.[244] 각 부처 장관들은 국내정책회의 시스템을 거치지 않고 정책을 추진하는 경우도 많았다. 국내정책보좌관은 국내정책회의 산하기구인 임시 실무작업반을 활용해 장기기획과 각 부처의 정책개발 등을 지원하는 데에 그쳤다. 그 이유는 다음과 같다.

우선, 국내정책 이슈들은 클린턴 대통령의 정책 우선순위에서 경제정책 이슈들에 밀려 대통령의 관심을 끌지 못했고, 클린턴 대통령이 우선적으로 추진하려던 일부 국내정책 이슈들은 대부분 다른 기구에서 선점해 갔으나,[245] 국내정책회의를 운영하는 국내정책보좌관(Carol Rasco)이 백악관 권력 판도에서 밀려 이에 적극 대처하지 못했기 때문이다(Warshaw, 1997: 197-203, 209). 또한 국내정책보좌관 라스코의 자신의 역할에 관한 인식 때문이다. 선거 과정이나 정권 인수 과정에서 국내정책에 대한 명확한 목표

---

244) 각 부처 장관들은 다양한 이념적 성향의 인물들로 충원된 데다가 국내정책회의 시스템에 의한 조정 통제도 되지 않아 클린턴 정부의 국내정책에는 일관성이 없었다.

245) 클린턴 대통령이 제시한 1993년도 5대 중점 과제는 경제활성화(투자 증대, 일자리 창출), 재정적자 감축, 의료보호제도 개혁, 정치제도(선거비용, 로비) 개혁, 대국민 서비스 향상(National Service) 등이었는데, 경제활성화와 재정적자 감축에 최우선적인 관심과 노력을 기울임으로써 국내정책 프로그램을 추진하기 어려웠고, 우선적으로 추진하려 했던 의료보호제도 개혁(Health Care Reform)은 영부인 힐러리(Hillary Rodham Clinton)가, 대국민 서비스 향상은 고어(Al Gore) 부통령이, 정치개혁은 대통령 비서실 내 의회담당실(Office of Legislative Liaison)에서 차지했다. 집권 2년째인 1994년에도 우선 과제는 정부 개혁, 범죄 퇴치, 복지시스템 개혁, 의료보호제도 개혁, 통상 등 대부분 국내정책 이슈였는데, 마찬가지로 정부개혁은 고어 부통령이, 복지시스템 개혁은 의회에서, 범죄 퇴치는 의회담당실에서 차지했다.

를 제시하거나 정책 이슈들을 구체적으로 확정하지 않아 집권 후 국내정책보좌관과 그 스태프들은 국내정책을 구상하고 추진할 수 있는 기회가 주어졌음에도 불구하고, 국내정책보좌관은 정책추진의 주도권을 행사하기보다는 각 부처들의 정책개발을 지원하는 것을 선호했다(Warshaw, 1997: 210).

제 4 절 미국 관계장관회의 시스템의 특징

미국 대통령들과 그 주변 핵심 참모들은 그들의 국정운영 전략, 즉 자신들이 설정한 정책노선에 입각해 각종 정책들을 추진하는 데 어떤 시스템이 가장 적합할지에 대한 그들의 전략적 판단에 따라 자신들이 원하는 관계장관회의 시스템을 구축해 왔다. 이들 시스템의 특징을 몇 가지를 지적하면 다음과 같다.

1 설치와 폐지의 신축성

미국 관계장관회의 시스템은 대통령이 그 설치와 폐지를 자유롭게 할 수 있다. 어떤 유형의 관계장관회의를 몇 개나 설치할지는 대통령과 그 참모들에게 맡겨져 있다. 분야별 관계장관회의 중심의 시스템을 구축하든 이슈별 관계장관회의 중심의 시스템을 구축하든, 어느 분야 혹은 어느 이슈에 관계장관회의를 구축하든, 상설 관계장관회의를 구축하든 임시 관계장관회의를 구축하든 이 모든 것이 대통령과 그 참모들의 재량이다.

관계장관회의의 설치 운영에 이와 같은 신축성이 유지될 수 있었던 이유는 의회가 법률로 설치한 몇몇 예외적인 경우를 제외하고, 대부분 대통령이 명령(Executive Order)이나 지시에 의해 설치할 수 있기 때문이다. 현재 관계장관회의 시스템을 법률로 정하자는 일부 주장이 있으나 힘을 얻지 못하고 있다.

2 4대 분야별 관계장관회의 시스템

각 대통령별로 설치 혹은 폐지한 관계장관회의들을 보면 <표 4-20>과 같다. <표 4-20>을 자세히 보면, 대통령이 바뀜에 따라 관계장관회의들의 설치와 폐지가 거듭되면서도 다음과 같은 세 가지 경향을 확인할 수 있다.

첫째, 분야별 관계장관회의가 외교국방, 경제, 국내, 과학기술 등 4개 분야에 자리잡아 왔다는 것이다. 트루먼 대통령 재임시 외교국방 분야에 국가안보회의 시스템이 최초로 설치된 이래 세월이 흐름에 따라 유사한 시스템이 경제와 국내 분야로 확산되어 갔다. 경제 분야에서는 아이젠하워 대통령에 의해 처음으로 국내 경제와 국제 경제를 다루는 별도의 관계장관회의가 설치되었고, 이후 통합과 분리를 거듭하다가 레이건 대통령 집권 2기부터 양자가 통합된 하나의 관계장관회의로 정착되어 왔다. 국내 분야에서도 다수 혹은 하나의 관계장관회의가 상설 혹은 임시로 활용되다가 레이건 대통령 집권 2기부터 하나의 상설 관계장관회의로 정착되었다. 과학기술 분야에서는 오랫동안 장관급이 아닌 실무급 부처간 조정회의로 존재하다가 부시 대통령 때 장관급으로 격상되고 클린턴 대통령에 의해 국가우주개발회의를 흡수함으로써 명실상부한 분야별 관계장관회의로 발전했다.

둘째, 세월이 흐름에 따라 이슈별 관계장관회의들이 분야별 관계장관회의로 통합되어 왔다는 것이다. 케네디와 존슨 대통령 시절에 분야별 관계장관회의보다 이슈별 관계장관회의들이 다수 설치되었다. 그러나 닉슨과 포드 대통령이 이슈별 관계장관회의들을 다수 폐지하고 그 기능을 분야별 관계장관회의로 이동시킨 이래 레이건 대통령 2기부터는 이슈별 관계장관회의는 거의 신설되지 않고 분야별 관계장관회의 시스템이 강화되고 있다.

셋째, 공화당 대통령들은 정책추진과 조정을 위해 비교적 공식적인 관계장관회의 시스템을 설치 활용했으나, 민주당 대통령들은 공식적인 관계장관회의 이외에 비공식적인 장관회의를 구축 활용해 왔다는 것이다. 다만 민주당 대통령 가운데 클린턴 대통령은 예외였다. 또한 공화당 대통령들은 국정을 질서 있게 그리고 적절한 위임을 통해 운영하려는 성향이 있고, 민주당 대통령들은 크고 작은 이슈에 간여하면서 창의적으로 운영하려는 성향을 보였다.

〈표 4-20〉 역대 대통령별 주요 관계장관회의의 설치 유지 실태

구분	트루먼	아이젠하워	케네디	존슨	닉슨
외교 안보	**국가안보회의(신)** 국가안보자원회의	**국가안보회의**	**국가안보회의** *임시위원회*	**국가안보회의** *화요오찬그룹*	**국가안보회의**
경제 정책	-	**경제성장안정회의** **대외경제정책회의**	*경제성장회의* 통상정책회의(62신) 국제수지회의(신)	통상정책회의 국제수지회의 해양자원개발회의(신) 지역경제개발회의(신)	**경제정책회의(69-73)** **국제경제정책회의(신)** 통상정책회의 해양자원개발회의(폐) 에너지자원회의(신) 임금물가안정회의(신) 지역경제개발회의
국내 정책	-	임시관계장관회의	기회균등회의(61신) 여가대책회의(62신)	기회균등회의 여가자연경관회의 여성지위회의(신) 인력개발회의(신) 인디언대책회의(신)	**국내정책회의(70신)** 도시문제회의(69~70) 농촌문제회의(69~70) 기회균등회의(폐) 여가자연경관회의(폐) 여성지위회의 인력개발회의(70폐) 인디언대책회의(74폐)
과학 기술	-	항공우주회의(신)	항공우주회의	항공우주회의	항공우주회의(폐)

구분	포드	카터	레이건(1기)	(2기)	부시	클린턴
외교 안보	**국가안보회의**	**국가안보회의** ***금요조찬회***	**국가안보회의**	**국가안보회의**	**국가안보회의**	**국가안보회의**
경제 정책	**국제정책회의** **국제경제정책회의** 통상정책회의 에너지자원회의 임금물가안정회의 지역경제개발회의	*경제정책그룹* 통상정책회의 에너지자원회의 임금물가안정회의 국가생산성회의(신) 지역경제개발회의	경제장관회의 통상장관회의 통상정책회의 에너지자원회의(폐) 임금물가안정회의(폐) 국가생산성회의(폐) 지역경제개발회의	**경제정책회의** 통상정책회의	**경제정책회의** 통상정책회의	**경제정책회의** 통상정책회의
국내 정책	**국내정책회의** 여성지위회의(폐)	*현안이슈장관회의*	인적자원장관회의 자원환경장관회의 식품농업장관회의 사법정책장관회의 관리행정장관회의	**국내정책회의** 국가마약회의(신)	**국내정책회의** 국가마약회의	**국내정책회의** 마약정책회의
과학 기술	-	-	-	-	연방과학기술회의 국가우주개발회의	**국가과학기술회의**

참고: 굵은 글씨는 분야별 관계장관회의, 이탤릭체는 비공식 관계장관회의.

3 활용과 구조 및 절차의 다양성

미국의 관계장관회의 시스템은 설치와 폐지에서 신축적일 뿐만 아니라 그 활용과 내부구조 및 절차에서도 다양하다. 즉 활용 목적과 정도, 하부기구, 정책추진과 조정 절차 등이 관계장관회의에 따라 혹은 대통령에 따라 다르다. 좀더 구체적으로 말하면, 어떤 스타일의 대통령이 어떤 관계장관회의를 어떤 목적으로 활용하려고 하느냐에 따라 관계장관회의의 의장과 내부구조 및 이슈 처리 절차가 달라져 왔다.

1) 활용 목적의 다양화

관계장관회의의 기본 용도는 부처간 이견 조정이다. 어떤 관계장관회의도 이 용도를 배제한 경우는 없다. 그런데 미국에서는 관계장관회의가 부처간 이견 조정 이외에도 추가적으로 정책 개발,[246] 부처통제,[247] 지지 확보,[248] 모니터링[249] 등 다양한 용도로 활용되어 왔다.

먼저, 분야별 관계장관회의들은 정책조정, 정책개발, 부처통제 등 세 가지 용도로 활용되어 왔는데, 각 용도가 차지하는 상대적 비중에 따라 세 가

246) 정책개발은 새로운 이슈를 발굴하고 이를 분석해 정책 대안을 만드는 것이다. 관계장관회의가 정책개발이라는 용도로 활용될 경우 관계장관회의는 멤버부처들의 의견과 전문성을 국정운영에 적극 반영하는 수단이 된다.

247) 부처통제는 행정부처들이 자율성을 구가하기보다 대통령의 의도에 충실하게 따르도록 행정부처들을 유도하고 감독하는 것이다. 관계장관회의가 이 용도로 활용될 경우 국정운영에서 관계장관회의는 부처들의 의견을 취합하고 반영하는 수단이 아니라 대통령과 그 핵심 참모들의 노선과 생각을 거대한 관료기구에 구현하는 수단이 된다. 이 경우 국정운영에 참모들의 의견과 시각이 지배적이고 부처들의 전문성과 정보는 보조적으로 활용된다. 또한 관계장관회의와 보좌관들 간의 접촉 빈도, 백악관 내에서 회의 개최, 보좌관 주도의 정책추진 절차 구축 등이 수반된다.

248) 지지 확보는 국정운영에 특정 유권자들의 관심과 이해관계를 반영해 그들의 지지를 얻어내는 것이다.

249) 모니터링은 국정의 특정 부분에서 발생하는 상황 변화를 지속적으로 감시하고 정보와 지식을 수집하는 것이다. 모니터링의 대상은 i) 긴급사태 혹은 위기가 발생할 가능성이 높은 분야, ii) 주요 정책의 집행 과정, iii) 향후 본격적인 추진이 예상되나 지금까지 알려진 것이 없는 복잡한 이슈 등이다.

지 활용 유형을 확인할 수 있다.

첫째, 관계장관회의를 정책조정 이외에 정책개발의 수단으로 적극 활용하고 제한적으로만 부처통제의 수단으로 활용하는 유형이다. 대부분의 대통령들이 국가안보회의를 이런 방식으로 활용했다. 그러나 트루먼, 케네디, 존슨, 레이건 대통령은 예외였다. 이들 대통령들은 국가안보회의를 주로 각각 자문기구, 정보와 아이디어 수집기구, 추인기구, 모니터링기구 등으로 활용했다. 경제와 국내 분야 관계장관회의의 경우 아이젠하워, 닉슨(집권 초기), 포드, 카터(집권 초기), 클린턴 대통령이 이러한 유형에 따랐다.

둘째, 관계장관회의를 정책조정 이외에 부처통제를 위한 수단으로 적극 활용한 반면에 정책개발은 자신의 정책노선에 맞는 경우로 제한하는 유형이다. 레이건 대통령은 모든 관계장관회의들을, 닉슨 대통령과 카터 대통령의 집권 1~2년 후 국내정책회의를 이러한 방식으로 활용했다. 그 이유는 레이건 대통령의 경우 전임 대통령과는 전혀 다른 비전과 정책노선으로 집권해 이를 행정 부처들을 통해 강력히 집행하려 했기 때문이었고, 닉슨과 카터 대통령의 경우는 집권 초에 내각 중심의 국정운영 공약에 따라 비교적 자율성을 많이 부여받은 부처들이 자신의 정책노선에서 크게 이탈하자 이를 수습할 필요가 있었기 때문이다.

셋째, 관계장관회의를 정책조정과 정보교환의 수단으로 국한시키고 정책개발이나 부처통제를 위한 수단으로 거의 활용하지 않는 유형이다. 부시 대통령은 국내정책회의와 경제정책회의를 이러한 방식으로 활용했다. 그 원인은 경제 및 국내 정책 분야에 대한 새로운 비전과 아이디어를 갖고 있지 않아 레이건 정책을 답습할 뿐 새로운 정책을 추진하려고 하지 않았기 때문이다.

다음으로, 이슈별 관계장관회의는 대부분 특정 이슈에 대한 정책의 개발과 조정을 위해 활용되나 일부는 정치적 지지 확보까지 염두에 두고 설치 활용되었다.

후자의 예로서 전국민으로부터의 지지 확대를 겨냥해 설치한 관계장관회의로는 아이젠하워 대통령의 국가항공우주회의, 케네디 대통령의 통상정책회의 등을 들 수 있고, 일부 유권자들의 지지를 겨냥해 설치한 것으로는 케네디 대통령의 기회균등회의와 여가대책회의, 존슨 대통령의 여성지위향상회의와 인디언대책회의 및 지역경제개발회의 등을 지적할 수 있다.

2) 다양한 하부기구, 다양한 조직화

하부기구는 대통령에 따라 그리고 관계장관회의의 유형에 따라 설치하는 경우도 있고 설치하지 않는 경우도 있다. 분야별 관계장관회의는 대부분 설치해 왔고, 이슈별 관계장관회의는 설치하지 않은 경우가 대부분이다. 하부기구를 설치한 이유는 관계장관회의에서 논의할 의제에 대해 정책검토 보고서를 작성하거나 주무부처에서 작성한 정책안을 사전에 검토함으로써 관계장관회의에서의 논의를 효율화하기 위해서이다.

지금까지 미국 관계장관회의에는 다양한 하부기구들, 즉 장관급 소위원회(Executive Committee, Principals Committee), 장관급 혹은 차관급 분과위원회(Senior Review Group, Subcommittees), 차관위원회(Deputies Committee), 상설위원회(Committees), 임시위원회(Ad hoc Committees), 실무정책조정위원회(Policy Coordination Committees), 실무작업반(Working Groups, Task Forces) 등이 설치되어 왔다. 장관급 소위원회는 관계장관회의의 핵심 멤버 5~7명으로 구성된 위원회로서 규모가 커 자주 소집하기 어려운 관계장관회의 본회의의 역할을 대행하는 위원회이다. 반면에, 분과위원회는 관계장관회의 본회의의 구성 멤버들을 몇 개의 그룹으로 나눠어 관계장관회의 본회의의 역할 중 일부를 담당하는 위원회이다. 실무정책조정위원회는 차관보급 공무원과 지원실 스태프들로 구성되고, 실무작업반은 대부분 차관보 이하의 공무원들과 지원실 스태프들로 구성된다.

각 대통령마다 관계장관회의마다 하부기구들을 달리 구축했다. 이들 하부기구들은 대체로 <표 4-21>에서 보는 바와 같이 다음 다섯 가지 방식으로 조직화되었다.

첫째, 하부기구를 전혀 설치하지 않는 경우이다. 대다수의 이슈별 관계장관회의와 일부 분야별 관계장관회의에 하부기구가 설치되지지 않았다.

둘째, 1단 하부기구만 둔 경우이다. 부처에서 작성한 정책안을 관계장관회의 본회의에 상정하기 전에 미리 검토하여 조정하는 장관급 소위원회를 두거나 정책안을 작성하여 관계장관회의 본회의에 상정하는 실무급 작업반을 둔 경우이다.

셋째, 하부기구를 2단으로 설치한 경우이다. 정책 이슈를 분석해 정책초안을 마련하는 실무작업반과 그 위에 정책초안을 관계장관회의에 상정하기

〈표 4-21〉 관계장관회의 하부기구들의 설치 유형

유 형	하부기구	해당 관계장관회의	
부재형	- 없음 -	트루먼	국가안보회의
		아이젠하워	대외경제정책회의, 경제성장안정회의
		닉슨	국제경제회의
		대다수	이슈별 관계장관회의
1단형	소위원회(장관급)	카터	경제정책그룹
		존슨	국가안보회의
	임시작업반(차관보급)	카터	현안이슈장관회의
		클린턴	국내정책회의
2단형	소위원회(장관급) 작업반(차관보급)	레이건	경제장관회의
			통상장관회의
			인적자원장관회의
			자원환경장관회의
			식품농업장관회의
		부시	국가우주개발회의
	분과위원회(장/차관급) 작업반(차관보급)	닉슨	국가안보회의
			도시문제회의
			국내문제회의
		카터	국가안보회의
		레이건	국가안보회의
3단형	소위원회(장관급) 고위위원회(차관급) 작업반(차관보/국장급)	부시	경제정책회의
			국내정책회의
		클린턴	국가안보회의
			국가경제회의
		포드	경제정책회의
	고위위원회(차관급) 실무위원회(차관보급) 작업반(국장급)	아이젠하워	국가안보회의
		케네디	통상정책회의
4단형	소위원회(장관급) 고위위원회(차관급) 실무위원회(차관보급) 임시작업반(국장급)	부시(1989~92)	국가안보회의
		부시(2002~04)	국토안전회의

전에 미리 검토 조정하는 장관급 소위원회나 (부)장관급 분과위원회를 설치한 경우이다. 소위원회나 분과위원회는 대체로 4~5명으로 구성된다.

넷째, 하부기구를 3단 계층으로 조직화한 경우이다. 가장 일반적인 형태는 장관급 소위원회, 차관위원회, 실무작업반 등을 설치한 경우이다. 이 형태는 정책초안 작성 기구로서 실무작업반과 사전 검토 조정기구로서 소위원회 그리고 정책집행을 점검하고 집행과정에서 발생하는 부처간 갈등을 조정하는 기구로서 차관위원회를 설치한 것이다. 좀 특수한 형태는 차관급 위원회, 차관보급 실무위원회, 국장급 작업반의 경우이다. 이 형태에서는 차관보급 실무위원회가 사전 검토 조정기구이고 차관급 위원회가 집행점검 기구이다.

다섯째, 하부기구를 4단으로 조직화한 경우이다. 3단 유형에 실무정책조정위원회를 추가한 것이다. 실무정책조정위원회를 추가한 이유는 정책 초안을 장관급 소위원회에서 사전 조정하기 이전에 실무전문가 선에서 먼저 부처간 이견을 조정하려는 것이다.

3) 정책 입안 및 조정 절차의 다양성

관계장관회의와 그 하부기구 및 지원기구를 이용해 정책안을 입안하고 조정하는 절차도 역시 대통령에 따라 혹은 관계장관회의에 따라 다양하다. 이 다양한 절차들은 두 가지 측면에서 다르다.

첫째, 절차가 정교하고 질서 있게 구축된 경우도 있고 그렇지 않은 경우도 있다.

비교적 체계적인 절차를 구축한 것으로 확인된 관계장관회의로는 국가안보 분야에서는 아이젠하워, 닉슨, 카터, 부시 대통령의 국가안보회의(National Security Council)가, 경제정책 분야에서는 포드 대통령의 경제정책회의(Economic Policy Board), 레이건 대통령의 경제장관회의(Cabinet Council on Economic Affairs)와 통상장관회의(Cabinet Council on Trade Affairs) 및 경제정책회의(Economic Policy Council) 등이, 국내정책 분야에서는 닉슨 대통령의 국내문제회의(Domestic Council), 카터 대통령의 현안이슈장관회의(Cabinet Cluster), 레이건 대통령의 국내정책회의(Domestic Policy Council) 등이, 그리고 과학기술 분야에서는 부시 대통령의 연방과학기술조정회의(Federal Coordinating Council for Science, Engineering and Technology) 등이 있다. 그러나 그 외 관계장관회의들은 체계적인 절차를 개발하지 않았거나 어떠한 절차를 개발했는지 확인할 수 없는 경우이다.

둘째, 정책의 입안과 조정 절차를 누가 주도하느냐에 따라 대통령 보좌관 주도 절차와 부처 주도 절차가 있다.

이슈별 관계장관회의들은 대부분 의장이 주무부처 장관이고 대통령 보좌관들도 별로 간여하지 않기 때문에 부처 중심의 절차일 수밖에 없다. 그러나 분야별 관계장관회의는 대통령이 의장이고, 보좌관들과 그 스태프는 물론 부처 장관들과 실무 공무원들도 참여하기 때문에 대통령 보좌관들이 주도하는 절차를 구축한 관계장관회의들이 있을 수 있고, 행정부처들이 주도할 수 있는 절차를 구축한 관계장관회의들이 있을 수 있다.

정책의 입안과 조정 절차가 확인된 분야별 관계장관회의들 가운데 비교적 대통령 보좌관이 주도할 수 있도록 짜여진 것은 닉슨 대통령의 국가안보회의와 국내문제회의(Domestic Council), 카터 대통령의 집권 후반기 현안이슈장관회의(Cabinet Cluster), 레이건 대통령의 경제장관회의와 국내정책회의 등이다. 그러나 닉슨 대통령의 도시문제회의, 카터 대통령의 집권 초기 현안이슈장관회의 등은 부처들이 주도할 수 있도록 짜여져 있다. 나머지 대부분은 대통령 보좌관과 행정부처가 주도권을 나누어 가질 수 있도록 짜여져 있다.

3 대통령의 기구 : 보좌관의 참석과 관리

미국 관계장관회의 시스템에는 행정 부처들의 고위공직자와 실무공무원뿐만 아니라 대통령 보좌관들과 스태프들도 참석한다.

먼저, 장관급 관계장관회의에는 관련 부처 장관들뿐만 아니라 대통령 보좌관들도 참석하고 있다. 즉 분야별 관계장관회의인 국가안보회의, 경제정책회의, 국내정책회의, 과학기술회의에는 각각 국가안보보좌관, 경제정책보좌관, 국내정책보좌관, 과학기술보좌관이 참여하고, 관리예산처장은 모든 관계장관회의에 참석하며, 기타 대통령 비서실장과 이슈 관련 관련 보좌관들도 필요에 따라 참여한다. 이슈별 관계장관회의에는 대부분 대통령 보좌관들이 참석하지 않았으나, 당시 대통령이 중요시했던 몇몇 이슈별 관계장관회의[250]에는 대통령 보좌관이 참석해 왔다.

250) 국가우주개발회의(1989~93), 임금물가안정회의(1974~81), 에너지조정회의(1974~82),

다음, 하부기구인 소위원회, 분과위원회, 차관위원회는 물론 실무작업반에도 관련 부처들의 장관, 차관, 차관보 이외에 대통령 비서실이나 관리예산처의 동급 보좌관이나 스태프들이 참석한다. 장관급 위원회와 차관급 위원회에는 각각 대통령 비서실의 해당 정책보좌관과 부보좌관이 참여했고, 실무작업반에는 대통령부 소속 국가안보지원실(NSC Secretariat), 정책개발실(Office of Policy Development), 과학기술실(Office of Science and Technology), 관리예산처(Office of Management and Budget), 경제자문회의(Council of Economic Advisers) 등의 스태프들이 이슈에 따라 참여해 왔다.

한편, 관계장관회의들을 운영관리하는 실질적인 주체는 의장과 지원실장이다. 그런데 이 운영관리 주체들이 관계장관회의 유형별로 이원화되어 왔다. 즉 분야별 관계장관회의의 경우 대부분 대통령이 의장을,[251] 해당 정책보좌관이 관리 책임을 담당해 왔다. 반면에, 이슈별 관계장관회의는 주무장관이 의장을,[252] 의장부처 공무원이 관리 책임을 맡아왔다. 현재는 4대 분야별 관계장관회의들과 대통령이 특별히 관심을 두어야 할 일부 이슈별 관계장관회의들[253]의 의장은 대통령이고 그 관리 책임자는 대통령 정책보좌관들이다. 이 정책보좌관들은 그 업무를 원활히 수행하기 위해 상당수 스태프로 구성된 지원실(secretariat, office)을 대통령부에 두고 그 실장을 겸임하고 있다.

정책보좌관들이 대통령과 상의해 해당 관계장관회의의 의제를 선정하고 회의 소집일을 정하면, 그 지원실 스태프들이 관련 부처 공무원들과 협력해 정책검토보고서를 준비하고 회의록을 작성하며 효율적인 집행을 위한

국가생산성회의(1978~82) 등.

251) 예외적으로 대통령 보좌관이나 주무장관이 의장인 경우가 있다. 아이젠하워의 경제성장안정회의는 CEA 의장이, 포드와 카터 및 레이건(집권 2기)의 경제정책회의는 재무장관이, 레이건(집권 2기)의 국내정책회의는 법무장관이 의장을 담당했다. 또한 대통령이 불가피하게 참석할 수 없을 경우에는 부통령이나 주무장관 혹은 정책보좌관이 의장직을 대행한다.

252) 예외적으로 국가항공우주회의(아이젠하워), 마약정책회의(클린턴), 국토안전회의(부시)는 대통령이 의장이고, 기회균등회의(케네디), 국가해양자원개발회의(존슨), 국가우주개발회의(부시) 등은 부통령이 의장직을 담당했다.

253) 현재로는 국토안전회의와 마약정책회의이다.

사후 조치 등을 취한다.

이처럼 대통령 보좌관들이 주요 관계장관회의에 참여하고 이 관계장관회의들을 관리하는 이유는 '내각 따로, 백악관 따로' 움직이지 않도록 하여 국정운영의 방향과 전략을 수립할 때 통합을 기하기 위한 포석이다. 대통령이 의장을 맡고 그 보좌관이 관리 책임을 맡는다는 것은 대통령들이 주요 관계장관회의들을 내각 부처들을 위한 기구가 아니라 대통령의 국정운영 수단으로 활용하고 있음을 의미한다.

〈표 4-22〉 역대 분야별 관계장관회의 의장과 구성 멤버 및 지원 기구

대통령	관계장관회의	의장과 구성 멤버	지원기구
아이젠하워	경제성장안정회의	- 의장: CEA 의장 - 장관들 + FRB, BOB	- CEA 스태프
	대외경제정책회의	- 의장: 재무장관 - 관련 부처 장관들	- 주무부처 공무원
	임시관계장관회의 (국내정책 분야)	- 의장: 대통령 비서실장 - 이슈 관련 장관들	- 내각비서
닉 슨	국제경제정책회의	- 의장: 대통령 - 장관들 + OMB, CEA, USTR + 대통령 보좌관	- 부속 지원실
	국내경제정책회의	- 의장: 대통령 - 부통령, 장관들 + OMB, CEA + 대통령경제자문관	- 전담 사무국장, CEA CIEP스태프
	국내문제회의	- 의장: 대통령 - 장관들 + OMB, CEQ + 대통령 보좌관	- 국내정책보좌관, 부속 지원실
포 드	경제정책회의	- 의장: 재무장관 - 장관들 + CEA, OMB, USTR + 대통령 보좌관	- 경제보좌관, 지원 스태프
	국내문제회의	- 의장: 대통령 - 장관들 + OMB, CEQ	- 부속 지원실
카 터	경제정책그룹	- 의장: 재무장관, CEA 의장 - 장관들 + OMB + 대통령보좌관	- 의장부처 공무원
	현안이슈장관회의	- 의장: 이슈 주무장관 - 장관들 + 국내정책보좌관	- 내각지원실 >(국내정책실)

레이건(1)	경제장관회의 통상장관회의	- 의장: 대통령(임시: 재무) - 장관들 + CEA, OMB, USTR + 대통령 보좌관	- 정책개발실
	인적자원장관회의 자원환경장관회의 식품농업장관회의	- 의장: 대통령 - 장관들 + OMB + 대통령 보좌관	- 정책개발실
레이건(2)	경제정책회의	- 의장: 재무장관 - 장관들 + CEA, OMB, USTR	- 내각지원실
	국내정책회의	- 의장: 법무장관 - 장관들 + OMB	- 내각지원실
부시	경제정책회의	- 의장: 대통령 - 장관들 + CEA, OMB, USTR	- 내각지원실
	국내정책회의	- 의장: 대통령 - 부통령, 장관들 + OMB - 대통령비서실장	- 내각지원실
클린턴	국가경제회의	- 의장: 대통령 - 부통령, 장관들 + CEA, OMB, USTR + 대통령 보좌관	- 경제정책 보좌관, 정책개발실
	국내정책회의	- 의장: 대통령 - 부통령, 장관들 + OMB + 대통령 보좌관	- 국내정책보좌관, 정책개발실

참고: 1. 경제 분야와 국내 분야 분야별 관계장관회의임. 국가안보회의와 국가과학기술회의는 대통령이 바뀌어도 기본 패턴(대통령이 의장을 맡고, 대통령 보좌관이 참석하고 관리하며, 지원실에서 보좌관을 지원하는 유형)이 변하지 않아 제외했음.
2. "부속"이란 표현은 대통령부 소속 기관이 아니라 관계장관회의에 전속된 기구임을 의미.

4 하부기구의 수평적 · 수직적 전문화

관계장관회의들의 규모가 커지면 논의의 전문성과 효율성을 기하기 어렵다. 미국 관계장관회의들은 대부분 10명 이상으로 구성되어 규모가 큰 편이어서 실질적인 논의가 가능하도록 하부기구들을 적극 활용하고 있다. 그런데 이들 상설 하부기구들 간에는 역할의 전문화가 이루어져 있다.

먼저, 수평적으로 보면 고위 분과위원회들 간에는 기능별 혹은 정책 소영역별로 전문화되었고, 상설 실무정책조정위원회나 실무작업반들 간에는 기능별 · 지역별 혹은 혼합 형태로 전문화되었다.

고위 분과위원회가 기능별로 전문화된 예로서, 아이젠하워 대통령의 국가안보회의 산하 고위위원회들,[254] 닉슨 대통령의 국가안보회의 산하 고위검토그룹들(Senior Review Groups)[255]을 들 수 있고, 정책 소영역별로 분화된 예로는 레이건 대통령의 국가안보회의 산하 고위협의그룹들(Senior Interagency Groups)[256]을 들 수 있다. 실무작업반이 기능별 지역별로 전문화된 경우는 닉슨 대통령의 국가안보회의 산하 실무작업반들[257]과 부시 대통령(2001~2006 현재)의 국가안보회의 산하 실무조정위원회들[258]이 있고, 소영역별 기능별로 분화된 예는 클린턴 과학기술회의 산하 상설 실무분과위원회들[259]이다.

다음, 수직적 하부기구들인 고위위원회, 차관위원회, 실무작업반 간에도 역할이 전문화되어 있다. 고위위원회는 사전 검토, 차관위원회는 집행 점검, 실무작업반은 정책 초안 작성 등 기능별로 분화되어 있다.

〈표 4-23〉 상설 하부기구들의 수평적 전문화 유형

하부기구	전문화 유형	예 시
고위급 분과위원회	(소영역)	- 레이건 국가안보회의 고위협의그룹
	(기 능)	- 아이젠하워 국가안보회의 고위위원회 - 닉슨 국가안보회의 고위검토그룹
실무급 정책조정위원회 작업반	(기능+소영역)	- 클린턴 과학기술회의 상설실무분과위원회
	(기능+지역)	- 닉슨 국가안보회의 실무작업반 - 아이젠하워 국가안보회의 실무작업반 - 부시(2001) 국가안보회의 실무조정위원회
	(소영역)	- 케네디 통상정책회의 실무위원회
	(기 능)	- 부시(2001) 국토안전회의 실무조정위원회

254) 정책입안 조정과 정책집행 점검.

255) 위기관리, 군비통제, 정보활동, 국방계획 등.

256) 외교, 국방, 정보, 국제경제 등.

257) 유럽, 동아시아, 중동, 아프리카; 정치군사, 국제금융 등.

258) 유럽, 아시아, 러시아 등 6개 지역; 군축, 정보, 테러, 국제경제 등 11개 기능을 합해 총 17개.

259) 과학, 기술 ; 안보, 자원환경, 국제협력.

5 관계장관회의별 개별 지원기구

미국 관계장관회의들은 독자적인 지원기구(Secretariat, Office)를 두고 있다.

〈표 4-24〉 경제 및 국내 분야 관계장관회의 관리자 및 지원기구

지원기구	해당 관계장관회의	
국가안보보좌관, 지원실	역대	국가안보회의
경제보좌관, 정책개발실	레이건(1기)	경제정책장관회의
		통상정책장관회의
		인적자원장관회의
		자원환경장관회의
		식품농업장관회의
	클린턴	경제정책회의
		국내정책회의
과학기술보좌관, 과학기술실	부시, 클린턴	과학기술회의
국토안전보좌관, 국토안전대책실	부시	국토안전회의
마약보좌관, 마약대책실	부시, 클린턴	마약정책회의
통상부대표, 무역대표실	케네디 이후	통상정책회의
내각비서, 내각지원실	아이젠하워	임시관계장관회의
	레이건(2기)	경제정책회의
		국내정책회의
	부시	경제정책회의
		국내정책회의
내각지원실→국내정책실	카터	현안이슈장관회의
행정실	부시	국가우주개발회의
부속 사무국	닉슨	국제경제정책회의
		국내경제정책회의
		도시문제회의
		국내문제회의
	포드	국내문제회의
	아이젠하워	경제성장안정회의
		대외경제정책회의
의장부처 공무원	카터	경제정책그룹
	역대 대다수	이슈별 관계장관회의

대다수 관계장관회의들의 지원기구는 대통령부내에 설치된 해당 지원실이다. 현재 국가안보회의는 국가안보지원실(NSC Secretariat), 경제정책회의와 국내정책회의는 정책개발실(Office of Policy Development), 과학기술회의는 과학기술실(Office of Science and Technology), 통상정책회의는 무역대표실(Office of U. S. Trade Representative), 국토안전회의는 국토안전대책실(Office of Homeland Security), 마약정책회의는 마약통제정책실(Office of National Drug Control Policy)에서 지원을 받는다. 그러나 대다수 이슈별 관계장관회의는 의장부처 공무원들이 지원한다.

과거에 몇몇 관계장관회의들은 대통령 비서실내 내각지원실(Office of Cabinet Affairs)의 지원을 받은 적이 있고, 또 다른 몇몇 관계장관회의들은 별도의 부속 사무국(Secretariat)을 두어 지원받는 경우가 있었다.

이처럼 미국에서는 지원기구가 관계장관회의마다 달랐고, 다수 관계장관회의들을 통합 지원하는 기구는 없다. 다만, 경제정책회의와 국내정책회의 오직 2개만 지원하는 정책개발실이 있을 뿐이다.

제 5 장 영국의 내각위원회 시스템*

제 1 절 개 관

1 내각위원회의 시원과 발전

내각위원회는 쟁점 이슈들을 논의하기 위한 소수 관련 부처 장관들의 회의체로서 총리가 내각회의(Cabinet Meeting) 산하에 설치하고 내각사무처(Cabinet Secretariat)에서 관리하며 업무처리 절차가 공식적으로 정해진 부처간 위원회(interdepartmental committees)를 말한다(Brazier, 1988: 102). 쟁점 이슈들이란 주로 부처간 이견이 있는 이슈, 그 자체로서 매우 중

* 영국 내각위원회의 설치 운영에 관한 내용은 1992년까지 비밀로 취급되어 각 정권별로 어떤 내각위원회를 몇 개나 설치했고 어떻게 운영했는지에 대한 자세한 정보가 공개되지 않았다. 영국 학자들에 의한 연구는 대부분 장관들의 증언에 근거한 것들이다. 다만, 1992년을 기점으로 대처, 메이저, 블레어 총리가 설치한 내각위원회 리스트가 공개되어 왔고, 최근에는 인터넷을 통해 과거 Cabinet Office Records가 공개되고 있어서 영국 내각위원회 설치에 관한 내역이 조금씩 밝혀지고 있다. 이곳에서 활용한 자료는 영국 Cabinet Office 소개 자료, Cabinet Office 스태프들과의 인터뷰 자료, Cabinet Office Records(http://www.cabinet-office.gov.uk) 및 영국의 Cabinet System에 관련 연구문헌들이다.

요한 이슈, 일반 국민들에게 미치는 여파가 큰 이슈들을 말한다. 내각위원회의 규모는 보통 3~4명에서 10명에 이른다.

소수 장관들로 구성된 위원회라도 총리가 설치한 것이 아니거나 내각사무처에서 관리되지 않은 위원회들은 내각위원회로 간주되지 않는다. 내각회의의 업무와 관련 없이 총리 개인을 비판하기 위한 소수 장관들의 임시회의, 총리 개인의 자문에 응하기 위해 총리 개인비서실에서 관리하는 소수 장관들의 회의[1] 등은 내각위원회가 아니다.

20세기에 들어 영국에서 현대적 내각위원회의 탄생과 발전을 촉진하는 결정적 계기가 된 것은 두 차례의 세계대전이었다. 즉 제1차 세계대전(1914. 7.~1918. 11.)을 계기로 내각회의 산하에 최초의 내각위원회를 설치했고, 제2차 세계대전(1939. 9.~1945. 8.)을 치르면서 다양한 내각위원회들을 설치 운영한 것이다.

영국 내각위원회의 시초는 1914년 11월에 애스퀴스(Herbert H. Asquith) 자유당(Liberal) 정부(1908~15)가 설치한 전쟁관리 내각위원회(War Council)이다.[2] 제1차 대전이 발발하자 당시 애스퀴스 총리는 전쟁 수행과 관련된 여러 부처 업무들을 효율적으로 조정하고 지휘하기 위해 전쟁 관련 장관 6인으로 구성된 전쟁관리 내각위원회를 설치했다.

---

1) 핵심 장관, 측근 장관, 측근 고위공무원과 측근 고위보좌관들로 구성해 전략적이고 민감한 이슈들을 논의하는 영향력이 큰 비공식 비밀회의로서 내각위원회의 역할을 보완하거나 침해하는 회의들이다. 예를 들면, 다수 총리들의 Inner Cabinets, 윌슨 총리의 Kitchen Cabinet, 캘러헌 총리의 Economic Seminar, 대처 총리의 Economic Committee 등이다.

Inner Cabinet은 총리와 핵심 장관들로 구성되어 국정운영 전략을 논의하는 소규모 비공식 비밀 장관회의이고, Kitchen Cabinet은 핵심 장관, 정무비서(Political Secretary), 공보비서(Press Secretary), 특별보좌관(Special Adviser) 등으로 구성되어 국정운영 전략을 논의했던 비공식 비밀회의이다. Economic Committee는 재무장관, 무임소장관, 영국은행 총재, 내각사무처장, 총리 정책실장(Policy Unit), 총리 개인비서실장(Private Office), 중앙정책검토실장(Central Policy Review Staff) 등으로 구성되어 환율과 이자율과 같은 민감한 경제 이슈들을 논의했던 회의이고, Economic Seminar는 구성 멤버를 약간 달리해 동일한 이슈들을 논의했던 회의이다.

2) 19세기 중반부터 간헐적으로 설치되어 입법안을 검토해 내각회의에 보고한 후 곧바로 해체되었던 장관위원회라는 의견도 있으나(Madgwick, 1991: 71; Catherall, Mimeo, chap. 2: 5-6) 이 장관위원회들은 내각회의의 문제점을 보완하거나 총리 주도로 설치된 것은 아니었다.

그러나 내각회의 산하에 다수의 현대적인 내각위원회를 구축한 것은 애스퀴스 총리 후임 로이드 조지(David Lloyd George) 총리(1916~22)였다. 로이드 조지 총리는 제1차 세계대전을 성공리에 수행하기 위해 1916년 11월 집권하자 전시내각위원회(War Council) 사무국장이던 행키(Maurice Hankey)의 지원을 받아 영국 통치기구(Core Executive)의 현대화에 나섰다. 그 결과 기존의 대규모 내각회의를 폐지하고 소수 무임소 정치 리더들로 전시내각회의(War Cabinet)를 구성함과 동시에 그 산하에 다수의 내각위원회들과 이를 전담 지원할 사무처(Secretariat)를 설치했다.

영국에서 내각회의 산하에 소규모 내각위원회들이 다수 설치된 이유는 제1차 세계대전의 참전으로 인해 정부 업무의 양과 복잡성이 크게 증가했으나, 기존의 내각회의로는 이러한 변화에 효율적으로 대처할 수 없었기 때문이다.[3] 당시 내각회의의 문제점은 다음과 같다(Daalder, 1963: 30; Burch & Holliday, 1996: 13-14).

첫째, 참석 장관들이 20여 명이나 되어 내각회의에서 주요 이슈들에 대한 심도 있는 논의가 어려웠고 선동적인 일부 장관들이 회의 결과를 좌우했고, 둘째, 회의 의제가 미리 정해지지 않아 장관들이 사전에 충분한 검토 없이 회의에 참석했으며, 셋째, 중요하지 않은 이슈들에 장시간을 허비하는 경우가 많았고, 넷째, 회의록을 기록하지 않아 무엇을 결정했는지 불분명한 경우가 많았다. 또한 시간을 다투는 긴급 사안들은 그 당시 긴급 소집에 응할 수 있었던 장관들만에 의해 논의 처리되었다. 그 결과 내각회의에 의한 정책의 추진과 조정은 충분한 논의를 수반하지 않았고 효율적으로 이루어지지도 않았다.

전쟁이 끝난 후 내각위원회들과 그 사무처는 로이드 조지 총리의 퇴진과 함께 그 존속 여부에 대해 논란에 휩싸였으나 다행히 폐지되지는 않았다. 그러나 소규모 전시내각회의는 대규모 평시 내각회의로 전환되었다. 즉 소수 무임소 정치 리더들이 아니라 20여명의 부처 장관들로 구성된 것이다.

영국의 내각위원회 시스템은 제2차 세계대전을 치르면서 크게 발전했다.

3) 정부 업무가 그리 많지 않고 복잡하지도 않았던 그 이전에는 의회 입법 전략, 국제 관계, 부처간 갈등 등이 다수 장관들이 논의해야 할 주된 범정부적 이슈들이었고, 이들은 기존 내각회의를 통해 충분히 처리할 수 있었다(Daalder, 1963: 27),

특히 체임벌린 정부(1937~40)와 처칠 정부(1940~45)에서는 내각위원회와 그 분과위원회들이 400여 개나 설치되었고, 내각위원회의 주요 유형들이 제도화되기 시작함으로써 오늘날 내각위원회 시스템의 기본 틀이 확립되었다.

제2차 세계대전 직후 애틀리 정부(1945~51)에서는 내각위원회의 숫자가 최고조에 달했다. 상설 내각위원회가 148개, 임시 내각위원회가 313개에 이르렀다. 두 번의 전쟁과 복구 활동 그리고 전후 복지국가 건설로 인해 정부의 활동 영역이 크게 늘어나 부처와 장관 수도 많아지고 내각회의의 규모와 업무량도 크게 증가했는데, 내각회의의 부담을 덜고 국정을 좀더 효율적이고 전문적으로 운영하기 위해서는 다수의 내각위원회들을 활용하지 않을 수 없었기 때문이다.

애틀리 정부 이후부터는 한편으로는 지나치게 많아진 내각위원회 숫자가 줄어들면서, 다른 한편으로는 운영 절차와 지원기구가 정교화되어 갔다.

먼저 1950년대부터 2000년대까지 불필요하게 된 내각위원회들이 점진적으로 폐지되고 유사한 내각위원회들이 통합됨으로써 그 숫자가 지속적으로 줄어들었다. 재집권에 성공한 처칠 총리(1951~54)는 상설 내각위원회 11개와 임시 내각위원회 204개를 줄여 각각 137개와 109개를 유지했고, 히드 총리(1970~74)는 1973년 140개에 달하던 내각위원회를 70개로 줄였으며, 대처 총리(1979~90)는 상설 내각위원회 30~35개와 임시 내각위원회 120개 정도를 유지했고, 메이저 총리(1990~97)에 이르러서는 상설 내각위원회 19개와 임시 내각위원회 3~11개 정도만 유지했다.

또한 1960년대와 70년대에는 지원기구와 운영 절차가 세분화되고 정교화되어 갔다. 특히 윌슨 총리는 운영 절차를, 히드 총리는 지원기구를 자신들의 리더십 스타일과 국정운영 전략에 맞게 바꾸었다. 또한 대처 총리가 기존의 제도화된 공식적 운영 절차를 무시하고 자신의 스타일에 맞는 비공식적 절차를 구축 활용했으나, 후임 메이저 총리가 다시 제도화된 공식적 절차를 원상 회복시켜 오늘에 이른다.

2 내각회의와의 관계

1) 내각회의의 구성과 운영 및 역할

의원내각제 국가인 영국에서 국정운영의 최고 책임은 내각회의(Cabinet Meeting)에 있다. 총리는 내각회의의 의장(chairman)이고 동료 내각장관들 가운데 선임자(First among Equals)일 뿐이다.

내각회의는 내각장관들로 구성된 회의체 기구이다. 제2차 세계대전 이후 규모가 작을 때는 16명, 클 때는 24명에 이르렀으나 평균 20명을 유지해 왔다. 내각회의는 세 부류의 장관, 즉 주요 기능 부처들의 장관, 스코틀랜드 장관과 북아일랜드 장관 등 지역대표 장관, 정부정책의 전략과 조정을 담당하는 무임소장관 등으로 구성된다. 각료 이외에 집권당 원내총무(Chip Whip)가 출석해 정부의 법률안에 대해 예측되는 의회의 반응에 관해 발언하기도 한다.

내각회의는 총리의 지침에 따라 내각사무처장이 소집한다. 내각회의는 총리가 원하면 언제 어디서나 열릴 수 있다. 그러나 보통 다우닝가 10번지(Downing 10) 총리 비서실에서 매주 목요일 오전에 열린다. 의회가 개회 중일 때에는 하원에 있는 총리 사무실에서 개최되기도 하고, 긴급시에는 총리가 소집하면 언제라도 열린다.

내각회의 의제는 보통 5~6개이고, 이들은 고정의제(standing items)와 개별 정책의제(individual policy items)로 구분된다. 고정의제는 정보나 의견을 교환하기 위해 상정되는 의제로서 주로 의회 관련 안건과 대외관계 안건 및 경제 현안 안건 등이 이에 해당된다. 총리에 따라서는 유럽 문제와 북아일랜드 문제를 고정의제에 포함시키기도 한다. 개별 정책의제는 정부안으로 최종 승인하거나 확정하기 위해 상정되는 의제이다. 내각위원회에서 합의가 이루어졌더라도 정치적으로 논란의 소지가 크거나[4] 부처간 이

4) 이 경우 의회 통과를 위해 의회 리더들의 모임인 내각회의에서 거론해 이들의 지지를 받는 것이 중요하다.

견이 내각위원회에서 타결되지 못하고 올라온 이슈[5] 혹은 그 자체적으로 중요한 이슈 등이 이에 해당된다. 외교 관계나 의회 관계 혹은 경제 관계 이슈도 집중적인 논의가 필요하면 정책의제로 상정된다.

내각회의가 열리면 고정의제가 먼저 논의된 후 정책의제가 논의된다. 고정의제 논의 시간에는 먼저 상하원 담당 내각장관들이 다음 주의 의회일정을 자세히 설명하고, 집권당 원내총무가 표(votes) 동원 방법에 대해 설명한다. 그 다음에 외무장관과 재무부장관이 차례로 국제 정세와 경제 현황에 관해 간단한 보고를 한다. 고정의제에 대한 논의는 보고서 없이 구두로만 이루어지고, 다른 장관들의 질문이나 코멘트를 받으나, 의제 밖의 새로운 쟁점에 대한 거론은 가급적 억제된다. 고정의제의 논의가 끝나면 보고서가 수반되는 정책의제가 거론된다.

내각회의의 역할을 정확히 설명하기는 어렵지만, 현재 내각회의는 다음과 같은 구체적인 역할을 수행하고 있다.

첫째, 정책 방향을 설정하고, 총리, 각 부처, 내각위원회 등에서 주도적으로 추진해 온 정책들을 검토해 최종 확정한다. 내각회의가 정책 이슈를 발굴하고 대안을 작성해 결정하는 등 정책결정 과정에서 주도적 역할을 하지는 않지만, 정부의 정책 방향을 정하고 모든 정책에 대해 정당성을 부여하는 역할을 한다.

둘째, 주요 쟁점 이슈들을 조정하고 부처간 이견을 타결한다. 각 부처가 부처이기주의에 빠지지 않도록 감독하면서 부처간 혹은 내각위원회에서 합의를 보지 못한 쟁점들을 해결하고, 예산이나 입법계획 등 복잡한 이슈들을 조정하며, 정치적 파장이 큰 이슈들에 대해 논의한다.

셋째, 장관들에게 국정정보를 제공하고, 난해한 정치문제를 논의하며 의견을 타진하는 장소이다. 즉 내각회의를 통해 각 부처에서 무엇이 진행되고 있는지 관련 장관들에게 알리고, 정치적으로 논란의 여지가 있는 사안들에 대한 조율을 통해 국정의 응집력을 제고한다.

넷째, 집권당을 관리하고 의회의 활동 일정을 조정한다. 내각회의 구성 멤버들은 대부분 하원의원이자 집권당 리더들로서 의회의 운영에 대해 책

5) 내각회의에서는 대체로 동료 장관들끼리 정치적 시각에서 논의한다. 전문가적 시각에서의 논의는 하지 않는다.

임을 지고 있기 때문이다.

2) 내각회의의 위상 변화와 내각위원회의 등장

그러나 내각회의는 총리의 스타일과 정치적 상황에 따라 국정운영에서 그 위상과 영향력을 달리해 왔다. 전반적인 추세는 그 위상과 영향력이 약화되어 왔다. 그 변화를 보면 다음과 같다(James, 1992: 2-4).

첫째, 주도 기구로서의 내각회의이다. 대체로 제1차 세계대전 이전에는 문제를 확인하고 모든 정책들을 추진했던 기구였다. 내각회의의 업무량이 많지 않고 규모도 작아 내각장관들이 공식 비공식적으로 자주 만날 수 있었기 때문에 어떠한 문제라도 제기해 대안을 작성 논의하고 확정하는 것이 가능했다. 그러나 제1차 세계대전의 발발과 함께 내각회의의 국정운영 주도권은 흔들리기 시작했다.

둘째, 논의 기구로서의 내각회의이다. 제2차 세계대전 이후 대처 총리 시절을 제외한 대부분의 시기에 내각회의는 국정의 주요 현안을 승인하거나 수정 혹은 보류하는 역할을 했다. 정책을 주도적으로 추진하지는 않았지만, 그렇다고 대처 시절처럼 단순히 의견만 교환하는 장소는 아니었다.

셋째, 의견 교환(sounding-board) 및 추인(rubber-stamp) 장소로서의 내각회의이다. 대처가 총리를 하던 1980년대에는 제2차 세계대전 이후 내각회의가 담당해 왔던 부처간 이견을 타결하는 기능마저 내각위원회로 넘겨졌다. 그리하여 내각회의는 의견 및 정보의 교환, 내각위원회 결정에 대한 추인 등의 역할만 하게 되었다.

요약하면, 내각회의는 시간의 흐름에 따라 국정운영의 주도 기구에서 추인 기구로 변해 왔고, 중요한 이슈들이 내각회의를 거치지 않고 추진되는 경우도 많아졌다. 그 결과 제2차 세계대전 이후 내각회의는 정책에 대한 주도권을 상실하고, 수동적으로 반응하는 기구로 변했다.[6]

내각회의가 제1차 세계대전 이후 국정 주도 기구로서의 위상이 흔들리게 된 근본적인 이유는 국정운영의 여건 변화, 즉 전쟁 수행과 피해 복구 및

---

6) 이와 동시에 내각회의 개최 빈도도 감소해 왔다. 대체로 1950년대 전반 처칠 총리 시절까지도 주 2회 정도 개최되었으나, 점점 줄어들어 윌슨 총리 시절(1974~76) 주 1회 정도 개최되고 있다. 대처 총리 시절인 1985년과 1987년에는 주 0.6회밖에 소집되지 않았다.

복지국가 건설 등 정부가 수행해야 할 업무가 많아지고 복잡해진 데에 있다. 변화된 여건에서 효율적인 국정운영을 위해서는 강력한 리더십과 깊이 있는 논의가 필요했다. 그러나 내각회의는 이러한 리더십과 논의를 제공해 줄 수 있는 기구가 아니었다. 그렇다고 영국은 의원내각제 국가로서 집단적 국정운영의 전통을 무시할 수도 없었다.

그리하여 영국 총리들은 효율적이고 깊이 있는 국정 논의와 강력한 리더십 구축을 위해 내각위원회와 비공식적 측근 그룹(Inner Circle)[7)]들을 설치하여 활용해 왔다. 이 가운데 내각위원회는 크게 활성화·제도화되어 국정운영에 중추적 역할을 담당하게 되었다. 그 결과 국정운영의 주도권과 추진력이 내각회의에서 내각위원회로 이동하게 되었다.

영국 총리들이 내각위원회들을 설치 활용해 온 이유를 좀더 구체적으로 살펴보면 다음과 같다(James, 1992: 61).

첫째, 국정운영에서 내각회의의 업무 부담을 덜고 국정을 좀더 전문적이고 효율적으로 운영하기 위해서이다.

현안에 대한 부처간 이견을 내각회의에서 논의하기 전에 사전에 검토하거나 역으로 내각회의에서 합의를 보지 못한 갈등을 타결함으로써 늘어만 가는 내각회의의 업무량을 줄이기 위해 내각위원회를 설치했다는 것이다. 내각위원회 가운데 3개 분야별 내각위원회, 즉 외교국방 내각위원회, 경제문제 내각위원회, 국내문제 내각위원회가 내각회의의 업무 부담을 줄이는 데 중추적인 역할을 하고 있다. 또한 날로 복잡해져 가는 국정 이슈들을 심도 있고 효율적으로 논의하기 위해서는 소수 장관들로 구성된 내각위원회를 활용할 수밖에 없다는 것이다. 내각회의는 참석자가 너무 많고 논의 이슈에 대해 지식과 정보가 없는 장관들이 다수 참석할 수밖에 없어서 복잡한 국정 이슈를 논의하는 데 부적절했기 때문이다.

---

7) 측근 그룹이란 총리가 신임하는 극소수 장관과 보좌관들로서 구성된 집단으로서 총리의 부담을 덜어 주기 위해 총리와 함께 주기적으로 모여 국정운영 방향과 전략을 논의하고 주요 핵심 현안의 처리 방향을 정함으로써 국정 운영의 응집력을 만들어 가는 집단을 말한다. 윌슨 총리는 측근 그룹을 운영위원회(Management Committee)라는 내각위원회 형태로 설치했으나, 애틀리 총리, 이든 총리, 윌슨 총리, 캘러헌 총리, 메이저 총리 등 대다수의 총리들은 측근 그룹을 비공식 그룹(informal group) 형태로 설치 운영했다(James, 1995: 130).

둘째, 역대 총리들이 개인적인 리더십을 확보하기 위해서이다.

정치적 라이벌이 참석해 영향력을 행사할 수밖에 없는 내각회의의 역할을 축소하고, 더 나아가 중요한 결정에서 라이벌을 배제해 자신의 영향력과 리더십을 강화하기 위해 내각위원회를 활용했다는 것이다. 즉 자신의 측근 내각장관들이나 자신과 노선이 맞는 내각장관들과 함께 중요한 결정을 하기 위해 내각위원회를 설치해 왔다는 것이다.

셋째, 사태의 진전에 신속히 대응하기 위해서이다.

긴급 사태나 빠른 속도로 전개되는 중요 상황에 시의적절하게 대처하기 위해서는 신속한 대책 마련이 필요한데, 이를 위해 소집과 결론 도출에 시간이 많이 걸리는 내각회의 활용을 기피하고 소수의 관련 장관들로 구성된 내각위원회를 적극 활용해 왔다는 것이다. 임시 내각위원회들 가운데는 이러한 목적으로 설치된 것들이 많았다. 예를 들어 대처 총리가 설치한 파업대책 임시 내각위원회가 있다. 이 내각위원회는 노동자 파업의 진전에 따라 신속하고 적절한 정부의 대책을 강구하기 위해 설치된 것이다.

넷째, 집권당의 정책공약을 실천하기 위해서이다.

선거 과정에서 국민들에게 공약한 주요 정책들을 가시적으로 구체화하고 관련 부처들로 하여금 적극 집행하도록 촉구할 필요가 있을 경우 이를 담당할 별도의 내각위원회들을 설치해 왔다는 것이다. 국유화 혹은 민영화를 추진하거나 정부 개혁을 추진하는 내각위원회들이 그 예이다.

3) 내각회의와 내각위원회와의 관계

영국의 내각위원회(Cabinet Committees)는 내각회의(Cabinet Meeting)의 효율적 운영을 위해 설치된 내각회의의 하부기구이다. 내각회의와 별개로 운영되는 기구가 아니다. 내각위원회는 규모가 커서 정책 이슈에 관해 집중적이고 효율적 논의를 할 수 없는 내각회의의 문제점을 보완하기 위한 수단이다. 내각회의와 내각위원회와의 관계를 요약하면 다음과 같다.

첫째, 내각회의는 정치적 측면을 집중적으로 논의하고, 내각위원회는 전문적 측면을 논의한다. 다시 말해, 전문적 판단과 정치적 판단이 동시에 요구되는 이슈일 경우 내각위원회는 전문적 측면의 논의에 치중하고, 정치적 측면은 내각회의에서 논의한다. 그뿐만 아니라 내각회의는 정치적으로 민감한 이슈들을 주로 논의하고, 반면에 내각위원회에서는 전문적 이슈들을 집중 논의한다.

둘째, 내각위원회는 정책의 내용 관해 실질적인 결정을 하고, 내각회의는 이를 정당화하는 역할을 한다. 내각위원회가 정책 이슈를 발굴해 정책안을 작성하고 부처간 이견을 조정하면, 내각회의는 이 정책안을 검토해 수정, 보류 혹은 확정하기 때문이다.

내각위원회는 사실상 정책 조정 및 결정 기구이다. 내각회의에서 정책을 최종 확정하기 이전에 정책 대안을 둘러싼 부처간 이견을 대부분 타결하고 있고, 그뿐만 아니라 내각위원회에서 결정된 사항은 대부분 총리나 내각위원회 의장의 동의가 없는 한 내각회의에서 다시 거론(reopen)할 수 없기 때문이다.[8]

셋째, 내각위원회는 논란이 크지 않는 쟁점들을 타결하고, 논란이 큰 쟁점들은 내각회의에서 타결한다. 그러나 예외적으로 핵실험, 인두세 도입처럼 논란이 큰 이슈들이 내각회의에 상정되지 않고 내각위원회 논의만으로 결정된 경우도 있었다.

넷째, 내각위원회의 결정은 주어진 이슈에 대해 내각회의의 결정과 동일한 권위와 영향력을 갖는다(Madgwick, 1991: 77). 내각위원회는 자문위원회(consultative committee)가 아니고 결정권(executive power)을 갖는 기구이다. 내각위원회에서 내려진 결정을 내각회의에서 뒤집기는 거의 불가능하다.

3 내각위원회의 유형

어떤 종류의 내각위원회를 설치할 것인지는 총리의 재량이다. 내각위원회는 정권이 바뀔 때마다 새로 구성되고, 그것을 설치한 정권이 물러나면 당연히 소멸된다.[9] 차기 정권은 필요에 따라 동일한 내각위원회를 재설치

8) 윌슨 총리 때부터 내각위원회에서 타결된 안건은 내각위원회 의장이나 총리의 동의가 없으면 내각회의에서 다시 거론하지 않도록 했기 때문이다. 그러나 Chancellor of the Exchequer는 재정지출 삭감에 대한 내각위원회에서의 부결을 확정적인 것으로 간주하지 않고 내각회의에 다시 상정할 수 있는 권한을 유보받고 있다.

9) 영국 정부는 1992년까지 내각위원회 운영을 비밀로 해 왔기 때문에 그 이전의 내각위원

할 수 있다. 어쨌든 내각위원회의 존속 기간이 길지 않은 편이다.

그럼에도 불구하고 여러 정권을 거치면서 지속적으로 생존해 온 내각위원회들이 있다. 국방외교담당 내각위원회(Defence and Overseas Policy Committee), 경제담당 내각위원회(Economic Affairs Committee), 내정담당 내각위원회(Home Affairs Committee), 입법담당 내각위원회(Legislation Committee) 등 주로 후술하는 분야별 내각위원회들이다. 국정 전반을 다루어야 하는 총리로서 이들 4개 내각위원회는 항상 필요했기 때문이다.

지금까지 역대 총리들이 설치 운영해 온 내각위원회들은 몇 가지 기준에 의해 다음과 같은 유형으로 분류할 수 있다.

1) 상설 내각위원회와 임시 내각위원회

영국의 내각위원회는 존속 기간에 따라 상설 내각위원회(standing committees)와 임시 내각위원회(ad hoc committees)로 구분된다.

상설 내각위원회는 자주 등장하는 이슈들을 취급하기 위해 소집만 하면 언제라도 활동할 수 있도록 상시 설치되어 있는 위원회이다. 보통 별도의 폐지 조치가 없으면 지속적으로 존속하는 내각위원회이다. 상설 내각위원회의 예로는 입법전략 내각위원회(Cabinet Committee on Legislative Program), 외교국방 내각위원회, 경제문제 내각위원회, 국내문제 내각위원회, 지방정부 내각위원회, 북아일랜드 내각위원회, 스코틀랜드 내각위원회 등이 있다.

반면에, 임시 내각위원회는 보통 특정 현안을 논의해 해결하기 위해 설치되었다가 그 현안이 해결되면 곧바로 해체되는 내각위원회를 말한다.[10] 총리 재임 기간 중에 해체될 수 있고, 재임 기간 내내 존속할 수도 있다. 내각회의의 결정이 필요한 새로운 이슈가 등장한 경우 이를 논의할 만한 기존 상설 내각위원회가 없거나 기존 상설 내각위원회가 있더라도 멤버 구성이 부적절하면 새로운 임시 내각위원회를 설치한다. 임시 내각위원회로는 이민문제 내각위원회(Cabinet Committee on Migration), 올림픽게임 내각

회에 관한 자세한 데이터를 확보하기가 어렵다. 1992, 1993, 1995년에 일부 공개한 후 최근에 들어 공개하고 있다.

10) 보통 약칭으로 표시할 경우 GEN, MISC 다음에 번호를 붙인다.

위원회(Cabinet Committee on Olympic Games) 등이 있다.

2) 분야별 내각위원회와 이슈별 내각위원회

정책추진을 담당하는 내각위원회는 관할 업무의 범위에 따라 분야별 내각위원회와 이슈별 내각위원회로 구분할 수 있다.

분야별 내각위원회는 국정 전반을 3~5개의 영역으로 구분해 각 영역에 해당하는 정책 이슈들을 논의하는 내각위원회이다. 분야별 내각위원회들은 정권이 바뀌어도 대부분 폐지되지 않고 존속된다. 분야별 내각위원회는 대부분 총리나 부총리가 주재하고 산하에 분과위원회들이 설치되는 경향이 있다. 분야별 내각위원회로는 외교국방 내각위원회, 경제문제 내각위원회, 국내문제 내각위원회, 과학정책 내각위원회 등이 있다.

이슈별 내각위원회는 특정 이슈만을 담당하는 내각위원회이다. 이슈별 내각위원회들은 주로 국내정책 분야에 많이 설치되어 있다. 중요성이 큰 이슈별 내각위원회는 총리나 부총리가 주재하고 장관들이 다수 참석하며, 중요성이 낮은 이슈별 내각위원회의 경우 주무부처 장관이 주재하고 장관들보다 국무차관이나 정무차관들이 다수 참여한다. 이슈별 내각위원회로는 유럽우주방위산업 내각위원회, 환경문제 내각위원회, 조직범죄 내각위원회 등이 있다.

분야별 내각위원회는 모두가 상설 내각위원회이다. 이슈별 내각위원회는 임시 내각위원회로 설치된 것도 많고 상설로 설치된 것도 많다. 그러나 임시 내각위원회는 대부분 이슈별 내각위원회이다.

3) 지역대책 내각위원회와 고객대책 내각위원회

내각위원회들은 대부분 전국토와 전국민을 대상으로 하지만 일부 내각위원회들은 특정 지역이나 특정 고객을 대상으로 한다.

지역대책 내각위원회들은 다시 관할지역의 범위에 따라 해외지역대책 내각위원회와 국내지역대책 내각위원회로 구분된다. 해외지역대책 내각위원회는 홍콩미래 내각위원회, 인도문제 내각위원회, 중동아프리카 내각위원회, 포클랜드미래 내각위원회, 걸프전 내각위원회, 영미관계 내각위원회 등이고, 국내지역대책 내각위원회는 도시문제 내각위원회, 농촌문제 내각위원회, 북아일랜드 내각위원회, 스코틀랜드 내각위원회 등이다.

고객대책 내각위원회들은 고객의 성격에 따라 취약계층지원 내각위원회와 특정집단지원 내각위원회 등으로 구분할 수 있다. 취약계층지원 내각위원회의 예로는 청소년서비스 내각위원회, 노인문제 내각위원회, 이민문제 내각위원회 등이고, 특정집단지원 내각위원회의 예는 공무원보수 내각위원회이다.

4) 정부구조대책 내각위원회와 정부기능대책 내각위원회

영국 내각위원회들 가운데는 정부의 구조 기능과 관련된 내각위원회들이 있다. 이들 내각위원회들은 정부구조대책 내각위원회와 정부기능대책 내각위원회로 구분할 수 있다.

정부구조대책 내각위원회는 권력 기구의 구조와 권한에 관한 개편을 논의하는 내각위원회로서 헌법개정 내각위원회, 의회현대화 내각위원회, 지방분권 내각위원회 등이 그 예이다.

정부기능대책 내각위원회는 정부의 주요 기능들이 원활하게 수행되도록 조율하는 내각위원회로서 정보활동 내각위원회, 입법전략 내각위원회, 민간비상대책 내각위원회 등이 그 예이다.

5) 장관 내각위원회와 혼합 내각위원회

내각위원회들은 구성 멤버에 따라 장관급 내각위원회(Ministerial Cabinet Committee)와 혼합 내각위원회(Mixed Cabinet Committee) 등으로 구분할 수 있다. 장관급 내각위원회는 장관들로만 구성된 내각위원회이고, 혼합 내각위원회는 장관들과 고위공무원들로 구성되는 내각위원회이다. 대부분 정책 이슈에는 장관 내각위원회가 설치되고, 혼합 내각위원회는 비상기획(Emergency Planning)이나 정보활동(Intelligence) 분야에 설치되고 있다.

제 2 절 현행 내각위원회 시스템

1 주요 상설 내각위원회

블레어(Tony Blair) 정부의 내각위원회는 2004년 현재 총 44개 설치되어 있는데, 이 중 상설 내각위원회가 31개이고 나머지 13개는 임시 내각위원회이다. 분야별 내각위원회 4개, 지역대책 내각위원회 4개, 고객대책 내각위원회 3개, 정부구조기능대책 내각위원회가 9개, 그리고 이슈별 내각위원회가 25개로 구분된다. 블레어 정부의 주요 내각위원회들을 보면 <표 5-1>과 같다.

〈표 5-1〉 영국의 유형별 주요 내각위원회(블레어 총리, 2004)

[정책 관리]

분야별

외교국방 내각위원회(Cabinet Committee on Defence and Overseas Policy)
- 분쟁예방 분과위원회
- 국제테러 분과위원회
- 영미관계 분과위원회
- 유럽문제 분과위원회

국내정책 내각위원회(Cabinet Committee on Domestic Affairs)
- 성인직업훈련 분과위원회
- 지역공동체 분과위원회
- 범죄감축 분과위원회
- 마약대책 분과위원회
- 평등사회 분과위원회
- 에너지대책 분과위원회
- 노인문제 분과위원회
- 농촌재건 분과위원회
- Social Exclusion과 Regeneration 분과위원회

경제문제 내각위원회(Cabinet Committee on Economic Affairs)
- 고용촉진 분과위원회
- 경쟁력강화 분과위원회

과학정책 내각위원회(Cabinet Committee on Science Policy)
 - 생명과학기술 분과위원회

이슈별

유럽우주방산 내각위원회(Cabinet Committee on European Aerospace and Defence Industry)*
공공서비스지출 내각위원회(Cabinet Committee on Public Service and Public Expenditure)
불법수입 내각위원회(Cabinet Committee on Illegal Imports)*
은행서비스 내각위원회(Cabinet Committee on Universal Banking Service)*
환경문제 내각위원회(Cabinet Committee on the Environment)
조직범죄 내각위원회(Cabinet Committee on Organized Crime)
사회복지개혁 내각위원회(Cabinet Committee on Welfare Reform)
주택및지속가능지역사회 내각위원회(Cabinet Committee on Housing and Sustainable Communities)*
2012 올림픽유치 내각위원회(Cabinet Committee on Olympic Games)*
국민건강 내각위원회(Cabinet Committee on Public Health)*
기타

[정부 구조기능 대책]
헌법개정 내각위원회(Cabinet Committee on Constitutional Reform Policy)
지방분권 내각위원회(Cabinet Committee on Devolution Policy)
의회현대화 내각위원회(Cabinet Committee on Parliamentary Modernization)*
선거제도 내각위원회(Cabinet Committee on Electoral Policy)*
정보활동 내각위원회(Cabinet Committee on Intelligence Services)
민간비상사태 내각위원회(Cabinet Committee on Civil Contingencies)
입법전략 내각위원회(Cabinet Committee on Legislative Program)
공공서비스개혁 내각위원회(Cabinet Committee on Public Service Reform)
정보공개 내각위원회(Cabinet Committee on Freedom of Information)*

[지역 대책]
EU전략 내각위원회(Cabinet Committee on European Union Strategy)
북아일랜드 내각위원회(Cabinet Committee on Northern Ireland)
잉글랜드 지역정책 내각위원회(Cabinet Committee on English Regional Policy)
지방정부 내각위원회(Cabinet Committee on Local Government)

[고객 대책]
이민문제 내각위원회(Cabinet Committee on Migration)
청소년서비스 내각위원회(Cabinet Committee on Children and Young People's Services)*
동물권리보호 내각위원회(Cabinet Committee on Animal Rights Activists)*

참고: * 표시는 임시 내각위원회.

내각장관들은 평균 3 내지 5 개 내각위원회의 멤버가 되어 있고, 1 주일에 평균 6 내지 8시간을 내각위원회 회의 참석에 사용하고 있다.

1) 외교국방 내각위원회

외교국방 내각위원회(Cabinet Committee on Defence and Overseas Policy)는 외교국방에 관한 장기전략과 일반정책을 논의하고 조정하는 내각위원회이다. 국제 분쟁을 예방하기 위한 영국 정부의 제반 활동들을 조정하고, 영국의 국익을 위협하는 국제 위기에 대해 영국 정부의 정치·경제·군사 등 통합대책을 강구하며, 국제 테러 위협에 대한 공동 대책을 논의 조정하는 내각위원회이다. 최근에 이라크 전쟁, 아프가니스탄 전쟁, 인도-파키스탄 갈등, 러시아와 동유럽의 민주화, 대량파괴무기 확산 방지, 방위산업 등에 대한 정책들을 논의하고 조정했다.

오늘날의 외교국방 내각위원회(Cabinet Committee on Defence and Overseas)는 각각 별도로 설치되어 운영되어 오던 국방문제 내각위원회(Defence Committee, 1940~63)[11]와 외교관계 내각위원회(Committee on Foreign Policy, 1945~63)[12]를 1963년 10월에 통합한 것이다.

외교국방 내각위원회는 총리를 의장으로 하여 부총리, 재무장관, 외무장관, 국방장관, 통산장관, 국제개발장관(International Development)으로 구성되고, 이슈에 따라 필요하면 합참의장이나 국방부 수석과학기술보좌관이 참석한다.

하부기구로는 4개 분과위원회가 있다. 지원기구는 내각지원실 내 외교국방지원실(Defence and Overseas Secretariat)이다. 다만, 유럽문제 분과위원회의 경우는 유럽문제 지원실(European secretariat)에서 지원한다.

---

11) 국방 분야 최초의 내각위원회는 제1차 세계대전 초기 2년 동안 운영되었던 War Council이다. 그 후 War Council을 대체해 Committee on War Policy, Committee on War Priorities, Committee on the Coordination of Military and Financial Effort 등이 가동되었는데, 전후에 이들은 모두 폐지되었다. 제2차 세계대전이 발발하자 다시 1939년에 Ministerial Committee on Military Coordination와 함께 Committee on Overseas Defence, Committee on Home Defence 등이 설치되었는데, 후자 2개는 전후에 폐지되고 전자는 1940년에 Defence Committee로 개편된 후, 1963년까지 유지되었다.

12) 외교 분야 최초의 내각위원회는 1936년에 설치된 Committee on Foreign Policy이다. 제2차 세계대전 시작과 함께 폐지되었으나 전후에 부활된 후 1963년까지 유지되었다.

〈표 5-2〉 외교국방 내각위원회의 분과위원회(2004년 현재)

분과위원회(의장)	기 능
- 영미관계(외무장관)	영미관계에 영향을 미치는 정책들에 대한 검토
- 유럽문제(외무장관)	유럽연합에 대한 영국의 정책을 결정
- 아프리카(국제개발장관)	분쟁예방 관련 정부정책의 검토와 우선순위 조정
- 국제테러(총리)	국제테러 예방 및 진압 정책의 검토
- 국내테러(내무장관)	국내테러 예방 및 진압 정책의 검토

2) 경제정책 내각위원회

경제정책 내각위원회(Cabinet Committee on Economic Policy)는 경제정책 및 그 관련 이슈들을 논의하는 내각위원회이다. 경제정책 내각위원회는 제2차 세계대전 중에 잠시 운영되었다가 전후에 다시 부활되어 오늘날까지 유지되어 온 내각위원회이다. 최근에 특히 영국 경제의 생산성 향상과 경쟁력 강화를 집중적으로 논의한다.

재무장관을 의장으로 하여 부총리, 통산장관, 내무장관, 환경농촌장관, 근로연금장관, 보건장관, 교육훈련장관, 문화체육언론장관, 국방장관, 스코틀랜드장관 겸 교통장관, 북아일랜드장관, 하원담당 내각장관, 상원담당 내각장관, 재무부 차관들(Chief Secretary, Parliamentary Secretary), 무임소장관, 내각사무처 장관 등으로 구성된다.

하부기구로는 고용촉진 분과위원회와 경쟁력강화 분과위원회를 두고 있다.

3) 국내정책 내각위원회

국내정책 내각위원회(Cabinet Committee on Domestic and Social Affairs)는 국내정책과 복지정책 전반에 걸쳐 주요 이슈들을 논의 조정한다. 즉 법질서, 지방정부, 농촌, 교육, 보건, 마약, 여성, 노인 등과 관련된 이슈들을 검토한다. 제1차 세계대전 중에 설치되어 오늘날까지 유지되어 온 가장 오래된 내각위원회이다.

현재 재무장관, 내무장관, 환경농촌장관, 스코틀랜드장관 겸 교통장관, 보건장관, 북아일랜드장관, 국방장관, 근로연금장관, 상원담당 내각장관, 하원담당 내각장관, 통산장관, 문화체육언론장관, 교육훈련장관, 법무장관, 무임

〈표 5-3〉 국내정책 내각위원회의 분과위원회(2004년 현재)

분과위원회(의장)	기 능
- 지역공동체(내무장관) - 농촌재건(환경농촌장관) - 에너지대책(부총리) - 성인직업훈련(교육훈련장관)	• 지역공동체 활성화를 위한 정책들의 개발과 집행 • 농촌경제와 복지 관련 정책들의 개발과 집행을 감독 • 에너지정책의 목표와 원칙 검토 • 성인 직업훈련 전략의 집행에 대한 점검
- 범죄대책(내무장관) - 마약대책(내무장관)	• 범죄와 알코올중독 방지 프로그램과 그 집행 점검 • 마약 남용 방지를 위한 국내외 정책들의 조정
- 평등사회(통산부 국무차관) - 소외문제(부총리) - 노인문제(근로연금장관)	• 평등사회 구축 관련 정부정책들의 조정 • 소외 극복과 이웃재건 정책들의 개발과 집행 점검 • 노인 관련 정책들의 조정

소장관, 내각사무처 장관, 재무부 차관들(Parliamentary Secretary, Chief Secretary) 등으로 구성된다. 의장은 최근 들어 부총리가 담당하나, 과거에는 주로 무임소장관이 담당했다.13)

하부기구로는 이슈별로 다수의 분과위원회들이 있다. 이들 분과위원회들은 대부분 관련 부처 차관들로 구성되고 의장은 주무장관 혹은 부총리가 담당하고 있다.

4) 유럽연합 내각위원회

유럽연합 내각위원회는 별도의 독립적인 장관급 내각위원회로 설치되거나 외교국방 내각위원회 산하 장관급 분과위원회로 설치되는 경우가 있다. 2004년 현재는 양자가 동시에 설치되어 있다.

유럽연합전략 내각위원회(Cabinet Committee on European Union Strategy)는 유럽의 장래에 대한 영국의 전략, 영국의 유럽 단일 통화권에의 가입 등 영국의 거시적인 대유럽 전략을 논의하고 점검하는 내각위원회이다. 유럽연합 관련 내각위원회는 영국이 유럽공동체에 가입한 1973년에 설치되어 오늘날까지 유지되고 있다. 총리의 주재 하에 부총리, 재무장관, 외무장관, 환경농촌장관, 교육훈련장관, 통산장관, 근로연금장관, 하원담당 내각장관, 헌법개정장관 등으로 구성되어 있다.

13) 예외적으로 캘러헌과 대처 총리 시절에 내무장관이 담당한 적이 있다.

또한 외교국방 내각위원회 산하에는 장관급 유럽문제 분과위원회(Ministerial Subcommittee on European Questions)와 두 개의 실무 내각위원회가 있다. 유럽문제 분과위원회는 외무장관의 주재 하에 유럽연합에 대한 영국의 미시적인 정책을 결정하고 영국과 유럽연합 회원국들 간의 관계를 점검하는 내각위원회이다.

두 실무 내각위원회 가운데 하나는 유럽문제 지원실장(European secretariat의 head)의 주재 하에 관련 부처 고위공무원들이 매주 모임을 갖고 전략적인 이슈에 관해 논의하는 위원회이다. 즉 유럽연합에서 제안한 이슈들을 검토해 영국 정부가 어떤 노선을 취해야 하는지를 논의하고, 특정 이슈에 대한 현재의 협상 진행 상태를 검토한 후 앞으로 영국 정부가 어떻게 대처해야 할지를 논의한다. 또 다른 실무 내각위원회는 유럽문제지원실 내 외무부 출신 부실장(undersecretary)의 주재로 유럽연합 회원국들과의 협력 등 일상적인 사항에 대해 논의하는 임시 위원회이다. 참석 멤버는 관련 부처 공무원으로 구성되나 의제에 따라 달라진다.

유럽 문제에 관한 영국의 입장은 이들 유럽 관련 내각위원회들에서 논의 결정하나, 유럽연합 결정 사항을 영국 내에서 집행하기 위해 필요한 후속 조치들은 해당 정책 분야 내각위원회에서 논의 결정한다.

5) 과학정책 내각위원회

과학정책 내각위원회(Cabinet Committee on Science Policy)는 과학기술의 증진을 위한 정부 정책들을 검토하는 내각위원회이다. 비교적 최근인 대처 정부에 의해 설치되어 오늘날까지 유지되고 있다.

2004년 현재 통산장관을 의장으로 하여 국방장관, 내무장관, 환경농촌장관, 보건장관, 교육훈련장관, 교통장관 겸 스코틀랜드 장관 등 이해관계가 큰 부처들의 장관들과 내각사무처 장관, 하원담당 내각장관, 그리고 관련 부처 국무차관들[14]과 정무차관들[15]로 구성한다.

하부기구로는 생명과학기술과 그 경제적 효과에 관한 이슈들을 집중 검토하는 생명과학기술 분과위원회(Biotechnology)가 있다.

---

14) 부총리실, 재무부, 외무부, 문화스포츠미디어부, 근로연금부의 국무차관.
15) 통산부, 북아일랜드부, 국제개발부(International Development)의 정무차관.

6) 정보활동 내각위원회

정보활동 내각위원회(Cabinet Committee on Intelligence Services)는 공식적으로는 정보기구들[16]과 그 보안에 관한 정책들을 조정하고 결정하는 장관급 내각위원회이다. 좀더 구체적으로 보면, 정보활동 내각위원회는 총리를 의장으로 하여 부총리, 재무장관, 외무장관, 국방장관, 내무장관 등으로 구성되어 정보의 수집, 정보활동의 관리, 정보의 평가와 배포 등에 관한 정책과 지침을 결정하는 기구이다. 정보활동 내각위원회는 정보활동에 관한 실질적인 최종 결정 기구이다. 정보활동 내각위원회에서 내린 결정이 내각회의에서 다시 거론되는 경우는 거의 없기 때문이다.

정보활동 내각위원회는 1957년에 정보활동의 범위를 군사 분야에서 경제 분야로 확대하기 위해 설치되어 오늘에 이르고 있다. 그 이전에는 국방부 산하 실무위원회인 합동정보위원회를 중심으로 군사 분야, 즉 육·해·공 3군의 군사정보 활동만 조정해 왔다. 장관급 정보활동 내각위원회를 설치함과 동시에 정보활동의 영역을 경제 분야로 확대했다.

정보활동 내각위원회는 하부기구로서 정보기구 사무차관회의(Permanent Secretaries' Committee on the Intelligence Services, PSIS)와 실무내각위원회인 합동정보위원회(Joint Intelligence Committee, JIC)를 두고 있다. 정보기구 사무차관회의는 1957년에 새로 설치했고, 합동정보위원회는 국방부 산하에 있던 것을 정보활동 내각위원회 산하로 이동시킨 것이다.[17]

---

16) 영국에는 모두 4개의 정보기관이 있다. 외무부 산하의 비밀정보국(Secret Intelligence Service, MI6)과 통신정보본부(Government Communications Headquarters, GCHQ), 내무부 산하의 공안정보국(Security Service, MI5), 국방부 산하의 국방정보단(Defence Intelligence Staff)이 그것들이다. 비밀정보국은 국가안보, 외교정책 및 경제정책에 필요한 비밀정보를 수집하는 정보기관이고, 통신정보본부는 각종 통신을 모니터링해서 국가 안보, 외교 및 경제정책에 필요한 정보를 수집하고, 정부 각 부처와 각 군의 통신보안에 관해 조언하고 지원하는 정보기관이다. 국방정보단은 국방부 및 각 군에 필요한 정보를 수집하는 정보기관이다. 공안정보국은 테러·스파이·정부전복단체 등으로부터 정부 보호에 필요한 정보 수집과 정부에 필요 조치를 건의하는 정보기관이다. 이들 정보기관들은 법집행권은 갖고 있지 않기 때문에 법집행이 필요한 경우 경찰이나 국세청과 협조해 처리한다.

17) 합동정보위원회는 1936년 내각자문기구인 제국국방위원회(Committee of Imperial Defence) 산하 합동참모분과위원회(Chiefs of Staff Committee)의 실무분과위원회(Joint Intelligence Sub-Committee)로 출발했다. 각군 실무장교들로 구성된 Joint

정보기구 사무차관회의는 내각사무처장의 주재 하에 정보기관들의 차장급으로 구성하여 정보기관들의 조직, 자원, 프로그램들을 최종 조정하는 회의이다. 합동정보위원회는 외무부, 국방부, 상공부, 재무부 등 3개 부처의 고위공무원과, 공안정보국(MI5), 비밀정보국(MI6), 통신정보본부(GCHQ) 등 3개 정보기관의 장, 그리고 내각사무처 기밀정보지원실 내 정보조정관(Intelligence Coordinator)과 정보평가단장(Assessment Staff의 chief)[18] 등으로 구성되어, 내각지원실 내 기밀정보지원실장의 주재 하에 정보활동의 목표와 우선순위를 정하고, 정보기관들을 지휘하고 평가하는 위원회이다.

합동정보위원회의 기능을 좀더 구체적으로 보면, i) 매주 회합을 갖고 정보기관들의 활동을 검토, 조정, 지휘할 뿐만 아니라, ii) 매년 연말에는 정보수집기관의 목표 달성 여부를 평가해 내각사무처장에게 보고하며, iii) 산하 정보평가단(Intelligence Assessment Staff)에서 작성한 정보평가보고서 초안[19]을 검토 조정하고 어떤 잠재적 위협에 대해 어느 장관이 관심을 기울여야 하는지를 추가한 최종 정보평가보고서를 확정해 필요한 장관에게만 배포되도록 조치한다. 합동정보위원회와 정보평가단은 수집된 정보에 입각해 정세를 평가하고 그 사태 진전을 예측해 보고[20]할 뿐 정책을 건의하지 않는다.

7) 입법전략 내각위원회

입법전략 내각위원회(Cabinet Committee on the Legislative Program)는 의회에서 행할 여왕의 연설문 초안과 매 회기별 정부법안 심의 계획을 작성해 내각회의에 제출하고, 모든 정부법안들을 검토해 의회 통과를 위한 전략을 논의하며, 정부법안들의 의회 내 심의 과정을 점검하는 내각위원회

Intelligence Sub-Committee는 1939년 제2차 세계대전이 시작되자 내각위원회로 격상된 Chief of Staff Committee를 따라 전시내각회의에 배속되었고, 전쟁이 끝난 후 10여 년 동안 국방부 소속 Joint Intelligence Committee로 있다가, 1957년 장관급 정보활동 내각위원회가 설치되자 그 실무내각위원회로 이동했다.

18) 정보조정관과 정보평가단은 정보활동 내각위원회의 지원기구인 기밀정보지원실(Secretariat for Intelligence Affairs)에 설치된 하부기구이다.

19) 정보평가단은 정보평가보고서 초안 작성을 위해 비밀정보국, 국방정보국, 공안정보국 등 정보수집기관에서 수집한 첩보를 취합 평가한다.

20) 합동정보위원회 의장은 MI5, MI6의 장과 함께 총리에게 직접 보고할 수 있다.

이다.

1935년에 의회의 매 회기마다 실시되는 국왕의 국정 연설을 위해 그 연설문 초안을 작성하는 Committee on King's Speech가 설치되었고, 1942년에는 정부 법안의 의회 논의 과정을 점검하고 논의하는 Committee on Legislation이 탄생했으며, 1945년에 정부 법안들 간에 의회 통과 우선순위를 정하기 위해 Future Legislation Committee까지 설치되었다. 그 후 1차로 Committee on King's Speech와 Future Legislation Committee가 합쳐졌고, 다시 최근 블레어 총리에 의해 Committee on Legislation과 하나로 통합되어 오늘에 이른다.

입법전략 내각위원회는 2004년 현재 하원담당 내각장관, 상원담당 내각장관, 부총리, 내각사무처 장관, 북아일랜드 장관, 스코틀랜드 장관 겸 교통장관, 재무부 국무차관, 원내총무들(상원, 하원), 무임소장관, 법무장관 등으로 구성된다. 의장은 대체로 하원담당 내각장관이 맡는다. 그러나 대처 총리 시절에는 상원담당 내각장관, 캘러헌 총리 시절에는 내무장관이 주재한 적도 있다(Lee, Jones & Burnham, 1988: 182).

8) 민간비상대책 내각위원회

민간비상대책 내각위원회(Cabinet Committee on Civil Contingencies)는 테러, 홍수, 파업, 대형 사고, 전염병 등 비상시 생존에 필수적인 물자와 서비스 확보 계획을 검토 조정하고, 그 계획의 집행을 점검하는 내각위원회이다. 위기가 심각한 상황으로 진전되면 민간비상대책 지원실장(Civil Contingency Secretariat의 장)에 의해 소집된다. 비상 사태 혹은 위기가 국내에서 발생하면 민간비상대책 내각위원회에서, 해외에서 발생하면 외교국방 내각위원회에서 논의 조정한다.

의장은 내무장관이 맡고, 비상 사태의 내용에 따라 국방부, 보건부, 재무부, 북아일랜드 장관, 스코틀랜드 장관, 웨일스 장관, 정보기관, 경찰청, 소방청 등 관련 부처 장관들이 초청된다.

하부기구로는 지휘통제팀(Top Command Team)이 있고, 그 아래에 다시 정보수집반(Joint Response Team), 분석반(Briefing and Analysis Team), 연락반(Outward Communications Team), 뉴스조정반(News Coordination Center) 등이 있다. 지휘통제팀은 민간비상대책 내각위원회가 소집될

때까지 위기 대응에 필요한 주요 결정을 내리는 기구이고, 정보수집반은 산업계의 정보를 수집해서 분석반에 제공하는 기구이며, 분석반은 수집된 정보를 분석해 문제의 본질이 무엇이고 어떤 결정이 필요한지 등을 지휘통제팀이나 민간비상대책 내각위원회에 조언하는 기구이다. 연락반은 민간비상대책 내각위원회나 지휘통제팀에서 내린 결정을 관련 부처와 뉴스조정반에 통보하는 기구이고, 뉴스조정반은 위기에 대한 정보를 언론에 제공하고 대언론전략을 수립하는 기구이다.

9) 북아일랜드 내각위원회

북아일랜드 내각위원회(Cabinet Committee on Northern Ireland)는 북아일랜드 지역에 관한 정부 정책들을 총괄 조정하고 감독하는 내각위원회이다. 영국 정부는 북아일랜드 지역의 국제 관계, 치안질서 유지, 방송과 장거리 통신, 재정 등에 관한 통치권은 직접 행사하고,[21] 경제 사회 분야에 관한 통치권은 대부분 북아일랜드 의회와 그 집행위원회에서 행사하도록 위임되어 있다.[22] 북아일랜드 내각위원회는 북아일랜드 지역의 치안, 국제관계, 방송통신, 재정 등에 관한 영국 정부의 정책들을 총괄 조정하는 내각위원회이다. 1970년대 초 히드 정부에서부터 설치되어 블레어 정부까지 유지되어 왔다.

총리를 의장으로 하여 부총리, 재무장관, 외무장관, 내무장관, 국방장관, 북아일랜드 내각장관(북아일랜드 총독), 헌법개정장관 등으로 구성한다. 분과위원회는 설치되어 있지 않다.

---

21) 국제관계를 제외한 나머지 통치권 분야 집행기구는 북아일랜드 총독부(Office of Northern Ireland)이다. 북아일랜드 내각장관(Cabinet Secretary for Northern Ireland)이 겸임한다.

22) 아일랜드는 가톨릭이 거주하는 지역으로 18세기 초에 영국에 병합되었다. 영국 정부는 병합 후 프로테스탄트들을 이주시켰다. 19세기부터 가톨릭 주민들에 의해 분리독립운동이 전개되자 20세기 초에 구체적인 논의를 거쳐 1948년에 프로테스탄트들이 많이 거주하는 북아일랜드 지역을 제외하고 가톨릭이 많이 거주하는 나머지 아일랜드 지역을 독립시켰다. 그러나 북아일랜드 지역내 분리독립을 주장하는 가톨릭과 이를 반대하는 프로테스탄트들 간에 충돌이 잦았다. 1969년 대규모 무력 충돌이 발생하자 영국 정부는 군을 투입하여 진압했다. 이후 분리독립주의자들은 테러로 맞섰다. 간헐적인 충돌 속에서도 평화를 위한 대화(Peace Talks)를 통해 1998년에 북아일랜드 의회와 정부가 구성되어 경제와 내정에 대한 통치권을 행사하게 되었다. 그러나 불씨는 여전히 남아 있다.

북아일랜드 내각위원회는 담당 업무의 성격상 경제내정지원실에서 관리해야 하나, 분리독립운동이 자주 발생하기 때문에 외교국방지원실에서 관리해 오고 있다.

10) 헌법개정 내각위원회

헌법개정 내각위원회(Cabinet Committee on Constitutional Reform)는 의회 개혁, 국민들의 알 권리, 선거제도 개혁, 지방 분권 등 헌법적 쟁점 이슈들을 검토하는 내각위원회이다. 특별히 지방분권 이슈는 북아일랜드 지방정부와 스코틀랜드 지방정부에 중앙정부의 권한을 이양하는 문제로 헌법개정 내각위원회에서 취급하거나 별도의 내각위원회(Cabinet Committee on Devolution)가 구성되기도 한다.

헌법개정장관을 의장으로 하여 외무장관, 내무장관, 스코틀랜드 장관, 북아일랜드 장관, Lord President of the Council, Lord Privy Seal, Chancellor of the Dutch of Lancaster, 법무장관 등이 참석한다.

11) 지방정부 내각위원회

지방정부 내각위원회(Committee on Local Government)는 지방정부로의 재원 배분, 지방정부의 성과 평가, 지역 개발 등 지방정부에 영향을 미치는 이슈들을 논의하고 검토하는 내각위원회이다.

부총리를 의장으로 하여 재무장관, 내무장관, 환경농촌장관, 스코틀랜드 장관 겸 교통장관, 보건장관, 근로연금장관, 통산장관, 문화스포츠미디어장관, 교육훈련장관, 헌법개정장관 등 관련 부처 장관들과 내각사무처 장관 및 하원담당 내각장관으로 구성되어 있다. 부총리실 국무차관과 재무부 국무차관(Chief Secretary)도 참석한다.

산하에 지방정부들의 공공 서비스 향상과 성과에 관한 이슈들을 논의하는 차관급 지방정부성과 분과위원회가 설치되어 있다.

2 내각지원실

내각위원회 시스템을 관리하고 지원하는 기구는 내각사무처이다. 2004년 현재 내각사무처는 내각사무처장(Cabinet Secretary) 산하에 내각지원실(Cabinet Secretariat), 공직개혁관리기구(Offices of Reform and Management for Public Service), 총무국 등으로 구성되어 있는데,[23] 이 내각사무처장과 내각지원실이 내각회의뿐만 아니라 내각위원회들을 관리 지원한다. 좀더 구체적으로 말하면, 정책 이슈들을 어떻게 처리해야 할지에 대해 내각회의와 내각위원회의 의장들을 지원한다.

내각사무처장과 내각지원실은 국정운영의 중추기관으로서 내각회의와 내각위원회를 통해 부처간 정책 조정을 지원하고, 여러 부처들이 관련된 이슈들을 조사하고 분석하며, 내각의 결정이 각 부처에 의해 제대로 집행되는지를 점검하는 일이다. 이러한 지원활동을 통해 정부의 업무가 시의적절하고 능률적으로 추진되도록 한다.

다만, 총리가 의장인 내각위원회는 내각사무처장이, 그렇지 않은 내각위원회는 분야별 내각지원실장들이 주도적으로 관리 지원한다.

1) 내각사무처장

내각사무처장(Cabinet Secretary)이 내각회의와 내각위원회 시스템 운영과 관련해서 수행하는 구체적인 역할은 다음과 같다.[24]

---

23) 내각사무처는 다양한 하위기구들의 집합체이다. 내각사무처 내에 현재 설치되어 있거나 과거에 설치된 적이 있는 하위기구들은 세 가지 유형으로 분류할 수 있다.

첫째, 회의를 지원하는 내각지원실(Cabinet Secretariat)이다. 내각사무처는 원래 내각회의와 내각위원회를 지원하는 기구로 출발했고, 오늘날까지도 회의 지원기구인 내각지원실은 내각사무처의 핵심 부분을 차지하고 있다.

둘째, 조사하고 분석하는 기구들이다. 이 유형은 자료를 수집 분석하는 기구와 정책을 분석 조정하는 기구로 재분류될 수 있는데, 전자로는 통계자료실(Central Statistical Office, 1941~89), 서훈계(Ceremonial Branch), 정보평가단(Intelligence Assessment Staff) 등이고, 후자로는 중앙정책심사실(Central Policy Review Staff, 1971~83), 도시정책조정팀(Inner-city Policy Coordination Team, 1988~9), 사회불평등대책반(Social Exclusion Unit), 여성대책반(Women's Unit), 마약대책반(Anti-Drugs Coordination Unit), 성과혁신대책반(Performance and Innovation Unit), 지역대책조정반(Regional Coordination Unit) 등이다.

셋째, 비상사태에 대응하는 비상대책 기구이다. 민간비상대책반(Civil Contingency Unit)이 그 예이다.

24) 그 밖에도 내각사무처의 지휘 감독, 총리에 대한 조언, 공공조직의 개혁과 관리 및 통제 등의 역할을 담당한다. 내각사무처장에 대한 자세한 내용은, 이송호(2002: 466-468) 참조.

첫째, 내각회의와 내각위원회의 설치 및 운영을 지원한다. 즉 내각위원회의 설치와 폐지, 내각회의의 운영에 필요한 모든 절차와 규칙 등에 관해 총리에게 조언하고, 내각회의와 내각위원회의 의장들과 상의해 이들 회의의 향후 일정을 수립하며, 총리가 주재하는 내각회의와 내각위원회의 의제를 준비하고 회의록을 작성한다.

둘째, 국가비밀 정보활동을 관리하며 예산을 조정한다(Burch & Holliday, 1996: 33). 정보활동 내각위원회 산하 통합정보위원회(Joint Intelligence Committee), 정보조정관(Intelligence Coordinator), 정보기구 사무차관회의(Permanent Secretaries' Committee on Intelligence Services) 등을 활용해 외무부, 국방부, 내무부에 배속된 정보수집 기구들의 활동과 예산을 관리하고 조정한다. 또한 정보기관들로부터 비밀정보보고서를 받아 총리에게 보고하기도 한다.[25]

셋째, 행정 각 부처의 활동을 파악해 총리에게 보고하고, 부처간 이견을 조정하기도 한다. 내각사무처장은 사무차관회의(Committee of Permanent Secretaries)와 실무내각위원회(Cabinet Committees of Officials)의 의장으로서 부처간 이견을 조정하기도 한다.

내각사무처장은 초대 행키(Maurice Hankey)를 제외하고, 모두 직업공무원 출신들로 충원되었다. 특히 재무부나 공직관리 부서의 담당장관이나 차관 등 고위직을 거친 사람들이 대부분이다. 내각사무처장은 직업공무원으로서 차지할 수 있는 최고의 자리이다.

내각사무처장은 정권 변동과 관계 없이 장기 근무한다. 1916년 내각사무국이 설치된 이래 2005년까지 내각사무국장 혹은 내각사무처장은 모두 8명이었으나 총리는 21번 교체되었고 16명이 거쳐 갔다. 내각사무처장들은 총리의 교체와 관계 없이 8년 내지 15년 동안 그 직책을 수행했다. 내각사무처장들은 둘 이상의 총리에 걸쳐 근무함으로써 정권 교체에 따른 일시적인 국정 운영의 혼란이나 시행착오를 줄이는 데 공헌하고 있다.

25) 사안에 따라 비밀정보기관장이 총리에게 직접 보고하기도 한다.

2) 분야별 지원실

(1) 개관

내각지원실은 제1차 세계대전 와중에 로이드 조지 총리에 의해 설치된 이래 분야별로 점진적으로 전문화되어 왔다. 총리에 따라 분야별 지원실들의 일부를 신설하거나 폐지해 왔다. 최근 들어 <표 5-4>와 같이 7개 분야 지원실로 정착되고 있다.

분야별 지원실장(deputy secretary)과 그 스태프는 관련 부처에서 차출된 공무원들이다. 이들 공무원들은 보통 2~3년 정도 근무한 후 소속 부처로 돌아간다. 관련 부처 공무원들을 활용하는 이유는 각 부처들과 연계를 강화하고 관련 부처들의 동태에 대한 최신 정보를 확보하기 위해서이다. 이들 공무원들의 선발 기준은 성실성, 공무원들로부터의 존경, 브리핑 능력, 논의를 중립적으로 요약할 수 있는 능력 등이다. 또한 내각사무처에서 근무하는 모든 스태프에게는 정치적 중립이 요구된다. 즉 정당과 연계되어서는 안 되고, 어느 정치인이 상관으로 오더라도 따라야 한다. 스태프의 교체는 정권 변동에 따르는 것이 아니고 내부적으로 정한 순환규칙에 따른다.

각 지원실이 관할 분야에서 수행하는 일반적인 기능은 다음과 같다.

첫째, 여러 부처들이 관련된 정책 이슈들을 발굴 추적해 어느 시점에서 관련 부처들과 협의를 거쳐야 하는지에 대해 조언한다. 이를 위해 각 부처 내 정책개발 상황뿐만 아니라 정부 밖의 사태 진전에 대해서도 적극적으로 모니터링한다.

둘째, 내각위원회를 지원하는 것이다. 내각위원회 회의가 생산적이고 효율적으로 진행되도록 회의 업무를 체계적으로 조직화하고 정책정보를 배분

〈표 5-4〉 내각지원실의 내부구조

내각지원실	- 외교국방지원실(Defence and Overseas secretariat)
	- 경제내정지원실(Economic and Home Affairs secretariat)
	- 과학기술지원실(Science and Technology secretariat)
	- 유럽문제지원실(European secretariat)
	- 기밀정보지원실(Intelligence and Security secretariat)
	- 비상대책지원실(Civil Contingencies secretariat)
	- 헌법문제지원실(Constitution secretariat)

한다. 이를 위해 각 분야별 지원실장은 i) 내각위원회의 의장과 협의하여 회의 의제를 설정하고 회의를 소집하며, ii) 회의 안건이 내각위원회에 상정되기 이전에 필요한 자문은 제때에 거쳤는지 등을 확인하고, 안건 관련 서류와 메모를 관련 장관들에게 배포하며, iii) 내각위원회 의장들에게 회의 진행 전략에 관해 브리핑을 하고,[26] iv) 필요할 경우 중립적인 입장에서 실무 내각위원회를 주재하며,[27] v) 내각위원회의 회의록을 작성 유지하고 회의에서 결정된 내용을 각 부처에 전달하는 일이다.

셋째, 정책을 조정한다. 정책을 둘러싸고 부처간에 충돌이 있으면 중립적인 입장에서 조정한다. 부처간 갈등이 있을 경우 문제가 확대되기 전에 관련 당사자들이 모여 해결하도록 촉구한다. 일반적으로 이러한 조정 과정에서 자신의 정책적 입장을 밀어붙이지는 않는다.

그러나 시간이 흐름에 따라 내각지원실은 내각위원회의 지원 및 정책 조정뿐만 아니라 정책을 적극적으로 개발 추진하는 역할이 조금씩 강화되고 있다 (Burch & Holliday, 1996: 54). 내각지원실이 정책 분야별로 전문화됨으로써 스태프들은 분야별 정책 네트워크(policy network)의 한 축이 되어 새로운 정책 아이디어들을 많이 접할 수 있게 되었고, 또한 내각회의와 내각위원회 활동을 조직화하고자 설치한 '주간업무조정회의(Weekly Meeting)'와 '향후조망 프로그램(Forward Look Program, three- to sixmonth rolling program)'을 통해 정부의 정책을 추진하는 데 좀더 적극적으로 간여할 수 있게 되었기 때문이다. 그럼에도 불구하고 유럽문제지원실을 제외한 나머지 지원실들은 아직은 새로운 정책의 추진에 적극 나서지는 않고 있다.

넷째, 내각회의나 내각위원회의 결정이 해당 부처에 의해 집행되는지 점검하고 주기적으로 집행 상황에 대한 진도보고서(Progress Report)를 작성해 배포한다.

---

26) 어떻게 회의를 진행할 것인가, 어떤 의제와 보고서를 어떤 순서로 검토할 것인가, 쟁점 이슈는 무엇이고 누가 찬성하고 누가 반대할 것인가, 어떤 이슈에 대해 결론을 내리고 어떤 이슈는 다음 회의로 연기할 것인가, 어떠한 결론을 내려야 하며, 결정의 이행을 위해 어떠한 조치가 취해져야 하는지 등에 대해 브리핑한다.

27) 최근에 내각회의나 내각위원회에서 논의할 이슈들을 준비하기 위한 실무급 내각위원회를 주재하는 일이 많아지고 있다.

(2) **국방외교지원실**

국방외교지원실은 외교와 국방 문제를 관할하는 외교국방 내각위원회(Cabinet Committee on Defence and Overseas Affairs)와 북아일랜드 내각위원회(Cabinet Committee on Northern Island), 그리고 각각의 분과위원회와 실무내각위원회 등을 지원하는 기구이다. 그 밖에도 총리와 장관들에게 유럽연합 문제를 제외한 외교와 국방 및 테러 이슈에 대해 정보를 제공하고, 위기 대처에 필요한 시설(facilities)들을 관리한다. 원래 군사분야지원실(Military secretariat)로 출발해 1964년에 외교국방지원실로 전환되었다. 스태프는 국방부와 외무부에서 차출된 공무원들인데, 실장(deputy secretary)은 주로 외무부 공무원이 담당해 왔다(Lee, Jones & Burnham, 1998: 172).

(3) **경제내정지원실**

경제내정지원실은 i) 경제분야 내각위원회(Cabinet Committee on Economic Affairs)와 산하 분과위원회, 기타 경제나 재정 관련 내각위원회들, ii) 내정분야 내각위원회(Cabinet Committee on Domestic and Social Affairs)와 그 분과위원회, 기타 지방정부나 복지, 교육, 환경 등과 관련된 내각위원회들, iii) 정부 입법의 의회 통과 전략을 논의 조정하는 입법전략 내각위원회(Cabinet Committee on the Legislative Program) 등의 사무국 역할을 한다. 원래 민간분야 지원실(Civil secretariat)로 출발해 경제문제지원실(Economic secretariat)과 국내문제지원실(Domestic secretariat)로 분화되었다가 최근 블레어 총리에 의해 다시 하나로 통합되었다. 스태프는 경제 부처, 내무부, 사회복지 부처에서 차출되어 온 공무원들이다.

(4) **과학기술지원실**

과학기술지원실은 과학기술 내각위원회(Cabinet Committee on Science and Technology)와 과학기술 민간자문회의(Advisory Council on Science and Technology)를 지원하고, 부처간 R&D 예산을 조정하며, 산학 연계와 과학기술 국제협력 등을 촉진하는 기구이다. 1983년에 설치된 과학기술지원실의 스태프는 주로 통상산업부, 교육과학부, 교통부 등에서 차출되어 온 공무원들이다.

(5) 유럽문제지원실

유럽문제지원실은 1974년에 설치되어[28] 유럽 문제를 관할하는 내각위원회나 분과위원회 및 실무내각위원회들을 지원한다. 유럽문제지원실은 다른 지원실과는 달리 정책조정뿐만 아니라 정책형성에도 간여한다. 즉 관련 부처 고위공무원들과 유럽연합 영국 대표단이 매주 회합을 갖고 유럽연합에서의 논의 내용이 국내 정책에 주는 새로운 기회와 제약을 평가하고 동시에 영국 정부가 어떻게 대응해야 하는지 검토해 총리나 장관들에게 조언한다. 유럽연합 관련 대부분의 이슈들은 장관의 입장을 반영한 공무원들에 의해 결정되고, 내각위원회로 회부되는 경우가 많지 않다.

유럽문제지원실의 스태프는 외무부, 상공부, 에너지부, 농수산식품부, 내무부 등 여러 부처에서 차출된 공무원으로 구성된다. 지원실장은 주로 농수산식품부나 재무부 혹은 상공부 출신 공무원이 담당해 왔으나, 블레어 총리는 자신의 유럽담당 정책보좌관으로 하여금 겸임하도록 하고 있다.

(6) 기밀정보지원실

기밀정보지원실은 1957년에 정보활동 내각위원회를 설치함에 따라 이를 지원하기 위해 설치되었다. 원래는 1939년 제2차 세계대전 발발 직후 내각위원회가 된 합동참모위원회(Chief of Staff Committee) 산하 통합정보분과위원회(Joint Intelligence Subcommittee)를 지원하기 위해 설치된 기구였으나, 1957년에 통합정보분과위원회가 정보활동 내각위원회 산하로 이동하면서 이 지원 기구가 기밀정보지원실로 확대 개편된 것이다.

현재는 정보담당 내각위원회(Ministerial Cabinet on the Intelligence Service)와 그 산하 합동정보위원회(Joint Intelligence Committee, JIC) 및 분과위원회들뿐만 아니라, 1968년에 신설된 정보조정관(Intelligence Coordinator)[29]과 그가 주재하는 각종 회의들까지 지원한다. 기밀정보지원실은 회의 지원 업무는 물론 주요 정보활동 이슈들에 대해 조사분석(Inquiry and analysis) 업무도 수행한다.

---

28) 1972~74년에 걸쳐 영국의 유럽공동체 가입을 위한 협상을 벌였던 내각사무처 내 유럽경제공동체대책반(Europe Economic Community unit)이 1974년 영국의 유럽공동체(EC) 가입이 확정되자 유럽문제지원실로 개편된 것이다.

29) Chairman of JIC가 겸임하는 경우가 많다.

기밀정보지원실 스태프는 국방부, 외무부 등 관련 부처에서 차출된 공무원 혹은 내각사무처 상근 직원으로 구성된다. 기밀정보지원실장은 합동정보위원회(JIC) 의장을 겸임하며, 일반적으로 내각사무처장에게 보고하나 내각사무처장을 거치지 않고 총리에게 직접 보고할 수도 있다. 기밀정보지원실장은 포클랜드전쟁 때까지는 현직 외무부 소속 공무원이 담당해 왔으나, 그 이후부터는 내각사무처 소속 공무원이 담당했다.[30]

(7) 비상대책지원실

비상대책지원실은 민간비상대책 내각위원회(Civil Contingencies Committee)와, 기타 위기 혹은 비상사태 관련 이슈들을 논의하는 내각위원회들[31]을 지원한다. 그 밖에도 잠재적 혹은 현존하는 위기에 대해 정보를 수집 분석해 사전에 예측하고, 위기 극복 역량을 강화하기 위해 통합비상계획(Integrated emergency planning)을 수립하며, 위기시에도 공공 서비스를 제공할 수 있도록 관련 부처들과 지방정부 및 민간기구들로 하여금 예방, 대응, 피해 복구 등을 수행하도록 지휘하고 점검한다. 2001년에 설치되었다.

(8) 헌법문제지원실

헌법문제지원실는 헌법개정 내각위원회(Cabinet Committee on Constitutional Reform)와 지방분권 내각위원회(Cabinet Committee on Devolution)를 지원하는 기구이다. 동 지원실은 내각위원회에 대한 회의 지원뿐만 아니라 의회 개혁에 대해 적극적인 조언을 제공하고, 영국 중앙정부와 북아일랜드 및 스코틀랜드 지방정부간 관계를 관리한다.

---

30) 포클랜드전쟁 이후 정보기구의 문제점을 점검한 결과, 합동정보위원회(Joint Intelligence Committee)의 조정력 부재, 외무부와 국방부 및 정보평가단 간의 연계 부족, 장관의 관심에서 멀어진 이슈에 대한 배려 부족 등의 문제점을 발견하고, 합동정보위원회 의장을 외무부 공무원에서 내각사무처 정보조정관으로 교체했다. 그 후에 합동정보위원회의 의장은 대처 총리의 외교문제 보좌관(adviser on foreign affairs), 메이저 총리 시절인 1993년에는 국방외교 지원실장(deputy secretary of defence and overseas secretariat)이 담당했다(Lee, Jones & Burnham, 1998: 191-192).

31) 예를 들면, 외교국방 내각위원회 분과위원회로서 내무장관이 주재하는 Ministerial Subcommittee on Consequence Management and Resilience.

3) 업무 수행 방식

분야별 내각지원실장들은 내각사무처장의 주재 하에 매주 회합을 갖고, 향후 2~3주간에 걸쳐 어떤 이슈들이 내각에서 거론될 것인지에 대해 논의하며, 특히 다음 주의 내각회의 및 내각위원회 스케줄에 대해 자세히 논의한다. 내각지원실 스태프들은 관련 부처 장관들의 비서실과 접촉해 내각회의나 내각위원회에 어떠한 이슈들이 언제쯤 올라올 것인지를 파악하고 있어야 한다. 내각사무처장과 각 지원실장들은 어떤 이슈들을 어느 내각위원회에서 취급할 것인지를 결정한다. 논의가 끝난 직후 내각사무처장은 다음 주에 개최될 내각위원회와 쟁점 이슈들을 총리에게 보고한다.

내각지원실은 총리실, 특히 개인비서실(Private Office) 및 정책실(Policy Unit)과 밀접한 연계 속에서 업무를 수행한다. 총리의 일정을 고려해 내각회의 및 내각위원회의 소집 계획을 세우고, 주요 정책안이 내각위원회나 내각회의에 상정되기 이전에 총리의 입장을 반영하기 위해서이다. 또한 각 지원실의 고위공무원들은 관련 정책공동체와 강력한 연계를 맺고 있다.

그럼에도 불구하고 내각지원실 공무원들은 정책결정에 자신의 개인적인 영향력을 행사하거나 자신의 정책적 입장을 주장하지는 않는다. 정책 이슈에 대해서 적극적(proactive)이기보다는 반응적(reactive)이다(Burch & Holliday, 1996: 52-53). 즉 이슈를 적극 개발하거나 주도적으로 해결하려는 것이 아니고 관련 부처에서 먼저 주도해 올라오는 이슈를 중립적이고 공평하게 처리한다. 정치적 중립을 지키면서 특정 정책노선을 추구할 수는 있으나, 내각지원실에 근무하는 공무원들은 정책을 주도하지 않고 정책내용보다는 과정에 깊이 간여한다. 또한 자신의 소속 부처의 시각이나 이해관계를 충분히 전달하기는 하나 의식적으로 관철시키지는 않는다.

그러나 유럽문제지원실은 다른 내각지원실들과는 달리 그 업무 스타일이 적극적이다. 유럽문제지원실은 자신들의 판단에 따라 논의가 필요하다고 생각하면 회의를 소집할 뿐만 아니라 유럽연합 정책지침이 영국에 미치는 영향을 미리 예측 평가하고, 영국이 활용 가능한 대안을 분석한 후 각 부처에 조언하기 때문이다(Lee, Jones & Burnham, 1998: 133, 178).

내각지원실 간의 업무분담 및 인력배치는 신축적으로 이루어지고 있다. 취급할 수 있는 지원실이 둘 이상인 이슈일 경우에는 덜 바쁜 곳에 배정하고, 위기가 발생했거나 업무가 급증한 지원실의 경우 타 지원실로부터 인력을 지원받는다(Lee, Jones & Burnham, 1998: 165).

3 내각위원회 시스템을 활용한 정책 입안과 조정 절차[32)]

집단적 국정운영을 강조하는 영국에서는 어느 정책이든 해당 장관은 총리와 이해관계 부처와의 사전 협의 없이 단독으로 정책을 주도할 수는 없다. 내각위원회 시스템을 활용한 정책 입안 및 조정 절차는 오랜 기간에 걸쳐 제도화되었다. 그래서 총리가 바뀌어도 크게 변하지 않는다.

정부내 정책결정의 일반적인 절차는 추진 구상, 부처 내 입안, 이해관계 부처들의 의견 수렴, 내각위원회 심의 조정, 내각회의 확정 등의 단계로 되어 있다. 내각회의에서 최종 확정됨으로써 정부 내에서의 정책결정 과정은 일단락된다. 다만 내각회의의 확정을 거친 정책을 입법화할 경우 의회의 심의 확정 절차를 거쳐야 한다.

정부내 정책결정 과정, 즉 추진 구상에서부터 내각회의 확정까지 각 단계에서 어떠한 작업이 이루어지는지를 살펴보면 다음과 같다.

1) 정책추진 구상

정책추진 구상(Policy Initiation)은 대부분 각 부처 장관들에 의해 이루어진다. 장관들은 집권당의 정책 프로그램이나 관할 부처 공무원들의 건의 혹은 자신의 아이디어에 따라 정책을 구상한다. 정책 아이디어는 전문 연

---

32) 모든 정책이 내각위원회 시스템을 통해 입안 조정되고 결정되는 것은 아니다. 영국의 정책결정 과정은 매우 신축적이어서 이슈에 따라 혹은 총리의 관심 여부에 따라 달라진다(James, 1992: 135-168). 신속한 대응이나 기밀 유지가 필요한 정책 혹은 고도의 전문성의 요구되는 정책의 경우는 총리와 관련 장관(들)간의 양자 협의에 의해 정책 방향과 주요 내용이 결정된다. 내각위원회나 내각회의의 사전 심의 없이 확정되고 사후에 통보되는 경우도 많다. 또한 중요성이 크지 않거나 부처간 이견이 크지 않은 이슈들은 주무부처에 의해 정책 내용이 실질적으로 결정되고 총리의 요식적인 승인을 받아 확정된다. 내각위원회의 심의 조정을 거치는 경우는 대부분 부처 간의 이견이 많은 중요한 이슈로서 긴급을 요하지 않는 이슈들이다. 마지막으로 유럽연합 이슈들은 관련 부처와 내각지원실에서 주도한다. 보통 내각위원회에 상정되어 처리되고, 내각회의에는 상정되지 않는다.

구기관과 이익집단 등에서도 나오는 경우도 많으나 대체로 집권당이나 부처 공무원을 통해서 장관에게 전달된다.

그러나 모든 정책의 추진 구상이 장관들에 의해서만 이루어지는 것은 아니다. 중요한 정책의 경우 총리가 주도하는 경우가 늘어나고 있다. 총리의 정책추진 구상은 대부분 총리실(Prime Minister's Office) 스태프들의 지원에 의해 이루어진다. 총리실 내 정책실(Policy Unit)은 총리에게 정책 아이디어를 제공하여 총리가 승인하면 부처로 하여금 입안케 할 수 있다. 총리 개인비서실(Private Office) 비서들도 정책 아이디어를 직접적으로 제공하지는 않지만 현안 이슈나 상황 진전에 관한 브리핑을 통해 간접적으로 총리로 하여금 정책을 구상해 추진하도록 할 수 있다. 최근 총리실 스태프들에 의한 정책추진이 증가하고 있다. 그 밖에 유럽문제와 공직관리 분야에서는 내각사무처에 의한 정책추진도 늘어나고 있다.

2) 부처내 입안

정책을 누가 구상했던 간에 대부분의 정책은 주무부처에 의해 입안된다. 입안에 필요한 정보와 자료 및 전문성을 주무부처가 보유하고 있기 때문이다. 장관이나 총리실에서 정책안의 윤곽을 정해 주면 공무원들이 정책의 내용을 구체적으로 정한 정책안과 검토보고서를 작성한다. 정책안 작성에는 정책대안의 객관적인 장단점과 함께 정책대안이 재정 지출 및 경제에 미치는 효과를 포함시켜야 한다. 정책안과 검토보고서 작성 과정에서 주무부처는 수시로 총리실에 보고하고, 이 때 총리는 개인적인 관심이 크거나 의회, 언론 및 정당에서 쟁점이 될 수 있는 정책 이슈에 대해 자신의 의견을 표시한다.[33]

3) 의견 수렴

부처내 초안이 작성되면 주무부처는 정책 내용에 이해관계가 있는 부처들과 정당 및 이익집단들의 의견을 수렴해야 한다. 정책내용에 대한 이해

---

33) 총리가 각별한 관심을 갖고 있는 중요한 정책 이슈로서 갈등 가능성이 클 경우 총리는 해당 장관과 회동해서 정책의 내용과 향후 절차 및 일정에 관해 사전에 윤곽을 잡는다. 이 회동은 내각지원실이 아닌 개인비서실에서 지원한다.

관계 부처들과의 협의는 실무 수준의 부처간 위원회나 장관들 간의 접촉을 통해 이루어진다. 이러한 협의를 통해 관련 부처들의 협조를 구하고 이들과의 이견을 해소한다.

또한 영국에서는 해당되는 경우 정책안이 환경에 미치는 효과, EC지침 혹은 국제협약과의 상충 여부, 지방정부에 미치는 영향, 사회적 약자들에게 미치는 영향, 기업에 미치는 부담, 적법성 논란 여부 등에 관한 분석을 첨부하도록 하고 있다. 이를 위해 정책안을 준비해 온 주무부처는 내각사무처내 규제분석반, 재무부, 환경부, 법무부 등 관련 기관들의 검토를 받아야 한다.

정당과 원내 평의원(backbenchers)들의 의견도 수렴한다. 정당과 의원들로부터의 의견 수렴은 장관과 장관 특별보좌관들이 담당한다. 장관들은 집권당의 입장을 결정하는 데 영향력을 행사하는 집권당 내 정책 분야별 의원 그룹을 접촉해서 논의하고 그들의 의견을 수렴할 뿐만 아니라, 더 나아가 야당 의원들도 접촉해서 의견을 듣는다. 또한 장관에게 정책에 대한 정치적 조언을 하고 당정 간에 연계고리 역할을 하는 장관 특별보좌관들도 원내 평의원들에게 부처 정책에 대해 브리핑을 하고 당료들을 접촉하여 정책안에 대한 당의 의견을 수렴한다.

이익집단들로부터의 의견 수렴은 주로 관료들이 담당한다. 관료들은 이익집단의 대표들을 직접 접촉하거나 이익집단의 대표가 구성원으로 되어 있는 부처 자문위원회를 통해 의견을 수렴한다. 노동조합과 같이 특별한 경우에는 장관이 직접 이익집단의 의견을 수렴하기도 한다.

4) 내각위원회 상정 여부 결정

정책안에 대한 이해관계 기관들과의 의견수렴과 협의가 끝나면 내각위원회로 보낼 것인지 말 것인지를 결정해야 한다. 모든 정책안이 내각위원회에 상정되는 것은 아니다. 내각위원회에로의 상정은 총리나 내각장관 혹은 내각사무처장의 판단에 따른다.

대체로 이슈가 단독 부처의 관할에 속하거나, 둘 이상의 부처가 관련된 이슈라도 부처간 협의에 의해 이견이 해결되면 내각위원회에 상정하지 않는다. 바로 내각회의에 상정되어 확정 절차를 밟는다.

그러나 다수 부처의 관할에 속하는 정책 이슈로서 부처간 이견이 있거나,

단독 부처 관할에 속하는 정책 이슈라도 전혀 새로운 정책이거나 예산 및 입법 조치가 필요한 정책이거나 정치적으로 논란의 소지가 많아 그 자체로서 중요한 정책들인 경우 내각위원회에 상정된다. 실제로 내각위원회에 올라오는 비율은 10% 미만이다.

5) 내각위원회 심의와 조정

내각위원회에 상정하기로 결정되면, 정책안을 준비해 온 주무부처는 정책안과 검토보고서를 내각사무처 내 해당 분야 지원실(secretariat)에 보낸다. 즉 경제 분야 정책안이면 경제내정지원실에 제출하고, 국방 분야 정책안이면 외교국방지원실에 제출한다. 이후 정책안 처리 과정에 대한 관리는 주무부처의 손에서 떠나 내각사무처장과 해당 내각지원실에 의해 이루어진다.

해당 분야 내각지원실은 정책안과 검토보고서를 넘겨받더라도 곧바로 장관급 내각위원회를 소집하지 않는다.

(1) 준비 작업

먼저, 준비 작업으로서 해당 분야 내각지원실 스태프들이 정책안과 검토보고서가 내각위원회 심의 안건으로서 구비 요건을 갖추었는지 체크해 미진한 부분이 있으면 주무부처로 하여금 보완하도록 하고, 불명확한 부분이 있으면 해석을 붙인다. 동시에 입법 조치가 필요한 정책안이면 입법전략 내각위원회에, 정책안이 과학기술 분야에 영향을 미칠 수 있는 것이면 과학기술보좌관에게도 보내야 한다.

(2) 실무내각위원회 조정

다음으로, 장관급 내각위원회에 회부하기 전에 실무내각위원회를 소집해 조정을 시도한다. 실무내각위원회는 주로 관련 부처 공무원들로 구성되고 해당 내각지원실의 장이나 스태프가 주재한다. 실무내각위원회는 부처간 이견에 대해 합의를 도출하되, 합의가 이루어지지 않으면 미합의 부분을 최소한으로 줄이고 동시에 장관들이 해결해야 할 쟁점을 분명히 한다. 필요하면 동일 이슈에 대해 회의를 2~3번 소집하기도 한다.

(3) 서면 교환 혹은 구두 회의

마지막으로, 실무내각위원회에서 미합의된 부분을 조정하기 위해 장관급 내각위원회로 회부한다. 회부된 후에도 내각지원실장은 내각위원회에서의 구두 논의를 통해 타결할 것인지, 아니면 내각위원회 소속 장관들과의 서면 교환을 통해 타결할 것인지를 결정한다. 실제로 많은 수의 정책안들이 서면 교환을 통해 조정되고 있다. 구두 회의를 소집하여 논의하는 것보다 시간이 덜 걸리기 때문이다.

서면 교환을 통해 이견 타결을 시도할 경우 정책대안과 쟁점 이슈들을 요약한 메모를 작성하고 검토 시한(보통 10일)을 정해서 내각위원회 의장과 구성 멤버 장관들, 그리고 총리실에 보낸다. 서면 교환에 의해 이견이 타결되면 내각위원회 의장이 내각위원회에서의 합의가 이루어졌음을 확인하는 절차를 거침으로써 조정은 마무리된다.

(4) 장관급 내각위원회에서의 심의 조정

내각위원회의 구두 논의를 거쳐 이견을 조정하기로 한 경우 정책안과 검토보고서를 내각위원회 멤버와 총리실에 배포한다.[34] 내각위원회의 소집 및 안건처리 스케줄은 사태의 흐름이나 의회 일정에 의해 어느 정도 자동적으로 정해지나 처리계획(forward planning)에 의해서도 상당히 좌우된다. 즉 매주 목요일 오후 내각사무처장의 주재 하에 내각지원실 스태프들과 총리 개인비서실 스태프들이 모여 회합을 갖고 향후 3주간의 내각위원회 소집 및 안건처리 일정을 짠다. 또한 종종 향후 3 내지 6개월 내에 각 부처에서 어떠한 이슈가 올라올지를 사전에 검토(forward look)하기도 한다. 이러한 사전 검토와 처리 일정을 통해 내각사무처는 업무 처리의 혼잡을 막고, 보고서가 제때에 준비될 수 있는지 체크한다.[35]

장관급 내각위원회가 소집되는 경우 내각지원실은 안건 상정의 우선순위를 내각위원회 의장과 상의해 결정하고, 내각위원회 운영 전략에 관한 메모를 작성해 내각위원회 의장에게 브리핑한다. 운영전략메모는 이슈 진척 정도, 미해결 쟁점, 거론되어야 할 이슈, 내려져야 할 결정 등에 관한 의

34) 내각 멤버가 아니더라도 그 이슈에 이해관계가 있는 부처에 배포한다. 그러나 민감한 이슈일 경우 내각사무처장이 배포 대상을 결정한다.

35) 처리계획이나 사전 검토 작업에는 컴퓨터 네트워크 시설이 활용된다.

견서이다.[36] 총리가 주재하는 내각위원회일 경우 내각사무처장이 주도적인 역할을 한다.

내각위원회에서는 쟁점 이슈에 대해 실질적인 논의는 구두보다는 보고서를 검토하는 방식으로 진행된다. 내각지원실 스태프들은 내각위원회 결정 사항들을 기록하고, 관련 부처에 배포한다. 기록은 쟁점 이슈, 토론 요지, 내려진 결론, 활동 지시 등 일정한 포맷에 따라 이루어진다. 이러한 기록과 결론은 24시간 내에 의장의 승인을 받아 복사해서 회의 참석자와 필요한 사람들에게 배포하고 원본은 내각지원실에 보관한다.

배포가 끝나면 해당 장관 비서실이 해당 공무원들에게 결정 사항을 분명히 주지시켜 집행하도록 한다.[37] 집행을 분담하게 된 기관들의 장이 내각위원회에 참석하지 못한 경우 내각지원실에서 이들 집행분담 기관장들에게 결정 사항을 알려야 한다. 집행담당 공무원은 결정 사항을 충분히 이해할 수 없는 경우 내각지원실에 문의해서 충실하게 집행해야 한다.

5) 내각회의에서 최종 타결과 확정

정부의 정책으로 최종 결정되기 위해서는 모든 정책안이 내각회의의 확정을 받아야 한다. 내각회의를 위한 의제 선정, 처리 일정 수립, 회의 진행 전략 브리핑, 기록 및 배포 등은 내각위원회의 경우와 거의 같다. 다만 내각회의는 의장이 총리이기 때문에 내각사무처장이 내각지원실의 지원을 받아 주도적으로 내각회의를 관리한다. 즉 내각사무처장이 내각회의에서 논의할 의제의 우선순위를 총리와 상의해서 결정하고, 내각회의 운영전략을 메모로 작성해서 총리에게 브리핑한다.

내각회의가 개최되면, 부처간 협의 과정 혹은 내각위원회에서 쟁점이 모두 타결된 이슈들이나 그 중요성과 정치적 민감성을 내각장관들에게 알리기 위해 상정된 이슈들은 별다른 논의 없이 확정한다.

그러나 부처간 합의가 이루어지지 않아 올라온 이슈들에 대해서는 논의

36) 내각지원실 직원들은 일반적으로 각 부처에게 이 의견서 전체를 보여 주지 않는다. 다만, 해당 부처 장관이 적절히 대처할 수 있도록 일부만 알려 준다.

37) 공식적으로는 내각회의의 최종 확정을 거친 후에 집행해야 한다. 그러나 내각위원회의 결정이 실질적인 최종 결정이고 내각회의에서는 논의가 거의 요식 절차이기 때문에 내각위원회 결정 이후 바로 집행 준비 작업에 들어간다.

와 조정이 시도된다. 총리가 내각위원회 의장 혹은 이슈 관할 장관에게 안건을 설명하도록 하고, 반대하는 장관들에게 발언하도록 한다. 예산 지출이 따르면 재무장관으로 하여금 발언하도록 한다. 그 후 다른 장관들로 하여금 의견을 제시하도록 하고 관련 장관들로 하여금 응답하도록 한다.

이 과정에서 정치적 수용 가능성, 정책의 충실성 등에 대한 검증이 이루어지고, 합의가 도출된다. 최종 합의 도출에는 정책의 내용, 참여자의 개성, 외부 압력, 내각회의 멤버 간에 힘의 분포, 회의 분위기 등이 작용한다. 내각회의에서는 투표를 하지 않기 때문에, 결론을 유도할 때는 총리의 역량이 중요하다. 정부 내에서 최종 조정 합의된 정책안과 검토보고서를 '백서(White Paper)'라고 부른다.

4 내각위원회 운영지침

영국에는 내각회의와 내각위원회의 원활한 운영을 위해 작성된 지침(Guidelines)이 있다.

최초로 작성된 지침은 1917년에 전시내각 사무처장(Maurice Hankey)이 장관들이 참고해야 할 내각회의와 내각위원회의 운영절차를 간략히 규정한 것(Notes on War Cabinet Procedure)이었으나,[38] 1945년 애틀리 총리가 자신의 스타일을 반영한 운영지침(Questions of Procedure for Ministers)[39]을 작성해 장관들에게 배포했다. 그 후 이 지침은 총리가 바뀔 때마다 내각사무처장이 총리와 상의해 수정해 왔다.[40] 대체로 내각회의와 내각위원회

38) 이 절차 규정은 내각위원회의 소집과 준비, 회의록 작성, 결정의 사후관리 등을 규정한 것으로 총리가 바뀔 때마다 내각회의에 상정되어 논의되었으나 제2차 세계대전이 끝날 때까지 거의 변하지 않았다. 1945년 이전까지 총리들은 절차 규정의 작성에 간여하지 않았다(Baker, 2000: 2).

39) 내각회의와 내각위원회의 효율적 운영을 위해 구체적인 절차와 의장의 역할에 대해 규정했다.

40) 이러한 수정을 통해 내각위원회 운영절차(Cabinet Procedure)도 점점 더 세련되어 갔고, 장관들의 행동강령(Ministerial Conduct)도 하나씩 추가되어 갔다. 1950년대 애틀리 총리에 의해 장관들의 연설과 언론 관계 규정 및 내각 시스템에 대한 비밀 유지 규정이, 처칠과 맥밀란 총리에 의해 장관들의 윤리규정이 추가되었고, 1970년대에는 장관들의

의 운영절차에 관한 지침을 엄격하게 작성하는 총리들을 대부분 노동당 총리들, 즉 애틀리, 윌슨, 블레어 등이었다.

내각위원회 운영에 관한 블레어 총리의 지침은 다음과 같다.41)

첫째, 회의 소집은 참석 장관들에게 7일 전에 통보해야 하고, 정책안과 검토보고서는 사전에 배포하되 장관들이 읽고 소화하고 필요한 브리핑을 받을 수 있도록 가급적 주말을 포함해 충분한 시간적 여유를 두고 사전에 배포해야 한다. 긴급히 결정해야 할 경우에도 최소한 이틀 전에 배포되어야 한다.

둘째, 정책안을 내각위원회에 상정하기 위해서는 제안 부처가 이해관계 부처들의 의견을 수렴하고 필요한 영향분석을 실시한 후에 내각지원실에 보내야 한다.42)

예산 지출이나 경제정책에 영향을 미치는 정책안은 사전에 재무부와 협의한 후 협의 내용, 소요예산 추정치와 그 조달 방안 등을 함께 제출해야 하고, 법률적 논란을 수반할 가능성이 있는 정책안은 사전에 법무부와 협의해야 하며, 북아일랜드와 스코틀랜드 및 웨일스 지역에 영향을 미칠 수 있는 정책안이면 이들 지방정부(Northern Ireland Office, Scottish Office, Welsh Office)와 협의를 거쳐 제출해야 한다. 또한 정책안이 기업 활동에 미치는 영향, 환경에 미치는 영향, 유럽연합이나 국제협약에 미치는 영향, 지방정부의 권한에 미치는 영향 등을 검토한 후 제출해야 한다.

셋째, 정책안과 검토보고서는 간단 명료한 메모와 함께 제출해야 한다. 검토보고서는 정책 제안의 목적과 주요 대안을 간결하게 3페이지 이내로 작성하고 분석 내용은 부록으로 첨부해야 한다. 메모는 대체로 문제가 무엇이고, 결정시 고려 사항, 요구되는 결정 등을 4페이지 이내로 작성해야 한다.

공직 임명과 정책공표에 관한 지침이, 최근 1990년대에 장관들의 의회와 정당 업무처리 지침 등이 추가되었다. 이 지침은 그동안 비밀로 취급되어 왔으나 1992년 메이저 총리의 Open Government Initiative의 일환으로 내각위원회 시스템과 함께 처음 공개되었고, 최근 블레어 총리에 의해 그 명칭이 The Ministerial Code로 바뀌었다(Baker, 2000).

41) 네 번째까지는 내각위원회뿐만 아니라 내각회의에도 적용된다.

42) 자세한 내용은 Checklist for Cabinet Committee Letters and Papers 참조. (http://www.cabinetoffice.gov.uk/secretariats)

넷째, 회의록은 결론만 기록하고, 집행기관에 필요할 것으로 판단되면 논의 요약까지 기록한다. 어떤 경우에도 어느 장관이 무슨 이야기를 했는지는 기록하지 않는다. 특정 기밀 사항이나 정치적으로 민감한 논의는 기록하되 그 배포 범위를 제한한다.

다섯째, 내각위원회의 결정은 불만이 있더라도 특별한 경우가 아니면 내각회의에 재론할 수 없다. 지나치게 잦은 재론은 내각위원회 시스템을 유명무실하게 할 수 있기 때문이다. 다만, 일반 내각장관들은 내각위원회 의장의 동의가 있으면 재론할 수 있고, 총리는 내각위원회 의장의 자문을 받아 재론 허용 여부를 결정한다. 재무장관은 정책안이 수반하는 예산 지출에 불만이 있을 경우 자동적으로 재론할 수 있다.

그 밖에도 따라야 할 지침이 몇 가지 더 있다.[43]

첫째, 멤버 장관은 내각위원회 참석을 왕실 및 의회 관련 업무를 제외하고 최우선으로 해야 하며, 불가피한 사정으로 참석이 어려우면 다른 장관들로 하여금 대리 참석토록 하거나 서면으로 의견을 표시할 수 있다.

둘째, 내각위원회 참석은 가급적 최소한으로 줄여 원칙적으로 멤버 장관들과 지원실 스태프 2인으로 제한한다. 심층적이고 충분한 의견 교환과 논의를 위해서이다. 예외적으로 총리 정책보좌관과 공무원들이 참석하는 경우가 있다. 총리 정책보좌관은 필요시 초청되고, 공무원들은 내각위원회 의장의 허락을 받아 전문기술적인 쟁점이 논의되는 그 순간만 배석하도록 하고 있다.

셋째, 내각위원회에서 검토한 보고서와 회의록은 그 내용에 따라 비밀 등급을 받아야 하고 그 등급에 따라 배포 범위를 제한해야 한다. 회의록은 24시간 내에 배포되어야 한다. 배포 이전에 참석 장관들이 기록 내용을 점검해서는 안 되나, 사실 관계가 잘못 기록되어 있으면 그 수정 내용을 배포 후 24시간 이내에 내각지원실에 보내야 한다.

---

43) http://www.cabinetoffice.gov.uk에서 Cabinet Committee business 부분 참조.

제 3 절 역대 정권별 내각위원회 시스템

역대 총리들은 집권하자마자 자신이 중요하다고 생각하는 정책 이슈들에 대해 내각위원회들을 설치해 왔다. 내각위원회의 설치 운영에 관한 권한은 총리에게 있다. 총리는 어떤 종류의 내각위원회를 몇 개나 설치할 것인지, 내각위원회에서 무엇을 논의할 것인지, 각 내각위원회의 의장과 구성멤버를 누구로 할 것인지, 내각위원회들을 어떠한 절차와 방식으로 운영할 것인지, 어떤 내각위원회를 폐지할 것인지 등 모든 사항을 내각사무처장의 조언을 받아 독자적으로 결정할 수 있다.

내각위원회 시스템은 총리가 바뀜에 따라 획기적으로 변할 수도 있다. 그러나 영국의 내각위원회 시스템은 여러 총리들을 거치면서 점진적으로 발전해 왔다. 먼저 전쟁관리 내각위원회가 설치된 이후 민간 분야로, 민간 분야에서도 다시 여러 정책 영역으로 확산되어 갔다. 여러 정권을 거치면서 종류도 다양해지고 내부구조와 운영절차 등도 정교화되어 왔다.

이하에서는 영국 총리들이 당면한 과제와 스타일에 따라 내각위원회 구조와 그 지원기구 및 운영 방식을 어떻게 개편해 왔는지 살펴본다.[44]

1 애스퀴스 정부(Herbert H. Asquith, 1908~16)
- 최초의 공식적 내각위원회 '전쟁관리 내각위원회' 탄생 -

1) 개 관

영국에서 내각위원회가 최초로 등장한 시기는 20세기가 시작되기 직전이다. 주로 국방이나 식민지 이슈들을 논의하거나[45] 국내문제에 대한 내각

44) 영국에서는 총리의 교체에 따라 내각위원회 구조와 그 운영지침이 바뀐다. 그러나 정책안 입안과 조정 절차는 표준화되어 있어서 총리가 교체되어도 거의 바뀌지 않는다.

45) 예를 들면, Cabinet Committee on Defence(1895)이다. 그러나 이 내각위원회는 외무장관과 식민지장관이 빠지고 육군장관과 해군장관은 자문관 자격으로 참석하여 부처간

회의에서의 갈등을 해결할 목적으로 내각위원회들이 간헐적으로 설치되었다(Brady, 2004: 5-6). 내각위원회들을 본격적으로 설치한 총리는 허버트 애스퀴스(Herbert H. Asquith)[46]이다. 국민복지 증진과 선거권 확대를 위해 실업대책 내각위원회(Committee on Unemployment), 연금보험 내각위원회(Committee on Pension), 선거자격 내각위원회(Committee on Election) 등을 설치했다. 그러나 이들은 모두가 공식저으로 인정받지 못한 비공식 회의들이었다.

공식적 내각위원회가 최초로 설치되는 계기는 제1차 세계대전이다. 독일이 중립국인 벨기에를 침공함으로써 제1차 세계대전이 발발하자 애스퀴스 총리는 1914년 7월 대독전쟁을 선포한 후, 보수당과 노동당을 끌어들여 전시연합내각회의(Joint War Cabinet)를 구성해 대응하려고 했다. 그러나 재무장관 로이드 조지(David Lloyd George)가 반대했다. 전쟁을 지휘하고 전쟁 관련 부처들의 활동을 효율적으로 조정하기 위해서는 내각회의 산하에 총리를 제외한 소수 장관들로 구성된 전쟁담당 내각위원회(War Committee)를 설치할 것을 강력히 주장한 것이다. 그리하여 애스퀴스 총리는 타협책으로 1914년 11월에 총리 자신을 의장으로 하는 전쟁관리 내각위원회(War Council)를 설치했다.

이어서 애스퀴스 총리는 전쟁 수행을 위해 추가로 군수담당 내각위원회(Committee on Munition Supplies), 전쟁정책 내각위원회(Committee on War Policy), 인력동원 내각위원회(Committee on Manpower), 전시무역 내각위원회(War Trade Committee), 전쟁금융 내각위원회(Committee on the Coordination of Military and Financial Efforts) 등을 설치했다. 이들 내각위원회들은 대부분 임시 내각위원회들이었다.

애스퀴스 총리는 이러한 임시 내각위원회들을 설치해 국정운영 목적뿐

조정을 제대로 수행하지 못해 얼마 안 되어 유명무실해졌다.

46) 애스퀴스는 변호사로 일하다 1886년에 자유당 하원의원(Liberal MP)으로 당선된 이후 내무장관, 재무장관을 거쳐 1908년에 총리가 되었다. 총리가 된 애스퀴스는 로이드 조지(David Lloyd George)와 함께 노인연금(Old Age Pensions), 전국민건강보험(National Health Insurance), 국민실업보험(National Unemployment Insurance) 등을 도입함으로써 복지국가의 초석을 놓았으나, 여성선거권 확대 반대, 상원인 귀족원 권한 축소, 북아일랜드 내전 위기에 대한 미온적 대응 등으로 사회적·정치적 갈등을 야기했다. 자유방임주의적 리더십은 이러한 혼란을 효과적으로 수습하지 못했다.

만 아니라 정치적 목적으로도 활용했다. 즉 강력한 라이벌 장관들을 견제하거나 내각회의 내부 갈등을 해결하고 심지어는 야당과의 협상을 위해서도 활용했다(Brady, 2004: 6).

2) 전쟁관리 내각위원회

전쟁관리 내각위원회(War Council)는 전쟁 관련 소수 장관들로 구성했다. 즉 총리를 의장으로 하여 전쟁장관, 해군장관, 외무장관, 재무장관과 전직 보수당 리더로서 자유당 정부의 전쟁계획 수립을 지원한 적이 있던 발포아(James A. Balfour, 1848~1930) 등 6명으로 구성했다. 또한 전쟁관리 내각위원회는 회의를 매일 소집했다.

그러나 전쟁관리 내각위원회는 기대에 못 미쳤다. 즉 전쟁을 효율적으로 지휘하고 조정하지 못한 것이다. 그 이유는 다음과 같다(Daalder, 1963: 31-32).

첫째, 내각회의에서 소규모 전쟁관리 내각위원회에 전쟁 수행의 권한을 위임하려고 하지 않았다. 그 결과 중요한 이슈들이 전쟁관리 내각위원회에서뿐만 아니라 내각회의에서도 반복적으로 논의되었다.

둘째, 전쟁관리 내각위원회가 참석 멤버를 13명으로 확대함으로써 소수 장관들에 의한 효율적이고 깊이 있는 논의가 불가능했다. 구성 멤버를 확대한 이유는 내각회의의 반대에 부딪쳐 명실상부한 전쟁 수행 권한을 확보하기 위한 것이었으나, 결과적으로 내각위원회의 장점을 살리지 못했다.

셋째, 전쟁관리 내각위원회는 논의만 무성하고 합의를 도출하지 못했다. 전쟁 수행에 대해 전문 지식이 없는 민간인 장관들로 구성된 데다가, 전쟁관리 내각위원회에서 참고할 전문가 검토보고서 하나 작성되지 않았고, 내각회의를 포함한 대부분의 부처간 위원회들이 의제도 회의록도 없이 진행되었으며, 의장인 총리마저 자유방임주의적 리더십을 구사했기 때문이다.

2 로이드 조지 정부(David Lloyd George, 1916~22) - 현대적 내각위원회 시스템의 구축 -

추진력이 부족한 애스퀴스 총리를 밀어내고 집권한 로이드 조지 총리[47]

는 복잡한 문제의 핵심을 파악하는 데 뛰어났으나, 리더십 스타일은 권위적이고 각 부처의 업무에 많이 간여하는 편이었다. 그러한 로이드 조지 총리는 제1차 세계대전을 승리로 이끌기 위해서는 총력전이 필요하고 이 총력전을 성공적으로 수행하기 위해서는 국정운영 시스템의 현대화가 선결과제라고 판단했다. 그리하여 그는 내각위원회 시스템의 개혁을 추진했다.

1) 기존 내각회의와 내각위원회에 대한 로이드 조지 총리의 인식

로이드 조지 총리는 자신이 물려받은 국정운영 시스템, 즉 내각회의와 내각위원회들은 전쟁 수행 과정에서 늘어만 가는 복잡한 업무들을 효율적으로 처리하는 능력이 부족하다고 판단했다. 특히 정부기구들을 강력하게 지휘 감독하는 능력과 부처간 이견을 적시에 조정하는 능력이 부족하다고 생각했다.

그의 입장에서 볼 때 내각회의는 너무나 비효율적이고 무능력했다.

첫째, 20여 명의 장관들로 구성되어 전략적인 이슈에 대해 신속하고 단호하며 깊이 있게 논의하기가 어려웠고, 둘째, 의제도 없이 소집되는 경우가 많고 의제가 있더라도 사전에 검토보고서를 작성 배포하지 않았으며, 회의 내용도 기록하지 않아 무엇이 논의되고 결정되었는지가 불분명하여 혼선을 초래했을 뿐만 아니라, 셋째, 복잡하고 전문기술적인 문제들을 논의하고 결정하는 데 필요한 정보와 조언을 제공받지 못했다(Burch & Holliday, 1996: 13-14).

그의 기대와는 달리 내각위원회들도 제 역할을 수행하지 못했다(Brady, 2004: 17). 전쟁관리 내각위원회는 매일 소집됨으로써 국내 이슈들까지 끼어들어 업무가 너무 많아 전쟁 이슈들을 효율적으로 처리하지 못했고, 장관들의 서로 다른 주장들만 난무하고 해결되는 것이 없었다. 전쟁관리 내각위원회의 업무를 덜기 위해 전시 국내문제들을 관리할 내정관리 내각위

47) 로이드 조지는 1890년에 자유당 하원의원에 당선된 이 후 통상부장관(President of the Board of Trade), 재무장관을 거쳐 의원 생활 25년 만인 1915년에 자유당 총재가 되었고, 제1차 세계대전 중인 1916년에 보수당과의 전시연합(War Coalition)을 통해 애스퀴스를 밀어내고 총리가 되었다. 그는 재임 기간 동안에 제1차 세계대전을 승리로 마무리했고, 보통선거제(Universal Suffrage)를 도입했으나 북아일랜드 문제에 대해서는 강경책을 구사했다.

원회(Home committee)를 추가로 설치하려고 시도했으나 그마저 의견 불일치로 실현하지 못했다. 여타 내각위원회들도 제 역할을 못하기는 마찬가지였다. 대부분 임시 내각위원회들이고 관할 업무 한계가 불분명해 그 위상과 권한에 대한 논란에 휘말렸기 때문이다.

2) 내각위원회 시스템 구축

그리하여 로이드 조지 총리는 집권하자마자 제국국방위원회 사무국장(Maurice Hankey)의 제안에 따라 제국국방위원회(Committee of Imperial Defence) 시스템[48]을 모델로 하여 1916년 12월에 내각위원회 시스템에 대한 개혁을 단행했다. 로이드 조지 총리가 추진했던 개혁의 구체적인 내용을 보면 다음과 같다.

(1) 내각위원회 확대

제1차 세계대전을 치를 전시내각회의(War Cabinet)와 함께 그 산하에 다수의 내각위원회들을 새로 설치했다.

전시내각회의는 제1차 세계대전을 효율적으로 수행하기 위해 소규모 고위 정치 리더들로 구성했다. 즉 자유당 리더이자 총리인 자신을 의장으로 하여 보수당 리더, 노동당 리더, 보수당 장관, 기타 비정파 인사 등 5인으로 구성했다. 여러 정파의 인사들로 구성한 이유는 국가적 비상사태에 국론통합을 용이하게 하기 위해서였고, 대부분 부처를 담당하고 있지 않은 고위 정치 리더들로 구성한 이유는 부처담당 장관들의 경우 범정부적 정책

---

48) 제국국방위원회는 1902년에 내각회의 산하 설치된 전쟁자문기구이다. 정규 멤버가 정해져 있지 않고 의장인 총리가 필요에 따라 국방 관련 장관들과 합참의장 및 군사전문가를 소집하고, 국방의 기본 원칙, 세부적인 국방정책, 전시동원 조정 등에 관해 내각회의에 조언과 자문을 제공하는 기구이다.

당시 군장교와 관련 부처 고위공무원들로 구성된 4개의 상설분과위원회와 다수 임시 분과위원회 및 1개 사무처(secretariat)로 구성되어 있었다. 4개 분과위원회는 Overseas Defence Committee, Home Ports Defence Committee, Committee on the Coordination of Departmental Action in the Event of War, Air Committee이다. 이 분과위원회들은 1914년 제1차 세계대전 발발 직전까지 30여 개로 늘었다. 사무국은 해군부, 전쟁부, 인도관리부, 식민지관리부 공무원들로 구성해 회의 의제 준비, 의제 관련 검토메모 작성, 회의록 작성 등을 담당하도록 했다. 검토메모와 회의록은 여왕, 총리, 장관, 회의 참석 군장교, 기타 관련 기관장에게 배포했다.

이슈들을 논의하는 데 필요한 시간이 충분하지 않을 뿐만 아니라 여러 부처들과 관련된 이슈들에 신중하고 객관적인 판단을 내릴 만큼 중립적인 위치에 있지 않다는 판단 때문이었다(Daalder, 1963: 44). 그 결과 전시내각회의 멤버들은 부처의 일상적 관리 책임에서 벗어나 범국가적 정책들을 추진하고 조정하는 데 전념할 수 있게 되었고, 부처 장관들은 자신들의 부처와 관련된 이슈가 논의될 경우에만 전시내각회의에 초청되었다.[49]

내각위원회들은 현안 이슈에 대한 조사, 정책개발, 갈등조정 등의 목적으로 설치했다.[50] 내각위원회들은 부처 장관들로 구성했다. 이는 전시내각회의를 비부처 장관들로 구축한 결과 이에 참석하지 못하게 된 부처 장관들로 하여금 국정운영에 참여할 수 있도록 하기 위해서였다. 내각위원회들은 전시내각회의 멤버 가운데 한 사람이 주재했다.

로이드 조지 총리는 내각위원회를 그의 재임 기간에 150여 개 이상으로 늘렸다. 애스퀴스 총리 임기 말에 내각위원회가 대략 8개이던 것과는 크게 대조적이다. 그리고 최초로 상설 내각위원회들을 설치했다.

로이드 조지 총리가 설치한 내각위원회들 가운데 상당수가 업무 관할이 분명하고 구성 멤버가 고정된 상설 내각위원회들이다(Brady, 2004: 18). 군비건설 내각위원회(War Priorities Committee, 1917. 9.), 국내정책 내각위원회(Home Affairs Committee, 1918. 7.)와 전후대비 내각위원회(Post-War Priority Committee, 1918. 7.) 등이 그들이다. 군비건설 내각위원회는 산하에 분과위원회를 설치해 나중에 17개까지 늘렸다. 국내정책 내각위원회는 국내 이슈 담당 장관들과 법무장관으로 구성되어 전후 평시 체제로의 전환뿐만 아니라 보건의료, 과학기술, 외국인 관리 등 국내정책 업무 가운데 둘 이상의 부처간 협력이 필요한 중요 업무들을 조정하기 위해 설치된 내각위원회이다.

그러나 로이드 조지 총리가 설치한 내각위원회들도 대부분 임시 내각위원회들이었다. 이들의 업무 관할은 분명하지 않았고 구성 멤버들은 소수였으나 업무 관련성이 아니라 전시 연합정권 내에서의 정치적 비중, 의회 경

49) 보통 5~6명이 추가로 초청되었다.

50) 1914년 제1차 세계대전 발발 후 전시내각회의 산하에 전쟁 관련 내각위원회가 구축됨에 따라 지금까지 평시 내각회의에 국방 관련 조언을 해 오던 제국국방위원회(CID)와 그 분과위원회들의 활동은 급격히 축소되었고, 1915년에 이르러서는 사실상 중지되었다.

〈표 5-6〉 로이드 조지 정부(1916~22)에서 신설된 주요 상설 내각위원회

- War Priorities Committee(1917~1918)	군비 건설
- Home Affairs and Demobilization Committee(1918~)	국내문제 조정
- Economic Defence and Development(1918)	
- Eastern Committee(1918~1919)	
- Post-War Priority Committee(1918~1919)	전후 평시체제 전환 준비
- Committee on Imperial Communication(1919~)	
- Overseas and Home Defence Committee(1920~)	
- Finance Committee(1919~22)	
- Unemployment Committee(1920~)	

* 1918년 11월에 전쟁 종결.

험, 논의 이슈에 대한 전문성 등에 의해 선발되었다(Brady, 2004: 20). 로이드 조지 총리가 주도하는 이들 임시 내각위원회들 중에는 내각회의를 조종하는 임시 내각위원회가 있었고, 내각회의에서 다루기 힘든 위기관리를 담당하는 임시 내각위원회도 있었다(Brady, 2004: 21).

(2) 지원기구 설치

로이드 조지 총리는 전시내각회의와 다수의 내각위원회들을 전담 지원하기 위해 사무국(Secretariat)을 설치했다. 사무국은 제국국방위원회 사무국과는 별도로 설치했다. 사무처장(Maurice Hankey) 밑에 국방담당 부처장과 민간담당 부처장을 두어 각 부처장들로 하여금 관련 내각위원회들의 회의를 준비하고 그 결정의 이행을 점검함과 동시에 각각 관련 부처들을 분담해 연락 업무를 담당하도록 했다. 국방 분야 스태프는 군장교들을, 민간 분야 스태프는 재무부와 관련 부처 공무원들을 차출해 활용했다.

(3) 절차와 운영 방식 정비

로이드 조지 총리는 회의의 사전 준비와 사후 관리를 강화하는 체계적인 절차[51]를 도입했다. 즉 회의 의제를 미리 선정하고, 각 부처들의 정책 제안을 검토해 코멘트를 하며, 의제에 대한 메모를 장관들이 읽고 참석할 수 있도록 짧고 명확하게 작성해 2일 전에 미리 배포하고, 회의에서의 논의 내용과 결정 사항을 기록해 관련 부처 장관들에게 배포하고, 각종 자료와 기록

51) 1917년에 Questions of Procedure for Ministers를 작성했다.

을 유지하도록 했다. 또한 복잡해 판단하기 쉽지 않아 전시내각회의에서 논란이 많은 쟁점 이슈들에 대해서는 관심 있는 내각 멤버 주도로 관련 내각위원회에서 추가적으로 조사 논의해 보고하도록 했다.

3) 로이드 조지 정부의 내각위원회 시스템에 대한 평가

로이드 조지 총리의 개혁은 체계적이고 효율적인 국정운영을 가능케 했으나 권력 집중을 초래했다는 평가를 받았다(Burch & Holliday, 1996: 16). 상설 내각위원회와 사무국 그리고 운영 절차 등을 체계적으로 구축함으로써, 전쟁으로 인해 늘어난 정부 업무를 질서 있고 효율적으로 조정하고 통제하는 데 크게 공헌했다. 그뿐만 아니라 로이드 조지 총리의 개혁은 내각위원회 시스템이 국정운영의 핵심 기구로 제도화될 수 있는 계기를 마련했다. 그 전까지 내각위원회는 장관들이 간헐적으로 모여 당시 현안을 논의하는 임시회의로서 체계적인 관리나 운영 절차 없이 이루어졌었는데 로이드 조지 총리가 일부 관계장관회의들을 상설화하면서 관리기구인 사무국을 설치하고 업무처리 절차를 마련함으로써 향후 제도화될 수 있는 기반을 다졌다.

그러나 로이드 조지의 개혁은 국정 전반에 걸쳐 조정하고 지휘 통제할 수 있는 수단을 총리에게 집중시킴으로써 총리의 대통령화를 시도했다는 평가를 받았다. 국정운영의 실질적인 권한과 책임을 내각회의에서 내각위원회로 이동시키고 이들 내각위원회들을 사무국을 통해 총리가 자신의 의도대로 관리함으로써 국정운영에서 총리의 위상과 영향력이 크게 강화되었다. 이는 집단적 책임과 권한 행사를 강조하는 의원내각제 전통에서 크게 벗어난 것이었다. 그 결과 상대적으로 영향력이 약해진 의회와 부처들의 비난이 끊이질 않았다(Brady, 2004: 22-23).

3 제1차 세계대전 이후부터 제2차 세계대전 직전까지 - 내각위원회의 존폐 위기와 생존 -

제1차 세계대전이 1918년 11월에 종결되면서 전시체제가 평시체제로 전환되었다. 그에 따라 전쟁 관련 내각위원회들은 대부분 폐지되고, 그 기능들의 일부를 다시 총리 자문기구인 제국국방위원회(Committee of Imperial Defence) 산하에 분과위원회들을 만들어 이동시켰다. 이에 따라 내정 관련 내각위원회들도 상당수가 폐지되었다. 그 결과 로이드 조지 총리 집권 말기인 1921년에 이르러서는 상설 내각위원회 3개, 임시 내각위원회 20여개만 가동되었다.

1922년에 보수당과의 전시연합이 붕괴되어 로이드 조지 총리가 퇴진하자 내각위원회 시스템은 존폐의 위기를 맞았다. 새로운 시스템이 권력을 총리에게 집중시킨다는 이유로 일부 의원들과 언론 및 재무부[52]를 중심으로 폐지를 주장한 것이다(Burch & Holliday, 1996: 17-18).

그러나 후임 총리인 보수당 로(Bonar Law) 총리에 대한 내각사무국장(Cabinet Secretary) 행키(Maurice Hankey)의 설득이 주효해 내각위원회와 사무국 및 그 절차가 새로운 정부 하에서도 살아남았다(Burch & Holliday, 1996: 17-18; Brady, 2004: 23-24). 그뿐만 아니라 로 총리 이후에도 위원회 시스템에 익숙한 노동당 출신 총리들이 내각위원회 시스템을 폐지하지 않고 지속적으로 활용함으로써 내각위원회 시스템은 새로운 국정운영 시스템으로서 자리잡기 시작했다.

1920년대와 1930년대 내각위원회 시스템의 변화와 특징을 살펴보면 다음과 같다.

첫째, 이 시기에는 그때그때 발생하는 특정 현안 이슈들에 대해 대책을 세워 내각회의에 보고하고 곧바로 해체되는 임시 내각위원회들이 주로 설치되었다. 1922~24년 보수당 정부에서 31개, 1924~25년 노동당 정부에서 63개, 1925~29년 보수당 정부에서 100여 개 등 1920~30년대에 대략 400여 개에 달하는 임시 내각위원회들이 설치되었다. 이렇게 많은 내각위원회들이 설치된 이유는 파업이나 국제행사 등 하나의 사건에 대처하는 데 여러 측면들을 검토한다는 이유로 다수의 임시 내각위원회를 설치했을 뿐만 아니라 대중 인기를 끌 수 있는 이슈들마다 관계장관회의를 설치했기 때문이다(Brady, 2004: 25-26). 이들 임시 내각위원회들은 대부분 조사보고를 위한 내각위원회들이고 그 중 소수만 정책개발을 위한 내각위원회였다. 이

52) 당시 재무부는 예산권과 공무원 관리권을 가지고 부처들을 통제 조정할 수 있는 위치에 있었다. 내각위원회와 사무국은 재무부 입장에서 볼 때 권한을 침해하는 라이벌이었다.

들 내각위원회들은 상당수가 부처들이 자의에 의해 설치하고 폐지하는 부처편의주의의 산물들이었다.

둘째, 외교 분야에 설치되었던 몇몇 이슈별 내각위원회들이 1936년에 분야별 상설 내각위원회인 외교정책 내각위원회(Foreign Policy Committee)로 통합되었다. 그 결과 이 시기에 유지되었던 분야별 내각위원회는 제1차 세계대전이 끝날 무렵에 설치되어 줄곧 유지되어 온 국내문제 내각위원회(Home Affairs Committee)를 포함해 두 개로 늘었다.

셋째, 국왕의 의회 연설문 초안을 작성하는 국왕연설 내각위원회(Committee on King's Speech)가 설치되었다. 국왕은 의회의 회기가 시작할 때마다 입법안 제출과 함께 국정운영에 대한 연설을 해 왔는데, 이 연설문 초안을 작성하기 위해 내각위원회를 설치한 것이다.

넷째, 회의 운영 절차면에서는 약간의 변화가 있었다. 즉 내각위원회의 결정이 필요한 안건들은 사전에 관련 부처들 간에 철저히 검토한 후 상정하도록 했고, 내각위원회에서 논의한 결론을 내각회의에 자동적으로 상정하는 것이 아니고 상정 여부를 내각위원회 의장으로 하여금 결정하도록 했으며, 더 나아가 내각회의에 안건을 상정하기 전에 미리 총리와 상의하도록 했다(Brady, 2004: 29).

〈표 5-7〉 제1차 세계대전 이후 제2차 세계대전 직전까지 운영된 주요 상설 내각위원회

- Home Affairs Committee(1918~39)
- Foreign Policy Committee(1936~39)
- Committee on King's Speech(1935~)

- Unemployment Committee(1920~25, 1929~39)
- Finance Committee(1920~22)
- Cabinet Committee on National Expenditure(1925~27)
- Supply and Transport Committee(1919~21, 1931~39)

- Committee on Irish Affairs(1922~24, 1932~36) *
- Committee on Indian Affairs(1922~24, 1932~35) *
- Committee on League of Nations Disarmament Conference(1932~35) *

* Foreign Policy Committee로 통합.

4 체임벌린(Neville Chamberlain, 1937~40)과 처칠(Winston Churchill, 1940~45) - 오늘날 내각위원회 시스템의 기본틀 구축 -

영국의 내각위원회 시스템은 제2차 세계대전을 거치면서 크게 확대 발전했다. 전쟁으로 인해 늘어나 업무를 효율적으로 처리하기 위해 체임벌린 총리와 처칠 총리가 내각위원회를 적극 활용했기 때문이다.

1) 내각위원회 시스템의 확대와 정교화

(1) 내각위원회의 증설과 다양화

독일에서 히틀러의 등장으로 전운이 감돌던 1937년에 집권한 체임벌린 총리[53]는 대독 유화정책을 추구하면서 집권 이듬해인 1938년에 독일과 평화협정을 맺었으나 1년 후에 독일이 폴란드를 침공하자 이를 파기하고 1939년 9월 대독 선전포고를 함으로써 제2차 세계대전을 개시했다.

체임벌린 총리(1937~40)는 집권 기간에 두 단계에 걸쳐 내각위원회 시스템을 개편했다.

첫째, 1937년에 집권하자마자 기존 내각위원회들은 대부분 폐지해 상설 내각위원회를 14개를 정도만 유지했다. 기존의 수많은 임시 내각위원회들을 대폭 정리하고 꼭 필요하다고 판단되는 내각위원회만 상설로 설치한 것이다.

둘째, 전쟁이 발발하자 전쟁과 내정을 효율적으로 수행하기 위해 내각위원회 시스템을 확대 개편했다.

먼저, 전쟁과 관련해서는 1939년에 들어 전쟁이 불가피해지자 동년 3월에 군비증강 내각위원회(Committee on Priority)를 설치해 전쟁 물자를 비축하기 시작했고, 동년 9월 전쟁이 시작되자 일부 부처 장관들을 포함시킨 전시내각회의(War Cabinet)를 구축한 다음 산하에 전쟁 수행에 필요한 내각위원회들을 신설했다.

---

53) 체임벌린은 대학 졸업 후 사업을 하다가 1918년에 보수당 하원의원으로 당선되었다. 보건부장관과 재무장관을 거쳐 유럽대륙에 전운이 감도는 1937년에 총리가 되었다.

전쟁을 전략적으로 총괄 지휘 조정하는 전쟁전략 내각위원회(Military Coordination Committee, 1939.10.)를 새로 설치하고,[54] 동시에 주요 전선(war fronts)들을 효율적으로 관리하기 위해 제국국방위원회(CID) 산하 주요 분과위원회들을 내각위원회들로 승격시켰다. 합동참모위원회(Chiefs of Staff Committee),[55] 해외영토방어 내각위원회(Committee on Overseas Defence), 국내영토방어 내각위원회(Committee on Home Defence), 전시조정 내각위원회(Committee on the Coordination of Departmental Action in the Event of War), 제국통신망구축 내각위원회(Committee on Imperial Communications), 중동아프리카대책 내각위원회(Committees on Middle East and Africa) 등이 이에 해당한다. 마지막으로, 전쟁에 필요한 자원관리를 위해 인력동원 내각위원회(Committee on Manpower), 식량정책 내각위원회(Committee on Food Policy), 유류정책 내각위원회(Committee on Oil Policy) 등을 설치했다.[56]

다음으로, 전시 국내문제들을 효율적으로 관리하기 위해 국내 사회 분야 대부분의 기존 내각위원회들을 국내정책 내각위원회(Committee on Home Policy)와 경제정책 내각위원회(Committee on Economic Policy)로 통합 정비했다. 이 두 내각위원회 산하에는 분과위원회들도 설치되었다.

그러나 체임벌린 총리의 내각위원회 시스템은 전쟁을 맞이해 국정을 효율적으로 운영하는 데 문제점을 드러냈다. 내각위원회들의 폭발적 증가를 억제하지 못했고, 전시내각회의(War Cabinet)와 전쟁전략 내각위원회(Military Coordination Committee)와 합동참모위원회(Chiefs of Staff Committee) 간에 역할을 분명하게 구분하지 않아 혼선을 초래했으며,[57]

---

54) 전쟁전략 내각위원회는 총리를 의장으로 국방장관, 군수장관, 합참의장, 육·해·공 3군장 관들로 구성했다.

55) 합동참모위원회는 군사작전 상황을 검토하고 야전 사령관에게 전투명령을 내리는 내각위원회이다. 대체로 각군 사령관들이 순차적으로 의장을 담당했으나, 1940년부터는 총리이자 국방장관인 처칠이 종종 직접 주재했다. 전쟁이 끝난 1946년에 국방부 산하로 전속되었다.

56) 이와 유사한 내각위원회들은 제1차 세계대전 당시에도 설치되었다. 전후에 폐지되었는데 다시 부활시킨 것이다.

57) 체임벌린 총리는 전시내각회의 산하에 전쟁전략 내각위원회와 합동참모위원회를 설치해 전자는 전쟁 전반에 걸친 전략적 조정을 담당하도록 하고, 후자는 군사적인 전략과 전술에 대한 조정을 담당하도록 함으로써, 전쟁전략 내각위원회를 통해 전쟁을 실질

전시 국내문제들을 총괄 조정하는 국내정책 내각위원회도 부처들의 비협조와 의장인 무임소장관의 리더십 부족으로 제 역할을 하지 못했기 때문이다(Brady, 2004: 52). 결과적으로 체임벌린 총리는 제2차 세계대전 초기의 전쟁을 성공적으로 이끌지 못하고 실패했다.[58] 자연스럽게 국정운영 시스템에 대한 의회와 언론의 비난도 이어졌다.

전쟁 실패에 대한 책임을 지고 대독 유화론자였던 체임벌린 총리가 물러나자 대독 강경론자인 보수당 리더 처칠[59]이 총리로 임명되었다. 처칠 총리(1940~45)는 노동당 리더 애틀리(Clement Attlee)와 함께 전시연합내각을 구성한 후 전쟁을 효율적으로 수행하기 위해 내각위원회 시스템을 정비했다. 처칠 총리는 장관들이 별 성과도 없이 허겁지겁 참석해야 하는 내각위원회가 너무 많고, 전시에 신속한 정책결정이 이루어지지 않고 있다고 생각했다. 그리하여 그는 늘어만 가는 내각위원회 수를 대폭 줄이고 살아남은 내각위원회들도 효율적으로 관리하기 위해 노력했다.

첫째, 전쟁으로 급작스레 늘어난 수많은 내각위원회들의 관리가 쉽지 않게 되자 내각위원회들을 전쟁 분야와 민간 분야로 양분하고, 1940년에 양대 분야 총괄 내각위원회를 설치해 해당 분야 주요 내각위원회들을 관리하도록 했다.

전쟁 분야는 체임벌린 총리가 설치한 기존의 전쟁전략 내각위원회(Military Coordination Committee)를 1940년에 국방담당 내각위원회(Defence Committee, 1940. 5.)[60]로 격상시켜 전투와 군수 관련 내각위원회들을 총

적으로 지휘 통제하려고 했다. 그러나 전쟁전략 내각위원회는 전시내각회의뿐만 아니라 합동참모위원회와도 관할 분쟁에 휘말려 제 역할을 수행하지 못했다.

58) 전쟁 초기 노르웨이 구출작전에서 많은 영국군 사상자가 발생하자 총리직에서 사임했다.

59) 처칠은 왕립군사학교를 졸업한 후 군인과 기자 생활을 거쳐 1900년에 보수당 하원의원에 당선되었다. 그러나 보수당 지도부에 실망한 나머지 1904년에 자유당으로 이적해 내무부장관, 전쟁부장관, 식민지관리부장관을 거쳤고, 1923년에는 다시 보수당으로 이동해 재무장관을 거쳤다. 독일에서 히틀러가 등장하자 영국의 재무장을 주장했고, 해군 부장관으로서 체임벌린 총리의 대독유화 정책을 비판했으며, 히틀러가 폴란드를 침공함으로써 제2차 세계대전을 일으키자 영국과 프랑스 및 러시아 간 동맹을 주장했다. 1940년 체임벌린 총리의 사임과 동시에 처칠은 국왕에 의해 총리로 지명되었다.

60) 처칠 총리를 의장으로 하여 애틀리 부총리, 해군부장관, 전쟁부장관, 공군부장관, 외무부장관, 생산부장관, 합참의장, 그리고 군사 전문가들이 참석하는 내각위원회이다. 산하에 분과위원회들을 두었다.

괄 조정하도록 했고, 민간 분야에서는 Lord President's Committee를 1940년에 신설해 국내 경제사회 동향을 점검하고 경제사회 관련 내각위원회들을 총괄 조정하도록 했다.[61] 국방담당 내각위원회 의장은 처칠 총리 자신이 담당했고, Lord President's Committee의 의장은 부총리이자 전시연합정권의 한 축인 노동당 리더 애틀리에게 맡겼다.

둘째, 아시아에서 일본이 침략 전쟁을 가속화하면서 인도 등 영국의 이해관계 지역을 위협하자 기존의 중동아프리카대책 내각위원회에 추가해 극동아시아대책 내각위원회(Committee on Far East)를 신설하고, 인도대책 내각위원회(Committee on India)를 부활시켰다.

셋째, 전쟁 수행 관련 입법안들을 신속히 처리하기 위해 비상입법 내각위원회(Committee on Emergency Legislation)를 설치했다. 또한 기존의 국내정책 내각위원회를 입법관리 내각위원회(Committee on Legislation)로 전환해[62] 의회에 제출하기 직전에 국내정책 분야 입법안들을 검토 조정하도록 했다. 이로써 기존의 국왕연설 내각위원회와는 별도로 의회입법 전략과 관련해 2개의 내각위원회가 추가되었다.

넷째, 전쟁 수행과 종전에 대비한 내각위원회들을 추가 설치했다. 전쟁 수행에 필요한 식량정책 내각위원회(Committee on Food Policy) 등을 추가 설치했고, 전쟁이 한 고비를 넘기자 전후복구 내각위원회(Cabinet Committee on Reconstruction)를 설치했다.

이처럼 제2차 세계대전을 치르면서 체임벌린 총리와 처칠 총리는 전시내

---

61) 그 결과 국방담당 내각위원회는 합동참모위원회, 해외영토방어 내각위원회, 국내영토방어 내각위원회, 전시조정 내각위원회, 제국통신망구축 내각위원회, 중동아프리카 내각위원회, 전시생산 내각위원회, 인력담당 내각위원회 등을 관리했고, Lord President's Committee는 경제정책 내각위원회(Committee on Economic Policy), 국내정책 내각위원회(Committee on Home Policy), 전시생산 내각위원회(Committee on Priority), 식량정책 내각위원회(Committee on Food Policy), 유류정책 내각위원회(Committee on Oil Policy), 민방위 내각위원회(Committee on Civil Defence) 등의 내각위원회들에 대한 관리를 담당했다.

62) 좀더 정확히 말하면, 입법관리 내각위원회는 국내정책 내각위원회(Committee on Home Policy)가 전환된 것이다. 그 이유는 Lord President's Committee가 내정담당 내각위원회로 부상하자 기존 국내정책 내각위원회가 국내정책 이슈들에 대한 부처간 조정보다는 정부 입법안들을 사전에 검토해 필요하면 수정한 후 내각회의에 보고하는 위원회로 그 역할을 바꾸고 이름도 입법관리 내각위원회로 바꾸었다.

〈표 5-8〉 제2차 세계대전 전시내각회의 산하 주요 내각위원회

내각위원회	비 고
[Chamberlain, 1937~40]	
- Military Coordination Committee(1939~40)	전쟁 전반에 대한 조정/조언 Defence Committee(1940. 6.)로 개편
- Chiefs of Staff Committee(1939~45)	분과위원회 설치
- Committee on Overseas Defence(1939~42)	
- Committee on Home Defence(1939~45)	
- Committee on the Coordination of Departmental Action in the Event of War with Certain Countries(1939~41)	
- Committee on Imperial Communications(1939~45)	
- Committee on Censorship(1939~45)	
- Anglo-French Committee(1939~47)	
- Committees on Middle East and Africa(1939~45)	분과위원회 설치
- Committee on Priority(1939~42)	분과위원회 설치
- Committee on Civil Defence(1939~45)	분과위원회 설치
- Committee on Manpower(1939~46)	
- Committee on Oil Policy(1939~45)	
- Committee on Home Policy(1939~42)	분과위원회 설치
- Committee on Economic Policy(1939~45)	분과위원회 설치
[Churchill, 1940~45]	
- Defence Committee(Operations, Supply)(1940~46)	전선 총괄
- Lord President's Committee(1940~51)	내정 총괄
- Committee on Emergency Legislation(1943~)	전쟁관련 입법 촉진
- Committee on Legislation(1942~)	국내정책 입법안 검토 조정
- Committees on Far East(1940~45)	분과위원회 설치
- Committee on India(1940~45)	
- Committee on Shipping(1940~45)	
- Committee on Food Policy(1940~43)	
- Committee on Supply Question(1943~45)	점령지 물자 수송
- Committees on Reconstruction(1943~45)	

각회의 산하에 필요에 따라 다양한 내각위원회들을 설치했는데, 상설과 임시를 포함해 그 수가 400여 개에 이르렀다.

(2) 분과위원회와 실무내각위원회

체임벌린 총리와 처칠 총리가 상설과 임시로 설치 운영되어 오던 기존의

내각위원회 시스템에 새로 추가한 내용은 다음과 같다.

첫째, 전략기획이 필요한 일부 내각위원회 산하에 분과위원회들(subcommittees)을 설치했다.

합동참모위원회(Chiefs of Staff Committee), 중동아프리카대책 내각위원회(Committee on Middle East and Africa), 극동아시아대책 내각위원회(Committee on Far East), 경제정책 내각위원회(Committee on Economic Policy), 국내문제 내각위원회(Committee on Home Affairs), 민방위 내각위원회(Committee on Civil Defence) 등에 다수의 분과위원회들이 기능별 혹은 지역별로 설치되었다. 예를 들면, 합동참모위원회는 분과위원회를 기능에 따라 합동기획위원회(Joint Planning Committee)와 합동정보위원회(Joint Intelligence Committee)를 두었다.

둘째, '실무내각위원회(Official Cabinet Committee)'라는 새로운 유형의 내각위원회를 설치했다(Burch & Holliday, 1996: 19-20). 실무내각위원회(Official Cabinet Committee)는 고위 실무공무원들로 구성된 임시 내각위원회이다. 실무내각위원회들 가운데 일부는 독립적인 내각위원회로, 또 다른 일부는 장관급 내각위원회의 하부기구로 설치되었다. 이들 실무내각위원회는 광범하게 활용되지는 않았으나, 다수가 설치됨으로써 새로운 유형들로서 정착될 전례가 만들어진 것이다.

(3) 지원실과 운영지침

내각위원회 지원실은 제1차 세계대전 시절처럼 군사 부문과 민간 부문으로 분화시켰다. 그러나 1916년 로이드 조지 총리에 의해 도입된 내각회의와 내각위원회의 운영 절차와 방식은 처칠 총리에 의해 1916년 이전 방식으로 돌아갔다. 즉 다혈질인 처칠 총리는 기록도 없고 격식도 없는 자유 토론 방식을 선호했기 때문이다(Brady, 2004: 23). 다만, 내각위원회 수가 많아지자 일부 장관급 내각위원회들로 하여금 결정 사항을 모두 전시내각회의 승인을 받지 않고 전시내각회의를 대신해 최종 결정권을 행사할 수 있도록 했다(Burch & Holliday, 1996: 19-20).

2) 체임벌린과 처칠의 내각위원회 시스템에 대한 평가

체임벌린과 처칠 총리에 이르러 오늘날 내각위원회의 기본 구조가 완성되었다. 종전까지는 내각회의 산하에 다수의 장관급 내각위원회만 설치되었고 그 예정된 활동 기간의 길이 따라 상설 내각위원회와 임시 내각위원회를 구분해 설치했다. 여기에 체임벌린과 처칠 총리가 몇몇 내각위원회 산하에 분과위원회들뿐만 아니라 실무내각위원회를 설치하기 시작한 것이다. 그 결과 상설 내각위원회와 임시 내각위원회, 장관급 내각위원회와 실무급 내각위원회, 분과위원회 등으로 구성되는 오늘날 내각위원회의 기본 골격이 완성되었다.

5 애틀리 정부(Clement R. Attlee, 1945~51)
- 내각위원회 시스템의 확대와 강화 -

애틀리 총리[63]는 제2차 세계대전을 치르는 과정에서 만들어진 방대하고 복잡하며 무질서하게 관리되는 내각위원회 시스템을 물려받았다. 그러나 애틀리 총리는 국정운영에서 질서와 능률을 중시하고 회의에서 불필요한 발언을 싫어하는 사람이었다(Thomas, 1998: 7-8). 애틀리 총리는 집권하자 전시 내각위원회 시스템을 평시 시스템으로 전환함과 동시에 능률과 조정 능력의 제고를 시도했다. 즉 새로운 여건에 맞게 내각위원회들을 재정비하고, 내각위원회의 수를 줄이고 운영 절차도 합리화하려고 했다.

1) 기존 내각위원회 시스템에 대한 애틀리 총리의 인식

애틀리 총리가 인식한 기존 내각위원회 시스템의 문제점은 다음과 같다(Hennessy, 1986: 40, 42).

첫째, 내각위원회 숫자가 너무 많다는 것이다. 전시에 정부의 업무가 증

63) 애틀리는 변호사 생활을 거쳐 1919년에 시장(Mayor)에 당선되었고 1922년에는 노동당 하원의원에 당선되었다. 1935년에 군소 야당인 노동당의 리더가 되었고, 1940-45년 처칠 총리 전시내각에 부총리로 참여해 전쟁 수행에 전념하는 총리를 도와 내정 문제를 관리했다. 1945년 총선에서 노동당이 의회 다수를 차지하자 총리가 되었다.

총리로서 애틀리는 국정의 모든 분야에서 단호하고 과감하게 자신의 비전을 관철시켰다. 그리하여 재임 기간에 주요 산업과 은행의 국유화를 단행하고 복지국가 건설에 매진했으며, 핵실험, 인도의 독립 허용, 한국전에 영국군 파병 등을 단행하고 NATO 창설에 공헌했다.

가함에 따라 내각위원회가 우후죽순처럼 설치됨으로써 내각위원회들의 결정이 내각회의에 보고조차 되지 않는 경우가 종종 발생했다.

둘째, 내각위원회에서 논의가 비효율적이라는 것이다. 장관들이 너무 자잘한 이슈들까지 논의하고, 부처간 갈등은 무임소장관의 주재 하에 관련 장관 2~3명의 회합으로 해결될 수 있는 것이 많은데도 불구하고 이들을 모두 내각위원회에서 논의하고 있다는 것이다. 또한 자신들이 잘 알지도 못한 안건에 대해서도 불필요하게 끼어든다는 것이다.

셋째, 내각위원회에서 검토할 보고서가 너무 길고 복잡하며 촉박하게 배포된다는 것이다. 그리하여 회의가 개최되면 내용을 충분히 알지 못한 채 참석한 장관들에게 보고서 내용을 다시 설명하고 있을 뿐만 아니라, 보고서를 미리 읽지도 않은 장관들이 논의 주제에 대해 잘 알지도 모르면서 끊임없이 토론하는 경우가 많다는 것이다(Baker, 2000: 3).

한 마디로 기존 내각위원회 시스템의 이러한 문제점들로 인해 장관들이 내각위원회에서 불필요하게 너무 많은 시간을 소비한다는 것이다.

2) 애틀리 총리의 개혁 내용

(1) 내각위원회 재정비

애틀리 총리의 내각위원회 개편 내용은 다음과 같다.

첫째, 전시 내각위원회 시스템을 평상시 내각위원회 시스템으로 전환했다. 이러한 방향에 따라 전쟁 수행과 직접적으로 관련된 내각위원회들은 대부분 폐지했다.

둘째, 기존 내각위원회들 가운데 국방정책 내각위원회(Defence Committee), Lord President's Committee, 입법관리 내각위원회(Committee on Legislation) 등은 유지하고, 제2차 세계대전 와중에 폐지되었던 외교정책 내각위원회(Committee on Foreign Policy)와 경제정책 내각위원회(Committee on Economic Policy)는 부활시켰으며, 사회복지 내각위원회(Committee on Social Legislation)와 영연방 내각위원회(Committee on Commonwealth), 지방정부개혁 내각위원회(Committee on Local Government Reform) 등을 신설했다. 특히 Lord President's Committee는 관리하던 내각위원회들을 분과위원회로 흡수 통합해 사실상 국내정책 내각위원회가 되

었다.[64]

셋째, 다수의 이슈별 내각위원회들을 설치했다. 경제 분야에 다수 이슈별 내각위원회들뿐만 아니라 지방정부 개혁, 국민의료 시스템 도입, 주택 공급 등의 이슈들을 관리할 내각위원회들을 새로 설치했다.

〈표 5-9〉 애틀리 정부(1945~51)의 주요 내각위원회 개편

폐지	- Chiefs of Staff Committee(1939~45) - Committee on Imperial Communications(1939~45) - Committee on Supply Question(1943~45) - Committee on Civil Defence(1939~45) - Committee on Shipping(1940~45) - Committee on Oil Policy(1940~45) - Committee on Home Defence(1939~45) - Committee on Censorship(1939~45) - Committee on Middle East and Africa(1939~45) - Committee on Far East(1940~45) - Committee on Middle East and Africa(1939~45) - Committee on Manpower(1939~46) - Committee on Reconstruction(1943~45) - Committee on India(1940~45)
유지	- Defence Committee(1940~63) - Lord President's Committee(1940~51) - Committee on Legislation(1942~) - Committee on Emergency Legislation(1943~) 등 다수
부활	- Committee on Foreign Policy(1945~) - Economic Policy Committee(1945~)
신설	- Committee on Social Legislation(1945~) - Committee on Commonwealth(1945~) - Committee on Local Government Reform(1947~) - Committee on Colonial Development(1948~) - Committee on Security of Economic and Industrial Information(1949~) - Committee on House of Commons Disqualifications(1950~) - Committee on National Economy in War(1950~)

64) 1951년에 Home Affairs Committee로 개편되었다.

(2) 내각위원회 운영 절차와 방식의 개선

애틀리 정부는 운영 방식과 절차면에서 개혁을 단행했다. 제2차 세계대전 전시거국내각 부총리로 참여하면서 절차의 중요성을 인식한 애틀리 총리는 집권 후 내각위원회를 전시내각 총리 처칠처럼 방만하고 무질서하게 운영하지 않고[65] 그와 반대로 단호하고 질서 있게 운영하기 위해 내각회의와 내각위원회의 운영 절차에 대한 통제를 시도했다. 즉 자신의 스타일에 맞게 내각위원회 운영지침(Questions of Procedure for Ministers)을 마련했다.

첫째, 애틀리 정부는 1947년 수많은 내각위원회들을 상설(Standing)인지 임시(Ad hoc)인지, 장관급(Ministerial)인지 실무급(Official)인지를 기준으로 네 가지 유형으로 분류해 관리했다.[66]

둘째, 논의 이슈와 직접적인 관련이 없는 장관들은 내각위원회에 가급적 참석하지 말도록 했고, 내각위원회는 가급적 정책의 집행에는 간여하지 말고 집행은 개별 부처에게 맡기도록 했다(Baker, 2000: 5).

셋째, 내각위원회의 효율적 운영을 위해 정책안 상정 요건들을 설정했다.[67]

예산 지출을 수반하거나 경제정책에 영향을 미치는 정책안들은 사전에 재무부와 협의하고, 정책결정이나 집행 과정에서 법적 논란에 예상되는 정책안은 법무부와 사전에 협의한 후 내각위원회에 제출하도록 했다. 또한 정책안에 대한 부처간 이견은 내각위원회에 상정하기 전에 관련 부처 공무원들의 회합, 장관들 간의 서신이나 회합 등을 통해 먼저 해결해 보고, 그래도 해결이 안 되면 내각위원회에 상정하도록 했다(Baker, 2000: 5). 마지막으로, 정책안 검토보고서는 내각위원회 참석 장관은 물론이고 그 밖에 정책에 영향을 받는 장관들에게도 배포하도록 했다. 긴급한 경우를 제외하고 회의 이틀 전에 배포하도록 했다.

넷째, 회의운영메모(Steering Brief)를 개발해 내각위원회의 운영 방식을

---

65) 처칠은 내각회의나 내각위원회에서 논의 의제의 내용에 대해 잘 알지도 못한 장관들이 끼어들어 장시간 지루하게 토론하는 것을 제지하지 않았다.

66) Standing Ministerial, Ad hoc Ministerial, Standing Official, Ad Hoc Official.

67) Questions of Procedure for Ministers(April 29, 1949)의 I. Cabinet Procedure와 II. Committees of the Cabinet 참조.

약간 개선했다. 회의운영메모는 내각지원실장(Norman Brook)이 총리와 내각위원회 의장에게 내각회의와 내각위원회에서 회의 진행 순서, 논의되어야 할 쟁점, 바람직한 결론 등을 사전에 조언하는 간단한 메모이다 (Burch & Holiday, 1996: 20; Hennessy, 1986: 18).

다섯째, 내각위원회 논의는 가급적 간단 명료하게 함과 동시에 보류하거나 다른 내각위원회로 회부하지 않고 가급적 매듭을 짓는 방향으로 결론을 내도록 했으며, 회의록은 핵심 쟁점과 결정만 요약 기록하고 누가 어떤 발언을 했는지는 알 수 없게 기록하도록 했다.

여섯째, 내각위원회의 논의 과정에 대한 비밀 유지이다. 내각위원회에서 누가 어떤 이야기를 했고 어떻게 합의에 도달했는지에 대해서는 비밀을 유지하도록 했다. 누설되면 정부의 명예가 훼손되고 효율적 운영이 어려우며 야당에게 비판의 빌미를 주기 때문이었다(Baker, 2000: 8).

3) 애틀리 정부의 내각위원회 시스템에 대한 평가

애틀리 정부의 내각위원회 시스템에 대한 개혁은 성공과 실패가 교차되었다.

애틀리 정부는 방만하게 증가한 내각위원회 숫자를 줄이는 데는 실패했다. 당초 계획대로 상당수 내각위원회들을 폐지하고 통합했음에도 불구하고 필요에 따라 다수의 새로운 내각위원회들을 신설했다. 그 결과 애틀리 정부 하에서 내각위원회가 오히려 증가해 그가 물러나던 1951년에는 장관급 실무급 모두 합쳐 상설 내각위원회가 148개, 임시 내각위원회는 313개에 이르렀다.

애틀리 총리는 1946년에 내각위원회 수를 대폭 줄이려는 개혁을 시도했으나 생각만큼 대폭 줄이지는 못했다. 그 이유는, 첫째, 그의 측근들이 처칠의 전시거국내각(Wartime Coalition Government)에 참여해 내각위원회 시스템 운영에 익숙해져 있어서 대폭 축소에 미온적이었고, 둘째, 전후에 재건, 경제 성장, 복지국가 건설 등으로 인해 정부가 해야 할 업무가 현저히 늘어남으로써 과중한 업무를 감당하는 데 내각위원회 시스템이 효율적이었기 때문이다.

그러나 애틀리 정부는 내각위원회 숫자를 줄이는 데는 실패했음에도 불구하고 전반적으로 내각위원회 시스템을 효율화시켰다는 평가를 받는다.

애틀리 정부는 이슈별 내각위원회들을 줄이고 통합해 분야별 내각위원회들을 구축했다. 물려받은 국방정책 내각위원회, 국내정책 내각위원회(Lord President's Committee)에다 외교정책 내각위원회, 경제정책 내각위원회, 사회정책 내각위원회를 추가 설치함으로써 국정 전반을 다룰 수 있는 5대 분야별 내각위원회를 구축한 것이다.

그뿐만 아니라 애틀리 정부는 내각위원회의 효율적 운영을 위한 지침을 발전시킴으로써 오늘날까지 활용되고 있는 내각위원회 운영 절차(procedure)와 지침(guidelines)의 기본 틀을 완성시켰다. 내각위원회 운영의 기본 절차는 제1차 세계대전 중 로이드 조지 총리에 의해 확립되었다. 여기에 추가해 애틀리 총리가 참석 범위, 의제 상정 요건, 회의운영 메모(Steering Brief) 등 내각위원회 운영에 관한 지침을 개발함으로써 오늘날까지 활용되고 있는 절차와 지침의 기본 틀을 완성했다.

6 처칠 정부(Winston Churchill, 1951~54)
- 내각위원회 시스템의 축소와 위축 -

1951년 77세에 재집권한 처칠 총리는 어떠한 개혁 비전도 가지고 있지 않았으나 내각위원회 시스템이 발달해 가는 추세를 역전시키려고 했다. 국정운영 시스템에 대해 처칠 총리는 애틀리 총리와는 전혀 다른 시각을 갖고 있었기 때문이다. 처칠 총리는 애틀리 총리와는 달리 대규모 내각회의와 방대한 내각위원회 시스템을 선호하지 않았다(Burch & Holliday, 1996: 21). 그는 소규모의 내각회의를 원했고, 소수 장관급 내각위원회만을 활용하고자 했다. 처칠 총리가 재집권 시 수정한 내용은 다음과 같다

1) 총괄조정장관제 도입과 내각위원회 축소

처칠 총리는 총괄조정장관(Overlords) 제도를 도입해 내각위원회의 숫자를 대폭 줄였을 뿐만 아니라 그 역할과 위상도 크게 위축시켰다.

총괄조정장관 제도는 비중 있는 내각장관들로 하여금 분야별로 서너 개 부처들을 통합 조정[68]하도록 한 제도이다. 이들은 부처를 담당하지 않고

부처간 조정에만 전념하는 무임소장관들로서 조정 대상 부처들에 명령이나 지침을 내릴 권한은 부여되지 않았다. 총괄조정장관 제도의 도입으로 처칠 총리는 집권 3년 반 동안에 내각위원회들을 획기적으로 줄였다. 즉 상설 내각위원회는 148개에서 11개로 줄였고, 임시 내각위원회는 313개에서 109개로 줄인 것이다.[69]

그러나 총괄조정장관 제도는 여타 장관들의 거부와 비협조로 의도한 대로 작동하지 않았다(Hennessy, 1986: 48-49). 그리하여 2년 후 폐지되었고, 부처간 조정은 다시 내각위원회 시스템에 의존하지 않을 수 없었다.

2) 내각위원회 운영 절차와 기준 완화

또한 처칠 총리는 내각위원회 운영 절차와 규칙들도 완화시켰다. 애틀리처럼 미리 정해 놓은 규칙과 절차에 따라 효율적으로 관리하기보다는 신사들의 사랑방(Gentlemen's Clubs)처럼 자유롭게 관리했다.

7 윌슨 정부(Harold Wilson, 1964~70, 1974~76)
- 내각위원회 시스템의 개인화와 운영절차 강화 -

노동당 총재 윌슨[70]은 총선에서 영국의 현대화를 기치로 내걸고 승리함으로써 총리가 되었다. 총리가 된 윌슨은 과거 로이드 조지 총리처럼 강력한 리더십을 구사하려고 했고, 총리의 국정 전반에 대한 책임을 강조하면

68) 부처들에 대해 명령하고 감독하는 권한은 없었다.

69) 처칠 총리가 내각위원회를 전혀 설치하지 않은 것은 아니다. 전반적으로 대폭 줄이면서도 필요에 따라 Committee on Transport Policy(1952~53), Committee on Food and Agriculture(1952~54), Committee on External Economic Policy(1954) 등을 설치했다.

70) 윌슨은 명문 옥스퍼드대에서 정치학, 철학, 경제학을 공부한 후 직업공무원이 되어 내각사무처 스태프를 거쳐 1945년 29세 때 노동당 하원의원에 당선되었다. 하원의원에 당선된 이후 통산장관을 거쳐 의원 생활 19년 만인 1963년 비교적 젊은 나이에 야당인 노동당 총재에 올라 그 이듬해 총선에서 승리함으로써 총리가 되었다. 윌슨 총리는 전임 홈(Douglas Home) 총리가 지나치게 우유부단했다고 생각하고 과거 로이드 조지 총리처럼 개인화되고 권위주의적인 리더십 스타일을 구사하려고 했다(Hennessy, 1986: 86; Pryce, 1997: 49, 67, 70).

서 필요하면 언제 어느 분야에라도 개입하려고 했다.

이러한 윌슨 총리는 늘어나는 정부 업무에 대응함과 동시에 자신의 리더십을 강화하기 위해 내각위원회 시스템을 효율화시키려고 했다. 이러한 윌슨 총리가 집권 1기(1964~70)에 개편한 내용과 그에 대한 평가는 다음과 같다.

1) 기존 내각위원회 시스템에 대한 윌슨 총리의 인식

윌슨 총리는 국정운영에 대한 최종 책임을 총리가 질 수밖에 없고 총리의 리더십과 업적이 집권당은 물론 국가의 성패에 매우 중요하기 때문에, 총리는 이러한 책임과 역할에 걸맞게 국정운영 전반에 대한 개입과 영향력이 강화되어야 한다고 생각했다. 그리하여 국정운영 시스템도 총리가 이러한 책임과 개입 및 영향력 행사가 가능하도록 짜여져야 한다고 판단했다.

그럼에도 불구하고, 기존의 내각위원회 시스템은 총리의 책임과 리더십 및 업적을 위해 유용한 기구가 되지 못하고 있다고 판단했다. 즉 내각장관 전체를 중립적으로 지원하고 있기 때문에 총리의 국정운영에 대한 영향력 행사를 적극적으로 지원하지 못하고 있다는 것이다.

2) 개편 내용

윌슨 총리는 국정운영에서 자신의 영향력을 강화하기 위해 내각위원회 시스템을 개편했는데, 그 구체적인 내용은 다음과 같다.

(1) 내각위원회의 변형

윌슨 총리는 기대와는 달리 기존 내각위원회 시스템을 근본적으로 개편하지 않고, 자신의 개인적 리더십을 강화하기 위해 약간의 변형을 가했다.

첫째, 비밀 내각위원회들을 설치 운영했다(Baker, 2000: 31). 금융 문제, 로디지아(Rhodesia)문제 등 당시 중요한 현안에 대해 비밀 내각위원회를 임시로 설치한 후, 이곳에서 모든 것을 자신의 선호에 맞게 논의 결정한 뒤 그 결론만 내각회의에 상정해 최종 승인을 받았다. 이러한 경우 다른 장관들은 그 결정을 수정할 수도 없었다.

둘째, 차관급 내각위원회들도 설치했다. 정부개혁 등 부처간 이해관계가 크고 직업공무원들의 반발이 클 수 있는 영역에서 장관급 아닌 차관급 내각위원회를 설치 운영했다.

(2) 내각지원실의 분화

윌슨 총리는 내각지원실(Cabinet Secretariat)을 분화시켰다. 윌슨 총리는 집권하자마자 기존의 내각지원실을 군사 분야 지원실(Military Secretariat)과 민간 분야 지원실(Civil Secretariat)로 분리시켰다. 내각지원실은 제1차 세계대전의 와중에 설치된 이래 군사 분야 스태프들과 민간 분야 스태프들로 구성되어 왔으나, 이를 공식 기구로 제도화한 것이다.

윌슨 총리는 다시 군사 분야 지원실을 국방외교지원실(Defence and Overseas Secretariat)로 전환시켰다. 민간 분야 지원실은 경제정책지원실(Secretariat for Economic Affairs)과 국내정책지원실(Secretariat for Domestic Affairs)로 분리시켰는데, 이는 경제, 복지, 도시정비 분야에 정부의 업무가 많아져 이 분야 내각위원회 숫자가 크게 증가했기 때문이다.

그 밖에도 윌슨 총리는 내각지원실 내에 수석과학자문관직(Chief Scientific Adviser)을 설치했다.

그 결과, 내각지원실은 1957년에 기밀정보지원실(Joint Intelligence Secretariat)이 설치된 이래 윌슨 총리 시절에 와서 분야별로 세분화되어 외교국방지원실, 국내정책지원실, 경제정책지원실, 기밀정보지원실, 수석과학자문관실로 전문화되었다.

(3) 운영지침의 강화

윌슨 총리는 내각위원회의 운영에서 중립적인 의장(chairman)이 아니라 지휘자(managing director)가 되려고 했다. 그뿐만 아니라 윌슨의 노동당 정부는 13년 만에 집권한 결과 윌슨 총리를 제외한 나머지 내각장관들은 대부분 국정운영 경험이 부족했다. 그리하여 윌슨 총리는 자신의 스타일을 구현하고 내각장관들의 문제점을 극복하기 위한 전략으로서 내각위원회 운영지침을 크게 강화했다. 그 구체적 내용은 다음과 같다(Baker, 2000: 29-30, 35; Brazier, 1988: 105; Burch & Holliday, 1996: 23).

첫째, 내각위원회에 정책제안보고서(Cabinet Memorandum) 상정 요건을 강화했다.

우선, 부처간 이견이 있는 쟁점 이슈들은 관련 장관들 간에 서신(Correspondence)이나 회합(Meeting) 등의 방법으로 해결을 시도하고 그래도 해결이 안 된 경우에만 내각위원회 시스템에 상정하도록 했다. 또한 예산 지출을 수반하거나 추가 인력을 필요로 하는 정책제안보고서를 내각위원회에 상정하기 위해서는 사전에 재무부나 공직부(Civil Service Department)와 상의해 합의를 얻은 후에 내각지원실에 제출하도록 했다. 그뿐만 아니라 모든 정책제안보고서는 나중에 법률 위반 분쟁에 휘말리지 않도록 미리 법무부의 검토를 받아 내각지원실에 제출하도록 했다. 윌슨 총리는 이러한 조치들을 통해 결정 및 집행 단계에서 발생할 수 있는 많은 전문기술적 문제들을 사전에 해결하고, 내각위원회는 정치적·정책적 장단점만 검토할 수 있게 했다.

둘째, 내각위원회에 상정할 정책제안보고서는 7일 전에 내각지원실로 제출하도록 했다. 내각위원회에 상정하기 전에 내각지원실에서 정책제안보고서가 적절히 작성되었는지, 필요한 협의 절차를 거쳤는지 점검하기 위해서이다.

셋째, 내각위원회의 결정을 내각위원회 의장의 동의 없이 내각회의에서 재론(appeals)하는 것을 금지시켰다. 1960년대에 들어 내각위원회 조정에 불만이 있는 내각장관들이 일단 조정된 쟁점들을 내각회의에서 다시 재론하는 풍조가 생겨났다. 이는 내각회의의 업무를 가중시키고 내각위원회와 그 의장의 권한을 약화시키는 결과를 초래했다(Brazier, 1990: 269). 윌슨 총리는 이러한 관행이 내각위원회 시스템의 효율적 운영을 방해하는 것으로 생각하고 이러한 관행을 없애고자 했다. 그리하여 1967년에 내각위원회 의장의 동의가 없으면 내각위원회의 결정을 내각회의에 상정하지 못하도록 했다.

넷째, 장관들로 하여금 내각위원회에서의 논의 내용을 메모하지 못하도록 했다. 공동 책임(Collective Responsibility)을 강화하고 장관들 간의 갈등이 외부에 알려지는 것을 방지하기 위해서이다.

다섯째, 일부 실무내각위원회 의장직을 내각지원실 고위 스태프들로 하여금 담당하도록 했다. 그 전에는 주로 재무부 고위공무원들이 주재했으나, 윌슨 총리 때부터 내각지원실 스태프들이 주재하기 시작한 것이다. 그 결과 여러 부처들이 관련된 업무에 대한 내각지원실의 역할이 강화되었다(Burch & Holliday, 1996: 23).

3) 평 가

윌슨 총리는 내각위원회 시스템의 대통령제화를 추진했다는 평가를 받고 있다. 즉 미국 대통령의 역할과 영향력에 버금가도록 국정운영에서 총리 자신의 역할과 영향력을 크게 강화하는 방향으로 개편했다는 것이다.

이는 내각위원회 구조의 변경보다는 지원기구와 운영지침의 변경을 통해 실현했다. 즉 내각지원실을 세분화한 후 종전처럼 중립적인 입장에서 내각장관 전체를 위해 지원하는 것이 아니라 총리 개인의 입장에서 총리를 위해 내각위원회들을 효율적으로 집중 관리하도록 했고, 또한 총리에게 더 많은 브리핑을 하도록 했다. 더 나아가 내각위원회 운영지침을 개정하여 내각위원회의 역할을 강화했을 뿐만 아니라 내각위원회에서의 정책 추진과 조정이 자신의 의도에서 벗어나지 못하도록 했다.

윌슨 총리는 이러한 시스템으로 실업 증가, 노사 분규, 식민지 로디지아의 독립 등 국내외 도전과 위기를 관리했다.

8 히드 정부(Edward Heath, 1970~74)
- 내각위원회 시스템의 정상화와 지원기구 강화 -

히드 총리[71]는 전임 윌슨 총리와 여러 면에서 유사한 특징을 갖고 있었음[72]에도 불구하고, 국정운영 스타일 면에서 의도적으로 자신을 윌슨 전임 총리와 차별화하려고 했다. 히드 총리는 윌슨 총리가 국정운영에서 지나치게 권위주의적이고 독선적이며 비밀주의적이었다고 평가하고, 그에 대한 반발로 자신은 개인적 주도권 행사를 피하면서 민주적이며 집단적으로 국

71) 히드 총리는 전임 보수당 총리들과는 달리 부모의 가문이나 경제력 면에서 상류층이 아닌 중하류층에 속했다. 그러나 그는 옥스퍼드대학에서 정치학, 경제학, 철학을 공부한 후 1946년부터 4년간 공무원, 언론인, 은행원 등을 거쳐 1950년에 보수당 하원의원에 당선되었다. 하원의원으로서 원내총무, 재무부 정무차관, 노동장관, 통산장관 등을 거쳐 의원 생활 15년 만인 1965년에 당시 야당이던 보수당 총재직에 올랐고, 1970년 총선에서 승리해 총리가 되었다.

72) 복잡한 경제문제에 대한 해박한 전문성, 능률과 근대화에 대한 신념, 무자비함 등(Pryce, 1997: 86).

정을 운영하려고 했다.

또한 윌슨 총리와는 달리 정치 게임이나 선거를 의식한 언론 홍보보다는 정책을 통한 문제 해결에 관심이 있었다(Pryce, 1997: 101). 그리하여 많은 사람들로 하여금 그의 주변에서 정책 이슈를 발굴하고 분석하도록 했고(Hennessy, 1986: 78), 다른 사람의 논쟁을 충분히 듣고 결정했다(Hennessy, 1986: 73-74).

1) 기존 내각위원회 시스템에 대한 히드 총리의 평가

물려받은 내각위원회 시스템에 대해 히드 총리가 가졌던 문제 의식은 다음과 같다.

첫째, 윌슨 총리가 구축한 총리 중심의 내각위원회 시스템을 내각장관 중심의 시스템으로 회복시켜야 한다고 생각했다. 즉 내각위원회 시스템이 총리 개인의 권력 강화보다는 내각장관 전체를 지원하는 방식으로 운영되어야 한다고 생각했다.

둘째, 내각위원회가 장기전략 문제를 소홀히 하고 있다고 생각했다(Hennessy, 1986: 76). 즉 내각위원회들이 그때그때 발생하는 단기 현안 이슈들에 수동적으로 대응하고 있고, 적극적으로 미래의 비전을 제시하고 그 전략을 개발하는 작업을 소홀히 하고 있다는 것이다.

셋째, 내각위원회의 숫자가 너무 많고, 주무부처에서 작성한 정책안을 사전에 실무 내각위원회에서 검토하는 것은 시간 낭비라고 생각했다. 어차피 장관급 내각위원회에서 검토 조정할 사항이기 때문에 미리 실무 내각위원회에서 조정할 필요가 없다는 것이다.

2) 내각위원회 시스템의 대폭적인 개편

이러한 문제 인식과 판단에 따라 히드 총리는 내각위원회 시스템, 특히 지원기구인 내각사무처를 크게 개편했다. 개편 내용을 보면 다음과 같다.

(1) 내각위원회의 축소와 통합

첫째, 내각위원회 숫자를 절반으로 줄였다. 먼저, 종전에 경제, 산업, 에너지, 도시(inner cities) 등 경제 이슈를 다루는 다수 내각위원회들을 내각사무처장 헌트(John Hunt)의 건의에 따라 통합해 1개의 경제 및 국내정책 내각위원회(Cabinet Committee on Economic and Domestic Policy)와 그 산하에 다수의 이슈별 분과위원회(산업 진흥, 경쟁력 강화, 소비자 보호, 도시 재건)로 재편했다(Lee, Jones & Burnham, 1998: 173). 그뿐만 아니라 부처간 갈등의 소지를 축소하여 내각위원회 숫자를 줄이기 위해 2~3개 관련 부처들을 하나의 거대부처(super-ministries)[73]로 통합했다.

이러한 조치들을 통해 140여 개에 달하는 내각위원회를 70개로 줄였다. 그럼에도 불구하고 1973년 영국의 유럽연합 가입을 성사시킨 직후 유럽문제 내각위원회를 설치했고, 실무 내각위원회 숫자는 오히려 늘렸다.

둘째, 장관들과 고위공무원들을 구성 멤버로 하는 혼합 내각위원회(Mixed Cabinet Committee)를 다수 설치했다. 동일한 이슈를 실무 내각위원회와 장관급 내각위원회에서 별도로 검토함으로써 낭비되는 시간을 줄이기 위해서였다.

(2) 내각지원실의 확대 강화

히드 총리는 내각지원실을 내각사무처(Cabinet Office)로 확대해 국정운영의 중추기구로 활용했다. 즉 내각사무처 내에 내각위원회 회의를 지원하는 하부기구 이외에 추가로 국정운영에 전략적 시각을 제공할 수 있는 하부기구와 전문기술적인 이슈들에 대한 부처간 조정을 촉진하고 조언을 제공할 수 있는 하위기구들을 설치했다.

첫째, 국정운영 전반에 관한 명확한 전략을 수립하고 이를 주기적으로 평가하는 두뇌집단(Think Tank)으로서 중앙정책검토실(Central Policy Review Staff)을 설치했다. 중앙정책검토실은 각 분야의 전문가 약 15~22명으로 구성되었다.

중앙정책검토실을 설치한 이유는 각 부처들이 현안 정책들을 장기 목표하에 전략적으로 검토하지 못하는 경향이 있었기 때문이었다. 또한 중앙정책검토실을 자신이 직접 지휘하는 총리실이 아닌 내각사무처에 설치한 것은 총리가 개인 권력을 강화한다는 비난을 피하기 위해서였다(Jones, 1987).

둘째, 주요 다부처 현안 이슈를 관리하는 대책반들을 설치했다. 즉 유럽문제 대책반(European Unit)과 민간비상 대책반(Civil Contingencies Unit)

73) 예를 들면, 환경부와 통산부.

및 환경공해 대책반(Environmental Pollution Unit) 등을 설치했다.

유럽문제 대책반은 유럽경제공동체(EEC)와의 관계를 처리하고 영국의 유럽연합(EC) 가입에 대한 부처들의 대책을 조정하기 위한 기구였다. 민간비상대책반은 자연재난, 전국적 파업, 대형사고 등 비상사태 및 무질서에 대한 대비책을 개발하고 실행하는 기구였다. 많은 국가기관과 지방기관들을 조정할 필요가 있는 전국적인 재난에 대비한 기구이다. 1972년에 히드 총리가 내무부 소속이던 민간비상 대책반을 광산노조가 파업을 단행하자 이에 대한 대책을 마련하기 위해 내각지원실로 이동시켰다. 또한 환경공해 대책반(Environmental Pollution Unit)을 신설해 장관들에게 조언을 제공하고 부처간 이견을 조정하도록 했다. 1970년에 설치되었으나 같은 해에 폐지되었다.

셋째, 유럽문제지원실(European Secretariat)을 새로 설치했다. 1972년에 설치된 유럽문제 대책반을 1년 후에 유럽문제지원실로 개편한 것이다. 유럽문제지원실을 신설한 이유는 새로 설치한 유럽문제 내각위원회의 지원 업무뿐만 아니라 유럽 이슈들이 대부분 정치적인 판단보다는 전문기술적인 판단을 요구하는 이슈들이어서 관련 부처 장관들에게 전문적인 조언을 제공하는 업무까지 담당하도록 하기 위해서였다. 그 결과 내각사무처 내 다른 지원실은 중립적인 입장에서 해당 내각위원회들의 회의 지원 업무만 담당한 데 반해, 유럽문제지원실은 회의 지원뿐만 아니라 정책 이슈의 발굴과 분석과 정책안 작성 등의 업무까지 담당하게 되었다.

(3) 운영 방식의 수정

히드 총리는 주요 결정이 내각위원회와 내각회의를 통해 이루어지도록 하는 데 철저했고, 내각회의와 내각위원회 밖에서 결정하는 것을 피하려고 했다(Pryce, 1997: 87, 101). 이를 위해 히드 총리가 수정한 운영 방식은 다음과 같다.

첫째, 총리에게 제공되는 회의운영메모(Steering Brief)가 좀더 충실하게 작성되도록 그 포맷을 바꾸었다. 즉 회의운영메모는 쟁점 이슈의 배경과 정책 대안, 부처간 이해관계, 제기될 수 있는 쟁점들, 처리 방법에 대한 조언, 예상되는 결론과 필요한 결정 등의 순으로 작성하도록 했다.[74]

둘째, 히드 총리는 내각회의에서의 재론을 억제하는 윌슨 총리의 지침을 크게 완화시켰다. 즉 내각위원회에서 논의된 쟁점 이슈라도 내각장관들이 원하면 대부분 내각회의에 상정할 수 있도록 허용했다.[75]

3) 히드 총리의 내각위원회 시스템에 대한 평가

히드 총리는 이러한 시스템으로 재임시에 유럽공동체(EEC) 가입을 성사시켰고, 북아일랜드 폭동, 인플레이션과 실업, 노사 분규, 제1차 석유 파동(oil shock) 등에 대처했다.

그러나 히드 총리의 개혁은 그리 성공적이지 못한 것으로 평가된다(Hennessy, 1986: 80-81). 그가 설치한 새로운 기구들이 제대로 제도화되지 못한 것이다. 가장 큰 이유는 히드 총리가 유럽 문제와 북아일랜드 문제에 치중해 자신의 개혁을 충실하게 밀어붙이지 못했기 때문이다.

중앙정책검토실은 1974년 석유파동으로 급한 나머지 장기전략보다는 단기 현안 위기관리에 치중할 수밖에 없었고, 혼합 내각위원회도 생각과는 달리 공무원들이 장관 앞에서 장관과 다른 이야기를 하지 않아 내각위원회의 한 유형으로 제도화되지 못하고 유명무실해졌기 때문이다(Hennessy, 1986: 79). 거대부처도 갈등 이슈들을 내부에서 제대로 조정하지 못했을 뿐만 아니라, 오히려 이슈들의 흐름을 정체시켜 내각위원회에 상정 처리하는 것을 어렵게 했다.

9 대처 정부(Margaret Thatcher, 1979~90)
- 내각위원회의 우회 -

대처 총리[76]는 기존의 총리들과 여러모로 달랐다. 그녀는 사회과학을 공부한 대부분의 지도자들과는 달리 화학을 공부했고, 부모의 사회계층도 중

74) 신임 내각사무처장 헌트(John Hunt)가 총리와 합의해 바꾸었다.

75) 그러나 후임 총리들은 이를 허용하지 않았다.

76) 대처는 대학을 졸업한 후 화학연구원과 변호사 생활을 거쳐 1953년에 보수당 하원의원으로 당선되었다. 하원의원으로서 잠시 교육부장관을 거친 후 의원 생활 20년째인 1975년에 당시 야당이던 보수당 총재직에 오른 후 1979년 총선 승리로 총리가 되었다.

하류층이었다. 또한 대처 총리는 영국의 전통적인 정치 기반에 뿌리가 없었다. 왕실, 의회, 지식인 사회, 공직 사회, 종교계 등 어느 곳으로부터도 강력한 지지를 받지 못했다. 그 결과 대처 총리는 일반 유권자들의 지지 확보를 위해 많은 노력을 했다.

이러한 배경을 가진 대처 총리가 보여 준 특징과 성향은 다음과 같다.

첫째, 대처 총리는 국정운영에서 무엇이 문제이고 자신이 무엇을 어떻게 해야 하는지에 대한 분명한 시각과 신념을 가지고 있었다. 즉 당시에 지배적이던 큰 정부와 복지지향적 가치관을 거부하고 작은 정부와 시장경제 원리를 신봉했으며, 또한 '타협'을 추구하는 정치권의 풍토와 함께 신중함, 중립적 태도 등을 미덕으로 여기는 공직사회의 문화가 국정개혁에 양대 걸림돌이 되고 있다고 판단하고 이들을 바꾸려고 했다(Pryce, 1997: 171).

둘째, 대처 총리는 토론하고 협상하는 스타일이 아니라 장악하고 지휘하는 스타일이었다. 대처 총리는 국정 주요 이슈에 대해 자신의 생각과 선호가 분명해 가급적 집단적 토론을 통하지 않고 문제를 해결하려고 했다(Hennessy, 1986: 104). 그 결과 대처 총리는 국정의 모든 분야에서 사전에 자신의 입장을 정한 후 간여하려고 했다.

이러한 생각과 성향을 가진 대처 총리는 영국의 재건을 위해 좀더 확실하게 국정운영의 방향을 제시하고, 각 부처에 대한 간섭을 강화함으로써 자신의 책임을 완수하려고 했다.

1) 기존 내각위원회 시스템에 대한 대처 총리의 인식

대처 총리는 집단적 책임이라는 명분 아래 장관들이 내각회의[77]나 내각위원회에 모여 장황한 논의를 하는 것은 잘못이라고 생각했다. 그녀는 신속하고 능률적인 정책결정 시스템을 원했다. 또한 대처 총리는 국정운영에 대해 내각이 아니라 총리가 책임을 져야 한다고 생각했다. 그리하여 노동당 윌슨 총리처럼 내각 중심의 정부가 아닌 총리 중심의 정부(prime ministerial government)를 구축하려고 했다.

77) 역대 총리 가운데 내각회의의 활용 빈도가 가장 낮았다. 대부분 총리들은 주 1.5회 이상 소집했으나, 대처 총리는 주 1회 이상 소집한 경우가 거의 없었다. 또한 내각회의를 Sounding Board로 활용했다. 중요한 결정을 내각회의에서 하는 경우는 거의 없었다.

그뿐만 아니라 대처 총리는 다른 총리들과는 달리 공식적인 내각위원회들은 자신의 비전과 신념을 관철시키기는 데 별 도움이 안 된다고 생각했다. 공식적인 내각위원회는 주요 현안 이슈에 대해 자신의 개인적인 주도권을 확보하기에 만만찮은 장관들로 구성될 수밖에 없기 때문이라는 것이다.

2) 내각위원회 시스템의 개편

대처 총리가 기존 내각위원회 시스템에 가져온 변화는 다음과 같다.

(1) 내각위원회 축소

대처 총리는 내각위원회 수를 축소시켰다. 집권 이후 6년 반 동안 상설 내각위원회 수를 30~35개 수준으로, 임시 내각위원회는 120개 수준으로 축소했다. 이를 위해 기존의 이슈별 내각위원회들을 폐지하고 분야별 내각위원회 산하 분과위원회를 늘리는 한편, 비공식 회의를 활성화시켜 이슈별 관계장관회의들의 설치를 억제했다.

그러나 대처 총리는 1983년에 자신을 의장으로 하는 상설 과학기술 내각위원회(Cabinet Committee on Science and Technology)를 설치했고, Star Chamber라고 불리는 특별 임시내각위원회를 설치했다. 전자는 영국의 경제를 회복시키는 데 과학기술이 중요하다는 인식에 따라 설치한 것이고, 후자는 예산 감축과 관련해 재무부와 사업 부처간 중재를 목적으로 무임소 내각장관들로 구성했다.

(2) 내각지원실의 확대와 총리기구화

대처 총리는 내각지원실에 큰 변화를 가져왔다. 그녀의 입장에서 볼 때, 내각지원실은 총리 이외에도 라이벌인 내각장관들을 지원할 수 있게 되어 있어서 총리 중심의 정부를 구축하기 위해 이를 개편할 필요가 있었기 때문이고, 또한 내각지원실은 관료사회와의 연계가 많아 관료조직을 개혁하려는 자신에게 유력한 도구가 될 수 있어서 관료개혁을 뒷받침할 수 있는 보좌기구로 만들기 위해 개편할 필요가 있었기 때문이다.

첫째, 대처 총리는 1983년에 과학기술내각지원실(Secretariat for Science and Technology)을 새로 설치했다. 이로써 기존의 외교국방지원실, 기밀정보지원실, 국내정책지원실, 경제정책지원실, 유럽문제지원실 이외에 과학기

〈표 5-10〉 대처 총리의 주요 내각위원회와 의장

[상설 내각위원회]

○ 외교국방북아일랜드 내각위원회(총리)
- 남대서양 분과위원회(일명 Falklands War Cabinet)(총리)
- 포클랜드 미래분과위원회(총리)
- 홍콩 미래분과위원회(총리)
- EEC 분과위원회(외무장관)

○ 경제문제 내각위원회(총리)
- 수출 분과위원회(총리)
- 공기업감독 분과위원회(총리)
- 공기업재정 분과위원회(재무장관)
- 공공분야 임금정책 분과위원회(Nigel Lawson)
- 국유재산 처분 분과위원회(Nigel Lawson)
- 영국제품 구매(Buy British) 분과위원회(통산장관)

○ 과학기술 내각위원회(총리)
- 정보기술 실무내각위원회(과학기술보좌관)

○ 국내문제 내각위원회(사회정책, 교육, 주택 포함)(Lord Whitelaw)

○ 정보활동(Intelligence) 내각위원회(총리)
- 합동정보위원회(JIC)(Colon Figures): 정보 취합 및 보고서 작성 배포
- 경제정보평가위원회(Colin Figures)
- 정보기구사무차관위원회(내각사무처장): 장관회의에 브리핑 준비

○ 입법전략 내각위원회(하원담당 내각장관, Lord president of the Council)

○ 여왕연설 및 입법계획 내각위원회(하원담당 내각장관)

○ 지방정부 내각위원회(총리)

○ 민방위(Civil Defence) 내각위원회(내무장관)
- 실무내각위원회(내각사무처 공무원) 、
- 민방위계획정비위원회

[임시 내각위원회]

- 정책혁신 내각위원회, 규제완화 내각위원회
- 광산파업대책 내각위원회, 교사파업대책 내각위원회, 공무원파업대책 내각위원회
- 도시내부대책 내각위원회, 대도시대책 내각위원회
- NATO군배치 내각위원회, 군사원조 내각위원회, 전략물자 내각위원회
- 지출감축 내각위원회(Star Chamber), 미래복지 내각위원회, 공공주택 내각위원회
- 산성비대책 내각위원회
- 기타

술지원실이 추가되었다. 대처 총리는 과학기술지원실로 하여금 총리가 주재하는 과학기술 내각위원회(Cabinet Committee on Science and Technology)와 과학기술 자문회의(Advisory Council on Science and Technology)[78]의 사무국 역할을 하도록 했고, 또한 정부의 과학기술연구비에 대한 조정, 산·학·관 협력체제의 구축, 국내 과학기술 투자의 효율적 관리, 과학기술 연구에 관한 국제협력 등을 추진하도록 했다.[79] 지원실장은 수석과학자문관(Chief Scientific Adviser)[80]이 담당했고, 스태프는 상공부, 국방부, 에너지부, 업계 등에서 차출된 공무원과 민간인으로 구성되었다 (Lee, Jones & Burnham, 1998: 170).

둘째, 대처 총리는 장관들에게 집단적인 정책 조언을 해 온 중앙정책검토실을 1983년에 폐지했다. 그 배경에는 몇 가지 중요한 이유가 있었다.

우선, 자신의 지도력을 강화하려는 대처 총리의 전략이다. 중앙정책검토실은 모든 내각장관에게 정책 조언을 제공함으로써 총리인 자신의 전략 및 노선에 따라 각 부처의 결정들을 조정하려는 데 방해가 되었다. 다음으로, 국정운영 정보의 유출을 차단하기 위해서이다. 대처 총리는 국정운영에서 보안 유지를 선호했는데, 중앙정책검토실의 보고서가 모든 장관에게 배포됨으로써 민감한 정보가 이 보고서를 통해 유출되는 경우가 종종 발생했다 (Lee, Jones & Burnham, 1998: 200). 마지막으로, 중앙정책검토실의 조언과 보고서는 대처 총리가 요구하는 성격의 조언과 보고서가 아니었다. 대처 총리는 당장의 현안 문제에 대해 짧고 간결한 실용주의적인 대안과 보고서를 선호했는데, 중앙정책검토실은 현안 문제와 직결되지 않은 장기 전

---

78) 멤버는 유명한 과학자들과 산업계 인사들이다.

79) 과학기술지원실은 산하에 2반 1실을 설치해 업무를 분담시켰다. 즉 국내과학기술정책반을 두어 시너지 효과의 극대화를 위해 부처간 과학기술연구비 배분을 조정하고, 산학연계를 지원하며, 정부-연구협의회(research councils)-대학연구자들 간의 합동연구 프로그램(Joint Program)을 활성화시키도록 했고, 국제과학기술정책반을 설치해 과학기술 분야 국제 협력을 담당하도록 했으며, 미국 Office of Technological Assessment를 모방한 과학기술평가실(Science & Technology Assessment Office)을 설치해 R&D의 효율적 관리와 평가를 담당하도록 했다.

80) 영국 정부에 대한 과학기술 자문은 제2차 세계대전과 1966~73년 기간 동안에는 정부과학자문관(government scientific adviser)이, 윌슨 총리 시절부터는 Cabinet Office 내 수석과학자문관(chief scientific adviser)이 지속적으로 제공해 왔다 (Lee, Jones & Burnham, 1998: 174).

략적인 보고서를 작성했다.

(3) 상정 요건의 강화와 절차의 변경

대처 총리는 내각위원회 시스템의 효율적 운영과 자신의 영향력 강화를 위해 내각위원회 시스템의 운영 절차와 방식도 수정했다.

첫째, 내각위원회에 안건 상정 요건들을 강화했다. 중요하지 않는 이슈들은 가급적 부처 내에서 해결하고, 부처 간에 협의 조정해야 할 이슈들도 내각위원회보다는 장관 서신(ministerial correspondence)을 통해 처리하도록 했으며, 여러 부처에 걸친 좀더 중요한 쟁점 이슈들만 내각위원회에 상정하도록 했다. 또한 사전에 이슈를 철저히 분석하고 대안을 개발해 내각위원회에서 결정하는 데 시간이 걸리지 않도록 했다.

둘째, 내각위원회를 활용한 집단적 의사 결정의 기본 절차를 변형시켰다. 대처 총리는 정부의 결정이 필요한 이슈가 있을 때 주무장관으로 하여금 내각위원회가 아니라 자신을 위한 보고서를 작성하도록 요청한 후, 보고서가 작성되면 그 장관을 총리 비서실로 불러 자신의 보좌팀[81)]과 함께 검토해 자신이 원하는 바에 따라 결정한 후 내각위원회나 내각회의에 상정해 확정했다(Hennessy, 1986: 102-103; Baker, 2000: 60). 그 결과 내각위원회에서의 논의는 요식 절차가 되었다.

3) 대처 정부의 내각위원회 시스템에 대한 평가

대처 총리는 이러한 시스템으로 영국 경제 재건을 위한 민영화와 규제완화 및 노조 개혁 그리고 감세를 단행했고, 의료와 교육 분야에 시장 메커니즘 도입, 행정 개혁 등을 추진하고, 포클랜드전쟁을 치렀다. 그러나 대처 정부 하에서 내각위원회 시스템은 시간이 갈수록 국정운영의 주요 수단으로서의 위상과 역할이 줄어들었다. 대처 총리는 초기 2년 동안 상설 내각위원회 시스템을 적극 활용했으나 집권 2년이 지난 후부터는 공식적인 상설 내각위원회를 우회했다(Baker, 2000: 61). 그 결과 대처 총리 집권기에, 특히 1980년대 말에 이르러서는 상설 내각위원회의 소집 빈도가 70년대의 절반 수준으로 감소했다(Burch & Holliday, 1996: 45). 그 이유는 다음과 같다.

---

81) 자신의 보좌팀은 개인비서실, 정책실, 내각사무처 비서들과 한두 명의 특별보좌관 등으로 구성했다.

첫째, 대처 총리가 자신과 생각이 비슷한 측근 장관 4~5명으로 구성한 임시 내각위원회(Ad hoc Cabinet Committee)나 비공식 임시회의(Informal Ad hoc Ministerial Group)[82]를 적극 활용했기 때문이다(Brazier, 1990: 281). 임시 내각위원회나 비공식 임시회의를 활용한 것은 대처 자신에게 정치적으로 유리한 점이 있었다(Burch & Holliday, 1996: 45, 46, 78). 즉 자신의 비전과 신념을 관철시키는 데 껄끄러운 장관과 관료들이 지배하는 공식적인 정책결정 기구보다는 자신을 지지하는 측근들로 구성된 비공식적 기구가 유리했다.

둘째, 대처 총리가 국정운영의 효율성을 위해 장관들 간의 논의를 내각위원회보다는 비공식적 접촉, 즉 서신, 전화, 대면 접촉 등을 통해 진행하도록 했기 때문이다(Burch & Holliday, 1996: 45).

10 메이저 정부(John Major, 1990~97)
- 내각위원회 시스템의 정상화 -

대처 총리의 후원과 지원으로 총리가 된 메이저 총리[83]는 국정운영에서 전임 대처 총리의 보수주의 노선을 유지했으나, 그의 국정운영 스타일은 같은 보수당 출신임에도 불구하고 대처 총리와는 전혀 달랐다. 메이저 총리는 자신의 신념(conviction)보다는 실용주의(pragmatism)에 입각한 문제 해결을, 간섭과 지시보다는 합의(consensus)를 추구했다. 집권하자마자 경기침체에 빠졌으나 3년 만에 회복시켰고, 재임 기간 동안 걸프전(Gulf War) 참전, 마스트리히트(Maastricht) 조약 체결, 북아일랜드 종교분쟁 휴전 등 업적이 있었으나, 무색무취하고 우유부단한 성격으로 국민적 인기는 없었다.

---

82) 대처는 이러한 모임의 구성원을 상황에 따라 달리했으나, 대체로 이슈와 직접 관련된 장관들만 초청해 자신의 측근 장관과 보좌관들과 함께 논의했다.

83) 메이저는 16세에 학업을 그만두고 은행원과 시의원을 거쳐 1979년에 보수당 하원의원으로 당선되었다. 그는 하원의원으로서 대처 총리의 후원으로 복지부 국무차관, 재무부 차관을 거쳐 외무장관(3개월)과 재무장관(1년)을 역임한 후 1990년에 보수당 총재 경선에 출마해 대처의 지원으로 당선되었다.

1) 메이저 총리의 인식

이러한 메이저 총리는 내각위원회의 숫자를 더욱 줄여야 한다는 점에서 전임 대처 총리와 생각이 같았으나 내각위원회 시스템의 운영 방식에서는 대처 총리와 전혀 달랐다. 메이저 총리는 내각위원회 시스템을 간소화(streamlining)와 정규화(regularizing)해야 한다고 생각했다(Burch & Holliday, 1996: 45, 280).

2) 내각위원회 시스템의 간소화

(1) 내각위원회 축소

메이저 총리는 내각위원회를 크게 감축했다. 먼저, 전임 총리들이 해 왔던 것처럼 다수의 이슈별 내각위원회들을 분야별 내각위원회로 통합시키고 임시 내각위원회를 거의 설치하지 않았다. 통합은 이슈별 내각위원회를 점진적으로 감축시키고 분야별 내각위원회 기능을 확대하는 방법으로 이루어졌다. 임시 내각위원회는 쟁점 이슈의 신속한 해결에 필요한 경우가 아니면 설치하지 않았다. 그 결과 장관급 상설 내각위원회는 집권 후 3년 동안 26개(1992)에서 19개(1995)로 줄었고, 장관급 임시 내각위원회는 3~11개 정도만 설치 유지되었다. 또한 분과위원회와 실무 내각위원회들도 상당수 폐지했다.

(2) 의장의 단순화와 지원기구의 통합

메이저 총리는 내각위원회 의장들을 다양화시키지 않고 단순화시켰다. 즉 총리 자신이 직접 담당하거나 특정 부처와 이해관계가 없는 상원담당 내각장관(Lord Privy Seal) 혹은 하원담당 내각장관(Lord President of the Council)이 맡도록 했고, 분과위원회 의장은 주로 주무장관으로 하여금 담당하도록 했다. 아울러 내각지원실내 경제정책지원실과 국내정책지원실을 통합했다.

(3) 운영 방식의 부활과 상정 기준의 강화

메이저 총리는 내각위원회를 활용한 정책결정의 전통적 방식과 절차를 엄격히 지켰다(Baker, 2000: 60). 대처 총리와는 달리 관련 부처의 정책제안보고서도 총리 개인이 아니라 내각위원회에서 검토할 수 있도록 작성하

〈표 5-11〉 메이저 총리의 장관급 내각위원회와 의장(1992년)

[상설 내각위원회]

○ 국방외교 내각위원회(총리)
- 유럽문제 분과위원회(외무장관) *
- 동유럽대책 분과위원회(외무장관) *
- 테러대책 분과위원회(내무장관) *

○ 핵방위 내각위원회(총리)

○ 걸프전 내각위원회(총리)

○ 유럽안보 내각위원회(총리)

○ 홍콩문제 내각위원회(총리)

○ 정보활동 내각위원회(총리)

○ 북아일랜드 내각위원회(총리)

○ 경제문제 내각위원회(총리)

○ 과학기술 내각위원회(총리)

○ 국내사회 내각위원회(상원담당 내각장관)
- 보건 분과위원회(하원담당 내각장관) *
- 여성 분과위원회(고용부장관) +
- 마약 분과위원회(하원담당 내각장관) +
- 알코올 분과위원회(무임소장관) +
- 도시 분과위원회(환경부장관) +

○ 통상산업소비자 내각위원회(상원담당 내각장관)

○ 환경분야 내각위원회(상원담당 내각장관)

○ 지방정부 내각위원회(상원담당 내각장관)
- 런던 분과위원회(환경부장관) +

○ 공무원보수 내각위원회(하원담당 내각장관)

○ 입법전략 내각위원회(하원담당 내각장관)

○ 여왕의회연설 및 입법계획 내각위원회(하원담당 내각장관)

[임시 내각위원회]

○ 유고슬라비아대책 내각위원회
○ 경쟁력강화 내각위원회
○ 기타

* 장관급 분과위원회, + 차관급 분과위원회
출처: Dunleavy(1994: 362).

도록 했다. 또한 상설 관계장관회의를 활용을 집단적 의사결정을 추구하고, 주도권 장악을 위한 임시 내각위원회나 비공식 회의의 활용은 가급적 억제했다.

반면에, 메이저 총리는 정책제안보고서를 내각위원회에 상정하기 전에 점검해야 할 사항을 추가했다. 종전까지는 정책안이 예산 지출, 인력 소요, 법적 분쟁 가능성, 유럽연합에 미치는 영향 등을 점검하고 관련 기관들과 미리 협의를 거치도록 했다. 메이저 총리는 여기에 추가해 기업 활동에 미치는 영향, 환경에 미치는 영향 등을 점검하도록 했을 뿐만 아니라 투자사업인 경우 언제까지 얼마를 투입해 무엇을 달성하려고 하는지를 밝히도록 했다(Baker, 2000: 65).

3) 메이저 정부의 관계장관회의 시스템에 대한 평가

메이저 총리는 집단적 의사결정 기구로서 내각위원회 시스템의 전통적인 운영 방식을 부활시켰다. 즉 내각위원회 시스템의 운영에서 전임 대처 총리의 제왕주의적 방식을 폐지하고 의원내각제의 본질에 맞는 집단적 방식을 부활시킨 것이다. 그러면서도 자칫 안건들에 논의가 부실해질 수 있는 전통적 방식의 문제점을 극복하기 위해 안건들에 대한 충분한 분석이 이루어지도록 상정 기준을 강화했다.

제 4 절 영국 내각위원회 시스템의 특징과 문제점

1 설치와 운영의 신축성

내각위원회의 시스템에 관해서는 아무런 규정이 없고 모든 것이 총리와 내각사무처장의 재량에 맡겨져 있다. 어떠한 이슈에 대해 내각위원회를 설치할 것인지, 어떤 종류의 내각위원회를 설치할 것인지, 내각위원회에 어떤 역할을 부여할 것인지, 누구를 구성 멤버로 하고 누구로 하여금 주재하도록 할 것인지, 어떻게 운영할 것인지 등 내각위원회의 설치 운영에 관한 모든 결정은 총리가 내각사무처장의 조언을 받아 내린다. 그리하여 총리가 바뀌거나 내각사무처장이 교체되면 내각위원회의 구조와 운영 방식이 바뀌는 경우가 많다.

이렇게 설치가 용이한 결과 유사한 내각위원회들이 많다. 최근 들어 이슈별 내각위원회들이 분야별 내각위원회의 분과위원회로 재정비되는 추세에 있기는 하나 그래도 유사한 내각위원회 숫자가 많은 편이다. 이유는 다음과 같다.

첫째, 총리가 자신의 리더십 확보를 위해, 다시 말해 자신과 입장이 다르거나 정치적 라이벌인 내각장관을 배제하게 위해, 기존의 내각위원회와 유사한 내각위원회를 구성 멤버를 약간 달리해 별도로 설치하는 경우가 많기 때문이다.

둘째, 이렇게 유사한 내각위원회들이 멤버들의 반대로 제때에 폐지되지 않기 때문이다. 내각위원회는 관할 이슈에 대한 관심이 줄어들거나 내각위원회를 주도했던 핵심인사가 떠나면 실제적으로 활동하지 않는다. 그러나 구성 멤버들의 동의를 얻기가 쉽지 않아 실질적으로 활동이 중단된 이후 상당 기간이 흘러서야 공식적인 폐지가 내각사무처에 의해 이루어진다.

2 유형과 활용의 다양성

총리 보좌기구가 상대적으로 덜 발달한 영국에서는 총리를 지원하기 위해 다양한 내각위원회들이 설치 운영되고 있다. 담당 이슈의 성격과 범위에 따라 분야별 내각위원회, 이슈별 내각위원회, 지역대책 내각위원회, 고객대책 내각위원회, 정부구조기능대책 내각위원회 등이 있고, 구성원들의 위상과 비중에 장관급 내각위원회, 차관급 내각위원회, 실무급 내각위원회, 혼합형 내각위원회 등이 설치되어 왔다.

그러나 시간이 흐를수록, 특히 최근 들어 이슈별 내각위원회, 지역대책 내각위원회, 고객대책 내각위원회 등이 분야별 내각위원회 산하 분과위원회로 설치되고 임시 내각위원회의 설치가 줄어들고 있다.

그뿐만 아니라 영국 총리들은 내각위원회를 자신들의 필요와 편의에 따라 다양하게 활용하고 있다. 역대 총리들의 내각위원회 활용 패턴을 보면 다음과 같다.

첫째, 일부 총리들은 자신들이 취약한 분야에 내각위원회를 신설했다. 예를 들면, 대외정책 전문가인 이든(Robert A. Eden) 총리는 국내정책 분야에 내각위원회들을 신설했다.[84]

둘째, 강력한 개인적 리더십을 강조하는 총리들은 국정운영에서 내각회의나 내각위원회를 적극 활용하지 않은 경향이 있고, 내각위원회를 활용할 경우에도 상설 내각위원회보다는 임시 내각위원회를 선호했다. 예를 들어, 윌슨 총리와 대처 총리는 임시 내각위원회(ad hoc committee)에 많이 의존했다(Hennessy, 1986: 102). 이들은 총리 비서실과 측근들의 조언을 받고, 주무장관과 비공식 논의를 통해 정책을 결정하는 경우가 많았다.

임시 내각위원회의 활용은 총리의 권력을 강화시켜 주는 경향이 있다. 임시 내각위원회는 총리가 구성 멤버와 논의 이슈들을 재량껏 정할 수 있기 때문에 총리는 공식적인 내각회의나 내각위원회를 우회해 내각 동료 중 자신이 선택한 소수 장관들의 의견을 들은 후 자신이 원하는 방향에 따라 결정할 수 있기 때문이다(Peele, 1995: 1000; Brazier, 1988: 107). 대처 총리는 이러한 방식에 의존하는 경향이 강했다.

셋째, 역대 총리들은 자신의 주 관심사를 관할하는 내각위원회를 직접 주재하고, 자신의 전문성이 부족한 분야의 내각위원회는 관련 장관들로 하여금 주재하도록 했다. 예를 들면, 맥밀란(Harold Macmillan) 총리는 경제정책 내각위원회와 국방정책 내각위원회를 제외하고 내각위원회를 거의 주재하지 않았다. 다만, 그가 중요하다고 생각한 분야에서는 직접 내각위원회를 주재했다(Hennessy, 1986: 59). 또한 외교국방 전문가들이었던 이든 총리와 처칠 총리는 대외정책과 국방정책 분야 내각위원회들을 주재한 반면 경제정책 내각위원회의 사회를 재무장관에게 넘겼고, 홈(Lord Home) 총리도 자신의 전문성이 부족한 경제정책 내각위원회를 재무장관으로 하여금 주재하도록 했다(Hennessy, 1986: 55, 64).

---

84) 그 가운데 중요한 것으로는 산업담당 내각위원회(Ministerial Committee on Industrial Relations), 이민담당 내각위원회(Committee on Colonial Immigrants), 사회복지지출담당 내각위원회(Ministerial Committee on Long-term Spending on the Social Services) 등이다.

3 멤버와 의장의 전략적 선정

장관급 내각위원회는 이해관계가 있는 장관들로 구성된다. 그러나 영국 내각위원회들은 이해관계 부처들의 장관으로만 구성되지는 않는다. 몇 가지 합리적 혹은 전략적인 이유로 이해관계가 없는 장관들도 참여시킨다. 영국 총리가 내각위원회의 구성 멤버를 정할 때 고려하는 기준은 대체로 다음 네 가지이다(James, 1992: 63).

첫째, 업무 관련성이다. 보통 구성원 중 서너 명은 내각위원회에서 취급하는 업무에 직접적인 이해관계가 있는 장관들로 선정된다. 그 밖에 예산조치나 법률적인 문제가 수반되면, 재무부장관이나 법무부장관(law officer)을 참석하도록 한다.

둘째, 공동책임 확보이다. 내각위원회를 이해관계 부처들의 협상 장소로 국한시키지 않고, 내각위원회의 결정에 대해 내각 전체의 공동 책임을 확보하기 위해 내각위원회 업무와 관련이 없는 장관으로서 중립적인 입장에서 지적인 토론(intellectual discussion)을 해 줄 수 있는 장관을 포함시킨다.

셋째, 개인적인 전문성과 정치적 역할이다. 공식적인 책임은 없더라도 논의 주제에 대해 전문성을 갖고 있거나 의회나 집권당 내에서 중요한 정치적 역할을 해 줄 수 있는 장관급 인사를 참여시킨다.

〈표 5-12〉 상설 내각위원회의 의장(2003년 현재)

의 장	해당 내각위원회
총리	외교국방 내각위원회, 북아일랜드 내각위원회, 정보활동 내각위원회, 공공서비스개혁 내각위원회, 사회복지개혁 내각위원회
무임소장관	국내분야 내각위원회, 환경담당 내각위원회, 잉글랜드 내각위원회, 지방정부 내각위원회, 유럽연합 내각위원회
주무장관	헌법개정 내각위원회(헌법개정 장관), 지방분권 내각위원회(헌법개정 장관), 경제문제 내각위원회(재무장관), 공공지출 내각위원회(재무장관), 과학정책 내각위원회(통산장관), 조직범죄 내각위원회(내무장관), 유럽정책 내각위원회(외무장관), 민간비상사태 내각위원회(내무장관), 입법전략 내각위원회(하원담당 내각장관)

넷째, 정치적 고려이다. 총리는 내각위원회에 주요 정치적 입장을 균형 있게 반영되도록 구성원을 인선하거나 아니면 자신의 정책 선호에 따라 결정이 이루어지도록 자신의 노선을 지지하는 자들을 포함시키기도 한다.

분과위원회는 내각장관(Secretary of State)과 차관들로 구성된다. 분과위원회가 반드시 내각위원회 멤버들로만 구성되는 것은 아니고 전략적으로 차관들도 참석시킨다는 것이다. 장관과 차관의 상대적 비율을 보면, 외교국방 분야 분과위원회들은 대부분 내각장관이 다수이나, 경제 및 국내 분야 분과위원회들은 국무차관(Minister of State)과 정무차관(Parliamentary Under-Secretary, Parliamentary Secretary)들이 다수이다. 실무 내각위원회는 전문기술적 쟁점에 대한 효율적 사전 조정을 위해 전문성뿐만 아니라 관련 부처들과 횡적 네트워크를 갖고 있는 관련 부처 공무원들로 구성한다.

한편, 영국 내각위원회 시스템 내 각급 회의 의장들도 전략적 고려에 의해 분배된다. 의장을 결정할 때 고려하는 기준은 내각위원회 업무의 중요성, 업무 처리의 공정성, 업무 유관성 등이다.

일반적으로 총리의 역할 수행에 핵심적인 내각위원회들의 경우 그 의장을 총리 자신이 직접 맡고, 중요하고 논란이 많은 내각위원회들의 경우 공정성 확보를 위해 부처를 책임지고 있지 않는 비중 있는 무임소장관을 의장으로 선임하며, 핵심적인 내각위원회도 아니고 동시에 관할 이슈들에 대해 논란이 많지 않는 내각위원회들의 경우는 업무 관련성이 가장 큰 부처의 장관을 의장으로 선임하고 있다. 종종 회의 진행 기술이 탁월하거나 이슈에 대한 전문성이 있는 자를 의장에 임명하기도 한다.

〈표 5-13〉 분과위원회 의장(2003년 현재)

분야별 내각위원회	분과위원회	의 장
외교국방 내각위원회	- 유럽 분과위원회 - 아프리카 분과위원회	외무장관 국제개발장관
경제문제 내각위원회	- 근로복지 분과위원회 - 에너지 분과위원회 - 경쟁력 분과위원회	재무장관 재무장관 재무장관
국내사회 내각위원회	- 건강 분과위원회 - 마약 분과위원회 - 여성 분과위원회	하원담당 내각장관 내각사무처 장관 상원담당 내각장관

장관급 내각위원회 산하 분과위원회 의장도 업무 관련성이나 공정성을 고려해 대부분 주무장관이나 무임소장관들이 담당한다. 실무 내각위원회 의장들은 장관급 회의와의 연계성을 고려해 정해진다. 그리하여 장관급 내각위원회 의장을 도와 간사 역할을 하는 내각사무처장(Cabinet Secretary)이나 분야별 지원실장(deputy secretaries of the cabinet secretariats)이 주재한다.

4 단순하고 정형화된 하부기구

영국 내각위원회는 기능이 단순하고 구조적으로 간단한 하부기구를 두고 있다. 사전 검토를 위한 분과위원회와 실무내각위원회, 자료분석을 위한 작업반이 하부기구의 전부이다.

대부분의 장관급 내각위원회(Ministerial Cabinet Committees)는 실무 내각위원회(Official Cabinet Committee)를 설치하고 있다. 실무 내각위원회는 상설로 설치되나 상설로 설치되지 않는 경우 임시 실무내각위원회가 소집 운영된다. 실무 내각위원회는 필요하면 작업반(Working Group)을 설치하기도 한다.

장관급 내각위원회 가운데 분야별 내각위원회는 분과위원회들을 설치하고 있다. 분야별 내각위원회는 업무 범위가 넓고 참석 멤버도 많아 담당 업무의 효율적인 처리를 위해 분과위원회(subcommittees)를 설치해 활용하고 있다. 경제담당 내각위원회나 국방외교담당 내각위원회 및 내정담당 내각위원회는 분과위원회를 많이 설치해 활용했다.

5 일원화되고 안정된 지원기구

영국에서는 내각위원회 지원기구가 단일화되어 있다. 즉 내각사무처장(Cabinet Secretary)과 그 산하 내각지원실(Cabinet Secretariat)이 내각회의(Cabinet Meeting)뿐만 아니라 모든 내각위원회(Cabinet Committees)

들을 통합 지원한다. 주요 관계장관회의마다 별도의 사무국을 설치하는 미국에서와는 달리 영국에서는 수많은 내각위원회들을 하나의 기구에서 통합 관리한다.

또한 영국 내각위원회 지원기구는 안정화되어 있다. 즉 총리가 바뀌어도 지원기구 요원들은 교체되지 않는다. 내각사무처장은 영국 관료들 가운데 최고위자이고 정권 변화와 관계 없이 장기간 근무하고, 지원실 스태프들은 관련 부처 공무원들로 구성되어 있는데 역시 정권 교체와 관계 없이 정기적으로 순환 근무한다.

6 제도화된 절차와 변하는 운영 방식

내각위원회 시스템을 활용한 정책의 입안과 조정 및 확정하는 절차는 점진적인 변화를 거쳐 제도화되어 정권이 바뀌어도 거의 변하지 않고 있다. 즉 주무부처에 의한 정책안 작성과 이해관계 부처들의 의견 수렴, 실무 내각위원회에서의 1차 조정 및 쟁점 부각, 장관급 내각위원회에서의 심의 조정, 내각회의에서의 확정 등의 절차는 총리가 바뀌어도 거의 변하지 않는다. 다만, 유럽연합 이슈들은 관련 부처와 유럽문제지원실이 협력해 정책안을 입안하고 내각위원회에 상정되어 최종 조정 처리되며, 내각회의에 상정되지는 않는다. 또한 기밀 유지가 필요한 이슈들과 긴급한 이슈들은 내각위원회에 상정하지 않고 주무장관과 총리가 협의해 처리하고, 부처간 갈등이 적은 이슈들도 내각위원회에 상정되지 않고 바로 내각회의의 승인에 의해 처리된다.

그러나 내각위원회 운영 방식은 끊임없이 변하고 있다. 즉 정책 이슈를 내각위원회에 상정하는 요건, 정책안 검토보고서 작성지침, 내각위원회 회의 진행 방식, 내각회의에의 상정 요건 등은 총리 혹은 내각사무처장이 바뀜에 따라 변해 왔다.

제 6 장 프랑스의 소수장관회의 시스템

제 1 절 개 관

1 탄생과 발전

프랑스 정부는 다른 나라에 비해 이견과 갈등이 상대적으로 많은 편이다. 그러나 관련 부처간 개별적 협의는 매우 느리고, 갈등이 심할 경우 교착 상태에 빠진다. 이러한 문제점을 극복하고 더 나아가 정부내 이견을 신속하게 조정하여 정책을 효율적으로 추진하기 위해 프랑스 정부는 다양한 장관급 혹은 실무급 부처간 회의들을 발전시켜 왔다.

프랑스 정부내에서 정책의 추진과 조정에 활용되는 회의체로서는 국무회의(Conseil des Ministres), 관계장관회의(Conseil Interministériel), 대통령 자문회의(Conseil Supérieur 혹은 Haute Conséil), 내각회의(Conseil du Cabinet), 관계장관위원회(Comité Interministériel), 총리 자문위원회(Haute Comité), 부처간 실무회의(Réunion Interministérielle) 등이 있다.[1)]

1) 회의 명칭이 Conseil인 경우는 대부분 대통령이 주재하고, Comité로 된 경우는 총리가 주재하는 회의이다. 다만 내각회의(Conseil du Cabinet)는 Conseil임에도 불구하고 총리가 주재하고, Comité de Militaire는 Comité임에도 불구하고 대통령이 주재한다. 또한 명

이들 회의체 가운데 부처간 정책조정의 핵심기구는 소수장관회의, 즉 소수 관련 부처 장관들로 구성된 관계장관회의와 관계장관위원회이다. 프랑스 정부에서는 이들 관계장관회의나 관계장관위원회의 심의 조정 없이는 어떠한 결정도 내릴 수 없을 만큼 그 중요성이 크다.

프랑스에서 소수 장관들로 구성된 집단적 회의체는 제2차 세계대전 수행과정에서 탄생한 것으로 보인다. 1939년 대독전쟁이 시작되자 전시물가통제 관계장관위원회(Comité Interministériel des Prix, 1939~40)와 대독경제봉쇄 관계장관위원회(Comité Interministériel Économique, 1940~44)가 설치되었다. 그 이전[2]에는 관행상 국무회의(Conseil des Ministres)가 운영되다가[3] 1934년에 추가로 내각회의(Conseil du Cabinet)가 설치되었을 뿐, 소수 관련 부처 장관들로 구성된 관계장관회의나 관계장관위원회는 설치되지 않았던 것으로 보인다. 그 이유로는 정부 부처들의 숫자가 적어 부처간 조정이 대부분 국무회의나 내각회의에서 이루어질 수 있었기 때문일 것이다. 전시 임시정부(1940~46) 하에서도 내각회의 의장인 드골 장군이 인도차이나 관계장관위원회(Comité Interministériel de l'indochine)와 독일문제 관계장관위원회(Comité Interministériel des Affaires Allemandes et Autrichiennes)를 설치했다. 전후 제4공화국(1946~58) 의원내각제 하에서는 국방문제 관계장관회의(Comité de la Défense Nationale, 1947~59),[4] 국가재건 관계장관위원회(Comité Interministériel du Plan de Reconstruction, 1947), 군사위원회(Comité Militaire Permanent, 1948),[5] 유럽경제협

칭에 Interministériel이 붙어 있으면 소수 장관들로 구성된 회의이다. 또한 회의 명칭에 supérieur나 haute가 붙어 있으면 관련 부처 대표자뿐만 아니라 지자체 대표자과 민간단체 대표자 및 민간전문가들도 참여하는 확대자문회의(consultation)이고, 그렇지 않으면 대부분 공직자들만 참여하는 심의조정회의(délibération, coordination, arbitrage)이다.

2) 제3공화국(1871~1940)은 정부 형태가 의원내각제였다.

3) 국무회의 운영에서 의장인 대통령을 지원하는 어떠한 스태프도 없었다. 그러나 1934년에 내각수반직(chef du gouvernement)과 그가 의장인 내각회의(Conseil du cabinet)를 설치하고 나서야 마티뇽 궁에 내각회의 의장을 지원하는 소규모 스태프(SGG의 원형)가 설치되었다.

4) 대통령(Le président de la république)을 의장으로 하여, 내각수반(Le président du conseil des ministres), 국방부장관, 육군부장관, 해군부장관, 공군부장관, 기타 관련 부처 장관들로 구성되어 프랑스연합(Union Française) 국방에 관한 일반정책을 결정하고 부처간 이견을 조정하는 장관회의(Décret 47-258).

력 관계장관위원회(Comité Interministériel pour les Questions de Coo-peration Économique Européenne, 1948), 경제사회개발계획 관계장관위원회(Comité Interministériel du Plan de Développement Économique et Sociale, 1953), 과학기술 관계장관위원회(Comité Interministériel de la Recherche Scientifique et Technique, 1958) 등이 설치되었다.

그러나 오늘날의 소수장관회의 시스템, 즉 관계장관회의와 관계장관위원회 및 그 지원기구, 운영 절차 등은 제5공화국에 들어와서 체계화되었다.

2 소수장관회의의 유형

프랑스에는 다양한 유형의 소수장관회의들이 다수 설치되어 있다. 이들을 몇 가지 기준에 따라 분류하면 다음과 같다.

1) 관계장관회의와 관계장관위원회

프랑스에서 소수장관회의는 의장이 누구냐에 따라 대통령이 의장인 관계장관회의(Conseils Interministériels Restreints)와 총리가 의장인 관계장관위원회(Comités Interministériels Restreints)로 구분할 수가 있다. 각각은 다시 법령에 의거해 설치된 상설회의(위원회)와 법령의 근거 없이 필요에 따라 수시로 소집하는 임시회의(위원회)[6]로 구성되어 있다.

〈표 6-1〉 의장과 설치 근거에 따른 프랑스 소수장관회의 유형

근거	대통령 주재	총리 주재
법령	상설 관계장관회의 (Conseils I. R. Permanents)	상설 관계장관위원회 (Comités I. R. Permanents)
필요	임시 관계장관회의 (Conseils I. R. Non-permanents)	임시 관계장관위원회 (Comités I. R. Non-permanents)

5) 내각수반의 군 지휘를 지원하는 기구로서 병력의 동원과 배분 및 운용, 전장의 지휘관들에 대한 지침 등을 연구했고, 그 구성은 arrétè로 정했다.

6) 임시회의는 소집해야만 존재하고 소집하지 않으면 존재하지 않는다.

(1) 관계장관회의

① 역할과 구성

관계장관회의는 대통령이 주재하고, 총리와 부처 장관 및 고위공무원들이 참석하는 회의이다.

관계장관회의는 대통령이 국정을 운영하고 통제할 때 매우 중요한 역할을 한다(Cohen, 1980: 66; Cohen, 1982: 118-119). 첫째, 대통령이 국정운영을 주도하고 국정운영에 추진력을 부여하는 수단이 된다. 둘째, 각 장관들이 준비하고 있는 법령안들을 대통령이 직접 파악하고 통제하고 실무자로부터 의견을 들을 수 있는 수단이다. 셋째, 법령안이 확정되기 전에 대통령의 입장을 반영하는 수단이다. 넷째, 결정의 집행 방법을 자세히 검토하는 수단이 되기도 한다.

② 종류

관계장관회의는 법령에 의해 설치된 상설 관계장관회의(Conseils Interministériels Restreints Permanents)와 법령의 규정 없이 이슈가 발생할 때 대통령의 판단에 의해 소집되는 임시 관계장관회의(Conseils Interministériels Restreints non-Permanents)가 있다.

상설관계장관회의는 그 관할 이슈, 기능, 구성 멤버, 지원기구 및 회의 소집 등이 설치 법령에 정해져 있다. 대체로 국가안보, 프랑스 옛 식민지 국가들과의 관계 개선, 기타 대통령의 특별 관심사 등에 대한 결정과 집행을 원활히 하기 위해 설치되었고, 각각 별도의 지원기구를 두었다. 제5공화국의 주요 상설 관계장관회의들은 <표 6-2>와 같다.

임시 관계장관회의는 대통령이 필요에 따라 소집하는 회의이다. 임시 관계장관회의는 그 역할과 구성 멤버가 법령으로 정해져 있지 않기 때문에, 대통령이 중요하다고 생각하면 어떤 이슈에 대해서도 언제라도 소집해 어떠한 논의라도 할 수 있고, 참석자들도 대통령이 판단해 정한다. 대체로 논의 이슈와 직접 관련된 자들만 초청된다.

임시 관계장관회의는 국무회의에서 확정해야 할 정책들을 대통령 주도로 사전에 충실히 준비하고, 국무회의에서 확정된 주요 결정들이 잘 집행되도록 대통령이 독려하는 데 아주 요긴한 수단이다. 그러나 대통령이 임시 관계장관회의를 소집하는 이유는 좀더 다양하다(Andrews, 1982: 59-60).

〈표 6-2〉 제5공화국 주요 상설 관계장관회의

회의명	역 할	구성 멤버
국방회의 (1959~)	국방에 대한 정책 결정, 안보위협 테러에 대한 대책	총리, 외무장관, 국방장관, 내무장관, 재정경제장관, 대통령이 초청한 장관, 국방총괄처장, 대통령 특별참모부장, 합참의장, 각군 참모총장
군사위원회* (1959~)	군사작전에 관한 결정과 집행	총리, 총리지명 장관 및 민군공무원
알제리문제회의 (1961~62)	알제리 정책의 결정과 집행	총리, 국방장관, 외무장관, 내무장관, 재정경제장관, 합참의장, 알제리주둔 군사령관
아프리카문제회의 (1961~1974)	과거 아프리카 식민지 국가들과의 관계 강화	총리, 외무장관, 대외협력장관, 대통령이 초청한 장관과 민군고위공무원
국가기획회의 (1974~81)	경제사회개발계획 수립과 집행	총리, 경제, 예산, 노동, 기타 안건 관련 장관, 국가기획위원회 사무처장
대외핵정책회의 (1976~)	핵에너지 정책의 결정과 집행	총리, 외무, 국방, 경제, 산업, 통상, 기타 안건 관련 장관, 핵에너지위원회 사무국장
국내안정회의 (2002~)	테러, 범죄, 무질서 등 각종 사회불안의 예방과 방지	총리, 내무, 국방, 법무, 재경, 해외영토, 기타 안건 관련 장관, 국방총괄처장

주: * Comité이지만 대통령이 주재하고, 전쟁 등 비상시에만 가동.

첫째, 주요 이슈에 관한 정보 수집이다. 현안 이슈에 대해 책임을 지고 있는 장관들로부터 현안 이슈에 대한 설명을 직접 듣기 위해 임시 관계장관회의를 소집한다.

둘째, 행정기관들의 활동 조율이다. 대통령은 여러 행정기관들의 활동을 정부의 정책에 부합되게 조율하기 위해 임시 관계장관회의를 소집한다.

셋째, 갈등이 심한 쟁점에 대한 최종 타결이다. 대통령은 총리에 의해 조정되지 않은 부처간 갈등을 최종 조정 타결하기 위해 임시 관계장관회의를 소집한다.

넷째, 주요 국정 현안의 집행에 대한 지휘이다. 대통령은 우선순위가 높은 프로젝트의 집행 상황을 직접 체크하고 독려하기 위해 임시 관계장관회의를 소집한다.

임시 관계장관회의에는 총리와 안건 관련 장관들이 초청되고, 필요하면 고급공무원들도 초청된다. 회의는 국무회의가 열리는 장소에서 열린다.

(2) 관계장관위원회

① 역할, 구성 및 관리

관계장관위원회는 총리가 주재하는 장관급 부처간 회의이다. 특정 정책 이슈들에 대해 연구조사, 방향 설정, 해결책 마련, 부처간 이견 조정, 집행 점검, 평가 등의 목적으로 설치되고 소집된다.

관계장관위원회는 관련 부처들의 장관(ministre)과 청장(secrétaire d'État)들로 구성된다. 관련 부처 장관들은 불가피한 사정이 있으면 장관비서실 보좌관이나 고위공무원으로 하여금 대리 참석케 할 수도 있다. 또한 직접 참석하는 장관들은 자신의 보좌관이나 고위공무원을 1 내지 3명 대동할 수 있다.

그 밖에도 관계장관위원회에는 대통령 국정총괄처 보좌관이 대통령에게 보고할 필요한 정보를 수집하기 위해 참석한다. 초대 총리인 데브레(Michel Débre)는 국정총괄처 보좌관의 참석에 적극 반발했으나, 제2대 퐁피두(Georges Pompidou) 총리 이후 대부분의 총리들은 이를 받아들였다. 그 이유는 첫째, 대통령과 총리 간의 관계를 강화할 수 있고, 둘째, 관계장관위원회에서 총리가 내린 결정에 대해 대통령이 이틀 내로 반대하지 않으면 수락한 것으로 간주할 수 있었기 때문이다(Andrews, 1982: 65-66).

관계장관위원회 회의는 원칙적으로 총리가 주재하나 장관에게 위임되는 경우도 있다. 예외가 있지만 대부분의 관계장관위원회는 총리 행정총괄처에서 지원한다. 즉 회의를 소집하고 보고서를 준비시키며 회의록을 작성한다.

② 종류

관계장관위원회도 법령상의 근거 여부에 따라 상설 관계장관위원회(Comités Interministériels Restreints Permanent)와 임시 관계장관위원회(Comités Interministériels Restreints non-Permanent)가 있다.

상설 관계장관위원회는 대부분 정부의 명령(décret)에 의해 설치된 부처간 회의이다.[7] 그 명령에 권한, 구성 멤버, 업무 규칙, 그리고 지원기구

(secrétariat) 등이 규정되어 있다.

대체로 상설 관계장관위원회는 규정상 대부분 중요 정책 이슈들에 대한 정책방향 설정, 이견 조정, 집행 점검, 평가 등을 목적으로 설치된다. 즉 이러한 활동들을 통해 총리가 주요 이슈 분야에서 국정의 흐름을 잡아가는 수단인 것이다. 그러나 일부 총리들은 상설 관계장관위원회를 부처간 이슈에 구체적으로 개입하는 수단으로 활용한 경우가 많았고, 더 나아가 상설 관계장관위원회에 상당한 규모의 전문화된 사무국을 설치해 각 부처들에 필적하거나 대신할 수 있게 하기도 했다.

상설 관계장관위원회는 관련 부처 장관(ministres)들과 청장(secrétaires d'État)들로 구성되고, 고위공무원들도 장관이나 청장을 수행해 함께 참석하거나 장관을 대리해 참석할 수 있다. 장관급 상설 관계장관위원회에 고위공무원을 참석시킨 것은 장관들의 전문성을 보완하기 위해서뿐만 아니라 결정의 집행을 보장하기 위해서이다.

각 상설 관계장관위원회가 활용되는 정도는 천차만별이다. 일부는 자주 활용되고 있으나, 다른 일부는 간헐적으로 소집되며, 나머지는 특정 시대에 정부의 관심사에 따라 설치되어 한두 번 회합을 가진 후 활동을 거의 하지 않아 서류상으로만 존재한다. 그러나 특별히 자주 소집하지 않는다 해서 그 상설 관계장관위원회의 업무가 방치되고 있는 것은 아니다. 위원회 사무처에서 처리하거나, 일상적인 행정절차에 의해 처리되고 있다(Py, 1985: 48).

임시 관계장관위원회는 법령의 근거 없이 총리가 필요에 따라 수시로 소집하는 비공식 부처간 회의이다.

상설 관계장관위원회가 대체로 연 2~4회 소집되어 관할 이슈들에 관해 정책방향 설정, 집행 점검, 평가 등을 함으로써 총리가 국정의 흐름을 통제하는 수단이라면, 임시 관계장관위원회는 정치적 상황, 경제·사회적 여건에 따라 수시로 소집해 특정 주제를 논의해 해결책을 마련하고 현안 이슈에 관해 부처간 이견을 조정함으로써 정책을 결정하는 수단이다. 또한 임시 관계장관위원회는 엘리제궁에서 열리는 국무회의 및 관계장관회의를 준비하기 위해서 소집되기도 한다.

임시 관계장관위원회 구성 멤버는 매우 신축적이다. 문제 해결에 도움이

---

7) 극소수는 국무회의나 총리의 결정으로 설치된 경우도 있다.

〈표 6-3〉 제5공화국에서 활용된 주요 상설 관계장관위원회(C.I.) 및 설치 연도

- 유럽협력 관계장관위원회(C. I. pour a Coopération Économique Européenne, 1948)
- 과학기술 관계장관위원회(C. I. de la recherche scientifique et technique, 1958)
- 기밀정보 관계장관위원회(C. I. du Renseignement, 1959)
- 국제개발협력 관계장관위원회(C. I. de la Coopération Internationale et du Développement, 1959)
- 관광대책 관계장관위원회(C. I. du tourisme, 1959)
- 국토정비 관계장관위원회(C. I. pour l'aménagement du territoire et l'action régionale, 1960)
- 수도권대책 관계장관위원회(C.I. pour la région de Paris, 1960)
- 경제사회개발 관계장관위원회(C. I. du développement économique et sociale, 1961)
- 산업정책 관계장관위원회(C. I. de la politique industrielle, 1970)
- 고용정책 관계장관위원회(C. I. de l'emploi, 1971)
- 우주공간 관계장관위원회(C. I. de l'espace aérien, 1971)
- 자연환경 관계장관위원회(C. I. pour la nature et l'environnement, 1971)
- 국립공원 관계장관위원회(C. I. des parcs nationaux, 1971)
- 항로안전 관계장관위원회(C. I. de la sécurité routière, 1972)
- 핵안전 관계장관위원회(C. I. de sécurité nucléaire, 1975)
- 지자체개혁 관계장관위원회(C. I. sur la réforme des collectivités locales, 1975)
- 고용촉진 관계장관위원회(C. I. de promotion de l'emploi, 1976)
- 삶의 질 관계장관위원회(C. I. de la qualité de la vie, 1978)
- 여성문제 관계장관위원회(C. L. chargé de l'action pour les femme. 1978)
- 문화정책 관계장관위원회(C. I. pour l'action culturelle, 1978)
- 해양개발 관계장관위원회(C. I. de la Mer, 1978)
- 농촌개발 관계장관위원회(C. I. de développement et d'aménagement rural, 1979)
- 문화유산 관계장관위원회(C. I. du Patrimoine, 1979)
- 가정보호 관계장관위원회(C. I. de la Famille, 1979)
- 알코올중독방지 관계장관위원회(C. I. de lutte contre l'alcoolisme, 1980)
- 대외문화협력 관계장관위원회(C. I. pour les relations culturelles extérieurs, 1980)
- 국민연대 관계장관위원회(C. I. de la Solidarité Nationale, 1981)
- 국토관리 관계장관위원회(C. I. de l'administration territoriale, 1982)
- 마약방지 관계장관위원회(C. I. de lutte contre la toxicomanie, 1982)
- 여권신장 관계장관위원회(C. I. des droits de la femme, 1982)
- 청소년대책 관계장관위원회(C. I. de la jeunesse, 1982)

- 불우청소년 관계장관위원회(C. I. à l'insertion professionnelle et sociale des jeunes en difficulté, 1983)
- 소비자보호 관계장관위원회(C. I. de la consommation, 1983)
- 도시활성화 관계장관위원회(C. I. pour les villes et du développement urbain, 1984)
- 정보화추진 관계장관위원회(C. I. de l'informatique, 1984)
- 유럽공동기술개발 관계장관위원회(C. I. relatif à EUREKA, 1984)
- 적응통합 관계장관위원회(C. I. à l'intégration, 1989)
- 해외자산 관계장관위원회(C. I. des moyens de l'Etat à l'etranger, 1994)
- 국민통합 관계장관위원회(C. I. à l'intégration, 1992)
- 고용창출 관계장관위원회(C. I. pour le développement de l'emploi, 1995)
- 국가개혁 관계장관위원회(C. I. pour la réforme de l'État, 1995)
- 국방구조개편 관계장관위원회(C. I. pour les restructurations de Défense, 1996)
- 불법노동방지 관계장관위원회(C. I. pour la lutte contre le travail illégal, 1997)
- 국내치안 관계장관위원회(C. I. de sécurité intérieure, 1997)
- 사회차별방지 관계장관위원회(C. I. de lutte contre les exclusions, 1999)
- 자연재난방지 관계장관위원회(C. I. de prévention des risques naturels majeurs, 2001)
- 지속가능개발 관계장관위원회(C. I. pour le développement durable, 2003)
- 인종차별금지 관계장관위원회(C. I. de lutte contre le racisme, 2003)

되는 자로서 총리가 초청한 자로 구성된다. 장관들뿐만 아니라 고위공무원, 고급장교, 장관보좌관, 민간인 등도 초청된다. 가급적 장관들이 직접 참여하고, 불가피한 경우에만 장관비서실장이 대리 참석한다. 장관은 자신의 비서실 보좌관 중에서 전문가를 선발해 대동하거나 회의 안건이 아주 전문기술적인 문제일 경우 고위공무원 가운데서 전문가를 선발해 대동할 수 있다. 그러나 매우 중대한 문제이거나 아주 정치적인 문제일 경우 총리는 장관만 참석하도록 요청할 수 있다. 임시 관계장관위원회는 대부분 총리가 주재하나 예외적으로 총리의 지휘를 받는 담당장관(ministre délègué)이 주재하는 경우도 있다.

2) 지역대상 장관회의, 고객대상 장관회의 및 과정대상 장관회의

프랑스 정부의 소수장관회의들은 관할 업무의 성격에 따라 정책대상 소수장관회의, 지역대상 소수장관회의, 고객대상 소수장관회의, 과정대상 소수장관회의 등으로 구분할 수 있다.

정책대상 소수장관회의는 다시 관할 업무의 범위에 따라 분야별 소수장관회의와 이슈별 소수장관회의로 구분할 수 있다. 프랑스에서는 국방회의만 분야별 소수장관회의이고, 나머지 대부분은 이슈별 소수장관회의들이다. 주요 이슈별 소수장관회의로는 군비재정비 관계장관위원회, 핵방사능위기 관계장관위원회, 자연재해 관계장관위원회, 국토관리 관계장관위원회, 지속

〈표 6-4〉 관할 업무의 성격과 범위에 따른 소수장관회의

성 격	범 위	해당 소수장관회의
정 책	분야별	- 국방회의
	이슈별	- 군비재정비 관계장관위원회 - 핵방사능위기 관계장관위원회 - 자연재해 관계장관위원회 - 국토개발정비 관계장관위원회 - 지속가능개발 관계장관위원회 - 정보화추진 관계장관위원회 - 문화정책 관계장관위원회 - 국민통합 관계장관위원회 - 적응통합 관계장관위원회 - 차별방지 관계장관위원회 - 인종차별금지 관계장관위원회 - 마약방지 관계장관위원회
지 역	해외지역	- 남태평양회의 - 유럽협력 관계장관위원회 - 국제개발협력 관계장관위원회
	국내지역	- 수도권대책 관계장관위원회 - 농촌개발 관계장관위원회 - 도시발전 관계장관위원회
고 객	취약계층	- 여성문제 관계장관위원회 - 청소년문제 관계장관위원회 - 소비자보호 관계장관위원회
과 정	조사	- 기밀정보 관계장관위원회
	계획	- 국가기획회의
	환류	- 국정개혁 관계장관위원회

가능개발 관계장관위원회, 정보화추진 관계장관위원회, 문화정책 관계장관위원회, 국민통합 관계장관위원회, 사회차별방지 관계장관위원회, 인종차별금지 관계장관위원회, 마약방지 관계장관위원회 등이 있다.

지역대상 소수장관회의는 다시 국내지역 소수장관회의와 해외지역 소수장관회의로 구분할 수 있다. 소수장관회의들은 대부분 프랑스 전국토를 대상으로 하나 상당수 소수장관회의들은 특정 지역을 대상으로 하고 있다. 국내지역 소수장관회의의 예로는 수도권대책 관계장관위원회, 농촌개발 관계장관위원회, 도시발전 관계장관위원회 등이 있고, 해외지역 소수장관회의의 예로는 남태평양회의(프랑스령 남태평양), 유럽협력 관계장관위원회, 국제개발협력 관계장관위원회(개도국, 특히 예전 프랑스 식민지) 등이 있다.

고객대상 소수장관회의로는 취약계층담당 소수장관회의를 두고 있다. 소수장관회의들은 대부분 전국민을 동시에 대상으로 하나, 상당수 소수장관회의들은 취약 계층을 대상으로 하고 있다. 여성문제 관계장관위원회, 청소년문제 관계장관위원회, 소비자보호 관계장관위원회 등이 그 예이다.

마지막으로, 프랑스에는 국정운영 과정상 특정 단계의 업무만 대상으로 하는 소수장관회의들이 있다. 그러나 대부분은 정책추진의 모든 단계 혹은 정책조정 단계의 업무를 대상으로 하고 있다. 특정 단계를 대상으로 하는 소수장관회의로는 국가기획회의, 기밀정보 관계장관위원회, 국정개혁 관계장관위원회 등이다.

3 국무회의 및 내각회의와의 관계

1) 국무회의(Conseil des Ministres)

(1) 구성과 역할

국무회의에는 대통령과 총리 그리고 모든 장관들이 참여한다. 정부의 행동통일 원칙에 따라 모든 국무위원들이 참여한다. 대통령실 국정총괄처장과 총리실 행정총괄처장은 국무위원이 아님에도 불구하고 참석한다. 현재 외청장(Secrétaires d'État)이나 담당장관(Ministres délègués)들은 요청을 받거나 관할 업무가 논의될 경우에만 국무회의에 참석한다.

과거에 담당장관이나 외청장의 참석 여부는 정부의 행동통일을 강조하느냐 아니면 회의의 효율성을 강조하느냐에 따라 달라져 왔다. 외청장들은 드골 대통령 시절에는 참석했으나 퐁피두 대통령 시절부터 참석이 제한되었고, 담당장관들은 미테랑 대통령 초기에는 참석했으나 그 뒤 참석이 제한되었다.

국무회의는 정부의 정책방향과 주요 정책의 논의를 통해 다양한 정부 활동에 통일성을 부여하고 국가 의사를 최종 확인하는 매우 공식적인 기관이다. 국무회의는 법령안 검토, 민군 고위공직 임명, 대의회 전략 논의, 정책 분야별 정세 및 대책 논의, 대통령과 총리의 선거공약 구체화, 국정운영 프로그램 작성, 국내외 정세에 대한 대응, 추진 중인 주요 정책의 집행 실태 등을 논의하는 장소이다.

그러나 국무회의는 국가 의사를 최종 논의하고 확인하는 기구이지 집단적으로 국가 의사를 결정하는 기구는 아니다. 최종 결정은 대통령이 한다. 또한 국무회의는 논의를 하더라고 심도 있는 토론을 통해 이견을 타결하지는 않는다. 대체로 정부의 제반 업무가 제대로 진행되고 있는지 점검하고 확인하며 대통령의 승인을 받는 장소이고, 대통령에 따라서는 대통령의 지침을 전달하는 장소로 활용하기도 한다.[8]

(2) 회의의 준비, 진행 및 마무리

국무회의는 관례적으로 매주 수요일 엘리제궁에서 열린다. 국무회의는 건설적이고 효율적이도록 신중히 준비된다. 국무회의 준비는 총리가 주도하나, 의사일정과 논의 안건에 대한 최종 결정은 대통령이 한다. 의사일정의 준비, 논의 주제 관련 문건의 준비, 결정 요약문의 작성 등은 총리 행정총괄처에서 담당한다.

국무회의를 개최하기 위해서는 사전에 의사일정이 확정되어야 한다. 매주 수요일에 열리는 국무회의를 위해 의사일정은 직전 주 금요일에 준비되어 월요일에 확정된다. 매주 금요일에는 다음 주에 열리는 국무회의 의사일정뿐만 아니라 그 다음 주에 열릴 국무회의 의사일정안도 검토한다. 의사일정 초안은 행정총괄처장, 총리비서실장 및 국정총괄처장이 매주 마티

8) 전자의 대표적인 예는 드골 대통령이고, 후자의 예는 퐁피두 대통령이었다.

농궁에서 모여 준비한다. 의사일정 초안이 작성되면 행정총괄처장은 국무회의에서 논의할 상당수 안건들과 함께 대통령에게 제출하고, 대통령은 종종 다른 안건을 직접 추가한 후에 총리와 상의해 의사일정을 최종 확정한다. 확정된 의사일정은 늦어도 하루 전에 각 장관들에게 전달된다.

의사일정에 들어갈 안건들은 행정총괄처에서 각 부처에 전화로 문의하거나 부처간 회의를 소집해 수집한다. 의사일정 검토 단계에서 장관들은 1~2주 후의 국무회의에 상정할 그들의 안건을 집어넣거나 이미 예정된 안건을 수정할 수도 있다. 그 밖에도 국무회의 안건은 국정운영 프로그램에 의해 큰 윤곽이 정해질 수 있다. 국정운영 프로그램은 향후 6개월 동안 정부의 행동노선을 정해 놓은 프로그램[9]으로 여기에 포함된 이슈들은 대체로 국무회의에서 최종 논의되어야 할 시점이 정해진 경우가 많다. 국무회의에 상정할 안건들은 항상 넘쳐나 정부의 정책 우선순위, 회의당 적정 안건 수, 의회 일정 등을 고려하여 선택이 이루어진다. 선택은 행정총괄처장, 국정총괄처장, 총리비서실장에 의해 이루어진다.

의사일정이 확정되면 행정총괄처는 의사일정에 포함된 안건들의 논의에 필요한 문건들과 국무회의 직후 발표할 성명서(communiqué) 초안을 준비한다. 의제가 법령일 경우에는 법령에 대한 정부의 입장, 국사원(Conseil d'État)의 의견과 그 의견에 따라 수정된 내용, 행정총괄처 담당보좌관의 검토보고서 등을 준비해야 한다. 기타 안건에 대해서는 논의해야 할 내용과 부처간 실무회의에서 논의된 핵심 내용에 관한 총리 행정총괄처 담당보좌관의 검토보고서 등을 준비해야 한다.

국무회의가 열리면 법령안 검토, 고위공직 임명 확정, 국정간담회 순서로 진행된다. 법령안 검토시에는 원칙적으로 토론은 하지 않고 의견만 교환한다. 상정된 법령안은 대부분 부처간 합의가 이미 끝난 것이기 때문이다. 그렇다고 마지막 조정의 가능성을 배제하지는 않는다. 드물기는 하지만 종종

9) 국정운영 프로그램은 1974년 지스카르 대통령에 의해 도입되었다. 정치적·경제적·사회적 목표 달성을 위해 필요한 법령이나 결정들을 담은 프로그램으로 총리 행정총괄처장, 총리 비서실장, 대통령 국정총괄처장이 함께 준비해 국무회의의 검토를 거쳐 대통령과 총리에 의해 최종 확정된다. 지스카르 대통령 시절에는 동 프로그램을 확정하기 전에 장관들과 사전에 비공식적 협의를 했다. 그러나 장관들은 동 프로그램의 작성 과정에 공식적으로 간여하지는 않았다.

법령안 전체가 재조정되는 경우도 있고, 몇몇 장관들이 강력히 반대하면 법령안 검토가 다음 국무회의로 넘겨지기도 한다.

주요 보직의 임명과 확정은 대통령, 총리, 장관들 간에 협의를 거쳐 사전에 내정된 후보자들을 최종 확정하는 절차이다. 헌법상 국무회의에서 확정되어야 하는 주요 보직은 국사원 위원, 회계감사원 위원, 지사, 대사, 장군, 대학총장, 중앙부처 국장, 공기업 사장 등이다.

국정간담회에서는 국제문제 관련 장관들이 한 주간의 국제정세에 대한 보고를 하기도 하고, 경제 상황, 고용, 예산 준비 등 국내정책에 대해 논의하기도 한다. 또한 의회 일정 및 심의 안건에 대해 의견을 교환하기도 하고, 정부활동에 대한 평가나 집행 상황을 점검하기도 한다. 간담회 마지막 부분에서는 각 장관들이 소관 부처에서 추진하는 정책과 관련해 애로 사항이나 미리 검토한 정책방향을 상정한다. 간담회 시간에 장관들은 발언을 구두로 간결하게 하고 문서를 준비하여 읽지는 않는다. 국정간담회에서는 논쟁이 수반되고 중요한 결정이 내려지거나 조정이 이루어지기도 한다.

국무회의는 대통령이 주재한다. 자신의 의견을 제시하고 토론을 유도하며 조정하거나 결론을 내리기도 한다. 또한 자신의 입장을 밝히고 지침을 내리기도 한다. 국가의 장래와 관련된 중요한 결정을 내릴 때 대통령은 참석한 국무위원 한 사람 한 사람에게 각자의 의견을 제시하도록 한다. 국무회의에서는 투표를 하지 않는다. 결정은 참석자들 간의 합의에 의해 이루어진다. 의견이 달라 합의에 이르지 못할 경우 대통령이 중재한다. 논란의 내용은 비밀에 부친다.

회의록은 행정총괄처장이 기록하고 대통령의 서명을 받는다. 심의한 법률안, 채택한 명령 및 주요 결정은 행정총괄처장이 여러 장관들에게 보낸다. 또한 행정총괄처장은 회의 내용을 메모하고, 주요 결정들은 요약 정리한다. 요약 정리에는 논의 주제, 주요 결정, 대통령이나 총리가 내린 정책방향과 지침 등이 포함된다. 이 요약문은 대통령의 승인을 받은 후 엘리제궁과 마티뇽궁에 보관된다. 이 요약문은 장관들에게 전달되지 않고, 다만 장관들이 주요 결정과 지침을 명확히 이해할 수 있도록 조회만 허용된다.

회의가 끝날 무렵 행정총괄처장은 국무회의 결과에 관해 이미 작성해 놓은 성명서 초안을 대통령 국정총괄처장 및 총리 비서실장과 함께 수정한 후 대통령의 서명을 받아 확정한다. 성명서는 엘리제궁 공보부(le service de presse)에 의해 배포되고, 정부대변인 역할을 하는 장관이 기자들에게 설명한다. 국무회의가 끝난 직후 국정총괄처장은 보좌관회의를 소집해 결정 내용을 알리고 필요한 업무 지시를 내린다.

2) 내각회의(Conseil du cabinet)

(1) 구성과 운영

내각회의는 총리 주재 하에 모든 장관들이 참석하는 회의이다. 총리가 주재하기 때문에 대통령은 참석하지 않는다.

내각회의의 운영, 즉 의사일정의 준비, 회의의 소집과 진행 및 마무리는 국무회의와 유사한 절차와 방식으로 이루어지며, 총리 행정총괄처에서 담당한다.

(2) 역할

내각회의가 소집되는 빈도와 이유는 정치적 상황에 따라 달라져 왔다.

제5공화국 초대 총리인 데브레는 내각회의를 비교적 자주 소집해 주로 입법관계, 국내정치, 재정문제, 내정문제 등을 주로 논의했다. 이는 드골 대통령이 국방, 외교 등 국제문제에 전념하고, 국내문제는 총리에게 위임한 결과, 총리가 국내문제를 사실상 책임 있게 이끌어 갈 필요가 있었기 때문이다. 그러나 후임 총리부터는 내각회의가 거의 소집되지 않았고, 새로운 총리의 취임 직후 혹은 사임 직전에 가끔 소집될 뿐이었다.

내각회의의 중요성이 다시 부각되기 시작한 것은 동거정부 때였다. 최초의 동거정부 총리인 시라크(Jacques Chirac)는 국정을 자신의 책임 하에 이끌어 가는데 내각회의가 주는 매력이 매우 컸기 때문에 내각회의 소집을 주저하지 않았다.

이후부터 내각회의의 상대적인 중요성은 체제의 성격에 따라 달라졌다. 즉 동거정부가 되어 국정운영 체제가 내각제적으로 변하면 내각회의의 중요성이 커지고, 반대로 단독정부가 되어 국정운영 체제가 대통령제적으로 변하면 내각회의의 실질적 중요성이 작아졌다.

3) 국무회의 및 내각회의와의 관계

이원집정부제를 채택하고 있는 프랑스에서는 대통령이 하원의 다수 의석을 확보한 단독정부의 경우에는 국정이 대통령제적으로 운영되나, 의회 내 다수 의석을 확보하지 못해 동거정부가 들어선 경우에는 국정이 내각제적으로 운영된다. 이에 따라 국무회의, 내각회의, 관계장관회의, 관계장관위원회들의 위상과 관계가 달라진다. 프랑스에서 관계장관회의나 관계장관위원회의 모든 주요 결정은 반드시 국무회의를 통과해야 한다. 대통령이 주재하는 국무회의는 국가 결정을 최종 확인하는 공식적인 기구이기 때문이다. 그러나 내각회의는 동거정부일 경우에만 활성화된다.

(1) 단독정부

단독정부의 경우에 대통령은 자신의 비전과 의도에 따라 국정을 이끌어 갈 수 있다. 이 과정에서 총리는 헌법상 부여된 자신의 권한을 충분히 행사하지 못하고 대통령을 지원하는 역할에 머문다. 단독정부 하에서 대통령은 두 가지 방식으로 국정을 운영할 수 있다.

첫째, 대통령 자신이 국정운영을 직접 챙기는 방식이다. 즉 자신이 주재하는 임시 관계장관회의와 국무회의를 통해 국정운영의 틀을 짜고 전략적인 주요 정책들을 결정하는 방식이다. 이 경우 임시 관계장관회의는 대통령이 국정에 적극 개입할 수 있는 중요한 수단이 된다. 대통령의 필요에 따라 개최할 수 있고 엘리제궁의 국정총괄처에서 준비하기 때문이다. 국정운영에 대한 영향력 강화를 위해 임시 관계장관회의를 적극 활용한 대통령들로는 퐁피두와 지스카르였다.[10] 대통령이 국정을 직접 챙길 경우 총리는 대통령의 주요 정책들을 구현하기 위해 정부기구들의 일상적인 활동들을 지휘 감독하고 정부 법안들이 의회를 통과할 수 있도록 의회 다수 세력을 대리 관리한다.

둘째, 총리에게 국정운영의 상당 부분을 위임하는 방식이다. 즉 대통령은 지휘서신(lettres directives)[11]을 통해 총리에게 국정운영지침을 내리고,

---

10) 퐁피두 대통령은 정치인 총리인 샤방 델마(Jacques Chaban-Delmas)가 국정을 꼼꼼하게 챙기지 않자 임시 관계장관회의를 적극 소집해 자신이 직접 국정을 챙겼다. 샤방 델마 총리는 퐁피두 대통령의 임시 관계장관회의 활성화에 대해 격렬하게 반대했다. 지스카르 대통령도 자신이 해박한 지식과 풍부한 지식과 풍부한 경험을 갖고 있는 국내문제에 간여하기 위해 임시 관계장관회의를 적극 소집했다.

11) 지휘서신은 드골 대통령이 처음 사용한 이래 오늘날까지 활용되고 있다. 대통령이 여러 부처와 관련된 문제에 대해 총리에게 지침을 하달하기 위해 사용한다.

총리로 하여금 관계장관위원회들을 소집해 주요 정책들을 마련하도록 한 다음, 자신이 주재하는 국무회의에서 최종 검토 확정하는 방식이다. 이 때 내각회의는 소집되지 않지만 상설 관계장관위원회와 임시 관계장관위원회가 크게 활성화된다.

(2) 동거정부

반면에 동거정부인 경우에는 의회 다수파 총재가 총리가 되어 국정과 정국을 실질적으로 주도한다. 즉 총리는 경제 및 국내 정책을 자신의 비전에 따라 주도하고, 외교국방 정책에도 상당한 영향력을 행사한다.[12] 반면에, 대통령은 전면에 나서서 정부의 정책 방향을 실질적으로 주도하거나 결정하지 않고, 막후에서 중재적인 역할을 한다.[13] 즉 대통령은 국가원수로서 의전적인 역할을 담당하고, 총리 주도의 정책들이 자신의 노선에서 크게 이탈하면 국무회의 의장으로서 중지시키거나 지연시키는 정도에 그친다 (Thiebault, 1988: 88).

국정운영의 구조와 절차 등도 총리가 국정운영의 중추가 되게끔 바뀐다. 즉 내각회의와 관계장관위원회들이 크게 활성화된다. 내각회의는 실질적으로 국무회의 역할을 대신한다. 그 결과 정부의 주요 결정은 사실상 내각회의에서 확정되고, 국무회의에서 형식상 추인을 받는 절차를 거친다. 국무회의보다는 내각회의에서 중요한 이슈들이 논의되고 확정되며, 국무회의의 회의 시간은 단축된다.

12) 동거정부 하에서 대통령은 외교국방정책을, 총리는 나머지 정책들을 책임지나, 총리는 외교정책 결정에도 참여할 수 있다 (Thiebault, 1988: 89).

13) 첫 번째 동거정부 하에서는 대통령과 총리 간에 갈등이 표출되었으나, 두 번째 동거정부 시절부터는 대통령과 총리가 서로 어떻게 협력해야 하는지를 터득하고 암묵적인 역할 분담이 이루어져 갈등이 별로 표출되지 않고 있다.

제 2 절 현행 소수장관회의 시스템

1 주요 상설 소수장관회의

1) 개 관

소수장관회의는 임시 소수장관회의와 상설 소수장관회의가 있다. 전자는 평소에는 존재하지 않고 소집되어야만 존재하게 된다. 후자는 법령에 의해 설치되어 법령에 의해 폐지될 때까지 존재하게 된다. 상설 소수장관회의를 중심으로 그 설치 실태를 살펴보면 다음과 같다.

상설 관계장관회의는 주로 국방과 대외 분야에 설치되어 있는 반면, 상설 관계장관위원회는 대외협력, 기밀정보, 국토안전, 경제, 사회, 문화 등 국정의 모든 분야에 설치되어 있다. 국방과 기밀정보 분야 소수장관회의들은 대부분 제도화되어 장기간 안정적으로 유지 운영되고 있으나, 경제·사회·문화 분야의 소수장관회의들은 명멸을 거듭하고 있다.

한편, 일부 소수장관회의들은 관할 이슈에 대한 연구, 의견 제시, 평가, 민간 의견 수렴 등을 목적으로 자문회의(Conseil Supérieur, Conseil National, Haute Conseil)를 설치해 활용한다. 소수장관회의는 정부활동을 추진, 조정, 점검을 담당하는 기구이나, 자문회의는 정부활동에 대한 연구, 의견 제시와 수렴, 평가를 담당하는 기구이다. 양자는 이처럼 역할이 다름에 따라 구성 멤버도 다르다. 소수장관회의에는 장관들과 고위공무원들만 참석하는 데 비해, 자문회의에는 주로 지자체 대표, 정치인, 민간인들이 참여한다. 즉 자문기구들은 상하 의원들과, 정부 부처, 각급 지자체, 사업자단체, 노동단체, 전문가단체 등의 장이나 그 대리인들로 구성된다. 의장은 양자 모두 대통령이나 총리가 담당하고 있다.[14]

프랑스 소수장관회의와 자문회의의 설치 현황을 보면 <표 6-5> 및 <표 6-6>과 같다.

---

14) 그러나 일부 관계장관위원회는 확대자문회의의 의장을 주무장관으로 하여 설치하고 있다.

〈표 6-5〉 관계장관회의의 설치 분야와 예시

설치 분야	해당 관계장관회의	비 고
국방 분야	- 국방회의* - 군사위원회	
대외 분야	- 대외핵정책회의 - 남태평양회의	• 핵무기 제외 • 프랑스령 남태평양
국내 분야	- 국내안정회의	• 국제 테러 포함

* 대통령 산하에 확대자문회의 설치.

〈표 6-6〉 관계장관위원회의 설치 분야와 예시

설치 분야	해당 관계장관위원회	비 고
대외협력	- 유럽협력 관계장관위원회 - 국제개발협력 관계장관위원회+ - 대외문화과학기술협력 관계장관위원회	
기밀정보	- 기밀정보 관계장관위원회	
국방 분야	- 군비재정비 관계장관위원회 - 화학무기금지협약 관계장관위원회	
국토안전	- 핵방사능위기 관계장관위원회 - 자연재해 관계장관위원회	
경제개발	- 국토개발정비 관계장관위원회+ - 수도권대책 관계장관위원회 - 도시발전 관계장관위원회+ - 지속가능개발 관계장관위원회+ - 고용창출 관계장관위원회	
사회개발	- 국민통합 관계장관위원회 - 가족문제 관계장관위원회* - 청소년문제 관계장관위원회 - 소비자보호 관계장관위원회 -(재경부) - 차별방지 관계장관위원회	
문 화	- 문화정책 관계장관위원회 - 문화유산 관계장관위원회	
국정개혁	- 정보화추진 관계장관위원회 - 국정개혁 관계장관위원회	

참고: 자문회의 설치 위치: * 대통령 산하, + 총리 산하 , - 장관 산하

2) 국방회의(Conseil de Défense)와 군사위원회(Comité de Défense Militaire)

국방 관련 관계장관회의로는 국방회의(Conseil de Défense)와 군사위원회(Comité de Défense Militaire)가 있다. 1959년 1월 제5공화국 출범 당시 국무회의 의장이던 드골이 설치한 것들인데 오늘날까지 유지되고 있다.[15)]

국방회의는 국방에 관한 정책방향(direction generale)과 주요 정책을 논의 조정하거나 안보를 위협하는 테러에 대한 대책을 수립할 때 소집되는 관계장관회의이다. 대통령을 의장으로 하여 총리, 외무부장관, 내무부장관, 국방부장관, 재경부장관, 기타 의제 관련 부처 장관들로 구성된다. 그 밖에도 의견 청취를 위해 전문가들을 부를 수 있다. 국방회의는 대체로 1년에 4~5번 개최된다.

군사위원회는 군사에 관한 정책방향(direction militaire)과 주요 정책, 즉 군사적 목표 설정, 목표 달성을 위해 수립된 전략계획의 승인, 병력의 배분, 기타 군에서 필요한 지원 조치 등을 논의 조정하는 관계장관회의로서, 의장은 대통령이고 구성 멤버는 의제에 따라 정해진다. 대통령이 참석하기 어려우면 총리가 의장을 대행한다. 군사위원회는 총리의 요청에 의해 소집되고 그 참석 멤버도 소집할 때마다 총리가 정하나, 회의는 대통령이 주재한다. 군사위원회는 전쟁 등 비상시에 군사작전을 논의하는 회의이기 때문에 평소에 별로 소집되지 않는다.

국방회의는 산하에 실무회의로서 국방과학기술실무위원회(Comité d'Action Scientifique de la Défense)를 두고 있다. 과학기술 연구의 국방 분야 활용, 국방과학기술 연구의 촉진과 방향 설정, 국방과학기술 연구 프로

---

15) 동시에 국가안보자원의 준비, 활용, 보호 등에 대해 연구를 하고 의견을 제시하는 자문회의로서 국방최고회의(Conseil Supérieur de Défense)를 설치했다.

대통령이 의장이고, 멤버는 당연직과 임시직으로 구성된다. 임시직은 매년 임명된다. 당연직은 총리(부의장), 외무부장관, 내무부장관, 국방부장관, 재경부장관, 국방총괄처장, 각군 참모총장, 각군 담당장관(délègués ministériels), 국방과학기술실무위원회(Comité d'Action Scientifique de la Défense) 위원장, 국가기획위원장(Commissaire du plan), 핵에너지위원장, 고등국방연구소 소장, 대외정보국장(Directeur général du service de documentation extérieure et de contre-éspionnage) 등이다. 필요시 각군 고위장교, 국방 관련 부처 고위공무원, 대기업 사장, 노조 대표 등도 참석할 수 있다.

국방최고회의는 전원회의와 연구과제별 회의가 있다. 전자는 대통령의 요청으로 소집되고, 의제는 총리가 제안하면 대통령이 확정한다. 사무처는 국방총괄처이다.

그램에 대한 부처간 조정, 국방과학기술의 보호, 국방과학기술 관련 제반 문제점 등을 사전에 검토해 의견을 제시하는 위원회이다. 동 위원회는 국방총괄처 과학기술보좌관이 주재하고 총리가 지명한 2명과 6개 관련 부처 장관들[16]이 각각 지명한 6명을 합해 총 8명으로 구성되며, 필요하면 민간 전문가들도 참석한다. 회의는 의장이 소집하고 최소 연 2회 개최한다.

국방회의와 군사회의 및 국방과학기술실무위원회를 소집하고 의제와 자료를 준비하며 회의록을 작성하고 집행을 점검하는 사무처 역할은 국방총괄처(SGDN)에서 담당한다.

3) 국내안정회의(Conseil de sécurité intérieure)

국내안정회의는 시라크 대통령이 국민들의 안전을 지키기 위해 테러, 범죄, 무질서, 소란 등 각종 사회불안 원인의 예방과 방지에 관한 정부정책의 방향을 정하고, 관련 부처들의 정책과 그 집행을 조정하며, 각 부처 활동과 프로그램들을 평가하기 위해 2002년 5월에 설치한 관계장관회의이다.

의장은 대통령이고, 구성 멤버는 총리, 내무부장관, 국방부장관, 법무부장관, 재경부장관, 해외영토부장관, 국방총괄처장이며, 또한 의제에 따라 보건복지부장관, 국민통합부장관, 교육청소년스포츠장관, 건설교통부장관, 도시부장관 등이 참석한다.

지원기구는 이원화되어 있다. 즉 의제가 국방이나 기밀정보와 관련될 경우 국방총괄처에서 담당하고, 그 밖의 경우에는 대통령이 별도로 임명하는 사무처장[17]이 담당한다. 사무처장은 민감한 의제와 쟁점들을 사전에 검토하기 위해 필요하면 관련 부처들의 지원을 받아 실무그룹을 설치할 수 있다.

국내안정회의는 조스팽(Lionel Jospin) 총리가 1997년 11월에 전통적인 범죄와 무질서는 물론 주택가소란 등 신종 사회불안 요인들을 강력히 통제하기 위해 설치한 총리 주재 국내치안 관계장관위원회[18]를 2001년 발생한

16) 외무부장관, 국방부장관, 경제부장관, 대학부장관, 산업부장관, 과학기술부장관.

17) 대통령 국토안전 담당보좌관(Chargé de Mission)이 임명되었다.

18) 국내치안 관계장관위원회는 총리를 의장으로 하여 내무부장관, 국방부장관, 법무부장관, 재경부장관 및 기타 의제 관련 장관들로 구성했고, 사무처 역할은 행정총괄처에서 담당했었다. 산하에 총리 비서실장을 의장으로 하여 멤버 부처 장관 비서실장들과 국토안전 담당 국장들로 구성된 상설 실무그룹(groupe permanent)을 설치해 관계장관회의에서 논의할 의제와 자료를 준비하도록 했다(Décret 97-1052).

미국의 9·11테러 사건으로 전 세계가 국경을 넘나드는 테러 위협에 노출되자 이에 효율적으로 대처하기 위해 대통령이 직접 주재하는 관계장관회의로 격상시킨 것이다.

4) 대외핵정책회의(Conseil de Politique Nucléaire Extérieure)

대외핵정책회의는 지스카르 대통령이 대외 핵정책의 여러 측면, 특히 핵기술, 핵장비, 핵물질 등의 수출에 대한 논의를 위해 1976년 9월에 설치한 회의이다. 대통령을 의장으로 하여 총리, 외무부장관, 과학기술부장관, 재경부장관, 국방부장관, 산업부장관, 통상부장관, 핵에너지처장(commissariat à l'énergie atomatique) 등으로 구성되고, 필요하면 관련 부처 장차관과 고위공무원들이 초청된다. 국정총괄처에서 사무처 역할을 담당한다.

5) 남태평양회의(Conseil de Pacifique Sud)

남태평양회의는 1985년 9월에 미테랑 대통령이 프랑스령 남태평양 지역에 대한 프랑스 정부의 정책, 특히 문화, 과학, 기술 분야 협력정책을 조정하기 위해 설치한 것이다. 대통령을 의장으로 하여 총리, 외무부장관, 국방부장관, 해외영토부장관, 남태평양지역 프랑스 대사들(오스트레일리아, 뉴질랜드, 사모아, 피지, 통가, 나우루, 투발루, 뉴기니 등), 이 지역 주둔 프랑스군 지휘관들, 프랑스 핵실험센터의 장 등으로 구성되고, 기타 관련 부처들의 장과 민군 고위공무원들 그리고 프랑스령 폴리네시아 총독, 뉴칼레도니아 의회 의장, 월리스-포투나 의회 의장 등이 초청된다. 대통령 부재 시에는 총리가, 총리 부재 시에는 외무부장관이 주재한다. 간사는 대통령이 임명한다.

6) 기밀정보 관계장관위원회(Comité Interministériel du Renseignement)

기밀정보 관계장관위원회는 정보활동에 관한 정책을 결정하는 소수장관회의이다. 좀더 구체적으로 보면, 국가기밀정보 활동의 방향을 설정하고 대통령에게 제출할 국가정보활동계획(Plan National du Renseignment, PNR)을 작성하며 정보정책의 입안과 집행 과정에서 발생한 부처간 이견을 조정하는 장관위원회이다. 다시 말해, 향후 3개년 동안 기밀정보 활동의 목표 내용을 포함한 국가정보활동계획을 작성하고, 프랑스 정부내 모든 정보수집기구들의 활동을 지도 조정하는 위원회이다.

총리 주재 하에 외무부장관, 내무부장관, 국방부장관, 해외영토부장관, 과학기술연구부장관, 재경부장관, 산업부장관, 국방총괄처장, 행정총괄처장, 대외정보국장 등으로 구성된다. 그 밖에도 총리는 전문성 있는 장관들을 초청한다.

회의는 필요에 따라 총리가 소집하나 최소 연 2회 소집해야 한다. 회의의 준비와 사후 조치 등 사무처 역할은 국방총괄처에서 담당한다.

1959년 1월 드골 대통령에 의해 설치되었고, 다시 1962년 10월에 재정비되어 오늘에 이르고 있다.

7) 유럽문제 관계장관위원회(Comité Interministériel sur l'Europe)

유럽문제 관계장관위원회는 유럽연합, 경제협력개발기구, 유럽핵에너지공동체, 유럽철강석탄공동체 등에서 거론되는 모든 문제를 검토하고 프랑스의 입장을 구체화하는 소수장관회의이다. 물론 이러한 입장은 국무회의에서 최종 확정되나, 사전에 유럽문제 관계장관위원회에서 부처간 의견 조율을 통해 주요 내용을 심의 결정하고 결정된 후 집행에 필요한 조치들을 마련한다.

유럽문제 관계장관위원회는 외무부장관, 재경부장관, 통산부장관, 기타 관련 부처 장관 등으로 구성되고, 의장은 총리이다. 총리의 위임에 의해 외무장관이 회의를 주재할 수 있다. 지원기구는 유럽총괄처(Secrétariat Général des Affaires Européennes)이다. 유럽총괄처에서 유럽문제 관계장관위원회의 소집과 심의 결정에 필요한 준비(안건, 소집, 검토보고서 준비)를 하고, 최종 확정된 사항들의 집행을 점검한다.

유럽문제 관계장관위원회는 프랑스의 유럽재건 참여를 둘러싼 협상지침을 다듬고 그 참여와 관련해 국무회의에서 내릴 결정을 준비하기 위해 1948년 6월에 설치한 유럽경제협력 대책위원회가 발전한 것이다. 즉 유럽국가들 간에 각종 협력 조약들이 체결됨에 따라 유럽경제협력 대책위원회는 그 기능이 단계적으로 추가되었고, 그에 상응하게 참석 멤버도 확대되었다.

사무처도 1948년 설치 당시부터 재경부에서 담당했으나 업무의 양과 종류가 다양해짐에 따라 1977년 별도의 사무처가 신설되었다. 임시 의장도 재경부장관에서 주무장관으로 다시 외무장관으로 변했다. 이로써 유럽문제 관계장관위원회가 완성되어 오늘에 이른다.

8) 국제개발협력 관계장관위원회(Comité Interministériel de la Coopération Internationale et du Développement)

국제개발협력 관계장관위원회는 개발도상국들에 대한 원조정책의 방향을 설정하고 우선협력국을 선정하며 원조정책에 대한 평가를 관리하는 관계장관위원회로서, 총리를 의장으로 하여 대외협력부장관, 재경부장관, 외무부장관, 대외무역부장관, 인구이민부장관, 교육부장관, 연구개발부장관, 내무부장관, 국방부장관, 환경부장관, 해외영토부장관 등으로 구성된다. 대통령 보좌관 한 명이 참석한다.

원조정책에 대한 평가보고서 작성을 위해 실무그룹을 두고 있다. 작성된 보고서는 국제개발협력 관계장관위원회의 심의를 거쳐 대통령과 의회에 보고된다. 국제개발협력 관계장관위원회는 최소 연 1회 소집되고, 외무부와 재경부에서 사무국 역할을 한다.

국제개발협력 관계장관위원회는 제4공화국 내각회의 의장 망데-프랑스(Pierre Mendes-France)가 프랑스 해외식민지 내 경제사회 발전에 필요한 조치들을 연구 건의하고 여러 부처들과 관련된 문제들을 조정하기 위해 1954년에 설치한 실무급 해외영토대책 부처간 회의(Comité Interministériel permanent de coordination pour les départements d'outre mer)가 변천한 것이다. 즉 드골 대통령(데브레 총리)이 해외영토대책 부처간회의를 1959년 3월에 장관급 식민지지원협력 관계장관위원회(Comité Interministériel pour l'aide et la coopération)로 격상시켜 프랑스 식민지 국가들에 대한 경제, 문화, 기술 측면에서의 지원과 협력에 관한 논의와 조정을 위한 기구로 활용했으며, 시라크 대통령이 1996년에 개발원조정책의 방향 설정과 평가를 위해 국제개발협력 관계장관위원회(Comité Interministériel de la Coopération Internationale et du Développement)로 개편했고, 1998년에 다시 개편되어 오늘날의 모습으로 완성되었다.

9) 핵방사능위기 관계장관위원회(Comité Interministériel aux crises nucléaires ou radiologiques)

핵방사능위기 관계장관위원회는 핵시설[19] 및 방사능 물질로 인해 발생하는 모든 위험으로부터 인명과 재산을 보호하기 위해 필요한 제반 대책들을 마련하고 조정하며, 핵안전을 위한 국제적 논의가 있을 경우 프랑스의 입장을 마련하는 관계장관위원회이다. 지스카르 대통령(시라크 총리)이 1975년 8월에 설치한 핵안전 관계장관위원회(Comité Interministériel de la Sécurité Nucléaire)를 시라크 대통령(라파랭 총리)이 2003년 9월에 개편한 것이다.

핵방사능위기 관계장관위원회는 총리를 의장으로 하여 보건부장관, 환경부장관, 내무부장관, 국방부장관, 산업부장관, 외무부장관, 교통부장관 등으로 구성된다. 총리는 필요에 따라 이들 가운데 소수로 구성된 소위원회(formation restreint)를 소집할 수 있다.

사무처 역할은 국정총괄처에서 담당한다. 국정총괄처는 논의를 준비하고 해결책을 마련하며 결정의 집행을 점검한다. 그 밖에도 국정총괄처장은 긴급시에 직접적으로 관련된 부처 장관들만의 회의를 소집할 수 있고, 좀더 급박한 상황에서는 관련 부처들의 조언을 듣고 필요한 조치를 취한 후 사후에 회의를 소집해 보고할 수 있다. 또한 핵 혹은 방사능 관련 돌발 사태가 발생할 경우 이들 관리책임자로부터 지체없이 보고를 받아 정보를 종합한 후 대통령과 총리에게 보고해야 한다.

10) 자연재난대책 관계장관위원회(Comité Interministériel de prévention des risques naturels majeurs)

자연재난대책 관계장관위원회는 자연재난방지정책을 수립하고, 자연재난에 대한 예측과 감시 및 평가, 분석기법의 개발과 지식정보의 축적, 인명과 재산 피해의 감축 등에 대한 방향을 설정하는 소수장관회의이다.[20]

---

19) 다만, 국방 관련 핵시설들은 제외.

20) 산하에 자문위원회(Conseil d'orientation)를 두고 있다. 자연재난대책 관계장관위원회 멤버 장관들의 대리인(보좌관, 고위공무원), 국정총괄처(SGDN) 간부, 상하원 의원 및 지방 의원 12인, 민간인 10인(보험회사 대표 2, 건설부장관 지명 2, 과학기술부장관 지

총리를 의장으로 하여 국토관리환경부장관, 국방부장관, 교육부장관, 과학기술부장관, 내무부장관, 건설교통부장관, 농업부장관, 재경부장관, 해외영토부장관 등으로 구성되고 기타 의제 관련 부처 장관들이 초청된다. 총리의 위임에 의해 환경부장관이 주재할 수 있다. 회의는 최소 연 1회 소집한다.

자연재난대책 관계장관위원회는 1953년 재난 희생자들에 대한 지원을 위해 설치한 실무급 위원회에서 출발해 1960년에 재난구제 대책과 재난구제기금 사용을 심의 조정하는 장관급 위원회로 격상되었고, 2001년 2월 조스팽 총리에 의해 오늘날의 모습으로 개편되었다.

11) 국토개발정비 관계장관위원회(Comité Interministériel d'aménagement et de la développement du territoire)

국토개발정비 관계장관위원회는 국토의 개발과 정비에 관련된 이슈들을 검토하고 부처간 이견을 조정하여 정부정책을 준비하는 위원회이다.[21] 총리를 의장으로 하여 내무국토관리부장관, 재경부장관, 농업부장관, 건설관광교통부장관, 통산부장관, 교육연구부장관, 환경부장관, 국가기획단장

명 과학기술 전문가 2, 국토관리환경부장관 지명 4) 등으로 구성되어 재난 예방을 위한 의견과 대책을 제시한다. 전문위원회 의장은 국토관리환경부장관이 지명하고, 회의는 필요시 의장이 소집하나 최소 연 1회 소집한다.

21) 로카르(Michel Rocard) 총리는 동시에 자문회의로 1991년 3월 국토개발관리최고회의(Conseil national de l'aménagement et du développement du territoire)를 설치했다. 국토관리정책의 구체화, 국가와 지자체 간 계약, 공공기관들의 국토개발 활동 조정 등에 관해 의견을 제시하고 필요한 대책을 건의하며. 또한 2년마다 국토현황보고서를 작성해 대통령, 상하원, 경제사회위원회에 제출하도록 하기 위해서이다.

국토개발관리최고회의는 총리(의장), 국토관리부장관(부의장) 이 밖에 총리가 임명한 5년 임기의 50명으로 구성된다. 즉 13개 관련 부처 장관들의 대리인, 상하원 각 1명, 각급 지자체 의회의원 11명, 각종 경제사회단체 대리인 12명, 전문가 12명 등이다. 회의는 의장의 소집으로 최소 연 2회 개최하고, 의제는 의장이 정한다.

산하에 상설위원회(commission) 1개 이외에 업무 영역에 따라 연안관리특별위원회 등 기타 필요한 위원회(commission)를 설치할 수 있다. 상설위원회는 20명으로 구성되어 국토개발관리최고회의의 의사일정과 각종 이슈에 대한 건의안의 초안 작성과 함께 국토관리정책 평가를 담당하는 분과위원회로서 국토개발관리최고회의의 중간에 반드시 최소 1회 소집되고 기타 필요에 따라 소집된다. 사무처 역할은 국토개발정비단(Délégation interministérielle à l''aménagement du territoire et l'action régionale)에서 담당한다.

(Commissaire au Plan), 기타 이해관계기관의 장 등으로 구성된다.

산하에 긴급 사안이 있을시 소집하는 소위원회, 농촌지역의 개발과 정비를 논의할 분과위원회, 국토관리보조금의 관리[22]를 위한 실무위원회를 두고 있다.

소위원회는 총리 주재로 내무국토관리부장관, 재경부장관, 농업부장관으로 구성하고, 분과위원회는 총리의 위임에 의해 농업부장관을 의장으로 하여 이해관계 부처의 장관들이 참석하며, 국토관리보조금 실무위원회는 국토건설교통부장관의 주재[23] 하에 재경부의 조세국장, 국유재산국장, 예산국장, 산업기술국장, 지역중소기업국장, 농업부의 경제정책국장, 노동부의 고용국장, 외무부의 국제투자담당 대사 등으로 구성된다.

국토개발정비 관계장관위원회와 그 산하 소위원회, 분과위원회, 실무위원회를 지원하는 사무처 역할은 국토관리담당관(délèqué)과 그의 휘하에 관련 부처에서 파견된 공무원들로 구성된 국토개발정비단(Délégation in-teministérielle à l'aménagement du territoire et l'action régionale)에서 담당한다. 국토관리담당관이 의장들과 상의해 회의 의제와 논의 자료를 준비하고 결정 사항의 집행을 점검한다.

국토개발정비 관계장관위원회는 1960년 데브레 총리가 국토의 개발과 정비에 관한 정책을 마련하고 부처간 이견을 조정하기 위해 설치한 국토정비관계장관위원회(Comité interministériel permanent pour l'action régionale et l'aménagement du territoire)에서 출발했다. 그 후 1963년 퐁피두 총리가 별도의 지원기구인 정비단(Délégation interministérielle)을 설치했고, 1995년 발라뒤르 총리가 명칭을 현재의 이름으로 바꾸고 하부기구들을 설치해 오늘에 이르고 있다.

2 하부기구 : 실무회의(위원회)

프랑스 소수장관회의 산하에는 하부기구로서 분과회의(위원회)나 실무회

22) 기업들로부터 신청서를 받아 자격을 심사하고 배정액에 대한 의견을 제시한다.
23) 위임에 의해 국토관리담당관(délègué)이 의장직을 수행할 수 있다.

의(위원회)가 설치되는 경우가 있다. 구성 멤버 장관들 가운데 일부 장관들로 구성되는 분과회의(위원회)는 잘 발달된 편은 아니다. 분야별 소수장관회의보다는 이슈별 소수장관회의가 잘 발달되어 있어서 분과회의(위원회)의 필요성이 그만큼 줄어들었기 때문이다. 그러나 멤버 부처 고위공무원들로 구성되는 실무회의(위원회)는 대부분 설치되어 있다.[24] 실무회의(위원회)는 관련 부처 실무자들의 회의로서 여러 부처들의 검토가 필요한 것이면 어떠한 주제에 관해서도 소집할 수 있다. 법령으로 설치된 상설 실무회의(위원회)도 다수 있으나, 대부분 임시 실무회의(위원회)이다.

1) 기 능

실무회의(위원회)는 주로 다음과 같은 목적으로 소집된다.

첫째, 사전 검토이다. 조만간 개최될 소수장관회의에 상정할 의제들과 관련 자료에 대해 사전에 검토하기 위해 실무회의(위원회)가 소집된다. 검토를 하더라도 상정될 의제에 관한 비판적 분석은 하지 않고, 근거 논리의 명확화, 데이터의 정확성, 재원의 확보와 집행시에 예상되는 문제점, 관련 부처들의 협조 등을 검토해 보완적 의견을 제시한다.

둘째, 제안과 입안이다. 주요 현안 이슈들의 해결에 필요한 아이디어를 수집하거나 정책안을 작성하기 위해 실무회의(위원회)가 소집된다.

셋째, 의견 수렴과 조정이다. 법령안을 둘러싼 관련 부처들의 의견 수렴과 조정을 위해 실무회의(위원회)가 소집된다. 주무부처나 다수 부처 혹은 총리 행정총괄처에서 개발하고 있는 법령안들에 대해 이견이 예상되는 경우 사전에 실무회의(위원회)를 소집해 관련 부처들로부터 의견을 수렴하고, 이견이 있으면 1차 조율을 시도한다. 이견이 해소되지 않을 경우 각 참여자들은 소속 부처 장관에게 보고한다.

넷째, 집행 점검이다. 국무회의 혹은 소수장관회의에서 결정된 사항들이 해당 부처들에 의해 제대로 집행되고 있는지 점검하기 위해 실무회의(위원회)가 소집된다. 주로 집행에 책임 있는 부처들의 고위공무원들을 소집해

---

24) 실무회의(위원회)는 관계장관위원회 산하에 설치되는 경우가 대부분이다. 그러나 관계장관위원회 산하가 아니라 총리 직속으로 실무위원회를 설치한 경우도 있고, 부처 장관 산하에 부처간 실무위원회를 설치한 경우도 있다.

진도와 애로 사항을 점검한다.

다섯째, 검토보고서 작성이다. 정치경제적 상황 변화에 따라 예상되는 제반 문제들에 대한 정치적 기술적 검토보고서를 작성하기 위해 실무회의(위원회)를 소집한다. 검토보고서는 예상되는 문제들을 분석하고 그 해결에 필요한 제안을 담고 있다.

2) 참석 멤버

실무회의(위원회)에는 보통 회의 안건과 관련된 업무를 담당하면서 장관을 대변할 수 있는 장관비서실 보좌관이나 고위공무원이 참석한다.[25] 부처마다 한두 명의 대표자만 참석하나, 거대부처[26]의 경우에는 대여섯 명의 대표자가 참여기도 한다. 정치적 성격이 강한 안건인 경우 장관비서실장이나 장관비서실 보좌관만이 참여하기도 한다. 실무회의(위원회)에는 평균 5개 부처가 참여하고, 구성 멤버 규모는 각 부처에서 3명씩(장관비서실 보좌관 1명, 고위공무원 2명) 총 15명 정도이다.

3) 운영 기구와 방식

상설 실무회의(위원회)는 의장이 소집을 요청하고 주재하며 지원기구에서 소집하고 회의록을 작성한다. 상설 실무회의(위원회)의 의장과 지원기구는 <표 6-7>과 같다.

그러나 임시 실무회의(위원회)는 대체로 정책내용 담당 보좌관들이 소집을 요청하고 회의를 주재하며, 정책과정 관리 보좌관들은 회의를 소집하고 회의록을 작성해 참석자들에게 배포한다. 그 결과 후술하는 지원기구에 따라 실무회의(위원회)의 운영 방식이 약간 다르다. 즉 정책의 내용과 과정을 동시에 관리하는 국정총괄처, 국방총괄처, 유럽문제총괄처는 자신들의 판단에 따라 임시 실무회의(위원회)를 소집하고 주재하며 기록할 수 있다. 반면에, 정책과정만 관리하는 행정총괄처는 소집과 기록 작성 및 배포만 담당하고, 회의 주재는 정책내용을 취급하는 총리비서실에서 담당한다.

25) 실무회의(위원회)에는 외부 인사들은 참여할 수가 없다. 회의(위원회)에서의 논의 내용을 대외비로 처리하고 있기 때문이다.

26) 예를 들면, 예산 부처와 교육 부처.

〈표 6-7〉 주요 상설 실무회의(위원회)의 의장과 지원기구

의 장	지원기구	해당 관계장관위원회
주무부처 장관	총리 산하 Délégation	- 도시발전 관계장관위원회(1988) - 국정개혁 관계장관위원회(1995)
	주무부처 Délégation	- 불법노동방지 관계장관위원회(1997)
	주무부처 공무원	- 소비자보호 관계장관위원회(1983) - 사회적 차별방지 관계장관위원회(1999)
지원기구 장	총리 산하 Secrétariat	- 해양개발 관계장관위원회(1995)
	총리 산하 Délégation	- 항로안전 관계장관위원회(1972) - 마약방지 관계장관위원회(1989) - 지속가능발전 관계장관위원회(2004)
	주무부처 Délégation	- 군비재정비 관계장관위원회(1996)
주무부처 공무원	주무부처 공무원	- 대외문화과학기술협력 관계장관위원회(1980)

참고: ( ) 안의 숫자는 신설 혹은 개편 연도.

임시 실무회의(위원회)는 총괄처장들의 이름으로 소집되고, 회의 목적, 시간과 장소, 그리고 사회자의 이름과 직책이 통보된다. 회의는 총리비서실이나 총괄처 소속 이슈별 담당 보좌관들이 주재한다. 그러나 비중이 크거나 이견이 심한 이슈인 경우에는 총리 비서실장이나 총괄처장이 주재한다. 정책내용 담당 보좌관들로 하여금 회의를 주재하게 하는 이유는 그들이 대통령이나 총리의 의중을 가장 잘 알고 있어서 정책 논의가 대통령이나 총리의 정책방향으로부터 이탈하는 것을 방지할 수 있고, 그들은 대통령이나 총리의 신임을 받고 있기 때문에 부처간 이견이 있으면 이를 즉시 해결해 줄 수 있으며, 부처간 갈등이 심해 대통령이나 총리가 직접 나서 조정할 경우 대통령이나 총리에게 조언할 수 있는 위치에 있기 때문이다.

실무회의(위원회)에 참석한 각 부처 대표자들은 자신의 소속 부처를 대변한다. 어떤 경우에도 개인 자격으로 참여하지는 않는다. 회의록과 주요 결정에 대한 요약문에는 관련 부처들의 기본 입장이 자세히 기록된다. 회의록과 요약문은 회의 주재자의 서명을 받은 후 참석자들에게 배포되고, 동시에 행정총괄처 문서부(Le Service de Documentation)에 보관된다.

3 지원기구

프랑스 소수장관회의들을 지원하는 기구는 의장별 정책영역별로 다원화되어 있다.

대통령이 주재하는 소수장관회의들의 지원기구는 국정총괄처와 국방총괄처 및 전속사무처(Secrétariat)로 삼원화되어 있다. 대부분의 임시 관계장관회의들은 대통령 소속 국정총괄처(Secrétariat Général de la Présidence, SGP)에서 지원하고, 국방회의와 군사위원회는 총리 소속 국방총괄처(Secrétariat Général de la Défense Nationale, SGDN)에서 지원한다.

총리가 주재하는 관계장관위원회들의 지원기구도 정책영역에 따라 삼원화되어 있다. 즉 외교·국방·정보 분야 관계장관위원회들은 국방총괄처에서, 경제·국내정책 분야 관계장관위원회들은 행정총괄처(Secrétariat Général de Gouvernement, SGG)에서, 유럽연합 관계장관위원회는 유럽총괄처(Secrétariat Général du Comité Interministériel pour la Coopération Économique Européennes, SGCI)에서 관리하고 지원한다. 그 밖에도 일부 상설 관계장관위원회들은 독자적인 추진단(Délégation)이나 사무국(Secrétariat) 혹은 주무부처에서 지원하고 있다.

지원 내용은 회의를 준비하고 소집해 결정 사항을 기록하며 마무리하는 일이다. 준비는 회의에서 논의할 의제를 선정하고 그 의제를 논의하는 데 필요한 자료와 검토보고서를 마련하는 것이다. 의제는 의장과 협의해서 정하고 자료와 검토보고서는 주로 관련 부처들에게 부탁한다. 마무리는 총리 명의의 집행명령을 작성해 집행 담당 부처에 전달하고 그 정책들이 제대로 집행되는지를 감독하는 일이다. 집행명령은 정책들이 제대로 집행되는 데 필요한 사전 조치와, 언제까지 집행해야 하는지 스케줄을 정해서 총리의 이름으로 발하는 명령서이다.

1) 국정총괄처

대통령 소속 국정총괄처는 대통령이 주재하는 외교국방, 경제, 내정 분야 임시 관계장관회의들과 그 산하 실무회의들을 관리 지원한다. 좀더 구체적으로 보면, 국정총괄처내 외교담당실과 경제사회담당실 보좌관들이 회의의 소집, 준비, 회의록 작성 및 마무리 작업을 담당한다. 이들은 임시 관계장관회의와 실무회의에 대한 행정 지원 이외에 대통령에게 조언을 통해 정보와 아이디어를 제공한다.

[그림 6-1] 국정총괄처 내부구조

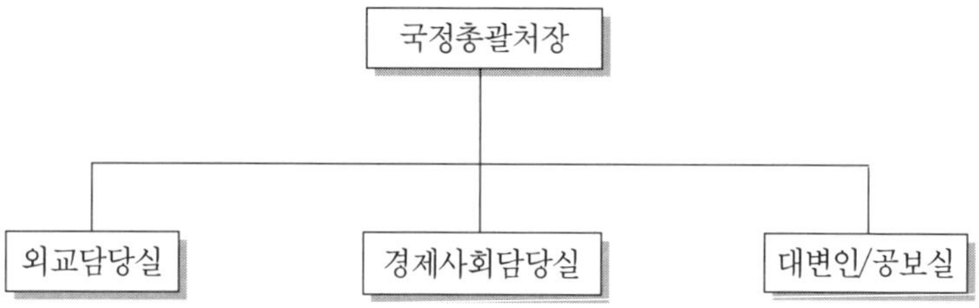

2) 행정총괄처

행정총괄처는 총리가 주재하는 경제정책 분야와 국내정책 분야 관계장관위원회들을 관리 지원한다. 즉 독자적인 사무처를 갖고 있는 일부 관계장관위원회들을 제외하고 상설이든 임시이든 대부분의 관계장관위원회와 실무위원회들을 관리 지원한다. 행정총괄처는 처장, 부처장, 분야별 보좌관, 각종 지원부서장, 집행 요원 등으로 구성되어 있다. 약 100명 정도의 인원으로 구성되어 있고, 그 가운데 30명 정도가 관리직이다. 규모가 크지 않고 내부구조도 복잡하지 않아 주어진 역할 수행에 중요한 응집력과 유연성을 키우고 발휘할 수 있게 되어 있다. 역대 행정총괄처장은 자격 요건에 관한 어떠한 규정도 없음에도 불구하고 고위공무원, 즉 국사원 위원들로 충원되었다. 분야별 담당보좌관들은 각 부처에서 차출되어 온 고위공무원들이다.

좀더 자세히 보면 행정총괄처 내에서의[27] 분야별 보좌관들이 담당 분야 관계장관위원회와 실무위원회를 관리한다.[28] 각 보좌관들이 지원하는 관계

27) 행정총괄처의 역할, 내부구조, 충원 등에 대한 자세한 내용은 이송호, 2002: 291-298 참조.

장관위원회들은 <표 6-8>과 같다. 그러나 이 담당보좌관들은 정책내용에 대한 조언은 하지는 않는다.

[그림 6-2] 행정총괄처 내부구조

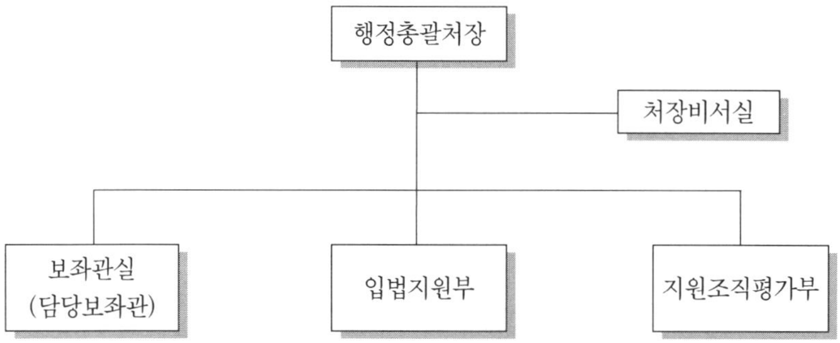

〈표 6-8〉 담당보좌관들이 관리 · 지원하는 관계장관위원회 영역

담당보좌관 1 - 농업, 도시, 주택, 환경, 관광, 청소년 · 스포츠
담당보좌관 2 - 외교, 국방, 유럽협력
담당보좌관 3 - 사법, 문화, 통신기술
담당보좌관 4 - 내정, 분권화, 행정 간소화
담당보좌관 5 - 영토관리, 해양, 교통
담당보좌관 6 - 교육, 여성의 권리, 공직
담당보좌관 7 - 산업 재배치, 상업 · 공업, 연구 · 기술, 에너지
담당보좌관 8 - 사회, 고용, 근로, 건강, 노인

3) 국방총괄처

국방총괄처는 외교 · 국방 · 정보 분야 관계장관회의와 관계장관위원회를 관리하고 지원한다. 대통령과 총리의 지침을 받아 각종 회의들을 준비(일정 작성, 소집, 서류 준비)하고, 회의에서 결정된 사항의 요약문을 작성하여

28) 행정총괄처장(Secrétaire Général du Gouvernement)은 대통령이 주재하는 국무회의(Conseil des Ministres)도 관리 지원한다.

관련 부처에 통보하며, 그 집행 상황을 추적 점검한다. 국방총괄처는 총리 산하에 있음에도 불구하고, 총리뿐만 아니라 대통령도 동시에 보필한다. 더 나아가 부처간 실무회의(위원회)들을 주재하기도 한다.

국방총괄처는 현재 총괄처장, 부처장, 2개 사무국, 6개 부서로 구성되어 있다. 1998년 현재 약 500여 명의 민간인과 군인으로 구성되어 있다.

6개 부서의 성격을 보면 '전략기술이전부(Pôle Technologies et Transferts Sensibles)'와 '국가보안부(Pôle Défense et Nation)'는 조정하고 규제하는 부서이고, '국제전략부(Pôle Affaires Internationales et Stratégiques)'와 '국방경제부(Pôle Économie et Défense)'는 예측하고 제안하는 부서이며, '유럽법사부(Pôle Affaires Juridiques et Européennes)'는 연구하고 지원하는 부서이다. 국가안보부, 국제전략부, 전략기술이전부의 고위직은 고위 공무원과 고위장교로 구성되어 있고, 국방경제부, 유럽법사부 등은 민간인으로 구성되어 있다.

국방총괄처장(Secrétaire Général)은 국방총괄처의 업무를 총괄 지휘한다. 동시에 총리의 위임을 받아 후술하는 일부 부처간 회의들을 주재한다.

[그림 6-3] 국방총괄처의 구조

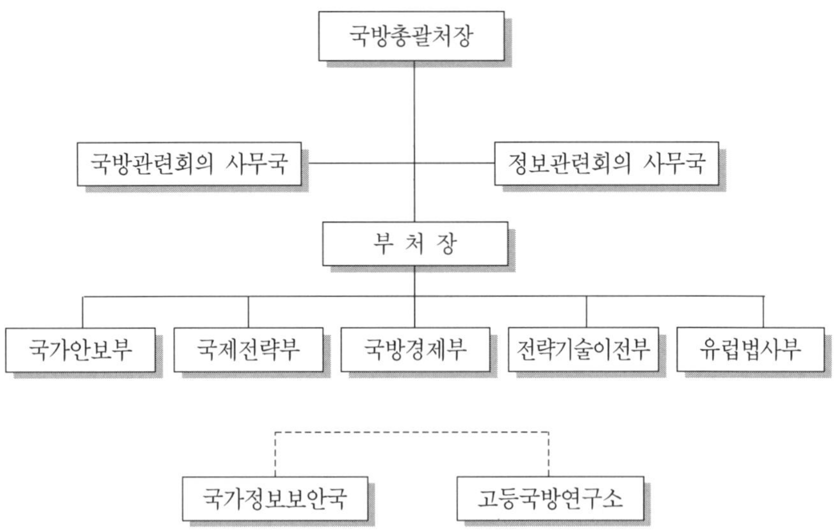

전통적으로 국방총괄처장은 장군이었으나, 최근에는 장관급 민간인이 담당하고 있다. 국방총괄처 부처장은 해군 제독이 담당하고 있다. 국방총괄처 내에는 소규모 사무국이 2개 있는데, 그 중 하나는 국방관련회의 사무국이고, 다른 하나는 정보관련회의 사무국이다.

국방관련회의 사무국은 국방과 핵안전 문제를 취급하는 부처간 회의들을 관리 지원한다. 국방 분야 회의로서는 대통령 주재 국방회의(Conseil de Défense)와 군사위원회(Comité de Défense Militaire) 및 국방최고자문회의(Conseil Supérieur de la Défense Nationale)가 있고, 총리의 위임을 받아 국방총괄처장이 주재하는 국토방위위원회(Commission Interministérielle

〈표 6-9〉 국방총괄처가 지원하는 국가안보 및 정보 관련 주요 회의

회의 명칭	역 할	참석자
국방회의	국방에 대한 정책 결정, 안보위협 테러 대책	대통령, 총리, 외무, 국방, 내무, 재정경제장관, 대통령이 초청한 장관, 국방총괄처장, 특별참모부장, 합참의장, 각군 참모총장
군사위원회	군사작전에 관한 결정·집행	대통령, 총리, 총리지명 장관과 민군공무원
최고국방자문회의	국방에 관한 연구 논의	대통령, 총리, 관련 부처 장관, 군고위장교, 공무원, 민간인 등 50여명
핵방사능위기 관계장관위원회	핵방사능안전대책 입안 조정 국제 핵안전 논의 대책 마련	총리, 보건, 내무, 국방, 산업, 외무, 환경, 교통
화학무기금지 관계장관위원회	화학무기금지협약 이행 점검	총리, 법무, 과기, 내무, 외무, 국방, 산업, 농업, 환경, 보건, 기타
기밀정보 관계장관위원회	정보활동의 지도·조정, 국가정보계획 수립	총리, 국방, 내무, 외무, 재정경제, 산업, 연구, 통신, 우주, 해외영토 장관, 국방총괄처장, 행정총괄처장, 총리 초청 전문가
국토방위위원회	국토방위정책 추진 지침 작성 및 부처간 조정	국방총괄처장 주재 실무회의
전략기술물자수출회의	군사전용 가능 기술·장비·물질의 수출 타당성 검토	국방총괄처장 주재 실무회의
국가정보보안위원회	국가정보 유출방지 대책검토	국방총괄처장 주재 실무회의

de Défense du Territoire), 전략기술물자수출회의, 국가정보보안위원회(le directoire de la sécurité des systemes d'information)가 있으며, 기타 국방총괄처 보좌관들이 주재하는 실무회의(위원회)들이 있다. 핵안전 분야 회의로는 총리가 주재하는 핵방사능안전 관계장관위원회(Comité Interministériel aux crises nucléaires ou radiologiques)가 있다. 그러나 국방관련회의 사무국은 국방 문제를 취급하는 회의라도 임시 관계장관회의(Conseil Restreints)[29]는 지원하지 않는다.

정보관련회의 사무국은 총리가 주재하는 기밀정보 관계장관위원회(Comité Interministériel du Renseignment)와, 그 산하 부처간 실무위원회들을 지원한다. 동시에 관련 부처들과 함께 국가정보활동계획(PNR)의 입안을 지원하고, 동 계획의 집행을 점검하며 격주마다 관련 부처 장관비서실장들을 소집해 정보 수집 목표를 통보하고 각종 정보활동들을 조정한다.

4) 유럽총괄처

유럽총괄처(Secrétariat Général du Comité Interministeriel pour la Coopération Économique Européennes)는 유럽문제 관계장관위원회(Comité Interministériel pour la Coopération Économique Européennes)를 관리 지원한다. 유럽문제 관계장관위원회에 대한 지원을 통해 유럽연합과 경제협력개발기구(OECD)에 대한 프랑스 정부의 입장을 수립하는 부처간 활동을 통합 조정한다. 더 나아가 유럽총괄처는 총리 산하 기구이지만 총리뿐만 아니라 의회와 대통령 및 관련 부처 장관들에게도 유럽문제에 관한 정보 및 전문성을 제공한다. 총괄처 내부 스태프들이 분야별로 정보와 전문성을 축적해 필요한 기관에 제공하고 있다.

유럽총괄처는 처장, 두 명의 부처장, 유럽공동체실, 사법협력실 및 행정지원실 등으로 구성되어 있다. 유럽공동체실은 유럽연합의 주요 활동 영역에 상응하게 12개 분야로 나뉘어 있다. 유럽총괄처장은 총리의 외교담당 보좌관이 겸임하고, 나머지 스태프들은 모두 공무원 출신들로 채워져 있다.

29) 걸프전, 아프리카 위기, 발칸반도 위기 등을 거치면서 많이 소집되었다.

[그림 6-4] 유럽총괄처의 구조

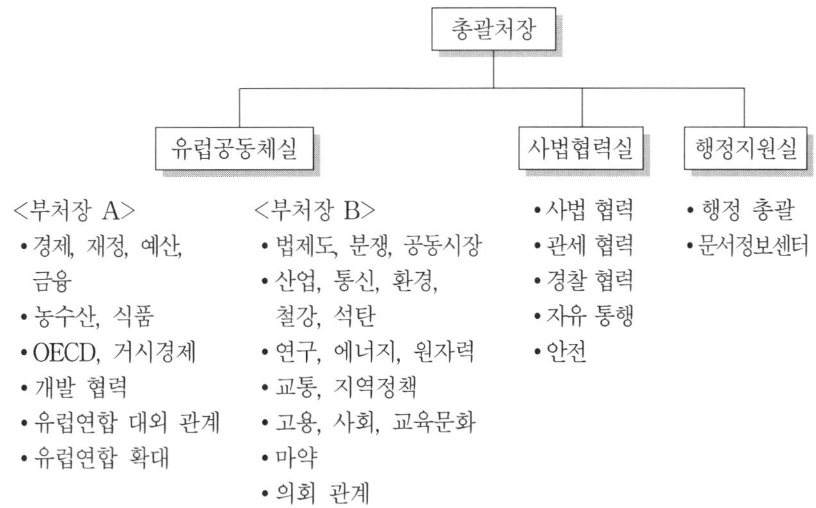

5) 전속 사무처들

일부 상설 관계장관위원회들은 각각 독자적인 지원기구로서 추진단(Délégation)이나 지원단(Commissariat) 혹은 사무국(Secrétariat)를 설치하고 있다. 추진단을 설치한 경우, 추진단에서 의제 설정, 회의자료 준비, 집행 점검 등을 담당하고, 회의 소집과 속기록 작성 등은 행정총괄처에서 담당하는 경우가 많다. 이들 전속 사무처들은 대부분 총리 산하에 설치되으나, 일부는 주무장관 산하에 설치되어 있다.

6) 주무부처

극소수 상설 관계장관위원회는 총리가 주재함에도 불구하고 주무부처에서 지원 관리한다. 예를 들면, 국제개발협력 관계장관위원회는 외무부와 재경부에서, 삶의 질 관계장관위원회는 환경부에서, 문화유산 관계장관위원회는 문화부에서, 적응통합 관계장관위원회는 사회통합부에서, 소비자보호 관계장관위원회는 재경부에서 지원 관리한다.

〈표 6-10〉 전속 사무처의 유형과 위치 및 해당 소수장관회의

사무처 유형	위 치	해당 소수장관회의
Délégation	총리 산하	국토개발정비 관계장관위원회 수도권대책 관계장관위원회 도시발전 관계장관위원회 지속가능발전 관계장관위원회 자연재난대책 관계장관위원회 항로안전 관계장관위원회 마약방지 관계장관위원회 국정개혁 관계장관위원회(1998~2003)
	주무부처 산하	군비재정비 관계장관위원회(국방부) 가족문제 관계장관위원회(보건복지부) 불법노동방지 관계장관위원회(노동부)
Commissariat	총리 산하	경제사회개발계획 관계장관위원회 고용창출 관계장관위원회 국정개혁 관계장관위원회(1995~98)
Secrétariat	대통령 산하	알제리문제회의 아프리카문제회의 대외핵정책회의
	총리 산하	국가기획회의 해양개발 관계장관위원회

4 소수장관회의 시스템에 의한 정책 추진 및 조정 절차[30)]

프랑스에서 정책 추진과 조정을 촉발시키는 원동력은 총리실에서 6개월마다 작성 발표하는 국정운영 프로그램, EU지침, 상황 진전에 따라 발생하는 문제 등이다. 이러한 촉발 동력에 따라 정책 추진과 조정이 시작된다.

일반적으로 정부정책은 비상시에는 대통령과 총리 및 관련 부처 장관들이 모여 사전 준비 없이 신속하게 결정하고, 결정 후 가급적 빠른 시일 내에 국무회의에 통보한다. 통보는 집행 직전에 이루어지는 경우가 많으나 예외적으로 집행 후에 이루어지기도 한다. 그러나 평상시에는 주무부처에서 정책 초안을 작성하고 관련 부처간 회의를 통해 조정한 후 국무회의에

30) 이송호, 2002: 331-338 참조.

서 최종적으로 확정한다.

관련 부처간 이견 조정을 위해 활용되는 회의가 관계장관회의와 관계장관위원회 및 이들의 실무회의(위원회)이다. 대체로 실무회의(위원회)는 정책안의 준비, 관계장관위원회는 정책안의 조정과 결정, 관계장관회의는 정책 방향의 설정, 국무회의는 최종 승인 등으로 역할이 분담되어 있다. 달리 보면, 관계장관회의나 관계장관위원회는 국무회의를 위한 사전 준비와 검토를, 실무회의(위원회)는 관계장관회의나 관계장관위원회를 위한 사전 준비와 검토를 담당한다.

이들 부처간 회의체들이 활용되는 패턴은 의제들의 갈등 정도와 대통령의 스타일에 따라 다르다. 갈등이 심한 이슈들은 부처간 실무위원회(정책안 검토), 관계장관위원회(갈등 혹은 쟁점 타결), 관계장관회의(확정), 국무회의(승인), 관계장관위원회(집행 전략과 방식 검토), 부처간 실무위원회(세부집행계획 작성) 등을 차례로 거친다. 그러나 갈등이 그리 심하지 않는 이슈들은 부처간 실무위원회(회의), 관계장관위원회 혹은 관계장관회의, 국무회의 등을 거친다. 대통령이 총리를 통해 국정을 운영할 경우 관계장관위원회를 활용하나 대통령이 국정에 직접 간여할 경우 관계장관회의가 활용된다.

부처간 실무위원회(회의)에서 실질적으로 조정이 이루어지면 관계장관위원회나 관계장관회의는 열리지 않는 경우가 많다. 또한 한 번의 회의로 조정되지 않을 경우 다음 회의에서 다시 논의한다. 중요한 이슈일 경우 회의를 3 내지 4회 거치면서 조정된다.[31] 그 과정에서 기술적인 측면을 조정하고 쟁점을 분명히 하기 위해 부처간 실무회의(위원회)가 열리기도 한다. 실질적인 조정과 결정은 대부분 국무회의에 이르기 전에 이루어진다.

정책 추진과 조정의 기본 패턴은 위와 같으나, 구체적인 절차는 정책 영역에 따라 다르다.

31) 부처간의 이해관계가 첨예한 경우 대부분 총리비서실에 조정을 의뢰한다. 그런데 비서실 보좌관들 사이에서도 의견 충돌이 재현되어, 총리가 조정에 나서야 할 때도 많다. 총리가 직접 최종 결정을 해야 할 경우 총리비서실은 장관비서실들과 함께 총리가 선택할 수 있는 대안을 두 개로 압축해 작성한다. 총리는 필요하면 회의를 소집해 이해관계 부처들의 의견을 최종 청취한 후, 두 대안 가운데 하나를 최종적으로 선택한다. 최종 선택 과정에서 수정을 가하기도 한다(Kessler, 1982: 81).

1) 경제사회 분야

경제 및 사회 분야의 정부 정책들은 대체로 다섯 단계를 거쳐 결정된다. 법률안일 경우는 의회 심사까지 여섯 단계를 거친다.

첫째, 주무부처 내 담당국에서 초안을 작성한다. 초안에 들어갈 내용 가운데 정치적이거나 정책적인 것은 장관비서실의 조언을 받아 장관이 결정한다. 최근에는 장관비서실에서 초안을 직접 작성하는 경우가 늘어가고 있다. 초안 작성 과정에서 이익집단과 관련 부처들의 의견을 수렴한다. 의견이 취합되면 정책안을 행정총괄처에 보낸다.

둘째, 행정총괄처 검토 단계이다. 행정총괄처는 정책안이 모든 자문 절차를 제대로 거쳤는지, 기존 정책이나 법률과 상충되지 않는지, 위헌 요소는 없는지, 집행할 경우 어떤 문제가 나타날 수 있는지 등을 검토한다.

셋째, 부처간 조정 단계이다. 정책안의 내용에 관해 부처간 이견이 있을 경우 부처간 회의를 통해 조정한다. 이견 조정에는 실무위원회(conseiller reunion), 비서실장회의(directeur reunion), 장관회의(ministériel reunion)가 활용된다. 회의 소집, 필요한 서류 준비, 기록 등은 행정총괄처 보좌관이 담당한다.

실무위원회에는 총리비서실 보좌관, 관련 부처 장관비서실 보좌관 혹은 관련 부처 고위공무원이 참석하고, 대통령의 사인이 필요하거나 국무회의에 상정해야 할 중요한 안건이면 대통령 국정총괄처 보좌관이 초청된다. 실무위원회는 총리비서실 보좌관이 주재한다. 중요성이 크지 않는 이슈에 대한 갈등은 실무위원회에서 회의를 주재하는 총리비서실 보좌관이 판단해 결정한다. 중요성이 큰 이슈에 대한 갈등을 조정하기 위해서는 비서실장회의가 소집된다. 비서실장회의는 관련 부처 장관비서실장들이 참석하며, 총리비서실장이 주재한다. 비서실장회의에서도 갈등이 조정되지 않으면 장관급회의를 소집해 조정한다. 장관급회의로는 총리가 주재하는 관계장관위원회가 주로 활용되나, 대통령이 국정운영에 직접 나설 경우 관계장관회의가 활용되기도 한다.

넷째, 국사원의 검토 단계이다. 정책안에 대한 부처간 조정이 일단 끝나면 행정총괄처는 총리와 대통령 국정총괄처장의 승인을 받은 후, 동 안건을 국사원에 보내 위헌 혹은 위법 가능성에 대한 검토와 자문을 받는다. 행정총괄처 보좌관은 주무부처의 대표자와 함께 국사원의 심의에 참석해 정부의 입장을 밝힌다. 정책안은 국사원의 견해에 따라 수정될 수 있다. 국사원이 위헌 위법 가능성에 대한 의견을 표시하면, 국사원과 총리비서실 간 조정회의를 열어 법령안을 수정한다. 이 조정회의는 행정총괄처장이 주재한다.

다섯째, 국정총괄처의 검토 단계이다. 국사원을 거친 정책안이 엘리제궁으로 이송되면, 국정총괄처 보좌관들이 대통령의 정책노선에 맞는지 검토한다. 정책안이 관계장관회의를 통해 조정되었을 경우 국정총괄처의 검토는 요식적인 행위일 것이나, 실무위원회나 관계장관위원회를 통해 조정된 경우 이 검토 과정은 대통령의 정책 노선과 입장을 반영하는 중요한 절차이다.

이렇게 검토한 정책안은 검토 의견과 함께 국정총괄처장이 대통령에게 보고하고 승인을 받는다. 대통령의 승인을 받은 정책안은 행정총괄처에 의해 국무회의의 의제로 등록된다. 그러나 정책안을 집행하기 위한 집행명령서의 초안이나 집행명령 이행 일정이 마련되지 않는 정책안은 국무회의 의제로 등록되지 않는다.[32] 국무회의에서 상정되기 위해서는 사전에 집행 일정을 제시해야 한다.

여섯째, 국무회의에서의 최종 확정 단계이다. 국무회의에서는 대체로 안건에 대한 토론 없이 채택 여부만 결정한다. 국무회의를 통과되면 법률안일 경우 의회에 상정된다.

이러한 정책 추진 과정에서 실질적으로 중요한 역할은 총리비서실과 행정총괄처에서 담당한다. 즉 총리비서실은 부처간 실무위원회나 비서실장회의에서 정책내용을 조정 결정하고, 행정총괄처는 이러한 조정과 결정을 위한 부처간 회의 및 국사원의 검토 등 제반 절차를 효율적으로 관리함으로써 양자가 정책결정을 주도한다. 그러나 대통령 국정총괄처는 총리비서실과는 달리 대통령을 대신해 부처간 이견을 조정하거나 정책내용을 결정하지는 않고, 정부에서 작성한 정책안이 대통령의 정책노선에 맞는지 여부를 검토하는 역할을 담당한다.

32) 과거에는 행정총괄처가 합리적인 기한 내에 집행명령이 수립되도록 하는데 어떠한 노력도 하지 않았다. 그러다가 1984년에 총리의 요구로 이 문제를 검토한 끝에 새로운 규정을 마련했다.

[그림 6-5] 경제 · 사회 분야 정책의 추진 및 조정 과정

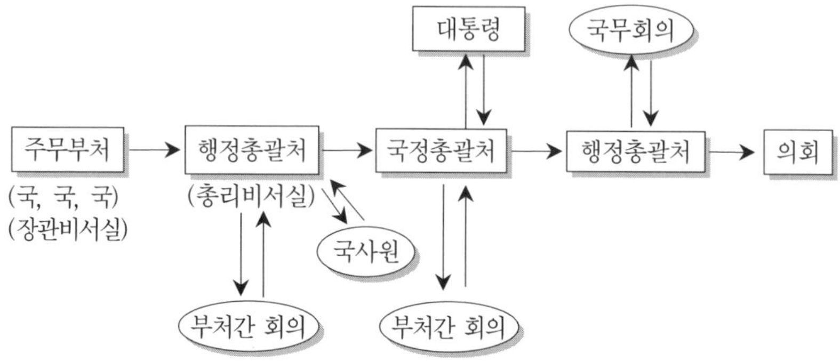

2) 국가안보 분야

국가안보 정책 가운데 중요한 사안이 아닌 경우는 주무부처에서 초안을 작성한 후 국방총괄처의 검토를 거처 행정총괄처에서 부처간 회의를 소집해 조정한 다음 국무회의에서 가부를 결정한다. 국방총괄처를 거치더라도 후술하는 전략회의, 3자회의 및 국방회의 등은 소집되지 않는다. 국방총괄처는 초안이 적절한 정보와 지식에 의거해 작성되었는지를 체크한다.

그러나 국가안보 관련 중요 정책들은 다음 여섯 단계를 거쳐 추진 조정된다. 법률안일 경우는 국회의 심의까지 거쳐야 한다.

첫째, 주무부처가 정책안과 검토보고서를 작성하는 단계이다. 정책안 작성 과정에서 필요하면 관련 부처들의 의견을 수렴한다. 정책안과 검토보고서가 완성되면 국정총괄처로 이송된다.

둘째, 국정총괄처의 검토 단계이다. 국정총괄처장은 외교담당실의 지원을 받아 정책결정의 기초가 되는 정책안과 검토보고서의 충실도 제고에 만전을 기한다. 즉 데이터가 충실한지, 빠진 정보는 없는지, 대통령의 정책노선에 맞는지 등을 점검하도록 한다. 여러 부처와 관련된 이슈일 경우 균형 잡힌 정책안을 작성하기 위해 외교담당실에서 주무부처와 함께 정책안과 검토보고서를 작성하게 하기도 한다.

셋째, 국방총괄처 주관으로 3자회의와 전략회의(Comité Stratégiques)가

소집되어 논의하는 단계이다. 3자회의는 대통령, 총리, 국방장관으로 구성되고, 전략회의는 비공개 임시회의로서 대통령실 특별참모부 요원, 총리비서실의 국방담당 보좌관, 군사비서실 참모, 국방부 담당국장 등 핵심 멤버들과 철학자, 사회학자, 사회단체 대표 등 자문위원들로 구성된다. 전략회의는 정책이 추구해야 할 철학이나 이념 그리고 기본 원칙을 탐색 논의해 건의하고, 3자회의는 프랑스의 안보와 기타 국익에 영향을 미칠 수 있는 정책의 핵심 내용에 대해 합의를 도출한다. 전략회의와 3자회의는 동시에 가동되어 양자간에 의견이 교환된다.

넷째, 국방회의(Conseil de Défense)를 소집해 논의 조정하는 단계이다. 대통령이 주재하고 총리와 주요 장관들이 참석하는 국방회의에서는 부처간 이견을 조정해 정책의 방향과 주요 내용을 결정한다.

다섯째, 행정총괄처가 부처간 회의를 소집해 세부적인 조정을 하는 단계이다. 총리비서실의 안보담당보좌관이 부처간 실무위원회를 소집해, 사안을 규율하는 일반 철학과 원칙 및 각 조항들을 심의하여 최종 조율한다. 최종 조율된 안건은 법률(명령)안으로서 '청서(Bleu)'에 발간된다.

여섯째, 국무회의에서 최종 확정하는 단계이다. 대통령 주재 하에 국무회의에서 정부의 공식정책으로 최종 확정한다.

프랑스에서 국가안보정책 조정 과정은 국방총괄처와 행정총괄처가 주도한다. 중요한 이슈인 경우 국방총괄처가 정책조정의 중추적인 역할을 한다. 즉 조정기구인 전략회의와 3자회의 및 국방회의를 소집해 심도 있는 논의를 하도록 행정 지원을 제공할 뿐만 아니라, 더 나아가 이들에게 국가안보에 관한 전문적인 정보와 조언을 제공한다. 그러나 정책내용에 직접 영향을 미치는 정책안을 작성하거나 부처간 갈등이 어느 방향으로 조정되어야 하는지 결정하지 않는다.

반면에 중요한 이슈가 아닐 경우 행정총괄처가 정책조정의 중심에 서 있다. 즉 부처간 이견 조정을 위한 부처간 회의와 조정안을 국가정책으로 최종 확정하기 위한 국무회의를 소집하고 지원한다. 그러나 행정총괄처는 정책내용에는 간여하지 않는다.

[그림 6-6] 프랑스의 국가안보정책 추진 과정

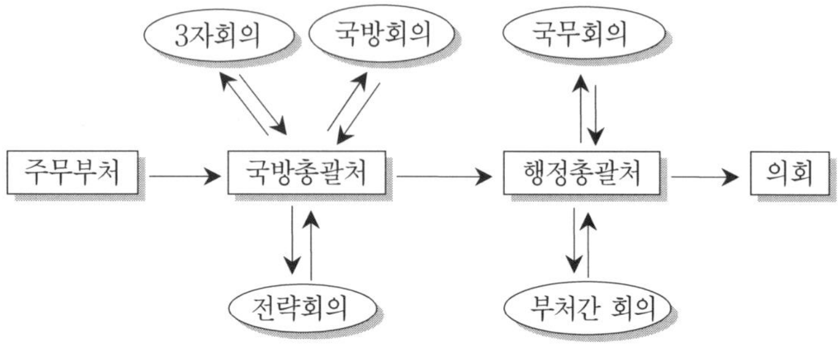

3) 유럽정책 분야

프랑스에서 유럽문제와 관련된 정책의 추진과 조정 절차는 두 가지가 있다. 하나는 유럽 의제에 관해 프랑스 정부의 협상 입장을 정하는 절차이고, 다른 하나는 유럽 국가들 간에 타결된 합의 내용을 집행하기 위해 국내 법령으로 전환하는 절차이다. 두 절차를 구체적으로 살펴보면 다음과 같다.

(1) 유럽 의제에 대한 프랑스 입장의 정립 및 조정 과정

유럽 의제에 대한 프랑스 정부의 입장은 다음 네 단계를 거쳐 결정된다.

첫째, 주요 의제가 현지 대사관에서 유럽총괄처로 전달되어 유럽총괄처 내에서 검토하는 단계이다. 유럽총괄처 담당실무자들이 유럽 의제를 분석 검토해 쟁점을 도출해 낸다.

둘째, 유럽총괄처 주관 하에 쟁점 이슈들에 관한 관련 부처들의 의견을 수렴하고 조정하는 단계이다. 의견의 수렴과 조정은 1차적으로 유럽총괄처장이 주재하는 부처간 실무위원회에서 이루어진다. 부처간 실무위원회에는 총리비서실 보좌관, 관련 부처 장관비서실 보좌관, 유럽총괄처 담당실무자 등이 참석한다. 부처간 실무위원회에서 조정되지 않으면 총리가 주재하는 유럽협력 관계장관위원회를 소집해 타결한다. 이러한 조정회의에서는 주로 재정 관련 이슈가 많아 재정경제부의 입김이 세다.

셋째, 조정된 안건에 대한 국무회의에서 최종 승인하는 단계이다. 유럽연합 관련 이슈들은 전문기술적인 것들이 많아 대부분 사전에 조정된다. 따라서 국무회의에서 논란을 벌이는 경우는 거의 없다.

넷째, 의회에서 심의하고 확정하는 단계이다. 의회에서의 심의는 두 가지 의미를 갖는다. 하나는 의회 심의 절차를 거칠 경우 유럽연합 내에서 비중있게 다루어진다는 것이다. 또 다른 하나는 프랑스 정부가 독자적이거나 예외적인 주장을 많이 하여 회원국들로부터 비난을 받는 경우가 많은데, 의회는 프랑스 정부의 이러한 태도를 견제하고 주변국들과의 마찰을 줄이는 방향으로 결정을 한다는 것이다.

(2) **유럽 협약의 프랑스 국내법화 과정**

국제기구에서 합의된 내용을 프랑스 국내 법령으로 전환하는 절차는 다음과 같다.

첫째, 유럽총괄처가 국가간 합의 내용이 국내법과 상충되는지를 검토한 후, 관련 부처들의 의견을 수렴하고, 국사원의 자문을 구하는 단계이다. 관련 부처들은 집행가능성 및 집행상 문제점 등에 관해 의견을 제시한다. 국사원은 합의 내용이 법률 사항인지 명령 사항인지를 판별해 8일 이내로 회신한다. 관련 부처들과 국사원의 의견이 오면 유럽총괄처는 국가간 합의 내용과 함께 행정총괄처로 보낸다.

둘째, 행정총괄처에서는 부처간 실무위원회를 소집해 이견 조정을 거쳐 입법안 혹은 명령안을 만든다.

[그림 6-7] 유럽 의제에 대한 프랑스 입장의 결정 과정

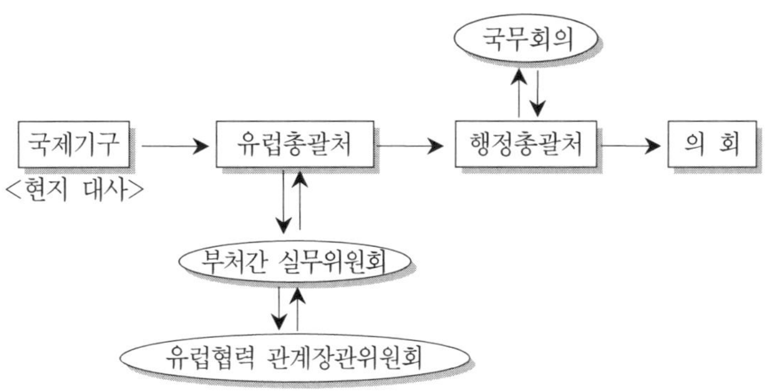

셋째, 입법안 혹은 명령안은 대통령 주재 국무회의에 상정되어 그 가부를 결정한다. 입법안인 경우 행정총괄처장은 의회에 상정해 심의 의결을 받는다.

유럽문제를 취급하는 과정에 간여하는 보좌기구들은 유럽총괄처와 행정총괄처이다. 유럽총괄처는 협상에 대비한 프랑스의 입장을 정하는 데 주도적인 역할을 하는 반면, 행정총괄처는 국가간 합의 내용을 국내법으로 전환하는 데 주도적인 역할을 하고 있다.

[그림 6-8] 국가간 합의 내용의 프랑스 국내법화 과정

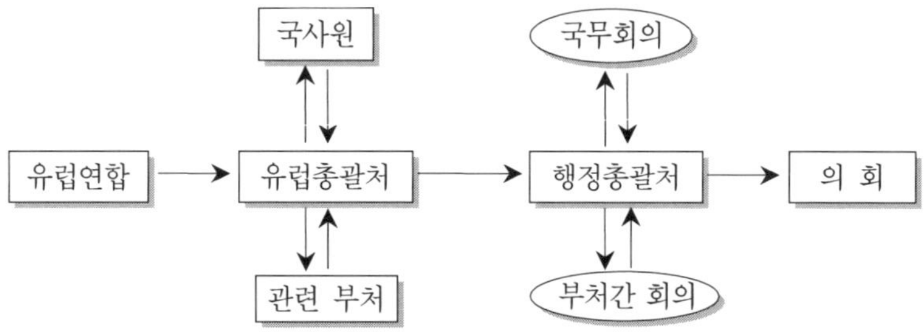

제 3 절 역대 정권별 소수장관회의

1 드골 대통령(Charles de Gaule, 1958~69)과 총리들

드골 대통령은 외교국방과 국내정치 문제에 전념하고, 경제사회 문제는 총리들에게 맡겼다. 드골 대통령이 스스로 대통령과 총리 간에 국정운영의 역할 분담을 시도한 것이다. 드골 대통령이 이러한 역할 분담을 시도한 이유는 두 가지로 요약할 수 있다.

첫째, 자신의 관심과 경험 때문이다. 드골 대통령은 제2차 세계대전 당시

장군으로서 영국으로 망명해 대독 항전과 자유프랑스 지하운동을 전개하면서 임시정부를 수립했고, 전후 프랑스 임시 대통령이 되었으나 제헌의회와의 갈등으로 1년 만에 사임했던 사람이다. 그 과정에서 드골은 유럽내 주요 국가들간 국제정치의 한 축을 이루어 국가안보와 국제정치에 많은 식견과 경험을 쌓아왔고 자신의 야망을 실현하기 위해 국내정치에도 많은 관심을 갖고 있었다. 그러나 그는 혼란기의 군인과 정치인으로서 경제·사회·문화 등 분야에 공부를 했거나 간여해 본 적이 없어 아는 바가 없었다.

둘째, 자신이 존경하고 신뢰하는 총리들에게 활동 영역을 만들어 주기 위해서였다. 드골 대통령 하의 총리는 데브레(Michel Debré, 1959. 1.~62. 4.)와 퐁피두(Georges Pompidou, 1962. 4.~68. 7.)이다. 데브레 총리는 드골 대통령이 존경하던 학자이자 정치가로서 제5공화국 헌법을 기초한 사람이었고, 퐁피두 총리는 드골 장군이 영국에서 임시정부를 수립할 때부터 줄곧 그의 핵심참모 역할을 해 온 사람이었다. 드골 대통령은 각별히 존경하고 신임하는 이들을 총리로 임명한 후 자신의 취약 분야인 경제 및 사회 분야를 관리하도록 한 것이다.

1) 대통령과 총리 간의 역할 분담과 소수장관회의

이러한 역할 분담에 따라 드골 대통령은 대외정책 분야에 상설 혹은 임시 관계장관회의를 활성화시킨 반면에, 총리들은 대내정책 분야에서 관계장관위원회들을 활성화시켰다.

드골 대통령은 국방외교 분야에 상설 관계장관회의들을 설치 운영했을 뿐만 아니라 필요에 따라 수시로 임시 관계장관회의들을 소집했다. 그러나 총리들의 활동 영역을 보장하기 위해 국내문제에 대해서는 상설 관계장관회의의 설치나 임시 관계장관회의의 소집을 가급적 자제했다.

초대 데브레 총리는 드골 대통령과의 역할 분담을 기초로 국내정책 분야에 다수의 상설 관계장관위원회들을 설치했을 뿐만 아니라 임시 관계장관위원회들도 자주 소집하고 그 운영 방식을 구축함으로써 후임 총리들을 위한 전례를 만들었다. 후임 퐁피두와 쿠브 드 뮈르빌(Maurice Couve de Murville) 총리는 데브레 총리가 구축해 놓은 관계장관위원회 시스템과 그 운영 방식을 그대로 활용했다.

2) 드골 대통령의 외교국방 분야 상설 및 임시 관계장관회의

드골 대통령은 집권하자 국방과 대외정책 분야에 다수의 상설 관계장관회의를 설치했다. 먼저 국방 분야에 국방회의(1959)와 군사위원회(1959)를 설치했고, 이어 외교 분야에 알제리문제회의(Conseil des Affaires Algériennes, 1960~62)와 아프리카공동체회의(Conseil pour les Affaires Africaines et Malgaches, 1961) 등을 설치했다. 이들 상설 관계장관회의들은 대체로 연 4~5회 소집했다.

국방회의는 일반 국방정책을, 군사위원회는 군사전략을 논의 조정하기 위해 설치했다. 이들의 기능과 구성은 전술한 바와 같다.

알제리문제회의는 식민지인 알제리 통치문제를 논의 조정하는 관계장관회의이다. 이전까지 임시 관계장관회의를 소집해 알제리 문제를 논의 조정했으나, 드골 대통령이 1960년에 총리, 내무부장관, 국방부장관, 기타 관련 부처 장관들로 구성된 상설 관계장관회의로 전환시킨 것이다. 그러나 알제리문제회의는 시간이 흐를수록 알제리 정책을 조정 결정하기보다는 집행해야 할 책임이 있는 장관들과 민·군 고위공무원들에게 드골 대통령의 지침을 직접 하달하기 위한 수단으로 활용되었다.

아프리카공동체회의는 프랑스와 옛 아프리카 식민지 국가들과의 관계를 강화하는 정책들을 논의 조정하기 위해 설치했다. 대통령의 주재 하에 총리, 외무장관, 대외협력장관, 대통령이 초청한 장관과 민·군 고위공무원 등이 참석했다.

드골 대통령은 이상의 상설 관계장관회의들 이외에도 해외영토 문제, 독불 정상회담 준비, 유럽공동시장, 핵개발 문제, 우주개발 문제, 국제금융 문제, 행정 및 지자체 개혁, 예산 방향 등을 논의하기 위해 임시 관계장관회의를 자주 소집했다. 국방회의, 알제리문제회의, 아프리카문제회의 등 상설 관계장관회의에는 별도의 지원기구를 설치했고,[33] 임시 관계장관회의들은 총리 산하 행정총괄처로 하여금 관리하도록 했다.

33) 국방회의는 총리 산하 국방총괄처로 하여금 지원하도록 했고, 아프리카문제회의와 알제리문제회의는 각각 별도의 사무처를 설치해 지원하도록 했다.

〈표 6-11〉 드골 대통령의 상설 관계장관회의

- 국방회의(Conseil de la Défence, 1959～)
- 군사위원회(Comité militaire, 1959～)
- 알제리문제회의(Conseil des Affaires Algériennes, 1960～62
- 아프리카공동체회의(Conseil pour les Affaires Africaines et Malgaches, 1961～65)

3) 데브레 총리(1959. 1.～62. 4.)의 상설 관계장관위원회와 퐁피두 총리(1962. 4.～68. 7.)의 임시 관계장관위원회

관계장관위원회는 각 부처들에 대한 통제를 강화하기 위한 수단으로 데브레 총리와 퐁피두 총리에 의해 증설되기 시작했다.

초대 총리인 데브레는 경제 및 국내 분야에 상설 관계장관위원회들은 다수 설치했다. 1960년에 수도권 및 국토의 개발과 정비에 관련된 이슈들을 검토하고 부처간 이견을 조정해 정부의 정책을 마련하기 위해 수도권대책 관계장관위원회와 국토개발정비 관계장관위원회를 설치한 후, 각각 내무차관과 행정총괄처로 하여금 관리 지원하도록 했다. 1961년에는 경제사회개발계획의 입안과 집행 과정을 점검하기 위해 경제사회개발계획 관계장관위원회를 설치했다.

그 밖에도 드골 대통령의 요청에 따라 1959년에 외교국방과 관련된 두 개의 장관회의를 설치했다. 즉 기밀정보 관계장관위원회와 식민지협력 관계장관위원회[34]가 그것이다.

퐁피두 총리는 임시 관계장관위원회들을 적극 활용했다. 데브레 총리가 구축한 관계장관위원회 시스템을 그대로 유지하면서 새로운 영역에 상설 관계장관위원회들을 신설하지 않고 임시 관계장관위원회를 적극 활용했다. 기존 수도권대책 관계장관위원회와 국토개발정비 관계장관위원회에 각각의 추진단(Délégation)을 설치해서 내무차관과 행정총괄처를 대신하게 했다.

34) 프랑스 식민지 국가들에 대한 경제, 문화, 기술 측면에 대한 지원과 협력을 논의하고 관련 부처들 간의 조정을 목적으로 설치했다.

〈표 6-12〉 데브레 총리가 설치한 주요 상설 관계장관위원회

- 기밀정보 관계장관위원회(C. I. du Renseignement, 1959)
- 식민지협력 관계장관위원회(C. I. pour l'aide et la coopération, 1959)
- 국제개발협력 관계장관위원회(C. I. de la Coopération Internationale et du Développement, 1959)
- 관광대책 관계장관위원회(C. I. du tourisme, 1959)
- 국토관리 관계장관위원회(C. I. pour l'aménagement du territoire et l'action régionale, 1960)
- 수도권대책 관계장관위원회(C. I. pour la région de Paris, 1960)
- 경제사회개발 관계장관위원회(C. I. du développement économique et sociale, 1961)

2 퐁피두 대통령(Georges Pompidou, 1969~74)과 총리들

퐁피두는 문학을 공부한 사람으로서 드골 장군의 보좌관, 국사원 위원, 민간은행장, 총리 등을 차례로 거친 후, 드골이 대통령직을 사임한 후 강력한 라이벌이 없어 대통령에 당선된 사람이다. 그는 사교적이고 민주적이었으나, 정책이나 정치에 대한 식견이나 경험이 부족했다. 그리하여 그는 자신의 취약점을 보완하기 위해 정책적으로는 드골 노선을 유지하면서 자신의 보좌기구를 강화함과 동시에, 프랑스 레지스탕스 장군 출신의 의회 의장인 샤방 델마(Jacques Chaban-Delmas)를 총리로 임명하고 국정운영에 상당한 책임을 부여했다. 그리하여 샤방 델마 총리는 자신의 활동 영역과 영향력을 넓혀갔다. 그 수단으로 상설 및 임시 관계장관위원회를 적극 활용하고 총리 보좌기구를 강화했다.

1) 샤방 델마 총리의 상설 및 임시 관계장관위원회

샤방 델마 총리는 재임 기간(1969. 6.~72. 7.) 내내 임시 관계장관위원회를 적극 활용했고, 개발과 보전 분야에 상설 관계장관위원회를 다수 설치했다. 이 가운데 국립공원 관계장관위원회는 총리가 의장이지만 멤버들은 장관들이 아닌 고위공무원들로 구성했다.

장군 출신 정치인이었던 샤방 델마 총리는 관계장관위원회와 보좌기구를 활용한 국정운영에서 자신은 거시적인 방향 제시에 치중하고 세세한 것은 보좌관들이나 장관들에게 맡겼다.

〈표 6-13〉 샤방 델마 총리가 설치한 상설 관계장관위원회

- 산업정책 관계장관위원회(C. I. de la politique industrielle, 1970)
- 고용정책 관계장관위원회(C. I. de l'emploi, 1971)
- 우주공간 관계장관위원회(C. I. de l'espace aérien, 1971)
- 자연환경 관계장관위원회(C. I. pour la protection de la nature et l'environnement, 1971)
- 국립공원 관계장관위원회(C. I. des parcs nationaux, 1971)
- 항로안전 관계장관위원회(C. I. de la sécurité routière, 1972)

2) 퐁피두 대통령의 임시 관계장관회의

그러나 총리에게 국정을 세세하게 챙겨 주기를 바랐던 퐁피두 대통령은 샤방 델마 총리의 이러한 스타일이 마음에 들지 않았다. 그리하여 집권 첫해 2선에 머물러 있던 퐁피두 대통령 자신이 국정을 직접 꼼꼼히 챙기기 시작했다. 이 개입의 과정에서 퐁피두 대통령은 임시 관계장관회의를 적극 활용했다. 그러나 새로운 상설 관계장관회의를 설치하지는 않았다. 그 이유는 공식적 절차와 구성에 구애받는 상설 관계장관회의보다는 자신이 선호하는 장관들과 비공식적 사교적 회합을 선호하는 스타일 때문이었다.

그뿐만 아니라 퐁피두 대통령은 국정운영에 대한 자신의 통제력을 강화하기 위해 자신의 보좌관들로 하여금 마티뇽궁에서 열리는 관계장관위원회나 실무위원회에 적극 참여해 국정운영 상황을 파악하여 보고하도록 했다(de Baeque et Quermonne, 1982: 146). 드골 대통령은 관계장관위원회와 실무위원회에 국정총괄처 보좌관의 참석을 억제했었다.

3) 대통령과 총리 간의 갈등과 임시 소수장관회의 활성화

그리하여 대통령과 총리 간에 갈등이 발생하기 시작했고, 양자가 모두 임시 관계장관회의와 임시 관계장관위원회를 경쟁적으로 소집했다. 이 갈등으로 인해 결국 샤방 델마 총리는 1972년에 물러났다.

샤방 델마 후임으로 임명된 메세메르 총리는 전임자를 거울로 삼아 주도적으로 국정운영에 참여하기보다는 퐁피두 대통령의 충실한 보좌관 역할을 수행하려고 했다. 그 결과 상설 관계장관위원회를 설치하지도 않았고, 임시 관계장관위원회의 소집도 크게 줄였다.

3 지스카르 대통령(Vallery Giscard d'Estaing, 1974~81)과 총리들

지스카르 대통령은 국립행정대학원을 졸업한 후 총리보좌관과 하원의원을 거쳐 드골과 퐁피두 대통령 시절 재무장관을 두 번 역임했고, 장관직을 그만둔 후 독립공화파 리더로서 당세를 확장한 다음, 우파연합 후보 경선에서 시라크(Jacques Chirac)의 지지로 샤방 델마(Jacques Chaban-Delmas)를 제치고, 본선에서는 좌파연합 후보인 미테랑(François Mitterand)에게 승리함으로써 대통령이 되었다.

지스카르 대통령은 초대 총리로 경선에서 지지에 대한 보상뿐만 아니라 우파연합 세력의 단합을 위해 시라크 의원을 총리로 임명했다. 지스카르 대통령은 집권 초기에 국정운영의 기본 틀을 마련하고 국정운영의 세세한 부분은 시라크 총리로 하여금 챙기도록 했다.

그러나 지스카르 대통령과 시라크 총리는 우파 정치인이지만 정치 스타일과 노선이 사뭇 달랐다. 지스카르 대통령은 공직 경험이 많은 행정가형 정치인으로서 국정운영을 세세히 챙기는 스타일인 반면에, 시라크 총리는 전형적인 정치인 출신으로서 국정운영의 전반적인 방향 설정에만 간여하고 나머지는 위임하는 스타일이었다. 그뿐만 아니라 지스카르 대통령과 시라크 총리는 국정운영의 방향에서 서로 다른 신념을 가지고 있었다. 즉 전자는 유럽 통합에 적극적이었고, 경제적으로는 자유시장 경제를 신봉했으며, 사회 분야에서는 상당히 진보적인 정치인이었다. 반면에, 후자는 유럽통합에 소극적이었고, 경제 발전에 정부 개입을 지지했으며, 사회개혁에는 소극적인 정치인이었다.

1) 대통령과 총리의 경쟁

지스카르는 대통령으로서 국정운영 방향을 자신의 노선에 따라 설정하기 위해 상설 관계장관회의들을 설치하고 동시에 임시 관계장관회의를 자주 소집했다. 국정의 세세한 부분에 관심이 없는 시라크 총리도 자신의 노선에 따라 국정운영의 방향을 설정하려고 상설 관계장관위원회들을 설치하고 임시 관계장관위원회들을 자주 소집했다.

그 결과 지스카르 대통령과 시라크 총리의 관계는 국정운영의 방향과 주도권을 둘러싸고 경쟁과 갈등을 벌이는 관계로 발전했다. 이러한 관계는 결국 1976년 시라크 총리의 사임으로 이어졌다.

지스카르 대통령은 1976년에 시라크와 결별한 이후 정치적 지지 기반을 우파연합보다는 국민들 속에 구축하면서 그의 해박한 지식을 이용해 외교 국방, 경제, 사회문화 등 국정 전 분야에 걸쳐 적극 간여하기 시작했다. 그의 국정개입 수단은 퐁피두 총리와 유사했다.[35] 즉 임시 관계장관회의를 적극 활용하고, 대통령 보좌관들로 하여금 관계장관위원회에 참석하도록 한 것이다(de Baeque et Quérmonne, 1982: 146).

시라크 총리의 후임 바르(Raymond Barre, 1976. 8.~81. 5.) 총리는 전임자의 경험을 거울삼아 대통령의 동의를 얻어 상설 관계장관위원회만 설치하고, 임시 관계장관위원회 소집은 가급적 자제했다. 대통령이 임시 관계장관회의들을 자주 소집해 국정 전반을 챙긴 결과, 총리는 의무적으로 소집하게 되어 있는 상설 관계장관위원회들[36]을 제외하고 대통령의 의중에 반해 임시 관계장관위원회들을 소집하려고 하지 않았다.

그리하여 임시 관계장관위원회 소집은 지스카르 대통령이 집권한 1974년 이후에는 크게 줄어들었다. 즉 전임 총리들은 연 120회 전후 소집했으나,[37] 지스카르 대통령 시절 총리들은 연 90회 이하로 소집한 것이다.[38]

2) 지스카르 대통령의 관계장관회의 시스템 정비

지스카르 대통령은 알제리문제회의와 아프리카공동체회의를 폐지했다.

알제리문제회의는 1962년 에비앙 합의(Evians Accords) 이후에 소집되지 않았다(Andrews, 1982: 58-59). 동 합의에 따라 알제리가 독립함으로써 알제리 통치를 위한 부처간 논의와 조정이 더 이상 필요하지 않았기 때

35) 국민들로부터 정치적 지지를 구축하기 위해 공보담당 보좌기구를 설치했다.

36) 상설 관계장관위원회의 설치 근거인 Décret를 보면, 필요에 따라 소집되나 대부분 최소 연 2회 정도는 개최하도록 규정되어 있다.

37) 예를 들면, 데브레 총리 118회(1961년), 퐁피두 총리 116회(1965년), 샤방 델마 총리 121회(1971년).

38) 예를 들면, 시라크 총리 90회(1975년), 바르 총리 72회(1978년).

문이다. 마찬가지로 아프리카공동체회의도 1960년대 중반부터 소집 필요성이 크게 줄어들기 시작했다. 그 이유는 프랑스와 옛 식민지였던 아프리카 국가들 간의 관계가 공동체 관계보다는 양자 관계로 변해 갔기 때문이다. 그리하여 지스카르 대통령이 유명무실해진 두 관계장관회의를 폐지하고, 각각의 사무처에서 담당해 오던 일부 업무들을 대통령 보좌관과 외무부로 이관시켰다.

대신에 지스카르 대통령은 1974년과 1976년에 각각 국가기획회의(Conseil centrale de planification)와 대외핵정책회의(Conseil de politique nucléaire extérieure)를 설치했다. 국가기획회의는 국정운영의 방향을 설정하기 위한 기구이고, 대외핵정책회의는 대외 핵정책의 여러 측면, 특히 핵기술, 핵장비, 핵물질의 수출을 논의하는 기구였다.

마지막으로, 지스카르 대통령은 임시 관계장관회의들의 행정 지원 기구를 총리 산하 행정총괄처(SGG)에서 대통령 산하 국정총괄처(SGP)로 바꾸었다.

3) 바르 총리의 상설 관계장관위원회 증설

외교국방정책과 국내정치에 관심이 많은 초대 시라크 총리는 핵안전 관계장관위원회와 지자체개혁 관계장관위원회를 설치했다.

제2대 총리 바르는 상설 관계장관위원회를 지스카르 대통령과 협의해 다수 설치했는데, 주로 사회 및 문화 분야에 설치했다. 사회 및 문화 분야에 설치한 이유는 통상장관과 재무장관을 거친 경제학자 출신 총리로서 자신이 취약한 분야를 보완하기 위한 것으로 보인다. 구체적인 내용을 보면 <표 6-14>와 같다.

이들 관계장관위원회들은 대부분 행정총괄처(SGG)에서 관리 지원했다. 다만, 문화유산 관계장관위원회는 주무부처인 문화공보부 문화유산국에서 지원하도록 했으며, 삶의 질 관계장관위원회는 행정총괄처(SGG)와 환경부가 협력하여, 해양개발 관계장관위원회는 행정총괄처(SGG)와 총리 산하 해양정책추진단(La mission Interministériel de la mer)이 협력하여 지원하도록 했다.

〈표 6-14〉 지스카르 대통령 시절 총리들이 설치한 관계장관위원회

시라크 총리(Jacques Chirac, 1974. 5.~76. 8.)
- 핵안전 관계장관위원회(C. I. de sécurité nucléaire, 1975)
- 지자체개혁 관계장관위원회(C. I. sur la réforme des collectivités locales, 1975)
바르 총리(Raymond Barre, 1976. 8.~81. 5.)
〈 사회 분야 〉
- 삶의 질 관계장관위원회(C. I. de la qualité de la vie, 1978)
- 여성문제 관계장관위원회(C. L. chargé de l'action pour les femme, 1978)
- 가정보호 관계장관위원회(C. I. de la Famille, 1979~84)
- 알코올중독방지 관계장관위원회(C. I. de lutte contre l'alcoolisme, 1980)
〈 문화 분야 〉
- 문화정책 관계장관위원회(C. I. pour l'action culturelle, 1978)
- 문화유산 관계장관위원회(C. I. du Patrimoine, 1979)
- 대외문화협력 관계장관위원회(C. I. pour les relations culturelles extérieurs, 1980)
〈 개발 분야 〉
- 해양개발 관계장관위원회(C. I. de la Mer, 1978)
- 농촌개발 관계장관위원회(C. I. de développement et d'aménagement rural, 1979)

4 미테랑 대통령(François Mittérand, 1981~95)과 총리들

미테랑 대통령은 레지스탕스 운동에 참여했던 직업정치인으로서 대통령이 되기 이전에 정치 상황에 따라 중도파와 좌파 사이를 왔다 갔다 했던 중도좌파 정치인이었다. 좌파 리더로서 대통령 도전에 두 번 실패한 후, 세 번째 도전에서 우파의 분열(지스카르 vs 시라크)로 현직 대통령인 지스카르에게 승리해 대통령에 당선되었다. 그는 이상적인 원칙을 추구하면서도 정치 현실에 잘 적응하고, 지적이면서도 용기가 있고, 다양한 사람들과의 대화를 즐기면서도 권위적이며 비밀주의적인 리더였다.

1) 좌파 정부와 동거 정부 하에서 소수장관회의

미테랑 대통령은 집권 초기에 사회당 총재로서 사회당에서 준비한 개혁프로그램을 정부 정책으로 전환하는 데 많은 노력을 기울였다. 그 과정에서 임시 관계장관회의를 적극 활용했다. 이는 국정운영에서 공식적인 기구

보다는 개인적인 인맥을 활용하는 스타일이었기 때문이다. 그는 또한 자신의 보좌관들로 하여금 총리 주재로 열리는 모든 관계장관위원회에 참석해 대통령의 정책노선이 반영되고 있는지를 점검하도록 했다. 미테랑 대통령의 초대 총리인 모로와(Piérre Mauroy, 1981~84)는 대통령의 진보적 개혁 프로그램을 충실히 지원하기 위해 사회 분야에 다수의 상설 관계장관위원회를 설치했다.

미테랑 대통령은 1984년부터 자신의 위상을 사회당 리더가 아니라 모든 프랑스인의 대통령으로 자리매김하고자 했다. 1986년 동거정부가 되면서[39] 이러한 노력은 더욱 강화되었다. 그리하여 행정수반으로서보다는 국가원수로서 국내정치에 초당적으로 접근하고 대외문제에 치중했다.

이 기간에 미테랑 대통령은 국가원수로서의 이미지와 리더십을 구축하고자 보좌기구 가운데 정치기구, 공보기구, 외교기구를 강화함과 동시에, 대외문제와 관련된 공식적인 관계장관회의를 1개 설치했다. 남태평양회의(Conseil de pacifique sud, 1985)가 그것이다. 그러나 국내문제에 관해서는 가급적 간여하지 않기 위해 상설 관계장관회의를 전혀 설치하지 않았고 임시 관계장관회의의 소집도 크게 줄였다. 필요하면 장관들을 개인적으로 불러 논의했다(Tricot, Hadas-Lebel & Kessler, 1995: 278).

동거정부(1986~88) 하의 우파 시라크 총리는 국정 전 분야에 적극 간여해 미테랑 대통령이 추진해 온 좌파 정책들을 뒤집으려고 했다. 시라크 총리는 특히 유럽 통합과 사회개혁 정책들에 불만이 많았다. 이를 수정하기 위해 정치외교, 사회, 교육 등 분야별 보좌팀을 확대 강화했다. 그러나 새로운 관계장관위원회를 설치하지는 않았다. 기존 상설 관계장관위원회와 임시 관계장관위원회를 활용한 것이다. 다만, 대통령 보좌관들이 총리 주재 관계장관위원회에 참석하지 못하도록 했다. 적극적인 국정 간여에도 불구하고 상설 관계장관위원회를 신설하지 않은 것은 전문정치인 출신 총리로서 공식적인 절차에 얽매이지 않으려는 성향 때문이다.

1988년 재집권과 함께 다시 단독정부가 된 이후에도 미테랑 대통령은 국가원수로서의 위상과 역할에 치중했다. 외교, 국방 및 유럽 문제에 대해서

---

39) 선거에서 의회 다수를 우파에서 장악하자 그 리더인 시라크를 총리에 임명함으로써 역사상 처음으로 좌우파 동거정부가 탄생했다.

관심을 집중하고 국내문제는 총리들에게 맡겼다. 이 기간 동안에 자신은 관계장관회의는 신설하지 않았고, 총리들로 하여금 이미 설치된 기존 관계장관위원회를 활용하도록 했다. 그러나 대통령 보좌관들로 하여금 다시 총리 주재 관계장관위원회에 참석하도록 했다.

2) 미테랑 대통령의 임시 관계장관회의 선호

미테랑 대통령은 집권 기간 내내 국정운영에 필요하면 상설 관계장관회의보다는 임시 관계장관회의를 활용했다. 상설 관계장관회의는 하나를 신설하고 하나를 폐지했다. 신설한 남태평양회의(Conseil de pacifique sud, 1985)는 프랑스 지배 하에 있는 남태평양 지역에 대한 정책을 논의하기 위한 것이다. 폐지한 상설 관계장관회의는 지스카르 대통령이 설치 활용했던 국가기획회의였다.

3) 총리들의 상설 관계장관위원회 설치 자제

미테랑 대통령 시절 설치된 주요 관계장관위원회들 가운데 주요한 것은 대략 모로와 총리가 7개, 파비우스와 로카르 및 발라뒤르 총리가 각 1개씩 신설했다. 초대 총리인 모로와는 사회 분야에 8개의 관계장관위원회를 설치했다. 1981년에 개인-가정-사회집단 간 사회적 유대를 강화하기 위해 국민연대 관계장관위원회를 설치한 데 이어 3년 후인 1984년에 또다시 도시 내 사회적 유대, 보건위생 및 삶의 질 향상을 위한 도시활성화 관계장관위원회를 설치했다. 또한 1982년에 청소년대책 관계장관위원회를 설치한 지 1년이 지나 불우청소년대책 관계장관위원회를 설치했다. 그리하여 사실상 무의미해진 국민연대 관계장관위원회는 후임 파비우스 총리에 의해 곧바로 폐지되었으나, 불우청소년 관계장관위원회는 2002년까지 지속적으로 유지되었다. 모로와 후임 좌파 총리들은 대체로 상설 관계장관위원회 설치를 자제해 왔다. 그들의 관심 분야인 사회 분야에 비교적 다수 상설 관계장관위원회들이 이미 설치되어 왔기 때문이다. 다만, 마지막 발라뒤르 총리가 전임 총리들과는 성격이 다른 상설 관계장관위원회를 하나 설치했다. 이는 프랑스가 보유하고 있는 해외자산이 프랑스 외교정책에 맞게 활용되는지를 논의하는 해외자산 관계장관위원회인데, 대부분의 관계장관위원회의 성격이 정책의 추진과 조정이나, 이 관계장관위원회는 점검과 평가이다.

〈표 6-15〉 미테랑 대통령 시절(1981~94) 총리들에 의해 설치된 관계장관위원회

모로와 총리(Jean-Pierre Mauroy, 1981. 5.~84. 7.)
- 국민연대 관계장관위원회(C. I. de la Solidarité Nationale, 1981)
- 마약방지 관계장관위원회(C. I. de lutte contre la toxicomanie, 1982)
- 청소년대책 관계장관위원회(C. I. de la jeunesse, 1982)
- 불우청소년 관계장관위원회(C. I. a l'insertion professionnelle et sociale des jeunes , 1983)
- 소비자보호 관계장관위원회(C. I. de la consommation, 1983)
- 도시활성화 관계장관위원회(C. I. pour les villes et du développement urbain, 1984)
- 정보화추진 관계장관위원회(C. I. de l'informatique, 1984)

파비우스 총리(Laurent Fabius, 1984. 7.~86. 3.)
- 유럽공동기술개발 관계장관위원회(C. I. relatif à EUREKA, 1986)

로카르 총리(Michel Rocard, 1988. 5.~91. 5.)
- 적응통합 관계장관위원회(C. I. à l'integration, 1989)

발라뒤르 총리(Eduard Balladur, 1993. 3.~95. 5.)
- 해외자산 관계장관위원회(C. I. des moyens de l'Etat à l'etranger, 1994)

이들 관계장관위원회들의 지원기구를 보면 국민연대 관계장관위원회와 청소년대책 관계장관위원회 및 해외자산 관계장관위원회는 행정총괄처(SGG)에서 지원하고, 유럽공동기술개발 관계장관위원회와 적응통합 관계장관위원회 및 정보화추진 관계장관위원회는 별도의 사무장을 임명해 지원하도록 했다. 그러나 마약방지 관계장관위원회와 불우청소년 관계장관위원회 및 도시활성화 관계장관위원회는 행정총괄처(SGG)와 총리 산하 관련 추진단(Délégation, Mission)이 협력해, 소비자보호 관계장관위원회는 행정총괄처(SGG)와 재경부 조사조정담당관실이 협력해 지원하도록 했다.

5 시라크 대통령(Jacques Chirac, 1995~2007)과 총리들

14년에 걸친 사회당 집권을 종식시키고 대통령에 당선된 시라크는 드골 이후 프랑스 보수주의 정치의 중심 인물이었다. 그는 국립행정대학원을 졸업한 후 행정총괄처를 거쳐 35세에 하원의원으로 당선된 이후, 정치인으로서 강력한 추진력을 보이면서 화려한 경력을 쌓았다. 즉 퐁피두 대통령의

지원으로 내무부, 농림부, 재무부 등 여러 부처 장관을 거쳤고, 이후 보수당 내 파벌 리더가 되어 1974년에 지스카르를 도와 대통령으로 당선시킨 공로로 총리가 되었고, 1986년에는 당총재로서 원내 제1당을 구축해 최초로 동거정부의 총리가 되었다. 1995년 선거에 승리해 대통령이 되었다.

시라크 대통령은 여러 부처 장관직을 거치고 총리를 두 번이나 역임했음에도 불구하고 행정가형이라기보다는 정치가형 스타일이다. 즉 그는 보수주의 정책노선을 충실히 유지하면서 권한을 위임하는 스타일이다. 그 결과 시라크 대통령은 전직 보수주의 대통령들과는 달리 국정을 직접 챙기기보다는 총리들을 통해 운영하는 방식을 유지하고 있다.

집권 초기에는 쥐페(Alain Juppé) 총리를 앞세워 보수주의 정책을 충실히 실현해 왔고, 1997년 동거정부가 되자 자신의 경험을 거울삼아 사회당 조스팽(Lionel Jospin) 총리에게 재량을 많이 부여함으로써 국정운영에서 갈등을 일으키지 않았으며, 이후 단독정부로 회복된 이후에도 국가원수로서의 위상과 역할에 치중하고 있다.

1) 관계장관회의 설치 자제

시라크 대통령은 상설 관계장관회의를 신설하거나 임시 관계장관회의를 빈번히 소집하지는 않았다. 다만, 미국의 9·11테러 이후 국내외 테러에 대응하기 위해 1997년에 설치된 총리 주재 국내치안 관계장관위원회(Comité Interministériel de Sécurité Intérieure)를 2002년에 대통령 주재 국내안정회의(Conseil de Sécurite Intérieure)로 격상 확대 개편했을 뿐이다.

국내안정회의는 대통령을 의장으로 하여 관련 부처 장관들로 구성되고, 국내 안정을 위한 정책 방향 설정, 관련 부처간 조정 및 각 부처 활동에 대한 평가 등을 담당한다. 지원기구는 이원화되어 있다. 즉 국방이나 기밀정보와 관련된 안건일 경우 국방총괄처(SGDN)에서, 그렇지 않은 일반 안건인 경우 대통령이 임명한 사무처장이 지원하도록 했다. 사무처장은 필요하면 관련 부처 공무원들로 실무그룹을 설치할 수 있도록 했다.

2) 관계장관위원회 설치 활성화

초대 총리 쥐페는 시라크 대통령의 보수주의 정책 의제를 충실히 구현하고자 고용 창출, 행정개혁, 국방구조 개편, 불법노동 방지 등을 위해 4개의 관계장관위원회를 설치했다. 행정개혁 관계장관위원회는 기존 정보화추진 관계장관위원회를 확대 개편한 것이고, 국방구조개편 관계장관위원회는 국방부장관 산하 실무위원회를 총리 산하 장관급으로 격상시킨 것이다.

조스팽 총리는 범죄와 자연재난으로부터의 안전을 강화하기 위해 국내치안 관계장관위원회와 자연재난방지 관계장관위원회를 설치했고, 추가로 사회당 총리답게 사회적 차별을 방지하기 위한 관계장관위원회도 설치했다. 라파랭 총리는 2002년 불우청소년 관계장관위원회를 폐지하고, 지속가능발전 관계장관위원회와 인종차별금지 관계장관위원회를 설치했다. 이 중 지속가능발전 관계장관위원회는 환경문제 관계장관위원회와 자연재난방지 관계장관위원회를 통합한 것이다.

시라크 대통령 집권 기간 동안 총리들이 설치한 주요 관계장관위원회들은 <표 6-16>과 같다.

〈표 6-16〉 시라크 대통령 시절 설치된 관계장관위원회

쥐페 총리(Alain Juppé, 1995. 5.~97. 6.)

- 고용창출 관계장관위원회(C. I. pour le développement de l'emploi, 1995)
- 국정개혁 관계장관위원회(C. I. pour la réforme de l'État, 1995)
- 국방구조개편 관계장관위원회(C. I. pour les restructurations de Défense, 1996)
- 불법노동방지 관계장관위원회(C. I. pour la lutte contre le travail illegal, 1997)

조스팽 총리(Lionel Jospin, 1997. 6.~2002. 5.)

- 국내치안 관계장관위원회(C. I. de sécurité intérieure, 1997)
- 사회차별방지 관계장관위원회(C. I. de lutte contre les exclusions, 1999)
- 자연재난방지 관계장관위원회(C. I. de prévention des risques naturels majeurs, 2001)

라파랭 총리(Jean-Pierre Raffarin, 2002. 5.~2005. 5.)

- 지속가능개발 관계장관위원회(C. I. pour le développement durable, 2003)
- 인종차별금지 관계장관위원회(C. I. de lutte contre le racisme et l'antisemitisme, 2003)

이들 관계장관위원회들의 지원기구를 보면, 국내치안 관계장관위원회는 행정총괄처(SGG)에서, 사회차별방지 관계장관위원회는 고용부에서 지원한다. 그러나 상당수 관계장관위원회들은 각각의 추진단(Délégation, Commissariat)을 설치해 지원토록 하고 있다. 또한 행정 개혁, 국방구조 개혁, 불법노동 방지, 사회차별 방지, 지속가능발전 등 관계장관위원회는 실무위원

회를 두고 있다.

제 4 절 프랑스 소수장관회의 시스템의 특징

프랑스 정부의 소수장관회의 시스템의 특징은 다음과 같이 요약할 수 있다.

1 설치와 폐지의 신축성

소수장관회의의 설치와 폐지가 비교적 자유롭다. 법령상 근거가 없는 임시 소수장관회의는 물론 법령상 근거가 필요한 상설 소수장관회의도 대통령이나 총리의 필요에 따라 혹은 부처 장관들의 요청에 의해 설치하고 폐지할 수 있다. 형식상 상설 소수장관회의들은 대다수가 국무회의의 심의를 거친 정부명령(Décret)에 의해 설치 혹은 폐지하고 있다. 일부는 대통령의 명령 혹은 총리의 명령에 의해 설치 혹은 폐지되기도 한다.

그러나 이러한 설치와 폐지에는 어떠한 제약이 있는 것은 아니다. 다만 이원집정부제의 통합적 효율적 운영을 위해 관계장관회의와 관계장관위원회가 영역상 중첩이 일어나지 않도록 설치하고 있고, 대통령이 국가원수로서 직접 챙겨야 할 아주 중요한 이슈가 아니면 가급적 관계장관회의 설치를 자제하는 편이다.

2 유형의 다양화

소수장관회의의 유형도 다양하다. 설치 대상, 설치 근거, 의장에 따라 다양한 유형의 소수장관회의들이 설치 운영되고 있다. 지역대책 소수장관회의, 고객대책 소수장관회의, 정책대책 소수장관회의, 상설 소수장관회의, 임시 소수장관회의, 대통령 주재 소수장관회의, 총리 주재 소수장관회의 등 다양한 유형의 소수장관회의들이 설치되어 있다.

3 세분화된 소수장관회의

프랑스에서는 분야별 소수장관회의들이 제도화되지 못했다. 국방회의 이외에 분야별 소수장관회의라고 볼 수 있는 것이 없다. 프랑스에서는 영국에서 한때 시도되었던 관리(umbrella) 내각위원회[40]나 미국의 분야별 관계장관회의와 같은 소수장관회의를 적절하게 발전시키지 못했다.

상설 소수장관회의들이 세분화되어 대부분 이슈별 소수장관회의이다. 상설 소수장관회의만 보아도 50여 개가 넘고, 필요하면 언제 어떤 의제에 관해서도 소집할 수 있는 임시 소수장관회의까지 합치면 그 숫자는 훨씬 많아진다.

지나친 세분화는 구성 멤버가 유사한 소수장관회의들을 필요 이상으로 증가시켰다. 장관들의 입장에서 볼 때 참석해야 할 소수장관회의가 너무 많아진 것이다. 그리하여 지나친 세분화는 소수장관회의 시스템 운영 방식에 변화를 가져왔다. 즉 장관들이 소수장관회의에 직접 참석하지 않고 자신의 보좌관이나 고위공무원을 대리 참석케 하고 있고, 또한 상설 소수장관회의의 개최 빈도를 1년에 1~2회 정도로 제한하고 있다.

4 분과위원회와 소원회의 미발달, 그러나 실무위원회의 발달

프랑스에서는 소수장관회의의 산하에 분과위원회가 거의 발달해 있지 않다. 유럽경제협력 관계장관위원회 및 국토개발관리 관계장관위원회를 제외하고 대부분의 관계장관위원회들에는 분과위원회가 발달해 있지 않다.

분과위원회가 발달하지 않은 이유로는 다음 두 가지를 지적할 수 있다. 첫째, 프랑스 소수장관회의들은 관할 업무의 범위가 상당히 좁다는 것이다. 그 결과 산하에 업무를 세분하는 분과위원회들을 설치할 필요성이 적다. 둘째, 임시 소수장관회의들이 잘 발달되어 있다는 것이다. 어떤 이유에서든 자유롭게 소집할 수 있는 소수장관회의가 분과위원회를 대신하는 경우가 많다는 것이다.

40) 2~4개의 내각위원회를 관리 조정하는 내각위원회.

소위원회도 거의 발달해 있지 않다. 소위원회를 구성한 관계장관위원회는 핵방사능위기 관계장관위원회와 국토개발정비 관계장관위원회이다. 프랑스에서는 소위원회가 긴급 사안을 논의하기 위해 소집 가능한 멤버들로 구성된다. 그러나 미국에서는 소위원회가 본회의 역할을 대신하기 위해 일부 핵심 멤버들로 구성된다.

그러나 실무위원회는 잘 발달되어 있다. 법령상 일부 관계장관위원회들만 상설 실무위원회를 설치하고 있으나, 모든 관계장관위원회가 필요하면 언제라도 임시 실무위원회를 소집한다.

5 의장의 이원화와 삼원화

프랑스에서 소수장관회의 본회의 의장은 이원화되어 있다. 즉 대부분 대

〈표 6-17〉 하부구조와 의장 및 소수장관회의

하부구조	의 장	해당 소수장관회의	비 고
소위원회	총리	- 핵방사능위기 관계장관위원회	• 긴급 사안
분과위원회	총리, 주무부처 장관	- 유럽경제협력 관계장관위원회	
실무위원회	주무부처 장관	- 도시발전 관계장관위원회 - 소비자보호 관계장관위원회 - 국정개혁 관계장관위원회 - 불법노동방지 관계장관위원회 - 사회차별방지 관계장관위원회	• 주제별 작업반
	지원기구 장	- 유럽경제협력 관계장관위원회 - 해양개발 관계장관위원회 - 마약방지 관계장관위원회 - 적응통합 관계장관위원회 - 군비재정비 관계장관위원회 - 지속가능발전 관계장관위원회	
	주무부처 공무원	- 대외문화협력 관계장관위원회	• 외무부 문화국장
	SGDN과기보좌관	- 국방회의	• 국방·과학기술 분야
	총리 국토관리담당관	- 농촌개발 관계장관위원회	
소위원회 분과위원회 실무위원회	총리 농업부장관 건설교통부장관	- 국토개발정비 관계장관위원회	• 긴급 사안 • 농촌지역 개발정비 • 국토정비보조금 배정

통령 아니면 총리가 주재한다. 다만, 예외적으로 일부 관계장관위원회의 경우 총리의 위임 하에 주무장관이 주재하기도 한다.

대부분 상설 실무위원회들의 의장은 삼원화되어 있다. <표 6-17>에서 보듯이 상설 실무위원회들은 대부분 주무부처의 장관이나 지원기구의 장이 주재하고, 언제라도 소집되는 임시 실무위원회들은 대체로 총리비서실 보좌관들이 주재한다. 다만, 예외적으로 주무부처 공무원이 주재하는 경우도 있다.

6 지원기구의 삼원화와 다원화

대통령이 주재하는 관계장관회의들에 대한 지원기구는 삼원화되어 있다. 즉 임시 관계장관회의들은 국정총괄처(SGP), 국방 관련 상설 관계장관회의는 국방총괄처(SGDN), 기타 상설 관계장관회의들은 전속사무국(Secrétariat)에서 분담 지원한다.

한편 총리가 주재하는 관계장관위원회들을 지원하는 기구는 다원화되어 있다. 대부분 행정총괄처(SGG)에서 지원하나 국방총괄처(SGDN), 전속사무국(délégation, commissariat) 혹은 주무부처에서 지원하기도 한다.

일부 소수장관회의들의 경우 지원기구는 이중적이거나 시간이 흐름에 따라 바뀐 경우가 있다. 지원기구가 이중적인 경우는 지원 업무들 가운데 의제 선정, 대안 준비, 집행 점검을 담당하는 기구와 회의 소집, 속기록 작성을 담당하는 기구가 분리된 경우이다. 전자는 대체로 추진단(délégation)이나 주무부처가, 후자는 행정총괄처(SGG)가 담당했다. 또한 지원기구가 바뀌는 경우는 모든 지원 업무를 단일기구에서 담당하되 그 담당기구가 총리에 따라 혹은 회의에서 거론되는 의제에 따라 달라지는 경우이다.

소수장관회의들을 관리하는 지원기구들을 보면 <표 6-18>과 같다.

7 절차와 운영 방식의 제도화

소수장관회의 시스템을 활용한 정책의 추진과 조정 및 점검 절차는 경제

사회 분야, 외교국방 분야, 유럽 문제 분야 등 분야별로 제도화되어 있다.

이러한 절차는 제5공화국 초부터 정착되어 그 후 정권이 바뀌어도 거의 변하지 않고 있다. 마찬가지로 관계장관회의나 관계장관위원회의 회의 운영 방식도 5공화국 초부터 지금까지 거의 변하지 않고 있다.

〈표 6-18〉 소수장관회의 지원기구

지원기구	해당 소수장관회의	비 고
국정총괄처(SGP)	- 모든 임시 관계장관회의 - 대외핵정책회의	
행정총괄처(SGG)	- 대부분의 상설 혹은 임시 관계장관위원회	
국방총괄처(SGDN)	- 국방회의 - 기밀정보 관계장관위원회 - 화학무기금지협약 관계장관위원회 - 핵방사능위기 관계장관위원회 - 국방 관련 임시 관계장관위원회	
유럽총괄처(SGCI)	- 유럽문제 관계장관위원회	
Délégation	- 수도권대책 관계장관위원회 - 군비재건 관계장관위원회 - 자연재난대책 관계장관위원회 - 지속가능발전 관계장관위원회	
Commissariat	- 고용창출 관계장관위원회 - 국정개혁 관계장관위원회	
Secrétariat	- 프랑스령 남태평양회의 - 알제리회의, 아프리카회의 - 농촌개발관리 관계장관위원회 - 해양개발 관계장관위원회	
주무부처	- 문화유산 관계장관위원회 - 환경보전 관계장관원회 - 국제개발협력 관계장관위원회	
Délégation + SGG	- 도시발전 관계장관위원회 - 마약방지 관계장관위원회	
주무부처 + SGG	- 삶의 질 관계장관위원회 - 소비자보호 관계장관위원회 - 도시대책 관계장관위원회	

Délégation > 주무부처	- 항로안전 관계장관위원회	>(1975)
SGG < > Délégation	- 국토개발정비 관계장관위원회	>(1963) <(1995) >(1996)
Secrétariat > Délégation	- 적응통합 관계장관위원회	>(1996)
의제별 지원기구	- 재난대책 관계장관위원회	일반 의제: 전속사무처
	- 국내안정회의	테러 의제: SGDN

제 7 장 각국 관계장관회의 시스템의 비교*

제 1 절 관계장관회의 시스템의 역할

1 거시적 역할

1) 유형화

관계장관회의의 거시적 역할에는 차이가 있다. 그 역할을 유형화하면 소극적 조정형과 적극적 추진형으로 구분할 수 있다. 전자는 부처간 이견 조정에 치중하는 유형이다. 즉 정책의 추진은 주무부처들에게 맡기고, 관계장관회의는 부처간 이견이 있을 때 그 조정을 책임지는 유형이다. 반면에 후자는 정책 추진에 치중하는 역할이다. 즉 주요 정책들의 방향 설정, 정책안의 작성과 조정, 집행 점검 등을 담당하는 유형이다.

* 이곳에서는 한국과 미국의 관계장관회의, 영국의 내각위원회, 프랑스의 관계장관회의와 관계장관위원회 등을 총괄하는 용어로 '관계장관회의'를 사용하고, 특별히 프랑스의 관계장관회의와 관계장관위원회 양자를 포괄하는 용어로 '소수장관회의'를 사용한다.

2) 각국의 유형 비교

각국 관계장관회의들은 주로 어떤 유형에 가까울까? 대체로 영국은 소극적 조정형에 가까운 반면, 미국은 적극적 추진형에 가깝다. 한국과 프랑스는 양자를 동시에 수행하는 혼합형으로 볼 수 있다. 이를 좀더 구체적으로 살펴보면 다음과 같다.

미국에서는 거의 모든 관계장관회의 시스템들이 적극적 추진형으로 운영된다. 즉 관계장관회의 시스템 내에서 대통령의 노선에 따라 정책의제를 발굴 선정하고, 부처들의 지원을 받아 정책안을 마련하며, 부처간 이견이 있으면 조정하고, 대통령의 결정이 제대로 집행되는지 점검하고 있다. 소극적 조정기구를 넘어 적극적 추진기구로 활용되고 있는 것이다. 다만, 대통령 어젠다가 많지 않는 관계장관회의들은 소극적 조정형으로 운영된다.

반면, 영국에서는 대부분의 내각위원회가 소극적 조정형으로 운영된다. 즉 국정운영에서 내각위원회들은 대부분 주무부처에서 마련한 정책안에 대해 부처간 이견을 중립적으로 조정하고 있다. 주무부처가 정책을 추진하는 과정에서 관련 부처들 간에 이견이 발생하면 해당 내각위원회에 조정을 신청하고, 해당 내각위원회는 쟁점 안건에 대한 부처간 이견을 조정하는 방식이다. 다만, 극소수 내각위원회는 적극적 추진형으로 활용되고 있다. 유럽협력 내각위원회와 기밀정보 내각위원회가 이에 해당된다. 유럽협력 내각위원회는 부처간 조정뿐만 아니라 보다 적극적으로 유럽 협력에 관한 영국의 목표와 전략을 수립하고 협상 진행 과정을 점검하며, 향후 대책도 마련하고 있다. 기밀정보 내각위원회도 정보활동의 목표와 우선순위를 정하고 정보기관들의 활동을 지휘하고 평가하는 기능을 수행하고 있다.

한편, 프랑스에서는 관계장관위원회에 따라 그 거시적 역할이 다르다. 상설 관계장관위원회들은 적극적 추진형으로 운영되고, 임시 관계장관위원회들은 소극적 조정형으로 운영되는 경향이 있다. 즉 상설 관계장관위원회에서는 규정상 정책의 방향 설정과 집행 점검 등 정책의 추진과 관련된 쟁점들을 논의하고, 임시 관계장관위원회에서는 관례적으로 부처간 이견을 조정하고 있다. 반면에 대통령이 의장인 관계장관회의들은 이와는 다르다. 상설이든 임시이든 관계장관회의들은 모두 적극적 추진형으로 운영되어 왔다. 좀더 구체적으로 보면, 상설 관계장관회의들은 소집되면 정책의 방향 설정과 결정 및 집행을 총괄 논의하고 있고, 임시 관계장관회의들도 대통령 주도로 정책을 준비하고 부처간 협력을 조율하며 집행을 점검하고 있다.

마지막으로, 한국에서는 대부분의 관계장관회의들이 적극적 추진과 소극적 조정을 동시에 수행한다. 즉 관계장관회의들이 정책방향과 목표 설정, 정책안들에 대한 부처간 조정, 집행 점검 등을 모두 논의한다. 좀더 구체적으로 살펴보면, 대부분의 회의에서 부처간 쟁점들을 조정하나, 매월 혹은 반기별 1회씩 정책 방향과 집행 점검에 대해 논의를 하고 있다. 다만, 이와 같은 운영 방식에 두 가지 예외가 있다.

첫째는 소집된 회의가 정기회의인지 임시회의인지에 따라 관계장관회의의 거시적 역할이 다른 경우이다. 즉 정기회의에서는 적극적 추진을 논의하고, 임시회의에서는 소극적 조정을 논의하는 경우이다. 예를 들면, 경제정책조정회의는 1999~2004까지 정기회의를 월 1회 개최해 경제동향 점검, 정책방향 설정 등 정책 추진과 관련한 쟁점들을 논의했고, 임시회의는 수시로 소집해 부처간 쟁점들을 심의 조정했다. 그러나 2005년부터는 임시회의는 거의 소집하지 않고 매주 정기회의를 개최하면서 연 2회 반기별로 정책방향과 집행 점검에 대해 논의하고 그 나머지 회의에서는 구체적인 정책들을 심의 조정하고 있다.

둘째, 동일 분야에 두 종류의 관계장관회의를 설치해 그 역할을 서로 달리하는 경우이다. 예를 들면, 과학기술 분야에 대통령을 의장으로 하는 국가과학기술위원회와 과학기술부장관을 의장으로 하는 과학기술관계장관회의를 설치해, 전자는 적극적 추진을, 후자는 소극적 조정을 수행하도록 하고 있다. 좀더 구체적으로 보면, 국가과학기술위원회는 매년 3회 정기회의만 개최해 정책의 방향 설정과 결정 및 평가를 논의하고, 과학기술관계장관회의는 매월 1회 소집해 부처간 이견을 조정하고 있다.

2 정치적 역할

1) 유 형

관계장관회의는 국무회의의 문제점을 극복하고 국정의 효율적 운영을 위해 설치된 기구이다. 따라서 관계장관회의 시스템의 제1의 역할은 국정의 효율적 운영이다. 그런데 관계장관회의는 단지 국정의 효율적 운영만을 위해 활용되는 것은 아니다. 관계장관회의는 집권자들의 정치적 목적을 위해 활용되기도 한다. 다시 말해 관계장관회의는 국정의 효율적 운영 이외에 정치적 역할을 수행한다는 것이다. 관계장관회의가 수행하는 정치적 역할은 지지 유도, 리더십 강화, 부담 경감, 관료 통제 등으로 구분할 수 있다.

지지 유도는 집권자가 특정 유권자들의 지지를 유도하기 위해 관계장관회의들을 활용하는 것을 말하고, 리더십 강화는 집권자가 국정운영에서 자신의 주도권을 강화하기 위해 활용하는 것이다. 부담 경감은 집권자가 관계장관회의 시스템을 통해 상대적으로 덜 중요하거나 시간이 많이 걸리는 업무들을 처리하고 동시에 책임도 분담시키기 위해 활용하는 것이고, 관료 통제는 집권자가 자신의 비전과 정책 목표를 구현하기 위해 관료들의 반대를 견제하고 관료들의 역량을 동원하는 것이다.

2) 각국간 차이

각국의 집권자들은 주로 어떤 정치적 목적으로 관계장관회의 시스템을 활용하는가? 다시 말해 각국의 관계장관회의들은 집권자들을 위해 어떤 정치적 역할을 수행하는가? 관계장관회의 시스템은 모든 나라에서 집권자와 고위보좌관들의 업무 부담을 덜어 주는 역할을 수행하고 있다. 그러나 그 밖의 정치적 목적에서는 나라별로 차이가 있다.

미국에서는 대통령들이 정치적 지지 유도와 관료 통제의 수단으로 관계장관회의 시스템을 활용하는 경우가 많다. 정책 이슈별 관계장관회의들 가운데 상당수가 정치적 지지 확보를 위해 설치되고 있고, 관계장관회의 시스템 내에 작업반을 구성해 직접 정책안을 마련하거나 관계장관회의 시스템 운영에 대통령 보좌관들이 깊이 개입하는 것은 관료 통제를 위한 경우가 많다.

영국에서는 내각위원회들이 총리의 리더십 강화를 목적으로 활용되고 있다. 총리들은 수시로 내각위원회와 그 분과위원회를 신설 폐지하고 그 멤버십을 선정함으로써 국정운영에서 정치적 라이벌을 견제하는 수단으로 활용해 왔다. 프랑스에서도 소수장관회의들, 특히 임시 소수장관회의들은 대통령과 총리의 주도권을 강화하기 위한 수단으로 활용되어 왔다.

한국에서는 관계장관회의들이 국정에 대한 관료들의 영향력을 강화하는 방식으로 활용되는 편이다. 대부분의 관계장관회의 의장과 간사를 주무부처에서 담당함으로써 국정운영에서 주무부처의 영향력을 강화해 왔고, 동시에 분야별 및 주요 이슈별 관계장관회의에 참석하는 대통령 고위보좌관 관료 출신이 많아 대통령의 의중을 관료들에게 전달할 뿐만 아니라 관료들의 입장을 대통령에게 전달하는 통로 역할을 하고 있기 때문이다.

제 2 절 관계장관회의 본회의의 관할과 구성

1 관할 대상

1) 관할 대상의 유형화

각국은 필요에 따라 다양한 관계장관회의들을 설치해 왔다. 이들 관계장관회의들을 좀더 자세히 분석해 보면 관할 대상의 성격과 범위에 의해 구분할 수 있다.

관계장관회의들은 관할 대상의 성격에 따라 기능대책 관계장관회의, 지역대책 관계장관회의, 고객대책 관계장관회의 및 과정대책 관계장관회의 등 네 가지 유형으로 구분할 수 있다. 기능대책 관계장관회의는 국가와 국민들의 존속과 번영에 필요한 외교, 국방, 경제, 교육, 복지 등의 정책 이슈들을 취급하는 관계장관회의이고, 지역대책 관계장관회의는 유럽, 북미, 중동, 개도국, 수도권, 농촌, 도시 등 정부가 관심을 갖고 있는 특정 지역에 대한 종합 대책을 마련하는 관계장관회의이며, 고객대책 관계장관회의는 장애인, 청소년, 여성, 소비자 등 사회적으로 취약하거나 정부가 특별히 보호해야 할 고객을 위한 종합 대책을 추진 조정하는 관계장관회의이다. 마지막으로, 과정대책 관계장관회의는 국정운영 과정상 특정 단계에서 필요한 업무들을 추진하거나 심의 조정하는 관계장관회의이다.

각 유형의 관계장관회의들은 다시 관할 업무의 범위에 따라 세분할 수 있다.

기능대책 관계장관회의는 총괄 관계장관회의, 제반이슈 관계장관회의, 분야별 관계장관회의, 단일이슈 관계장관회의 등으로 구분할 수 있다. 단일이슈 관계장관회의는 하나의 정책 이슈만을 다루는 관계장관회의이고, 분야별 관계장관회의는 국정 전반을 4~5개 영역으로 구분해 한 영역씩 담당하는 관계장관회의들이며, 제반이슈 관계장관회의는 관할 이슈가 정해져 있지 않고 필요하면 어떤 이슈라도 심의 조정하는 관계장관회의이며, 총괄 관계장관회의는 국정 전반에 대해 방향과 전략을 논의하는 관계장관회의이다.

지역대책 관계장관회의는 전국토를 관할 영역으로 하는 전국 관계장관회의, 국내 특정 지역을 관할 영역으로 하는 국내지역 관계장관회의, 해외 특정 지역이나 국가를 관할 영역으로 하는 해외지역 관계장관회의 등으로 구분할 수 있다.

마찬가지 방식으로 고객대책 관계장관회의도 전국민 관계장관회의, 취약계층 관계장관회의, 특정집단 관계장관회의 등으로 구분된다.

과정대책 관계장관회의는 조사정보 관계장관회의, 방향설정 관계장관회의, 개발조정 관계장관회의, 지지확보 관계장관회의, 점검평가 관계장관회의, 국정개혁 관계장관회의 등으로 구분할 수 있다. 조사정보 관계장관회의는 정보를 수집하거나 조사분석을 한 후 정부가 취해야 할 입장이나 조치를 건의하는 관계장관회의이고, 방향설정 관계장관회의는 정책의 추진 방향을 논의하는 관계장관회의이다. 개발조정 관계장관회의는 정책이나 법령 초안을 작성해 부처간 조정을 담당하는 관계장관회의이고, 지지전략 관계장관회의는 의회와 국민들의 지지를 얻기 위해 주요 정책과 법령들을 어떻게 설명하고 제시할 것인지에 대한 전략을 논의하는 관계장관회의이다. 점검평가 관계장관회의는 주요 정책들의 집행 현황을 점검하고 평가하는 관계장관회의이고, 국정개혁 관계장관회의는 환류(feedback)의 일환으로 국정개혁을 논의하고 추진하는 관계장관회의이다.

관할 대상의 성격과 범위에 따른 관계장관회의 유형들은 <표 7-1>과 같다.

2) 각국의 유형 비교

각국은 관계장관회의의 설치 운영에서 상당히 유사한 패턴을 보인다. 즉 어느 나라에서나 관할 대상의 성격에 따라 기능대책 관계장관회의와 지역

〈표 7-1〉 관할 업무의 성격과 범위에 의한 관계장관회의 분류

업무의 성격	업무의 범위	예 시
기능대책 관계장관회의	총괄 관계장관회의	주무장관회의(한)
	분야별 관계장관회의	국가안보회의(한, 미, 영, 프) 국가경제회의(한, 미, 영) 국내정책회의(미) 국가과학기술회의(한, 미, 영) 사회문화정책관계장관회의(한) 등
	단일이슈 관계장관회의	통상정책위원회(미) 규제개혁위원회(한) 지속가능개발 관계장관위원회(프) 인종차별금지 관계장관위원회(프) 정보화추진위원회(한) 마약대책위원회(미) 등 대다수
	제반이슈 관계장관회의	국정현안정책조정회의(한) 현안이슈 장관회의(미, 카터)
지역대책 관계장관회의	전국토 관계장관회의	대다수 관계장관회의
	국내지역 관계장관회의	농어촌대책협의회(한, 미) 도시발전 관계장관위원회(프, 미) 수도권대책 관계장관위원회(프) 백제문화권개발지원위원회(한) 북아일랜드 내각위원회(영) 등.
	해외지역 관계장관회의	남북및북방교류협력위원회(한) 해외사업조정위원회(한) 동서무역위원회(미) 유럽협력 관계장관위원회(프) EU전략 내각위원회(영) 인도담당 내각위원회(영) 남태평양회의(프) 등
고객대책 관계장관회의	전국민 관계장관회의	대다수 관계장관회의
	취약계층 관계장관회의	장애인복지대책위원회(한) 노인대책위원회(한, 영) 청소년대책위원회(한, 프) 여성문제 관계장관위원회(미, 프) 소비자보호위원회(한, 프) 등
	특정집단 관계장관회의	주한미군대책위원회(한) 인디언대책회의(미) 등

<table>
<tr><td rowspan="11">과정대책
관계장관회의</td><td>조사정보 관계장관회의</td><td>정보활동 내각위원회(영)
기밀정보 관계장관위원회(프)
일부 임시 관계장관회의(프)</td></tr>
<tr><td>방향설정 관계장관회의</td><td>대다수 관계장관회의(영, 미, 한)
대다수 상설 소수장관회의(프)*</td></tr>
<tr><td>개발조정 관계장관회의</td><td>대부분 관계장관회의(영, 미, 한, 프)*</td></tr>
<tr><td>지지전략 관계장관회의</td><td>입법전략 내각위원회(영)</td></tr>
<tr><td>점검평가 관계장관회의</td><td>정부투자기관경영평가위원회(한)
중앙안전점검통제회의(한)
경제사회개발계획 관계장관위원회(프)
해외자산 관계장관위원회(프)
대다수 상설 관계장관위원회(프)*</td></tr>
<tr><td>국정개혁 관계장관회의</td><td>교육개혁추진위원회(한)
국정개혁 관계장관위원회(프)
헌법개정 내각위원회(영)
의회현대화 내각위원회(영)</td></tr>
</table>

* 표시는 프랑스 상설 관계장관위원회는 방향 설정, 조정, 점검평가를 함께 수행.

대책 관계장관회의 및 고객대책 관계장관회의를 설치 운영하고 있다. 4개 유형 가운데 기능대책 관계장관회의들이 가장 많고, 기능대책 관계장관회의에서는 분야별 관계장관회의와 이슈별 관계장관회의가 주축을 이룬다. 그러나 각국별로 나름대로 독특한 관계장관회의들을 설치 운영하고 있다.

첫째, 영국과 프랑스에서는 과정대책 관계장관회의들을 다양하게 설치 운영하고 있다. 반면에 한국과 미국에서는 이러한 과정대책 관계장관회의들을 설치한 적이 거의 없다. 영국의 과정대책 내각위원회들은 단계별로 분리되어 있다. 즉 정보활동 내각위원회, 조사보고 내각위원회, 입법전략 내각위원회, 헌법개정 내각위원회 등으로 구분되어 있다. 그러나 프랑스의 과정대책 관계장관회의들은 이분화되어 있다. 즉 정책안의 개발 조정을 담당하는 소수장관회의들과 정책방향 설정, 집행 점검 및 평가 등을 담당하는 소수장관회의들이다. 전자는 대다수 임시 관계장관위원회들이고 후자는 상설 관계부처위원회들이다.

둘째, 한국과 프랑스는 이슈별 관계장관회의들을 필요에 따라 다양하게 설치하고 있으나 미국과 영국은 그렇지 않다. 미국에서는 초기부터 이슈별 관계장관회의들의 남설을 억제하고 분야별 관계장관회의를 통해 대다수 이슈들을 논의해 왔다. 영국에서는 초기에는 이슈별 내각위원회들을 적극 설치했으나 시간의 흐름에 따라 분야별 내각위원회 산하에 분과위원회들을 활성화시켜 이슈별 내각위원회 역할을 대신하도록 하고 있다.

셋째, 미국과 한국은 예상과는 달리 해외 특정 지역에 대한 대책을 수립하거나 조정하는 해외지역 관계장관회의들을 별로 설치하지 않고 있다. 반면에 영국과 프랑스는 필요에 따라 해외지역 관계장관회의들을 설치 운영하고 있다. 미국은 해외지역 이슈들을 별도의 관계장관회의들을 설치하지 않고 대부분 국가안보회의나 국가경제회의 혹은 통상정책회의에서 논의 처리해 왔다. 영국은 내각위원회 시스템 발달 과정 초기인 제1차 세계대전 이후부터 해외지역 내각위원회들을 필요에 따라 수시로 설치하고 폐지했으나, 제2차 세계대전 이후에는 외교국방 내각위원회를 제도화시키면서 해외지역 문제들은 대부분 외교국방 내각위원회 산하에 분과위원회를 만들어 처리하고 별도의 해외지역 내각위원회들의 설치를 자제하는 편이다.[1)]

넷째, 한국은 특수한 유형의 기능대책 관계장관회의를 설치 운영하고 있다. 즉 국정운영의 방향과 이슈 전반을 논의하는 총괄 관계장관회의와 필요하면 어떤 이슈든 논의할 수 있는 제반이슈 관계장관회의가 그들이다. 전자의 예는 주무장관회의이고, 후자의 예는 국정현안정책조정회의이다. 미국, 영국, 프랑스 등은 이러한 관계장관회의들을 설치하지 않고 있다. 다만, 미국과 영국에서 대통령 혹은 총리에 따라 그가 신임하는 소수 핵심 장관들과 보좌관들을 비공식적으로 소집해 국정운영 전반에 관한 방향과 전략 및 핵심 정치적 이슈들을 논의하는 경우가 있다. 말하자면 총괄 관계장관회의와 기능상 유사하나 관계장관회의로 제도화된 기구는 아니다.

다섯째, 프랑스에서는 분야별 관계장관회의가 발달되어 있지 않다. 프랑스는 이슈별 관계장관회의 위주로 설치 운영해 오고 있다. 그 이유는 프랑스에서는 행정총괄처(SGG), 국방총괄처(SGDN), 유럽총괄처(SGCI) 등 분야별 지원기구가 잘 발달되어 있어서 분야별 정책조정에 큰 어려움이 없기

1) 최근 들어, 대처/블레어 총리는 해외지역 문제들을 논의 조정하기 위해 외교국방 내각위원회 산하에 분과위원회들(포클랜드미래 분과위원회, 홍콩미래 분과위원회, 영미관계 분과위원회, 유럽문제 분과위원회, 아프리카 분과위원회)을 설치했으나, 메이저 총리는 분과위원회(유럽문제 분과위원회, 동유럽문제 분과위원회)뿐만 아니라 별도의 해외지역 내각위원회(걸프전 내각위원회, 홍콩문제 내각위원회)를 설치했다.

때문이다. 그러나 미국, 영국, 한국에서는 분야별 관계장관회의들이 제도화되어 국정운영의 중심축을 이루고 있다. 국가안보회의, 경제정책회의, 국내정책회의, 과학기술회의 등 분야별 관계장관회의들은 설치된 이후 폐지되지 않고 장기간에 걸쳐 운영되고 있고, 또한 이들 분야별 관계장관회의들은 여타 관계장관회의들에 비해 자주 소집되고 있다. 반면에 이들 3개국에서는 이슈별 관계장관회의들뿐만 아니라 지역대책 관계장관회의와 고객대책 관계장관회의들은 필요에 따라 그 설치와 폐지가 반복되고 있으나 그 소집 빈도는 그리 높지 않다.

2 멤버 구성[2)]

1) 멤버십 유형

관계장관회의의 구성 멤버는 당연히 관련 부처 장관들이다. 그러나 각국 관계장관회의들은 장관들 이외에 추가로 대통령(혹은 총리) 보좌관, 고위공무원, 차관급 중앙행정기관장, 광역자치단체장, 민간전문가, 사회단체 대표 등을 참석시키고 있다. 추가 멤버로 누구를 참석시키느냐에 따라 관계장관회의들은 수장 선호형, 고위보좌관 선호형, 고위관료 선호형, 민간전문가 선호형, 사회단체 선호형, 혼합형 등 6개 유형으로 구분할 수 있다.

수장 선호형은 행정기관장들로 구성된 유형이다. 관련 부처 장관들만으

---

2) 이곳에서는 필자가 명단을 확보한 250여 개 관계장관회의 가운데 멤버십이 확인된 108개의 관계장관회의를 검토했다. 그 중 한국 관계장관회의는 52개, 미국 관계장관회의 27개, 영국 내각위원회 15개, 프랑스 관계장관회의와 관계부처위원회 15개이다. 이들 108개 관계장관회의 멤버십은 필자가 각국의 법령을 통해 파악했다. 108개 관계장관회의는 모두 상설 관계장관회의들이고 논의 이슈에 따라 멤버십이 달라지는 임시 관계장관회의는 배제되었다. 또한 108개 가운데는 현존하는 관계장관회의뿐만 아니라 과거 한때 존재하다 폐지된 관계장관회의들도 포함되어 있다. 분석 대상 108개 관계장관회의는 엄밀한 의미에서 대표성을 갖고 있지는 않으나 필자가 의도적으로 어떤 것은 포함시키고 어떤 것은 배제하지는 않았다. 접근할 수 있는 자료원(sources)은 최대한 접근해서 확보한 자료를 통해 멤버십을 확인한 관계장관회의들은 모두 포함시켰다. 의도적 선택은 없었다는 점에서 무작위 추출이 어느 정도 이루어진 것으로 볼 수 있다. 그 결과 이 자료들을 활용한 멤버십 분석 결과는 실제와 크게 어긋나지 않을 것으로 본다.

로 구성되거나 추가로 부장관급 혹은 차관급이라도 관련 행정기관의 장이면 포함시키는 유형이다. 경우에 따라 광역지방자치단체의 장을 포함시키는 경우[3]도 이 유형에 해당된다.

고위보좌관 선호형은 수장 선호형 구성 멤버에 추가로 대통령(혹은 총리) 보좌관들을 참석시키는 유형이다. 즉 관련 부처 장관, 중앙행정기관장 및 고위보좌관으로 구성된 관계장관회의의 유형이다. 고위관료 선호형은 수장 선호형 구성 멤버에 추가로 차관이나 고위공무원을 구성 멤버로 참석시키는 유형이다. 즉 관련 부처 장관, 중앙행정기관장 및 고위공무원으로 구성된 유형이다.

전문가 선호형은 수장 선호형 구성 멤버에 추가로 민간전문가를 구성 멤버로 참석시키는 유형이다. 즉 관련 부처 장관, 중앙행정기관장 및 민간전문가로 구성된 유형이다. 사회단체선호형은 수장 선호형 구성 멤버에 추가로 사회단체장들을 참석시키는 유형이다. 즉 관련 부처 장관, 중앙행정기관장 및 사회단체 대표로 구성된 유형이다.[4] 마지막으로 혼합형은 수장 선호형에 추가해 고위보좌관, 민간전문가, 고위공무원, 사회단체 대표 중 둘 이상이 추가된 경우이다.

관계장관회의의 구성 멤버십 유형과 구체적 예는 <표 7-2>와 같다.

2) 관계장관회의 멤버십에 관한 각국 비교

관계장관회의 멤버십 구성에서 각국별 개략적인 유사점과 차이점을 살펴보면 다음과 같다.

(1) 국가별 주류 멤버십 유형과 그 원인

미국 관계장관회의들의 경우 대다수가 수장 선호형과 고위보좌관 선호형에 속한다. 미국 관계장관회의에는 관련 부처 장관들 이외에 행정기관장과 대통령 고위보좌관의 참석이 두드러진다.[5] 민간전문가, 고위관료, 사회단체장, 주지사 등이 관계장관회의에 정규 멤버로 참석하는 경우는 거의

3) 그 예로 한국의 대도시교통대책위원회, 물관리정책조정위원회, 백제문화권개발지원위원회, 지방이양추진위원회 등이 있다.
4) 사회단체대표와 함께 민간전문가를 포함된 경우도 이 유형으로 분류한다.
5) 분석 대상 27개 중 보좌관 선호형 15개, 수장형 11개, 전문가 선호형 1개였다.

〈표 7-2〉 관계장관회의 멤버십 유형

유 형	관계장관회의 예시
Ⅰ. 수장 선호형	대외경제조정위원회(한), 인적자원개발회의(한), 정보활동 내각위원회(영), 외교국방 내각위원회(영), 인력개발회의(미), 경제성장안정회의(미), 국방회의(프), 상설 관계장관위원회(프)
Ⅱ. 보좌관 선호형	주무장관회의(한), 국가안보회의(한), 국가안보회의(미), 국가경제회의(미), 국내안정회의(프), 국제개발협력 관계장관위원회(프)
Ⅲ. 고위관료 선호형	남태평양회의(프), 국가기획회의(프), 경제정책 내각위원회(영), 국내정책 내각위원회(영)
Ⅳ. 전문가 선호형	국가과학기술위원회(한), 중앙재해대책위원회(한), 교육개혁추진위원회(한), 세계화추진위원회(한), 국방담당 내각위원회(영), 국가우주개발회의(미)
Ⅴ. 사회단체 선호형	소비자보호위원회(한), 경제행정규제개혁위원회(한), 장애인복지대책위원회(한)
Ⅵ 혼합형	
- 장관+보좌관+고위공무원	과학기술 내각위원회(영), 국방회의(프)
- 장관+보좌관+민간전문가	인력정책심의위원회(한), 농어촌대책협의회(한)
- 장관+보좌관+고위공무원 +민간전문가	임시 관계장관위원회(프)
- 장관+보좌관+지자체장	실업대책위원회(한), 월드컵유치장관회의(한)
- 장관+보좌관+청장+지자체장 +단체대표+전문가	사회간접자본건설추진위원회(한)
- 장관+집권당 원내총무	입법전략 내각위원회(영)

없는 것 같다. 반면에 영국은 고위관료 선호형이 주류를 이룬다.[6] 영국에서는 대다수 내각위원회들이 장관들만으로 구성되거나 장관들과 고위공무원들을 혼합해 구성된다. 정규 멤버로서 장관들과 행정기관장들 이외에 추가로 고위보좌관 혹은 민간전문가가 참석하는 경우는 거의 없다.

한국에서는 민간전문가들과 대통령 보좌관들의 참여가 가장 두드러지고

6) 분석 대상 15개 내각위원회 중 수장 선호형 7개, 고위관료 선호형 5개, 전문가 선호형 1개, 혼합형 2개(장관+보좌관+고위관료, 장관+집권당 원내총무)였다.

차관급 행정기관장들도 많은 관계장관회의에 정규 멤버로서 참석하고 있다.[7] 그러나 청장이 아닌 부처 차관을 포함한 고위관료들이 정규 멤버로 참석하는 경우는 거의 없다. 프랑스에서는 수장 선호형과 고위관료 선호형 및 혼합형이 주류를 이룬다. 상설 소수장관회의에는 부처장관들 이외에 고위관료들이 정규 멤버로 참여하는 경우가 많고,[8] 임시 소수장관회의에는 장관들과 고위관료들뿐만 아니라 고위보좌관, 심지어 민간전문가들까지도 불러들여 함께 논의한다. 그러나 임시 소수장관회의라도 정치적으로 민감한 이슈를 논의할 때는 장관들만 참석한다.

각국의 관계장관회의에 참석하는 주류 멤버십 유형을 요약하면 <표 7-3>과 같다.

〈표 7-3〉 국가별 주류 멤버십 유형

국 가	유 형
미 국	수장 선호형, 고위보좌관 선호형
영 국	수장 선호형, 고위관료 선호형
한 국	수장 선호형, 고위보좌관 선호형, 민간전문가 선호형
프랑스	수장 선호형, 고위관료 선호형, 혼합형(고위관료, 고위보좌관, 민간전문가)

각 국가들의 관계장관회의 주류 멤버십 유형을 비교해 보면, 몇 가지 특징이 있다. 첫째, 여러 나라에서 수장 선호형을 주류 멤버십으로 채택하고 있다. 둘째, 수장 선호형 이외의 주류 멤버십은 국가마다 다르다. 영국과 프랑스에서는 고위관료 선호형이, 미국과 한국에서는 고위보좌관 선호형이 주류를 형성하고 있다. 좀 특이한 것은 한국과 프랑스에서 각각 민간전문가 선호형과 혼합형이 또 다른 주류 멤버십을 이루고 있다는 것이다.

7) 분석 대상 52개 관계장관회의들 가운데 민간전문가 선호형이 15개, 보좌관 선호형이 13개에 달하고, 장관들이나 차관급 청장들이 참석하는 수장형이 8개이며, 광역자치단체장이 참석하는 관계장관회의가 4개, 사회단체 대표형이 3개나 된다. 혼합형의 경우에는 장관들과 함께 대통령 보좌관과 광역자치단체장이 참석하는 관계장관회의가 4개이고 기타 혼합형이 5개이다.

8) 분석 대상 15개 소수장관회의 가운데 고위관료 선호형 11개, 고위보좌관 선호형 2개, 혼합형(장관+보좌관+고위공무원) 2개였다.

각국의 이러한 특징과 차이의 원인은 어디에 있을까? 구체적으로 살펴보면 다음과 같다.

첫째, 모든 국가에서 주류 멤버십의 하나로 수장 선호형을 채택하고 있다. 왜 수장 선호형 멤버십 유형이 일반적으로 널리 채택되고 있을까? 그것은 한마디로 수장 선호형 멤버십이 관계장관회의의 본질에 가장 충실하기 때문이다.

관계장관회의의 본질은 국정의 일부를 분담하고 있는 부처 장관들 간에 의견 교환과 갈등 조정을 위해 창안된 회의체 기구이다. 그런데 국정의 일부를 담당하고 있는 중앙행정기관을 장관급 기관으로 할 것인지 차관급 기관으로 할 것인지는 기관 업무의 성격과 대통령의 국정운영 전략 및 장관급 기관의 수 등에 따라 달라진다. 상황에 따라 장관급 기관으로 격상될 수도 있고 차관급 기관으로 격하될 수도 있다. 위상이 차관급이라도 중앙행정기관들은 국정의 일부를 담당하고 있는 한 관계장관회의에 참석해야 할 정당한 권리와 필요성이 있고, 또한 참석하는 것이 관계장관회의의 취지와 본질에 맞는다.

둘째, 영국에서 주류 멤버십으로 수장 선호형 이외에 고위관료 선호형을 채택하고 있다. 정규 멤버로서 총리 보좌관이나 민간전문가들을 참여시킨 내각위원회는 극소수이다. 그 이유는 어디에 있는가?

영국은 제2차 세계대전이 임박하자 많은 내각위원회를 설치했다. 정치인 장관들로 구성된 이들 내각위원회의들은 복잡한 전쟁 관련 이슈들을 논의하는 데 전문성이 부족했다. 내각위원회의 전문성 강화를 위해 도움을 요청할 수 있는 대상으로 민간전문가나 총리 보좌관 혹은 고위관료들이 있는데, 영국은 고위관료를 선택했다.

당시 내각장관들이 총리 보좌관이나 민간전문가들의 지원을 받지 않았던 이유는 내각장관들의 공동 책임과 내각 운영의 비밀을 중시하는 국정운영의 원칙과 관행 때문이었다. 내각위원회 운영에 총리 보좌관들을 끌어들이면 총리의 권한과 영향력이 강화되어 결과적으로 총리 중심 혹은 총리 책임의 내각 운영이 되어 공동 책임의 관행과 원칙이 무너진다는 것이다. 마찬가지로 민간전문가들을 끌어들이면 내각 공동 책임의 일환으로 강조되

는 내각 운영의 비밀 원칙이 깨진다는 것이었다.[9]

그리하여 영국은 제2차 세계대전 중에 내각위원회의 전문성 부족을 고위관료들을 통해 보완하기로 하고 관련 부처 고위공무원들로 구성된 실무내각위원회(Official Cabinet Committee)들을 구성해 그 일부를 장관급 내각위원회 산하에 배치했다.[10] 그런데 내각장관들로 구성된 내각위원회와 고위관료들로 구성된 실무 내각위원회를 별도로 개최하는 것은 경우에 따라 비효율적인 것으로 판명되었다. 이러한 경험에 따라 제2차 세계대전 후 국정운영에서 질서와 능률을 중요시하는 애틀리 총리가 내각장관들과 고위관료들이 함께 모여 논의하는 혼합내각위원회(Mixed Cabinet Committee)를 다수 설치하기 시작했다. 이 혼합내각위원회 멤버십이 바로 고위관료 선호형이다. 이 혼합내각위원회들이 그 후 필요에 따라 줄곧 설치 운영되어 오면서 주류 멤버십 유형으로 정착되어 왔다.

셋째, 미국에서는 주류 멤버십이 수장 선호형과 고위보좌관 선호형이다. 좀더 구체적으로 보면 관계장관회의 정규 멤버로서 대통령 보좌관들은 참여하는 데 민간전문가들이나 고위관료들은 배제되고 있다. 그 원인은 미국의 정치체제와 대통령 팀의 성격에 있다.

미국은 의원내각제가 아닌 대통령 중심제이고, 양당간 정권 경쟁을 통한 책임정치가 정착되어 있는 나라이다. 책임정치의 전통에 따라 집권에 성공한 대통령은 장차관 전원은 물론 일부 차관보들까지도 교체해 왔다. 새로운 대통령이 국정운영을 위해 끌어 모은 사람들은 대부분 민간 분야에서 잘 나가는 전문가들과 전략가들이다.

행정 각 부처 장차관과 백악관 고위보좌관직을 모두 차지하는 이들 대통령 캠프 사람들은 관료집단에 대해 비효율적이고 무능력하다는 인식을 갖고 있고, 또한 관계장관회의는 대통령이 자신의 정책 프로그램을 관료기구

---

9) 공동 책임 원칙은 찬성했든 반대했든 내각의 최종 결정에 모든 내각장관들이 지지해야 하고, 끝까지 반대하고 싶은 내각장관은 사임해야 한다는 것이다. 그런데 결정 과정에서 찬성했던 자와 반대했던 자가 외부에 알려지면 공동 책임의 원칙을 지키기 어렵다는 이유로 내각 운영을 비밀에 부치는 관행을 유지해 왔다. 이 내각 운영 비밀의 원칙에 따라 내각위원회의 설치 및 운영에 관한 제반 사항이 메이저 총리 때까지 베일에 가려져 왔다. 메이저 총리 때부터 국민의 알 권리 및 투명한 정부의 원칙을 내세워 공개되기 시작했다.

10) 나머지 일부 실무 내각위원회들은 독자적으로 존치시켰다.

에 강요하기 위한 대통령의 기구라는 인식을 갖고 있다.

따라서 그들은 국정의 운영이나 관계장관회의의 구성에서 고위관료들이나 민간전문가들을 전혀 참여시키고 있지 않다. 그들이 민간전문가들이어서 전문성 확보를 위해 전문가들을 외부에서 또다시 끌어들일 이유가 없고, 관료들에 대한 불신 때문에 관료들과 국정운영을 논의하기보다는 관료들을 잘 순치시켜 대통령 프로그램의 충실한 집행자로 만들려고 한다.

넷째, 프랑스에서 주류 멤버십은 수장 선호형 이외에 고위관료 선호형과 혼합형이다. 대다수 상설 소수장관회의들은 수장 선호형과 고위관료 선호형을 채택하고 있고, 필요할 때마다 수시로 소집되는 임시 소수장관회의들은 혼합형을 따르고 있다. 즉 상설 소수장관회의인 경우 고위관료들이 참여하는 경우가 많고, 임시 소수장관회의인 경우 고위보좌관은 물론 민간전문가까지 정규 멤버로 참석한다. 그 이유는 어디에 있을까? 이는 전문성 보강 차원과 소수장관회의들의 역할상 특수성에서 찾아볼 수 있다.

우선, 고위관료들의 참여는 소수장관회의에 참여하는 장관들의 전문성을 보완할 필요성에서 이루어진 것이라는 것이다. 그러면 전문성이 이유라면 민간전문가가 아니고 왜 고위관료인가? 프랑스에서 고위관료들은 대부분 정통 엘리트 관료 코스를 거친 사람들로서 명문 행정대학원을 졸업한 후 행정부 관료 신분을 유지하면서 정부 부처, 정치권, 기업계 및 학계를 넘나들며 경험을 축적해 왔다. 그 결과 장관들이 보기에 고위관료들은 전문가로서 교육훈련과 경험을 쌓았을 뿐만 아니라 행정부 내외의 상황에 대해서도 잘 안다는 것이다. 반면에 민간전문가들은 전문성을 갖추고 국민들이 원하는 바를 잘 알고 있을지는 모르나 프랑스 정부 내의 복잡한 국정운영 절차에 익숙하지 않다는 것이다. 결론적으로 전문성 보완 차원뿐만 아니라 더 나아가 외부 시각 반영 차원까지 함께 고려하더라도 소수장관회의에 굳이 민간전문가들을 불러들일 필요는 없고 고위관료만으로도 충분하다는 것이다. 그 결과 프랑스에서는 고위관료들을 정규 멤버를 받아들인 소수장관회의들이 많다.

다음으로, 상설 소수장관회의에는 고위관료들이, 임시 소수장관회의에는 고위관료뿐만 아니라 고위보좌관과 민간전문가까지 참여하는 경우가 많다. 그 이유는 소수장관회의들의 역할상의 차이에서 기인한다.

대부분의 국가에서 관계장관회의의 역할을 규정할 때 업무 관할 범위와 심의 조정 역할을 규정해 놓은 경우가 대부분이다. 그러나 프랑스에서는 상설 소수장관회의들의 경우 그 역할이 대부분 조사분석, 방향 설정과 조정, 집행 점검, 평가 등으로 규정되어 있다. 반면에 임시 소수장관회의들은 정책안을 둘러싼 부처간 의견 수렴과 이견 조정을 위해 소집된다. 이러한 역할 분담 탓에 상설 소수장관회의에서는 장관들이 고위관료들과 논의해야 할 안건들이 많고, 임시 소수장관회의에서는 장관들이 고위공무원은 물론 민간전문가, 고위보좌관들과 논의해야 할 이슈들이 많을 수밖에 없다. 즉 상설 소수장관회의의 조사분석과 집행 점검 및 평가 등의 업무는 고위관료들이 적극 참여해야 할 업무들이고, 임시 소수장관회의의 정책안 개발 업무에는 새로운 아이디어와 전문성을 위해 민간전문가와 고위관료들의 참여가 필요하고, 정책안 조정 업무에는 부처간에 중립적인 조언과 함께 대통령과 총리의 정책노선을 벗어나지 않도록 하기 위해 고위보좌관의 참여가 필요하다. 이러한 역할 수행상의 필요성 때문에 프랑스 상설 소수장관회의들은 고위관료 선호형을, 임시 소수장관회의들은 혼합형을 주류 멤버십으로 채택하게 된 것이다.

다섯째, 한국에서는 고위보좌관 선호형과 민간전문가 선호형이 주류를 이루고 있다. 고위보좌관이나 민간전문가가 관계장관회의 정규 멤버로 참여하는 경우는 많아도 고위관료들이 정규 멤버로 참여하는 경우는 거의 없다.

한국에서 대통령 고위보좌관이 관계장관회의 정규 멤버로 참여하게 된 원인은 미국에서와는 좀 다르다. 한국에서 관계장관회의들이 설치되기 시작한 1960년대에는 대통령 고위보좌관을 정규 멤버로 참여시킨 관계장관회의들이 거의 없었다. 1970년대에 들어 신설된 관계장관회의들 가운데 절반 정도에서 대통령 고위보좌관들이 정규 멤버로 참여했다. 한국에서 고위보좌관들이 관계장관회의에 정규 멤버로 참석할 수 있었던 것은 대통령, 장관, 고위보좌관 등 세 주역들의 이해관계 때문이었다.

장관들은 관계장관회의를 대통령의 기구가 아니라 관료들의 기구, 즉 관료기구내 문제 해결을 위한 수단으로 인식했다. 그리하여 주무장관이 국가안보회의를 제외한 모든 관계장관회의들의 의장을 담당해 왔다. 그러나 1970년대에 들어 대통령의 국정운영에 대한 전문지식이 깊이 있고 광범하게 축적되면서 장관들의 입장에서 볼 때 자신들만의 회의를 통해 국정의 주요 쟁점 이슈들을 조정하고 사실상 결정하는 것은 부담스러운 일이었다.

그렇다고 관계장관회의에서 대통령의 주재 하에 쟁점 이슈들에 대해 토론하는 것도 여간 부담스러운 것이 아니었다. 더군다나 권위주의 체제 구축으로 국정 전반에 대한 대통령 개인의 영향력도 강화되면서 관계장관회의에서의 결정이 대통령의 의중과 다를 때 대통령에 의해 번복될 가능성이 훨씬 커졌다. 이러한 상황에서 장관들이 취할 수 있는 최선책은 관계장관회의에 대통령 고위보좌관을 참석시켜 함께 논의하면서 대통령의 의중을 확인하는 것이었다.

대부분 차관급 관료들이었던 대통령 수석비서들도 대통령의 관심이 큰 정책들을 성공적으로 추진해 그 공로로 장관으로 승진하는 것이 목표였다. 더군다나 한국의 대통령 고위보좌관들은 국정이 효율적으로 운영되도록 대통령을 지원하는 중립적 관리자(neutral manager) 역할보다는 자신들의 선호와 입장을 대통령의 권위를 이용해 구현하려는 창도자(advocate)들이었다. 따라서 한국의 대통령 고위보좌관들은 국정의 주요 쟁점들이 심의 조정되는 주요 관계장관회의들에 적극 참여하려 했다.

대통령의 입장에서도 고위보좌관들의 관계장관회의 참석은 바람직했다. 골치아픈 부처간 갈등은 장관들끼리 스스로 해결하도록 위임한 후 국정이 표류하거나 자신의 노선에서 벗어나지 않도록 통합하기 위해 고위보좌관을 파견해 감시하고 간접적으로 관리하는 것은 대통령이 시간을 절약하고 좀 더 중요한 국정 현안에 집중할 수 있도록 해 주기 때문이다. 요약하면, 한국에서 대통령 고위보좌관들이 관계장관회의 정규 멤버로 참석하게 된 것은 이들 삼자간 이해관계가 맞아떨어져 그렇게 된 측면이 강하다.

한편, 한국에서는 관계장관회의의 주류 멤버십으로 수장 선호형과 고위보좌관 선호형 이외에 민간전문가 선호형도 주류를 형성하고 있다. 한국에서 일부 관계장관회의들에 민간전문가를 정규 멤버로 참여시키기 시작한 것은 박정희 정부이고, 자신의 재임 기간에 설치한 모든 관계장관회의에 민간전문가를 참여시킨 것은 전두환 정부이다. 그 이후부터 신설된 다수 관계장관회의들에 민간전문가들을 정규 멤버로 참여시키고 있다.

한국에서 관계장관회의 멤버로 민간전문가들이 참여할 수 있었던 것은 역대 정부에서 관료 출신이나 군인 출신 장관들이 많았기 때문이다. 이들 장관들은 두 가지 측면에서 민간전문가들을 관계장관회의 멤버로 참여시켰다.

하나는 전문성 확보 측면이다. 장군 출신 장관들은 국방부장관이 아닌 다른 부처 장관으로 임명된 경우 관계장관회의에서 심의하는 쟁점 이슈들에 대해 전문성이 없었음은 물론, 관료 출신 장관들도 대부분 일반 전문가(generalist)여서 전문성이 부족한 것은 마찬가지였다. 그리하여 이들 장관들은 민간전문가들을 참여시켜 쟁점 이슈들에 대해 심도 있는 의견을 듣고 싶었다. 전문성 보완을 위해서라면 관계장관회의에 고위관료들을 참여시킬 수도 있었으나 이들 관료 출신 혹은 장군 출신 장관들은 고위관료들을 필요에 따라 관계장관회의에 대동하거나 실무 차원에서 활용하려고 했을 뿐, 장관급 회의에서 격이 낮은 고위관료들과 국정을 함께 논의하려고 하지는 않았다.

다른 하나는 국정운영이 실제적으로 민주적이라는 것을 과시하려는 의도이다. 비록 정치체제는 권위주의적이지만 정책결정 과정은 밀실에서 이루어지는 것이 아니고 사실상 외부 의견을 충분히 수렴하고 있다는 것을 국민들에게 보여 주고 싶었던 것이다. 이러한 연유로 같은 민간전문가라도 "학식과 경륜을 갖춘 자," 즉 명망 있는 대학 교수들을 선호했다.

(2) 각 멤버십 유형에 대한 국가간 선호도 비교

각 국가에서 각 멤버십 유형이 차지하는 비중은 어느 정도 되는가? 즉 각 멤버십 유형에 대한 선호도는 국가 간에 어느 정도 차이가 있는가? 그와 같은 차이의 원인은 어디에 있는가? 그 구체적인 내용을 알아보면 다음과 같다.

첫째, 수장 선호형의 경우 영국과 미국에서는 지배적이나 프랑스에서는 그 채택이 미미하고, 한국에서는 그 중간 정도인 것 같다. 근거는 다음과 같다.

분석 대상 관계장관회의 108개 중 수장 선호형은 30개인데, 그 가운데 한국은 12개,[11] 미국은 11개, 영국은 6개, 프랑스는 1개를 차지한다. 각 국가별 분석 대상 관계장관회의들[12] 가운데 수장 선호형을 채택하고 있는 관계장관회의들의 비율을 보면, 영국은 42.1%, 미국은 40.7%, 한국은 23.1%, 프랑스는 6.7%이다. 이는 영국 내각위원회의 약 42.1%가, 미국 관계장관회

11) 광역자치단체장이 참석한 4개 포함.

12) 각 국별 멤버십 분석 대상 관계장관회의 수는 영국 14개, 미국 27개, 한국 52개, 프랑스 15개이다.

의의 약 40.7%가 수장 선호형 멤버십을 채택하고 있는 반면, 프랑스 소수장관회의들은 겨우 6.7% 정도만 수장 선호형 멤버십을 채택하고 있을 뿐이고, 한국 관계장관회의들은 그 중간인 약 23.1% 정도가 수장 선호형 멤버십을 채택하고 있음을 의미한다.

둘째, 고위보좌관 선호형의 경우 미국에서는 많은 관계장관회의들이 채택하고 있는 반면, 영국 내각위원회 가운데 고위보좌관 선호형을 채택한 경우는 거의 없는 것 같고, 프랑스와 한국에서는 상당수 관계장관회의들이 채택하고 있는 것 같다.

108개 분석 대상 관계장관회의 중 보좌관 선호형은 30개인데, 그 가운데 미국이 15개, 한국이 13개, 프랑스가 2개를 차지하고, 영국은 하나도 없다. 각국별 분석 대상 관계장관회의 가운데 고위보좌관 선호형을 채택하고 있는 관계장관회의들의 비율을 보면 미국이 55.6%, 한국이 25.0%, 프랑스가 13.3%, 영국은 0%이다. 이는 미국에서는 관계장관회의들의 약 55.6%가 고위보좌관 선호형을 채택하고 있는 반면, 한국에서는 약 25.0%가, 프랑스에서는 약 13.3%가 고위보좌관 선호형 멤버십을 채택하고 있다는 것을 의미한다.

셋째, 고위관료 선호형의 경우 프랑스에서는 그 채택률이 매우 높으나 한국과 미국에서는 매우 낮고, 영국에서는 그 중간쯤인 것 같다.

분석 대상 108개 관계장관회의 중 고위관료 선호형은 15개이다. 이 가운데 프랑스가 10개, 영국이 5개를 차지하고 미국과 한국은 하나도 없다. 이들 숫자가 각 국가별 분석 대상 관계장관회의에서 차지하는 비율을 보면 프랑스와 영국은 각각 66.7%와 35.7%이고, 미국과 한국은 0%이다. 이는 프랑스 소수장관회의들의 약 66.7%가 고위관료 선호형 멤버십을 채택하고 있으나 미국과 한국 관계장관회의들은 고위관료 선호형 멤버십을 거의 채택하고 있지 않고, 영국 내각위원회의들은 그 중간인 약 35.7%가 고위관료 선호형을 채택하고 있음을 의미한다.

넷째, 민간전문가 선호형은 한국과 프랑스에서는 상당수 관계장관회의들이 채택하고 있는 반면, 영국과 미국에서는 극소수 내각위원회 혹은 관계장관회의들만이 채택하고 있는 것 같다.

마찬가지로 108개 분석 대상 관계장관회의 가운데 민간전문가 선호형을 채택하고 있는 관계장관회의는 17개이고, 그 가운데 한국이 15개, 미국과 영국이 각각 1개씩 차지하며, 프랑스는 하나도 차지하지 못하고 있다. 각국의 민간전문가 선호형 숫자를 각국의 분석 대상 관계장관회의 숫자로 나누면 한국이 28.9%, 영국이 7.1%, 그리고 미국이 1.7%이며, 프랑스는 0 %이다. 이는 한국 관계장관회의들 가운데 28.9%가 민간전문가 선호형 멤버십을 채택하고 있으나 영국과 미국에서는 각각 겨우 7.1%와 1.7%만이 민간전문가 선호형 멤버십을 채택하고 있으며, 프랑스에서는 민간전문가 선호형 멤버십이 거의 채택되지 않고 있음을 의미한다.

다섯째, 혼합형의 경우 프랑스에서는 많은 소수장관회의들이 선호하는 반면, 영국에서는 극소수 내각위원회들만이 선호하고 있다. 한국에서의 선호는 그 중간 정도인 것 같다.

분석 대상 관계장관회의 108개 가운데 혼합형을 갖고 있는 관계장관회의는 13개인데, 한국이 10개, 프랑스가 2개, 영국이 1개를 차지하고 미국은 하나도 없다. 이들을 각각 국가별 분석 대상 관계장관회의 숫자로 나누어 볼 때 한국 관계장관회의들 가운데 18.2%가 혼합형 멤버십을 갖고 있고, 영국 내각위원회들은 7.1%가, 프랑스 소수장관회의들은 그 중간인 13.3%가 혼합형 멤버십을 갖고 있음을 의미한다. 그러나 프랑스의 임시 관계장관위원회들은 소집될 때 그 멤버십이 거의 혼합형으로 구성된다. 다른 나라에서는 임시 관계장관회의 구성이 상설 관계장관회의의 구성과 거의 유사한데, 프랑스는 상당히 다르다. 그 결과 실제로는 혼합형의 경우 프랑스에서 가장 많은 소수장관회의들이 채택하고 있다.

그 밖에도 한국에서는 극소수 관계장관회의들이 사회단체 선호형 멤버십을 갖고 있는데, 영국과 미국 및 프랑스에서는 이러한 멤버십을 갖고 있는 관계장관회의들이 거의 없는 것 같다.

관계장관회의 멤버십 유형에 대한 각국 관계장관회의들의 상대적 선호도는 <표 7-4>와 같다.

(3) 각 유형별 이해관계자의 관계장관회의 시스템에 대한 참여 방식

한 걸음 더 나아가 관계장관회의의 주요 참여자들 가운데 장관들을 제외한 나머지 참여자들, 즉 부장관급 혹은 차관급 행정기관장, 고위보좌관, 부처 소속 고위관료, 민간전문가, 사회단체장 등은 자국의 관계장관회의 시스템에 어떻게 참여하는가? 특히 관계장관회의 본회의 정규 멤버가 아닌 경우 이들이 관계장관회의 시스템에 공식적으로 참여할 수 있는 채널은 없는가?

〈표 7-4〉 관계장관회의 멤버십 유형에 대한 국가간 선호 순위

유 형	순 위
수장 선호형	영국, 미국 > 한국 > 프랑스
고위보좌관 선호형	미국 > 한국 > 프랑스
고위관료 선호형	프랑스 > 영국
민간전문가 선호형	한국 >> 영국 > 미국
혼합형	프랑스 > 한국 > 영국

국가 간에 차이는 있는가? 구체적으로 살펴보면 다음과 같다.

첫째, 장관이 아닌 부장관급 혹은 차관급 행정기관장들이 관계장관회의 본회의 정규 멤버가 아닌 경우 관계장관회의 시스템에 참여할 수 있는 채널은 대부분의 나라에서 동일하다.

이들 기관장들이 관계장관회의 본회의 정규 멤버로 지정되지 않은 경우 기관 입장을 개진할 수 있는 세 가지 참여 채널이 있다. 하나는 장관급 본회의 의장이 기관 업무와 관련된 안건이 논의될 때 그 기관장을 초대해 출석 발언케 하는 것이다. 이 경우 그 기관장은 발언권은 있어도 표결권은 없다. 나머지 두 가지는 관계장관회의 산하 실무위원회를 통한 참여인데, 실무위원회가 차관급으로 설치되어 있으면 그 차관급 실무회의에 정규 멤버 혹은 출석 발언자로 참여할 수 있고, 실무위원회가 국장급으로 설치되어 있으면 자신들의 부하들을 통해 간접적으로 참여할 수 있다.

둘째, 고위보좌관들이 관계장관회의 시스템에 참여하는 방식은 국가별로 차이가 있다. 한마디로 영국에서는 직접 참여하는 채널이 없고, 한국에서는 참여할 수 있는 채널이 제한적이며, 미국과 프랑스에서는 다양하게 열려 있다.

영국에서는 총리 정책보좌관들이 총리에게 조언하거나 내각위원회들을 관리하는 내각지원실 스태프들과의 협의를 통해 간접적으로 참여하는 방법 이외에 다른 방법은 없다. 한국에서는 고위보좌관들이 몇몇 주요 관계장관회의에 정규 멤버로 참여하지만, 정규 멤버로 지명되지 않은 경우 관계장관회의 시스템에 공식적으로 직접 참여하는 채널은 없다. 관계장관회의 시스템을 의장 부처 혹은 주무부처의 공무원들이 관리하고 있고 또한 실무위원회의 의장들도 대부분 의장 부처 혹은 주무부처의 차관이나 차관보가 차지하고 있기 때문이다.

반면에, 미국의 경우 대통령 고위보좌관들은 주요 관계장관회의 정규 멤버로 지명되는 경우가 많지만, 지명되지 않더라도 해당 관계장관회의 시스템을 운영 관리하면서 실무위원회나 작업반들을 주재할 수도 있다. 프랑스에서도 고위보좌관들이 임시 관계장관위원회 본회의 정규 멤버로 지명되는 비율이 매우 높지만, 지명되지 않더라도 배석자로 초청되는 경우가 많을 뿐만 아니라 실무위원회 의장직들을 거의 대부분 장악하고 있다. 그러나 프랑스 대통령이나 총리의 고위보좌관들은 관계장관회의 시스템을 관리하지는 않는다. 별도의 행정총괄처나 국방총괄처의 직업공무원들이 관리하기 때문이다.

셋째, 기관장이 아닌 고위관료들이 관계장관회의 시스템에 간여하는 방식은 모든 나라에서 정규 멤버로서 실무회의에 참여한다는 것은 동일하지만, 본회의 참여 방식과 관계장관회의 시스템 운영에 대한 참여 방식에서는 나라별로 다르다.

미국의 경우에는 고위관료들은 관계장관회의 본회의에는 전혀 참석할 수 없으나 영국과 프랑스에서는 부처 고위관료들이 본회의에도 정규 멤버 혹은 장관 수행자로서 참석한다. 그러나 영국과 프랑스의 고위관료들이 모든 내각위원회나 관계장관회의 및 관계장관위원회에 정규 멤버로 참석하는 것은 아니다.

한편 한국에서는 고위관료들이 관계장관회의 본회의에 소속 부처 장관을 수행하여 배석해 장관들의 질의에 응답할 수는 있으나 본회의 정규 멤버로 참여하는 경우는 없다. 그 대신 한국의 고위관료들은 실무위원회 구성 멤버로 참여할 뿐만 아니라 간사로서 관계장관회의 시스템을 운영하고 있다. 특히 의장 부처 혹은 주무부처의 차관이나 차관보들은 실무위원회 의장직들을 장악하고 있다.

넷째, 민간전문가들이나 사회단체장들이 관계장관회의 시스템에 간여하는 방식은 국가마다 유사점과 차이점이 있다.

민간전문가들은 자문회의 멤버로서 관계장관회의 시스템에 간접적으로 참여할 수 있다. 각국에서 일부 관계장관회의들은 관할 업무와 관련된 민간자문기구를 두고 있다. 관계장관회의는 자문기구를 통해 주요 이슈들에 대한 연구나 의견 수렴 등의 지원을 받는다. 이러한 형태의 참여는 모든 나라에서 실시되고 있다. 그러나 자문회의는 모든 관계장관회의에 설치되어

〈표 7-5〉 관계장관회의 지원 민간자문회의

국가	관계장관회의	자문회의
영국	과학기술 내각위원회	과학기술민간자문회의 (Advisory Council on Science and Technology)
미국	과학기술 관계장관회의 통상정책회의 국토안전회의	대통령과학기술민간자문위원회(President Council of Advisers on Scinence and Technology) 대통령통상자문위원회(President's Advisory Committee for Trade Policy and Negotiation) 대통령국토안보자문위원회(President's Homeland Security Advisory Council)
프랑스	국방회의 국제개발협력 관계장관위원회 국토개발관리 관계장관위원회 지속가능개발 관계장관위원회 적응통합 관계장관위원회	국방최고회의 (Conseil Supérieur de la Défense Nationale) 국제협력최고회의 (Haut Conseil de la coopération internationale) 국토개발관리최고회의(Conseil National de l'aménage-ment et du développement du territoire) 지속가능개발최고회의(Conseil National de du développement durable) 적응통합최고회의(Haut Conseil à l'integration)
한국	국가과학기술위원회 인적자원개발회의 통일관계장관회의 산업정책심의회 항공우주산업개발심의회 기후변화협약대책위원회 실업대책위원회	국가과학기술자문회의 교육인적자원정책위원회 민주평통자문회의 산업정책자문회의 항공우주산업자문위원회 기후변화협약대책민간자문단 실업대책자문위원회

있는 것은 아니다. 각국에서 민간자문회의를 설치하고 있는 주요 관계장관회의들은 <표 7-5>와 같다.

그러나 민간전문가들이 자문회의를 통하지 않고 관계장관회의 시스템에 참여하는 방식은 국가별로 차이가 있다. 영국에서는 민간전문가들이 자문회의를 통하지 않고 내각위원회 시스템에 참여할 수 있는 길이 없다. 반면에, 미국, 프랑스, 한국에서는 민간전문가들이 실무위원회에 정규 멤버로 참여할 수 있고, 프랑스와 한국에서는 장관급 본회의에도 정규 멤버나 초청 멤버로 참여할 수 있다.

제 3 절 관계장관회의 시스템의 하부구조[13)]

1 하부기구들의 유형화

1) 위상에 따른 하부기구들의 유형과 각국 선호

각국 관계장관회의들이 지금까지 설치되었던 관계장관회의 하부기구들을 그 위상에 따라 보면 소위원회와 분과위원회, 실무위원회(총괄/분야별), 작업반 등이 있다.[14)] 이러한 하부기구들은 관계장관회의 본회의에서의 심의 조정이 효율적으로 이루어지도록 지원하기 위해 설치된다.

소위원회는 관계장관회의 멤버들 중 소수 핵심 멤버들로 구성해 관계장관회의 역할을 대신하는 하부기구이다. 분과위원회는 관계장관회의 업무의 일부분을 분담하기 위해 그 부분과 관련된 일부 멤버 장관들로 구성하는 하부기구이다.

관계장관회의 구성 멤버가 대규모여서 심도 있는 논의가 어려울 경우 소위원회 혹은 분과위원회가 설치되는 경향이 있다. 어느 것을 설치할 것인지는 관할 업무의 범위와 성격에 따라 좌우된다. 소위원회는 관계장관회의 업무 범위가 넓지 않고 업무 성격이 비교적 정치적일 경우 설치되고, 분과위원회는 이와는 반대로 업무 범위가 비교적 넓고 업무의 성격도 전문기술적일 경우 설치된다.

---

13) 이곳에서는 필자가 명단을 확보한 250여 개 관계장관회의 가운데 하부구조를 확인한 4개국 총 120개 관계장관회의를 대상으로 분석한다. 120개 가운데 한국 관계장관회의가 67개, 미국 관계장관장회의가 29개, 영국 내각위원회가 8개, 프랑스 관계장관회의와 관계장관위원회가 16개이다. 이들은 모두 어느 정도 기록이 있는 상설 관계장관회의들이고, 또한 3개국은 분야별 관계장관회의 이외에 이슈별 관계장관회의들이 포함되어 있으나, 영국의 경우에는 8개 대부분이 분야별 내각위원회이다. 따라서 개략적인 통계분석에서 영국의 경우 수치만 보고 분석하면 분석의 신뢰성이 떨어진다. 그래서 영국의 경우 분석 대상에서 빠져 있는 많은 이슈별 내각위원회를 고려하면서 분석했다.

14) 하부기구의 명칭도 나라마다 다르다. 미국과 영국은 '위원회(committee)', 프랑스는 '회의(Reunion)'라는 명칭을 사용하고 있다. 한국은 과거에 '위원회'를 사용했으나 최근 '회의'라는 명칭을 사용하기도 한다.

〈표 7-6〉 하부구조의 유형과 예시

유 형	해당 관계장관회의	하부구조 예시
소위원회	국가안보회의(한)	상임위
	농어촌대책협의회(한)	소위
	경제정책회의(미, 포드)	Executive Committee
	경제정책그룹(미, 카터)	Steering Committee
	국가안보회의(미, 부시/클린턴)	Principals Committee
	경제정책회의(미, 부시/클린턴)	Principals Committee
	국내정책회의(미, 부시/클린턴)	Principals Committee
	국가우주개발회의(미, 부시)	Executive Committee
	국토관리개발 관계장관위원회(프)	소위
	핵방사능위기 관계장관위원회(프)	소위
분과위원회	국가과학기술위원회(한)	2개 특별위(국가기술혁신, 차세대성장동력)
	국내정책회의(미, 닉슨)	3개 분과위(Natural Resources, Human Resources, Community Development)
	국가안보회의(미, 카터)	2개 분과위(Policy review, Special coordination)
	외교국방 내각위원회(영, 2000)	2개 분과위(유럽, 아프리카)
	경제문제 내각위원회(영, 2000)	3개 분과위(경쟁력, 에너지, 근로복지)
	국내사회 내각위원회(영, 2000)	3개 분과위(건강, 마약, 여성)
	헌법개정 내각위원회(영, 2000)	3개 분과위(인권, 정보자유, 상원 개혁)
	과학정책 내각위원회(영, 2004)	1개 분과위(생명과학기술)
실무위원회	각국의 대다수 관계장관회의	실무위
실무분과 위원회	기후변화협약대책위원회(한)	6개 대책반(협상, 산업, 환경, 농림 등)
	중앙안전관리위원회(한)	8개 대책위(풍수해, 화재폭발, 방사능 등)
	국가경제회의(미, 클린턴)	Interagency Working Groups
	국가안보회의(미, 부시)	Policy Coordination Groups

실무위원회(총괄/분야별)는 관계장관회의 멤버 부처 고위공무원들(경우에 따라서는 민간전문가 추가)로 구성해 관계장관회의에 상정될 안건들을 사전에 검토 조정하거나 관계장관회의에서 요청한 쟁점들을 타결하기 위해 설치되는 하부기구이다. 실무분과위원회(혹은 분야별 실무위원회)는 분과위원회가 장관들이 아닌 고위공무원들로 구성된 하부기구이다.

작업반은 일반적으로 실무위원들보다 더 낮은 직급으로 구성되어 주로 특정 이슈에 대한 조사, 분석, 평가 등을 실시한 후 결과보고서를 작성하는 업무를 담당한다. 실무위원회가 상설로 설치되는 경향이 있는데 반해, 작업반은 임시로 설치되는 경향이 있다.

각 유형별 하부기구와 그 설치 예를 보면 앞의 <표 7-6>과 같다.

대다수 관계장관회의들은 총괄 실무위원회를 두고 있고, 필요하면 작업반들을 설치하고 있다. 반면에 장관급 소위원회나 장관급 분과위원회를 설치 활용하는 관계장관회의들은 소수이다. 이와 같은 현상은 국가 간에 별 차이 없이 모든 나라에서 유사하다. 장관급 소위원회나 장관급 분과위원회를 설치하는 것은 자칫하면 옥상옥이 되어 국정 논의에 시간만 많이 소비할 가능성이 크기 때문이다. 그러나 장관급 소위원회와 장관급 분과위원회 및 실무급 분과위원회의 활용은 국가별로 차이가 있다.

먼저, 장관급 소위원회나 장관급 분과위원회의 경우 미국과 영국에서는 적극 활용해 왔다. 미국은 장관급 소위원회를 설치하는 관계장관회의들이, 영국에서는 장관급 분과위원회를 설치하는 내각위원회들이 비교적 많다. 특히 업무 관할이 어느 정도 넓은 분야별 관계장관회의와 내각위원회들을 중심으로 장관급 소위원회나 장관급 분과위원회를 설치 운영해 왔다. 반면에, 한국과 프랑스에서는 소위원회든 분과위원회든 그 활용이 부진했다. 장관급 소위원회나 장관급 분과위원회를 설치한 관계장관회의나 관계장관위원회가 극소수이다. 특히 한국이 경우 분야별 관계장관회의가 5개에 이르는데도 국가과학기술위원회를 제외하고 장관급 분과위원회를 거의 설치하지 않고 있다. 4개국 가운데 영국 이외에 장관급 분과위원회를 자주 설치한 나라는 별로 없다.

영국에서 하부기구로서 장관급 분과위원회가 자주 활용되는 이유는 정치적 주도권 경쟁 때문이다. 의원내각제인 영국에서 총리와 핵심 내각장관들은 집권당의 실력자들로서 총리직을 둘러싸고 정치적 경쟁 관계에 있다. 이들 잠재적 경쟁자들은 주요한 내각위원회들에 적극 참여하려고 하고 실제로 그렇게 하고 있다. 이 경우 주요 내각위원회를 효율적으로 운영하기 위해 소위원회를 구성하면 이들 경쟁자들이 또다시 한자리에 모이게 된다. 이러한 여건 속에서 영국 총리들은 국정운영의 주도권을 잡고 동시에 내각위원회의 운영을 효율화하기 위해 분과위원회를 구성해 전략적으로 활용한다는 것이다. 특히 분과위원회에 경쟁자들이 참여하지 않도록 분과위원회들을 구성하고 그곳에서 주요 국정 이슈를 총리의 의도대로 심의 결정한다는 것이다. 그러나 미국에서는 정부 지도자들 간에 이러한 경쟁 관계가 존재하지 않는다. 따라서 미국은 관계장관회의 운영의 효율화를 위해 소위원회를 주로 활용하고, 전문적 심의를 위해서만 분과위원회를 활용한다.

한편 한국과 프랑스에서 대규모 관계장관회의들이 소위원회나 분과위원회를 설치하지 않는 이유는 대다수 관계장관회의들이 소수 멤버들로 회의를 소집할 수 있다는 것이다. 다시 말해 프랑스와 한국에서는 원하면 언제든지 소수 멤버로 구성된 임시 관계장관위원회나 임시회의를 소집해 소위원회나 분과위원회를 대신할 수 있기 때문에, 구성 멤버가 대규모인 경우에도 소위원회의 필요성을 못 느끼고, 업무 범위가 넓어도 분과위원회를 둘 필요성을 별로 못 느낀다는 것이다.[15]

다음으로, 실무급 분과위원회는 한국과 미국에서는 자주 활용되나 영국과 프랑스에서는 별로 활용되지 않는다. 실무분과위원회의 설치는 장관급 분과위원회 설치와 밀접한 관련이 있다. 즉 장관급 분과위원회가 설치되면 실무분과위원회는 설치되지 않는다는 것이다. 한국에서는 장관급 분과위원회들이 별로 구성되지 않아 이슈의 전문적 심의를 위해 실무급 분과위원회들이 구성되는 경우가 많고, 영국에서는 장관급 분과위원회들이 설치되고 각 분과위원회마다 하나씩의 실무위원회가 구성되기 때문에 실무분과위원회의 설치 필요성이 없다. 미국에서도 장관급 분과위원회가 설치되지 않는 관계장관회의에서 실무분과위원회들을 설치하는 경향이 있다. 한편 프랑스의 경우 전술한 것처럼 소수장관회의들이 대부분 이슈별로 설치되기 때문에 장관급이든 실무급이든 분과위원회를 설치할 필요성이 크지 않다.

2) 담당 업무의 성격에 따른 하부기구들의 유형과 각국 선호

(1) 유형화

관계장관회의 산하 하부기구들이 지금까지 다양한 업무들을 수행해 왔거나 수행하고 있다. 구체적으로 열거하면, 본회의 안건들의 사전 심의 조

---

15) 프랑스에서는 상설 관계장관위원회의 경우 모든 멤버들이 참석해 관할 이슈들을 논의하나, 임시 관계장관위원회의 경우 총리가 필요하면 언제라도 기존 상설 관계장관위원회 관할 이슈에 대해서도 심의에 필요한 소수 멤버만으로도 소집할 수 있다. 한국에서는 거의 모든 관계장관회의들이 대부분 정기회의와 임시회의를 규정하고 있는데, 정기회의는 모든 정규 멤버들이 참여하고, 임시회의는 의장이 필요에 따라 안건과 직접 관련된 소수 멤버만을 소집할 수 있다.

정, 부처간 이견의 조정, 정책보고서의 준비, 정책보고서의 충실도 점검, 정책 이슈의 발굴, 정책의제의 선정, 정책추진 아이디어의 발굴, 정책 목표의 설정, 정책 가이드라인의 작성, 계획의 수립과 집행, 정책과 전략의 개발, 정책집행 실태의 점검, 작업반들의 설치와 감독, 정책 이슈에 대한 조사분석, 안건 관련 자료의 수집과 분석, 전문적인 사항에 대한 조사연구, 장기적 연구, 상황 모니터링 등이다.

하부기구들을 담당 업무의 성격에 따라 분류하면 사전조정형, 대안개발형, 집행점검형, 정책추진형, 이슈발굴형, 미래과제형, 자료분석형, 모니터링형, 정보교환형 등으로 유형화할 수 있다.

사전조정형은 안건들을 본회의에 상정하기 전에 미리 검토해 쟁점들을 명확히 하고 각 대안들의 장단점을 평가하며 전문기술적 쟁점들이나 이견이 크지 않는 쟁점들을 조정하기 위해 설치되는 하부기구들이다. 대안개발형은 정책 목표를 설정하고 정책 현안에 대한 해결책들을 개발하며 그 장단점을 분석 평가하기 위해 설치되는 하부기구이다. 집행점검형은 관계장관회의 결정 사항을 직접 집행하거나 책임 부처들이 제대로 집행하는지 확인하고 평가하기 위해 설치되는 하부기구들이다. 정책추진형은 대안개발형과 집행점검형을 합친 것이다.

이슈발굴형은 당장 정책으로 전환할 수 있는 이슈들을 발굴 선정해 공식적 논의가 가능하도록 설득 논리를 개발하고 증거를 수집 분석하기 위해 설치된 하부기구이고, 미래과제형은 장차 정책 현안으로 등장할 이슈들을 미리 예측 발굴해 그 변화 추이와 여파를 분석하는 하부기구들이다. 자료분석형은 관계장관회의에서 검토와 판단에 필요한 자료들을 수집하고 분석해 제공하기 위해 설치되는 하부기구이다. 모니터링형은 조만간에 관계장관회의에서 대응 조치를 취해야 할 상황들이 어떻게 변화해 왔고 전개될 것인지 그 흐름을 집중적으로 관찰하고 예측하기 위해 설치되는 하부기구들이다. 정보교환형은 관련 부처들이 모여 현안 이슈에 대해 각 부처들이 보유하고 있는 정보와 지식을 수집하고 교환하기 위해 소집되는 하부기구이다.

각 유형을 하나라도 가지고 있는 관계장관회의들을 예시하면 <표 7-7>과 같다.

〈표 7-7〉 하부기구들의 유형과 예시

유 형	해당 관계장관회의	
사전조정형	경제장관회의(한, 박정희) 통일안보조정회의(한, 김영삼) 경제정책회의(미, 포드) 국가우주개발회의(미, 부시)	산업정책심의회(한, 전두환) 인적자원개발회의(한, 김대중) 국가안보회의(미, 카터) 국가경제회의(미, 클린턴)
대안개발형	국가안보회의(미, 닉슨) 현안이슈장관회의(미, 카터) 경제계획심의위원회(한, 박정희)	경제정책회의(미, 포드) 연방과학기술조정회의(미, 부시) 지구환경관계장관회의(한, 노태우)
집행점검형	국가안보회의(미, 닉슨) 국가경제회의(미, 클린턴) 지구환경관계장관회의(한, 노태우)	경제정책회의(미, 포드) 과학기술회의(미. 클린턴) 월드컵유치관계장관회의(한, 김대중)
정책추진형	사회간접자본건설위원회(한, 김영삼) 국가과학기술위원회(한, 김대중) 국내문제회의(미, 닉슨) 연방과학기술조정회의(미, 부시)	규제개혁추진회의(한, 김영삼) 실업대책위원회(한, 김대중) 경제정책회의(미, 포드) 국가안보회의(미, 부시)
자료분석형	국산화촉진위원회(한, 박정희) 농어촌대책협의회(한, 전두환) 경제정책회의(미, 포드)	수출진흥위원회(한, 박정희) 국가과학기술위원회(한, 김대중) 연방과학기술조정회의(미, 부시)
이슈발굴형	경제정책회의(미, 포드) 도시문제회의(미, 닉슨) 과학기술회의(미. 클린턴)	연방과학기술조정회의(미, 부시) 국가안보회의(미, 클린턴) 국가경제회의(미, 클린턴)
미래과제형	경제정책회의(미, 포드)	
모니터링형	경제정책회의(미, 포드)	
정보교환형	대회협력위원회(한, 전두환)	

(2) 특징과 비교

장관급 관계장관회의들은 대부분 사전조정형 하부기구를 가지고 있다. 이는 어느 나라에서나 동일하다. 그러나 사전조정형 이외에 구축 혹은 운영해 온 하부기구 유형은 나라별로 차이가 있다. 지금까지 각국 관계장관회의들이 주로 설치해 온 하부기구들의 유형을 보면 <표 7-8>과 같다.

미국은 다양한 유형의 하부기구들을 설치 운영해 온 반면, 한국, 영국, 프랑스는 그렇지 못하다. 즉 미국 관계장관회의들은 9개 유형 중에 8개를 시도했고, 한국과 영국 및 프랑스는 4~5개 유형을 시도했다. 한국 관계장관회의들은 사전조정형 이외에 정책추진형, 자료분석형, 대안개발형, 집행점

〈표 7-8〉 하부기구들의 유형과 분포

유 형	합계	해당 관계장관회의 분포			
사전조정형	69	한국 51(71.8%)	미국 18(34.6%)	영국(대부분)	프랑스(대부분)
대안개발형	18	한국 2(2.8%)	미국 16(30.8%)		
집행점검형	7	한국 2(2.8%)	미국 5 (9.6%)	영국(일부)	프랑스(일부)
정책추진형	15	한국 11(15.5%)	미국 4 (7.7%)		
자료분석형	6	한국 5 (7.0%)	미국 1 (1.9%)		
이슈발굴형	6	한국 0	미국 6(11.5%)		
미래과제형	1	한국 0	미국 1 (1.9%)	영국(일부)	프랑스(일부)
모니터링형	1	한국 0	미국 1 (1.9%)		
정보수집형	0	한국 0	미국 0	영국(일부)	프랑스(일부)
총 계	123	71(100.0)%	52(100.0)%		

참고: 1. 하부기구들의 업무 성격을 파악할 수 있는 관계장관회의 분석.
2. 한국과 미국은 하부기구들을 대부분 상설로 설치하고 그 업무도 법령에 규정하나, 영국과 프랑스는 상설 실무위원회 설치보다는 임시 실무위원회 소집을 선호하는 편이다. 상설 실무위원회를 설치한 경우에도 그 업무의 성격을 규정하지 않고 있고, 임시 실무위원회는 소집 목적이나 임무가 그때그때 정해진다.

검형을 설치했고, 영국과 프랑스는 사전조정형 이외에 집행점검형, 미래과제형, 정보수집형 하부기구를 운영해 왔다.

또한 미국 관계장관회의들은 상대적으로 사전조정형(34.6%), 대안개발형(30.8%), 이슈발굴형(11.5%), 집행점검형(9.6%) 하부기구들을 구축해 왔으나, 한국 관계장관회의들은 사전조정형(71.8%)과 정책추진형(11.5%) 하부기구들을 주로 설치해 왔다. 영국과 프랑스에서는 대부분 사전조정형 하부기구들을 설치해 왔고, 일부만 집행점검형과 미래과제형을 설치해 왔다.

이러한 비교를 통해 볼 때 특징적인 것은 미국은 다양한 유형의 하부기구들을 설치해 왔고 그 중에서도 대안개발형과 이슈발굴형의 비중이 크다는 것이다. 반면에 한국, 영국, 프랑스의 경우 하부기구의 유형이 다양하지 않고 또한 사전조정형의 비중이 아주 높다는 것이다. 왜 이러한 차이가 있을까? 왜 미국 관계장관회의들은 다른 나라에 비해 대안개발형과 이슈발굴형 하부기구들을 자주 설치해 왔는가? 그 이유는 미국의 두 가지 전통 혹은 관행과 관련이 있다. 즉 하나는 관계장관회의들을 관료들의 기구가 아니고 대통령의 기구로 활용하는 전통이고, 다른 하나는 정부 어젠다를 대통령 어젠다(Presidential Agenda)와 부처 어젠다(Departmental Agenda)로 구분하여 별도로 관리하는 전통이다.

먼저, 미국에서 관계장관회의 시스템은 대통령과 그 보좌관들이 관료조직의 역량을 동원하는 수단일 뿐만 아니라 대통령의 노선과 입장을 거대한 관료조직에 침투시키는 수단이다. 이를 위해 주요 관계장관회의 시스템은 주무부처들이 아니라 주로 백악관 보좌관들이 운영한다. 대통령과 그 보좌관들은 관료들의 역량을 동원하기 위해 대안개발형과 이슈발굴형 하부기구들을 설치해 왔고, 관료기구들에 대한 통제를 위해 집행점검형 하부기구들을 설치해 왔다.

다음으로, 미국에서는 대통령의 치적과 재선을 위해 국가적으로 중요한 전략적 이슈들과 대통령의 정치적 위상에 큰 영향을 미칠 이슈들을 대통령 어젠다로 분류해 백악관 보좌관들이 직접 관리해 오고 있다.[16] 이러한 대통령 어젠다들은 선거 과정에서 공약으로 개발되거나 집권 기간 동안에 새로 발굴된 것이다. 선거 과정에서 정책 경쟁이 미흡해 대통령 어젠다가 충분히 개발되지 않은 경우 집권 후에 대통령 보좌관들이 관계장관회의 시스템을 통해 새로운 대통령 어젠다들을 발굴하는 경우가 많다. 공약으로 제시되었든 발굴되었든 간에 대통령 어젠다들은 대부분 관계장관회의 시스템을 통해 관료들의 정보와 분석력을 활용해 정책대안으로 개발된다. 이러한 국정운영 방식으로 인해 미국에서는 관계장관회의 하부기구로서 이슈발굴형 하부기구와 대안개발형 하부기구들이 발전해 왔다.

반면에, 영국 및 프랑스에서는 관계장관회의 시스템이 대통령이나 총리의 기구로 활용되는 편이나 보좌관들이 대통령 어젠다 혹은 총리 어젠다를 별도로 관리하지는 않는다. 영국에서는 총리의 대통령제화를 경계한 결과 총리의 정책 어젠다를 관리하는 정책보좌관 시스템이 잘 발달되어 있지 않았고, 프랑스에서는 대통령이나 총리의 보좌관들이 소수장관회의 하부기구들의 운영을 주도하나 관료들에 대한 불신이 없어 특별히 대통령 어젠다 혹은 총리 어젠다를 별도로 관리하지는 않는다. 한국에서는 관계장관회의 시스템이 대통령 기구로 활용되고 있지도 않고 정책보좌관 시스템이 발달되어 있으나 측근 정치를 금기시하는 전통 때문에 보좌관들이 대통령 어젠다를 직접 관리하기보다는 부처들을 앞세운다. 따라서 이들 3개국 관계장관회의 시스템내에는 대통령(총리) 어젠다를 별도로 관리하고 추진하는 이

16) 그 밖의 이슈들은 부처 장관들이 알아서 관리한다.

슈발굴 혹은 대안개발 하부기구들이 발달하지 못했다. 한국에서 정책추진형 하부기구들이 종종 설치된 이유는 주무부처가 불명확한 긴급 이슈들의 경우 관계장관회의 산하에 기획단 혹은 대책반을 설치해 정책안의 개발과 집행을 동시에 담당하도록 했기 때문이다.

2 하부기구들의 조직화

1) 하부구조의 유형과 각국 비교

관계장관회의들은 하부구조를 어떻게 조직화해 왔는가? 다시 말해 하부구조를 조직화하기 위해 각종 하부기구들을 어떻게 조합해 왔는가? 이 조합에서 국가별로 차이는 있는가? 있다면 그 원인은 어디에 있는가?

각국 관계장관회의들이 하부기구들을 조합하는 패턴에 따라 하부구조 조직화 방식을 유형화할 수 있다. 하부기구들을 계층화하는 정도에 따라 하부구조의 조직화 방식을 1단형, 2단형, 3단형, 4단형의 4개 유형으로 구분할 수 있다. 즉 안건이 관계장관회의에 상정되기 전에 계층별로 2개 하부기구를 거치면 2단형, 3개 하부기구를 거치면 3단형이다. 또한 고위 하부기구의 위상에 따라 하부구조 조직화 방식은 장관형과 실무형으로 구분할 수 있다. 즉 장관형 하부구조는 장관급 소위원회나 분과위원회가 구성된 하부구조를 말하고, 실무형 하부구조는 장관급 소위원회나 장관급 분과위원회가 없이 실무위원회나 작업반으로 구성된 하부구조를 말한다.

각국 관계장관회의들이 하부기구들을 몇 단형으로 어떻게 조합했느냐에 따라 하부구조의 유형과 패턴을 보면 <표 7-9>와 같다.

또한 각국 관계장관회의 하부구조들의 유형별 분포는 <표 7-10>과 같다. 분포상 나타난 특징들을 도출하면 다음과 같다.

첫째, 하부구조의 계층화 정도를 보면, 1단부터 4단까지 계층화되어 있고, 전체적으로 압도적 다수가 1단 혹은 2단으로 계층화되어 있다.

분석 대상 4개국 120개 관계장관회의 가운데 99개, 즉 82.5%가 1단 혹은 2단으로 조직화했다. 좀더 구체적으로 살펴보면, 1단 중에서는 실무위원회 패턴이, 2단 가운데에서는 실무위원회/작업반 패턴이 가장 널리 활용되어 왔다.

〈표 7-9〉 하부구조의 유형과 패턴

유 형		조합 패턴	해당 관계장관회의 예시
부재형	-		경제성장안정회의(미, 아이젠하워) 해양오염방지심의위원회(한, 전두환)
1단형	장관형	소위원회	경제정책그룹(미, 카터) 국토정책위원회(한, 김대중) 핵방사능위기 관계장관위원회(프)
		분과위원회	중앙재해대책위원회(한, 박정희), 국토건설종합계획심의회(한, 박정희) 유럽경제협력 관계장관위원회(프, 1958)
	실무형	실무위원회	국내정책회의(미, 클린턴) 경제장관회의(한, 박정희) 도시발전 관계장관위원회(프, 1988)
2단형	장관형	소위/실무(분과)위	인적자원장관회의(미, 레이건) 국가안보회의(한, 김대중)
		분과위/실무위(작업반)	국내문제회의(미, 닉슨) 통일관계장관회의(한, 노태우) 외교국방 내각위원회(영, 블레어)
	실무형	실무위/작업반	사회간접자본건설추진위원회(한, 김영삼) 실업대책위원회(한, 김대중) 소비자보호 관계장관위원회(프, 1983)
3단형	장관형	소위/실무위/작업반	국가경제회의(미, 클린턴) 농어촌대책협의회(한, 전두환) 지구환경관계장관회의(한, 노태우)
		분과위/실무위/작업반	과학기술회의(미, 부시/클린턴) 국가안보회의(미, 닉슨)
	실무형	차관위/실무위/작업반	통상정책회의(미, 케네디)
4단형	장관형	소위/차관위/실무위/작업반	국가안보회의(미, 부시)

이를 국가별로 비교해 보면, 프랑스는 압도적 다수를 1단형으로, 영국과 한국은 1단형, 2단형 순으로, 미국은 이와는 달리 2단형, 3단형 순으로 선호해 왔다.

〈표 7-10〉 하부구조 유형과 하부기구 조합 패턴의 비중(총 120개)

유 형		조합 패턴	해당 관계장관회의
부재형(8)	-	-	8개 (미국 4, 한국 4) *일부(영)
1단형(51)	장관형	소위원회	4개 (미국 2, 한국 2)
		분과위원회	3개 (한국 2, 프랑스 1)
	실무형	실무위원회	44개 (한국 27, 프랑스 14, 미국 3) * 다수(영, 프)
2단형(48)	장관형	소위/실무(분과)위	7개 (미국 6, 한국 1)
		분과위/실무위(작업반)	19개 (영국 8, 한국 7, 미국 4)
	실무형	실무위/작업반	22개 (한국 22) * 다수(프)
3단형(12)	장관형	소위/실무위/작업반	8개 (미국 5, 한국 3)
		분과위/실무위/작업반	3개 (미국 3)
	실무형	차관위/실무위/작업반	1개 (미국 1)
4단형(1)	장관형	소위/차관위/실무위/작업반	1개 (미국 1)

*: 프랑스에서는 장관급 관계장관회의나 관계장관위원회가 열리기 전에 관련 부처 고위공무원들로 구성된 실무위원회가 소집되어 안건을 검토한다. 이 때 부처간 이견이 크지 않으면 안건을 곧바로 장관급 회의에 상정하고, 부처간 이견이 크면 다시 관련 부처 장관비서실장들이 모여 재차 조정을 한 후 장관급회의로 넘긴다. 그 결과 전자의 경우는 1단형 하부구조가, 후자의 경우에는 2단형 하부구조가 작동하게 된다.

영국에서는 장관급 내각위원회가 열리기 전에 관련 부처 고위공무원들로 구성된 실무 내각위원회가 소집되고, 장관과 고위공무원들로 구성된 혼합 내각위원회가 소집되는 경우에는 실무 내각위원회가 소집되지 않는다. 또한 분야별 내각위원회에는 장관급 분과위원회가 설치되어 있다. 그 결과 영국의 대다수 내각위원회들은 하부기구가 없거나 1단형이고, 분과위원회를 설치한 소수 내각위원회들은 2단형 하부기구를 가동하게 된다.

프랑스는 분석 대상 소수장관회의 16개 가운데 93.8%인 15개가 1단형을 채택하고 있고, 영국은 분석 대상 내각위원회 8개 가운데 100%인 8개가 2단형을 채택하고 있다. 그러나 영국의 경우는 정확한 통계를 제시할 수는 없으나 1단형 채택 비율이 상당히 높을 것으로 생각된다. 왜냐하면 영국에서 이슈별 내각위원회가 수없이 설치되어 왔는데, 이 이슈별 내각위원회들이 대부분 임시 실무위원회만을 활용해 왔기 때문이다. 한국의 경우 분석 대상 67개 관계장관회의들 가운데 43.6%인 31개가 1단형을, 43.3%인 29개가 2단형을 채택했다. 반면에 미국 29개 관계장관회의들 가운데 34.5%인

10개가 2단형을, 27.6%인 8개가 3단형을 채택했다.

둘째, 하부구조의 위상을 보면, 장관형 하부구조보다 실무형 하부구조가 다수이다.

하부기구를 설치한 112개 관계장관회의 가운데 59.8%인 67개가 실무형 하부구조를, 40.2%인 45개가 장관형 하부구조를 구축했다. 이를 국가별로 비교해 보면, 장관형 하부구조의 경우, 미국에서 가장 많이 선호했으나 프랑스에서는 별로 선호하지 않았으며, 영국과 한국은 그 중간쯤 된다.

미국은 하부구조를 설치한 25개 관계장관회의 가운데 84.0%인 21개가, 한국은 하부구조를 설치한 63개 중 23.8%인 15개가, 프랑스는 16개 중 6.3%가 장관형 하부구조를 구축했다. 영국은 분석 대상 8개 가운데 100%가 장관형 하부구조를 채택했으나 실제로 많은 이슈별 내각위원회들이 실무형 하부구조를 채택하고 있어서 장관형 하부구조의 비율은 한국과 비슷할 것으로 생각된다.

반면에 실무형 하부구조는 프랑스와 한국에서 선호도가 높고 미국과 영국에서는 상대적으로 낮은 편이다. 프랑스에서는 하부구조를 설치한 관계장관회의와 관계장관위원회 16개 가운데 93.8%가, 한국에서는 63개 가운데 76.26%가 실무형 하부구조를 구축했으나, 미국은 분석 대상 25개 가운데 16.0%만 실무형 하부구조를 설치했다. 영국은 한국과 미국 중간쯤으로 생각된다.

대체로 관계장관회의에서 논의한 결과를 장관급 국무회의에서 다시 한 번 검토할 수 있는 한국과 프랑스에서는 관계장관회의 하부구조로서 실무형이 발달해 왔고, 국무회의가 별로 소집되지 않아 장관들 간에 재차 논의가 불가능한 미국에서는 관계장관회의 하부구조로서 장관형이 발달되어 온 것 같다. 그러나 영국에서 내각회의가 있음에도 불구하고 내각위원회 하부기구로 장관형 하부기구가 발달한 것은 전술한 내각장관들 간의 정치적 경쟁에 기인한 것으로 보인다.

셋째, 하부기구 조합 패턴의 다양성을 비교해 보면, 미국과 한국은 다양한 패턴을 시도해 온 반면, 프랑스와 영국은 비교적 한정된 패턴에 의존해 왔다. 하부기구가 없는 경우를 제외한 총 10개 패턴 가운데 미국은 10개를, 한국은 8개 패턴을 구축한 적이 있다. 그러나 영국에서는 3개 패턴을, 프랑스에서는 1개 패턴만을 구축해 왔다.

다양한 패턴 가운데 미국에서는 소위원회/실무위원회 패턴, 분과위원회/실무위원회 패턴, 소위원회/실무위원회/작업반 패턴 등 3개 패턴이 주류를 형성하고 있고, 한국에서는 실무위원회 패턴과 실무위원회/작업반 패턴이 주류를 차지한다. 영국에서는 분과위원회/실무위원회 패턴이, 프랑스에서는 실무위원회 패턴이 주류를 이루고 있다.

2) 하부 기능의 유형과 각국 비교

(1) 수평적 업무 분담 패턴

관계장관회의의 하부기구들 간에 수평적 업무 분담은 장관급 분과위원회들 간의 업무 분담과 실무급 분과위원회들 간의 업무 분담을 말한다. 관계장관회의의 산하에 장관급이든 실무급이든 분과위원회를 설치했던 나라는 미국, 영국 및 한국이다.[17] 프랑스에서 분과위원회를 설치한 관계장관회의나 관계장관위원회는 거의 없었다.

이들 분과위원회들의 업무 분담 기준은 이슈, 세부 분야, 기능, 관할, 절차, 지역, 고객 등이다. 분과위원회의 업무 분담 기준과 해당 관계장관회의들을 예시하면 <표 7-11>과 같다.

분과위원회를 설치한 관계장관회의들이 많지 않아서인지 국가별 특징이 보이지 않는다.

(2) 수직적 기능 조합 패턴

① 1단 하부기구의 기능

먼저, 하부기구로서 1단 실무위원회를 설치한 경우, 그 기능은 나라별로 약간 차이가 있다.

1단 실무위원회의 기능이 한국에서는 대부분 사전 조정에 국한되어 있고, 미국에서는 대부분 정책안 작성에 국한되어 있다. 그러나 영국과 프랑스에서는 1단 실무위원회가 사전 조정 이외에 관계장관회의의 결정 사항에 대한 집행점검, 새로운 이슈들에 대한 검토 분석, 각 부처들로부터 의견과

17) 한국은 법령에 설치할 분과위원회를 구체화하지 않고 설치 근거만 마련해 놓은 경우가 많다. 과거에 실제로 분과위원회가 설치되었는지, 설치되었으면 어떤 분과위원회들을 설치했는지에 대한 기록이 없어서 확인 불가능한 경우가 상당수에 이른다.

〈표 7-11〉 분과위원회 업무 분담 기준과 해당 관계장관회의

기준	분담 예시	해당 관계장관회의 예시
이슈	- 선거공약 이슈 - 소득, 건강, 노령화, 토지이용 등	도시문제회의(미, 닉슨) 국내문제회의(미, 닉슨) 수출진흥위원회(한, 박정희) 경제문제 내각위원회(영, 대처) 과학정책 내각위원회(영, 블레어) 국가과학기술위원회(한, 김대중)
세부 분야	- 통일, 경제, 문화 - 외교, 국방, 정보 - 경제행정, 일반행정 - 과학, 기술, 안보, 자연환경	통일관계장관회의(한, 노태우) 국가안보회의(미, 레이건) 행정규제완화위원회(한, 노태우) 국가과학기술회의(미, 클린턴)* 정보화추진위원회(한, 김영삼)* 기후변화협역대책위원회(한, 김대중)*
기 능	- 예측, 정보, 통신, 수송, 구호 등	중앙재해대책위원회(한, 박정희)
관 할	- 단독부처, 복수부처	국가안보회의(미, 카터)
절 차	- 자료수집분석, 모니터링, 정책방향구상, 이슈발굴, 정책안작성	경제정책회의(미, 포드)*
지 역	- 중앙, 지방	중앙통합방위협의회(한, 김영삼)* 중앙안전점검통제회의(한, 김영삼)*
고 객	- 상원, 하원	헌법개정 내각위원회(영, 블레어)
이슈+지역	- 위기, 군축, 정보, 유럽, 아시아, 중동 등 - 베를린, 베트남, 쿠바미사일, 반군 영미, 유럽, 분쟁, 테러,…	국가안보회의(미, 닉슨) 국가안보회의(미, 부시)* 외교국방 내각위원회(영, 블레어) 국가안보회의(미, 케네디)
이슈+고객	- 건강, 마약, 여성	국내사회 내각위원회(영, 메이저) 국내정책 내각위원회(영, 블레어)

* 표시는 실무급 분과위원회임.

정보 수집 등을 위해 1단 소집되는 경우가 많다. 영국과 프랑스의 1단 실무위원회가 정책안을 직접 마련하는 경우는 그리 많지 않다.

② 2단형 하부기구의 기능조합 유형

다음으로, 하부기구들을 2단형으로 구축한 경우, 고위급 하부기구는 대부

분 정책안에 대한 사전 조정이나 정책의 추진을 담당하고, 실무급 하부기구들은 자료 수집 분석, 이슈 발굴, 정책안 작성, 정책안 조정, 집행 점검, 정책추진(결정과 집행) 등을 담당하는 편이다. 이들 하부기구들 간의 기능 조합 패턴에 따라 하부기능의 유형을 조정개발형, 조정추진형, 조정반복형, 조정분석형, 추진분석형 등으로 구분할 수 있다.

조정개발형은 고위급 하부기구가 본회의 안건들을 사전에 검토 조정하는 기능을 담당하고 실무급 하부기구는 정책대안들을 개발하는 기능을 담당하는 유형이다. 즉 실무급 하부기구에서 이슈들을 분석해 정책안들을 개발하면 고위급 하부기구에서 정책안들이 충실하게 작성되었는지 검토하고 정책안들에 대한 부처간 이견을 조정한 후 본회의에 상정하는 유형이다. 조정추진형은 조정개발형과 유사하지만 실무급 하부기구가 정책 개발뿐만 아니라 정책집행 관련 활동도 함께 하는 유형이다. 즉 실무급 하부기구가 개발한 정책안이 고위급 하부기구의 사전 조정을 거쳐 본회의에서 확정되면 다시 실무급 하부기구가 이 정책을 직접 집행하거나 아니면 관련 부처들이 제대로 집행하는지 점검하는 유형이다. 이 두 가지 유형의 특징은 실무급 하부기구에서 정책대안을 작성한다는 데 있다.

조정반복형은 고위급 하부기구도 본회의에 상정할 안건들은 사전에 검토 조정하고, 실무급 하부기구도 역시 고위급 하부기구에 상정할 안건을 사전에 검토 조정하는 유형이다. 즉 안건 관련 부처에서､정책안을 마련하면 이를 실무급 하부기구에서 가능한 대안들이 모두 검토되었는지 근거 자료는 충분히 수집 분석되었는지 등 정책안의 충실도를 검토하고 부처간 전문기술적 이견을 1차 조정한 후 고위급 하부기구에서 부처간 정치적 이견을 재차 검토 조정해 본회의에 상정하는 유형이다. 조정분석형은 고위급 하부기구가 사전 검토 조정을 담당하고 실무급 하부기구는 사전 검토 조정에 필요한 자료들을 수집 분석해 제공하는 유형이다. 이 두 가지 유형의 특징은 정책대안을 관련 부처에서 작성한다는 것이다.

마지막으로, 추진분석형은 고위급 하부기구가 사실상 정책을 추진하고 실무급 하부기구가 그에 필요한 전문적인 분석 서비스를 제공하는 유형이다. 즉 고위급 하부기구가 실무급 하부기구의 도움을 받아 정책대안을 마련해 본회의의 승인을 받은 후, 이를 직접 집행하거나 관련 부처들의 집행을 점검하는 유형이다. 실무급 하부기구는 고위급 하부기구의 요청에 따라 정책안의 마련과 집행에 필요한 자료를 수집하고 분석해 제공한다. 추진분석형은 고위급 하부기구가 사전 검토 조정만 담당하는 앞의 네 유형들과는 달리 사전 검토 조정을 물론 정책안의 개발 및 정책집행 관련 기능까지 담당한다는 데 차이가 있다.

이 책에서 검토 대상인 네 나라에서 많은 관계장관회의들이 2단형 하부구조를 채택해 왔다. 그 기능조합의 유형을 보면, 미국에서는 조정개발형이 지배적인 반면, 영국과 프랑스에서는 조정반복형이 지배적이다. 한국에서는 조정추진형, 조정반복형, 조정분석형 등 3개 유형이 채택되어 왔다.

관계장관회의 2단형 하부 기능 조합의 유형과 각국별 해당 관계장관회의들을 예시하면 <표 7-12>와 같다.

③ 3단형 하부 기능의 조합 유형

마지막으로, 관계장관회의 하부구조를 3단 계층으로 설계한 경우, 고위급 하부기구들은 대부분 사전 검토 조정 기능을 담당하고 있다. 중위급 하부기구들은 대부분 사전 검토 조정뿐만 아니라 하위급 기구들의 관리와 정책집행 관련 기능을 주로 담당하고 일부는 정책안 개발 기능을 담당한다. 하위급 하부기구들은 대부분 분석 기능을 담당하고 있으나 일부는 정책대안 작성 혹은 정책집행 기능을 담당해 왔다. 이들 기능들을 상하로 조합하는 방식에 따라 하부 기능의 유형을 조정집행개발형, 조정관리추진형, 조정반복분석형, 추진개발분석형 등 4개로 구분할 수 있다.

조정집행개발형은 고위급 하부기구가 사전 검토 조정 기능을 담당하고, 중위급 기구와 하위급 기구 간에 정책집행 관련 기능과 정책안 개발 기능을 분담하는 유형이다. 대체로 하위급 기구가 정책 이슈를 분석해 정책대안을 마련하면, 고위급 기구가 이를 검토하고 부처간 이견을 조정해 본회의에 상정하고, 본회의에서 합의되고 확정된 내용을 중위급 기구가 집행을 하거나 관련 부처들에 의한 집행을 확인 점검하는 유형이다. 조정관리추진형은 고위급 기구는 사전 검토 조정을 담당하나, 하위급 기구는 정책안을 마련하고 집행에 간여하며, 중위급 기구는 하위급 기구들을 관리하는 유형이다. 여기서 관리라 함은 설치와 폐지를 결정하고 그 활동과 그 결과물(정책안 검토보고서)이 충실한지 점검 평가하는 것을 말한다.

조정반복분석형은 고위급 기구와 중위급 기구가 사전 검토 조정 기능을

〈표 7-12〉 2단형 하부기능 조합의 유형과 해당 관계장관회의

유 형	해당 관계장관회의	
조정개발형	도시문제회의(미, 닉슨) 국가우주개발회의(미, 부시) 통상장관회의(미, 레이건) 자원환경장관회의(미, 레이건) 경제계획심의위원회(한, 박정희)	국가안보회의(미, 카터) 경제장관회의(미, 레이건) 인적자원장관회의(미, 레이건) 식품농업장관회(미, 레이건)
조정추진형	대도시교통대책위원회(한, 노태우) 중앙안전점검통제회의(한, 김영삼) 물관리정책조정위원회(한, 김영삼) 사회간접자본건설위원회(한, 김영삼) 기후변화협약대책위원회(한, 김대중)	고속철·신공항추진위원회(한, 노태우) 정보화추진위원회(한, 김영삼) 경제행정규제개혁위원회(한, 김영삼) 실업대책위원회(한, 김대중) 국내문제회의(미, 닉슨)
조정반복형	외교국방 내각위원회(영, 대/메/블) 국내사회 내각위원회(영, 메이저) 과학정책 내각위원회(영, 블레어) 산업합리화위원회(한, 박정희) 중앙통합방위협의회(한, 김영삼) 다수 관계장관위원회(프)	경제문제 내각위원회(영, 대처) 헌법개정 내각위원회(영, 블레어) 국가안보회의(미, 레이건) 통일관계장관회의(한, 노태우) 국가안보회의(한, 김대중)
조정분석형	국산화촉진위원회(한, 박정희) 해외사업조정위원회(한, 박정희)	수출진흥위원회(한, 박정희)
추진분석형	연방과학기술조정회의(미, 부시)	국가과학기술위원회(한, 김대중)
기 타	지방이양추진위원회(한, 김대중)	국가이미지위원회(한, 김대중)

담당하고 하위급 기구가 분석 기능을 담당하는 유형이다. 즉 주무부처에서 마련한 정책대안들을 검토 평가하는 데 필요한 자료를 하위급 기구가 수집 분석해 제공하면, 중위급 기구가 이 자료를 바탕으로 정책대안들을 1차 검토 조정하고 고위급 기구가 2차로 검토 조정하는 유형이다.

마지막으로 추진개발분석형은 부처간 조정과 집행 점검 기능을 고위급 기구가 담당하고 중위급 기구는 하위급 기구가 수집 분석해 제공하는 자료를 활용해 정책안을 마련하는 유형이다. 즉 하위급 기구가 조사 분석한 자료를 제공하면 중위급 기구가 이를 바탕으로 정책안을 만들고, 고위급 기구는 이를 검토하여 부처간 이견을 조정한 후 본회의에 상정해 최종 확정을 받은 다음, 다시 고위급 기구가 확정된 정책안을 관련 부처들로 하여금

집행하도록 한 후 그 집행 실태를 점검하는 유형이다.

관계장관회의의 하부기능 조합을 3단까지 구축했던 국가는 미국과 한국이다. 한국 관계장관회의들은 3단형 기능조합으로 조정반복분석형과 조정집행개발형 두 가지 유형만 채택해 왔고, 미국은 네 가지 유형을 모두 활용해 왔다. 3단형 하부 기능 조합의 유형과 관계장관회의들을 보면 <표 7-13>과 같다.

〈표 7-13〉 3단형 하부 기능 조합의 유형과 해당 관계장관회의

유 형	해당 관계장관회의	
조정집행개발형	국가안보회의(미, 클린턴) 지구환경관계장관대책회의(한, 노태우)	국가안보회의(미, 닉슨)
조정관리추진형	국가안보회의(미, 부시)	국가경제회의(미, 클린턴)
조정반복분석형	농어촌대책협의회(한, 전두환) 통상정책회의(미, 케네디)	대외경제조정위원회(한, 김영삼)
추진개발분석형	경제정책회의(미, 포드)	과학기술회의(미, 클린턴)

제 4 절 관계장관회의 시스템의 운영기구와 지원기구

1 각급 회의 의장

1) 장관급 본회의 의장[18]

(1) 유형화

각국 관계장관회의 본회의 의장들의 직책은 다양하다. 구체적으로 보면, 대통령, 총리, 부통령, 부총리, 주무장관, 고위보좌관, 무임소장관 등이다. 이를 바탕으로 의장 유형을 1인자형, 2인자형, 주무장관형, 장관교대형, 고

18) 필자가 명단을 확보한 4개국 250여 개 관계장관회의 중 임시 관계장관회의를 제외하고 의장을 확인할 수 있는 것이 총 198개 관계장관회의이다. 이 198개를 분석한 것이다.

위보좌관형, 중재자형 등 6개 유형으로 분류할 수 있다.

1인자형은 관계장관회의의 의장이 각국에서 정치적으로 최고 실권자인 대통령(대통령제)이나 총리(의원내각제)인 유형이고, 2인자형은 의장이 부통령이나 부총리인 유형이다.

주무장관형은 관계장관회의의 관할 업무와 관련성이 가장 큰 부처의 장관이 의장직을 고정적으로 담당하는 유형인 반면, 장관교대형은 관계장관회의의 의장이 고정되어 있지 않고 복수 장관들이 상정 안건의 내용에 따라 관련성이 큰 장관이 담당하거나 일정 기간씩 돌아가며 교대로 담당하는 유형이다.

고위보좌관형은 의장직을 1인자의 고위보좌관이 담당하는 유형이고, 중재자형은 부처를 떠맡고 있지 않은 무임소장관이나 관계장관회의의 관할 업

〈표 7-14〉 본회의 의장 유형과 해당 관계장관회의

유 형	해당 관계장관회의	
1인자형	관계장관회의(프, 모든 정권) 국가안보회의(미, 모든 정권), 국내정책회의(미, 부시), 외교국방 내각위원회(영), 국가안보회의(한, 모든 정권),	국가경제회의(미, 클린턴) 국가과학기술회의(미, 모든 정권) 정보활동 내각위원회(영) 국가과학기술위원회(한, 김대중)
2인자형	관계장관위원회(프, 모든 정권) 중앙재해대책위원회(한, 박정희), 교육개혁추진위원회(한, 노태우), 국내분야 내각위원회(영),	방위산업심의회(한, 전두환) 세계화추진회의(한, 김영삼) 유럽연합 내각위원회(영)
주무장관형	경제정책회의(미, 모든 정권), 경제문제 내각위원회(영, 모든 정권), 경제장관회의(한, 모든 정권),	국내정책회의(미, 레이건) 과학정책 내각위원회(영) 통일관계장관회의(한, 노태우)
장관교대형	경제정책그룹(미, 카터)* 여가자연경관회의(미, 케네디)* 식품안전회의(미, 클린턴)*	
고위보좌관형	경제성장안정회의(미, 아이젠하워), 임시관계장관회의(미, 아이젠하워), 경제정책그룹(미, 카터)	
중재자형	통상산업소비 내각위원회(영, 메이저) 환경분야 내각위원회(영, 메이저)	

* 3개 장관 윤번제.

무와 직접 관련이 없는 제3자가 의장을 맡는 유형이다.

어떤 유형이 어떤 관계장관회의들에 적용되었는지 그 예를 보면 앞의 <표 7-14>와 같다.

(2) 각국의 특징과 비교

각국 관계장관회의 본회의 의장의 유형별 분포를 보면 <표 7-15>와 같다.

〈표 7-15〉 본회의 의장 유형별 각국 관계장관회의 분포

유 형	계	국가별 분포							
1인자형	31	미국	9	한국	2	영국	13	프랑스	7
2인자형	97	미국	5	한국	43	영국	4	프랑스	45
주무장관형	56	미국	19	한국	25	영국	12	프랑스	0
장관교대형	3	미국	3	한국	0	영국	0	프랑스	0
고위보좌관형	3	미국	3	한국	0	영국	0	프랑스	0
중재자형	8	미국	0	한국	0	영국	8	프랑스	0
합계	198		39		70		37		52

각국 관계장관회의들이 의장을 선정할 때 보여 준 전반적인 특징은 다음과 같다.

첫째, 전체적인 선호도를 보면, 대다수의 관계장관회의들이 1인자형, 2인자형, 주무장관형을 선호한 반면, 일부 소수 관계장관회의들만이 고위보좌관형, 중재자형, 장관교대형을 선호하고 있다. 이를 구체적으로 보면, 관계장관회의들 가운데 49.0%가 2인자형을, 28.3%가 주무장관형을, 15.7%가 1인자형을 채택한 반면, 장관교대형과 고위보좌관형 및 중재자형을 채택한 관계장관회의들은 모두 합해도 7.1%밖에 안 된다.

둘째, 국가별 채택 유형의 다양성을 보면, 미국은 다양성이 큰 반면, 프랑스는 다양성이 거의 없다. 영국과 한국은 그 중간이다. 좀더 구체적으로 보면, 미국은 여섯 가지 유형 가운데 중재자형을 제외한 다섯 가지 유형을 시도해 왔고, 한국과 영국은 각각 세 가지와 네 가지를 시도했으며, 프랑스는 새로운 시도 없이 두 가지만을 고수해 왔다. 다시 말하면, 모든 나라가 1인자형과 2인자형을 활용해 왔고, 한국은 주무장관형을, 영국은 주무장관형과 중재자형을, 미국은 주무장관형과 장관교대형 및 고위보좌관형을 채택했다.

셋째, 각국에서 가장 많이 활용되고 있는 주류 유형을 보면, 미국과 영국에서는 주무장관형과 1인자형이고, 프랑스에서는 2인자형이며, 한국에서는 2인자형과 주무장관형이다.

구체적으로 보면, 미국에서는 주무장관형과 1인자형이 각각 48.7%와 23.1%를 차지하고, 영국에서도 1인자형과 주무장관형이 각각 35.1%와 32.4%를 차지하고 있다. 반면에 프랑스에서는 2인자형이 86.5%, 한국에서는 2인자형과 주무장관형이 각각 61.4%와 35.7%를 차지한다.

주류를 형성하지는 못했지만 미국에서 2인자형이 12.8%, 영국에서 중재자형과 2인자형은 각각 21.6%와 10.8%를 차지하고, 프랑스에서는 1인자형이 13.5%, 한국에서는 1인자형이 2.9%를 차지하고 있다.

넷째, 더 나아가 관할 업무의 범위에 따른 주류 유형을 국가별로 비교해 보면, 분야별 관계장관회의의 경우[19] 미국과 영국에서는 주로 1인자형을 채택한 반면, 한국에서는 주무장관형을 채택하고 있다. 이슈별 관계장관회의의 경우 미국은 대부분 주무장관형을, 영국에서는 주무장관형과 중재자형을, 한국과 프랑스에서는 대부분 2인자형을 채택하고 있다.

2) 소위원회와 분과위원회의 의장 유형과 선호

하부기구를 설치한 120개 관계장관회의 중 소위원회를 설치한 관계장관회의는 약 15개이나 그 의장을 확인할 수 있는 것은 14개이다. 이들이 채택하고 있는 의장 유형과 국가별 분포 및 예시를 보면 <표 7-16>과 같다.

전체적으로 보면, 소위원회 의장을 관계장관회의 본회의 의장이 겸임하는 경우가 14개 관계장관회의 중 6개로서 42.9%에 이른다. 유형별로 보면 소위원회 의장을 주무장관이 담당하는 경우가 42.9%이고, 고위보좌관이 담당하는 경우도 28.6%에 이른다.

한편, 하부기구를 설치한 120개 관계장관회의 가운데 장관급 분과위원회를 설치한 관계장관회의는 총 30개인데, 그 중에 분과위원회 의장을 확인할 수 있는 것은 26개이다. 의장의 유형과 그에 따른 국가별 분포 및 예시를 보면 <표 7-17>과 같다.

---

19) 프랑스는 국방회의를 제외한 거의 모든 관계장관회의나 관계장관위원회가 이슈별 회의이다.

〈표 7-16〉 소위원회 의장의 유형별 분포 및 예시

유 형	국가별 분포	예 시
1인자형	미국 1	국가안보회의(미, 존슨)*
2인자형	미국 1, 프랑스 2	국가우주개발회의(미, 부시)* 국토관리개발 관계장관위원회(프)* 핵방사능위기 관계장관위원회(프)*
주무장관형	미국 3, 한국 3	경제정책회의(미, 포드)* 경제정책그룹(미, 카터)* 경제정책회의(미, 부시) 국가안보회의(한, 김대중) 국토정책회의(한, 김대중) 농어촌대책협의회(한, 전두환)
고위보좌관형	미국 3, 한국 1	국가안보회의(미, 부시) 국가안보회의(미, 클린턴) 경제정책회의(미, 클린턴) 국가안보회의(한, 노무현)

* 표시는 본회의 의장과 소위원회 의장이 동일.

유형별로 보면, 대다수 분과위원회들이 주무장관형을 취하고 있다. 즉 26개 관계장관회의 중 분과위원회 의장이 주무장관인 관계장관회의가 19개로서 73.1%에 이른다. 또한 미국에서는 고위보좌관이, 영국에서는 중재자가 일부 분과위원회 의장을 담당하고 있다. 관계장관회의 본회의 의장이 분과위원회 의장을 담당하는 경우는 26개 중 5개로서 19.2%에 이른다. 특히 영국에서는 분과위원회라도 중요하면 총리가 직접 위원장을 맡는다.

3) 실무위원회 의장

(1) 유형화

실무위원회 의장을 누가 담당하느냐에 따라 본회의 멤버형, 지원기구형, 고위보좌관형, 의장부처 고위관료형, 주무부처 고위관료형 등 다섯 개 유형으로 구분할 수 있다.

본회의 멤버형은 관계장관회의 장관급 본회의 정규 멤버 가운데 한 사람이 실무위원회 의장을 담당하는 유형이다. 지원기구형은 지원기구의 장이 실무위원회 의장을 담당하는 유형이다. 즉 본회의 간사나 지원실(사무처)

〈표 7-17〉 분과위원회 의장의 유형별 분포 및 예시

유 형	국가별 분포	예 시
주무장관형	한국 7, 미국 8, 영국 3, 프랑스 1	중앙재해대책위원회(한, 박정희) 통일관계장관회의(한, 노태우)* 대외경제조정회의(한, 김영삼)* 국가과학기술위원회(한, 김대중) 국내정책회의(미, 닉슨) 국가안보회의(미, 레이건 1) 외교국방 내각위원회(영, 블레어) 경제정책 내각위원회(영, 블레어)* 국토개발정비 관계장관위원회(프)
고위보좌관형	미국 1	국가안보회의(미, 닉슨)
중재자형	영국 2	헌법개정 내각위원회(영, 블레어) 국내정책 내각위원회(영, 블레어)
혼합형	영국 3, 미국 1	외교국방 내각위원회(영, 대처)(총리/주무)* 경제문제 내각위원회(영, 대처)(총리/주무)* 국내사회 내각위원회(영, 메이저)(주무/중재) 국가안보회의(미, 카터)(주무/보좌관)

* 표시는 관계장관회의 본회의 의장이 일부 분과위원회 의장을 겸임한 경우.

장이 실무위원회 의장을 맡는 형태이다. 본회의 간사가 의장부처 고위관료이면 지원기구형으로 분류한다.

보좌관형은 대통령이나 총리의 정책보좌관이 실무위원회 의장을 담당하는 유형이다. 보좌관이 지원기구의 장을 겸임한 경우 보좌관형으로 분류한다. 의장부처 고위관료형은 본회의 의장부처의 고위공무원(차관, 차관보)이 실무위원회 의장을 맡고 있는 유형이다. 고위공무원은 의장을 지원하는 간사가 아니어야 한다. 반면에, 주무부처 공무원형은 의장부처 아닌 주무부처의 고위공무원이 실무위원회 의장을 담당하는 유형이다.

각 유형이 채택되어 있는 관계장관회의들을 예시하면 <표 7-18>과 같다.

(2) 전체적인 특징과 각국 비교

실무위원회 의장의 유형별 분포는 <표 7-19>와 같다. 실무위원회 의장을 법령으로 확인 가능한 91개 관계장관회의들을 분석해 보면, 지원기구형, 주무부처 고위관료형, 의장부처 고위관료형, 본회의 멤버형, 그리고 보좌관

〈표 7-18〉 실무위원회 의장 유형과 해당 관계장관회의

유 형	예 시
본회의 멤버형	중앙재해대책위원회(한, 박정희), 국토건설종합계획심의회(한, 박정희), 항공우주산업개발정책심의회(한, 전두환), 국토개발정비 관계장관위원회(프, 발라뒤르) 불법노동방지 관계장관위원회(프, 쥐페) 소비자보호 관계장관위원회(프, 모로아)
지원기구형(본회의 간사형)	대외협력위원회(한, 전두환), 교육개혁추진위원회(한, 노태우), 세계화추진회의(한, 김영삼) 대외경제조정위원회(한, 김영삼)
(지원실장형)	통상정책회의(미, 케네디) 마약정책회의(미, 클린턴) 국방회의(프, 드골), 대다수 관계장관회의(프) 기밀정보 관계장관위원회(프, 드골) 해양개발 관계장관위원회(프, 바르) 국방구조개편 관계장관위원회(프, 쥐페) 내각위원회(영, 모두)
보좌관형	국가안보회의(한, 김대중) 국가안보회의(미, 아이젠하워/닉슨/레이건) 국제경제정책회의(미, 닉슨) 국내문제회의(미, 닉슨)
의장부처 고위관료형	경제장관회의(한, 박정희) 산업합리화심의회(한, 박정희) 농어촌대책협의회(한, 전두환) 통일관계장관회의(한, 노태우) 실업대책위원회(한, 김대중) 기후변화협약대책위원회(한, 김대중)
주무부처 고위관료형	경제계획심의회(한, 박정희) 청소년육성위원회(한, 전두환) 지구환경관계장관대책회의(한, 노태우) 경제정책회의(미, 포드) 국가안보회의(미, 레이건 1/부시) 국내치안 관계장관위원회(프, 조스팽) 대다수 관계장관위원회(프)
혼합형(주무부처형+보좌관형)	국가안보회의(미, 클린턴) 국내정책회의(미, 클린턴)

〈표 7-19〉 실무위원회 의장의 유형별 분포

유 형	합 계	각국 분포							
본회의 멤버형	12	한국	6	미국	0	영국	0	프랑스	6
지원기구형(본회의 간사형)	11	한국	11	미국	0	영국	0	프랑스	0
(지원실형)	19++		0		7		전체		12+
보좌관형	6++	한국	1	미국	5	영국	0	프랑스	대다수
의장부처 고위관료형	17	한국	17	미국	0	영국	0	프랑스	0
주무부처 고위관료형	23	한국	17	미국	6	영국 영국	0	프랑스	0
민간형	1	한국	1	미국	0	영국	0	프랑스	0
혼합형	2	한국	0	미국	2	영국	0	프랑스	0
총 계	91		53		20		전체		18+

형 순으로 많이 채택되고 있다. 그러나 영국 내각위원회의 실무위원회는 모두가 임시 실무위원회로서 내각지원실장들이 주재하고 있는 점과 프랑스 관계장관위원회들의 실무위원회는 대부분 총리 보좌관들이 주재하는 점을 고려하면, 실제로는 지원실장형과 보좌관형이 주무부처 고위관료형이나 의장부처 고위관료형보다 다수이다. 실무위원회 의장에 있어서 각 국가별 특징과 차이점은 다음과 같다.

첫째, 주류 유형을 볼 때, 한국은 고위공무원 지배 체제이고, 영국은 지원실 지배 체제이며, 프랑스는 보좌관 지배 체제이다. 반면에, 미국은 보좌관, 관료, 사무처 등 3자 분할 체제이다.

한국에서는 전체 53개 관계장관회의 중 실무위원회 의장이 주무부처 고위관료형와 의장부처 고위관료형인 경우가 각각 32.1%, 본회의 간사형인 경우가 20.8%인데, 본회의 간사도 사실상 고위공무원임에 비추어, 이른바 고위관료형이 85%에 이른다. 장관들이 의장을 차지하는 일부 실무위원회들을 제외하고 나머지 실무위원회들의 의장을 대부분 부처 소속 현직 고위공무원들이 차지하고 있다. 특이한 것은 한국에서 보좌관형과 지원실장형을 채택하는 경우가 거의 없다는 것이다. 반면에, 영국에서는 내각위원회가 열리기 이전에 소집되는 모든 실무위원회들을 분야별 지원실장들이 주재하고 있고, 프랑스에서는 관계장관위원회 실무위원회 대부분을 총리 보좌관들이 주재하고 일부만 총괄처의 장 혹은 그 간부들이 주재한다. 한편, 미국에서는 보좌관형, 지원실장형, 주무부처 고위관료형이 비슷하게 각각 25~

30%를 차지하고 있다.

둘째, 유형별 각국의 선호도를 보면, 본회의 멤버형은 한국과 프랑스에서 선호해 왔고, 지원실장형은 영국과 프랑스에서, 보좌관형은 프랑스와 미국에서 선호하고 있다. 주무부처 관료형과 의장부처 고위관료형 및 본회의 간사형은 한국에서 선호하고 있다.

셋째, 한국과 미국은 비교적 여러 유형을 시도해 왔으나, 영국과 프랑스는 한두 가지 유형에 의존해 왔다. 즉 실무위원회 의장 7개 유형 중 한국은 5개를, 미국은 4개를 시도했으나, 프랑스는 2개, 영국은 1개 유형만 시도했다.

2 지원기구

1) 각국의 지원기구

관계장관회의의 지원기구는 나라별로 관계장관회의별로 천차만별이다.

영국에는 내각지원실(Cabinet Secretariat)이 있고, 프랑스에는 국정총괄처(SGP), 행정총괄처(SGG), 국방총괄처(SGDN), 유럽총괄처(SGCI), 각종 사무처(Secretariat, Commissariat, Délègation), 주무부처 등이 있다. 미국에는 국가안보회의지원실(NSC Secretariat), 정책개발실(Office of Policy Development), 과학기술실(Office of Science and Technology), 마약대책실(Office of National Drug Control Policy), 내각지원실(Office of Cabinet Affairs), 전담사무국(Executive Secretary), 의장부처 공무원 등이 있으며, 한국에는 사무처, 주무부처 공무원, 의장부처 공무원 등이 있다.

2) 지원기구의 소속

각 관계장관회의 지원기구들은 그 소속이 어디냐에 따라 보좌기구형, 행정부처형, 전담사무국형으로 구분할 수 있다. 각국별 주요 지원지구의 유형과 지원대상을 예시하면 <표 7-20>과 같다.

각 국가별로 비교해 보면, 영국은 모두가 보좌기구형이고, 미국과 프랑스는 보좌기구형이 대다수이고, 전담사무국형과 행정부처형이 뒤를 잇고 있다. 반면에, 한국에서는 행정부처형이 대다수이고, 일부가 보좌기구형에 속한다. 특히 국정운영에 중추적인 분야별 관계장관회의들의 지원기구의 경우 미국에서는 보좌기구형이고, 한국에서는 행정부처형이다.

각국별 이러한 차이는 관계장관회의에 대한 각국의 인식에 기인한 것으로 보인다. 집권자의 국정운영 수단으로 생각하는 나라들은 대부분 보좌기구형을 채택하고 있으나, 그렇지 않으면 행정부처형을 채택하고 있기 때문이다.

3) 지원기구의 역할

(1) 역할 유형

지원기구란 관계장관회의 의장들이 회의를 성공적으로 운영하도록 도와주는 기구이다. 도와 주는 대상은 본회의는 물론 소위원회, 분과위원회 및 실무위원회의 의장들을 포함하고, 도와 주는 일은 회의 운영에 필요한 의제 선정, 회의 소집, 사전 준비, 회의 진행, 회의 마무리, 회의 결과의 집행 점검 등에 이르는 일련의 과정에서 의장들의 손발로서 혹은 두뇌로서 제공하는 일체의 서비스이다. 지원기구가 필요한 이유는 여타 공무로 바쁜 의장들의 귀중한 시간을 절약하고 동시에 관계장관회의가 회의체로서 성공적으로 운영되도록 하기 위해서이다.

이러한 지원기구는 회의 운영에 어디까지 간여하느냐에 따라 세 가지 유형, 즉 서기형, 중립적 관리자형, 옹호자형으로 구분할 수 있다.

서기형(clerical type)은 회의 소집을 위해 참석자들에게 연락하고, 서류를 복사 배포하며, 회의록을 작성하고, 회의 결과를 해당 부처들에게 통보하는 등의 업무를 수행하는 유형이다. 이 유형은 의장의 손발로서 단순하고 기계적인 심부름꾼 업무만을 담당하고, 두뇌로서 전문적이고 전략적인 역할은 담당하지 않는 유형이다.

중립적 관리자형(honest-broker type)은 연락, 기록, 통보 등 단순한 업무뿐만 아니라 의제 선정, 참석자 선정, 이슈검토보고서 작성, 전략적 회의 진행, 회의 결과의 대국민 브리핑, 회의 결과의 이행 점검 등 회의체로서의 성공적 운영에 필요한 전략적 업무까지 담당하는 유형이다. 이 유형의 특징은 회의 안건의 내용에 대해서는 어떠한 의견도 표시하지 않고 회의의 충실한 운영을 위한 절차적 측면에만 심혈을 기울인다는 것과 회의 운영에

〈표 7-20〉 각국의 지원기구 유형과 지원받는 관계장관회의 예시

국가	유형	지원 기구	지원 대상
한 국	보좌기구형	사무처	- 국가안보회의
		국무조정실	- 지구환경관계장관대책회의 - 규제개혁추진회의
		외교안보수석비서	- 통일안보정책조정회의
	행정부처형	의장부처 공무원	- 장애인복지대책위원회 - 교육개혁위원회
		주무부처 공무원	- 사회간접자본건설추진위원회 - 국토정책위원회
영 국	보좌기구형	외교국방지원실	- 외교국방 내각위원회 - 북아일랜드 내각위원회
		경제내정지원실	- 경제문제 내각위원회 - 국내문제 내각위원회
		과학기술지원실	- 과학기술 내각위원회
		유럽문제지원실	- 유럽협력 내각위원회
		기밀정보지원실	- 정보활동 내각위원회
		비상대책지원실	- 민간비상대책 내각위원회
미 국	보좌기구형	국가안보회의지원실	- 국가안보회의(모두)
		정책개발실	- 경제정책회의(클린턴) - 국내정책회의(클린턴)
		경제정책보좌관 스태프	- 경제정책회의(포드)
		국내정책회의지원실	- 국내정책회의(닉슨)
		과학기술실	- 과학기술회의(부시)
		마약대책실	- 마약정책회의(부시)
		무역대표실	- 통상정책회의(케네디)
		내각지원실	- 경제정책회의(부시), - 국내정책회의(부시)
	전담사무국형		- 도시문제회의(닉슨)
	행정부처형	의장부처 공무원	- 이슈별 관계장관회의(대다수)

프랑스	보좌기구형	국정총괄처(SGP)	- 대외핵정책회의(1976) - 모든 임시 관계장관회의
		행정총괄처(SGG)	- 대부분의 상설/임시 관계장관위원회
		국방총괄처(SGDN)	- 국방회의(1959) - 기밀정보 관계장관위원회(1959) - 국방관련 임시 관계장관위원회
	전담사무국형	Délégation	- 수도권대책 관계장관위원회(1961) - 지속가능발전 관계장관위원회(2003)
		Commissariat	- 고용창출 관계장관위원회(1995) - 국정개혁 관계장관위원회(1995)
		Secrétariat	- 프랑스령 남태평양회의(1985) - 해양개발 관계장관위원회(1995)
	행정부처형	주무부처	- 문화유산 관계장관위원회(1979) - 국제개발협력 관계장관위원회(1998)
		안건 관련 부처	- 재난대책 관계장관위원회(1960)

서 참석 부처들에게는 중립적이고 의장에게는 전략적인 과정관리자(process manager)로서의 역할을 수행한다는 것이다. 즉 중립적 관리자형은 안건 내용에 대해서도 중립적이고 참석 부처들의 입장에 대해서도 중립적이며 오직 회의 과정과 절차만 합리적이고 전략적으로 관리한다. 의장의 두뇌로서의 역할도 수행하지만 그것은 과정적 측면에 국한된다.

옹호자형(advocate type)은 단순한 서기적인 업무와 전략적인 과정관리를 넘어 안건을 분석해 평가나 대안까지 제시하는 유형이다. 이 유형의 특징은 안건의 내용에 대해 나름대로의 입장을 정립하여 이를 의장에게 조언한다는 것과 과정관리에서 중립성이 반드시 보장되지는 않는다는 것이다. 즉 옹호자형은 과정관리에만 전념하지 않고 회의 안건들에 대해 입장을 갖기 때문에 모든 참석 부처의 의견들에 대해서는 물론 과정관리에서도 중립적이지 않고 편파적일 수가 있다는 것이다. 의장의 두뇌로서의 역할이 과정관리에 국한되지 않고 안건 내용에 대한 조언까지 확대된다.

〈표 7-21〉 유형별 지원기구

유 형	해당 지원기구 예시
서기형	국가안보회의 사무처(한, 전두환) 국가항공우주회의 사무국(미, 아이젠하워)
중립적 관리자형	내각지원실(영), 행정총괄처(프) 경제정책회의 지원 경제보좌관(미, 포드) 현안이슈장관회의 지원 내각비서(미, 카터) 국가경제회의 지원 경제보좌관(미, 클린턴)
옹호자형	국방총괄처(프), 유럽총괄처(프) 의장부처 공무원(한), 주무부처 공무원(한) 국가안보회의 사무처(한, 김대중) 국가안보회의 사무처(미), 정책개발실(미), 국내회의 지원실(미) 과학기술정책실(미), 마약대책실(미), 의장부처 공무원(미)

(2) 각국 비교와 설명

전체적으로 보면, 대다수 관계장관회의들은 지원기구로서 옹호자형과 중립적 관리자형을 채택하고 있다. 서기형은 내각위원회가 발달하기 시작한 초창기에 많이 채택되었던 지원기구 유형이고, 오늘날에는 별로 채택되지 않는다. 다만, 일부 이슈별 관계장관회의의 경우 소집 빈도가 극히 낮아 한두 명의 행정요원(executive secretary)만 둔 경우가 있는데, 이들 행정요원들이 대체로 서기형에 가깝다.

역대 관계장관회의들은 지원기구로서 옹호자형보다는 중립적 관리자형을 더 많이 채택해 왔다. <표 7-22>에서 보면, 지원기구를 확인할 수 있는 총 237개 관계장관회의 가운데 130개가 지원기구로서 중립적 관리자형을, 107개가 옹호자형을 채택했다. 미처 파악하지 못한 관계장관회의들을 고려하면 중립적 관리자형은 이보다 훨씬 많을 것으로 보인다.[20]

국가별로 지원기구의 주류 유형을 보면, 영국과 프랑스는 중립적 관리자형인 반면, 한국과 미국은 옹호자형이 대부분이다. 검토 대상 관계장관회의

20) 각국의 국정운영 특성과 관행을 고려해 볼 때, 확인하지 못한 프랑스의 과거 대통령 주재 임시 관계장관회의들이나 미국의 과거 이슈별 관계장관회의들은 그 숫자가 그리 많지 않은 반면, 영국의 과거 상설 내각위원회와 프랑스의 임시 관계장관위원회의 숫자는 훨씬 많은 것으로 추정되기 때문이다.

들은 보면 영국은 80개 내각위원회 가운데 100%가 중립적 관리자형이고, 한국은 69개 중 73.9%인 51개가, 미국은 21개 중 71.4%인 15개가 옹호자형이다. 프랑스의 경우 60개 중 36개가 옹호자형이고 24개가 중립적 관리자형이나, 임시 관계장관위원회들의 지원기구가 행정총괄처임을 고려하면 중립적 관리자형이 훨씬 많다.

관계장관회의 지원기구가 중립적 관리자형이 될지 옹호자형이 될지는 대통령(총리) 정책보좌관들이나 주무부처 공무원들이 지원기구를 직접 관리하는지에 따라 달라지는 경향이 있다. 즉 직접 관리하면 옹호자형으로 움직이고, 직접 관리하지 않으면 중립적 관리자형으로 남는다. 국정 운영에서 대통령과 주무부처들의 권한과 책임이 강조되는 대통령제를 채택한 미국과 한국에서는 직접 관리하는 경우가 많고, 장관들의 집단적 권한과 책임이 강조되는 내각제 국가인 영국에서는 직접 관리하지 않는다. 프랑스의 경우 외교국방 분야를 제외한 나머지 분야는 총리 중심의 내각제적으로 운영되고 있어서 총리 정책보좌관들이 지원기구를 직접 관리하지 않는다.

다만, 미국의 경우 관계장관회의들이 종종 대통령이나 고위보좌관의 의도적 선택으로 중립적 관리자형을 채택하고 있는 경우가 있다. 전자의 예로 카터 대통령이 설치한 현안이슈장관회의 지원기구이고, 후자의 예로는 포드 대통령의 경제정책회의(Economic Policy Board) 지원기구와 클린턴 대통령의 국가경제회의(National Economic Council)의 지원기구이다.

4) 지원기구의 조직화 방식

(1) 조직화 유형

각국이 관계장관회의 지원기구를 조직화하는 방식은 크게 보면 두 가지이다. 하나는 사무처 시스템(Secretariat)이고, 다른 하나는 간사 시스템(Executive secretary)이다. 전자는 관계장관회의 지원 업무를 전담하는 다수의 스태프로 구성된 별도의 기구를 두는 시스템이고, 후자는 별도의 기구를 두지 않고 관련 업무 종사자 1~2명을 지정해 관계장관회의 운영을 지원하도록 하는 시스템이다. 사무처 스태프들은 외부에서 충원할 수도 있고 관련 부처에서 차출할 수도 있으며, 또한 행정관리자들로만 충원할 수 있고 정책전문가들을 추가시킬 수도 있다. 간사는 보통 대통령 보좌관이나 주무부처(혹은 의장부처) 공무원이 지명된다. 간사는 보좌관으로서 혹은

〈표 7-22〉 지원기구 유형별 분포

유 형	지원기구	관계장관회의 분포
서기형(2)	사무국	미국 1, 한국 1
중립적 관리자형 (130+)	내각지원실(영)	영국 80+(임시 내각위원회, 과거 상설 내각위원회)
	내각지원실(미)	미국 4+(임시관계장관회의, 아이젠하워)
	행정총괄처(프)	프랑스 24+(대다수 임시 관계장관위원회)
	국무조정실(한)	한국 18
	대통령 보좌관(미)	미국 2
	사무국	미국 4+(소수이슈별 관계장관회의)
옹호자형 (107+)	국가안보회의 지원실(미)	미국 1
	정책개발실(미)	미국 7
	국내문제지원실(미)	미국 1
	과학기술정책실(미)	미국 1
	마약대책실(미)	미국 1
	국방총괄처(프)	프랑스 5
	유럽총괄처(프)	프랑스 1
	국정총괄처(프)	프랑스 2+(상당수 임시 관계장관회의)
	Délègation(프)	프랑스 12
	국가안보회의 사무처(한)	한국 1
	대통령 보좌관	미국 1, 한국 1
	의장부처 공무원	한국 15, 미국 1+(소수 이슈별 관계장관회의)
	주무부처 공무원	한국 34, 프랑스 9, 미국 2

부처 공무원으로서 본연의 업무 이외에 추가로 관계장관회의 지원 업무를 수행한다.

사무처 시스템은 다시 독점 시스템, 분점 시스템, 개별 시스템으로 세분할 수 있다. 독점 시스템은 하나의 사무처가 모든 관계장관회의들을 지원하는 시스템이다. 반면에 개별 시스템은 관계장관회의마다 별도의 사무처를 두는 시스템을 말한다. 분점 시스템은 소수 사무처들이 전체 관계장관의들을 분담 지원하는 시스템이다.

(2) 국가간 비교

영국은 내각지원실 독점 시스템이다. 내각지원실에서 모든 내각위원회들을 관리 지원한다. 내각지원실은 총리나 장관들의 내각위원회의 운영을 지원할 뿐만 아니라 총리에 대한 조언을 통해 내각위원회의 신설과 폐지에도 지대한 영향을 미친다.

이와는 달리 미국은 개별 시스템에 가깝다. 좀더 정확하게 말하면, 개별 시스템에 간사 시스템이 가미된 형태이다. 미국 관계장관회의들은 대부분 독자적인 사무국을 두고 있고, 일부 관계장관회의들만 독자적인 사무국 없이 백악관 보좌관이나 주무부처 공무원의 지원을 받고 있기 때문이다. 한가지 특이한 것은 미국의 정책개발실이 분점 시스템으로 발전해 갈 조짐을 보이고 있다는 것이다. 국내문제회의 지원실이 정책개발실로 개편되면서 국내문제회의뿐만 아니라 경제문제회의도 지원하기 시작했기 때문이다.

프랑스는 분점 시스템과 유사하다. 엄밀히 말하면, 분점 시스템에 개별 시스템과 간사 시스템이 가미된 형태이다. 프랑스에서는 행정총괄처, 국방총괄처, 국정총괄처 등 3개 총괄처가 대다수 관계장관회의들과 관계장관위원회들을 분담 관리하고 있다. 행정총괄처는 총리 주재 관계장관위원회를 관리하고, 국정총괄처는 대통령 주재 관계장관회의를 관리하며, 국방총괄처는 대통령이 주재하든 총리가 주재하든 국가안보와 기밀정보 관련 장관회의들을 모두 관리하고 있다. 그리고 상당수의 관계장관위원회들은 Secrétariat, Délègation 혹은 Commissariat라는 명칭의 사무국을 독자적으로 설치 운영하고 있다. 그 밖에도 일부 소수 관계장관회의들은 독자적인 사무국 없이 주무부처 공무원들이 지원하고 있다.

마지막으로, 한국은 간사 시스템에 가깝다. 좀더 정확하게 말하면, 간사 시스템에 개별 시스템과 분점 시스템이 가미된 형태이다. 한국 관계장관회의들은 대부분 주무부처나 의장부처의 차관보급 공무원을 간사로 지정하고 있고, 부하인 서기관이나 사무관 1명이 간사를 거들고 있다. 반면에 한국 국가안보회의는 오래 전부터 별도의 사무처를 설치해 왔다. 그런데 국무총리 산하에 국무조정실[21]이 설치되어 국무조정실이 국무총리가 의장인 다수 관계장관회의들을 관리 지원함으로써 불완전[22]하게나마 분점 시스템으

---

21) 1973년에 국무조정실의 전신인 행정조정실 설치.

로 발전하고 있다.

최근 들어 특이한 변화는 경제정책조정회의와 국가과학기술위원회 및 인적자원개발회의가 변형된 개별 사무처 시스템을 발전시키고 있다는 것이다. 즉 세 관계장관회의는 각각 재정경제부 경제정책조정국, 과학기술부 과학기술혁신본부, 교육인적자원부 인적자원개발국을 사무처처럼 활용하고 있다는 것이다. 이들 세 조직이 주무부처 소속이라는 점과 관계장관회의 지원 이외에 다른 업무도 겸하고 있다는 점을 제외하면 사실상 관계장관회의 사무처와 유사하다.

제 5 절 관계장관회의 시스템의 운영 방식

1 시스템의 편향성

1) 집권자 편향성 vs 관료 편향성

관계장관회의 시스템이 누구의 입장에서 운영되는가? 좀더 구체적으로 관계장관회의 시스템이 제1차적으로 누구의 영향력 행사에 편리하도록 구축되고 운영되는가? 관계장관회의 시스템은 대통령의 기구인가 아니면 부처 관료들의 기구인가?

정치적 영향력 측면에서 관계장관회의 시스템의 운영 방식을 집권자 편향형, 관료 편향형, 혼합형으로 유형화할 수 있다. 집권자 편향형은 관계장관회의 시스템이 집권자의 입장에서 구축 운영되는 유형이다. 즉 관계장관회의 시스템의 구축과 운영이 국정운영에서 집권자의 주도권이나 영향력 행사에 유리한 방향으로 이루어지는 유형이다. 이에 반해 관료 편향형은 관계장관회의 시스템이 부처 관료들의 주도권이나 영향력 행사에 유리한

22) 불완전하다는 의미는 국무조정실이 국무총리가 의장인 다수 관계장관회의들의 운영을 지원하고 있음에도 불구하고, 영국의 내각지원실이나 프랑스의 행정총괄처처럼 관계장관회의의 운영과 지원에 전념하는 것은 아니라는 의미이다.

방식으로 구축 운영되는 유형이다. 혼합형은 관계장관회의 시스템의 구축과 운영에서 집권자를 위한 측면과 관료들을 위한 측면이 혼합되어 있는 유형이다.

2) 각국간 편향성 비교

정치적 영향력 측면에서 볼 때, 각국의 관계장관회의 시스템은 어떻게 구축 운영되고 있는가? 다시 말해 각국 관계장관회의 시스템은 어느 유형에 가까운가? 단순화시켜 말하면, 영국과 프랑스는 집권자 편향형에 가깝고, 한국은 관료 편향형과 유사하며, 미국은 혼합형이다.

영국에서는 내각위원회 시스템이 총리의 주도권을 강화하는 방식으로 구축 운영되고 있다. 즉 총리의 국정운영 전략에 따라 총리가 원하는 내각위원회만 설치하고 있고, 핵심적인 내각위원회들과 그 산하 중요 분과위원회 위원장도 총리가 직접 담당하고 있으며, 총리의 입장에서 내각위원회 시스템을 관리하는 내각지원실을 두고 있다. 또한 총리의 노선을 추종하는 사람들로 새로운 내각위원회를 구성해 그곳에서 중요 정책 이슈들을 논의하고 결정할 수 있게 함으로써, 국정운영에 대한 총리의 정치적 라이벌들의 영향력을 배제하고 총리의 주도권을 강화하는 방식으로 운영되는 경우가 많다. 그 결과 영국의 내각위원회 시스템은 총리가 영향력을 행사하기 유리한 방향으로 구축 운영되고 있다. 영국에서는 국정을 대통령제적으로 운영하는 총리와 내각제적으로 운영하는 총리가 있다. 전자의 경우에는 내각위원회 시스템이 더욱 총리 편향적으로 운영된다. 후자의 경우에는 내각장관들의 영향력 행사가 상대적으로 용이해지는데, 내각장관이 관할 부처 공무원들의 대변자 역할을 하는 경우 그 범위 내에서 부처 관료들의 영향력 행사가 용이해진다고 볼 수 있다. 그럼에도 불구하고 전반적으로 영국 내각위원회 시스템은 부처 관료들보다는 총리의 영향력 행사를 용이하게 하는 방식으로 운영되고 있다.

프랑스 소수장관회의 시스템도 집권자 편향형에 가깝다. 대통령과 총리의 주도권을 강화하고 부처 관료들에 대한 이들의 영향력 행사를 용이하게 하는 방식으로 운영되고 있다. 의장을 대통령과 총리가 담당하고 있고 주무부처 장관이 담당하는 경우는 거의 없다. 또한 관련 부처 고위관료들로 구성된 실무위원회들을 총리 보좌관들이 주재하도록 하고, 주무부처로부터 독립된 별도의 지원기구를 두고 있다. 결과적으로 시스템이 대통령과 총리의 영향력 행사가 용이하게 구축되어 있다. 또한 단독정부가 구성되면 대통령의 주도권이 강화되는 방식으로, 동거정부가 구성되면 총리의 주도권이 강화되는 방식으로 운영되고 있다. 그 결과 실질적인 집권자가 대통령이든 총리이든 그의 영향력 행사를 용이하게 하는 방식으로 운영되고 있는 것이다.

이와 반대로 한국에서는 관계장관회의 시스템이 주무부처 관료들의 영향력 행사를 용이하게 하는 방식으로 구축 운영되고 있다. 즉 한국 관계장관회의 시스템은 관료 편향형이다. 대다수 관계장관회의들이 대통령의 필요보다는 주무부처 관료들의 필요에 의해 설치되어 왔다. 주무부처 장관들이 주요 관계장관회의들의 의장을 차지하는 경우가 상대적으로 많고, 실무위원회 의장은 물론 지원 스태프도 주무부처 관료들이 차지하고 있다. 또한 관계장관회의 시스템은 주무부처 관료들이 대통령과 그 보좌관들을 대신하여 관련 부처들을 조정 통제하는 수단으로 운영되어 왔다. 결과적으로 한국의 관계장관회의 시스템은 주무부처 관료들의 영향력을 강화하는 방식으로 구축 운영되어 왔다.

마지막으로, 미국의 주요 관계장관회의 시스템들은 대통령의 입장에서 구축 운영되는 집권자 편향형인 반면, 그 외 나머지 관계장관회의 시스템들은 주무부처 관료들의 입장에서 구축 운영되는 관료 편향형이다. 즉 미국 관계장관회의 시스템은 혼합형에 가깝다.

미국에서 분야별 관계장관회의 시스템들과 소수 주요 이슈별 관계장관회의 시스템들은 대통령이 영향력을 행사하기 용이하게 구축 운영되고 있다. 대통령이 의장직을 담당하고, 그의 고위보좌관은 관계장관회의의 멤버일 뿐만 아니라 지원기구의 장을 겸임하고 있다. 지원기구의 핵심 스태프들도 대부분 외부에서 충원된 전문가들이고 나머지 행정요원들만 부처에서 파견된 공무원들이다. 또한 정책 이슈들을 발굴하고 그 해결책을 마련하는데 주무부처에 의존하기보다는 관계장관회의 산하 실무위원회나 작업반을 활용한다. 그 밖에도 장관들이 관계장관회의에서 관료들을 대변하지 않고 오히려 소관 부처에서 대통령의 입장을 관철하도록 관계장관회의 멤버들 간의 팀워크를 강화하는 경우도 있다. 그러나 대다수 이슈별 관계장관회의들은 주무부처 장관이 의장을 담당하고 그 운영도 주무부처에 맡겨져 있다.

따라서 주무부처들은 관계장관회의를 관련 부처들의 협력을 유도하고 여러 부처들이 관련된 부처 정책들에 자신들의 입장을 반영하는 방식으로 운영하고 있다.

2 사전 조정기구의 활용 방식

1) 사전 조정 : 필수 vs 선택

관계장관회의 안건으로 선정되면 모든 안건들을 하부기구들의 사전 검토 조정을 반드시 거치게 하는가? 아니면 하부기구들의 사전 조정 없이 바로 본회의에 상정할 수 있도록 허용하는가? 기본적으로 사전 조정을 필수적으로 거치게 하는 필수형과 선택적으로 거치게 하는 선택형이 있다.

한국의 관계장관회의들은 선택형에 가깝다. 안건의 성격에 따라 사전 조정절차를 거칠 수도 있고 거치지 않을 수도 있기 때문이다. 즉 대부분의 관계장관회의들이 긴급한 처리가 요구되는 안건들이나 부처간 이견이 거의 없는 정보보고 안건들은 사전 조정을 거치지 않고 곧바로 본회의에 상정하도록 하고 있고, 긴급하지 않으면서 부처간 이견이 크면 사전 조정을 거치도록 하고 있다.

반면에 영국, 프랑스 및 미국의 관계장관회의들은 필수형에 속한다. 일단 관계장관회의 안건으로 선정되면 모두 실무회의를 거치도록 하고 있기 때문이다. 긴급하지 않은 안건들의 경우 관계장관회의 시스템을 거치도록 하고 있으나, 긴급한 안건인 경우에는 관계장관회의 안건으로 하지 않고 대통령(총리)과 주무장관 및 고위보좌관 간의 비공식 회합을 통해 처리하는 경향이 있다.

2) 종결 처리 : 허용 vs 불허

관계장관회의들은 실무위원회 등 하부기구로 하여금 안건들을 사전 조정하도록 한 경우, 하부기구들에게 종결 처리할 수 있는 권한을 허용하는가 허용하지 않는가? 다시 말해, 사전에 검토 조정한 안건들을 장관급 본회의에 모두 자동적으로 상정하는가, 아니면 사전 조정기구에서 타결되지 않은 안건들만 상정하는가?

한국에서는 하부기구에 의한 종결 처리가 원칙적으로 허용되지 않는다. 따라서 실무위원회에서 심의 조정된 안건들이라도 모두 본회의에 상정하도록 하고 있다.[23] 다만, 일부 관계장관회의에서만[24] 실무위원회에서 타결되면 본회의에 상정하지 않고 있다.

반면에 영국, 프랑스 및 미국에서는 하부기구의 종결 처리를 원칙적으로 인정한다. 실무위원회 등 하부기구에서 타결된 안건들이나 고위보좌관이 중요하지 않다고 판단한 안건들은 본회의에 상정되지 않는다.

3 부담 경감 방식

1) 유형 : 설치 억제 vs 역할 분담 vs 안건 조정

정책 이슈들이 복잡해질수록 여러 부처들과 관련된 다부처 이슈들이 증가하고, 그에 따라 관계장관회의 숫자가 증가한다. 관계장관회의 숫자가 증가하면 장관들이 참석해야 할 관계장관회의 수와 투입해야 할 시간도 늘어나 대통령, 총리 및 장관들의 여타 업무 수행에 많은 부담을 준다. 각국은 관계장관회의 시스템의 구축과 운영 과정에서 이들의 관계장관회의 관련 업무 부담을 어떤 방식으로 경감시키는가?

업무 부담을 경감시키는 방식은 설치억제형, 역할분담형, 안건조정형으로 구분할 수 있다. 설치억제형은 관계장관회의의 지나친 증설을 억제함으로써 업무 부담을 줄이는 유형이다. 즉 이슈별 관계장관회의들의 설치는 가급적 억제하고, 분야별 관계장관회의를 활용하며, 또한 임시회의 이름으로 관계장관회의의 빈번한 소집을 억제하는 것이다. 역할분담형은 다양한 역할 분담을 통해 업무 부담을 경감시키는 유형이다. 즉 관계장관회의 의장직을 대통령, 총리, 주무장관 등이 분담하도록 하고, 정규 멤버인 장관들이 참석하기 어려우면 그들을 대신해서 차관들이 참석할 수 있도록 하며,

23) 경제정책조정회의, 인적자원개발회의, 사회문화정책관계장관회의, 과학기술관계장관회의 등.

24) 국정현안정책조정회의, 국가안보회의 등.

장관급 본회의보다 실무위원회를 좀더 활성화시키는 것이다. 안건조정형은 관계장관회의의 장관급 본회의에 상정되는 안건 수나 쟁점들을 제한함으로써 장관회의 멤버들의 시간 부담을 덜어 주는 유형이다. 즉 장관급 본회의에 상정 요건을 강화해 상정 안건 수를 줄이거나, 상정 안건을 심의 안건과 보고 안건으로 구분해 보고 안건에 대한 시간 할당을 줄일 수 있도록 하거나, 안건의 쟁점들을 사전에 실무위원회나 부처간 비공식회의를 통해 전문기술적 측면들을 조정한 후 상정함으로써 장관급 본회의 의장과 참석 장관들의 부담을 덜어 주는 것이다.

2) 각국 비교

각국은 어떤 방식으로 대통령 혹은 총리 그리고 장관들의 관계장관회의 관련 업무 부담을 경감시키고 있는가? 각국에서 이 업무 부담 경감을 위해 활용하는 방식은 어느 유형에 가까운가?

미국과 영국은 세 가지 유형을 모두 활용하고 있고, 한국과 프랑스에서는 안건조정형과 분담형이 사용되고 있다.

미국에서는 업무 부담을 경감시키기 위한 수단으로 설치억제형, 역할분담형, 안건조정형 등 세 가지를 사용하고 있다. 분야별 관계장관회의를 발전시킴으로써 이슈별 관계장관회의 설치를 억제해 왔고, 정기적인 개최보다는 필요시 개최함으로써 지나치게 빈번한 회의 소집을 자제해 왔다. 또한 대통령은 분야별 관계장관회의와 중요한 이슈별 관계장관회의의 의장을 담당하고, 나머지 대다수 이슈별 관계장관회의 의장은 주무장관들에게 맡기고 있다. 그 밖에도 실무위원회를 적극 활용해 타결해야 할 쟁점들을 줄임으로써 본회의 참석 대통령과 장관들이 부담을 줄여 왔다.

마찬가지로 영국에서도 분야별 내각위원회를 발전시킴과 동시에 그 산하에 분과위원회들을 설치함으로써 이슈별 내각위원회의 증설을 억제하고, 또한 총리는 핵심적인 내각위원회의 의장만 담당하고 나머지 내각위원회들은 무임소장관이나 주무장관에게 맡기고 있다. 즉 업무 부담 경감을 위해 설치 억제와 역할 분담을 구사하고 있다. 또한 영국에서는 안건조정형을 적극 활용하고 있다. 예산 확보 가능성이나 법적 충돌 가능성에 대한 재무부와 법무부의 사전 검토를 요구하는 등 안건의 상정 요건을 강화함과 동시에 사전에 부처간 서면 교환과 회람을 통한 조정을 시도함으로써 내각위원회에 상정되는 안건 수를 줄이고,[25] 본회의 상정 이전에 실무 내각위원회에서 1차 조정해 타결해야 할 쟁점들을 크게 줄임으로써 내각위원회 본회의에서 총리와 내각장관들의 업무 부담을 크게 줄이고 있다.

한편 프랑스에서는 관계장관위원회에 장관 보좌관이나 고위공무원들의 대리 참석을 허용하고 실무위원회에서 쟁점 사항을 상당 부분 타결함으로써 업무 부담을 줄이고 있고, 한국은 관계장관회의 의장을 대통령보다는 총리와 주무장관들 간에 분담시키고 상정 안건을 심의 안건과 보고 안건으로 구분해 보고 안건은 서면으로 대체함으로써 총리와 장관들의 업무 부담을 줄이고 있다. 즉 한국과 프랑스는 역할분담형과 안건조정형에 의존하고 있다.

제 6 절 관계장관회의 시스템의 안건처리 절차와 방식

관계장관회의 시스템을 통해 다부처 이슈들을 처리하는 절차의 제도화와 그 방식은 나라별로 다르다.

영국과 미국 그리고 프랑스에서는 충실한 심의 조정을 위해 비교적 정교한 절차를 개발해 활용하고 있으나, 한국에서는 그러한 절차가 제대로 개발되어 있지 않은 편이다. 또한 영국에서는 거의 모든 내각위원회가 동일한 하나의 절차를 채택하고 있으나, 프랑스에서는 정책영역별로 절차가 마련되어 있고, 미국과 한국에서는 관계장관회의별로 절차를 달리하고 있다. 마지막으로, 영국과 프랑스 및 한국에서는 정교하든 단순하든 구축된 절차가 자주 바뀌지는 않으나, 미국에서는 같은 관계장관회의라도 정권이 바뀔 때마다 절차도 바뀌는 경향이 있다.

이러한 편차에도 불구하고 심의 조정 절차의 각 단계에서 각국들은 안건들을 처리하는 나름대로의 방식을 갖고 있다. 이 방식들이 국가별로 어떻게 다른지 비교하면 다음과 같다.

25) 이 절차는 애틀리 총리(1945~51)가 도입하여 지금까지 지속적으로 강화되어 왔다.

1 안건 확보 방식

관계장관회의 절차가 시작되려면 먼저 논의 안건들이 확보되어야 한다. 관계장관회의에 상정할 안건들은 어디서 어떻게 확보하는가? 그 방식에 일정한 유형이 있다.

1) 유 형

각국 관계장관회의들이 안건을 어떻게 확보하는지를 살펴보면, 관계장관회의 시스템 내부에서 발굴하는 경우와 관계장관회의 시스템 밖으로부터 제안을 받는 경우가 있고, 또한 누가 안건을 제공하는지를 들여다보면, 멤버부처, 대통령 보좌관, 지원실, 실무작업반 등임을 알 수 있다.

이러한 사실들을 바탕으로 안건 확보 방식을 유형화하면 부처 제안형, 보좌관 제안형, 지원실 발굴형, 작업반 발굴형 등 4개가 나타난다. 부처 제안형은 말 그대로 안건 관할 부처에서 제안하는 것이고, 보좌관 제안형은 대통령(총리) 보좌관이 제시하는 것이다. 지원실 발굴형은 관계장관회의 지원기구인 지원실에서,[26] 작업반 발굴형은 관계장관회의 하부기구인 실무작업반에서 조사연구를 통해 발굴하여 제안하는 것이다.

2) 각국 비교

각국 관계장관회의들은 주로 어떤 방식으로 안건을 확보하고 있는가?

먼저, 각국에서 자주 등장하는 유형들을 보면, 부처 제안형은 어느 나라에서나 제일 많이 나타나는 유형인 반면, 나머지 3개 유형은 국가에 따라 등장하는 빈도가 다르다. 보좌관 제안형과 작업반 발굴형은 미국에서 자주 등장하는 반면, 지원실 발굴형은 프랑스와 영국에서 자주 등장한다.

다음으로, 각국에서 각 유형들의 상대적 활용 빈도를 보면, 미국에서는 부처 제안형, 보좌관 제안형, 작업반 발굴형의 순서대로 자주 활용하고, 한국에서는 부처 제안형, 보좌관 제안형, 지원실 제안형의 순서대로 자주 활

26) 지원기구가 각 부처에 문의해 안건을 확보하는 방식은 부처 제안형으로 분류.

용한다. 특히 한국에서 최근에 일부 관계장관회의[27]에서 지원실 발굴형이 나타나고 있다. 한편 영국과 프랑스에서는 전체적으로는 부처 제안형이 압도적이다. 그러나 영국의 유럽정책 영역에서 부처 제안형보다 지원실 발굴형이 다수이고, 프랑스에서는 국가안보정책 영역과 유럽정책 영역에서 지원실 발굴형이 다수이다.

〈표 7-23〉 각국의 주요 안건 확보 방식

국 가	주요 유형
미 국	부처 제안형, 보좌관 제안형, 작업반 발굴형
영 국	부처 제안형, 지원실 발굴형(유럽정책)
프랑스	부처 제안형, 지원실 발굴형(안보정책, 유럽정책)
한 국	부처 제안형, 보좌관 제안형, 지원실 발굴형(최근)

2 회의 소집 방식

다부처 이슈들을 처리하기 위해서는 관계장관회의 회의를 소집해야 한다. 효율적 국정운영을 위해서는 언제 소집해야 하는가? 기본적으로 논의해야 할 안건이 있을 때 소집한다. 그러나 안건이 발생할 때마다 즉시즉시 소집하면 장관들의 다른 스케줄에 많은 부담을 주고, 경우에 따라서는 상정 안건과 관련된 주요 장관들이 참석할 수 없는 경우도 있다. 또한 논의 안건들이 특정 시기에 몰린다고 해서 그 많은 안건들을 처리하기 위해 하루 종일 회의를 개최할 수도 없다. 회의 간에 안건들을 적절히 배분해야 할 필요도 있다. 이러한 문제점들은 회의 소집 시기를 조정함으로써 해결할 수 있다.

1) 유 형

회의 소집 시기를 어떻게 조정해야 하는가? 회의 소집 시기 결정을 위해

27) 국정현안정책조정회의, 국가안보회의, 국가과학기술위원회 등.

관계장관회의들이 활용해 온 방식을 보면 몇 가지 유형으로 구분할 수 있다. 즉 조사 계획형, 회의 구분형, 회의체 구분형, 필요 추종형이 있다.

조사 계획형은 향후 일정 기간 내에 관계장관회의에 상정해야 할 안건들을 미리 조사해 그에 맞게 관계장관회의의 소집 일정을 잡는 유형이다. 즉 안건의 종류와 수에 따라 어느 관계장관회의를 소집할지, 동일한 관계장관회의를 몇 번 소집할지, 언제 소집할지 등을 장관들의 스케줄을 고려해서 정하는 것이다.

회의 구분형은 관계장관회의 회의를 정기회의와 임시회의로 구분한 후, 대부분의 안건들은 정기회의를 통해 처리하고 시급한 안건들만 즉시 임시회의를 소집해 처리하는 유형이다. 반면에 회의체 구분형은 관계장관회의를 상설 관계장관회의와 임시 관계장관회의로 구분한 다음, 상설 관계장관회의는 일정한 간격을 두고 정기적으로 소집하되, 임시 관계장관회의는 쟁점 이슈가 발생할 때마다 수시로 소집하는 유형이다.

필요 추종형은 다부처 이슈가 등장할 때마다 관계장관회의를 소집할 필요가 있다고 판단하면 관계장관회의를 소집하는 유형이다. 사전 수요조사를 하는 것도 아니고 회의 구분도 하지 않는다.

2) 각국 비교

각국은 주로 어떤 유형을 채택하고 있는가? 국가별로 서로 다르다. 영국과 프랑스는 단일 유형에 의존하고 있는 반면, 미국과 한국은 두 가지 유형을 혼합 활용하고 있다.

영국에서는 조사 계획형을 채택하고 있다. 즉 내각위원회 운영의 최고책임자인 내각사무처장(Cabinet Secretary)이 매주 총리 개인비서실 정책보좌관들과 분야별 내각지원실장들을 불러 향후 3주 내 논의되어야 할 쟁점 안건들이 무엇인지 파악한 후 그에 따라 해당 내각위원회들의 소집 일정을 정한다. 상설 내각위원회가 소집될 수도 있고 임시 내각위원회가 소집될 수도 있다.[28] 이 경우 회의 소집 빈도는 현안 안건들의 숫자와 중요성에 따

28) 영국의 임시 내각위원회는 프랑스의 임시 관계장관위원회와는 그 성격이 다르다. 전자는 한시적으로 존재하는 공식적 위원회로서 구성 멤버와 관할 이슈가 미리 정해져 있다. 새로운 이슈가 등장했으나 기존 내각위원회에서 논의하는 것이 부적절하다고 판단될 때 그 이슈가 해결될 때까지 한시적으로 운영하는 내각위원회이다. 그러나 후자는 관할 이

라 달라진다.[29]

프랑스는 회의체 구분형을 채택하고 있다. 즉 관계장관위원회를 상설 관계장관위원회와 임시 관계장관위원회로 구분 설치해 상설 관계장관위원회는 1년에 2~4번 소집하고, 임시 관계장관위원회는 필요에 따라 수시로 빈번하게 소집하고 있다. 또한 프랑스에서는 상설 관계장관위원회와 임시 관계장관위원회는 서로 다른 성격의 안건들을 논의하도록 하고 있다. 즉 전자는 정책의 방향 설정과 집행 점검 등과 같은 정책추진 관련 안건들을 논의하고, 후자는 부처간 이견 조정과 협력이 필요한 안건들을 논의한다.

반면에, 미국과 한국에서 대다수 관계장관회의들은 필요 추종형을 채택하고 있으나 상당수 관계장관회의들은 회의 구분형을 채택하고 있다.

미국에서는 상정해야 할 안건이 많은 경우 회의 구분형을 채택하고 안건이 많지 않으면 필요 추종형을 따르는 경향이 있다. 특히 대통령 어젠다가 많은 관계장관회의들은 회의를 정기적으로 빈번히 소집하고 종종 임시회의를 소집한다. 국가안보회의와 같은 분야별 관계장관회의는 회의 구분형을 채택하고 있다. 국가안보회의는 거의 매주 개최되는 정기회의에서 대부분의 안건들을 처리하고, 위기 발생시에는 즉각 임시회의를 소집한다. 역대 경제 분야 관계장관회의들과 국내 분야 관계장관회의들은 집권 초기에는 대통령 이슈가 많아 회의 구분형을 채택하다가, 집권 후반기에 들어 안건이 줄어들면 필요가 있을 때만 소집되는 필요 추종형으로 바뀌는 경향이 있다. 그 밖에 이슈별 관계장관회의들은 대부분 안건이 있을 때만 소집되는 필요 추종형이다.

한국에서는 필요 추종형을 채택한 관계장관회의들이 대다수이다. 또한 한국에서는 기존 관계장관회의들의 관할에 속하지 않는 새로운 쟁점 이슈가 발생하면 임시 관계장관회의를 소집하는데, 이 회의 소집은 필요 추종

슈나 멤버가 미리 정해져 있는 회의가 아니다. 새로운 쟁점 이슈를 논의하는 데 기존 상설 관계장관위원회가 부적절하면 새로이 관련 부처 장관들을 소집해 논의하는데, 이 때 소집된 회의가 바로 임시 관계장관위원회이다.

29) 또한 영국에서는 장관들의 업무 부담을 덜어 주기 위해 내각위원회를 빈번하게 소집하지 않고 다른 방식으로 해결하는 메커니즘을 개발해 왔다. 즉 이견이 크지 않거나 중요성이 크지 않는 쟁점 이슈들을 실무위원회나 문서회람을 통해 최종 조정 처리하는 것이다.

형에 따라 이루어진다. 또한 상당수 상설 관계장관회의들은 설치 당시 정기회의와 임시회의로 구분해 정기회의는 보통 한 달에 한 번, 임시회의는 안건이 있을 때마다 수시로 소집한다. 나중에 임시회의를 없애고 정기회의를 매주 1회씩 자주 개최하는 관계장관회의들도 있다.

3 자료 준비 및 검토

상정할 안건들이 확정되면 실무위원회와 본회의 논의 과정에서 참고할 안건 관련 자료, 즉 정책제안보고서가 준비되어야 한다. 또한 정책제안보고서를 충실하게 작성하는 것은 매우 중요하다. 이 정책제안보고서가 얼마나 충실하게 작성되었느냐에 따라 논의 결과의 질이 달라질 수 있기 때문이다. 정책제안보고서를 누가 작성하고 어떻게 그 충실성을 확보하고 있는가? 그 주체 방식에 일정한 패턴이 있다.

1) 정책제안보고서 준비 주체

정책제안보고서를 누가 작성하는가? 대체로 안건을 제안한 곳에서 작성한다. 주무부처에서 작성하는 경우가 가장 많고, 관계장관회의 산하 작업반이나 지원실에서도 작성한다. 그러나 대통령 보좌관이 작성하는 경우는 거의 없다. 안건의 소관이 불분명한 경우 의장이 보고서 작성 부처를 지정하거나 지원실 혹은 작업반에서 작성한다.

모든 나라에서 안건 제안 부처가 대다수의 정책제안보고서를 작성한다. 그 밖에도 지원실를 발전시켜 온 영국과 프랑스에서는 지원실에서 작성하고, 하부기구를 발전시켜 온 미국에서는 작업반을 꾸려 정책제안보고서를 작성케 하는 경우가 많다.

2) 정책제안보고서의 충실성 제고 방식

관계장관회의들은 어떻게 충실성을 제고해 왔는가? 관계장관회의들이 충실한 보고서를 확보를 위해 어떤 방법을 사용해 왔는가? 사전지침과 평가보완이었다.

사전지침은 정책제안보고서를 작성할 때 따라야 하거나 참고해야 할 지침을 미리 제공하는 조치이다. 사전지침의 내용은 다양하나 대부분 검토 분석되어야 할 쟁점들과 검토 일정을 포함시키고 있다.[30] 평가보완은 작성된 정책제안보고서를 일정한 기준에 따라 평가하고 미흡한 점이 있으면 보완하도록 하는 조치이다. 즉 정책제안보고서가 다양한 시각과 대안들을 충분히 고려했는지, 대통령(총리)의 정책노선에 맞는지, 각 대안의 장단점을 충분히 확인하고 평가했는지, 쟁점 이슈들을 충분히 분석했는지, 증거 자료를 공정하고 적절하게 제시했는지, 자문 절차는 제대로 거쳤는지, 기존 정책들이나 법령과 상충되지 않는지, 정치적 여파가 있는지, 집행 과정에서 어떤 문제가 야기될지 등을 평가하고 미흡한 부분을 보완하도록 하는 것이다.

그러면, 각국은 어떤 방식으로 정책제안보고서의 충실성을 체크하는가? 각국은 어느 유형을 선호하는가?

영국과 미국에서는 양 유형을 모두 활용한다. 영국에서는 모든 내각위원회의 정책제안보고서에 대해 사전지침을 마련해 제공할 뿐만 아니라 평가보완 조치도 취하고 있다. 미국도 영국처럼 사전지침과 평가보완 조치를 취하고 있다. 그러나 미국에서는 양 유형을 활용하지만, 관계장관회의에 따라 다르다. 대부분의 관계장관회의들이 평가보완 조치를 취해 왔으나, 사전지침은 일부 관계장관회의들[31]에서 제공된 적이 있다.

반면에, 프랑스와 한국은 평가보완 조치만 활용한다. 프랑스에서는 분야별 총괄처에서 모든 정책제안보고서들에 대해 평가보완 조치를 취해 왔다. 그러나 사전지침을 주는 경우는 거의 없다.

한국에서는 지금까지 정책제안보고서의 충실성은 보고서 작성 기관의 능력과 성실성에 맡겨져 있었다. 그러나 최근 들어 일부 관계장관회의들이 평가보완 조치를 취하거나 사전지침을 제공하고 있다.[32] 다만, 그 조치들이

---

30) 미국에서는 대통령 고위보좌관이 대통령 검토메모(Presidential Review Memorandum) 혹은 이슈검토메모(Issue Definition Memorandum)를 통해 검토해야 할 이슈와 검토 일정을 지시하는 경우가 많으나, 영국에서는 정책안이 재정지출, 환경생태, 지방정부에 미치는 영향, 규제 신설을 포함할 경우 기업에 미치는 영향, 국내법이나 국제협약과의 상충 여부 등에 관한 분석을 포함시키도록 요구하고 있다.

31) 닉슨의 국가안보회의, 닉슨의 국내정책회의, 카터의 국가안보회의 등.

32) 평가보완 조치는 최근 국가안보회의 상임위원회, 경제정책조정회의, 인적자원개발회의, 국가과학기술위원회에서 취하기 시작했다. 그러나 사전지침을 주는 관계장관회의는 거

초보적이고 기준도 마련되어 있지 않아 철저하지 못하다.

마지막으로, 충실성 제고를 위한 각국의 총체적 노력은 어느 정도인가? 각국의 노력을 비교 평가하면 영국, 미국, 프랑스, 한국 순이다.

영국은 철저한 반면, 한국은 매우 소홀히 하고 있다. 영국에서는 내각위원회에서 검토할 정책제안보고서는 모두 다 내각지원실에서 충실성 검토를 받는다. 내각지원실의 충실성 검토를 거치지 않고 내각위원회에 상정되는 정책제안보고서는 거의 없다. 반면에, 한국에서는 대부분 정책제안보고서 작성 기관이 알아서 하도록 맡겨두고 있다. 실무위원회에서도 부처간 1차 조정에 치중하고 정책제안보고서의 충실성 체크는 뒷전이다. 다만, 최근에야 일부 분야별 관계장관회의에서 지원 요원들이 충실성 검토를 부분적으로 시도하고 있다. 그러나 충실성 검토가 철저하지 않다.

3) 충실성 점검기구

충실성 점검을 관계장관회의 시스템 내 어느 기구에서 담당하는가? 대부분 지원기구 혹은 하부기구에서 담당한다.

영국과 프랑스 및 한국에서는 지원기구에서 정책제안보고서의 충실성을 점검한다. 즉 영국에서는 내각지원실이, 프랑스에서는 분야별 총괄처들이, 한국에서는 간사의 부하들인 행정공무원(서기관과 사무관, 혹은 조정과)들이 정책제안보고서가 충실하게 작성되었는지를 점검한다.

그러나 미국에서는 사전지침 담당기구와 평가보완 담당기구가 다르다. 사전지침은 대통령 고위보좌관이 작성 제공하고, 평가보완은 관계장관회의 하부기구에서 담당한다. 대통령 고위보좌관이 사전지침을 마련해 제공했던 관계장관회의들로는 닉슨의 국가안보회의와 국내정책회의, 카터의 국가안보회의와 현안이슈장관회의(Cabinet Clusters) 등이다. 평가보완은 하부기구인 차관급 회의에서 담당하는 경우와 지원실에서 담당하는 경우가 있다. 차관급 회의에서 평가보완을 담당했던 관계장관회의들로는 부시(1989~92)의 국가안보회의, 클린턴의 국가경제회의, 닉슨의 국가안보회의 등이고, 지원

의 없다. 다만, 인적자원개발회의와 국가과학기술위원회에서 각각 인적자원개발계획과 국가과학기술종합계획을 수립할 때 사전지침을 준다. 동 종합계획들은 각 부처에서 소관 분야 계획을 작성 제출하면 이를 종합 조정해 확정하는데, 각 부처에서 소관 분야 계획을 작성하는 데 참고해야 할 지침을 마련해 제공한다.

실에서 담당한 경우는 아이젠하워의 국가안보회의, 카터의 현안이슈 장관회의, 레이건의 경제 및 국내 분야 관계장관회의들이다.

4 회의 진행 방식

관계장관회의 장관급 본회의는 아무렇게나 진행되지 않는다. 나름대로의 순서와 방식이 있다. 즉 회의를 진행하는 순서, 안건을 상정하는 순서, 상정 안건에 대한 논의 방식, 합의가 어려운 안건들에 대한 처리 방식 등이 있다. 그 순서와 방식에도 일정한 패턴은 있다.

1) 전략적 진행

관계장관회의 의장들은 본회의 논의를 어떤 방식으로 이끌어 가는가? 논의를 특별한 구상에 따라 진행하는가 아니면 그런 구상 없이 진행하는가? 다시 말해, 원하는 결론의 방향을 미리 정해놓고 이에 대한 합의를 도출하기 위해 나름대로의 정보를 수집하여 전략적 계획을 세운 후 그에 따라 회의를 진행하는가, 아니면 자유 토론을 유도하고 논의의 진행에 따라 자연스럽게 합의를 도출하는가? 각국은 회의 진행시에 전략적 측면을 어느 정도 고려하고 있는가?

영국은 내각위원회의 구성뿐만 아니라 내각위원회 본회의 진행에 대해서도 전략적으로 접근해 왔다. 즉 의장들은 일찍부터 내각지원실로부터 회의운영메모(Steering Brief)를 통해 회의 운영 전략에 관해 조언을 받아왔다. 정치적 실력자들로 구성된 내각위원회에서 부처간 갈등이 첨예한 안건들에 관해 원하는 결론을 도출하기 위해서는 어떤 방식이든 전략이 필요했기 때문이다. 이 회의운영메모는 애틀리(1945~51) 총리 시절에 처음 개발되어 제공되었는데, 발전을 거듭해 오늘날에는 안건을 둘러싼 부처간 이해관계, 제기될 수 있는 쟁점, 예상되는 결론, 요구되는 결론 등에 대한 정보뿐만 아니라 쟁점 처리 방법, 결정시 고려 사항 등에 대한 전략적 조언을 포함하고 있다.

영국에서는 내각위원회의 결정이 사실상 영국 정부의 최종 결정이다. 내각위원회의 결정을 내각회의에서 다시 뒤집을 수는 없기 때문이다. 또한 총리가 내각위원회들을 모두 직접 주재하는 것이 아니다. 따라서 국정운영의 통합을 위해서는 주요 내각위원회들의 결정은 어떻게든 총리의 노선에 맞게 이루어져야 한다. 그러한 결론을 도출하기 위해 전략적인 접근을 하지 않을 수 없다.

반면에 미국과 프랑스에서는 본회의의 전략적 운영에 대한 고려가 별로 없다. 미국 관계장관회의에서의 논의 결과는 대통령의 결정에 참고 사항일 뿐이다. 대통령이 그대로 추인할 수도 있고 수정할 수도 있다. 굳이 합의를 도출하지 않아도 되고 대통령의 최종 선택이 용이하도록 대안들에 관한 이견을 좁혀 압축만 잘해도 된다. 프랑스에서도 대통령이나 총리가 자신들이 직접 주재하는 관계장관회의나 관계장관위원회에서 굳이 특정 결론을 유도하기 위해 회의 운영을 전략적으로 접근하지 않아도 된다.

한편, 한국에서도 종전에는 관계장관회의 본회의 진행에 전략적인 접근을 한 적이 없었다. 모든 결정권이 대통령에게 집중되어 있어서 관계장관회의의 논의 결과가 대통령의 최종 결정에 도움을 주는 것으로 충분했다. 그러나 최근 들어 대통령이 분권적 국정운영을 시도함에 따라 분야별 관계장관회의 의장들의 국정운영상 책임이 커졌다. 그 결과 일부 분야별 관계장관회의[33] 의장들이 관계장관회의 지원 스태프[34]로부터 부처간 이견의 조정 방향이나 합의 도출 전략에 대한 간단한 조언을 받는 경우가 있다.

2) 안건 상정 순서

안건들을 상정하는 순서를 정하는 방식은 세 가지가 있다.

첫째, 사전협의형이다. 회의가 개최될 때마다 의장이 지원 스태프의 장과 협의해 안건 상정의 우선순위를 결정하는 유형이다. 그 결과 안건 상정 순서가 전략적 판단에 따라 그때그때 바뀐다.

둘째, 유형별 순위형이다. 안건들을 유형화하여 유형들 간에 순서를 정하는 방식이다. 안건들을 긴급 안건과 여유 안건, 의결 안건과 보고 안건, 중

33) 국정현안정책조정회의, 국가안보회의(상임위), 경제정책조정회의, 사회문화정책관계장관회의 등.

34) 대체로 관계장관회의의 간사와 그를 지원하는 행정공무원들로부터 받는다.

요 안건과 일반 안건 등으로 구분해 그 순서를 정하는 유형이다. 긴급 안건을 먼저 상정하는 것은 가장 일반적이다. 그러나 중요 안건과 일반 안건의 경우에는 중요 안건들에 대해 먼저 논의를 끝낸 후 시간이 허락하는 대로 일반 안건을 논의하는 경우와 일반 안건들을 짧은 시간 내에 먼저 처리한 후 중요 안건을 집중적으로 논의하는 경우가 있다. 마찬가지로 의결 안건과 보고 안건의 경우 전자를 먼저 상정하는 경우와 후자를 먼저 상정하는 경우가 있다.

셋째, 부처별 순위형(의전 서열형)이다. 정부내 부처 장관들의 의전 서열에 따라 참석 장관들 가운데 서열이 높은 장관이 안건들을 먼저 상정하는 것이다.

안건 상정 유형을 국가별로 비교해 보면 다음과 같다.

영국에서는 내각위원회들이 모두 사전 협의형을 따르는 반면에, 프랑스와 미국 및 한국에서는 대부분 유형별 순위형을 따르고 일부만 부처별 순위형을 따른다.

영국 내각지원실장은 회의 개최 하루 전에 내각위원회 의장과 상의해 나름대로 전략적 판단을 해 안건 상정 순서를 정한다. 그러나 영국에서는 일반 안건은 실무위원회에서 종결 처리되므로 장관급 본회의에서는 중요 안건만 상정된다. 이 중요 안건들을 상정할 때 의장과 내각지원실장이 사전에 협의를 거쳐 정한다.

프랑스에서는 장관급 본회의들이 대부분 긴급 안건과 의결 안건을 먼저 상정하는 경향이 있다. 프랑스에서도 일반 안건은 실무위원회에서 종결 처리되고 장관급 본회의에서는 중요 안건만 상정된다. 이 중요 안건들 가운데 긴급 안건과 의결 안건이 먼저 상정된다.

미국과 한국에서도 의결 안건이 보고 안건보다 먼저 상정되고, 같은 유형이면 긴급 안건이나 중요 안건이 먼저 상정되다. 그러나 미국과 한국의 국가안보회의들은 대부분 정세보고 등 보고 안건을 먼저 상정한 후 의결 안건을 상정한다.[35)]

35) 한국의 과학기술관계장관회의도 다른 관계장관회의들과는 달리 직전 회의 결정 사항, 이행 상황 점검 결과 등의 보고 안건을 먼저 상정하고 있다.

3) 토론 방식

안건에 대한 논의 방식도 세 가지 유형이 있다.

첫째는 자유 토론 방식이다. 안건을 상정한 후 참석자들로 하여금 안건과 관련해 어떤 의견이든 자유롭게 개진하도록 하는 방식이다.

둘째는 정책제안보고서 검토 방식이다. 실무위원회에서 정리해 온 정책제안보고서의 내용을 검토하면서 그 내용에 이의가 있으면 논의를 통해 수정해 가는 방식이다.

셋째는 쟁점 중심 토론 방식이다. 안건별로 주요 논의 쟁점들을 선정해 이들을 중심으로 집중 논의하는 방식이다. 쟁점들은 실무위원회에서 정리할 수도 있고 의장이 제안 부처와 상의해 결정할 수도 있다.

관계장관회의 장관급 본회의 토론 방식을 국가별로 보면 다음과 같다.

영국에서는 정책제안보고서 검토 방식을 따르는 경향이 있다. 물론 실무위원회에서 타결되지 않은 쟁점들을 정리해 올리지만, 쟁점들을 중심으로 논의하지 않고, 정책제안보고서 전반을 검토하면서 쟁점들을 논의한다. 반면에 프랑스와 미국에서는 하부기구에서 논의한 후 정리한 쟁점들을 중심으로 토론하는 경향이 있다. 특히 미국 아이젠하워 대통령은 국가안보회의에서 사무처장인 국가안보보좌관으로 하여금 논의해야 할 쟁점들을 미리 브리핑하게 한 후 이 잼점들을 중심으로 논의했다.

한편 한국에서는 자유 토론 방식에 의존하는 경향이 있다. 대부분의 관계장관회의들이 참석자들에게 아무 제한 없이 자유롭게 논의하도록 하고 있다.

4) 합의 곤란 안건들의 처리 방식

관계장관회의 본회의에서도 합의 도출이 쉽지 않은 경우 그 안건을 어떻게 처리하는가? 합의 도출을 위해 표결 처리로 하는가, 아니면 재차 삼차 논의를 하는가? 그것도 아니면 국무회의를 포함한 다른 회의체로 넘기는가? 어느 나라에서나 본회의에서 합의 도출이 어려운 안건들에 대해 표결 처리하는 경우는 드물다. 표결 처리가 아닌 어떤 방법을 동원하느냐는 국가에 따라 차이가 있다.

영국에서는 안건이 내각위원회에 상정되면 가급적 결론을 낸다. 다음에 다시 논의하기 위해 보류하거나 다른 내각위원회로 넘기지 않는다. 미국에서도 가급적 합의 도출을 위해 노력한다. 그러나 합의 도출에 실패하면 대통령에게 넘겨 그의 최종 결정에 따른다. 반면에, 프랑스에서는 한번에 타결되지 않으면 장관회의를 재차 삼차 소집해 타결한다.

한편, 한국에서는 관계장관회의에서 합의 도출이 어려우면 종전에는 대통령에게 보고해 그의 결정에 따랐다. 그러나 최근에 총리가 주재하는 국정현안정책조정회의를 설치한 이후부터는 분야별 혹은 이슈별 관계장관회의에서 합의 도출에 실패한 안건들은 국정현안정책조정회의로 이관해 처리하고 있다. 다만, 국가안보회의 상임위원회의 경우 미합의시 회의를 재차 소집해 타결을 시도하고, 특히 주무부처가 다수 의견에 반대할 경우에는 대통령 지침을 받아 재차 논의한다. 그 밖에도 본회의에서 원칙에는 합의를 했으나 세부안에 대한 이견으로 최종 합의가 안 되는 경우에 태스크 포스(Task Force)를 구성해 타결을 시도하는 경우도 있다.[36]

5 이행 확보 방식

관계장관회의에서 합의 및 결정된 사항은 해당 부처들에 의해 집행된다. 그러나 해당 부처들이 제대로 집행해 줄지 의문이다. 집행이 자동적으로 이루어지는 것은 아니기 때문이다. 관계장관회의 시스템 내에서 누가 어떤 방식으로 충실한 집행이 이루어지도록 독려하는가? 집행기관들이 제대로 집행하도록 누가 어떠한 조치를 취하는가?

1) 집행 독려 방식

먼저, 관계장관회의 시스템에 의해 집행을 독려하는 방식은 점검형, 각서형, 협조형으로 구분할 수 있다. 점검형은 집행이 시작된 이후 그 상황을 점검하고 지원하는 유형이다. 즉 해당 부처들이 제대로 집행하고 있는지를 확인하고 그 진도를 평가하며 집행 과정에 발생하는 갈등을 조정해 주는 방식이다. 각서형은 집행에 들어가기 전에 해당 부처들로부터 성실한 집행의 약속을 받아내는 유형이다. 즉 언제까지 어떻게 집행할 것인지 집행계

36) 국가안보회의, 사회문화정책관계장관회의 등.

획서를 미리 받아내는 방식이다. 협조형은 해당 부처들에게 성실히 집행해 주도록 협조 요청만 하는 유형이다. 즉 스스로 알아서 집행해 주도록 요청한 후 가끔 확인할 뿐 별다른 조치를 취하지 않는 방식이다.

관계장관회의들이 집행을 확보하는 방식은 각국마다 다르다.

영국은 일찍부터 점검형을 채택해 왔고, 프랑스는 1984년부터 각서형을 채택하고 있다. 좀더 자세히 살펴보면, 영국에서는 내각위원회 결정에 대해 주기적으로 집행 상황을 점검하고 그 진도보고서(progress report)를 작성해서 배포하고 있다. 프랑스에서는 정책안이 소수장관회의에서 사실상 확정되자마자 집행계획서를 작성토록 한 다음, 정책안과 집행계획서를 국무회의에서 최종 확정시킨다. 확정이 되면 다시 집행계획서에 입각해서 총리 명의의 집행명령서를 작성한 후 집행 책임 부처들에게 전달한다.

한편, 미국과 한국은 점검형과 협조형을 채택하고 있다. 한국 관계장관회의들은 대부분 줄곧 협조형을 채택해 왔으나, 최근 들어 일부 관계장관회의들이 점검형을 채택하고 있다. 즉 대부분의 관계장관회의들이 집행계획서를 받거나 집행 점검을 실시하지 않는다. 다만, 분야별 관계장관회의들의 경우 지원기구나 주무부처에서 집행 상황이나 추진 실적을 파악해 본회의에 보고한다.[37] 마찬가지로 미국에서는 대통령 보좌관이 관리하는 분야별 관계장관회의와 일부 이슈별 관계장관회의들은 점검형을 채택해 왔으나 주무부처에서 관리하는 대다수 이슈별 관계장관회의들은 협조형을 채택하고 있다. 미국에서는 집행 점검시 집행 진도의 확인뿐만 아니라 집행 과정에

〈표 7-24〉 집행 점검의 유형과 각국 선호

유 형	각국 선호
각서형	프랑스 전체
점검형	영국 전체, 미국 다수, 한국 일부
협조형	한국 대다수, 미국 다수

37) 국정현안정책조정회의와 국가안보회의는 간헐적으로 집행 점검만 실시하는 경향이 있고, 경제정책조정회의는 분기별로 집행 점검을 실시해 그 결과를 장관급 본회의에 보고하고 있으며, 인적개발회의와 국가과학기술위원회는 연도별 시행계획의 추진 실적을 확인 평가해 장관급 본회의에 보고한다. 마지막으로, 사회문화정책관계장관회의는 주기적으로 점검해 그 결과를 연말 회의에 보고한다.

서 발생하는 부처간 갈등 등 문제점 해결에 역점을 두고 있다.

2) 집행 독려 기구

다음으로, 관계장관회의 시스템 내에서 집행을 독려하는 기구들을 유형화하면 지원기구형과 하부기구형으로 구분할 수 있고, 하부기구형은 다시 차관위원회형과 실무위원회형으로 구분할 수 있다. 지원가구형은 지원실 혹은 사무처 요원들이 집행을 독려하는 유형이고, 차관위원회형은 차관급 위원회에서, 실무위원회형은 차관보급 실무위원회에서 독려하는 유형이다.

각국의 유형을 비교해 보면, 영국과 프랑스 및 한국은 지원기구형을 채택하고 있다. 즉 영국에서는 내각지원실에서, 프랑스에서는 각종 총괄처에서 해당 부처들의 집행을 독려하고 있고, 한국에서는 지원기구로서 간사의 지휘 하에 있는 행정공무원(총괄과, 조정과)들이 집행 상황이나 추진 실적을 점검한다. 한편, 미국은 차관위원회형, 실무위원회형, 지원기구형 등 3개 유형을 모두를 채택하고 있다. 즉 대통령 보좌관이 직접 관리하는 주요 관계장관회의들 가운데 다수는 차관위원회를 통해 집행을 점검하고,[38] 일부는 실무위원회를 통해 점검하며,[39] 나머지 대다수 이슈별 관계장관회의들은 사무처 요원을 통해 점검한다.

---

38) 차관급 위원회를 통해 집행 점검을 실시한 관계장관회의의 예로는 아이젠하워의 국가안보회의(집행조정위원회, Operations Coordinating Board), 닉슨의 국가안보회의(차관위원회, Undersecretaries Committee)와 경제정책조정회의(집행조정그룹, Operation Group), 클린턴의 국가경제회의(차관위원회, Deputies Committee)와 국가과학기술회의(Deputies Committee, 차관위원회) 등이다.

39) 실무급 위원회를 통해 집행 점검을 실시한 예로는 레이건의 국가마약회의(마약집행조정그룹, Drug Enforcement Coordinating Group), 부시의 국가안보회의(정책조정실무위원회, Policy Coordinating Committees), 클린턴의 국가안보회의(부처간 실무작업반, Interagency Working Groups) 등이다.

제 8장 각국 관계장관회의 시스템의 평가

제 1 절 평가 기준과 대상

1 평가 기준과 지표

관계장관회의 시스템에 대한 평가를 하기 위해 이 책에서 활용하는 기준은 생산성, 능률성, 적시성, 충실성, 공정성이다. 각 기준들을 평가에 적용하기 위해서는 평가지표가 필요하다. 평가지표들을 어떤 시각에서 개발할 것인가?

관계장관회의 시스템에 대한 평가를 하기 위해 여기에서 사용하는 방법은 평가 기준들을 만족시킬 수 있는 구조, 절차, 운영 방식 등이 갖추어져 있는지 확인하는 것이다. 따라서 평가지표는 평가 기준과 관련된 구조, 절차, 운영 방식상의 특징들로 구성된다. 이러한 관점에서 각 평가 기준의 충족 여부를 확인할 수 있는 지표들의 구축 논리와 결과는 다음과 같다.

1) 생산성 지표

관계장관회의 시스템에 대한 생산성 평가는 관계장관회의 시스템이 얼마나 많은 쟁점들은 얼마나 잘 조정할 수 있는가를 평가하는 것이다. 이를 위해 이 책에서 개발한 지표는 앞서 제시한 시스템 설계의 관점에 따라 좀 더 많은 쟁점 이슈들을 처리하고 이견들을 더 많이 좁힐 수 있는 구조나 절차 및 운영 방식이 구축되어 있는지를 확인할 수 있는 지표들이다. 관계장관회의 시스템에서 쟁점 안건들을 몇 건 처리했고 각 안건별로 부처간 이견을 얼마나 좁혔는지를 확인하는 지표들이 아니다.

우선, 관계장관회의 시스템이 더 많은 쟁점 이슈들을 처리할 수 있으려면 관계장관회의 시스템이 조정기구로서 적극 활용되어야 한다. 적극 활용되기 위해서는 관련 부처들이 관계장관회의에 안건 상정하는 것을 기피해서는 안 되고 동시에 유사한 정책의 조정을 둘러싸고 경쟁하는 메커니즘이 설치 운영되어서는 안 된다.

다음으로, 관계장관회의 시스템이 부처간 이견을 잘 좁힐 수 있으려면 조정 역량이 있어야 한다. 조정 역량이 있으려면 회의를 재차 소집하더라도 본회의에서 반드시 이견을 타결할 수 있어야 한다. 타결이 안 되어 다른 조정기구로 넘긴다면 조정 역량이 부족한 것이다. 또한 갈등당사자들 간에 비공개 간담회를 운영할 수 있어야 한다. 합의 도출에 필요한 당사자들의 진의와 최소한의 조건을 정확히 파악할 수 있기 때문이다.

요약하면, 관계장관회의 시스템은 안건 상정의 기피 여부, 라이벌 메커니즘의 존재 여부, 다른 조정기구로의 이관 여부, 비공식 간담회의 활용 여부 등을 통해 활용(활성화) 정도와 조정 역량을 점검함으로써 그 생산성을 평가할 수 있다.

2) 능률성 지표

관계장관회의 시스템에 대한 능률성 평가는 시스템 운영상 시간과 노력의 낭비가 어느 정도 있는지를 평가하는 것이다. 관계장관회의 시스템의 능률성을 평가하기 위한 지표로 흔히 생각할 수 있는 것은 장관회의 1회당 처리 건수, 장관회의에서 한건 처리에 소요되는 시간, 안건이 상정된 이후 장관급 본회의에서 타결될 때까지 소요되는 시간, 관계장관회의 1개당 지원 인력의 규모 등이다.

그러나 이러한 지표들은 문제가 있다.

관계장관회의에서 안건들을 무더기로 요식 처리하는 것, 복잡하고 부처간 이견이 심한 안건들을 충분한 논의 없이 최단 시간에 졸속 처리하는 것

등을 능률적인 것으로 평가하게 된다. 능률성은 그 내용도 바람직한 것이어야 한다. 또한 관계장관회의 1개당 지원 인력의 규모는 능률성 지표로서 바람직한 측면은 있으나 평가가 현실적으로 불가능하다. 영국과 프랑스에서는 지원기구들의 인력 규모가 수시로 변하고 있다. 미국에서는 대통령 보좌관이 대통령에 대한 조언과 관계장관회의 시스템에 대한 지원을 동시에 수행하고 있고, 한국에서도 지원 요원들이 관계장관회의 지원 업무와 소속 부처 행정 업무를 동시에 수행하고 있어서 관계장관회의 지원 업무에 어느 정도의 시간을 할당하고 있는지 분리 측정이 불가능하다. 따라서 1개 관계장관회의에 몇 명의 지원 인력이 투입되고 있는지를 알아내기 어렵다.

관계장관회의 시스템의 능률성 평가지표들을 개발하기 위해 생각해 볼 수 있는 대안적 시각은 부처간 이견 조정에서 시간과 노력의 불필요한 중복이 있는지를 여부를 확인하는 것이다. 달리 말하면, 관계장관회의 시스템이 이러한 중복을 줄일 수 있는 구조, 절차 및 운영 방식을 가지고 있으면 능률적이라고 평가하는 것이다. 이러한 관점에서 능률성 평가지표로 생각할 수 있는 것은 세 가지이다.

첫째, 장관회의와 실무회의 간의 역할 분담이다. 관계장관회의 시스템 내에서 안건 처리에 투입되는 시간과 노력을 줄이기 위해 안건과 쟁점의 성격에 따라 장관회의와 실무회의 간에 역할을 적절하게 배분하고 있으면 능률적인 시스템이라고 평가하는 것이다. 예를 들면, 정치적 결단에 의해 타결될 수 있는 정치적 쟁점과 정확한 정보와 분석에 의해 해결될 수 있는 전문기술적 쟁점을 분리하여, 전자는 장관급 회의에서, 후자는 실무급 회의에서 집중 논의한 후 타결하면 능률적인 시스템이고, 장관급 회의나 실무급 회의가 위상에 맞지 않는 부적절한 안건과 쟁점들을 붙들고 논의함으로써 시간과 노력을 소비하면 비능률적 시스템이라고 보는 것이다.

둘째, 회의 참석자의 적정 규모이다. 불필요한 논의를 없애기 위해서는 관계장관회의 시스템 내의 각급 회의에 안건 내용과 관계없이 의무적으로 참석하는 멤버가 없어야 한다. 불필요하게 다수가 참석하면 집중적인 논의를 방해하고 쓸데없는 개입으로 쟁점 해결에 별 도움을 주지 못하면서 시간만 낭비하는 참석자들이 생기면 비능률적이라고 보는 것이다.

셋째, 안건의 선별 상정이다. 하급 회의에서 이견이 좁혀진 안건들이나 중요성이 크지 않은 안건들은 상급 회의에 기계적으로 자동 상정하지 않고,

이견이 여전히 남아 있는 안건들이나 중요한 안건들만 선별적으로 상정하면 타결된 동일 쟁점에 대해 중복 논의를 하지 않게 되므로 능률적인 시스템이라고 보는 것이다.

요약하면, 관계장관회의 시스템의 능률성 여부는 상하급 회의들 간의 역할 분담, 회의 참석 멤버의 규모, 타결안의 자동 상정 여부 등을 종합적으로 검토해 평가할 수 있다는 것이다.

3) 적시성 지표

적시성 평가는 관계장관회의 시스템이 여러 부처들이 관련된 쟁점 이슈들에 시의적절하게 대응할 수 있느냐를 평가하는 것이다. 적시성 확보를 위해서는 안건의 상정과 조정에 지체가 없어야 한다. 관계장관회의 시스템이 시의적절하게 대처할 수 있는지를 평가하기 위해 다음과 같은 지표들을 생각할 수 있다.

첫째, 안건 발굴과 상정의 적시성이다. 회의 안건을 관련 부처들이 제안하도록 유도하는 것뿐만 아니라 적극적으로 발굴하는 하부기구나 절차가 있으면 안건을 적시에 상정할 수 있다. 부처들은 자신들의 이해관계에 따라 상정을 지연시킬 수 있기 때문에 관련 부처들이 제안하기를 기다리기만 하면 안건을 적시에 상정할 수 없다.

둘째, 즉각 소집해 긴급 안건을 논의할 수 있는 수시회의의 활용이다. 정기회의 때까지 기다리지 않고 즉시 소집해 논의할 수 있는 수시회의를 운영한다면 적시에 조정을 시작할 수 있다.

셋째, 합의 도출의 지연 방지이다. 갈등 이슈들의 조정에 지체가 있으면 조정이 적시에 이루어지는 것이 아니다. 쟁점 이슈들은 타결하기 위해 투표를 하거나 곧장 회의를 연장하거나 특별회의를 소집한다면 조정의 시기를 놓치지 않을 수 있다.

요약하면, 관계장관회의 시스템의 적시성은 안건 발굴 메커니즘의 존재 여부, 수시회의의 활용 여부, 합의 지연 방지 메커니즘의 존재 여부 등을 검토해 평가할 수 있다는 것이다.

4) 충실성 지표

충실성 평가는 관계장관회의 시스템 내에서 정책 조정이나 추진이 충분한 정보와 다각적인 분석 및 집중적인 논의를 통해 이루어지는지를 평가하는 것이다. 관계장관회의 시스템이 정책의 조정이나 추진을 충실하게 할 수 있으려면 정책제안보고서의 질과 심의 조정의 질을 높이려는 절차나 관행이 마련되어 있어야 한다.

첫째, 정책제안보고서의 질을 높이기 위해서는 보고서를 제3자가 점검하는 특별한 절차나 운영 방식이 있어야 한다. 제3자가 정책제안보고서에 필요한 사항들이 모두 포함될 수 있도록 사전에 가이드 라인을 주거나 보고서가 작성된 이후에는 잘 작성되었는지를 검토해 보완하면 정책보고서의 질은 높아지기 때문이다.

둘째, 심의 조정의 질이 향상되려면 참석자들이 심의 조정에 임하기 전에 충분한 준비를 해야 하고, 회의에 임해서는 쟁점 이슈들을 다각도로 충분히 논의해야 한다. 쟁점 이슈들에 대한 사전 파악과 검토가 없이 회의에 참석하거나 논의 과정에서 상호 불간섭 행태[1]가 관행화되어 있으면 충실한 시스템이라고 볼 수 없다.

요약하면, 관계장관회의 시스템의 충실성은 사전지침, 평가보완, 토론 준비, 다각도 논의 등의 존재 여부를 통해 정책제안보고서의 질과 심의 조정의 질을 점검함으로써 평가할 수 있다는 것이다.

5) 공정성 지표

공정성 평가는 관계장관회의 시스템 내에서 관련 부처들의 참여가 보장되고 그들의 입장이 공정하게 취급되는지를 평가하는 것이다. 다시 말해, 관련 부처들 가운데 일부 부처가 관계장관회의 시스템의 구성과 운영에서 소외되거나 주도하지 않아야 한다. 공정성을 확보하기 위해서는 관계장관회의 시스템의 구성이 특정 부처들에게 일방적으로 유리하거나 그 운영을 특정 부처가 일방적으로 주도해서도 안 된다. 관계장관회의의 시스템의 구성 시에 이해관계 부처들이 모두 참여할 수 있어야 하고, 운영에서는 중립적인 제3자가 주도해야 한다.

1) 부처이기주의와 상호불간섭은 자신의 의견을 관철하려는 관료적 행태이다. 상호불간섭은 각 부처들이 부처이기주의적 주장을 하고 이를 관철하기 위해 다른 부처들의 부처이기주의적 주장에 이의를 달지 않는 것이다. 다시 말해 상호불간섭을 통해 서로가 상대방의 의견에 이의를 달지 않음으로써 일종의 암묵적인 주고받기를 하는 것이다.

요약하면, 공정성 평가를 위한 지표로 이해관계 부처의 참석 보장과 제3자에 의한 운영을 생각할 수 있다.

이상에서 논의된 평가지표들을 요약하면 <표 8-1>과 같다. 각 기준별 평가는 복수 지표들에 의해 이루어지는데, 충족되는 지표들이 많을수록 평가가 높고 그 반대이면 낮다.2)

〈표 8-1〉 관계장관회의 시스템에 대한 평가 기준과 지표

평가 기준	지 표
생산성	- 관계장관회의 시스템이 실질적인 정책조정기구로 활용되고 있는가? 관련 부처들이 안건 상정을 기피하지는 않는가? 관계장관회의 시스템을 대신할 수 있는 라이벌 메커니즘은 없는가? - 부처간 이견은 잘 좁혀지는가? 결론 없는 회의만 반복되는가? 다른 기구의 개입은 없는가? 합의 도출을 용이하게 하기 위해 비공개 회의를 활용하는가? > 활성화, 조정 역량
능률성	- 장관급 회의와 실무급 회의 간 역할 분담이 이루어지고 있는가? - 불필요한 끼어들기가 없을 만큼 회의 참석자가 적정 규모인가? - 상급 회의에 안건을 선별적으로 상정하는가? 기계적으로 모두 상정하는가? > 역할 분담, 적정 규모, 안건 선별 상정
적시성	- 부처간 갈등 이슈들을 미리 발굴해 안건으로 선정 및 상정하는가? - 즉각 소집 가능한 수시회의는 활용되는가? - 지체없는 조정을 위해 투표나 연장 토론을 활용하는가? > 안건 발굴 상정, 수시회의 활용 합의 지연 방지
충실성	- 보고서와 자료가 충실히 작성되도록 조치를 취하는가? - 참석자들이 충분한 준비를 한 후 심의 조정에 임하는가? - 쟁점에 대한 토론은 다각도로 이루어지는가? 상호 불간섭 혹은 의견 개진 방해 등은 없는가? > 보고서 점검, 토론 준비, 다각 토론
공정성	- 이해관계 부처들의 참석이 보장되는가? - 제3자에 의해 중립적으로 운영되는가? > 참석 보장, 제3자 운영

2) 이 지표들에 필요한 정보는 각국의 법령과 정부문서 및 인터뷰를 통해 파악할 수 있어서 실제로 활용 가능한 지표이다.

2 평가 대상 시스템

이 책에서는 영국과 프랑스의 경우 모든 관계장관회의 시스템들을 대상으로 평가하고 미국과 한국의 경우 분야별 관계장관회의 시스템들을 대상으로 평가한다.

영국과 프랑스에서는 모든 관계장관회의들이 유사한 틀에 따라 설치 운영된다. 즉 지원기구인 내각사무처나 분야별 총괄처가 중심이 되어 대통령 혹은 총리와 상의해서 필요한 관계장관회의들을 설치하고, 모든 관계장관회의들이 유사한 방식과 절차에 따라 운영된다. 따라서 모든 관계장관회의들을 한꺼번에 평가할 수 있다.

그러나 미국과 한국은 필요에 따라 개별적으로 관계장관회의들을 설치해 왔고, 각 관계장관회의들도 독립적으로 발전해 왔으며, 그 구조와 운영방식 및 절차는 정권별로 관계장관회의별로 차이가 있다. 따라서 모든 관계장관회의들을 한꺼번에 평가하기가 어렵다.

그런데 미국과 한국에서는 분야별 관계장관회의들이 구축되어 정권이 바뀌어도 폐지되지 않고 유지되면서 정책 조정과 추진의 핵심기구로 발전되어 왔다.[3] 이들 분야별 관계장관회의들은 양국에서 시간이 흐를수록 이슈별 관계장관회의들을 흡수하거나 대신하면서 그 중요성이 커지고 있다. 그뿐만 아니라 많은 이슈별 관계장관회의들에 대한 정보가 제대로 기록되어 있지 않다. 따라서 여기에서는 편의상 미국과 한국의 경우 분야별 관계장관회의들을 평가한다.

---

3) 미국에서는 닉슨 정부에서 기존의 국가안보회의에 추가해 국내문제회의와 경제정책회의를 설치함으로써 분야별 관계장관회의 시스템이 정비되기 시작했는데, 최근 부시 대통령에 의해 과학기술 분야 관계장관회의가 추가되어 오늘날 국가안보회의, 국가경제회의, 국내정책회의, 과학기술회의 등 4개 분야별 관계장관회의가 설치 운영되고 있다. 또한 한국에서는 1960년대부터 경제장관회의와 국가안보회의만 존재하다가 김대중 정부에 들어서서 인적자원개발회의와 사회장관회의를 설치함으로써 분야별 관계장관회의 시스템이 정비되었고 최근 들어 과학기술 분야 관계장관회의가 추가되었다. 오늘날 국가안보회의, 경제정책조정회의, 인적자원개발회의, 사회문화정책관계장관회의, 국가과학기술위원회(과학기술관계장관회의) 등 5개 분야별 관계장관회의가 운영되고 있다.

제 2 절 영국 내각위원회 시스템에 대한 평가

1 높은 생산성

영국 내각위원회 시스템은 생산적이라고 평가할 수 있다. 역대 총리들이 내각위원회 시스템을 국정운영의 수단으로 적극 활용해 왔고, 또한 안건을 둘러싼 갈등을 잘 조정할 수 있는 장치가 마련되어 있으며, 합의 도출이 용이하도록 회의를 운영하고 있기 때문이다. 평가지표인 활성화 여부, 조정 역량, 비공식 회의 활용 여부 등을 좀더 자세히 살펴보면 다음과 같다.

먼저, 영국의 내각위원회 시스템은 국정운영의 중추기구로 활용된다. 역대 총리들이 국정운영 기구로서 내각회의의 문제점을 극복하기 위해 내각위원회 시스템을 발전시키고, 자신들의 노선을 구현하기 위해 국정운영에 핵심적인 내각위원회들의 의장을 직접 담당함으로써 내각위원회 시스템을 적극 활용해 왔다. 윌슨과 대처 등 일부 총리들이 대통령제적 국정운영을 시도하면서 국정운영의 방향이나 일부 핵심 현안의 처리를 위해 내각위원회가 아닌 비공식 측근 그룹을 활용한 적은 있었다. 그러나 그것은 예외적인 현상이다. 더군다나 미국이나 프랑스에서와는 달리 영국에서는 총리의 정책보좌기구가 제대로 발달되어 있지 않아 국정운영 기구로서의 내각위원회를 대신할 수는 없게 되어 있다. 따라서 영국의 내각위원회 시스템은 활성화되어 있고 라이벌 메커니즘이 발달되어 있지 않다.

다음으로, 조정 역량 측면에서 보면, 영국 내각위원회 시스템은 갈등을 효과적으로 조정할 수 있는 구성과 행태 및 절차를 갖추고 있다.

구성 측면을 보면, 장관급 내각위원회 의장은 부처간에 중립적인 총리나 무임소장관들이 주로 담당하고 있을 뿐만 아니라 실무 내각위원회는 정책이슈에 대한 전문성과 정부내 동태적 과정에 대한 경험 및 부처간 횡적 네트워크를 갖고 있는 공무원들로 구성되어 있어서 부처간 조정이 용이하게 되어 있다. 그뿐만 아니라 행태적 측면을 보면, 내각위원회 의장과 멤버들은 어떻게든 내각위원회 내에서 타결하려고 노력한다. 그 결과 회의를 재차 소집하거나 다른 내각위원회로 미루는 경우는 별로 없다. 내각장관 겸 집권당 유력 정치인들인 이들이 재차 모임을 가질 만큼 시간적 여유가 많지 않을뿐더러 다른 내각위원회로 넘기면 국정운영의 주도권을 빼앗기기 때문이다.[4)]

또한 절차적 측면에서도 내각지원실에서 사전 준비를 철저히 하고, 실무위원회를 통해 1차 조정을 하며, 본회의 의장에게 회의운영메모(Steering Brief)를 제공함으로써 내각위원회가 용이하게 합의 도출할 수 있도록 되어 있다. 특히 회의운영메모는 안건의 배경과 정책대안뿐만 아니라 부처간 이해관계, 예상되는 결론, 필요한 결론, 쟁점 처리 방법 등을 기록한 일종의 정보 및 전략에 관한 메모인데, 이 회의운영메모를 통해 의장에게 본회의 논의의 방향과 전략을 제공함으로써 토론이 표류하지 않고 주어진 시간 내에 필요한 합의에 도달할 수 있도록 유도한다.

마지막으로, 영국의 내각위원회는 대부분 비공개로 열리고 있다. 영국의 국정운영 원칙인 공동책임 원칙 하에서는 장관들은 내각회의나 내각위원회의 결정에 대해 공동으로 책임을 져야 하고 이에 반대하는 장관들은 사임해야 한다. 장관들이 내각위원회의 결정에 책임을 지기 위해서는 각자의 개인 의견과 소관 부처의 입장을 충분히 개진할 수 있어야 하고 합의 도출에 적극 참여해야 한다. 이러한 의견 개진과 합의 도출을 촉진하기 위해 내각위원회 회의는 대부분 비공개로 열린다.

2 비교적 높은 적시성

내각위원회 시스템은 국정 이슈들에 대해 시의적절하게 대응할 수 있는 조건을 어느 정도 갖추고 있다. 그러나 충분하지는 않다. 안건들을 적시에 발굴 상정하는 절차가 마련되어 있고 부처간 이견을 신속하게 조율할 수 있는 방법을 활용하고 있으나, 긴급한 안건을 처리하기 위해 필요에 따라 즉각 소집할 수 있는 수시회의가 없기 때문이다. 이와 같은 평가의 근거로

4) 이들 정치적 실력자들은 언젠가는 총리직에 도전하기 위해 집권당 내에서 영향력을 확대해야 할 뿐만 아니라 국정운영에서 좋은 실적을 쌓아 국민들의 지지를 넓혀야 한다.

서 안건의 발굴 여부, 수시회의의 활용 여부, 합의 지연의 방지 여부 등에 관해 차례로 살펴보면 다음과 같다.

먼저, 영국 내각위원회 시스템에서는 안건들이 조기에 발굴되어 상정될 수 있는 메커니즘이 마련되어 있다. 영국 내각지원실은 각 부처내 정책개발 상황뿐만 아니라 정부 밖의 주요 상황 진전을 모니터링해 여러 부처들이 관련된 이슈들을 발굴 추적하고 어느 시점에서 관련 부처들이 협의해야 하는지를 조언하고 있다. 또한 내각사무처장은 매주 내각지원실장들과 회합을 갖고 향후 2~3주 내에 어떤 이슈들을 논의해야 하는지 파악해 어느 내각위원회를 언제 소집해야 하는지 스케줄을 짠다. 그 결과 안건 상정이 시기를 놓칠 가능성은 별로 없다.

다음으로, 영국 내각위원회 시스템 내에는 필요에 따라 즉각 소집할 수 있는 내각위원회나 수시회의가 없다. 긴급 현안이 발생하면 기존 내각위원회에 상정되는 것이 아니라 총리와 주무장관들이 비공식 협의를 통해 처리하는 경향이 있다.

마지막으로, 영국 내각위원회 시스템 내에서는 부처간 합의 도출에 가장 빠른 방법을 개발해 활용하고 있다. 구체적으로 보면, 영국 내각위원회에서는 합의 도출의 시간을 단축하기 위해 시간이 많이 소요되는 장관회의를 소집하기보다는 내각지원실에서 회람을 통해 부처간 합의를 도출하는 방식을 적극 활용하고 있다. 회람을 통한 합의 도출이 어려울 것으로 판단되거나 회람을 통한 합의 도출이 실패했을 때 장관회의를 소집한다. 또한 장관회의에 안건이 상정되면 어떻게든 타결한다. 다음 회의로 연기하는 경우는 별로 없다. 그 결과 쟁점 안건에 대한 조정이 지체되어 정책 대응의 시기를 놓칠 가능성은 별로 없다.

3 높은 능률성

내각위원회 시스템은 능률적이라고 평가할 수 있다. 장관급 내각위원회와 실무 내각위원회 간에 역할 분담이 잘 되어 있고, 장관급 내각위원회의 규모가 능률적이고 집중적인 논의를 어렵게 할 만큼 비대한 것도 아니며, 또한 안건 처리에서 쟁점들이 불필요하게 중복 논의되는 구조나 절차를 없

왔기 때문이다. 이와 같은 평가 근거로서 역할 분담, 참석 규모, 쟁점 상정 방식 등을 검토하면 다음과 같다.

먼저, 영국 내각위원회에서는 실무 내각위원회가 기술적인 쟁점이나 그리 크지 않는 갈등을 조정 타결하고, 장관급 내각위원회는 정치적이고 갈등이 큰 쟁점들을 타결하고 있다. 또한 이슈에 따라서는 장관들과 고위공무원들로 구성된 혼합 내각위원회를 만들어 부처간 이견 조정 과정에서 실무 내각위원회의 1차 조정을 생략하기도 한다. 그리하여 장관급 내각위원회를 불필요하게 자주 소집하는 것을 억제해 장관들의 시간과 노력이 낭비되지 않도록 하고 있다.

다음으로, 영국 내각위원회들의 참석 규모도 적정한 편이다. 적게는 4~5명, 많으면 15~17명 정도로 평균 대체로 7~10명으로 구성되는 경향이 있다. 영국에서는 중요한 내각위원회의 경우 규모가 필요 이상으로 커지는 경향이 있다. 내각장관들이 서로 멤버가 되려고 할 뿐만 아니라 한번 참석하게 되면 자신들의 관심 이슈가 더 이상 논의되지 않음에도 불구하고 계속 참석하기 때문이다. 그리하여 규모가 지나치게 커지면 내각위원회는 분과위원회들을 설치하는 경향이 있다. 이러한 분과위원회 활용을 통해 영국 내각위원회는 심도 있는 논의에 참석자가 많아지는 것을 방지하고 있다.

마지막으로, 영국에서는 부처간 갈등 이슈들을 1차적으로 부처간에 비공식 조정을 시도한 후 여의치 않을 경우 내각위원회에 선별적으로 상정하고 있다. 부처간 이견이 있는 쟁점 이슈들 즉각 모두 내각위원회에 자동 상정하지는 않는다. 실무 내각위원회에서 조정되면 장관급 내각위원회에 상정하지 않는다. 장관급 내각위원회를 소집하기 이전에 문서를 회람하거나 이해관계 당사자 장관들 간의 비공식 접촉을 통해 타결을 시도한다. 요약하면, 쟁점 안건들을 모두 기계적으로 장관급 내각위원회에 상정하지 않음으로써 중복 논의 가능성을 배제하고 있다.

4 높은 충실성

내각위원회 시스템은 논의가 충실하게 이루어지도록 운영되는 편이다. 정책제안보고서가 충실하게 작성되도록 하는 절차가 마련되어 있고, 또한 회의에서도 준비된 토론과 진지한 토론이 이루어지도록 하고 있기 때문이다. 이와 같은 평가 근거로서 정책제안보고서의 점검, 토론 준비와 토론 방식 등에 대해 살펴보면 다음과 같다.

먼저, 영국 내각지원실에서는 정책제안보고서의 품질관리를 위해 사전지침을 제공하고 사후평가를 실시하고 있다. 정책제안보고서를 작성할 부처에게 무엇이 분석되어야 하는지에 대한 지침을 주고 있고, 보고서가 작성된 뒤에는 이를 검토 평가해 미흡한 부분을 보완하도록 하고 있다.

다음으로, 본회의에서 논의되기 이전에 안건들과 정책제안보고서를 최소 1주일 전에 해당 내각위원회 멤버 장관들에게 배포해 충분히 검토한 후 회의에 임하도록 하고 있고, 회의 진행도 준비 없는 즉흥적 자유 토론보다는 이슈를 다각도로 분석한 정책제안보고서를 검토하는 방식으로 진행하는 경향이 있다. 그 결과 장관들이 정책제안보고서를 제대로 읽지 못한 채 논의에 임하게 되어 충실성을 훼손하는 경우가 거의 없다. 그러나 영국에서는 장관들이 참석해야 할 내각위원회들이 너무 많아 장관들의 회의 준비가 부실해지는 경우가 있다.

마지막으로, 영국에서는 공동책임의 원칙상 내각위원회에서 특정 의견을 배제하거나 장관들 간에 타부처 소관 안건에 대해 의견을 제시하지 않는 상호 불간섭은 허용되지 않는다. 그러나 장관들이 내각회의의 멤버로서보다는 소관 부처를 대표하는 장관으로서 내각회의에 임하는 경향이 있어서 상호 불간섭 경향이 전혀 없지는 않다. 그럼에도 불구하고 영국 내각위원회에서 상호 불간섭은 상대적으로 적고 장관들간 논의가 활발한 편이다.

5 양면적인 공정성

영국 내각위원회 시스템은 공정성 측면에서 이중적이다. 한편에서는 공정성 확보를 위한 조치를 취하고 있는 반면, 다른 한편에서는 공정성에 반하는 조치를 취하고 있기 때문이다. 즉 내각위원회 참석 멤버를 선정하는 데는 공정성을 별로 고려하지 않으나 의장과 지원기구의 선정시에는 공정성을 크게 배려하고 있기 때문이다. 영국 내각위원회의 멤버 구성과 운영자를 보면 다음과 같다.

먼저, 영국 내각위원회 의장을 정할 때는 공정성이 고려된다.

안건들이 중요하고 복잡해 많은 논란이 예상되는 내각위원회의 의장은 총리 혹은 무임소장관들이 담당하도록 하고 있고, 논란이 그리 많지 않은 내각위원회의 경우만 주무부처 장관으로 하여금 의장을 맡도록 하고 있기 때문이다. 그 결과 내각위원회의 의장을 주무장관이 담당하지 않는 경우가 많기 때문에 주무부처의 횡포를 방지할 수는 있다.[5] 또한 영국에서는 내각위원회들을 주무부처가 아닌 내각지원실에서 관리하고 운영한다. 내각위원회 시스템 운영에 이해관계 부처들이 간여하지 않고 제3자인 내각지원실이 전담함으로써 공정성을 도모하고 있다.

그러나 내각위원회 멤버 구성에는 일부 업무 관련 부처 장관들이 배제되는 경우가 있다. 내각위원회 멤버 선정은 공정성보다는 전략적 고려에 의해 구성된다. 총리들이 자신의 정책노선을 지지하는 장관, 의회나 집권당에서 영향력을 행사해 줄 장관, 전문적이고 지적인 토론을 해 줄 장관들을 포함시켜 왔는데, 이 과정에서 업무상 관련성이 있는 장관들을 모두 다 포함시키지는 않았다.

제 2 절 프랑스 소수장관회의 시스템에 대한 평가

1 높은 생산성

프랑스의 소수장관회의 시스템도 생산적인 시스템으로 평가할 수 있다. 대통령과 총리 및 이들의 정책보좌관들이 소수장관회의 시스템을 정책조정기구로 적극 활용하고 있을 뿐만 아니라 부처간 이견 조정에 깊숙이 간여하고 비공식 회의도 적극 활용해 조정을 잘 하고 있기 때문이다. 프랑스 소

5) 그러나 주무부처의 책임을 묻기가 쉽지 않다. 장관들의 집단적 책임을 강조한 결과이지만, 총리 보좌관들이 적극적으로 간여하지 않는 상황에서 주무장관의 영향력이 지나치게 축소되어 있는 것은 정책의 추진력을 약화시킬 수 있다.

수장관회의 시스템의 활용도, 조정 역량 및 비공식 회의 활용도 등을 살펴보면 다음과 같다.

먼저, 프랑스에서 소수장관회의 시스템은 정책조정의 중추기구로서 적극 활용되고 있다. 대통령과 총리가 관계장관회의와 관계장관위원회를 각각 직접 주재하고 있을 뿐만 아니라 그들의 정책보좌관들도 부처간 이견을 독자적으로 조정하기보다는 소수장관회의 시스템을 활용해 조정하고 있기 때문이다. 부처간 이견 조정기구로서 다른 메커니즘은 전혀 발달해 있지 않다.

다음으로, 프랑스 소수장관회의 시스템은 부처간 갈등 조정을 용이하게 하는 구조와 절차를 갖추고 있다. 프랑스 정책보좌관들은 총리 비서실이나 여타 장관들의 비서실로 옮겨다니는 경우가 많아 부처 소속 공무원들에 비해 특정 부처 이해관계에 민감하지 않고 대통령이나 총리 및 다른 부처들의 입장을 많이 고려하는 경향이 있다. 부처 내에서 정책 초안을 작성할 때 장관 정책보좌관들이 정치적이고 정책적인 정책안에 대해 적극 조언을 하거나 직접 작성하고 있고, 1차 조정기구인 실무회의에 장관 정책보좌관들이 많이 참석하고 있을 뿐만 아니라 의장도 총리 정책보좌관이 담당한다. 장관급 본회의도 대통령 혹은 총리가 직접 주재한다. 이러한 요인들 때문에 부처간 이견 타결이 용이하다.

마지막으로, 프랑스에서는 관계장관회의나 관계장관위원회를 필요하면 언제라도 비공개로 진행했다. 오히려 회의는 비공개가 일반적이고 특별한 경우에 한해 공개하고 있다.

2 높은 적시성

프랑스 소수장관회의 시스템도 변화하는 상황에 시의적절하게 반응할 수 있는 시스템이라고 평가할 수 있다. 안건의 선정과 상정 및 이견 타결에서 지체를 막을 수 있는 구조와 절차가 마련되어 있기 때문이다. 이러한 평가의 근거로서 안건의 발굴, 수시회의의 활용, 합의 지연 가능성 등을 살펴보면 다음과 같다.

먼저, 프랑스 소수장관회의 시스템 내에서는 안건들을 조기에 발굴해 상정할 수 있는 메커니즘이 갖춰져 있다. 총괄처 스태프들이 각 부처내 활동을 모니터링하고 있어서 갈등의 소지가 있는 이슈들을 조기에 발견할 수 있고, 6개월마다 작성되는 국정운영 프로그램을 통해 장차 등장할 안건들을 미리 예측하고 준비하기 때문이다.

다음으로, 프랑스에서는 필요하면 언제든지 임시 관계장관회의나 임시 관계장관위원회를 소집할 수 있다. 안건이 일단 선정되면 즉각 소집할 수가 있어서 회의 소집이 어려워 논의와 조정이 지연되는 경우는 없다.[6)]

마지막으로, 프랑스 소수장관회의 시스템 내에서 부처간 합의가 지연되는 경우는 별로 없다. 장관급 본회의와 실무회의의 의장들이 갈등 당사자 부처들의 장관이 아닌 대통령, 총리 및 그들의 정책보좌관 등에게 맡겨져 있어서 회의가 표류하거나 조정이 지연되는 경우는 별로 없기 때문이다.

3 비교적 높은 능률성

프랑스 소수장관회의 시스템은 상당히 능률적인 시스템이다. 역할 분담이나 참석 규모 및 안건 처리에서 불필요한 중복이나 능률성을 저해할 요인들이 거의 없기 때문이다.

이를 구체적으로 살펴보면 다음과 같다.

먼저, 프랑스에서도 영국처럼 쟁점에 대한 논의에서 장관급 본회의와 실무회의 간에 역할 분담은 잘 되어 있다. 즉 정치적 쟁점은 장관급 본회의에서 전문 기술적 쟁점은 실무회의에서 집중 논의해 타결한다. 또한 실무회의에서 이견이 타결되면 장관급 본회의에 상정하지 않는다. 이런 점에서 프랑스 소수장관회의 시스템은 절차상 상당히 능률적이다. 다만, 실무회의에서 타결이 안 되면 장관급 본회의에 상정하기 전에 다시 한 번 장관비서실장 회의를 거치게 하고 있어서 능률성을 저하시키는 측면이 있다.

다음으로, 프랑스의 관계장관회의나 관계장관위원회는 대체로 규모가 크지 않다. 관계장관회의나 관계장관위원회들이 분야별로 발달하지 않고 이슈별로 세분화되어 왔기 때문이다. 관계장관회의는 보통 6~7명 정규 멤버

6) 비상시 기밀을 요하는 안건인 경우 소수장관회의 시스템에 의한 사전 준비 없이 대통령-총리-주무장관 라인에서 비공식 회합을 통해 결정하고 있다.

와 기타 안건 관련 임시 멤버들로 구성되고, 관계장관위원회는 7~15명의 정규 멤버와 기타 안건 관련 임시 멤버들로 구성된다. 따라서 프랑스 관계장관회의나 관계장관위원회는 규모면에서 비능률을 초래할 가능성이 적다. 그러나 실무회의는 참석 멤버가 평균 15명 정도여서 능률적인 논의를 저해할 소지가 있다.

마지막으로, 프랑스 소수장관회의 시스템 내에서 안건들은 선별적으로 상정된다. 쟁점 이슈들은 제1차 실무회의, 제2차 장관비서실장 회의, 제3차 장관급 본회의 등을 거치는데, 실무회의의 제1차 조정이나 비서실장회의의 제2차 조정에서 부처간 이견이 타결되면 그것으로 심의 조정 절차가 종결된다. 타결된 안건들이 상급 회의에 기계적으로 상정되지는 않는다.

4 비교적 높은 충실성

프랑스 소수장관회의 시스템은 충분하지는 않지만 상당한 정도의 충실성을 확보하고 있다. 정책제안보고서를 점검하는 절차가 있고, 쟁점 이슈들에 대한 부처간 논의를 위해 충분히 준비하고 논의하는 관행을 갖고 있기 때문이다. 다만, 소수장관회의들의 관할 범위가 지나치게 세분화되어 관련 이슈들이 서로 다른 소수장관회의에서 분산 논의됨으로써 시너지 효과를 만들어 낼 수 있는 유사 정책들 간의 연계(package화)가 용이하지 않다는 것이다.

먼저, 정책제안보고서에 대한 평가보완 절차를 가지고 있다. 즉 프랑스에서는 분야별 총괄처에서 정책제안보고서가 주요 대안들을 고려했는지, 근거 자료는 충분하고 그 분석은 정확한지, 제안들이 대통령 노선에 맞는지, 기존 법률이나 정책과 상충되지는 않는지, 집행시 문제는 없는지 등을 검토하고 부족한 부분이 있으면 보완을 요청한다.

다음으로, 프랑스에서는 실무회의이든 장관급 본회의이든 회의 참석자들은 개인 자격이 아니라 부처 대표로서 참석하도록 하고 있기 때문에, 참석자들은 회의 안건들을 사전에 충분히 숙지하고 내부 의견 수렴이나 토론을 거쳐 소속 부처의 입장을 명확히 한 후에 토론에 임한다.

마지막으로 쟁점 이슈에 대해 충분히 논의하는 관행을 가지고 있다. 논의 결과 이견이 좁혀지지 않으면 표결 처리하는 것이 아니고 재차 삼차 회의를 소집해 충분한 논의를 거쳐 타결한다. 이 과정에서 이해관계 부처들의 의견 개진이 배제되는 경우는 거의 없고 타부처 제안 안건들에 대해 의견 표출을 자제하는 상호불간섭 경향도 별로 없다.

5 높은 공정성

프랑스 소수장관회의 시스템은 부처간에 공정성을 충분히 보장하고 있다. 모든 회의에 이해관계 부처들의 참석이 보장되고 있고, 회의 진행이 특정 부처 주도로 이루어질 가능성은 거의 없기 때문이다. 프랑스 소수장관회의 시스템 내에서 이해관계 부처의 참여와 회의 운영을 살펴보면 다음과 같다.

관계장관회의에서건 관계장관위원회에서건 장관급 본회의에서건 실무회의에서건 안건 관련 부처들이 배제되는 경우는 없다. 참석 멤버가 그때그때 정해지는 임시 관계장관회의나 임시 관계장관위원회에서도 이해관계 부처들은 항상 초청된다. 그 결과 관련 부처들의 입장이 충분히 논의되고 반영된다.

또한 장관급 본회의나 실무회의 의장을 이해관계 부처 장관이나 고위공무원들이 담당하는 것이 아니고 제3자인 대통령, 총리 및 그들의 정책보좌관이 담당하기 때문에 회의를 특정 부처에게 유리하게 편파적으로 진행할 가능성은 없다. 특히 국방 분야에서는 여러 부처들이 관련된 안건인 경우 공정성을 위해 총리나 대통령의 정책보좌관이 관련 부처 공무원들과 함께 정책제안보고서를 작성하기도 한다.

제 3 절 미국 분야별 관계장관회의 시스템에 대한 평가

1 분야별 · 정권별로 차이가 있는 생산성

미국 관계장관회의 시스템들의 생산성을 살펴보면 분야별 · 정권별로 차이가 있다. 대체로 국가안보회의 시스템들과 국가과학기술회의 시스템은 그 활용도와 조정 역량이 높은 반면, 국내정책회의 시스템들은 낮은 편이다. 경제정책회의 시스템들은 그 중간쯤 된다. 이들의 활용도와 조정력을 구체적으로 살펴보면 다음과 같다.

1) 활용도

미국의 역대 국가안보회의 시스템들과 과학기술회의 시스템은 대부분 정책조정의 중추기구로 활용되었다. 제2차 세계대전을 거치면서 세계 최강의 국가로서 등장한 미국은 새로운 국제정치 질서를 구축하고 소련과의 대결에 대처하기 위해 효율적인 정책결정기구가 필요했다. 이에 미국 대통령들은 국가안보회의 시스템을 정교하고 방대하게 발전시켜 왔고 또한 한국전, 월남전, 중동전, 아프가니스탄전, 이라크전 등 수많은 군사적 도전에 대응해 적극적으로 활용해 왔다. 다만, 카터와 레이건 대통령은 국가안보회의 시스템을 적극 활용하지 않았다. 카터 대통령은 국가안보정책 조정을 위해 공식적 국가안보회의 시스템에 전적으로 의존하지 않고 비공식 회의 시스템을 구축해 경쟁적으로 활용했다. 레이건 대통령은 국가안보회의 시스템을 상당 부분 무력화시켰다. 국가안보보좌관의 위상과 영향력을 격하 축소시켰고 안건 처리 절차도 구축하지 않았다.

반면에, 국내정책회의 시스템들은 그 활용도가 미흡한 편이었다. 닉슨, 레이건, 부시 및 클린턴 대통령의 국내정책회의 시스템은 정책조정기구로서 적극 활용되지 않았다. 다만, 카터 대통령의 국내정책회의 시스템만 적극 활용되었다. 국내정책회의 시스템이 적극 활용되지 않은 것은 대통령들이 정책조정 메커니즘을 다원화시켰거나 추진해야 할 대통령 어젠다가 많지 않았기 때문이다. 닉슨 대통령은 국내정책회의를 설치해 놓고도 이를 활용하지 않고 주무장관과 국내정책보좌관을 불러 조정했고, 클린턴 대통령은 국내정책 추진 조정을 국내정책회의뿐만 아니라 부통령실, 영부인, 주무부처 등으로 분산시켰다. 부시 대통령은 대외정책에 치중한 나머지 추진해야 할 국내정책 어젠다를 마련하지 못했고, 레이건 대통령이 국내정책회의 시스템을 구축했던 집권 2기는 이미 대통령의 국내정책 어젠다가 다 소진된 상태였다.

한편, 경제정책회의 시스템의 활용도를 보면 정권별로 차이가 있다. 대체로 포드, 카터, 레이건(집권 1기), 클린턴 대통령은 자신들이 최종 결정하기 전에 경제정책회의를 적극 활용한 반면, 닉슨, 레이건(집권 2기), 부시 대통령은 경제정책회의를 우회해 대통령 보좌관들이나 개별 장관들을 활용한 편이었다.

이러한 차이는 대통령의 정책 어젠다 유무와 국정운영 스타일에 의해 좌우된 것 같다. 포드, 카터, 레이건(집권 1기), 클린턴 대통령은 당시 어려운 경제 여건 하에서 추진해야 할 정책 어젠다를 다수 갖고 있었으나, 레이건(집권 2기)과 부시 대통령 하에서는 레이건 대통령 집권 1기에 보수주의적인 경제 어젠다를 거의 다 소진해 추가로 추진할 어젠다가 별로 없었다. 그러나 닉슨 대통령은 추진해야 할 경제 어젠다를 다수 가지고 있었으나 토론과 집단적 논의를 싫어하는 스타일 때문에 경제정책회의를 적극 활용하지 않았다.

2) 조정 역량

역대 국가안보회의 시스템들은 대부분 정책대안들을 둘러싼 부처간 이견들을 잘 조정해 왔다. 대통령 국가안보보좌관들이 정교한 정책조정 절차를 구축했을 뿐만 아니라 실무 차원의 조정 단계와 장관급 본회의 차원의 조정 단계는 물론 정책대안의 작성 단계에도 적극 개입해 책임감 있게 운영했기 때문이다. 다만, 카터와 레이건 대통령의 국가안보회의 시스템은 조정력을 제대로 발휘하지 못했다. 카터 대통령은 국가안보회의 산하 장관급 하부기구들의 업무 관할을 분명하게 하지 않은 결과 공식적 국가안보회의 시스템은 경쟁과 갈등으로 조정력을 제대로 발휘하지 못했다. 레이건 대통령은 국가안보보좌관의 위상과 영향력을 격하 축소시키고 국가안보회의 산하 3개 고위협의그룹들의 운영을 주무부처들에게 맡긴 결과, 국가안보회의 시스템이 짜임새 있게 운영되지 못하고 권한을 둘러싼 내부 갈등으로 조정 과정에서 정체와 혼란이 빈번했다.

반면에, 국내정책회의 시스템들은 그 조정력이 미흡한 편이었다. 닉슨, 카터, 레이건 및 클린턴의 국내정책회의 시스템은 상정된 안건을 둘러싼 부처간 이견을 좁히는 능력도 부족했다. 다만, 부시의 국내정책회의 시스템은 적극 활용되지는 않았으나 일단 안건이 상정되면 부처간 이견은 잘 좁혔다. 국내정책회의 시스템들이 조정력이 부족했던 이유는 다양했다. 대통령의 간여 부족과 지원기구의 무능력 및 다양한 대안들을 선호하는 대통령의 성향 등이었다.

레이건과 클린턴 대통령의 국내정책회의 시스템은 대통령의 참석이 배제되고 지원기구의 무능력으로 인해 조정력이 약화된 경우이다. 레이건 대통령 집권 2기에 신임 비서실장이 자신의 영향력을 강화시키기 위해 국내정책회의에서 대통령의 참여를 배제하고 그 지원기구도 노하우와 영향력이 있는 정책개발실을 무시하고 자신의 측근이 관리하는 내각지원실로 변경했는데, 그 결과 관련 부처들의 비협조를 초래해 조정력을 상실했다. 클린턴 대통령의 국내정책회의 시스템에서도 대통령이 매주 국내정책보좌관을 통해 국내정책회의에서 논의 중인 쟁점 이슈들을 점검하는 대신 국내정책회의에는 불참했고, 동시에 국내정책보좌관은 정책조정 과정을 주도적으로 관리 조율하지 못하고 행정 각 부처의 정책개발을 지원하는 데 치중했는데, 그 결과 국내정책회의 시스템이 조정력을 발휘하지 못했다. 카터 대통령의 국내정책회의는 대통령이 자신의 주도권을 강화하기 위해 조정된 정책안보다는 다양한 대안들을 요구해 국내정책회의가 조정력을 발휘하지 못한 경우이다.

한편, 경제정책 관계장관회의 시스템의 조정력은 정권별로 차이가 있다. 포드와 레이건 및 부시 대통령의 경제정책회의 시스템은 조정력을 갖추었으나, 반면에 카터와 클린턴 대통령의 경제정책회의 시스템은 그렇지 못했다. 카터와 클린턴 대통령의 경제정책회의 시스템이 조정력을 제대로 발휘하지 못한 것은 대통령의 스타일 때문이었다. 카터 대통령의 경제정책회의 시스템은 국내정책회의 시스템의 경우와 같은 이유로 조정력을 발휘하지 못했고, 클린턴 대통령의 국가경제회의 시스템도 국가경제회의에서 결론 없는 회의를 되풀이하거나 그곳에서 결론을 내지 않고 정치적 측근과 논의해 결정하는 클린턴 대통령의 스타일 때문에 그 조정력이 떨어졌다.

2 분야별로 차이가 있는 적시성

정책 대응의 적시성 측면에서도 미국 관계장관회의 시스템들은 분야별로 차이가 있다. 국가안보회의 시스템과 과학기술회의 시스템은 시의적절한 대응이 가능한 시스템들이었는데 반해, 경제정책회의 시스템과 국내정책회의 시스템은 적시 대응이 용이하지 않은 시스템들이었다. 전자의 경우 쟁점 이슈들을 조기에 발견해 의제화할 수 있는 메커니즘을 마련했고 대통령과 고위보좌관들이 적극 간여해 조정이 지연되지 않도록 했으나, 후자의 경우 그렇지 못했기 때문이다. 안건의 발굴과 상정, 합의 지연 가능성 등을 살펴보면 다음과 같다.

1) 안건의 발굴과 상정

국가안보회의 시스템과 과학기술회의 시스템은 안건을 적시에 발굴해 상정할 수 있는 구조와 절차를 구축했다. 즉 안건 개발을 위한 정책 이슈들을 발굴하는 하부기구를 설치하거나[7] 안건 선정을 담당하는 하부기구를 자주 소집함으로써[8] 안건의 선정과 상정이 지연되는 경우가 거의 없었다. 다만, 카터와 레이건 대통령의 국가안보회의 시스템에서는 안건 발굴을 위한 하부기구가 없었다.

반면에, 경제정책회의 시스템과 국내정책회의 시스템들은 대부분 안건을 적시에 발굴 상정할 수 있는 기구와 절차가 마련되어 있지 않았다. 다만, 포드와 레이건의 경제정책회의(Economic Policy Board, Cabinet Committee

7) 닉슨과 부시 및 클린턴 대통령은 국가안보회의 산하에 장단기 이슈들을 확인하고 안건화를 검토하는 지역별 이슈별 실무그룹을 설치했다. 과학기술회의는 해당 분야 국가 목표, 주요 이슈들, 우선순위 등을 담은 전략계획을 작성해 시행하고 주기적으로 보완하는 분야별 상임위원회들을 두었다.

8) 예를 들면, 아이젠하워 대통령의 국가안보회의 산하 기획위원회는 매주 2회 소집되어 어떤 이슈들을 안건으로 상정할 것인지 검토했다.

on Economic Policy)만 예외였다. 전자(EPB)는 지원기구에서 경제 부처들의 활동과 경제 분야의 동향을 모니터링했고, 매주 각 부처 내에 지정된 차관보를 접촉해 향후 2주간의 안건들을 수집했으며, 3개월 내에 검토할 이슈들을 포함한 작업계획을 작성 활용함으로써 주요 이슈들의 안건화에 시기를 놓친 적이 거의 없었다. 레이건의 경제정책회의(CCEP)도 본회의 정기회의를 매주 1~2회 개최하고 임시 소위원회를 수시로 소집함으로써 안건 상정이 지체되는 일은 없었다.

2) 합의 지연 가능성

국가안보회의 시스템과 과학기술회의 시스템은 안건들을 논의하는 과정에서 조정이 지연될 소지도 별로 없었다. 본회의와 하부기구들의 의장을 대통령과 그의 보좌관들이 담당했을 뿐만 아니라 부처간 의견 교환을 촉진해 합의 도출이 지체된 경우도 별로 없었다. 다만, 카터와 레이건 정부에서는 국가안보 이슈에 대한 관할을 둘러싸고 고위급 하부기구들 사이에 갈등[9]이 발생해 쟁점 이슈에 대한 합의 도출이 지연되는 경우가 많았다.

반면에, 경제정책회의 시스템과 국내정책회의 시스템들에서는 합의 도출이 지연되는 경우가 종종 있었다. 의회와 이익집단들의 개입으로 갈등이 많은 데다가 적절한 조정 절차도 구축되지 않은 경우가 많았고 또한 대통령과 그의 보좌관들이 리더십을 발휘하지 못했기 때문이다. 그 밖에도 운영 방식에서는 장관급 본회의를 간헐적으로 개최하거나[10] 맺고 끊음이 없는 회의를 반복함으로써[11] 정책조정이 지연되는 경우가 많았다. 다만, 포드와 레이건의 경제정책회의(EPB, CCEP)만 예외였다. 포드 대통령은 경제정책회의(EPB)를 매주 3~4회 개최하고 대통령이 매주 1회 참석함으로써 조정이 지연되는 일이 없도록 했다. 레이건 대통령은 경제정책회의 멤버들 간에 팀워크를 특별히 강화함으로써 부처간 갈등을 줄이고 조정이 지연되는 일이 없도록 했다.

9) 카터 대통령의 국가안보회의 산하 정책검토위원회와 특별조정위원회간 관할 갈등, 레이건 대통령의 국가안보회의 산하 3개 고위협의그룹간 관할 갈등.
10) 예를 들면, 부시 대통령의 경제정책회의와 국내정책회의.
11) 예를 들면, 클린턴 대통령의 국내정책회의.

3 상당히 높은 그러나 분야별 · 정권별로 약간 차이가 있는 능률성

미국 분야별 관계장관회의 시스템들은 대체로 그 구성과 운영이 상당히 능률적인 편이다. 집중적인 논의가 가능하도록 참석 멤버를 적정 수준으로 제한해 왔고 장관급 회의와 실무급 회의의 역할을 구분하고 동일한 쟁점이 중복 논의되지 않도록 운영해 왔기 때문이다. 그러나 좀더 자세히 보면 분야별로 약간의 차이가 있다. 국가안보회의 시스템과 국가과학기술회의 시스템은 상당히 능률적인 반면, 국내정책회의 시스템은 비능률적이다. 경제정책회의 시스템은 그 중간 정도이다.

능률성을 가늠할 수 있는 역할 분담, 참석 규모, 타결안 상정 방식 등을 살펴보면 다음과 같다.

1) 역할 분담

미국 역대 분야별 관계장관회의 시스템들은 대부분 장관급 회의와 실무급 회의 간에 역할 분담을 분명히 해 왔다. 실무급 회의에서 정책안을 마련하고, 장관급 회의에서 정책안들을 둘러싼 부처간 이견을 조정했다. 이러한 역할 분담은 모든 분야별 관계장관회의들 간에 거의 유사하다. 종종 차관위원회를 설치해 집행 상황을 점검토록 하거나[12] 실무급 회의에서 작성한 정책제안보고서가 충실하게 작성되었는지 검토하도록 한 경우도 있다.

2) 참석 규모

역대 미국 국가안보회의들은 모두 그 규모를 회의 운영의 능률을 저해할 만큼 확대하지 않았다. 집중적인 논의와 능률적인 회의 운영이 가능하도록 대부분 10여 명 이내의 멤버로 구성했다. 닉슨 대통령의 경제정책회의, 레이건 대통령(집권 2기)의 경제정책회의와 국내정책회의도 10여 명의 장관들로 구성했다.

---

12) 아이젠하워 대통령의 국가안보회의 산하 집행조정위원회, 클린턴 대통령의 국가경제회의 및 국가과학기술회의 산하 차관위원회.

그러나 나머지 모든 분야별 관계장관회의들은 그 참석 규모가 15명이 넘어 구조적으로 심도 있고 능률적인 논의가 어렵게 되어 있다. 그리하여 각 분야별 관계장관회의들은 이 대규모 장관급 회의의 비능률을 해결하기 위해 나름대로 보완 조치를 취해 왔다. 대다수 분야별 관계장관회의들은 10명 이내의 핵심 멤버들로 구성된 소위원회(Executive Committee, Steering Committee, Principals Committee)를 운영했다. 포드 대통령의 경제정책회의, 카터 대통령의 경제정책그룹, 부시의 경제정책회의와 국내정책회의, 클린턴의 국가경제회의 등이 이에 해당된다.

그 밖에도 장관급 분과위원회를 설치하거나, 장관급 회의의 정규 멤버를 고정시키지 않고 회의에 상정된 안건에 따라 직접적인 이해관계가 있는 부처 장관들만 소집해서 논의함으로써, 관계장관회의 본회의의 대규모화에 따른 비능률 문제를 해결했다. 전자의 예로는 닉슨 대통령과 포드 대통령의 국내정책회의이고, 후자의 예는 카터 대통령의 국내정책회의인 현안이슈 장관회의이다.

3) 상정 방식

미국 분야별 관계장관회의 시스템 내에서는 안건들에 대한 중복 논의를 피하기 위해 장관급 회의에 선별적으로 상정했다. 하부기구에서 심의 조정한 안건들 가운데 부처간 합의가 이루어진 경우 관계장관회의 본회의를 거치지 않고 곧바로 대통령에게 보고해 승인을 받거나[13] 대통령의 개입도 불필요하면 최종 확정한[14] 후 집행에 들어가도록 했다. 그러나 카터와 클린턴 대통령의 경제정책회의 시스템과 국내정책회의 시스템에서는 중복 논의를 피할 수 있는 절차를 마련하지 않았다. 그 결과 실무급 회의에서 논의되어 타결된 쟁점들이 장관급 회의에서 다시 상정되어 논의되었다. 이는 국정운영의 세세한 부분까지 간여하려고 하고 관계장관회의 시스템을 통해 다양한 정책대안들을 마련해 자신들이 직접 선택하는 카터와 클린턴 대통령의 국정운영 스타일에 기인한다.

13) 닉슨과 포드 및 카터 대통령의 국가안보회의 절차, 클린턴의 국가과학기술회의 절차.
14) 클린턴 대통령의 국가안보회의 절차.

4 분야별 · 정권별로 차이가 있는 충실성

미국 분야별 관계장관회의 시스템 내에서 안건들이 어느 정도 충실하게 작성되고 논의되는지를 평가하면, 국가안보회의 시스템과 국가과학기술회의 시스템은 비교적 충실한 편이나, 경제정책회의 시스템과 국내정책회의 시스템은 정권별로 차이가 있다. 정책제안보고서 작성과 정책안에 대한 논의가 관계장관회의별로 어떻게 진행되었는지 살펴보면 다음과 같다.

1) 보고서 점검

역대 국가안보회의 시스템과 과학기술장관회의 시스템은 충실한 정책안을 마련하기 위한 절차를 구축해 왔다. 대다수가 사전에 정책제안보고서 작성시 따라야 할 지침을 제공했고 정책제안보고서가 작성된 뒤에는 정책안들이 충실하게 작성되었는지 확인하고 보완하는 절차를 마련했다. 다만, 레이건 대통령의 국가안보회의 시스템은 사전지침이나 평가보완 조치가 없었다. 이는 레이건 대통령과 그 측근들이 국가안보보좌관과 그 지원실을 무력화시켰기 때문이다.

그러나 경제정책회의 시스템과 국내정책회의 시스템에서 정책제안보고서의 충실성 확보를 위한 노력은 정권별로 차이가 있다.

먼저, 경제정책회의 시스템의 경우, 포드와 레이건(집권 1기) 및 클린턴 대통령의 경제정책회의 시스템은 정책제안보고서의 충실성 확보를 위한 절차를 구축했다. 포드 대통령의 시스템에서는 대통령 보좌관들이 주무부처에서 작성한 정책제안보고서가 다양한 대안들을 고려했는지 각 부처들의 의견을 균형 있게 다루었는지 등을 점검했고, 레이건 대통령의 시스템에서는 주무부처가 작성한 정책제안보고서를 대통령부 내의 정책개발실(OPD)에서 대통령의 노선과 관리예산처의 예산지침에 맞는지 점검했다. 클린턴 대통령의 시스템에서는 차관위원회(NEC/DC)에서 정책제안보고서를 평가하고 필요하면 보완 조치를 취하도록 했다. 반면에 카터와 닉슨 및 부시 대통령의 경제정책회의 시스템 하에서는 정책제안보고서가 충실하게 작성되도록 사전지침을 제공하거나 사후 보완하는 절차를 마련하지 않았다.

다음, 국내정책회의 시스템의 경우 닉슨과 카터 및 레이건(집권 1기) 대통령의 국내정책회의 시스템에서 정책제안보고서의 충실성 확보 조치를 취했다. 닉슨 대통령의 시스템에서는 국내정책회의 지원실에서 정책제안보고서의 충실성 여부를 점검했고, 카터 대통령의 현안이슈 장관회의 시스템에서는 국내정책실(Domestic Policy Staff)에서 정책제안보고서 작성 지침인 이슈검토메모(Issue Definition Memorandum)를 제공했다. 레이건 대통령의 시스템에서는 정책개발실에서 정책제안보고서의 충실성을 점검했다. 반면에 부시와 클린턴 대통령의 시스템에서는 정책제안보고서의 충실성을 확보하기 위한 어떠한 조치도 없었다.

2) 충실한 논의

역대 국가안보회의 시스템과 과학기술회의 시스템은 작성된 정책안에 대해 충분한 논의가 이루어지도록 운영되었다. 닉슨 대통령의 국가안보회의 시스템에서는 국가안보보좌관(Kissinger)이 부처간 합의나 대통령의 선택이 용이하도록 대안들을 압축하기 위해 충분한 의견 교환을 유도했다. 정도의 차이는 있지만 아이젠하워, 카터, 포드, 부시 및 클린턴 대통령의 국가안보회의 시스템도 이와 유사한 행태를 보였다. 국가과학기술회의 시스템도 상임 분과위원회에서 논의가 부족하면 장관급 본회의에서 충분한 논의를 거쳐 조정했다. 다만, 카터와 레이건 대통령의 국가안보회의 시스템에서는 논의가 다각도로 깊이 있게 이루어지지 못했다. 카터 대통령의 시스템에서는 참석자들이 이견 표출을 회피하고 카터 대통령의 견해에 쉽게 동조하는 경우가 많았는데, 이는 카터 대통령이 다양한 의견들을 충분히 경청하지 않고 선불리 자신의 신념에 따라 결정을 내리는 성향이 있었기 때문이다. 레이건 대통령의 시스템에서 충실한 논의가 이루어지지 않았던 이유는 국가안보회의를 통해 새로운 정책을 개발 조정하기보다는 대선공약의 집행 과정에서 대통령의 노선이 충실히 반영되는지 확인 점검하려고만 했기 때문이다.

반면에, 경제정책회의 시스템과 국내정책회의 시스템에서 논의의 충실성은 정권별로 차이가 있다.

경제정책회의 시스템의 경우 포드와 클린턴 정부는 정책안이 충실하게 논의되도록 운영했다. 포드 정부에서는 정기회의에서 타결되지 않은 안건들을 특별회의에서 집중 논의했고, 대통령이 장관급 회의에 매번 참석하지 않음으로써 장관들 간에 대통령을 의식하지 않고 충분한 논의가 이루어지도록 했다. 클린턴 정부에서는 대통령과 경제정책보좌관이 장관들의 다양한 의견들이 충분히 표출되도록 유도했다. 그러나 닉슨과 부시 및 레이건(집권 1기) 정부에서는 경제정책회의가 정책안을 충분히 논의할 수 있도록 운영되지 못했다. 특히 레이건 대통령의 경제정책회의는 정책안에 대해 다각도로 심층적으로 논의하기보다는 대통령 측근들이 결정한 정책을 각 부처에서 수용하도록 유도하는 수단으로 운영되었다.

국내정책회의 시스템의 운영에서 부시와 클린턴 대통령은 장관들의 다양한 의견들을 경청하고 진지하게 논의하는 태도를 보였다. 반면에 닉슨과 레이건 대통령(집권 2기)은 그렇지 못했다. 닉슨 정부에서는 국내정책보좌관이 국내정책회의 지원실을 활용해 정책을 추진한 결과 장관급 회의에서의 심층적이고 다양한 논의를 허용하지는 않았다. 레이건 정부도 장관급 회의에서 충실한 토론이 이루어지도록 하지 않았다. 다만, 카터 대통령은 국내정책회의인 현안정책회의 시스템에서 장관들이 활발히 토론해 찬반 의견을 제시하도록 유도했다.

5 높은 공정성

미국 관계장관회의 시스템들은 대부분 정부 부처들 사이에서 공정하게 구축 운영되고 있다. 안건 관련 부처 장관들의 참석이 보장되어 있고, 각급 회의들도 대부분 주무부처가 아닌 대통령 보좌관들이 관리하고 있기 때문이다. 다만, 레이건 대통령(집권 2기)의 3개 분야별 관계장관회의 시스템(국가안보회의 시스템, 경제정책회의 시스템, 국내문제회의 시스템)은 이해관계 부처들을 공정하게 취급할 수 있는 구조와 운영 방식을 갖추지 못했다. 공정성에 영향을 미치는 이해관계 부처 장관들의 참여 정도와 부처간 회의들에 대한 관리 방식을 살펴보면 다음과 같다.

1) 참석 보장

미국 분야별 관계장관회의들은 대부분 안건 관련 부처들의 참여를 보장하고 있다. 즉 소외되어 불만을 갖는 부처들이 발생하지 않도록 각 부처들에게 공헌할 수 있는 기회를 균등하게 제공하려고 노력해 왔고 정규 멤버가 아니면 초청을 통해 참여시켰다. 이는 대통령과 핵심 보좌관들이 관계장관회의 시스템을 대통령의 비전과 공약을 실천하기 위해 관련 부처들의 자원을 동원해 정책을 입안하고 집행하는 수단으로 활용해 왔기 때문이다. 그러나 레이건 대통령(집권 2기)의 3개 분야별 관계장관회의 시스템에서는 참여가 모든 이해관계 부처들에게 허용되지 않았다.

2) 운영자

미국 분야별 관계장관회의들의 장관급 회의나 실무급 회의들의 의장은 주무부처가 아닌 대통령이나 보좌관들이 담당했다. 즉 대통령과 보좌관들은 관계장관회의의 의장과 지원실장을 담당하면서 특정 부처의 입장보다는 대통령의 정책노선을 일차적으로 고려했다. 그러나 레이건 대통령(2기)의 3개 분야별 관계장관회의 시스템에서는 의장도 대부분 주무부처에서 담당했고, 회의 진행에서도 공정한 관리자가 없었으며, 대통령 비서실장과의 친소(親疎)에 따라 각 부처 장관들의 영향력이 달라졌다.

제 5 절 한국 분야별 관계장관회의 시스템에 대한 평가[15)]

1 분야별로 차이가 있는 생산성

김대중 정부 분야별 관계장관회의들의 생산성은 관계장관회의별로 차이가 있었다. 국가안보회의의 상임위원회와 경제장관회의(경제정책조정회의와

15) 한국 관계장관회의 시스템에 대한 평가는 김대중 정부의 분야별 관계장관회의 시스템에

경제장관간담회 포함)는 생산성이 비교적 높은 편이나 인적자원개발회의와 사회관계장관회의는 그렇지 못한 편이었다.

1) 활용도 : 미흡, 그러나 분야별 차이

먼저, 관계장관회의가 실질적인 조정기구로 적극 활용되고 있었는가?

전체적으로 볼 때, 관계장관회의들은 실질적인 조정기구로서 확고하게 자리매김되어 있지 않았고, 그렇다고 유명무실한 기구도 아닌 과도기적 상태에 있었다. 의장부처들은 관계장관회의들을 정책 조정기구로 적극 활용하려고 했으나, 비의장 부처들은 그렇지 않았다. 비의장 부처들은 관계장관회의에서의 논의 조정을 불필요한 요식 단계라고 생각하는 경향이 있었다. 그러나 과거와는 달리 비의장 부처들이 이견이 있는 정책을 관계장관회의를 우회해 대통령의 사전 내락을 받아 추진하는 경우는 거의 없어졌다.

각 관계장관회의들을 비교해 보면, 국가안보회의 상임위원회와 경제장관회의는 조정기구로 자주 활용되었으나 인적자원개발회의와 사회관계장관회의는 상대적으로 그렇지 못한 편이었다. 국가안보회의 상임위원회는 부처간 이견 조정기구로서 적극 활용되었다.[16] 그러나 국가안보정책보다는 대북정책 조정에 치중했고,[17] 지나치게 세부적인 사안까지 직접 조정했다. 경제장관회의도 명실상부한 부처간 이견 조정기구로서 활용되고 있었다. 부처간 주요 갈등들이 소관별로 이 두 관계장관회의를 거치지 않는 경우는 별로 없었다.

대한 평가이다. 김대중 정부는 우리나라에서 최초로 분야별 관계장관회의 시스템을 완성시켰고 또한 분야별 관계장관회의들을 비교적 활성화시켰다. 김대중 정부는 외환위기 와중에서 기존의 경제장관회의를 폐지하고 경제정책조정회의(정기회의)와 경제장관간담회(수시회의)를 동시에 설치했고, 노태우와 김영삼 정부에서 유명무실해진 국가안보회의에 상임위원회와 사무처를 설치했으며, 인적자원개발회의와 사회관계장관회의를 신설해, 이들 4개 분야 관계장관회의들을 활성화시킴으로써 국정 전반을 다룰 수 있는 분야별 관계장관회의 시스템을 구축했다. 이곳에서는 김대중 정부에서 구축한 분야별 관계장관회의들의 조직화 및 운영 실태를 파악해 관계장관회의 시스템 평가 기준에 따라 평가했다. 좀더 자세한 내용은 필자의 논문(2003a) 참조.

16) 그러나 극도의 보안 사항(남북정상회담 준비)은 상임위에서 논의하지 않고, 통일부장관, 국정원장, 외교안보수석이 협의해 처리했다.

17) 대통령이 주재하는 국가안보회의 본회의도 국민의 정부 대북정책 원칙과 기조를 확인하는 수단으로 활용되었다.

인적자원개발회의도 일단 조정기구로 활용되기는 했으나 활용도가 다소 떨어졌다. 비의장 부처들은 합의가 쉽지 않은 쟁점 사항을 인적자원개발회의에서 논의하지 않으려는 경향이 있었고, 인적자원 개발 관련 이슈들이 대부분 예산을 요하는 경우가 많아 관련 부처들이 기획예산처와 협의 조정하려 했기 때문이다.

사회관계장관회의는 이견 조정기구로서보다는 멤버 부처들의 활동에 관한 정보를 공유하고 상호 지원을 논의하는 회의로 운영되는 편이었다. 사회관계장관회의가 조정기구로서 적극적으로 활용되지 않은 이유는, i) 상당히 이질적인 부처들로 구성되어 있어서 부처간 상호 의존 및 갈등이 별로 없었고, ii) 멤버 장관들이 갈등 이슈들의 상정을 자제했으며, iii) 복지 관련 부처들은 주요 쟁점 이슈들을 경제장관회의에서 논의 조정하는 경향이 있었고, iv) 치안, 노동, 지자체, 인권 등과 관련된 부처들도 이견이 있으면 청와대의 의중을 파악해 사전에 실무자들이 비공식적으로 조정한 후 상정했기 때문이다.

2) 조정력 미흡, 그러나 분야별 차이

다음, 쟁점 이슈가 상정되면 부처간 이견이 잘 좁혀졌는가? 타결이 안 되는 경우도 있었는가?

쟁점 이슈가 해당 분야별 관계장관회의에 상정되면 부처간 이견은 대부분 타결되나, 그렇지 않은 경우도 있었다. 장관급 관계장관회의에서 타결이 안 되면 관련 부처 차관 혹은 차관보끼리 다시 조정해 보도록 하거나 청와대 혹은 총리에게 조정을 의뢰했다. 일반적으로 부처간 이견은 대통령의 입장이나 의중이 확인되면 대부분 그 방향으로 조정되었다. 최종 타결이 안 된 경우는 대부분 대통령의 입장이 분명하지 않거나 정치적 갈등이 첨예한 경우였다.[18]

각 분야 관계장관회의들의 조정 역량을 상대적으로 비교해 보면, 국가안보회의 상임위원회와 경제장관회의는 상당한 조정력을 발휘했으나, 인적자

---

18) 특히 한국과 칠레 간의 자유무역협정(FTA), 한국과 미국 간의 스크린 쿼터 등 부처간 갈등이 사회집단 간의 갈등이나 정치권의 갈등으로 비화되어 첨예해지면 대통령도 함부로 입장을 정하지 않아 갈등이 타결되지 않고 지속되었다.

원개발회의는 의장의 역량에 따라 달라졌고, 사회관계장관회의는 부처간 이견 조정에 별다른 역량을 발휘하지 못했다.

국가안보회의의 상임위원회가 정책을 잘 조정할 수 있었던 이유로는, i) 대통령의 입장이 분명했고, 대통령의 분신인 L씨가 어느 직책(국정원장, 통일부장관, 외교안보수석)을 담당하든 상임위원회를 주도했으며, ii) 상임위원회 구성 멤버가 많지 않아 집중적인 논의가 가능했기 때문이다. 그러나 대통령의 입장이 불분명한 경우 타결이 안 되는 경우가 종종 있었다.

경제장관회의도, i) 의장인 재경부장관의 위상[19]과 역량,[20] ii) 실질적인 논의와 조정이 가능한 소규모 핵심 멤버로 구성된 경제장관간담회[21] 운영 등을 통해 조정력을 발휘했다. 경제장관간담회를 2~3차례 재소집하는 경우가 있으나 상정된 쟁점 이슈는 대부분 조정되었다.

사회관계장관회의는 이견 조정보다는 부처간 협조 및 정보 공유에 치중하고 조정력을 발휘하지 못했다. 그 이유는 참석 장관들이 안건 관할 부처의 입장을 존중해 자기 소관이 아닌 안건들에 대한 발언을 자제했고, 갈등이 첨예하면 회의에서 결론을 내지 않고 청와대의 의중을 확인한 다음 비공식적 회합을 통해 조정했기 때문이다. 그러나 일단 쟁점 이슈가 상정되면 어느 정도 조정력을 발휘했다. 의장인 행정자치부장관의 정부내 위상[22] 때문이다.

인적자원개발회의는 김대중 정부 하에서 처음 설치된 조정기구로서 그 위상과 역량이 아직 부족하고 예산과 정치적 힘이 수반되지 않아 중요 이슈들에 대한 이견 조정은 의장의 개인 역량에 따라 많이 좌우되었다. 의장의 역량이 출중하지 않으면 조정이 잘 안 되고, 또한 어렵사리 조정되었어도 그 이행이 흐지부지되는 경우가 많았다. 인적자원개발회의에서 합의가

19) 역대 대통령들이 경제전문가가 아니어서 재경부장관(경제기획원장관 포함)은 경제총괄 관리 및 조정자로서 상당한 재량권과 책임이 주어져 왔고, 어느 부처나 이를 수용해 왔다.

20) 재경부장관의 역량은 장관의 개인적인 역량과 지원 부처인 재경부의 역량에 따라 좌우되는데, 대체로 역대 재경부장관들은 경제 전반을 아우를 수 있는 능력과 경력을 갖춘 자들이었고, 또한 재경부도 경제 전반을 조망하고 모니터링 할 수 있는 조직구조와 유능한 공무원들을 보유한 조직이었다.

21) 의장인 재경원장관, 간사인 경제수석, 그리고 갈등 당사자인 장관들만 참석한다.

22) 행정자치부는 각 부처들의 조직과 인사에 대한 권한, 지방자치단체에 대한 권한, 경찰청에 대한 권한 등으로 비교적 영향력이 큰 부처이다.

어려울 경우 국무총리(실)가 나서서 조정하는 경우도 있었다.

3) 비공개회의 : 비교적 활용

마지막으로, 분야별 관계장관회의에서 합의 도출이 용이하도록 비공개회의를 활용했는가? 김대중 정부의 국가안보회의 상임위원회와 사회관계장관회의 및 경제장관간담회는 비공개로, 인적자원개발회의는 공개로 진행되었다.

2 낮은 적시성

김대중 정부 분야별 관계장관회의들은 적시성이 낮은 편이었다. 적시 대응을 위해서는 쟁점 안건이 조기에 상정되어 즉시 회의를 소집해 조정하는 데에 지연이 없어야 한다. 김대중 정부 분야별 관계장관회의에서 적시성이 낮았던 것으로 평가하는 근거는 가장 중요한 안건 상정이 지연되는 경우가 많았고, 일부 관계장관회의는 합의 도출에 어려움을 겪었기 때문이다.

1) 안건 상정 : 종종 지연

먼저, 부처간 쟁점 이슈들이 관계장관회의에 제때에 상정되었는가? 상정이 지연되는 경우는 없었는가? 각 분야별 관계장관회의에서 대부분의 의제는 주로 부처 제안에 의해 결정되고, 그 밖에 청와대의 요청 혹은 의장의 판단에 따라 선정되거나, 논의 도중에 새로운 쟁점이 확인될 경우 다음 회의의 의제로 선정되기도 했다. 그러나 쟁점 이슈들의 상정이 지연되는 경우가 많았고 아예 상정조차 안 된 경우가 종종 있었다. 쟁점 이슈들이 제때에 상정 안 된 이유는 세 가지이다.

첫째는 관계장관회의에서 장관들 간에 이견을 둘러싸고 논란을 벌이게 하는 것은 예의가 아니라고 생각하는 국과장들의 태도 때문이었다. 둘째는 비의장 부처들은 사회적 쟁점으로 떠오르지 않거나 의장 혹은 대통령 비서실의 요구가 없으면, 가급적 갈등 이슈들을 안건으로 상정하지 않고 비공식 실무자회의(관계장관회의 산하 실무조정회의가 아닌)에서 조정을 끝낸 다음에 관계장관회의에 상정하려 하기 때문이다. 셋째는 갈등 소지가 있는 이슈들을 적극적으로 발굴하는 시스템이 구축되어 있지 않았기 때문이다. 즉 중립적인 입장에서 관련 부처들의 활동을 모니터링해 이슈들 간에 갈등 가능성을 조기 발견하고 이를 조정하도록 유도하는 전문 스태프 조직이 없었다. 갈등 소지가 있는 이슈들의 조기 안건화에 해당 부처가 소극적인 경우 의장과 간사의 역할이 중요하나 이들도 관계장관회의의 운영 이외의 다른 업무로 바쁘고, 더군다나 관할 침범으로 오해받을 수 있어서 관련 부처들의 활동을 모니터링하기도 어려웠다.

쟁점 이슈들이 적극적으로 안건화될 수 있는 가능성을 좀더 구체적으로 보면, 관계장관회의들 간에도 약간 차이가 있있다. 국가안보회의 상임위원회와 경제장관간담회는 부처간 쟁점 이슈들의 안건화가 비교적 용이한 편이었다. 그 이유는 관련 부처들의 내부 사정을 어느 정도 파악할 수 있는 청와대 수석비서관들이 간사를 맡고 있어서 부처간 쟁점 이슈들을 사전에 파악해 안건화할 수 있었기 때문이다. 그 밖에도 국가안보회의 상임위원회는 매주 1회 소집되기 때문에 쟁점 이슈들이 필요하고, 경제장관간담회는 갈등 이슈가 있을 때 소집되나 의장 부처인 재경부가 매년 각 부처들의 제안을 받아 신년도 경제운영계획을 작성하는 과정에서 갈등 이슈들을 확인할 수 있었기 때문이다.

반면, 인적자원개발회의와 사회관계장관회의는 쟁점 이슈들의 안건화가 상대적으로 용이하지 않은 여건에 있었다. 이 두 회의의 간사는 각각 교육인적자원부 차관보와 행정자치부 차관보인데, 이들은 관련 부처들의 내부 활동상황을 잘 알 수 있는 위치에 있지 않았다. 특히 연륜이 짧은 인적자원개발회의에서는 합의가 어려운 쟁점 이슈들이 안건화가 안 되는 경우가 많았다.

2) 수시회의 : 적극 활용

다음으로, 안건이 선정되면 즉시 회의가 소집되었는가? 수시회의는 잘 활용되었는가?

규정상 각 분야별 관계장관회의는 정기회의 이외에 필요에 따라 수시로 임시회의를 개최할 수 있어서 언제라도 쟁점 이슈들을 논의할 수 있게 되어 있었다. 즉 국가안보회의 상임위원회는 매주 1회 개최되는 정기회의는 날짜가 정해져 있고, 긴급사태 발생시 개최되는 임시회의는 대부분 조찬회의로 하는데 사무처에서 관련 장관들의 비서실과 협의 조정해 날짜와 장소를 결정했다. 경제정책조정회의와 사회관계장관회의의 회의는 격주마다 개최되는 정기회의와 사안 발생시 열리는 임시회의가 있었고, 인적자원개발회의도 매월 마지막 주 금요일에 개최되는 정기회의와 필요에 따라 열리는 임시회의가 있었는데, 임시회의들의 일정은 간사가 의장과 협의해 정했다. 따라서 분야별 관계장관회의들은 적시성을 확보하기 위한 주요 메커니즘이 구축되어 있었다.

그러나 실제로는 국가안보회의 상임위원회, 인적자원개발회의, 사회관계장관회의 등 3개 관계장관회의는 정기회의와 임시회의 구분 없이 운영되었다. 국가안보회의 상임위원회는 임시회의를 거의 소집하지 않았고, 인적자원개발회의와 사회관계장관회의는 정기회의와 임시회의 구분 없이 매월 1~2회 개최되었다. 그럼에도 불구하고 긴급 안건이 상정된 경우 회의 소집이 지연되는 경우는 거의 없었다.

3) 합의 도출 : 종종 지연

마지막으로, 관계장관회의에서 상정된 쟁점 이슈들에 대한 합의가 지연되는 경우는 없었는가? 대통령의 결단을 요구해서라도 시의적절하게 조정했는가?

전체적으로 보면, 장관들 간의 갈등이 첨예해도 대통령의 입장이 분명해지면 쉽게 타결되었다. 분야별 관계장관회의에 청와대 해당 수석비서관들을 정규 멤버로 참석하게 한 결과 대통령의 입장이 직·간접적으로 전달되었기 때문이다. 그러나 대통령의 입장이 불분명한 경우 적기에 합의가 안되고 갈등이 표류하는 경우가 있었다.

관계장관회의별로 보면, 국가안보회의 상임위원회는 긴급한 이슈가 있을 경우 그것부터 먼저 논의 조정했고, 사회관계장관회의는 대부분 관련 부처들에 의해 청와대의 의중이 반영된 쟁점들을 논의하기 때문에 합의가 지연되는 경우는 별로 없었다. 그러나 경제장관회의의 경우 합의 도출이 지연되어 시의성이 떨어지는 경우가 종종 있었고, 인적자원개발회의는 합의 도출 자체에 어려움을 겪는 경우도 종종 있었다.

3 낮은 능률성

김대중 정부의 분야별 관계장관회의들은 비교적 비능률적이었던 것으로 평가된다. 장관회의와 실무회의 간에 역할 분담이 제대로 이루어졌으나, 장관회의와 실무회의에서 집중적이고 효율적인 논의를 하기에는 참석자가 너무 많았으며, 장관회의에 대한 안건 상정도 기계적으로 모두 상정하고 있기 때문이다.

1) 역할 분담 : 제도적으로는 분담, 실제로는 미분담

먼저, 정책조정에서 장관회의와 실무회의 간의 역할 분담이 잘 이루어지고 있었는가? 즉 실무조정회의에서 전문기술적인 쟁점이나 그리 크지 않은 갈등이 조정되고, 장관급 회의에서는 정치적이고 갈등이 큰 쟁점들이 조정되었가?

모든 관계장관회의들은 규정상 장관회의와 실무조정회의 간에 역할이 분명히 분담되어 있었다. 그러나 실제 운영상 실무조정회의가 제 역할을 못하는 경우가 많다. 실무조정회의의 활용 정도를 보면 <표 8-2>와 같다.

〈표 8-2〉 김대중 정부 시절 관계장관회의별 실무조정회의 개최 현황

연 도	인적자원 개발회의	국가안보회의 상임위원회	경제장관회의	사회관계 장관회의
2000	- (8)	10 / 3 (43)	? (14/8)	4 (15)
2001	10 (7)	28 / 4 (44)	? (5/14)	6 (21)
2002	13(13)	12 / 4 (49)	? (8/5)	1 (18)

참고: 1. ( ) 안은 장관회의
국가안보회의: 실무조정회의/정세평가회의
경제장관회의: 경제정책조정회의/경제장관간담회
2. 경제장관회의의 경우 실무조정회의 개최 자료를 확보하기 어려우나, 재경부 공무원에 의하면 공식적 실무조정회의는 거의 소집되지 않았다.
자료: 경제장관회의는 KDI경제정책정보 자료를 통해 추적한 것이고, 그 외는 내부 자료.

전체적으로 보면 인적자원개발회의를 제외하고 나머지 분야별 관계장관회의 산하 실무조정회의들은 활성화되지 않았다. 실무조정회의가 활성화되지 않았던 일반적인 이유는 다음과 같다.

첫째, 대부분의 비의장 부처 공무원들이 분야별 관계장관회의 산하에 공식적으로 설치된 실무조정회의를 회피하고, 관계장관회의 시스템 밖에서 실무자끼리 비공식적으로 접촉해 조정하는 것을 선호했다.[23] 실무자들의 이러한 선호는 안건 관할 부처의 주도권 유지 전략의 일환으로 보인다. 즉 관계장관회의 산하 공식적 실무조정회의에서의 다자간 협상보다는 안건 관할 부처가 이해관계 부처들을 각각 1 대 1 접촉을 통해 조정하는 것이 안건 관할 부처의 주도권을 유지하기가 쉽기 때문이다.

둘째, 장관들의 전문성과 장관회의의 빈번한 소집이다. 장관들이 전문기술적인 사소한 것까지 정통한 전문가들인 경우가 많고, 장관회의가 비교적 자주 열려 사소한 이견까지 조정하는 경향이 있어서 실무조정회의의 필요성이 줄어들었기 때문이다.

실무조정회의 활성화 정도는 각 관계장관회의별로 차이가 있었다. 즉 인적자원개발회의에서는 실무조정회의를 적극 활용했고, 국가안보회의 상임위원회에서도 약간 활용했으나, 경제장관회의와 사회관계장관회의에서는 그 활용이 저조했다.

인적자원개발회의 실무조정회의는 다른 관계장관회의들의 실무조정회의에 비해 비교적 자주 열리는 편이었다. 그 이유는 장관회의가 자주 개최되지 않아(정기회의 매월 1회) 그 대신 실무조정회의를 활용할 필요가 컸었고, 또한 실무조정회의 의장[24]이 인적자원 개발과 관련된 부처간 조정을 전담해 적극 챙겼기 때문이다.

국가안보회의의 경우는 실무조정회의와 정세평가회의가 그다지 활성화되지 못했다. 실무조정회의는 장관급 상임위원회 개최 횟수의 절반도 안 되고, 정세평가회의도 과거 4년 동안 평균 분기별로 1회 개최되어 그 활용도가 매우 낮은 편이었다.

실무조정회의가 활성화되지 않았던 이유는, 첫째, 장관회의가 매주 2시간

23) 정부 내 각종 정부위원회의 부실화도 같은 이유이다.

24) 청와대 비서관을 거친 비직업공무원 차관보.

가량 진행되기 때문에 크고 작은 이슈들을 대부분 논의해 실무조정회의의 필요성이 줄어들었고, 둘째, 장관들이 나름대로 전문가들이어서 직접 결정하려는 경향이 있으며, 셋째, 실무조정회의 조정 결과[25]가 상임위원회에서 번복되는 경우가 많아 실무선에서 사전 조정의 의미가 별로 없었기 때문이다.

정세평가회의가 활성화되어 있지 않은 이유는, 첫째, 대통령이나 국가안보회의 상임위원회에 대한 정보보고가 각 부처별로 이루어졌고, 둘째, 정보의 통합 분석 평가에 대한 대통령의 인식 부족과 법제도적 장치의 미흡 때문이었다. 그 결과, 정세평가회의의 위상과 역할 및 전문적 역량이 강화되어 있지 않았다.

경제장관회의와 사회관계장관회의 산하 공식적 실무조정회의는 거의 활용되지 않았다. 공식적 실무조정회의가 활성화되지 않은 이유는 관행적으로 실무자 간에 계급별(과장, 국장, 차관) 비공식 회의가 자주 활용됐기 때문이다.

2) 참석 규모 : 분야별 차이

다음, 각종 회의에는 실질적인 논의 조정이 가능할 정도의 적정 인원이 참석했는가? 심도 있는 논의가 어려울 정도로 참석자가 너무 많아 능률적인 회의 진행을 어렵게 하지는 않았는가?

각 관계장관회의의 참석 규모를 보면 <표 8-3>과 같다. 장관회의의 경우 국가안보회의 상임위원회는 적정 규모를 유지한 반면, 인적자원개발회의와 사회관계장관회의는 적정 규모를 초과한 것으로 보인다. 경제장관회의의 경우 정기회의는 적정 규모를 초과했으나 임시회의는 적정 규모를 유지한 것으로 보인다. 따라서 국가안보회의 상임위원회와 경제장관회의 임시회의(경제장관간담회)는 참석 범위가 심도 있는 논의와 조정에 적정한 규모를 유지했으나, 나머지 관계장관회의들은 실질적인 이견 조정을 위한 논의를 하기에는 규모가 큰 편이었다. 그럼에도 불구하고 이견이 있는 부처 장관들만 모여 실질적인 논의 조정을 할 수 있는 분과위원회가 발달되

25) 초기에는 갈등이 큰 이슈들은 상임위원회에서 타결되나, 작은 것들은 실무조정회의에서 조정되고, 더 작은 것들은 해당 부처간 비공식 협의에 위해 해결됐다.

어 있지 않았다.

실무조정회의는 참석 규모가 일정하지 않고 이슈에 따라 유동적이었다. 그러나 이해관계 부처는 모두 참석시키려는 경향이 강했다.

〈표 8-3〉 관계장관회의 참석 범위

회 의	국가안보상임위	경제장관회의	인적자원개발회의	사회관계장관회의
정기회의	통일부총리(의장), 외교,국방 장관, 국정원장, 외교안보 수석, 국무조정실장, (총 6명)	경제부총리(의장), 12개 부처 장관, 2개 위원장, 통상교섭본부장, 2개 수석비서관, 국무조정실장 (총 19명)	교육부총리(의장), 8개 부처장, 교문수석, 국무조정실장, 국정홍보처장, 안건 관련 부처장 (총 12명 + @)	행자부장관(의장), 7개 부처 장관, 4개 수석비서관, 국무조정실장, 국정홍보처장, 안건 관련 부처장 (총 16명 + @)
임시회의	- 상동 - (총 6명)	경제부총리(의장), 경제수석 (간사), 안건 관련 장관들 (총 2명 + @)	교육부총리(의장), 교문수석, 7개장관, 안건 관련 장관 (총 9명 + @)	행자부장관(의장), 안건 관련 장관+@ (총 1명 + @)
실무회의	외교안보수석(의장), 관련 부처 차관보	재경부차관보(의장), 관련 부처 1~3급	교육부차관보(의장), 관련 부처 1~3급	행자부차관보(의장) 관련 부처 1~2급

3) 상정 방식 : 자동

쟁점 이슈들의 상정은 자동적으로 이루어졌는가, 아니면 선별적으로 이루어졌는가?

쟁점 이슈들이 관계장관회의 시스템에 상정하는 것은 선별적으로 이루어졌다. 모든 쟁점 이슈들이 관계장관회의에 상정되지는 않았다. 그러나 실무조정회의에서 1차 조정을 거친 안건들이 모두 장관회의에 상정되고 있었다. 즉, 실무조정회의에서 부처간에 합의가 도출되었음에도 불구하고 다시 장관회의에 상정했다. 그리하여 장관회의에서 그 위상에 걸맞지 않게 자잘한 쟁점들까지도 논의했다.

4 미흡한 충실성

김대중 정부 분야별 관계장관회의들은 대부분 그 의제들을 취급할 때 충실성이 부족한 편이다. 정책검토보고서의 충실성이나 논의의 충실성을 확보하기 위한 노력들이 미흡했다. 좀더 구체적으로 보면 분야별 관계장관회의들 간에도 충실성 면에서 차이가 있다.

1) 보고서 점검 : 사전지침 부재 및 사후검토 미흡

먼저, 보고서가 충실히 작성되었는지 검토하는가? 검토 기준은 있는가? 안건들을 논의하고 조정하는 데 참고할 보고서의 작성은 주무부처에서 작성하는데, 이 보고서 작성에 필요한 기준을 제공하거나 보고서의 충실도를 검토하는 절차는 없다. 다만, 경제정책조정회의와 인적자원개발회의의 경우 의장부처 정책조정과에서 쟁점을 분명히 하기 위해 보고서를 검토한다. 그럼에도 불구하고 충실성 점검이 전반적으로 미흡한 편이다.

2) 토론 준비 : 이슈에 따라 이중적

다음, 참석자들이 정책검토보고서를 충분히 숙지하고 검토한 후 논의에 임했는가? 참석자들은 대체로 안건들에 대해 사전에 보고를 받는다. 특히 상정 안건에 이해관계가 걸려 있는 부처들은 소속 부처의 입장을 사전에 정한 후 회의에 임한다. 그러나 이해관계가 적은 안건들에 대해서는 충분한 준비 없이 참석하는 경향이 있었다.

3) 다각 토론 : 이해관계 부처들의 의견 개진 보장과 상호 불간섭

마지막으로, 참석자들이 쟁점 이슈들을 여러 각도에서 진지하게 논의했는가? 관련 부처들은 자신들의 입장을 충분히 개진하고 있었는가? 상호불간섭 경향은 없었는가? 김대중 정부의 분야별 관계장관회의에서 안건 제안부처는 물론 안건을 제안하지 않은 부처들에게도 의견 개진의 기회가 주어졌다.

그러나 다른 부처 제안 안건들에 대한 의견 표명이 완전히 자유롭지는 않았다. 안건에 대해 소관 부처가 가장 잘 알고 있다고 간주하는 경향으로 인해, 다른 부처 제안 안건에 대한 의견 표명은 자칫 불필요한 간섭이나 권한 침해로 오해받을 수 있기 때문이다. 그럼에도 불구하고 경제장관간담회나 국가안보회의 상임위원회에서는 다른 부처 안건에 대한 의견 표명이 비교적 활발하게 이루어졌다.

5 양면적인 공정성

김대중 정부 분야별 관계장관회의들의 공정성은 양면적이다. 즉 멤버 구성에는 공정성을 철저히 보장했으나, 그 운영은 편파성이 개입할 소지가 있는 주무부처로 하여금 담당하도록 했기 때문이다.

1) 참석 보장 : 완전 보장

상정된 안건에 이해관계 부처들의 참석이 보장되는가? 일부 부처라도 배제된 경우는 없었는가? 김대중 정부 분야별 관계장관회의들은 모두 정규 멤버 이외에 안건 관련 장관들의 참석을 보장했다. 과거처럼 관계장관회의를 우회하거나 대통령의 사전 내락을 받아 이해관계 부처들의 참여를 사실상 배제한 채 정책을 추진하는 경우는 거의 없었다. 정규 멤버가 아니면 초청 형식으로라도 이해관계 부처들의 참석을 보장했다. 심지어 국가안보회의 상임위원회에도 경제 관련 안건이 상정되면 안건 관련 경제장관들을 참석시켰다.

2) 운영자 : 주무부처, 예외적인 제3자

관계장관회의 시스템이 제3자에 의해 중립적으로 운영되었는가? 아니면 편파적 운영의 소지가 있는 주무부처에 의해 운영됐는가?

김대중 정부의 분야별 관계장관회의들은 대부분 주무부처에 의해 운영됐다. 의장뿐만 아니라 지원 간사도 주무부처에서 차지했다. 다만, 국가안보회의 지원기구만 중립적인 제3자로서 대통령 외교안보수석과 국가안보회의 사무처였다.

제6절 각국 관계장관회의 시스템에 대한 평가 요약

1 정책조정기구로서 우수한 영국과 프랑스 시스템

영국의 내각위원회 시스템과 프랑스의 소수장관회의 시스템에 대한 평가 결과를 요약하면 <표 8-4>와 같다. 한마디로 이들 시스템은 정책조정

〈표 8-4〉 영국과 프랑스 관계장관회의에 관한 평가 요약

구 분	영 국	프랑스
생산성	높음	높음
- 활용도	적극 활용	적극 활용
- 조정 역량	큰 편	큰 편
- 비공개 회의	활용	활용
적시성	비교적 높음	높음
- 안건 발굴	조기	조기
- 수시회의	비활용	활용
- 합의 지연	거의 없음	없음
능률성	높음	비교적 높음
- 역할 분담	잘됨	잘됨
- 참석 규모	적정	적정
- 타결안 상정	선별	선별
공정성	중간(양면적)	높음
- 참석 보장	미흡	보장
- 중립적 운영	제3자	제3자
충실성	높음	비교적 높음
- 보고서 작성	사전지침+평가보완	평가보완
- 토론 준비	철저	철저
- 다각 토론/상호 불간섭	충실/적음	충실/적음

기구로서 탁월한 시스템이다. 생산성, 적시성, 능률성, 충실성 등 평가 기준을 대부분 충족시키는 구조와 절차 및 운영 방식을 갖추고 있다. 다만, 공정성 측면에서 영국 시스템은 이중적 특성을 가지고 있을 뿐이다. 영국과 프랑스가 이처럼 우수한 정책조정 시스템을 갖출 수 있었던 것은 일찍부터 전담 지원기구를 만들어 이 지원기구를 통해 축적된 경험을 토대로 시스템의 구조와 절차 및 운영 방식을 끊임없이 개선해 왔기 때문이다.

2 분야별 · 정권별로 차이가 있는 미국 관계장관회의 시스템

미국의 분야별 관계장관회의 시스템에 대한 평가 결과를 요약하면 <표 8-5>와 같다. 한마디로 정책 조정기구로서의 우수성이 분야별 정권별로 차이가 있다.

전반적으로 볼 때 국가안보회의 시스템과 과학기술회의 시스템은 어느 정권에서나 탁월한 중추적 조정기구였으나, 경제정책회의 시스템과 국내정책회의 시스템은 정권별로 달랐다. 평가 기준에 비추어 보면, 국가안보회의 시스템과 과학기술회의 시스템은 모든 기준을 충족시킬 수 있도록 조직화되어 왔다. 그러나 경제정책회의 시스템은 생산성과 효율성 측면에서 국내정책회의 시스템보다는 우수했고, 적시성과 충실성 측면에서는 양 시스템이 정권에 따라 달랐다.

미국 관계장관회의 시스템들이 분야별 정권별로 차이가 있는 것은 다음 두 가지 요인에 기인한다.

첫째, 통합 지원기구가 없다는 것이다. 영국이나 프랑스처럼 관계장관회의들을 총괄 관리하는 전문기구가 없다는 것이다. 대통령 정책보좌관이 해당 관계장관회의 시스템을 조직화하고 관리 운영한다. 그 결과 대통령 정책보좌관들이 각자 독자적으로 해당 관계장관회의들의 하부기구, 지원기구, 안건처리 절차 및 운영 방식을 발전시켜 왔다.

둘째, 대통령의 비전과 관심이다. 대통령이 비전을 갖고 관심을 보이면 그 분야 관계장관회의 시스템은 정책추진 및 조정기구로서 정교하게 조직화된다는 것이다. 특히 대통령 어젠다가 많은 분야는 관계장관회의 시스템의 구조와 절차가 정비되고 그 운영 방식은 대통령과 그 보좌관의 스타일에 따라 달라졌다.

역대 대통령들은 모두가 세계 초강대국으로서의 미국의 대외정책에 많은 관심과 노력을 기울여 왔다. 또한 모든 대통령들이 군사력과 경제력을 좌우하는 과학기술 진흥에도 관심과 지원을 아끼지 않았다. 이 두 분야의 정책보좌관들은 대통령의 안정적인 지원을 바탕으로 최선의 정책을 추진하고 조정하는 데 유용한 시스템을 구축 활용한 것이다. 그러나 경제정책 분야와 국내정책 분야는 전통적으로 국내 정치적 이해관계자들이 많고 정치경제 상황에 따라 국민적 관심이 달라 정책추진과 조정이 쉽게 정치화된다. 그 결과 대통령의 관심과 지원이 일관성이 없고 정책보좌관의 지위도 늘 확고한 것이 아니어서, 이 두 분야의 정책들을 추진하고 조정하기 위한 정교하고 안정된 시스템을 발전시키지 못했다.

〈표 8-5〉 미국 분야별 관계장관회의에 관한 평가 요약

구 분	국가 안보	경제정책	국내 정책	과학기술
생산성 : 분야별 정권별 차이	높은 편	중간	낮은 편	높은 편
- 활성화	적극 활용	정권별 차이	활용 미흡	적극 활용
- 조정력	큰 편	정권별 차이	낮은 편	높은 편
적시성 : 분야별 정권별 차이	적시	미흡	미흡	적시
- 안건 발굴 상정	조기	정권별 차이	정권별 차이	조기
- 합의 지연	거의 없음	정권별 차이	정권별 차이	거의 없음
능률성 : 분야별 차이	높은 편	중간	낮은 편	높은 편
- 역할 분담	잘 됨	잘 됨	잘 됨	잘 됨
- 참석 규모	적정	과다/소위	과다	과다/실무분과
- 타결안 상정	선별	정권별 차이	정권별 차이	선별
충실성 : 분야별 정권별 차이	높은 편	정권별 차이	정권별 차이	높은 편
- 보고서 작성	지침+보완	정권별 차이	정권별 차이	지침+보완
- 다각 토론	충실	정권별 차이	정권별 차이	충실
공정성 : 높은 편	높은 편	높은 편	높은 편	높은 편
- 참석 보장	보장	보장	보장	보장
- 운영 중립성	중립	중립	중립	중립

3 조직화 및 운영상 문제가 많은 한국 관계장관회의 시스템

한국(김대정 정부)의 분야별 관계장관회의 시스템에 대한 평가 결과를 요약하면 <표 8-6>과 같다. 한마디로 바람직한 정책조정기구로서의 요건에 비추어 개선해야 할 부분이 많은 시스템이다. 전반적으로 볼 때 국가안보회의 시스템과 경제정책조정회의 시스템은 정책조정 중추기구로서 나름대로의 요건들을 어느 정도 갖추고 있으나, 인적자원개발회의 시스템과 사회관계장관회의 시스템은 그렇지 못하다. 평가 기준에 따라 구체적으로 살펴보면, 4개 분야별 관계장관회의 시스템 모두가 공정성은 비교적 높은 편이나, 적시성과 충실성에서는 많은 문제점을 갖고 있다. 생산성과 능률성 측면에서는 분야별로 차이가 난다.

한국(김대중 정부)의 분야별 관계장관회의 시스템이 이와 같은 문제점을 갖게 된 이유는 두 가지이다.

하나는 부처 편의주의에 의한 관계장관회의들의 설치이다. 관계장관회의 시스템을 구축할 때 대부분 주무부처들의 영향력 확대라는 동기는 강하게 작용한 반면, 여러 부처와 관련된 이슈들에 대해 부처들의 이해관계를 떠나 합리적인 정책들을 개발해 추진하려는 동기는 약했기 때문이다. 그 결과 주무부처 장관과 고위공무원을 의장과 간사로 하는 장관회의의 설치 운영에만 심혈을 기울이고, 정책의 내용과 질에 영향을 미칠 수 있는 하부기구, 안건처리 절차, 시스템 운영 방식 등의 정비를 소홀히 했다.

다른 하나는 관계장관회의 시스템에 대한 통합 전담관리 기구의 부재이다. 미국과 마찬가지로 한국에서도 관계장관회의 시스템들을 통합적으로 관리하는 기구가 없다. 관계장관회의들이 각자 독자적으로 관리되고 있다. 또한 관계장관회의 시스템을 전문적으로 전담 지원하는 기구도 국가안보회의 사무처를 제외하고는 없다. 최근에 국무조정실이 다수 이슈별 관계장관회의들을 지원하고는 있으나 전담기구는 아니고, 국가안보회의 사무처는 전담 지원기구이나 여러 관계장관회의들을 지원하는 통합 지원기구는 아니다. 이러한 통합 전담기구의 부재로 인해 관계장관회의 설치 운영의 역사가 짧지 않음에도 불구하고 제도적 경험이 축적되어 있지 않고 정책조정에 탁월한 관계장관회의 시스템의 구축이 지연되고 있다.

〈표 8-6〉 한국 분야별 관계장관회의에 관한 평가 요약

구 분	국가안보	경 제	인적자원	사회관계
생산성	높은 편	높은 편	낮은 편	낮은 편
- 조정 활용도	적극	적극	미흡	미흡
- 조정 역량	비교적 큼	비교적 큼	의장에 따라	이슈에 따라
- 비공개 회의	적극 활용	활용	미활용	적극 활용
적시성	보통	보통	낮은 편	낮은 편
- 의제 상정 지연	거의 없음	약간 있음	종종 있음	종종 있음
- 수시회의 활용	활용	활용	활용	활용
- 합의 지연	별로 없음	별로 없음	약간 있음	약간 있음
능률성	높은 편	높은 편	낮은 편	중간
- 역할 분담	적정	적정	적정	적정
- 참석 규모	적정	적정(임시회의)	과다	과다
- 비공개 회의 활용	적극	적극	적극	적극
충실성				
- 지침/점검	없음	미흡	미흡	없음
- 토론 준비	준비	이슈에 따라	이슈에 따라	이슈에 따라
- 다각토론/상호 불간섭	충분/부재	충분/약간	미흡/존재	미흡/존재
공정성	높은 편	중간	중간	중간
- 참석 보장	충분	충분	충분	충분
- 운영자	제3자	주무부처	주무부처	주무부처

제 9 장 관계장관회의 시스템의 일반모형과 성공 조건

제 1 절 국정운영에 유용한 관계장관회의 시스템

국정운영이 성공하려면 질서와 통합, 그리고 혁신이 필요하다.

첫째, 국정운영에는 질서가 필요하다. 현안 문제를 해결하거나 새로운 미래를 열기 위한 국정운영에는 다양한 가치관과 이해관계를 갖고 있는 주체들이 참여한다. 이들 가치관과 이해관계가 제멋대로 춤을 추면 충돌과 혼란이 발생하게 되고, 더 나아가 이 충돌과 혼란 속에서 대통령마저 중심을 못 잡아 그 판단이 오락가락하면 국정운영은 표류하게 된다. 따라서 국정운영에는 다양한 가치관과 이해관계를 질서있게 잘 관리하는 것이 중요하다.

둘째, 국정운영에는 통합이 필요하다. 사회가 복잡해질수록 정책 이슈들은 서로 얽히고설키게 마련이다. 따라서 정책을 추진함에 있어서 문제의 여러 측면들을 종합적으로 보면서 관련 정책들을 함께 고려해야 하고, 관련 정책들 간에는 상호보완성과 일관성을 유지해야 한다. 특히 관련 정책들은 전략적 시너지 효과를 만들어 내기 위해 분야별 종합대책, 지역별 종합대책, 고객별 종합대책 등의 형태로 통합 추진되는 것이 중요하다.

셋째, 국정운영에는 변화와 혁신이 필요하다. 국가가 발전하고 국민들이 자유롭고 풍요롭게 살기 위해서는 지속적인 변화와 혁신이 필요하다. 이러한 변화와 혁신을 위해서는 국정운영에서 과거에 대한 평가와 미래를 위한 새로운 비전 제시가 일상화되어야 하고, 비전을 현실화할 수 있는 추진력이 있어야 한다. 국정운영에서 추진력이란 정부가 다양한 인적·물적 자원을 동원하고 집중시켜 원하는 성과를 만들어내는 역량을 말한다.

관계장관회의 시스템은 부처간 이견 조정만으로도 국정운영에 최소한의 질서와 통합은 제공한다. 그러나 관계장관회의 시스템을 국정운영의 전략적 수단으로 인식하고, 그에 맞게 구축하고 운영하면 관계장관회의 시스템은 국정운영에 질서와 통합을 크게 제고시켜 줄 뿐만 아니라 비전과 추진력까지 제공해 줄 수 있는 국정운영의 중추기구가 될 수 있다.

그러면 관계장관회의 시스템이 국정운영의 중추기구가 되려면, 어떻게 설계되어야 하는가? 다시 말해 각종 가치관과 이해관계를 충실하고 효율적이며 공정하고 시의적절하게 조정하여 국정운영에 질서를 부여하고, 새로운 비전과 통합력 및 추진력을 제공하여 국정운영에 변화와 혁신을 가져오려면 관계장관회의 시스템을 어떻게 구축하고 운영해야 하는가?

이 책에서는 국정운영의 바람직한 중추기구로서 관계장관회의 시스템의 일반모형을 제시한다. 일반모형은 기존의 시스템을 획기적으로 개선하는 데 참고할 수 있는 바람직한 모형일 뿐만 아니라 어느 나라에서나 실현 가능한 표준모형이다. 이 모형은 검증되지 않는 전혀 새로운 모형이 아니고, 각국의 경험에 입각하여 구축된 모형이다. 일반모형은 역할모형, 관할모형, 구조모형, 업무분담모형, 절차모형 등 5개 하위모형으로 구성되어 있다.

제 2 절 관계장관회의 시스템의 일반모형

1 역할모형

관계장관회의 시스템의 거시적 역할 정향은 소극적 조정형과 적극적 추진형이 있다. 전자는 단일정책의 추진 과정에서 발생하는 부처간 이견을 조정하는 것이고, 후자는 무슨 정책들을 언제 어떻게 추진할 것인지를 결정하는 것이다. 모든 관계장관회의 시스템의 기본적 역할 정향은 소극적 조정이다. 문제는 관계장관회의 시스템의 거시적 역할로 적극적 추진을 추구해야 하느냐이다. 이 결정에 고려해야 할 사항은 무엇인가?

첫째, 관계장관회의 시스템은 기본적으로 국무회의의 역할을 보완하기 위해 설치된 것이다. 즉 관계장관회의는 다수 부처들과 관련된 정책 이슈들뿐만 아니라 단독 부처 소관 정책 이슈라도 국민들에게 미치는 영향 혹은 정치적 중요성이 큰 정책 이슈들을 집중적으로 논의하기 위해 설치된 것이다. 단독부처 소관이라도 중요성이 큰 이슈들을 논의한다는 것은 관계장관회의의 탄생 동기가 단순히 부처간 이견 조정에만 그치지 않고 정책의 적극적인 추진에 있음을 말해 준다.

둘째, 관계장관회의 시스템은 국정운영에 통합적 추진력을 제공할 수 있는 주요 수단이다. 국정운영에는 추진력이 필요하고, 그 추진력은 자유민주체제 하에서 대통령(총리)과 행정 부처들 및 집권당에서 나온다. 그러나 행정 부처들과 집권당에 의한 추진력은 각각 부처이기주의와 당파적 이해관계에 입각한 분파적 추진력이어서 충돌과 갈등을 야기하는 경향이 있기 때문에 통합적 국정운영을 어렵게 하기도 한다. 행정 부처와 집권당에 의한 파편화된 추진력의 문제점을 극복하기 위해서는 통합적 추진력이 필요한데, 이는 대통령이 제공할 수밖에 없다. 그런데 대통령은 보좌기구를 상당한 규모로 확대하지 않는 한 개인적으로 통합적 추진력을 제공할 수 없고, 또한 보좌기구를 확대하면 지나친 권력집중은 물론 관료기구와의 일부 기능 중복을 초래한다. 대통령이 보좌기구를 확대시키지 않으면서 통합적 추진력을 발휘할 수 있도록 지원할 수 있는 메커니즘 중 하나가 대통령과 그 보좌관, 장관들과 고위공무원이 함께 참여하는 관계장관회의 시스템이다.[1] 관계장관회의 시스템이 단지 소극적 조정에만 치중한다면 국정운영의 최고책임자인 대통령이 통합적 추진력을 제공하는 데 많은 어려움을 주게 된다.

따라서 탄생 동기나 현실적으로 감당해야 할 임무에 비추어 볼 때, 관계장관회의 시스템이 지향해야 할 바람직한 역할 정향은 소극적 조정뿐만 아니라 더 나아가 적극적 추진을 동시에 추구하는 것이다.

---

1) 다른 하나는 당정회의이다.

2 관할모형

관계장관회의들의 업무 관할은 무엇을 대상으로 어떤 범위로 정하는 것이 바람직한가? 그에 따라 관계장관회의 수는 몇 개 정도가 적정한가?

지금까지 각국에서는 설치되어 왔던 다양한 관계장관회의들을 관할 대상과 업무의 범위에 따라 분류하면 <표 9-1>과 같다.

〈표 9-1〉 관할 대상과 업무 범위에 따른 기존 관계장관회의 유형

관할 대상	업무 범위
기능대책 관계장관회의	- 총괄 관계장관회의, 제반이슈 관계장관회의, 분야별 관계장관회의, 단일이슈 관계장관회의
과정대책 관계장관회의	- 조사정보 관계장관회의, 방향설정 관계장관회의, 개발조정 관계장관회의, 지지확보 관계장관회의, 점검평가 관계장관회의, 국정개혁 관계장관회의
지역대책 관계장관회의	- 국내지역 관계장관회의, 해외지역 관계장관회의
고객대책 관계장관회의	- 취약계층 관계장관회의, 특정집단 관계장관회의

관계장관회의들의 적정 업무 관할과 적정 숫자를 결정하는 데 고려해야 할 요인은 두 가지이다.

첫째, 국정운영의 전문적 통합 가능성이다. 관계장관회의의 관할 업무 범위가 너무 좁으면 지나치게 많은 관계장관회의들을 설치해야 한다. 그럴 경우 국정운영의 통합성을 확보하기 어려워진다. 반면에 관할 업무의 범위가 너무 넓으면 자칫 국무회의와 다를 바 없게 된다. 그럴 경우 국정에 대한 집중적이고 전문적 논의가 불가능해진다. 따라서 관계장관회의들의 관할 업무 범위는 관련 이슈들을 전략적으로 연계시킬 수 있을 만큼 넓어야 하고 동시에 관할 이슈들을 집중으로 논의할 수 있을 만큼 좁아야 한다. 이에 따라 관계장관회의들의 적정 숫자는 각 관계장관회의들의 관할 업무 범위를 고려해 국정 전반을 아우를 수 있도록 설치하되 그 숫자를 가급적 필요 최소한으로 줄이는 선에서 결정되어야 한다.

둘째, 국정운영 시스템의 일관성과 신축성이다. 국정운영 시스템이 정권 변화에 따라 크게 바뀌면 공무원들이나 국민 모두에게 불편하다. 공무원들을 매번 새로운 시스템에 적응해야 하는 부담이 있고, 국민들은 중요한 정책들이 어디서 어떻게 결정되고 추진되는지 이해하기 어렵기 때문이다. 그렇다고 국정운영 시스템이 정권이 바뀌어도 변하지 않으면 공무원들과 국민들은 편할지 모르나 집권 세력은 자신들의 정책 목표를 실현하고 정치적 지지를 유도하는 전략을 구사하는 데 불편함이 따른다. 따라서 국정운영 시스템은 정권이 변해도 일관성 있게 유지되는 부분이 있어야 하고, 동시에 새로운 집권 세력의 필요에 맞게 신축적으로 변할 수 있는 부분이 있어야 한다. 이러한 필요성은 정권이 바뀌어도 변하지 않는 기축 관계장관회의 시스템과 정권에 따라 변할 수 있는 선택 관계장관회의 시스템으로 구분해 설치하면 충족될 수 있다. 이에 따라 각 정권에서 유지해야 하는 관계장관회의들의 적정 숫자는 선택 관계장관회의들의 숫자에 따라 달라진다.

상기의 두 가지 요인들을 염두에 둔다면 관계장관회의들의 바람직한 관할 범위와 적정 숫자를 어떻게 설정해야 하는가? 여기에서는 다음 세 가지 원칙을 따른다.

첫째, 기축 관계장관회의들은 분야별 관계장관회의로 하고, 선택 관계장관회의들은 이슈별 관계장관회의로 한다. 즉 국정 전반을 아우를 수 있는 4~5개 분야별 관계장관회의들을 잘 발전시키고 제도화시켜 정권의 변화에 관계 없이 지속적으로 활용하고, 각 정권의 필요에 따라 이슈별 관계장관회의들을 신축적으로 설치할 수 있도록 해야 한다.

분야별 관계장관회의는 대체로 국가안보회의, 경제정책회의, 국내정책회의 혹은 사회문화복지회의, 인적자원개발회의 혹은 과학기술장관회의 등을 설치하는 것이 바람직하다. 이슈별 관계장관회의는 특정 지역, 특정 고객, 특별 기능을 중심으로 설치한다. 이러한 이슈별 관계장관회의들은 국민 통합과 지역 발전 등을 위해 정치적 중요성이 큰 편이어서 독립적으로 설치할 가치가 충분한 관계장관회의들이다. 정권의 정책 방향과 정치적 지지유도 전략에 따라 지역과 고객 및 기능이 바뀔 수도 있다.

둘째, 새로운 수요가 발생할 경우 관계장관회의를 새로 설치하기보다 가급적 분야별 관계장관회의 시스템 내에서 처리한다.

이를 위해 분야별 관계장관회의 시스템 내에 정책의 추진과 관련된 안건들을 논의하는 정기회의와 정책안의 개발과 조정을 담당하는 수시회의를 두고, 양 회의를 통해 새로운 관계장관회의 설치 수요를 흡수한다. 즉 정기회의에서 동향 파악, 정책 방향 설정, 계획 수립, 집행 평가 등을 다룸으로써 이러한 목적의 관계장관회의 설치를 억제하고, 수시회의에서는 정책안 개발과 부처간 이견 조정을 다룸으로써 이러한 목적의 관계장관회의 설치를 억제하도록 한다.

셋째, 기존 이슈별 관계장관회의들은 가급적 분야별 관계장관회의 시스템으로 통합한다. 그 이유는 관계장관회의 시스템의 세분화 혹은 파편화를 줄여 국정 전반의 통합력을 제고할 수 있을 뿐만 아니라 하부기구와 지원 스태프를 축소할 수 있어서 시스템의 효율성을 제고할 수 있기 때문이다. 통합 방식은 다음과 같다.

먼저, 기능대책 관계장관회의들 가운데 총괄 관계장관회의는 정기회의에, 제반이슈 관계장관회의는 임시회의에 통합시키고, 또한 과정대책 관계장관회의들 가운데 방향설정 관계장관회의, 점검평가 관계장관회의, 국정개혁 관계장관회의 등은 정기회의에, 개발조정 관계장관회의와 지지유도 관계장관회의는 수시회의에 통합시킨다.

다음, 지속적이고 빈번한 소집이 필요해 상설로 설치해야 할 이슈별 관계장관회의들은 분야별 관계장관회의 산하에 분과위원회를 설치해 대체하고, 소집 빈도도 많지 않고 필요에 따라 소집되는 이슈별 관계장관회의들은 분야별 관계장관회의 임시회의로 대체한다.

마지막으로, 장관급 회의에서 논의하기가 부적절한 조사정보 관계장관회의는 분야별 관계장관회의 실무회의로 격하시킨다.

이상의 고려 사항과 원칙에 따라 관계장관회의들의 적정 업무 관할과 적정 숫자를 제시하면 다음과 같다. 즉 관계장관회의는 국가안보회의, 경제장관회의 등 4~5개의 분야별 관계장관회의와 특정 지역에 대한 종합 대책을 마련하는 지역대책 관계장관회의, 특정 고객에 대한 종합 대책을 마련하는 고객대책 관계장관회의, 그리고 위기관리 등 국가 주요 기능을 수행하는 특정 기능 대책 관계장관회의 등 10개 정도의 이슈별 관계장관회의만 있으면 충분하다. 업무 관할이 좁거나 유사한 이슈별 관계장관회의들을 설치할 필요가 없다. 설치하면 오히려 혼란과 낭비만 초래할 뿐이다. 관계장관회의들의 적정 숫자는 대략 15개 이내이어야 한다. 적정 숫자에 대한 객관적 근거는 없지만 적어도 정책을 추진하는 부처들의 숫자를 넘지 않는 것이 바람직하다.

3 구조모형

1) 거시구조

관계장관회의 시스템은 거시적으로 보면 회의기구, 운영기구, 지원기구, 자문기구 등으로 구성되는 것이 바람직하다. 회의기구는 다부처 이슈 혹은 중요 이슈들을 논의하는 각종 회의들이고, 운영기구는 이들 회의들을 운영하는 의장을 말하며, 지원기구는 의장을 도와 각종 회의들을 관리하는 기구이다. 자문기구는 전문적인 조언이나 의견 수렴을 해 주는 기구이다.

기존 관계장관회의 시스템들의 거시구조는 상당히 유사하다. 차이가 있는 것은 일부 관계장관회의 시스템만 자문기구를 두고 있고 대다수는 두고 있지 않다는 것이다. 그러나 관계장관회의 시스템들이 제 역할을 충실하게 수행하기 위해서는 주요 관계장관회의 시스템에 자문기구를 설치하는 것이 바람직하다.

[그림 9-1] 관계장관회의 시스템의 거시구조

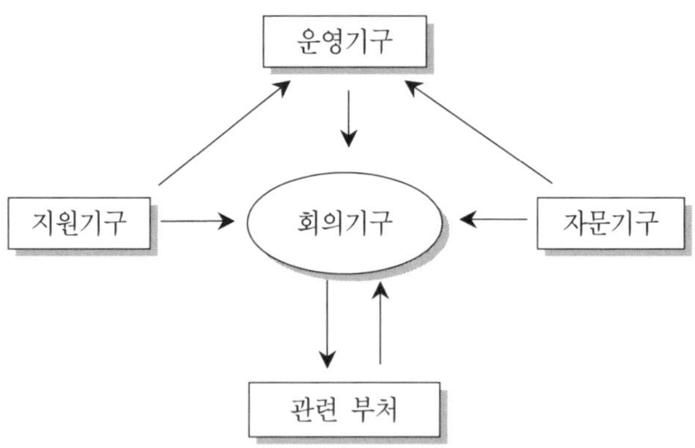

2) 회의기구

회의기구는 어떻게 구조화해야 하는가? 어떤 기능을 가진 회의들을 설치하고 이들을 어떻게 운영하는지는 매우 중요하다. 그에 따라 관계장관회의 시스템의 성패가 달라질 수 있기 때문이다.

(1) 본회의와 보조회의

장관들로 구성된 하나의 회의체가 정책의 추진과 조정에 관련된 크고 작은 모든 쟁점들을 논의한다면 이는 분명 합리적이라고 볼 수 없다. 국정을 좀더 합리적이고 효율적으로 운영하기 위해서는 장관급 회의는 정책의 추진과 조정을 총괄하면서 그 위상에 맞는 주요 쟁점들에 대해서만 집중 논의하고, 정책의 추진과 조정에 관한 세세한 쟁점들은 그에 걸맞은 공무원들로 구성된 또 다른 회의체에서 처리할 필요가 있다. 따라서 회의기구는 장관급 본회의와 이를 돕는 보조회의들로 구성되어야 한다. 문제는 장관급 본회의를 지원하기 위해 어떤 보조회의들을 설치하는 것이 바람직하고, 그들의 설치는 어떤 방향과 원칙에 의해 결정되어야 하는가이다.

보조회의 구축의 기본 방향은 필요한 보조회의들을 설치하되 회의기구가 전체적으로 작고 효율적이어야 한다는 것이다. 지나치게 비대화시켜 부처들 위에 군림하는 기구를 만들어서는 안 되고, 부처들이 수행해야 할 업무를 대행하거나 중복 수행하는 보조회의들을 두어서도 안 된다.

이러한 방향에 따라 보조회의 구조를 설계할 때는 다음과 같은 원칙들을 적용해야 한다.

첫째, 보조회의는 사전검토 회의와 집행점검 회의를 양대 축으로 한다. 본회의가 정책의 추진 혹은 조정에 관해 효율적이고 충실한 논의를 하기 위해서는 장관급 본회의를 위해 사전에 준비하고 사후에 마무리하는 데 수반되는 부차적인 업무들은 담당하는 보조회의들이 있어야 한다. 즉 장관급 본회의는 파장이 크거나 부처간 갈등이 심한 핵심 쟁점에 대해 집중 논의해서 결론을 내는 것이 바람직하고, 이를 위해서는 그 전에 소소한 쟁점들에 대해 가지치기를 해 주는 사전 검토 보조회의가 있어야 한다. 또한 장관급 본회의는 추진 혹은 집행 결과를 평가하고 책임을 추궁하는 일에 집중하는 것이 바람직하고, 이를 위해서는 추진 과정과 진도를 점검하고 집행상 문제점들을 해결해 주는 집행점검 보조회의가 필요하다. 지금까지 대다수 관계장관회의 시스템들은 모두가 사전검토 보조회의는 설치해 왔으나, 본회의의 결정이 추진 혹은 집행 과정에서 흐지부지되거나 왜곡되거나 지연되지 않도록 하는 집행점검 보조회의는 별로 설치하지 않았다. 그러나 추진 혹은 집행을 점검하는 보조회의를 반드시 설치해야 한다.

둘째, 필요에 따라 소회의, 분과회의, 실무회의, 작업반 등을 설치하되 무분별한 설치를 억제한다.[2] 본회의 멤버 규모가 불가피하게 비대해지면 소회의를 설치하고, 본회의 업무를 세분화해 지속적이고 집중적으로 논의할 필요가 있으면 분과회의를 설치한다. 또한 전문기술적 업무를 수행하는 데 필요하면 실무회의나 작업반을 설치한다. 그러나 보조회의들의 설치는 가급적 필요 최소한으로 줄인다. 특히 소회의와 분과회의의 설치는 자제해야 한다. 후술하는 바와 같이 본회의를 정기회의와 수시회의로 구분해 활성화시키면 소회의와 분과회의의 필요성이 크게 줄기 때문이다.

셋째, 담당 업무의 성격에 따라 위상을 달리해 설치한다. 즉 업무의 성격에 맞게 장관급, 차관급, 고위공무원급 혹은 중간간부급[3] 회의를 설치한다. 보조회의를 업무 성격에 비해 지나치게 고위급으로 설치하거나 지나치게 하위급으로 설치해서는 안 된다.

이러한 방향과 원칙에 따라 설치해야 할 보조회의들은 다음과 같다.

모든 관계장관회의 본회의 산하에 사전검토 실무회의 및 집행점검 차관회의를 둔다. 관계장관회의에 따라서는 동향점검 실무회의를 별도로 설치하거나 사전검토 실무회의가 동향점검을 겸할 수도 있을 것이다. 동시에 사전검토 실무회의와 집행점검 차관회의 산하에는 필요에 따라 작업반을 둔다. 또한 분야별 관계장관회의에는 필요하면 분과위원회 2~3개 정도 설치하고, 업무 관할 범위가 넓지 않은 이슈별 관계장관회의에는 분과회의를 설치하지 않는다.

왜 사전검토 기구로는 실무회의가 적합하고, 집행점검 기구로는 차관회

2) 일반모형에서는 관계장관회의 시스템 내의 회의기구로서 소위원회, 분과위원회, 실무위원회 등을 소회의, 분과회의, 실무회의로 통일한다. 이 책의 제3~8장에서는 가급적 각국에서 사용하는 용어를 그대로 활용했으나, 이곳에서는 혼동을 피하기 위해 통일한다.

3) 이 책에서 고위공무원은 1~3급 공무원, 즉 고위공무원단을 지칭하고, 중견공무원은 4~5급 공무원을 지칭한다.

의가 적합한가?

사전검토 기능은 정책안을 둘러싼 부처간 쟁점들을 확인 정리하고 그리 크지 않은 갈등을 1차적으로 조정하는 작업이다. 이 작업은 상당한 기술적 전문성과 함께 타부처 업무에 대한 이해를 필요로 한다. 그런데 업무 범위와 조직내 위상으로 볼 때 차관들은 타부처 업무는 잘 이해할 수 있으나 기술적 전문성을 유지하기가 어렵다. 그러나 고위공무원들은 타부처 업무에 대한 이해뿐만 아니라 기술적 전문성을 동시에 유지할 수 있다. 반면에 집행점검 기능은 집행 진도를 점검하고 집행 과정에서 발생한 문제들을 해결하는 작업이다. 이러한 작업을 원활히 수행하기 위해서는 집행 현장을 잘 이해하고 집행조직을 잘 움직일 수 있어야 한다. (사무)차관들은 대부분 오랫동안 공직 생활을 해 온 자들이 많아 집행 현장을 잘 알고 있을 뿐만 아니라 대규모 공조직을 잘 움직일 수 있는 위상과 역량을 갖고 있다. 따라서 상대적으로 볼 때 사전검토 기구로는 실무회의가, 집행점검 기구로는 차관회의가 적합하다.

[그림 9-2] 회의기구 일반모형

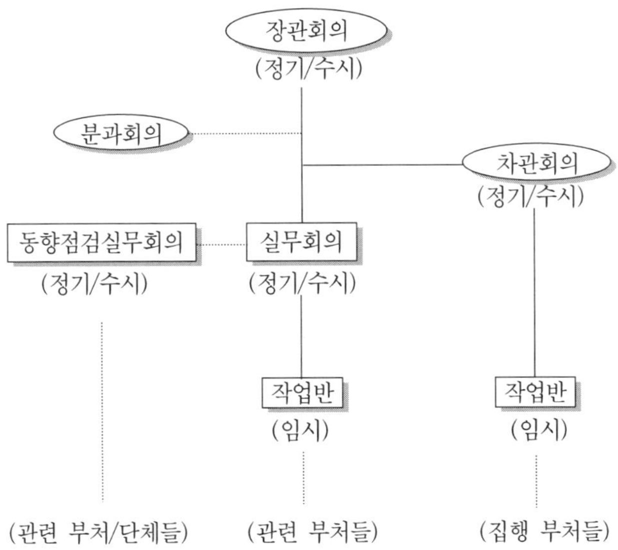

(2) 정기회의 vs 임시회의

본회의와 보조회의에 정기회의만 둘 것인지 아니면 수시회의만 둘 것인지, 그것도 아니면 양자를 모두 둘 것인지? 선택의 기준은 양 회의의 특성과 업무의 특성 간의 정합성이다. 모든 업무의 특성이 정기회의에 적합하면 정기회의만 설치하고, 수시회의에 적합하면 수시회의만 설치해야 하며, 혼합되어 있으면 양자를 병행 설치해야 한다는 것이다.

성격상 정기회의는 일정한 간격을 두고 개최되는 회의이므로 일정한 기간 동안에 수행해야 할 일들을 정하고 그 진도와 결과를 확인하는 데 적합하며, 수시회의는 필요하면 언제라도 소집할 수 있는 회의이므로 그때그때 일어나는 긴급 현안들을 즉시 처리하는 데 적합하다.

본회의나 보조회의에서 처리해야 할 업무들 가운데 정기적으로 처리해야 할 업무와 수시로 처리해야 할 업무가 구분되는가? 대체로 동향 파악, 정책 방향 설정, 주요 정책 선정, 추진 일정 수립, 집행평가 등 정책 추진과 관련된 업무들은 정기회의에 적합하고, 부처간 갈등 조정, 집행상 문제 해결 등 정책조정과 관련된 업무들은 수시회의에 적합하다. 따라서 각급 회의는 정기회의와 수시회의로 구분하고 그 역할을 달리해야 바람직하다. 즉 정기회의와 수시회의에서는 서로 다른 성격의 안건들을 논의하도록 해야 한다.

(3) 멤버십 구조

관계장관회의 시스템에 참여하는 멤버십의 규모를 어느 정도로 하고, 관련 부처 이외에 어느 기관의 참여가 바람직한가?

기존 관계장관회의 시스템내 각종 회의들의 규모는 적게는 7~8명부터 많게는 15~20여 명에 이른다. 역할과 멤버가 법규로 정해진 상설 관계장관회의들은 규모가 큰 편이고, 수시로 쟁점 이슈를 논의하기 위해 소집되는 임시 관계장관회의들은 작은 편이다. 국가안보 관련 관계장관회의들은 규모가 작은 편이고, 국내정책 관련 관계장관회의들은 규모가 큰 편이다.

또한 관계장관회의 시스템 내 각종 회의들의 멤버는 기본적으로 관할 업무 혹은 상정된 안건들과 관련된 부처들이다. 그 밖에도 전문성, 여론 수렴, 정치적 고려 등을 이유로 관련 부처 밖의 인사들도 참여해 왔다. 이들은 주로 중앙행정기관장, 주지사나 광역자치단체장, 대통령(총리) 고위보좌관,

관련 부처 고위관료, 민간전문가, 사회단체장 등이다.

그러면 관계장관회의 시스템내 각종 회의들의 규모와 추가 참여 인사는 어떤 방향과 원칙에 의해 결정되어야 하는가?

첫째, 규모는 심층적이고 효율적인 논의를 방해할 만큼 크지 않아야 한다. 특히 관계장관회의는 국무회의의 문제점을 극복하기 위해 설치한 것이므로 그 규모가 국무회의보다는 훨씬 작아야 한다. 규모는 추가 참여 인사와 정부 부처 수에 좌우된다. 추가 참여가 많아지면 규모는 커지고, 정부 부처 수가 많아도 규모는 커진다. 그러나 참여해야 할 이유가 있다고 해서 모두 다 참여시킬 수는 없다. 그렇다고 관련 부처들만 참여할 수도 없다. 관계장관회의가 국정운영의 실질적인 논의의 장소가 되어야 하기 때문이다. 그러기 위해서는 회의의 규모가 적정해야 한다.

둘째, 수시회의는 정기회의보다 규모가 작아야 한다. 수시회의는 정책안 등 쟁점 이슈들을 둘러싸고 부처간 논쟁이 예상되는 회의이기 때문에 규모가 커서는 안 된다. 이견을 좁히기 위해서는 이해당사자 간에 많은 의견과 정보를 주고받아야 하는데, 참석자가 많으면 합의 도출을 위한 집중적인 논의를 할 수가 없기 때문이다. 반면에 정기회의는 규모가 어느 정도 커져도 별 문제가 없다. 정책방향 설정처럼 원칙적으로 합의하기 쉽거나, 집행 점검처럼 사실 확인으로 쉽게 결론이 날 수 있는 안건들을 논의하는 회의이기 때문이다. 따라서 정규회의의 규모는 수시회의보다 조금 더 커도 회의의 효율성이나 적시성을 확보하는 데 별 문제가 없다.

셋째, 추가 참여는 관련 부처들만의 논의를 보완할 수 있어야 한다. 관련 부처들만 참여하면 부처이기주의, 상호불간섭주의, 정부 부처의 일방주의 등이 지배해 결론 도출이 지연되거나 국론 통합을 저해할 수 있고 결정 내용의 충실성도 확보하기 어렵다. 새로운 인사들의 추가 참여는 이러한 문제점들을 완화시킬 수 있어야 한다.

넷째, 추가 참여 인사는 회의의 위상과 역할에 따라 달라져야 한다. 본회의에는 국론 통합을 이루면서 동시에 적시에 결론을 내는 데 도움이 되는 인사가 참여해야 하며, 또한 정책추진에 책임 있는 자들이 참여해야 한다. 대통령이나 국무회의(내각회의)에서 거부되지 않는 한 관계장관회의 본회의에서의 결정이 사실상 국가의 최종 결정이 되기 때문이다. 실제로 대통령이나 국무회의(내각회의)에 의해 거부되는 경우는 극소수이다. 본회의에

단지 국민 여론을 전달하거나 전문성을 제공하거나 정보를 공유하기 위한 목적으로 새로운 인사들을 추가로 참여시킬 필요는 없다. 반면에 실무회의에는 정보 수집과 전문성 강화에 도움이 되도록 추가되어야 한다. 실무회의에서는 동향과 추세를 파악하고 대안을 작성하며, 전문기술적 쟁점들을 조정하는 것이 중요하기 때문이다.

이러한 원칙에 따라 규모와 추가 인사를 결정한다면 다음과 같다.

규모면에서 본회의의 경우 의장을 포함해 정기회의는 15명 이내, 수시회의는 9인 이내가 적정할 것이다. 이 정도의 규모는 의장과 고위보좌관을 제외하면 각각 13명과 7명이 되므로 부처들이나 중앙행정기관들이 세분화되어 특별히 많지 않은 한 주요 관련 부처의 장관들과 행정기관장들을 모두 포함시킬 수 있다. 분과회의의 규모는 당연히 본회의보다 작아야 한다. 차관회의 및 실무회의도 장관급 본회의에 준해서 결정하면 된다.

추가 참여 인사로서는 장관급 본회의의 경우 관련된 중앙행정기관장, 광역단체장, 대통령(총리) 고위보좌관 등이 적절하다. 중앙행정기관장이나 지방정부의 장은 정책추진에 책임이 있는 자들로서 국론 통합에 기여할 수 있고, 고위보좌관은 대통령(총리)과의 연결고리로서 적시에 결론을 내는 데 중요하기 때문이다. 그러나 중앙행정기관장과 광역단체장은 분야별보다는 이슈별 관계장관회의에 정규 멤버보다는 필요시 초청자로 참석시키는 것이 바람직하다. 사회단체장은 자문회의를 통한 참여가 바람직하다. 사회단체장들의 본회의 참여는 여론 수렴에 도움은 되지만, 정책의 수혜자 혹은 피해자일 수 있어 정책내용의 공정성을 훼손할 수 있기 때문이다.

실무회의에는 추가 참여자로서 중하위 정책보좌관과 민간전문가가 적합하다. 정책안이 대통령의 정책노선에서 이탈하는 것을 방지할 수 있고 또한 정책안 작성에 전문성을 동원하는 데 도움이 되기 때문이다.

한편, 차관회의에서는 집행 관련 차관들 이외에 추가로 참여시킬 필요는 없고, 동향점검 실무회의에는 관련 부처 공무원들 이외에 동향 파악에 종사하는 민간기구의 장을 참여시킬 필요가 있다.

3) 운영 기구(의장)

지금까지 존재했던 관계장관회의 시스템내 회의들의 의장은 국가에 따라 상당히 달랐고, 같은 국가 내에서도 관계장관회의의 종류와 회의의 위상에 따라 달랐다. 장관급 회의의 의장은 1인자, 2인자, 주무장관, 안건 관할 장관, 고위보좌관, 장관급 중재자 등이었고, 실무회의 의장은 본회의 멤버, 지원 스태프(본회의 간사, 지원기구 간부), 고위보좌관, 의장부처 고위공무원, 주무부처 고위공무원 등이었다.

관계장관회의 시스템내 각종 회의들의 의장은 누가 담당하는 것이 바람직한가? 국정 최고책임자인 대통령이나 총리는 관계장관회의 의장직을 담당해야 하는가? 담당한다면 어떤 것들을 담당해야 하는가? 실무회의 의장을 어떻게 결정해야 하는가?

(1) 유형별 장단점

먼저, 장관급 본회의 의장의 각 유형은 국정운영상 나름대로 유리한 점이 있고 동시에 한계도 있다.

1인자형일 경우 관계장관회의가 매우 효과적이고 동시에 능률적일 수 있다. 대통령이나 총리가 직접 주재할 경우 사전 준비는 좀더 신속하고 철저하게 이루어질 수 있고, 회의가 개최되면 논의가 지연되거나 합의도 없이 동일한 주장만 반복될 가능성도 크게 줄어들며, 회의 결론도 해당 부처들로 하여금 좀더 철저하게 이행하도록 하는 효과가 있기 때문이다. 또한 1인자형이 널리 활용되면 국정운영이 대통령(총리)의 국정철학과 노선에 따라 일관성 있고 강력하게 추진될 수 있다.

그러나 1인자형의 문제점은 논의 과정에서 다양한 의견들이 충분히 논의되기 어렵다는 것이다. 장관들이 임명권자 앞에서 그의 의중에 반하는 의견을 제시하거나 그러한 주장을 하기가 어렵기 때문이다. 그리하여 자칫하면 회의가 비민주적으로 운영될 수도 있다. 또한 1인자형이 일반화되면 대통령이 좀더 중요한 국가적 이슈들을 소홀히 할 가능성도 있다. 대통령(총리)이 대다수 관계장관회의들을 주재하다 보면 국정운영의 거시적인 방향과 전략은 소홀히 한 채 관계장관회의에 상정된 일상적인 이슈들에 너무 많은 시간을 빼앗기기 십상이기 때문이다.

이와는 반대로, 주무장관형일 경우 관계장관회의의 운영이 좀더 민주적일 수 있다. 이해관계 부처들이 다양한 의견을 제시하기 쉽기 때문이다. 또한 주무장관형의 경우 안건들이 좀더 충실하게 논의되고 조정될 수도 있다. 의장이 주무장관으로서 안건들에 대해 상당한 지식과 정보를 가지고 있어서 충분한 논의를 유도할 수 있기 때문이다.

그러나 주무장관형의 경우 회의의 운영이 조금 느슨해질 수가 있다. 사전 준비나 사후 이행 조치가 철저하지 못할 가능성이 크고, 회의에서 논의가 지연되거나 결론 도출이 어려워질 확률도 크다. 또한 부처를 책임지고 있는 장관이 이해관계 부처 장관들이 모인 회의를 주재함으로써 공정성 논란을 초래할 수 있다. 즉 의장부처와 다른 부처 간에 이견이 있을 때 비의장 부처 장관은 의장이 회의 결론을 의장부처에 유리하게 유도한다고 의심할 수 있기 때문이다. 회의 운영이 불공정하다고 생각하면 비의장 부처는 관계장관회의를 우회해 대통령에게 직접 호소(end-run)하려 할 것이다.

안건에 따라 의장이 바뀌는 장관교대형은 모든 장·단점에서 주무장관형과 유사하나, 공정성 논란만은 피할 수 있다. 관계장관회의 소속 장관들은 누구나 관할 안건에 대해 자신들이 직접 회의를 주재할 수 있기 때문에 부처들 사이에 공정성 시비는 크게 완화된다.

2인자형은 1인자형과 주무장관형의 장점을 살리고 문제점을 보완할 수 있는 유형이다. 2인자형의 경우에는 장관들이 의견을 제시하는 데 지나치게 움츠릴 필요도 없고, 장관들간 의견 충돌로 표류할 가능성도 적으며, 2인자는 부처간에 중립적인 입장에 있기 때문에 불공정 시비도 일어나지 않는다. 또한 국정운영 최종 책임자인 대통령의 시간도 절약해 줄 수도 있다. 다만, 2인자는 상정된 안건에 대한 지식과 정보가 충분하지 않으므로 쟁점에 관한 충실한 논의를 유도하는 데에 한계를 노출할 수 있다.

중재자형도 2인자형과 유사한 장점을 가지고 있다. 그러나 담당 관계장관회의 업무에 관한 전문성이 있는 것도 아니고 2인자의 정치적 비중을 가지고 있는 것도 아니기 때문에 중재자형에서는 관계장관회의의 효율성과 조정력에 한계가 있을 수밖에 없다.

고위보좌관형은 2인자형의 장점을 모두 가지고 있다. 특히 고위보좌관은 대통령의 측근으로서 대통령의 의중을 가장 많이 알고 있기 때문에 관계장관회의에 대한 영향력이 2인자의 정치적 비중에 못지않다. 더 나아가 고위보좌관은 2인자와는 달리 관련 관계장관회의 업무에 대해서도 상당한 지식과 정보를 가지고 있어서 안건에 대한 충실한 논의에도 기여할 수 있다. 그러나 대통령에게 조언하는 참모가 관계장관회의 의장으로서 정책을 추진하고 조정하는 일에 직접 나서는 것에 대해서는 반론도 있다.

한편 실무회의 의장 유형도 각각 상대적 장단점을 갖고 있다. 각 유형별 장단점을 몇 가지 측면에서 구체적으로 살펴보면 다음과 같다.

첫째, 실무 검토의 충실성과 공정성 측면에서 보면, 지원기구형의 경우 논의가 공정하게 진행될 가능성은 크나 깊이 있는 검토에는 한계가 있는 반면, 주무부처 고위관료형은 편파적일 수는 있으나 깊이 있는 검토가 가능하다.

지원기구형에서는 실무회의 의장이 특정 이슈에 이해관계가 있는 것이 아니기 때문에 그 해결책을 둘러싼 다양한 시각에 중립적일 수가 있다. 그러나 검토 이슈에 대해 많은 지식과 정보를 갖고 있지 않으므로 심도 있는 검토를 유도하기가 쉽지 않다. 반면에 주무부처 고위관료형은 이와는 반대이다. 즉 실무회의 의장들이 주어진 이슈에 대해 이해관계가 있어 편파적일 수는 있으나 그 이슈에 대해 정통해 충실한 검토를 할 수 있다는 것이다.

보좌관형는 지원기구형과 주무부처 고위관료형의 장점을 모두 갖고 있다. 즉 실무회의 의장인 보좌관들이 대부분 전문가들이어서 깊이 있는 검토를 유도할 수 있고, 특정 부처 소속이 아니므로 부처간에 비교적 중립적일 수 있다. 다만, 대통령의 입장을 지나치게 의식하면 이슈 자체를 객관적으로 보지 못하고 대통령의 입장을 정당화시키고 관철시키는 방식으로 검토할 가능성이 크다.

의장부처 고위관료형의 경우 검토 이슈에 따라 검토의 충실성이 달라진다. 즉 의장부처의 이해관계가 걸려 있는 이슈라면 편파적일 수 있지만 충실한 검토를 할 수 있고, 반면에 이해관계가 없는 이슈라면 중립적일 수는 있으나 충실하게 검토하기는 어려울 수 있다.

둘째, 회의 운영의 능률성 측면에서 보면, 보좌관형과 지원기구형 및 본회의 멤버형이 의장부처 고위관료형과 주무부처 고위관료형보다 더 우수할 수 있다.

보좌관형과 지원기구형 및 본회의 멤버형의 경우 실무회의 의장들이 관계장관회의 본회의 운영에도 직접 간여하고 있는 사람들이지만, 의장부처 고위관료형과 주무부처 고위관료형의 경우 본회의와는 한 발짝 떨어져 있는 사람들이다. 그 결과 전자의 경우가 후자의 경우보다 본회의 운영과 실무회의 운영 간에 연계성이 좀더 강화되어 중복 논의의 가능성이 줄어든다.

셋째, 실무회의의 효과성, 즉 실무회의 검토 결과가 본회의에서 받아들여지는 정도를 보면, 보좌관형과 본회의 멤버형은 상대적으로 큰 반면, 주무부처 고위관료형은 작은 편이다. 지원기구형과 의장부처 고위관료형은 그 중간쯤 된다.

보좌관형의 경우 본회의에서 받아들여지는 정도가 큰 이유는 실무검토 결과가 대통령의 의중이 반영된 것일 가능성이 크기 때문이다. 본회의 멤버형의 경우도 본회의 정규 멤버가 직접 실무회의 의장이 되어 검토한 것이기 때문에 본회의 멤버들이 실무 검토 결과를 전면 거부하거나 수정하기가 쉽지 않다. 그러나 주무부처 고위관료형의 경우는 이와는 다르다. 본회의에 대한 실무회의 의장의 영향력이 크지 않을 뿐만 아니라, 주무부처 장관도 자신의 책임이 아니라 부하의 책임 아래 검토한 결과이기 때문에 본회의에서 묵살하거나 수정할 경우 이를 거부하기가 쉽지 않다.

지원기구형과 의장부처 고위관료형의 경우 실무 검토 결과가 주무부처 고위관료형에서보다는 더 잘 수용될 수 있다. 실무회의 의장들이 본회의 의장과 긴밀한 관계에 있기 때문이다. 그러나 보좌관형이나 본회의 멤버형에서보다는 그 효과성이 크지 않을 수 있다.

넷째, 실무 검토를 위한 관련 부처들의 협조 측면에서 보면, 보좌관형이나 지원기구형은 협조를 얻어내는 데 별 어려움이 없을 것이나, 주무부처 고위관료형과 본회의 멤버형은 상당한 어려움이 있을 수 있다. 의장부처 고위관료형은 중간쯤 된다.

주무부처 고위관료형이나 본회의 멤버형에서 어려움이 예상되는 것은 이해관계 충돌의 잠재적 당사자인 부처의 고위관료나 장관이 실무회의 의장을 맡을 경우 관련 부처들은 실무 검토 과정에서 적극 협력하지 않으려 할 것이기 때문이다. 그러나 보좌관형이나 지원기구형의 경우 그러한 어려움이 예상되지 않는 이유는 관련 부처들의 입장에서 볼 때 보좌관은 대통령의 대리자로 인식되어 적극 협조하지 않을 수 없고, 지원기구와는 이해관계 충돌의 가능성이 없기 때문에 협조를 아낄 필요가 없기 때문이다. 의장부처 고위관료형이 중간쯤 되는 이유는 관련 부처들의 입장에서 볼 때 의장부처는 잠재적 갈등의 대상이기는 하지만 그래도 의장부처 고위공무원이 실무회의 의장으로서 여러 부처들의 입장을 비교적 공정하게 취급할 것으로 기대하면서 제한적으로 협조할 수밖에 없기 때문이다.

(2) 방향과 원칙

그러면 관계장관회의 시스템 내의 각급 회의의 의장은 어떤 방향과 원칙에 의해 결정되어야 하는가?

첫째, 의장직을 누가 담당해야 할 것인가는 전략적으로 결정되어야 한다. 회의 운영의 성패뿐만 아니라 정책에 대한 추진력과 책임성에 직접적으로 영향을 미치기 때문이다. 즉 의장직은 회의의 생산성, 적시성, 공정성, 충실성 등을 제고함과 동시에 정책에 대한 추진력과 책임을 강화할 수 있도록 결정되어야 한다.

둘째, 대통령(총리)은 국정운영에 중요한 핵심 관계장관회의들의 의장직을 담당해야 한다. 자신의 정책노선을 구현하고 국정운영에 추진력을 불어넣기 위해서는 국무회의나 내각회의를 주재하는 것만으로는 부족하기 때문이다. 그러나 부처간 갈등에 휘말려 딜레마에 빠질 수 있는 의장직은 담당하지 말아야 한다.

셋째, 의장직은 필요에 따라 위임할 수 있어야 한다. 안건의 성격상 더 적합한 자가 있을 수 있고, 또한 회의 주재보다 더 중요한 일이 갑자기 발생할 수가 있기 때문이다.

(3) 각급 회의 의장

이러한 장단점과 원칙에 따라 각급 회의에 바람직한 의장을 결정하면 다음과 같다.

기본적으로 분야별 관계장관회의 정기회의는 대통령(총리)과 그 보좌관이, 이슈별 관계장관회의 정기회의는 부통령(부총리)와 그 보좌관이 의장을 담당해야 하며, 분야별 관계장관회의든 이슈별 관계장관회의이든 수시회의는 주무부처에서 담당해야 한다. 다만, 특별한 이유가 있는 경우에는 대통령(총리)이나 안건 부처에서 회의를 주재할 수 있어야 한다.

① 분야별 관계장관회의

분야별 관계장관회의 시스템은 집권자인 대통령(총리)과 분야별 주무부처 장관 및 그 보좌관들이 운영하는 것이 합리적이다. 특히 대통령(총리)이 간여해야 하는 이유는 분야별 관계장관회의들이 국정 전반을 다룰 수 있을 뿐만 아니라 전체 관계장관회의 시스템들의 중심축이기 때문이다.

먼저, 정기회의의 경우, 본회의 의장은 대통령(총리)이 직접 주재하되 필요에 따라 부통령(부총리)[4]에게 위임할 수 있도록 해야 하고, 실무회의 의장은 대통령(총리)의 고위정책보좌관이 담당해야 하며, 차관회의 의장은 지원기구의 장이 담당해야 한다.

본회의와 실무회의의 정기회의는 분야별 국정운영 프로그램, 즉 분야별 국정운영의 기본 방향과 주요 정책 및 추진 일정을 논의하는 회의로서 국정운영에 방향을 제시하고 추진 속도를 조율하는 가장 중요한 회의이다. 국정운영의 중심축이 되는 회의이자 국정운영에 추진력을 불어넣을 수 있는 회의이므로 실질적인 책임을 져야 하는 집권자인 대통령(총리)과 그 보좌관들이 직접 주재해야 한다. 만일 정기회의를 반기별로 개최하면 대통령과 그 보좌관이 모두 주재해야 할 것이나 분기별로 개최할 경우 2분기와 4분기는 부통령(부총리)과 그 보좌관에게 위임하는 것이 대통령(총리)과 그 보좌관들의 시간관리에 바람직하다. 정기회의 의장을 분야별 주무부처의 장관과 고위공무원에게 맡기는 것은 바람직하지 않다. 국정운영의 추진력과 책임성을 약화시킬 수 있기 때문이다.

차관회의 정기회의는 본회의 정기회의에서 선정된 주요 정책 이슈들의 정책화 추진 진도를 점검하는 회의이다. 의장은 지원기구의 장에게 맡기는 것이 바람직하다. 중립적인 전담 지원기구의 장은 특정 정책들의 내용이나 부처들의 이해관계에 구애받지 않고 국정운영의 전반적인 흐름을 조망하고 그 속도를 조율할 수 있는 위치에 있기 때문이다.

다음으로, 수시회의의 경우, 각급 회의 의장직을 분야별 주무부처의 장관과 고위공무원들이 담당해야 한다. 다만, 특정 안건에 대해 대통령의 관심이 지대하면 그 의장직은 그 안건에 한해 대통령과 그 보좌관들이 담당해야 하고, 안건에 대한 특정 부처(안건 부처)의 책임이 특히 요구되면 의장직을 그 안건에 한해 안건부처의 장관과 고위공무원들에게 위임하는 것이 바람직하다.

수시회의는 본회의이든 실무회의이든 부처간 갈등을 조정하기 위해 소집되는 회의이므로 그 의장직은 해당 분야에 대해 전반적인 지식과 이해가 많은 주무부처에서 담당하는 것이 합리적이다. 본회의 수시회의 의장을 집

4) 한국의 경우 국무총리.

권자인 대통령(총리)이 담당하게 되면, 안건에 대한 지식과 이해가 부족해 조정이 충실하게 이루어지지 않을 뿐만 아니라, 주재해야 할 회의들이 너무 많아져 대통령(총리)이 귀중한 시간을 낭비할 수 있고, 자칫 부처간 갈등에 휘말려 거시적인 국정운영에 방해가 된다. 따라서 특별한 경우가 아니면 대통령(총리)이 분야별 관계장관회의 수시회의를 주재할 필요는 없다. 그렇다고 본회의 수시회의를 대통령 고위정책보좌관으로 하여금 주재하도록 하는 것도 바람직하지 않다. 부처간 갈등 타결에는 효율적일 수 있으나 주무장관의 책임감을 약화시킬 수 있기 때문이다. 또한 실무회의 수시회의 의장도 본회의와의 연계성 강화를 위해 대통령 정책보좌관보다는 주무부처 차관보가 담당해야 한다.

차관회의 수시회의 의장도 지원기구의 장보다는 주무부처 차관에게 맡기는 것이 바람직하다. 집행상 애로 사항의 해결에는 집행 중인 정책의 내용에 관한 지식과 집행에 관한 경험이 필요하기 때문이다. 또한 지원기구의 장이 의장을 담당할 경우[5] 그의 업무량의 너무 많아지기 때문이다.

그 밖에도 분야별 관계장관회의 산하에 본회의 역할을 대신하는 소회의를 설치한 경우 그 의장은 본회의 의장에게 맡겨야 하고, 복수의 분과회의들을 설치한 경우 그 의장은 분과회의 관할 업무의 주무장관이 담당해야 한다.[6]

② 이슈별 관계장관회의

이슈별 관계장관회의 시스템의 운영은 국정운영의 2인자와 주무부처 장관 및 그 보좌관들에게 맡기는 것이 바람직하다.

이슈별 관계장관회의들의 일상적인 운영에 대통령(총리)과 그 보좌관들이 적극 간여하는 것은 그리 바람직스럽지 않다. 의장을 대통령과 그 보좌관이 담당하면 추진력과 조정력은 강화될 수 있으나 그럴 경우 대통령과 그 보좌관의 업무 부담이 필요 이상으로 가중되고 국정운영이 지나치게 집권화되어 부처들의 협조와 책임성 확보가 쉽지 않을 수 있기 때문

5) 이러한 차관회의는 관계장관회의 숫자에 비례하여 다수일 뿐만 아니라 수시로 소집되는 회의여서 그 많은 회의들의 주재를 1인이 감당할 수 없다.

6) 분과회의화 소회의는 정기회의와 수시회의를 구분하여 소집할 필요는 없다. 필요에 따라 소집하면 된다.

이다. 따라서 대통령과 그 보좌관들은 분야별 관계장관회의 운영에 치중하고 이슈별 관계장관회의 운영에 간여하지 않는 것이 바람직하다. 다만, 대통령(총리)이 특별히 관심을 갖는 이슈별 관계장관회의나 상정 안건이 있는 경우 그에 한해 대통령(총리)과 보좌관들이 의장을 담당할 수 있어야 한다.

이슈별 관계장관회의 정기회의는 그 관할 대상에 따라 의장을 달리할 필요가 있다. 즉 지역별 혹은 고객별 종합대책을 추진하는 이슈별 관계장관회의들의 의장은 2인자와 그 보좌관들이 담당하도록 하고, 특별기능대책을 추진하는 이슈별 관계장관회의들의 의장은 주무부처 장관과 고위공무원들이 담당하도록 하는 것이다. 종합대책 추진 관계장관회의들의 정기회의를 2인자가 담당해야 하는 이유는 관련 부처들이 많아질 수 있어서 의장을 주무부처에서 담당하면 자칫 추진력이 약화될 수 있기 때문이다.

한편 이슈별 관계장관회의 수시회의는 분야별 관계장관회의에서와 마찬가지로 그 의장을 주무부처에서 담당해야 하고, 필요에 따라 대통령(총리)이나 안건 부처에 위임할 수 있어야 한다. 즉 이슈별 관계장관회의 수시회의의 의장은 장관급인 경우 주무부처 장관이, 실무급인 경우 주무부처 차관보가, 차관급인 경우 주무부처 차관이 담당하도록 해야 하고, 예외적으로 정치적 중요성이 큰 안건이 논의되는 회의이면 대통령이, 안건 부처의 책임이 특별히 요청되거나 안건의 잠수화를 막고 회의 운영의 공정성을 위해 필요하면 안건 부처에서 담당하도록 하는 것이 바람직하다.

그러나 위기대응을 목적으로 하는 이슈별 관계장관회의의 의장은 다른 이슈별 관계장관회의들과는 달리할 필요가 있다.

위기 발생시에 소집되는 수시회의의 경우 위기에 강력하고 신속하게 대응하기 위해 각급 회의 의장들을 각각 1인자, 2인자 및 위기 관할 부처의 장차관에게 맡겨야 한다. 즉 장관급 회의는 대통령(총리) 혹은 부통령(부총리)이 주재해야 한다. 위기 관련 주무부처 장관이나 위기 관할 부처 장관에게 맡기면 위기 극복에 필요한 범정부적 관심과 자원을 동원하기 어렵기 때문이다. 차관회의와 실무회의 의장은 위기 관할 부처 장관과 차관이 담당해야 한다. 이들은 평상시에 관할 위기에 대한 대비를 해 온 부처 장차관들로서 신속한 대응이 가능하기 때문이다.

그러나 평상시에 위기관리 체제를 정비하고 대응태세를 점검하는 정기회의는 장관회의인 경우 부통령(부총리)이, 차관회의인 경우 지원기구[7]의 장이, 실무회의인 경우 지원기구의 간부가 담당해야 한다.

〈표 9-2〉 관계장관회의 유형별·회의별·위상별 의장

<table>
<tr><th>유 형</th><th>회의 시기
(목적)</th><th>본회의</th><th>실무회의</th><th>차관회의</th></tr>
<tr><td rowspan="2">분야별
관계장관회의</td><td>정기회의
(추진)</td><td>대통령/총리</td><td>정책보좌관</td><td>지원기구의 장</td></tr>
<tr><td>수시회의
(조정)</td><td>주무부처 장관
[안건 부처 장관]
[대통령]</td><td>주무부처 차관보
[안건 부처 차관보]
[정책보좌관]</td><td>주무부처 차관
[안건 부처 차관]</td></tr>
<tr><td rowspan="2">이슈별
관계장관회의</td><td>정기회의
(추진)</td><td>부통령/부총리
(종합대책)
주무부처 장관
(특별기능대책)
[대통령]</td><td>부통령 보좌관
(종합대책)
주무부처 차관보
(특별기능대책)
[정책보좌관]</td><td>지원기구의 장
(종합대책)
주무부처 차관
(특별기능대책)</td></tr>
<tr><td>수시회의
(조정)</td><td>주무부처 장관
[안건 부처 장관]
[대통령]</td><td>주무부처 차관보
[안건 부처 차관보]
[정책보좌관]</td><td>주무부처 차관
[안건 부처 차관]</td></tr>
<tr><td rowspan="2">위기관련
관계장관회의</td><td>정기회의
(추진)</td><td>부통령(부총리)
[주무부처 장관]</td><td>지원기구 간부</td><td>지원기구의 장</td></tr>
<tr><td>수시회의
(조정)</td><td>대통령(총리)
[부통령(부총리)]</td><td>안건 부처 차관</td><td>안건 부처 장관</td></tr>
</table>

참고: [ ] 안은 위임 대상.

4) 지원기구

지원기구는 각급 회의 의장을 도와 주는 기구이다. 즉 회의 운영자인 의장들을 도와 본회의, 소회의, 분과회의, 실무회의, 작업반 등을 관리하고 이들이 잘 작동되도록 행정적으로 지원하는 기구이다. 이러한 지원기구를 어떻게 조직화할 것인가? 지원기구의 구조적 형태를 어떻게 하는 것이 바람직한가?

7) 위기 관련 주무부처가 있는 경우 그 부처.

(1) 유형별 장단점

지원기구 구조는 사무처 시스템과 간사 시스템이 있다. 전자는 일정 규모의 스태프들이 관계장관회의를 전문적으로 관리 지원하는 시스템이고, 후자는 관계장관회의마다 1~2명의 요원이 지정되어 해당 관계장관회의를 관리 지원하는 시스템이다. 사무처 시스템은 간사 시스템에 비해 몇 가지 측면에서 장점이 있다.

첫째, 국정의 통합성과 일관성을 확보하는 데 사무처 시스템이 간사 시스템보다 유리하다. 사무처에서 유사한 다수 관계장관회의들을 관리하게 되면 관계장관회의들 간의 연계가 용이해 국정 전반에 걸쳐 통합성과 일관성이 제고될 수 있다. 즉 유사한 쟁점 이슈들이 서로 다른 관계장관회의들에 배정되더라도 지원기구가 이들 관계장관회의들을 통합 지원하는 한 조정 내용이 상충될 가능성은 크게 줄어든다. 그러나 간사 시스템의 경우 관계장관회의마다 독자적으로 관리되기 때문에 관계장관회의들 간의 연계가 쉽지 않아 국정운영의 일관성과 통합성을 확보하기가 어려워질 수 있다.

둘째, 회의 운영의 공정성과 능률성 측면에서도 사무처 시스템이 간사 시스템보다 우수하다. 사무처 시스템의 경우 사무처 요원들이 특정 부처 출신 공무원들만으로 구성되는 일은 거의 없기 때문에 관계장관회의 시스템이 특정 부처에게 유리하게 운영될 가능성은 적다. 그러나 간사 시스템의 경우 간사로서 주무부처 고위공무원이 지정되는 경우가 많아 회의가 종종 편파적으로 진행될 가능성이 있다.

또한 사무처 시스템의 경우 시간이 흐를수록 사무처 내에 회의관리의 노하우가 축적될 수 있을 뿐만 아니라 하나의 사무처가 다수의 관계장관회의들을 지원할 수 있기 때문에 회의관리의 능률성 향상에 크게 기여할 수 있다. 그러나 간사 시스템의 경우 간사가 주무부처 공무원이든 대통령 보좌관이든 회의 지원에 전념할 수 있는 입장이 아니어서 회의 운영의 노하우가 축적되기 쉽지 않고 관계장관회의마다 간사를 두어야 하기 때문에 능률성 향상에 별로 기여하지 못한다.

셋째, 회의 운영의 충실성과 생산성 측면에서도 사무처 시스템이 간사 시스템보다 우수하다. 사무처 시스템의 경우 스태프들이 회의 지원에만 전념하고 하나의 회의가 소집될 경우 다수 스태프들이 지원에 나설 수 있기 때문에 장관급 본회의든 실무급 회의이든 회의에서의 논의가 충실하고 그 결과가 생산적일 수 있도록 필요한 준비를 잘 할 수 있다. 즉 정책제안보고서에 대한 사전 지침을 제공하거나 사후 검토 보완을 요구함으로써 좀더 심도 있고 종합적인 검토와 조정이 이루어져 생산적인 회의가 되게 할 수 있다. 그러나 간사 시스템에서는 간사가 회의관리에만 전념할 수 없는 경우가 많고, 회의 소집시 지원 요원이 한두 명밖에 되지 않아 회의 소집과 연락, 서류 준비 등 회의 운영에 필요한 최소한의 지원만 제공할 수 있고, 회의의 충실성이나 생산성 향성을 위한 준비까지 담당할 수는 없다.

그러나 사무처 시스템은 간사 시스템에 비해 몇 가지 단점도 있다.

첫째, 주무(안건 담당)부처의 책임감을 저하시킬 수 있다. 간사 시스템 하에서는 회의 안건들의 검토 조정에서 주무부처의 입장이 강하게 반영될 수 있다. 그만큼 주무부처는 그 정책에 대해 책임감을 가질 수 있다. 그러나 사무처 시스템에서는 주무부처의 입장을 다른 부처들의 입장과 동일하게 취급할 가능성이 커 정책에 대한 주무부처의 책임감을 저하시킬 수 있다.

둘째, 국정운영을 집권화시키는 경향이 있다. 사무처 시스템 하에서는 부처들의 주도권과 자율성이 약화된다. 반면에 대통령(총리)의 주도권이 강화될 수 있다. 사무처가 과정관리에 국한하지 않고 사무처 내에 정책 전문가를 충원해 정책 내용에 간여하게 되면 부처들은 더욱 위축되고 대통령(총리)의 영향력은 더욱 강화된다.

(2) 바람직한 선택

지원기구의 구조를 어떻게 할 것인가? 국정운영의 통합과 노하우 축적은 물론 관계장관회의 시스템의 바람직한 조건들을 구현하기 위해서는 간사 시스템보다 사무처 시스템을 채택해야 한다. 사무처 시스템의 경우에도 하나의 사무처가 1개의 관계장관회의를 관리하는 개별 시스템보다는 하나의 사무처가 모든 관계장관회의들을 관리하는 독점 시스템이나 전체 관계장관회의들을 2~3개의 사무처가 분담하는 분점 시스템이 바람직하다. 예를 들면, 외교국방 사무처, 경제산업 사무처, 국내문제 사무처 등 3개의 사무처를 두어 모든 관계장관회의들을 분담 관리하도록 하는 것이다.

한편, 사무처의 인력 규모는 최소한으로 줄여야 한다. 비대해지면 지원기구가 아니라 불필요한 간섭기구가 될 수 있기 때문이다. 또한 사무처 요원들은 관련 부처 공무원들로 충원하되, 고위직은 국정운영의 노하우 축적을 위해 장기근무시키고, 중하위직은 관련 부처들의 내부 동향을 파악하기 용이하도록 정기적으로 교대시켜야 한다.

5) 자문기구

관계장관회의 업무와 관련된 자문기구는 어떻게 조직화해야 하는가?

자문기구를 둘 수도 있고 두지 않을 수도 있다. 또한 자문기구를 두더라도 관계장관회의에 직접 자문하는 경우와 집권자(대통령, 총리)를 통해 간접적으로 자문하는 경우가 있을 수 있다. 후자의 경우는 자문기구가 1차적으로 대통령에게 자문하고 그 자문 내용이 관계장관회의에 전달되는 경우이다. 마지막으로 구성 멤버를 민관 혼합형으로 하는 경우와 순수 민간형으로 하는 경우가 있다.

자문기구는 반드시 두어야 한다. 국정운영에 필요한 다양한 업무들을 공직자들이 모두 수행할 수도 없고, 또한 모두 수행하는 것이 바람직하지도 않기 때문이다. 또한 자문기구는 관계장관회의에 직접 자문할 수 있어야 한다. 집권자를 통해 간접적으로 자문하는 것은 그리 효율적이지 못하다. 따라서 자문기구는 관계장관회의에 직접 자문하고 필요하면 대통령(총리)에게도 자문할 수 있어야 한다. 마지막으로 자문기구 멤버는 순수 민간형으로 구성되어야 한다. 민간전문가들이나 사회단체 대표들이 국정의 주요 이슈들에 대해 다양한 의견을 충분히 개진할 수 있어야 하기 때문이다.

4 업무분담 모형

관계장관회의 시스템에서 취급해야 할 구체적 업무들은 내용상으로나 성격상으로 다양하다.

내용을 보면 크게 정책추진 업무와 정책조정 업무로 구분할 수 있다. 정책추진 업무는 무슨 목적으로 어떤 정책들을 언제 어떻게 추진할지를 결정하고, 그 추진 상황을 점검 평가하는 것을 말한다. 국내외 주요 동향을 점검하는 일, 장기 정책 과제들을 연구하는 일, 정책추진의 목적과 방향을 설정하는 일, 추진해야 할 주요 정책들을 선정하는 일, 추진 일정을 수립하는 일, 추진 과정과 추진 실적을 점검 평가하는 일, 평가 결과에 따라 책임을 추궁하고 환류하는 일 등이 이에 해당된다. 정책조정 업무는 정책의 형성과 집행 과정에서 발생하는 부처간 갈등이나 이견을 줄이는 업무이다. 부처간 갈등을 초래할 수 있는 쟁점 이슈를 발굴하는 것, 정책안을 만들어 부처간 이견을 조정하는 것, 부처간 합의 사항의 집행 과정상 이견을 조정하는 것 등이 이에 해당된다. 정책추진이 시간의 흐름상 여러 주요 정책들을 전략적으로 배치하는 거시적인 업무라면, 정책조정은 특정 정책을 둘러싼 부처간 이견들을 해결하는 미시적인 업무이다.

또한 정책추진과 정책조정에 수반되는 구체적인 업무들은 성격상 정치적인 업무와 전문기술적인 업무로 구분할 수 있다. 전문기술적인 업무는 분석적 합리성에 따라 처리될 수 있는 업무이고, 정치적인 업무는 분석적 합리성을 넘어 정치적 판단과 결단이 필요한 업무이다.

정책추진에 수반되는 업무들 가운데 국정운영의 목표와 방향 설정, 주요 정책의 선정, 추진 일정의 수립, 추진 과정상의 문제 해결, 추진실적 평가의 환류 등은 정치적 성격의 업무이고, 장기 정책 과제의 연구, 국내외 주요 동향의 모니터링, 잠재 위기의 모니터링, 구체적인 추진 일정안의 작성

〈표 9-3〉 관계장관회의 시스템의 관할 업무 분류

구 분	정책추진	정책조정
정치적 결단이 필요한 업무	- 국정운영 방향과 목표 설정 - 추진대상 정책이슈 선정 - 정책추진 일정 수립 - 정책추진 과정상 문제점 해결 - 실적평가, 책임규명, 환류	- 정책안에 대한 부처간 이견 조정 - 단일 부처 역량을 넘는 업무에 대한 부처간 협력 유도
전문 기술이 필요한 업무	- 국내외 동향/잠재위기 모니터링 - 장기 정책/과제의 연구 - 회의 안건 선정, 회의 소집, 자료의 준비와 점검, 회의록 작성, 회의 결과의 통보 - 정책추진 일정안의 작성 - 정책추진 일정안의 사전 검토 조정 - 정책추진 진도의 점검	- 부처 활동의 모니터링 - 갈등 이슈의 발굴 - 안건 선정, 회의 소집, 자료의 준비 점검, 회의록 작성, 회의 결과의 통보 - 정책안 작성, 여론 수렴 - 정책안의 검토 보완 - 정책안의 사전 검토 조정 - 이행 확보 수단의 강구 - 집행 과정상 조정 및 문제점 해결

및 사전 검토 조정, 추진 진도의 점검 등은 대체로 전문기술적 성격의 업무에 해당된다. 반면에 정책조정에 수반되는 업무들 가운데 정책안에 대한 부처간 이견 조정과 단일 부처 역량을 넘어서는 업무에 대한 부처간 협력 촉진 등은 정치적 성격의 업무이고, 부처 활동의 모니터링과 갈등 이슈의 발굴, 자료의 수집 분석과 정책안의 작성, 정책안의 검토 보완, 정책안에 대한 사전 검토 조정, 조정된 정책의 이행 수단 강구, 집행 과정상의 갈등 조정 및 문제점 해결 등은 대체로 전문기술적 성격의 업무들이다.

이렇게 다양한 업무들을 이러저런 업무로 바쁘기 마련인 장관들로 구성된 관계장관회의 본회의에서 모두 처리하는 것은 불가능하고 바람직하지도 않다. 업무의 내용과 성격에 따라 어떠한 방식으로든 분담이 있어야 한다. 그러면 이 다양한 업무들을 효율적으로 수행하기 위해 관계장관회의 시스템내 기구들, 즉 회의기구, 운영기구, 지원기구, 자문기구 간에 어떻게 분담시켜야 하는가?

회의기구는 정책의 방향과 내용을 결정하는 데 수반되는 업무를 담당해야 하고, 운영기구는 회의 안건을 선정하고 회의를 주재하며 지원기구를 잘 관리하면 된다. 지원기구는 중립적인 회의 지원과 과정관리에 치중해야 하고, 민간 자문기구는 장기과제 연구, 전문적인 지식과 정보의 제공, 여론 수렴, 관계장관회의 시스템의 활동에 대한 평가 등을 분담시키는 것이 합리적이다.

관계장관회의 시스템 내의 역할 분담에서 좀더 복잡하고 판단을 요하는 것은 회의기구와 지원기구 간의 역할 분담, 회의기구 내의 각급 회의간 역할 분담이다.

1) 회의기구와 지원기구

회의기구와 지원기구 간의 역할 분담을 어떻게 할 것인가? 각국의 사례를 보면 양자간의 업무 구분이 명확하고 일관적인 경우가 있고 그렇지 않은 경우가 있다. 영국 내각위원회 시스템에서는 모든 회의기구들의 업무가 내각위원회마다 유사하고, 지원기구의 업무도 비교적 명확하고 일관성 있게 설정되어 있다. 그러나 미국의 관계장관회의 시스템에서는 회의기구의 업무와 지원기구의 업무가 일관성 있게 구분되어 있지 않아 지원기구가 회의기구에 적합한 업무를 일부 담당하고 있거나, 회의기구가 지원기구에 어울리는 업무를 일부 담당하고 있는 관계장관회의들이 있다. 따라서 회의기구와 지원기구 간의 역할 분담에서 쟁점은 지원기구로 하여금 회의기구에 적합한 업무 중 일부를 담당하도록 할 것인가이다.

지원기구는 중립적 과정관리에 치중하는 유형과 특정 내용의 정책을 주장하는 정책주창까지 담당하는 유형으로 구분된다. 전자는 지원 스태프들이 부처 활동의 모니터링, 안건의 선정, 회의의 소집, 회의자료의 준비와 점검, 회의 진행전략의 조언, 회의록과 보도자료의 작성, 회의 결과의 통보, 집행 점검 등의 과정관리 업무만 담당하는 유형이다. 후자는 이 과정관리 업무에 추가해 독자적인 정책안을 마련한 후 적극으로 설득하고 관철하는 업무까지 수행하는 유형이다.

과정관리만을 담당하는 유형은 관계장관회의 시스템의 생산성, 적시성, 능률성, 충실성, 공평성 등을 제고할 수 있다. 다만, 관련 부처들을 모두 공정하게 취급한 결과 안건 관할 부처의 입장과 이해관계가 충분히 반영되지 않을 소지가 있어서 정책에 대한 안건 관할 부처의 열의와 책임성을 확보하는 데 어려움이 있을 수 있다. 반면에, 정책주창까지 담당하는 유형은 관련 부처들의 관료적 이해관계에 물들지 않은 정책안을 마련할 수는 있으나 관련 부처들로 하여금 관계장관회의 시스템을 우회하려는 빌미를 제공할 수 있고 또한 다른 의견을 갖고 있는 부처들을 공정하게 취급하지 않을 수 있다.

관계장관회의 지원기구에 정책주창을 허용할지는 각국의 상황에 따라 다를 수 있다. 즉 대통령(총리) 보좌관들이나 부처 공무원들이 지원 업무를 겸임하는 나라에서는 지원기구 스태프들은 정책주창까지 담당한다.[8] 원래 대통령(총리) 보좌관들과 부처 공무원들은 정부 내에서 정책주창을 해온 집단이기 때문이다. 또한 주무부처가 분명하지 않는 정책 이슈들에 대해 대통령(총리) 보좌관들이 적극 나서지 않는다면 지원기구 스태프들이 정책주창을 할 수 있을 것이다.[9]

그러나 전담 지원기구를 설치할 경우 지원기구의 스태프들은 정책주창

---

8) 미국과 한국이 그 예이다. 그러나 이 경우는 지원 스태프는 대통령 혹은 소속 부처의 입장에서 정책을 주창한다.

9) 영국과 프랑스의 유럽정책 분야가 그 예이다.

을 하지 않은 것이 바람직하다. 그 이유는 지원기구가 정책주창을 하게 되면 관계장관회의 시스템의 공정성을 훼손할 수 있을 뿐만 아니라 지원기구 내에 정책전문가들의 배치가 수반되고 지원기구가 지나치게 비대해지고 불필요한 간섭기구가 되기 때문이다.

따라서 회의기구와 지원기구 간의 바람직한 역할 분담은 정책의 방향이나 내용을 좌우할 수 있는 업무들은 회의기구에 분담시키고, 이들 방향이나 내용을 논의하기 위한 회의들의 관리와 안건 처리 절차에 관한 업무들은 지원기구에게 맡기는 것이 바람직하다.

좀더 구체적으로 말하면, 정책추진과 조정에서 정치적 결단을 필요로 하는 업무들을 대부분 회의기구에서 담당해야 한다. 그러나 정책추진 및 정책조정에 수반되는 전문기술적 업무들 가운데에는 회의기구에 적합한 업무와 지원기구에 적합한 업무가 있다. 각 부처 활동의 모니터링, 갈등 이슈의 발굴, 회의 소집, 회의 자료의 준비 점검, 정책안의 검토 및 보완 요청, 회의록의 작성, 회의 결과의 통보 등은 지원기구에 비교적 잘 어울리는 업무들이다. 회의의 운영과 안건의 처리 절차와 관련된 업무들이기 때문이다. 반면에, 정책안 작성, 사전 검토 조정 등은 정책의 내용에 영향을 미치는 업무로서 회의기구에 적합한 업무들이다.

문제는 국내외 주요 동향 모니터링과 잠재 위기 모니터링이다. 모니터링은 성격상 소집되어야 활동하는 회의체보다는 상시 활동하는 상설조직에서 담당해야 합리적이다. 그런데 주요 동향 모니터링과 잠재 위기 모니터링을 상설조직인 지원기구에서 담당하면 모니터링 대상이 많아 지원기구가 너무 방대해진다. 따라서 이들 모니터링 그 자체는 지원기구보다는 관할 부처에서 담당하고 그 결과를 정기적으로 혹은 수시로 점검해 공유하고 전파하는 일, 모니터링 대상과 방법을 상황 변화에 따라 달리 조정하는 일 등은 회의기구에서 담당하는 것이 합리적이다.

2) 회의기구내 업무 분담

(1) 본회의와 보조회의

효율적인 업무 수행을 위해 보조회의의 설치가 불가피하다면 장관급 본회의와 보조회의 간의 역할 분담은 어떻게 이루어져야 하는가? 업무의 내용(정책추진 vs 정책조정)을 기준으로 분담시키는 것이 바람직한가, 아니면 업무의 성격(정치적 업무 vs 전문기술적 업무)에 따라 분담시키는 것이 바람직한가?

본회의와 보조회의 간의 업무 분담은 업무의 내용보다는 업무의 성격에 따라 이루어지는 것이 합리적이다. 즉 정치적 성격의 업무는 장관급 본회의에서 담당하고, 전문기술적 업무는 보조회의에서 담당하도록 하는 것이다. 고위정무직인 장관들에게 시간이 많이 걸리고 세세한 것들까지 분석해야 하는 전문기술적 업무를 담당하도록 하는 것은 무리이고, 실무자들로 하여금 정치적 결단이 요구되는 업무를 처리하게 하는 것도 불합리하기 때문이다. 대부분의 기존 관계장관회의 시스템에서도 본회의와 보조회의 간의 역할 분담은 업무의 성격에 따라 이루어져 왔다.

그러나 본회의와 보조회의 간의 역할 분담을 업무의 내용에 따라 시도하는 것은 합리적이지 않다. 정책 방향의 설정, 주요 정책의 선정, 추진 일정의 수립 등 정책추진 업무를 본회의에서 담당토록 하는 것은 합리적일 수 있지만, 부처간 갈등 관계, 정책들간 상충 관계 등을 처리하는 정책조정 업무를 보조회의에서 담당토록 하는 것은 합리적이지 않다. 부처간 갈등 관계나 정책간 상충 관계는 전문기술적 분석을 통해서만 해결할 수 없고 정치적 결단이 필요한 경우가 많기 때문이다.

(2) 정기회의와 수시회의

장관급 본회의를 정기회의와 수시회의로 구분해 서로 다른 업무를 분담시킬 필요가 있는가? 있다면 업무를 어떻게 분담시킬 것인가?

성격상 정기회의는 일정한 간격을 두고 개최되는 회의이므로 일정한 기간 동안에 수행해야 할 일들을 정하고 그 결과를 확인하는 데 적합하며, 수시회의는 언제든지 소집할 수 있는 회의이므로 그때그때 일어나는 긴급 현안들을 처리하는 데 적합하다. 관계장관회의 본회의에서 처리되어야 할 업무들 가운데 정기적으로 처리해야 할 업무와 수시로 처리해야 할 업무가 구분되는가?

관계장관회의 시스템에서 처리해야 하는 업무는 내용상 정책추진과 정책조정이다. 정책추진과 관련된 구체적인 업무는 주로 방향의 설정, 주요 목표의 선정, 추진 일정의 수립, 추진의 점검 평가 등이다. 이들 업무는 성격상 정기적으로 논의해야 할 업무들에 가깝다. 반면에 정책조정과 관련된 구체적인 업무는 특정 정책을 추진하는 과정에서 발생하는 쟁점 이슈에 대한 부처간 갈등 조정, 정책들간 상충 조정, 특정 사안에 대한 부처들의 의견 수렴 등이다. 이들 업무는 성격상 그때그때 신속하게 처리되어야 할 업무들이다.

따라서 장관급 본회의는 정기회의와 수시회의로 구분해 업무 분담을 달리할 필요가 있다. 즉 정기회의에는 정책추진 업무를 수시회의에는 정책조정 업무를 분담시키는 것이 바람직하다는 것이다.

(3) **보조회의들**

보조회의는 전술한 것처럼 소회의, 분과회의, 차관회의, 실무회의, 작업반이 있다. 다양한 전문기술적인 업무들을 효율적으로 처리하기 위해 보조회의들 간에 업무 분담은 어떻게 해야 하는가?

기본 원칙은 수직적·수평적 업무 중첩을 방지하는 것이다. 이를 위해 첫째, 사전 검토 조정 업무가 실무회의, 차관회의, 분과회의 등에서 차례로 반복적으로 논의되지 않도록 한다. 회의기구의 적시성과 능률성을 크게 떨어뜨리기 때문이다. 따라서 사전 검토 조정기구는 1단형으로 설치한다. 둘째, 장관급 회의들인 소회의와 분과회의는 본회의를 대신하도록 한다. 즉 소회의와 분과회의에서 조정된 안건들은 본회의에서 다시 논의하지 않도록 한다. 이러한 원칙에 따라 보조회의들 간의 바람직한 업무 분담을 좀더 구체적으로 살펴보면 다음과 같다.

① 차관회의

차관회의에는 집행 관련 업무를 맡기는 것이 합리적이다. 부처내 위상을 볼 때 차관들은 실무 차원의 조정을 담당하기에는 기술적 전문성이 부족하고 정치적 타결을 담당하기에는 부처를 대표할 수 있는 책임자가 아니다. 따라서 차관회의가 정책안에 대한 1차 조정이나 최종 타결을 담당하는 것은 그리 합리적이지 않다. 그러나 (사무)차관들은 부처내 2인자이자 대부분 오랫동안 공직생활을 해 온 자들이 많아 공무원들의 행태와 관료조직의 속성을 잘 알고 있어서 대규모 조직을 잘 움직일 수 있는 위상과 능력을 가지고 있다. 따라서 차관회의는 집행에 관한 실질적 책임을 부여해 집행 상황을 점검하고 집행상 문제점을 해결하도록 하는 것이 합리적이다.

또한 차관회의를 정기회의와 수시회의로 구분해, 전자는 집행 점검을, 후자는 집행 과정에서 발생하는 부처간 이견 조정과 문제점 해결을 담당하도록 한다. 집행 점검은 정기적으로 해야 합리적이고, 집행 과정에서의 장애 극복은 필요할 때 즉시 해야 바람직하기 때문이다.

② 실무회의

실무회의 구성 멤버인 고위공무원들은 기술적 전문성뿐만 아니라 정치적 판단력도 어느 정도 가지고 있다. 부처 업무에 대한 책임자는 아니지만 부처내 위상으로 볼 때 부처간 회의에서 담당 업무에 대해 부처를 대표할 만한 위상은 된다. 따라서 고위공무원으로 구성된 실무회의에는 부처간 이슈들에 대한 사전 검토 조정을 맡기는 것이 바람직하다. 즉 소속 부처 장관을 대신해 안건들을 미리 검토하고 부처간 쟁점들을 정리한 후, 전문기술적 쟁점들은 미리 타결하고 정치적 결단이 필요한 쟁점들은 장관급 본회의에 넘기도록 하는 것이다.

사전 검토 조정을 차관들이 담당하는 것은 바람직하지 않다. 관계장관회의 회의기구들이 효율적으로 운영되기 위해서는 전문기술적 쟁점들이 실무회의에서 타결되는 것이 합리적이기 때문이다. 그렇다고 부처 정책에 영향을 미칠 수 있는 쟁점 이슈들을 타결하는 협상에 중견 공무원들을 내보내는 것도 바람직하지 않다. 중견 공무원들이 장관이나 부처를 대표해 부처간 협상에 나서기에는 부처내 책임이나 영향력 및 위상이 낮아 합의 내용이 부처내에서 거부될 소지가 크고 또한 부처내 비난이 두려워 부처간 회의에서 타협 없이 경직된 입장을 견지할 가능성이 크기 때문이다.

사전 검토 조정을 위한 실무회의는 업무의 성격에 따라 실무추진회의와 실무조정회의를 두는 것이 바람직하다. 실무추진회의는 장관급 본회의 정기회의를 보조하는 역할을 담당하도록 한다. 즉 대통령(총리) 정책보좌관의 지휘 하에 정책추진의 방향과 목표, 추진해야 할 주요 정책 목록, 추진 일정 등의 초안을 잡고, 지원기구와 부처들의 지원을 받아 주요 정책들의 추진 상황에 대한 점검을 담당하도록 한다. 반면에, 실무조정회의는 장관급 본회의 수시회의를 보조하는 역할을 담당하도록 한다. 즉 부처들이나 작업반을 통해 작성한 정책안들에 대한 검토 및 쟁점에 대한 1차 조정 등을 담당하도록 한다.

한편, 실무급 회의로서 필요에 따라 동향점검 실무회의를 두어야 한다. 동향점검 실무회의는 국내외 주요 동향과 잠재 위기에 대한 모니터링 활동을 점검 지휘하고 모니터링 결과에 대한 정보를 필요한 기관에 배분하도록 한다. 모니터링 자체는 관련 부처에서 담당하도록 하되 그 결과에 대한 논의와 정보교환은 동향점검 실무회의에서 담당하도록 해야 한다.

③ 작업반

작업반에 적합한 업무는 자료의 수집과 분석, 정책 초안의 작성, 구체적 계획의 수립 등이다. 작업반은 구성하는 중견 간부들은 그 위상이 높지 않아 정책의 정치적 측면에 간여하기 어렵고, 반면에 기술적인 전문성은 높기 때문이다. 좀더 구체적으로 보면, 실무회의 산하 작업반은 현안 이슈들의 분석과 정책안의 작성을 담당하고, 차관회의 산하 작업반은 본회의 합의 사항의 세부 집행계획 수립, 집행 현황의 파악 등의 업무를 담당하도록 하는 것이 적합하다.

5 절차모형

1) 표준 절차

관계장관회의 시스템을 활용해 정책 이슈들을 처리하는 절차는 두 가지 트랙으로 설계하는 것이 바람직하다. 하나는 국정운영상 중요한 여러 정책들을 집단적으로 관리하는 정책추진 절차이고, 다른 하나는 개별 정책을 둘러싼 부처간 이견을 해결하는 정책조정 절차이다. 좀더 구체적으로 설명하면, 정책추진 절차는 어떤 목적으로 무슨 정책들을 추진할 것인지, 언제까지 어떻게 추진할 것인지, 예정대로 추진된 것인지 등을 정하고 확인 점검하는 절차이다. 따라서 정책추진 절차는 국정운영의 내용과 속도를 조절하는 절차이다. 반면에 정책조정 절차는 특정 정책의 형성과 집행 과정에서 발생하는 부처간 쟁점들을 조정하는 절차이다. 즉 특정 이슈를 정책으로 전환하고 집행하는 과정에서 발생한 걸림돌을 해소하는 절차이다. 정책

추진 절차가 관계장관회의 시스템의 거시적 역할 가운데 적극적인 역할을 수행하기 위한 절차라면, 정책조정 절차는 소극적 역할을 수행하기 위한 절차이다.

정책추진 절차를 통해 처리되는 이슈들은 국정운영상 중요한 이슈들이어야 한다. 중요한 이슈이면 대통령 이슈이든 부처 이슈이든, 다부처 이슈이든 단일 부처 이슈이든, 부처간 갈등 소지가 있든 없든 국정운영의 틀 속에 포함되어 정책추진 절차에 의해 관리되어야 한다. 반면에 정책조정 절차는 부처간 이견이 있는 다부처 이슈들을 처리해야 한다. 부처간 이견이 있으면 대통령 이슈이든 부처 이슈이든, 중요한 이슈이든 그렇지 않은 이슈이든 정책조정 절차에 의해 처리되어야 한다.

그 밖에 중요하지도 않고 부처간 이견도 없는 이슈들은 관계장관회의 시스템에 상정하지 않고, 따라서 정책추진 절차나 정책조정 절차를 거칠 필요가 없다. 즉 해당 부처가 책임지고 독자적으로 처리해야 한다.

(1) 정책추진 절차

정책추진 절차는 그 성격상 국정운영 프로그램을 마련하고 그 추진의 흐름을 조율하는 절차이기 때문에 그 설계 및 운영시에 두 가지 측면이 고려되어야 한다. 하나는 국정운영의 최종 책임자가 주도해야 한다는 것이다. 즉 대통령(총리)과 그 보좌관이 적극 개입해야 한다. 다른 하나는 일정한 시간 간격을 두고 가동되어야 한다는 것이다. 즉 정기회의를 활용한 절차여야 한다. 정책추진을 위한 구체적인 절차를 제시하면 다음과 같다.

먼저, i) 대통령 정책보좌관이 작업반들을 활용해 국정운영 방향, 추진해야 할 주요 정책 이슈, 추진 일정 등에 관한 국정운영 프로그램 초안을 작성한다. 다음으로, ii) 대통령 정책보좌관이 주재하는 실무추진회의(정기회의)에서 검토 보완하고, iii) 이어 대통령(총리)이 주재하는 본회의(정기회의)에서 최종 조율한 후, iv) 국무회의에서 확정한다. 마지막으로, v) 해당 부처들이 선정된 주요 정책 이슈들의 정책화를 추진하고, vi) 지원기구장이 주재하는 차관회의(정기회의)에서 추진 상황을 점검한 다음, vii) 대통령(총리)이 주재하는 본회의(정기회의)에서 추진 상황을 평가하고 책임 추궁과 환류를 실시한다.

이러한 정책추진 절차는 모든 관계장관회의에 구축되어야 한다. 다만, 대통령과 그 보좌관이 주도하는 정책추진 절차는 국정운영 전반을 다루는 분야별 관계장관회의들과 특별히 중요한 이슈별 관계장관회의들 내에 구축하는 것이 바람직하고, 그 밖의 대다수 이슈별 관계장관회의 내에는 주무부처 장관과 고위공무원이 주도하는 정책추진 절차를 구축하는 것이 바람직하다. 즉 상기 절차를 대통령과 그 보좌관 대신 주무부처 장관과 고위공무원이 주도해야 한다는 것이다. 대통령과 그 보좌관들이 모든 관계장관회의들의 정책추진에 간여하는 것은 바람직하지 않고 또한 그렇게 할 수도 없기 때문이다.

(2) 정책조정 절차

정책조정 절차는 부처간 이견을 조정하는 절차이기 때문에 그 설계와 운영에서 두 가지를 고려해야 한다. 하나는 쟁점들을 집중 논의하고 타결하는 것이므로 정보와 전문성이 중요하다는 것이다. 따라서 주무부처나 안건 관할 부처가 주도해야 한다. 다른 하나는 정책의 형성과 집행 등 진행 과정에서 걸림돌을 제거하는 것이므로 필요하면 즉시 가동될 수 있어야 한다는

〈표 9-8〉 표준 절차

절차	단 계
정책 추진 절차	단계 1 : 작업반에서 국정운영 프로그램 초안 작성(대통령 보좌관 주도) 단계 2 : 실무추진회의(정기회의)에서 사전 검토 조정(대통령 보좌관 주재) 단계 3 : 본회의(정기회의)에서 정치적 타결(대통령 주재) 단계 4 : 국무회의에서 확정(대통령 주재) 단계 5 : 해당 부처에서 정책화 추진 단계 6 : 차관회의(정기회의)에서 정책화 추진 진도 점검(지원기구장 주재) 단계 7 : 본회의(정기회의)에서 추진 실적 평가 및 환류
정책 조정 절차	단계 1 : 관할 부처/작업반에서 정책안 초안 작성 단계 2 : 지원기구에서 충실성 검토 및 보완 요청 단계 3 : 실무조정회의(수시회의)에서 사전 조정(주무부처/안건 부처 공무원 주재) 단계 4 : 본회의(수시회의)에서 최종 조정(주무부처/안건 부처 장관 주재) 단계 5 : 대통령/국무회의에 의한 확정 단계 6 : 집행관리 작업반에서 집행계획서 확보 단계 7 : 해당 부처에서 집행 단계 8 : 차관회의(정기회의, 수시회의)에서 집행 점검 및 집행 조정 단계 9 : 본회의(정기회의)에서 집행 실적의 평가 및 환류

것이다. 따라서 수시회의를 활용한 절차이어야 한다. 이에 입각해 부처간 이견에 대한 합의 도출과 그 이행을 위한 정책조정의 구체적인 절차를 제시하면 다음과 같다.

먼저, 해당 부처나 임시 작업반에서 정책안을 마련해 관련 부처들의 의견을 수렴하고, ⅰ) 이 과정에서 부처간 쟁점이 발생하면 이 정책안을 심의조정 안건으로 지원기구에 제출한다. 다음으로, 쟁점 정책안이 의장에 의해 안건화되면 ⅱ) 지원기구는 정책안과 검토보고서를 제출받아 검토해 미흡한 부분을 충실하게 보완하도록 한 후, ⅲ) 주무부처 혹은 안건 관할 부처의 고위공무원이 주재하는 실무조정회의(수시회의)에서 정책안을 1차 검토조정을 하고, ⅳ) 주무부처 혹은 안건 관할 부처의 장관이 주재하는 본회의(수시회의)에서 최종 조정한 다음, ⅴ) 대통령이나 국무회의가 확정한다. 마지막으로, ⅵ) 집행관리 작업반(수시회의)에서 확정된 정책에 대해 집행책임 부처들로부터 이행계획서를 받아내고, ⅶ) 해당 부처들이 집행을 하면, ⅷ) 차관회의(정기회의, 수시회의)에서 집행 상황을 점검하고 집행 과정에서 부처간 갈등이 발생하면 이를 타결한다. ⅸ) 본회의(정기회의)에서 집행 실적에 대해 평가하고 환류한다.

(3) 절차의 단축

정책추진과 조정의 절차는 관계장관회의 시스템의 능률성과 적시성에 직결되어 있다. 가급적 길지 않은 것이 바람직하다. 따라서 절차는 중복 논의가 없도록 설계되어야 한다. 관계장관회의 시스템 내에서 중복 논의는 대부분 사전 검토 조정을 둘러싸고 발생한다.

관계장관회의 시스템은 상정할 안건들을 사전에 검토 조정하기 위해 대부분 실무회의를 두고 있으나 일부는 분과회의를 두고 있다. 관계장관회의 시스템에서 이 사전 조정기구들을 어떻게 활용할 것인가에 대해 세 가지 쟁점이 있다. 하나는 관계장관회의 본회의에 상정할 안건들을 모두 사전 검토 조정을 거치게 할 것인가이고, 다른 하나는 사전 검토 조정을 몇 단계로 실시할 것인가이며, 마지막 하나는 사전 검토 조정기구에 종결할 수 있는 권한을 허용할 것인가이다. 세 가지 쟁점을 어떻게 처리하느냐에 따라 정책추진과 조정의 일반 절차가 단축될 수도 있고 길어질 수도 있다.

먼저, 모든 안건들을 사전에 검토 조정할 것인지에 대해서는 필수적으로 하는 경우와 선택적으로 하는 경우가 있다. 전자의 경우는 상정될 안건들은 그 종류나 성격을 가리지 않고 모두 사전 검토를 실시하는 것이고, 후자의 경우는 부처간에 이견이 있어서 심의 조정이 필요한 안건들만 사전 검토를 거치게 하고, 긴급하게 처리해야 할 안건들이나 정보공유 차원의 보고 안건들은 곧바로 본회의에 상정하도록 하는 것이다. 그러나 모든 안건들에 대해 사전 검토를 실시하는 것은 관계장관회의 시스템의 능률성과 적시성 제고에 바람직하지 않다. 모든 안건들을 사전 검토할 필요는 없다.

다음, 사전 검토 조정은 1단계로 끝내는 경우와 2단계로 진행하는 경우가 있다. 전자는 실무회의만을 거치는 경우이고, 후자는 실무회의에 이어 차관회의 혹은 분과회의를 거치는 경우이다. 전술한 것처럼 사전 검토 조정은 전문기술적 조정으로서 실무회의 1단계로 끝내는 것이 바람직하다.

마지막으로, 실무회의나 분과회의에 종결처리권을 인정할 것인가에 대해서는 인정하는 경우와 인정하지 않는 경우가 있다. 실제로는 실무회의나 분과회의에서 타결된 안건들을 본회의에 상정하지 않는 관계장관회의들이 많다. 이것 역시 능률성과 적시성 차원에서 종결 처리를 인정하는 것이 바람직하다. 실무회의나 분과회의에서 타결된 안건들은 관계장관회의 본회의에 상정하지 않거나 보고만으로 끝내고 곧바로 집행 단계로 보내는 것이 바람직하다.

2) 회의 운영 방식

(1) 안건 확보 방식

관계장관회의에 상정할 안건들은 어떻게 확보해야 하는가?

관계장관회의 의장과 그 지원 스태프의 입장에서 보면 안건 확보 방식은 접수 방법과 발굴 방법이 있다. 접수하는 방법은 다른 곳에서 제안한 것들을 안건으로 받아들이는 방법이다. 실제로 관련 부처들이나 집권당 및 언론에서 제기한 정책 이슈들을 관계장관회의 안건으로 받아들이는 방식이다. 발굴하는 방법은 새로운 이슈들을 찾거나 개발해 안건화하는 방법이다. 관계장관회의 시스템내 지원 스태프나 작업반을 활용해 안건들을 발굴하는 방식이다. 대통령의 정책 공약들을 안건화하는 것은 관계장관회의 의장이 누구냐에 따라 접수형 혹은 발굴형이 될 수 있다. 즉 대통령이 의장인 관계장관회의에 상정되면 발굴형이 되고, 주무장관이 의장인 관계장관회의에 상정되면 접수형이 된다.

어느 방법에 주로 의존할 것이냐는 국정운영의 방식(집권, 분권)이나 관계장관회의 시스템의 역할 정향(소극적 조정, 적극적 추진)에 따라 다를 수 있다. 즉 국정운영을 분권적으로 하거나 관계장관회의 시스템을 다부처 이슈들에 대한 소극적 조정 수단으로 활용하는 경우 주로 접수형에 의존하는 경우가 많고, 반대로 국정운영을 집권적으로 운영하거나 관계장관회의 시스템을 주요 정책 이슈들을 선정해 정책화하는 적극적 수단으로 활용하는 경우 발굴형에 의존하는 경우가 많을 것이다.

그러나 소극적 조정에 그치는 경우에도 안건 확보 방식으로 발굴형을 적극 활용할 필요가 있다. 발굴형을 활용할 경우 가져올 수 있는 장점들은 다음과 같다.

첫째, 중요한 갈등 이슈들이 수면 아래로 잠수하는 것을 방지할 수 있다. 부처들은 타부처들과 갈등 소지가 있는 안건들은 가급적 상정하지 않으려는 경향이 있다. 특히 부처간 이견으로 인해 피해가 예상되면 더욱 그러하다. 이 경우 부처간 물밑 접촉을 통해 유리하게 타결하거나 아니면 상황이 변해 유리해질 때까지 기다린 후 상정하려고 한다. 어떻든 부처이기주의로 인해 중요한 갈등 이슈들이 수면 아래로 잠수하게 되면, 국가 전체적으로 보아 주요 정책 이슈들에 대한 적시 대응을 어렵게 만든다. 발굴형은 바로 이러한 잠수를 방지할 수 있다. 지원기구에서 각 부처내에 네트워크를 구축하고 부처내 활동을 모니터링하면서 향후 거론되어야 할 정책 이슈들을 제출하도록 적극적으로 요구하면 갈등 이슈들을 조기에 발굴해 잠수를 막을 수 있다.

둘째, 안건들의 파편화를 방지할 수 있다. 부처들은 정책 이슈들을 잘게 쪼개서 처리하는 경향이 있다. 정책 이슈가 작아지면 처리하기 쉬울 뿐만 아니라 정책 이슈를 관료조직의 계층구조에 따라 쪼개면 권한과 책임을 명확히 할 수 있고 또한 제한된 범위에서나마 다른 조직들의 간섭을 받지 않고 독점적으로 처리할 수 있기 때문이다. 그러나 이러한 경향은 국가 전체적으로 볼 때 정책추진의 시너지 효과를 아예 없애 버리는 결과를 초래한다. 시너지 효과를 만들기 위해서는 단편적으로 제안된 이슈들일망정 부처간 논의 조정 과정에서 패키지(package)화해야 한다. 부처들의 제안에만 의존하지 않고 작업반이나 지원기구를 통해 안건들을 적극적으로 발굴한다면 정책 이슈들의 파편화를 방지하고 패키지화가 용이해진다.

요약하면, 관계장관회의들은 안건 확보 방식으로 접수형에만 의존하지 말고 발굴형을 적극 활용하는 것이 바람직하다. 발굴형은 갈등 이슈들의 조기 발견과 정책 이슈들의 패키지화를 촉진하여 국정운영의 적시성과 통합력을 제고하는 데 도움이 되기 때문이다.

(2) **회의 소집 결정 방식**

장관급 본회의 소집 시기를 어떤 방식으로 정해야 바람직할까? 회의 소집 시기를 결정하는 방식에는 예측 계획형, 회의 구분형, 필요 추종형이 있다. 이 가운데 어느 방식이 적절한가?

예측 계획형은 상정해야 할 안건들과 그 시급성을 미리 파악한 후 회의 소집 시기를 결정하는 유형으로 안건들의 상정 시기를 조정할 수 있을 뿐만 아니라 관련된 안건들을 함께 모아 통합 논의를 할 수도 있다. 그 결과 회의의 적시성과 시너지 효과를 만드는 데 도움이 될 수 있다. 필요 추종형은 안건이 있으면 언제든지 회의를 소집하는 유형으로 안건 처리의 적시성을 확보할 수가 있다. 그러나 국정이 즉흥적으로 운영될 수 있고, 장관들의 스케줄도 맞추기 쉽지 않아 참석률이 저조하거나 이해당사자 부처의 참석이 불가능할 수도 있다. 회의 구분형은 정기회의와 수시회의를 구분해 소집 시기 결정 방식을 달리하는 것이다. 즉 정기회의는 일정한 간격으로 고정하고, 수시회의는 필요에 따라 언제든지 소집하는 유형이다. 회의의 생산성과 능률성 및 적시성을 확보할 수 있는 방식이다.

종합적으로 보면, 회의 소집 시기를 결정하는 바람직한 방식은 회의 구분형과 예측 계획형이다. 좀더 구체적으로 보면, 회의 구분형을 활용하되, 수시회의의 소집은 예측 계획형에 따르는 것이 바람직하다.

(3) **안건 작성과 자료 분석의 충실성 확보**

정책대안을 포함한 정책제안보고서는 충실하게 작성되어야 한다. 즉 충분한 정보와 전문성을 동원해 주요 쟁점들을 심도 있게 분석해야 한다. 정책제안보고서가 초기에 부실하게 작성되면, 특히 자료와 분석이 부실하면, 이후 실무급 회의나 장관급 회의 등 부처간 논의 과정에서 어느 누구도 보완하기가 쉽지 않다. 상급 회의로 올라갈수록 그렇게 할 만한 자료와 전문성을 가지고 있지 않기 때문이다. 부실한 자료와 분석으로 인해 정책설계가 잘못되면 정책실패를 초래하게 된다. 정책제안보고서가 충실하게 작성되기 위해서는 작성자가 아닌 제3자에 의해 반드시 검토되어야 한다. 누가 어떻게 검토하는 것이 바람직한가?

전술한 것처럼 정책제안보고서의 충실성을 확보하기 위해 각국에서 활용하는 방식은 사전에 지침을 제공하는 방법과 사후에 평가보완하는 방법이 있다. 전자는 정책제안보고서 작성자에게 작성시 고려해야 할 사항들을 사전에 알려 주고 그에 따라 작성하도록 하는 것이고, 후자는 정책제안보고서를 작성한 후에 일정한 기준에 따라 평가하고 부족한 부분을 보완하도록 하는 것이다.

사전지침을 주는 경우 정책제안보고서가 효율적으로 작성될 수 있다. 필요 이상의 자료 수집이나 분석을 하지 않게 되기 때문이다. 그러나 사전지침 방법에만 의존하면 충실성 확보를 확실하게 보장하지 못한다. 작성자가 성실하게 따르지 않으면 충실성은 제고되지 않기 때문이다.

이와는 반대로 사후에 평가해 보완을 요구하는 경우 충실성을 확실하게 확보할 수는 있으나 능률적인 방식은 아니다. 무엇을 분석할지에 관해 정책제안보고서 작성자가 결정함으로써 일부 필요한 분석이 빠지고 불필요한 분석이 추가될 가능성이 크며, 누락된 부분에 대한 수정보완을 요청받을 경우 자료의 수집과 분석을 새로 하게 되어 소요 시간이 그만큼 늘어날 수 있기 때문이다.

따라서 바람직한 방법은 두 가지를 병행하는 것이다. 두 가지를 병행한다고 해서 업무 부담이나 소요 시간이 증가하지는 않는다. 사전지침을 명확하게 주고 그에 따라 작성되면 지침에 따라 작성되었는지 확인만 하면 되고 보완 작업이 최소화될 수 있기 때문이다.

그러면 누가 충실성 확보 작업을 책임져야 하는가? 누가 사전지침을 제공하고, 누가 사후 평가해 누구에게 보완을 요구할 것인가? 대체로 충실성 확보 작업에 간여할 수 있는 주체는 대통령 보좌관, 지원기구, 실무회의, 차관회의 등이다.

지침 작성을 위해 부처간 회의를 소집하는 것은 너무 비능률적이다. 지침은 정책 이슈에 따라 달라지겠지만, 상당 부분 매뉴얼화가 가능하다. 정책 이슈에 따라 달라지는 부분에 대한 지침을 정하기 위해 부처간 회의를 소집하는 것은 시간 낭비이다. 따라서 사전지침은 대통령 정책보좌관이나 관계장관회의 지원 스태프가 작성해 제공하는 것이 합리적이다. 대통령 보좌관은 국정운영 프로그램 작성지침을, 지원 스태프는 부처간 갈등 소지가 있는 정책안 작성지침을 작성하도록 하는 것이다.

사후 평가와 보완 요청도 대통령 보좌관이나 관계장관회의 지원 스태프가 담당해야 한다. 실무회의는 장관회의에 상정되기 전에 조정하는 기구들인데, 평가보완을 위해 별도로 소집하게 되면 평가보완 후 곧이어 사전조정을 위해 또다시 소집해야 한다. 그렇다고 한번 소집해 평가보완과 사전조정을 동시에 진행시키면 부실한 자료와 분석이 보완되기도 전에 조정에 들어가게 된다. 보완이 즉석에서 이루어지는 것은 아니기 때문이다. 평가보완에서도 부처간 회의는 그다지 적절한 주체가 못된다.

마지막으로 보완 작업은 작성자가 담당하는 경우와 대통령 보좌관이나 지원 스태프들이 담당하는 경우가 있다. 그러나 수정 보완은 원래 정책제안보고서를 작성했던 곳에서 하는 것이 효율적이고 합리적이다. 신속히 보완하는 데 필요한 자료와 전문성이 그곳에 있기 때문이다.

요약하면, 충실한 정책제안보고서를 만들기 위해서는 사전지침 제공과 사후 평가를 병행해야 하고, 이들 작업은 지원 스태프들 혹은 대통령 보좌관이 담당해야 하며, 보완 작업은 원래 보고서를 작성했던 곳에서 담당해야 바람직하다.

(4) 안건 상정 순서 결정

정해진 안건들은 회의에 어떤 순서로 상정할 것인가? 정책추진회의는 국정운영 방향을 설정하고 정책 프로그램을 짜며 집행점검 및 평가하는 회의이므로 상정된 안건들이 서로 별개가 아니다. 따라서 안건 상정 순서에 대한 논의가 무의미하다. 그러나 정책조정회의인 경우에는 서로 다른 안건들이 다수이기 때문에 이들의 상정 순서가 문제가 된다. 안건 상정 순서는 1~2시간 진행되는 회의에서 그다지 큰 의미가 없을 수 있다. 의미가 있는 경우는 다음 두 가지이다. 상정 안건들이 상호 밀접하게 연결되어 있어서 먼저 논의하는 것이 후속 논의에 도움이 되는 안건들이 있는 경우와 회의가 길어지면 늦게 상정된 안건들에 대해 논의가 불충분하거나 연기될 가능성이 있는 경우이다. 전자의 경우는 회의 진행의 능률성과 관련되어 있고, 후자는 관계장관회의 시스템의 적시성과 관련되어 있다.

대체로 안건 상정 순서는 세 가지 방식이 있다. 사전협의형, 유형별 순위형, 부처별 순위형이다. 사전협의형은 회의 때마다 사전에 협의해 안건들의 상정 순서를 정하는 유형이다. 이 유형에서는 안건들 간의 관계와 국정운영의 상황을 검토해 그에 맞는 최적의 순서를 짤 수 있다. 그러나 매 회의 때마다 상정 순서를 논의해야 하는 번거로움이 있다. 유형별 순위형은 안건의 유형에 따라 순서를 달리하는 유형이다. 대부분 긴급 안건, 중요 안건, 의결 안건을 먼저 논의하는 것이다. 유형별 순위형은 회의의 능률성과 충실성 및 적시성 확보에 유리하다. 긴급 안건을 먼저 논의하는 것은 회의 시간 부족으로 논의가 다음 회의로 연기되는 것을 방지함으로써 논의와 결론의 적시성 확보에 도움이 되고, 또한 의결 안건과 중요 안건을 보고 안건이나 경미한 안건보다 먼저 상정해 더 많은 시간을 할당하는 것은 논의와 결론의 충실성에 도움이 된다. 부처별 순위형은 정부 부처들간 의전 서열에 따라 안건을 상정하는 유형이다. 부처별 순위형은 회의 운영의 능률성과 적시성에 아무런 도움이 되지 않고, 오히려 다음과 같은 문제를 초래할 수 있다. 즉 서열순에 따른 상정은 권위주의 분위기를 강화할 뿐 안건에 대한 진지한 논의를 저해할 수 있고, 부처별 논의는 부처간 상호 불간섭주의를 강화시켜 안건들 간의 통합 논의 및 정책들간 시너지 효과 도출을 저해한다.

안건 상정 방식으로 어느 것이 가장 바람직한가? 논리적으로 보면 사전협의형이 가장 바람직하다. 그러나 매번 회의 때마다 협의를 거쳐 순서를 정하기가 어렵기 때문에 유형별 순위형에 따라야 한다. 부처별 순위형은 국정운영에 전혀 도움이 안 된다.

(5) 회의 진행 순서

회의는 질서 있게 정해진 순서에 따라 진행되어야 한다. 회의 진행 순서를 어떻게 하는 것이 바람직한가? 회의 진행 순서는 단순히 순서만의 문제가 아니다. 이 순서는 안건에 관해 무엇을 혹은 어느 측면을 논의해야 하느냐와 표리 관계에 있기 때문이다. 안건과 관련해 어느 측면을 어떤 순서에 따라 논의해야 하는가?

지금까지 회의가 개최되면 대부분 ⅰ) 의장의 인사말, ⅱ) 안건에 대한 제안 설명과 토론, iii) 추가 보완 토론, iv) 의장의 요약과 당부 등의 순서로 진행되어 왔다. 그러나 이러한 진행 방식은 커다란 맹점을 갖고 있다. 정책추진을 논의하는 회의이든 정책조정을 논의하든 회의이든 회의 진행 순서를 설계하는 데 가장 중요한 핵심은 안건별 쟁점들을 상기시키는 단계와 다른 정책들과의 연계에 관해 논의하는 단계가 반드시 들어가야 한다는 것이다. 지금까지 각국 관계장관회의 의장들은 대부분 국정운영의 통합성과 회의의 효율성을 위해 가장 중요한 두 가지 단계를 소홀히 해 왔다.

가장 바람직한 회의 진행 순서는 회의의 목적에 따라 달라야 한다. 회의의 목적이 정책추진을 논의하기 위한 것이냐, 아니면 정책조정을 논의하기 위한 것이냐에 따라 논의해야 할 측면들이 다르고, 그에 따라 순서가 정해지기 때문이다.

① 정책추진회의의 진행 순서

정책추진회의를 소집한 경우 논의해야 할 사항과 그 순서는 다음과 같다.

첫째, 추진 성과에 대한 평가이다. 관계장관회의 관할 국정운영 프로그램 중 주요 정책 이슈들 가운데 몇 개가 어느 정도 정책화되었고, 집행은 어느 정도 진행되었는지, 추진과 집행 진도는 예정대로 가고 있는지, 정책화 혹은 집행 책임자들은 소임을 다하고 있는지, 정책화 혹은 집행하는 데 따르는 애로 사항은 무엇인지 등[10]을 평가하고 필요한 조치를 취하는 단계이다. 정권이 새로 출범한 경우에는 지난 정권의 정책들을 평가할 수 있을 것이다. 그러나 정권이 이미 출범한 이후에는 지난 일정 기간 동안 추진한 성과를 평가하면 된다. 정책추진회의는 관계장관회의 정기회의이므로 정기회의를 분기별로 개최하면 지난 3개월 동안의 추진 성과를, 정기회의를 반기별로 개최하면 지난 6개월 동안의 추진 성과를 평가하면 된다.

둘째, 국내외 주요 동향의 점검과 평가이다. 관계장관회의 관할 업무와 관련된 국내외 주요 추세와 사건들[11]을 점검하고 평가해서 그 결과를 공유하는 작업이다. 장관들 간에는 물론 연구기관장, 사회단체장, 관련 전문가들과도 공유하는 것이다. 이러한 작업은 향후 국정운영 방향의 설정, 추진해야 할 정책 이슈들의 선정, 선정된 정책 이슈들의 정책화 및 집행 등에

---

10) 추진 상황 및 집행 상황에 대해서는 차관회의에서 점검하여 보고한다.
11) 주요 동향은 동향점검 실무회의에서 파악하여 보고한다.

활용하기 위해 꼭 필요하다.

셋째, 국정운영 방향의 논의와 설정이다. 향후 국정운영을 어느 방향으로 이끌어 갈 것인지를 논의하고 확정해 공유하는 작업이다. 즉 기존 방향을 점검한 후 그대로 지속할 것인지 아니면 여건 변화에 따라 수정할 것인지를 확정해 그 결과를 장관, 연구기관장, 사회단체장, 관련 전문가들과 공유하는 작업이다.

넷째, 주요 정책 이슈들의 선정과 연계 토론이다. 국정운영의 방향에 따라 향후 추진해야 할 정책 이슈들을 선정하고 이들과 관련 있는 이슈들을 확인해 이들 정책 이슈들 간의 관계를 규명한 다음, 연계 혹은 분리 추진 여부를 결정하는 작업이다. 정책 이슈들 간에는 시너지 효과를 가져올 수 있는 관계도 있고 상쇄 효과를 가져올 수 있는 관계도 있다. 가급적 시너지 효과를 높이고 상쇄 효과는 줄이는 방식으로 정책 이슈 패키지를 만들어야 한다.

다섯째, 추진 일정과 추진 기관의 논의 확정이다. 주요 정책 이슈들을 선정했으면 이들을 어느 부처에서 추진할 것인지, 언제까지 정책으로 전환할 것인지, 언제까지 집행을 마칠 것인지 등 추진기관을 정하고 추진 일정을 수립하는 작업이다.

여섯째, 결론 요약과 보도자료 검토이다. 회의에서 확정한 주요 내용들을 요약하여 참석자들에게 주지시키고, 국민들에게 알려야 할 내용을 별도의 보도자료로 만들어 검토한 후 공표한다.

이러한 작업과 순서는 본회의(정기회의)뿐만 아니라 실무추진회의에도 동일하게 적용되어야 한다. 다만, 장관급 본회의에서는 매 단계마다 실무회의에서 확인된 쟁점 위주로 논의해야 하고, 실무추진회의에서는 보도자료를 작성·검토할 필요가 없다.

정책추진회의는 논의 대상, 참석 범위, 논의 구조에 따라서는 회의 진행 시간이 길어질 수 있다. 즉 국정운영 프로그램에 들어가야 할 정책추진 방향에 대해 논란과 쟁점이 많거나 포함되어야 할 정책 이슈들이 많을 경우 회의에 소요되는 시간은 길어진다. 그뿐만 아니라 멤버 부처 장관들 이외에 관련 연구기관장, 전문가, 사회단체장들을 초청해서 의견을 청취하고 정보를 교환할 경우 회의 진행 시간은 길어진다. 그리하여 회의 진행은 경우에 따라 두세 시간 혹은 하루 종일 소요될 수 있다. 예를 들면, 분기별로 한

번 개최되는 정기회의를 장관들만의 회의로 진행하면 4~5시간 정도 걸릴 수 있으나, 관련 행정기관장, 연구기관장, 사회단체장, 전문가 등을 대규모로 초청해 관계장관회의 멤버 장관들만의 회의를 개최에 앞서 초청자들과 추진 성과, 국내외 주요 동향, 방향 설정, 주요 정책 이슈 선정 등에 관해 정보와 의견을 교환할 경우 회의는 하루 혹은 이틀 진행될 수도 있다.

② 정책조정회의의 진행 순서

정책조정회의가 소집된 경우 논의되어야 할 사항과 그 순서는 다음과 같다.

첫째, 국정운영의 현황과 상정된 안건들에 대한 개괄적 설명이다. 의장은 관계장관회의 관할 분야 국정운영의 흐름과 여건 가운데 중요한 것을 설명하고, 상정된 안건들에 대해 간단히 설명한다.

둘째, 안건별 논의이다. 안건은 사전에 정해진 순서에 따라 상정된다. 하나의 안건이 상정되면 제안 설명, 주요 쟁점 제시, 쟁점별 토론, 합의 도출 등의 순서로 진행해야 한다.

셋째, 종합 연계 토론이다. 상정된 안건들에 대한 개별 토론이 끝났으면, 이들 안건들과 관련된 기존 정책 혹은 향후 추진해야 할 정책 이슈들과의 관계를 검토해 안건들에 대한 합의 내용을 최종적으로 조율한다.

넷째, 집행 분담이다. 합의된 내용에 따라 어느 부처가 집행해야 할 것인지 정하고, 여러 부처들이 집행에 간여하게 되면 그 역할 분담을 분명히 한다.

다섯째, 요약 결론이다. 안건별 쟁점들에 대한 결론을 요약 정리하여 참석자들에게 주지시킨다.

여섯째, 보도자료 공표이다. 필요시 지원기구는 보도자료를 작성해 의장의 승인을 받아 공표한다.

이상의 진행 순서는 장관급 본회의(수시회의)에 적용해야 하고, 실무조정회의에서는 ⅰ) 안건별로 정책 대안과 분석 자료의 검토, ⅱ) 부처간 쟁점의 도출, ⅲ) 여타 정책 이슈들과의 관계 검토, ⅳ) 1차 조정, ⅴ)예상 집행자 선정 등의 순서로 진행하면 충분하다. 이러한 정책조정회의를 진행할 때 회의 의장은 특히 쟁점 제시와 종합 연계 토론 및 집행 책임 분배 등을 소홀히 취급해서는 안 된다.

(6) 안건 논의 방식

상정된 안건에 대해 어떤 방식으로 논의해야 하는가? 안건에 대한 논의 방식도 대체로 세 가지 유형이 있다. 즉 자유 토론 방식, 정책제안보고서 검토 방식, 쟁점 중심 토론 방식이 있다. 어느 방식이 가장 바람직한가?

자유 토론 방식은 다양한 의견들이 제시될 수 있으나, 초점이 없어 집중적인 논의가 이루어지기 어려우며, 중요한 쟁점에 대한 논의를 누락시킬 수 있다. 그 결과 논의의 능률성과 충실성에 전혀 도움이 안 된다. 정책제안보고서 검토 방식은 안건과 관련된 제반 사항들을 자세하게 검토 논의할 수 있고, 논의 준비가 덜된 참석자들에게 학습 기회를 주어 논의에 적극 참여할 수 있게 해 주는 측면이 있다. 반면에, 본회의에서 이 방식을 채택하면 장관들이 실무회의에서 이미 논의 조정된 사항을 다시 거론하거나 그리 중요하지 않은 사항에 시간을 과도하게 투입할 가능성이 있다. 쟁점 중심 토론 방식은 안건 관련 쟁점들에 대해 집중 논의하는 방식으로 참석자들에게 시간을 절약해 주고 중요한 사항들에 대해 집중적인 논의를 가능케 해 준다. 만일 쟁점들을 미리 통보해 주어 참석자들이 충분히 생각한 후 회의에 임하게 되면 논의와 결론이 더욱 능률적이고 충실해질 수 있다.

장단점을 종합적으로 고려하면, 장관급 본회의에서의 논의 방식은 쟁점 중심의 논의여야 하고, 실무회의에서의 논의 방식은 정책제안보고서 검토 중심의 논의여야 바람직하다. 자유 토론 방식은 가장 많이 활용되고 있으나 어느 경우에나 바람직한 논의 방식은 아니다.

(7) 합의 곤란 안건의 처리 방식

관계장관회의 본회의 결정은 정부내에서 사실상 최종 결정이 될 가능성이 크다. 대통령제에서는 대통령의 마지막 최종 판단이, 의원내각제에서는 내각회의의 최종 합의가 기다리고 있지만 관계장관회의에서의 결정이 거부되거나 크게 수정되는 경우는 거의 없기 때문이다. 관계장관회의에서 합의를 도출하지 못하거나 이견을 최대한 좁히지 못하면 대통령이나 내각회의도 판단하기 어려워 보류할 가능성이 크다. 그 결과 정책 시행의 최적 시기를 놓치게 된다. 따라서 관계장관회의에서 합의를 도출하거나 이견을 최대한 좁혀 놓아야 한다.

관계장관회의에서 합의 도출이 어려울 경우 어떻게 처리해야 하는가? 해결대안은 표결 처리, 비공개 회의 재소집, 다른 회의체로의 이관 등이 있다.

어느 나라에서나 표결 처리하는 경우는 드물다. 관계장관회의의 결정이 공식적으로 최종 결정은 아니기 때문이다. 다른 회의체로 넘기는 것은 좀 더 영향력 있는 관계장관회의 혹은 대통령(총리)의 비공식 측근 그룹으로 넘기는 경우이다. 이 경우 안건은 해결될 수 있을지 모르나 해당 관계장관회의의 존립 필요성이 의심받게 된다. 가장 바람직한 방법은 비공개로 회의를 재차 소집하여 집중 논의를 거쳐 합의 도출을 시도하는 것이다. 이 경우 대통령 정책보좌관도 참석해 정부의 정책 방향과 노선을 환기시켜야 한다. 재차 논의를 해도 타결이 안 되면 안건에 대한 각 부처들의 찬반을 받아내 대통령이나 내각회의에 넘겨야 한다.

(8) 집행 확보 방식과 주체

관계장관회의 결정 사항의 집행은 단일 기관이 전담해야 할 경우도 있고 여러 기관들이 분담해야 할 경우도 있다. 그런데 해당 집행책임기관이 성실히 집행해 줄지는 의문이다. 결정기구와 집행기구 간에 분절이 있고 또한 결정 내용이 집행책임기관의 입장에 조금이라도 반하면 집행책임기관은 집행에 소극적일 수 있기 때문이다. 그러면 누가 어떻게 해당 집행책임기관들이 제때에 충실히 집행하도록 할 것인가?

① 집행 확보 방식

먼저, 해당 집행책임기관들이 제때에 충실히 집행하도록 하기 위해서는 어떻게 해야 하는가? 앞서 살펴본 것처럼 각국에서 집행을 확보하기 위해 사용되는 방법으로는 집행 점검, 협조 요청, 집행계획서 요구 등이 있다.

집행점검형은 집행 도중에 집행이 제대로 이루어지고 있는지 확인하는 것으로 집행이 철저하게 기한 내에 이루어지도록 독려하는 데에는 유용하나, 집행이 원하는 방향으로 진행되지 않을 가능성이 있고, 그 경우 집행 방향을 변경하기도 쉽지는 않다. 이와는 반대로 사전에 집행계획서를 요구하는 각서형은 집행 방향을 미리 확인해 원하는 방향으로 유도하는 데에는 유리하나, 실제로 예정된 기한 내에 철저한 집행을 강요하기가 어렵다. 한편 협조 요청형은 집행 방향을 조정하거나 철저한 집행을 확보하기가 어렵다. 다만, 안건 관할 부처가 제안한 정책안이 안건 관할 부처가 원하는 방향으로 조정된 후, 안건 관할 부처가 직접 집행하게 되면 집행은 충실하게 이루어질 수 있다.

집행이 정해진 방향으로 기한 내에 확실하게 이루어지도록 하는 데는 각서형과 집행점검형이 바람직하다. 즉 사전에 집행계획서를 받아 집행 방향을 점검하고, 집행 도중에 정기적으로 점검해 장애 요인들을 제거해 주는 것이다.

② 집행 확보 주체

다음, 관계장관회의 시스템내 어디에서 집행 확보 기능을 수행할 것인가? 좀더 구체적으로 어느 기구에서 집행계획서를 받아내고 집행 상황을 점검할 것인가?

각국의 예를 보면, 집행 확보를 위한 대책을 강구하는 기구로서 지원기구와 하부기구(차관위원회 혹은 실무위원회)가 있다. 지원기구에서 담당하는 경우, 각 부처들과 네트워크가 구축되어 있어서 집행계획서를 받아내고 집행 상황을 파악하기에는 용이하다. 그러나 이를 위한 별도의 스태프 증원이 필요해 작고 효율적인 기구 구축에 어긋나고, 또한 집행상의 장애 요인이 있거나 불성실한 집행을 확인했더라도 관계장관회의 본회의에 보고하는 것 이외에 해결할 수 있는 별다른 수단이 없다. 하부기구에서 담당하는 경우에는 집행계획서를 받아내고 집행 상황을 점검하는 데 별 어려움이 없고 집행 과정에서 발생하는 장애 요인들도 부처간 협의를 통해 여타 부처들의 지원을 받아 해결할 가능성이 크다.

따라서 집행 확보 기능은 지원기구보다 하부기구에서 담당하는 것이 바람직하다. 좀더 구체적으로 보면, 집행책임기관들의 공무원들로 구성된 작업반에서 집행계획서를 작성하고[12] 집행 진도를 확인 보고하도록 하며, 차관회의에서 집행계획서를 조정 확정하고 집행 상황을 점검하여 문제점들을 해결하도록 하는 것이다. 장관급 본회의는 정기회의에서 집행 실적을 평가하고 부실할 경우 그 책임을 추궁하면 된다.

12) 장관급 본회의 결정 중 집행이 필요한 사항이 있으면 1주일 내에 작업반을 소집해 집행 일정, 책임 분담, 집행 방법 등을 포함한 집행계획서를 작성케 하고, 1주일 후 차관회의를 소집해 집행계획서를 논의 확정한다.

6 종합 요약

지금까지 각 부분별로 논의한 바람직한 일반모형을 종합하면 다음과 같다.

〈표 9-5〉 관계장관회의 시스템의 일반모형

세부모형	측 면	구체적 내용
역할모형	거시정향	소극적 조정 + 적극적 추진
	관할대상	분야별 관계장관회의 - 국가안보회의 - 경제정책회의 - 국내정책회의/사회문화정책회의 - 인적자원개발회의/과학기술회의 이슈별 관계장관회의 - 지역대책 관계장관회의 - 고객대책 관계장관회의 - 특별기능대책 관계장관회의
구조모형	거시구조	회의기구, 운영기구, 지원기구, 자문기구
	회의기구	숫자 - 분야별 관계장관회의 : 4~5개 - 이슈별 관계장관회의 : 10개 이내
		내부구조 - 본회의 / (분과회의) / 실무회의 / 작업반 - 차관회의 / 작업반
		멤버 규모 - 정기회의 : 15명 이내 - 수시회의 : 9명 이내 추가 참여 - 본회의 : 고위보좌관, 행정기관장, 광역단체장 - 실무회의 : 중하위보좌관, 민간전문가
	운영기구	분야별 관계장관회의 - 본회의 의장 (정기) : 대통령(총리) [2인자 (2, 4분기)] (수시) : 주무부처 장관 [대통령, 안건부처 장관] - 실무회의 의장 (정기) : 정책보좌관 (수시) : 주무부처 차관보 [보좌관, 안건부처 차관보] - 차관회의 의장 (정기) : 지원기구장 (수시) : 주무부처 차관 [지원기구장, 안건부처 차관] - 소회의/분과회의 의장 : 본회의 의장 / 분과별 주무부처 장관

		이슈별 관계장관회의 - 본회의 의장 (정기) : 2인자 (종합대책), 주무부처 장관 (특별기능대책) (수시) : 주무부처 장관 [안건부처 장관] - 실무회의 의장 (정기) : 2인자 보좌관 (종합대책), 주무부처 차관보 (특별기능대책) (수시) : 주무부처 차관보 [안건부처 차관보] - 차관회의 의장 (정기) : 지원기구의 장 (종합대책) 주무부처 차관 (특별기능대책) (수시) : 주무부처 차관 [안건부처 차관] * [ ] 안은 위임 대상
	지원기구	사무처 시스템 - 분점 시스템(혹은 독점 시스템) (국가안보사무처 / 경제산업사무처 / 국내정책사무처) 사무처 소속 - 보좌기구형(분야별+주요 이슈별 관계장관회의) - 행정부처형(기타 이슈별 관계장관회의) 사무처 요원 - 관련 부처 공무원 (고위직 : 고정근무, 중하위직 : 교대근무)
	자문기구	멤버 구성 - 순수민간형(전문가, 사회단체 대표) 하부구조 - 분야별 분과위원회
업무모형	장관급 본회의	정기회의 - 정책추진 (동향점검, 방향설정, 정책이슈선정, 일정수립, 점검평가) 수시회의 - 정책개발 조정 (정책안 개발, 부처간 이견 조정, 부처간 협조 구축)
	보조회의	실무회의 (정기) - 정책추진안(국정운영 프로그램) 1차 조정 (수시) - 정책안 1차 조정 동향점검실무회의 - 국내외 동향/잠재위기 정보의 분석/배포 작업반 (실무회의) - 현안 분석, 정책(추진)안 작성 (차관회의) - 집행계획 작성, 집행 진도 파악·보고 차관회의 (정기) - 추진 점검, 집행계획서 확정, 집행 점검 (수시) - 집행 조정
	운영기구	의장 - 회의 주재, 안건 선정, 지원기구 관리
	지원기구	사무처 - 회의 지원, 사전지침/사후보완, 부처활동 모니터링, 기타
	자문기구	민간자문위원회 - 장기과제 연구, 진단평가, 정책자문, 여론 수렴
		정책 추진 1. 국정운영 프로그램 초안 작성(작업반) 2. 검토 및 보완(실무추진회의, 정기회의)

절차모형	표준절차	3. 최종 조율(본회의, 정기회의) 4. 확정(대통령/국무회의) 5. 정책화(해당 부처) 6. 추진진도 점검(차관회의, 정기회의) 7. 평가환류(본회의, 정기회의) 정책조정 1. 정책안 작성(관할 부처/작업반) 2. 충실성 검토(지원기구) 3. 1차 조정(실무조정회의, 수시회의) 4. 2차 조정(본회의, 수시회의) 5. 최종 확정(대통령/국무회의) 6. 집행계획서 작성(작업반) 7. 집행(해당 부처) 8. 집행 점검 및 집행 조정(차관회의, 정기/수시회의) 9. 평가 환류(본회의, 정기회의)
	운영방식	안건 확보 - 발굴형 : 전략화(파편화 방지) 소집 시기 결정 - 회의구분형(정기회의, 수시회의) - 예측계획형(수시회의) 보고서 충실성 확보 - 지원기구 : 사전지침 + 사후평가 - 작성기관 : 수정·보완 안건 상정 순서 - 유형별 순위 본회의 진행 순서 (정책추진회의) 1. 추진성과 평가 2. 국내외 동향 점검평가 3. 국정운영방향 설정 4. 주요 정책 선정 5. 연계 토론 6. 추진일정/기관 확정 7. 요약 결론 8. 보도자료 검토 (정책조정회의) 1. 국정운영 현황 설명 2. 안건별 논의 (안건 설명, 쟁점 제시, 쟁점별 토론) 3. 연계 토론 4. 집행 분담 5. 요약 결론 6. 보도자료 검토 안건 토론 (장관급 회의) - 쟁점 토론 (실무급 회의) - 보고서 검토 합의 곤란 안건 처리 - 비공개 회의 재소집 - 찬반 표시 후 대통령/국무회의에 이관 집행확보 방식 - 각서형+집행점검형 집행확보 주체 (작업반) - 집행계획서 작성(본회의 후 1주일 이내) - 집행 진도와 문제점 확인 (차관회의) - 집행상 문제점 해결 (본회의) - 집행평가(분기별 정기회의)

제3절 관계장관회의 시스템의 성공 조건
- 성공적인 제도화 및 역할 수행 여건 -

관계장관회의 시스템이 국정운영의 중추기구로서 그 장점을 발휘할 수 있으려면 최소한 다음 네 가지 조건이 갖추어져야 한다.

1 대통령의 관심과 간여

첫째, 대통령의 관심과 관여이다. 관계장관회의 시스템은 대통령의 기구로 활용되어야 성공한다. 즉 대통령이 자신의 국정운영에 요긴한 수단으로 생각하고 적극 활용해야 한다. 이를 위해 관계장관회의 시스템의 구성과 운영에 대통령 자신과 그 대리인인 정책보좌관들의 간여가 반드시 필요하다. 성공적인 관계장관회의 시스템에는 대통령이 의장으로 참여하고 있거나 최소한 대통령 정책보좌관이 실무회의 의장 혹은 본회의 멤버로서 적극 참여하고 있다. 대통령이 관심을 갖고 적극 활용하지 않으면 관계장관회의 시스템은 유명무실해진다. 그 결과 국정운영에서 관계장관회의 시스템의 장점은 살리지 못한다.

2 시스템의 구성과 절차에 대한 신뢰

둘째, 시스템의 구성과 절차에 대한 신뢰이다. 관계장관회의 시스템이 성공하려면 정부내 여러 정책추진 주체들이 관계장관회의 시스템에 대해 신뢰를 갖고 적극 참여해야 한다. 이를 위해서는 관계장관회의 시스템의 구성과 절차가 모든 주체들에게 공정해야 하고 시스템에 참여하면 의미있고 생산적인 결과가 나와야 한다. 먼저, 구성과 절차가 불공정하면 관계장관회의 시스템에 대한 신뢰는 사라진다. 따라서 신뢰를 구축하기 위해서는 운영 과정에서 중립적이고 전문적인 관리기구가 있어야 한다. 다음으로, 의미 있고 생산적인 결과가 나오지 않으면 관계장관회의 시스템에 대한 신뢰는 사라진다. 생산적인 결과가 나오기 위해서는 장관급 본회의와 하부기구들의 의장을 가급적 책임있는 실세들이 담당해야 하고, 설치된 관계장관들이 유명무실화되도록 방치하지 말고 유명무실해진 것들은 제때에 정비해야 한다.

3 정책 이슈의 파편화 방지

셋째, 정책 이슈의 파편화 방지이다. 관계장관회의 시스템이 성공하려면 국정운영 과정에서 다른 기구나 시스템이 대행할 수 없는 고유하고 독자적인 역할이 있어야 한다. 그것은 정책 이슈들의 파편화를 방지하고 이슈들간 전략적 연계를 도모하는 것이다.

관료조직들은 정책 이슈를 둘러싸고 그들간 관할 분쟁을 피하고 정책추진의 공을 독점하기 위해 정책 이슈들을 가급적 독자적으로 관리할 수 있도록 쪼개는 경향이 있다. 즉 부처들은 다른 부처들의 간섭을 받지 않고 독점적 권한을 행사할 수 있도록 정책 이슈들을 분할한다는 것이다. 이러한 경향 때문에 대부분의 정책들이 다른 정책들과 전략적으로 연계되지 못하고 독자적으로 추진된다. 정책들이 파편화되는 것이다. 그 결과 정책들간 시너지 효과를 만들 수 있는 기회가 없어지고, 더 나아가 정책들 간 충돌을 일으켜 서로간에 정책 효과를 상쇄시키는 경우가 빈번해진다.

그런데 관계장관회의 시스템은 이러한 정책 이슈의 파편화를 막고 이슈들간 전략적 연계를 도모할 수 있는 가장 좋은 수단이다. 관계장관회의 시스템이 어떻게 파편화를 막고 전략적 연계를 도모할 수 있는가? 하나는 상정 안건의 전략화이고, 다른 하나는 국정운영 프로그램의 활용이다.

먼저, 상정 안건의 전략화는 관계장관회의 시스템에 상정하는 안건을 여러 부처들이 관련된 다부처 이슈들 이외에 복수 정책들 간의 관계를 검토해야 하는 이슈, 단일 부처 이슈라도 다차원의 검토가 필요한 이슈들을 추가하고, 더 나아가 관계장관회의 시스템 내에서 안건을 논의할 때 반드시 다른 정책 이슈들과의 관계를 의식적으로 검토하도록 하는 것이다.

다음, 국정운영 프로그램은 분기별 혹은 반기별로 추진해야 할 정책 이슈들을 발굴 수집해 그 추진 일정을 정해 놓은 계획이다. 장차 추진해야 할 정책 이슈들을 미리 한꺼번에 모아 놓고 보면 정책 이슈들 간에 상호 보완 관계와 상호 상쇄 관계를 쉽게 확인할 수 있다. 그 결과 상쇄 관계에 있는 이슈들은 분리 추진하고 보완 관계에 있는 이슈들은 연계 추진할 수가 있다. 국정운영 프로그램은 상향식(bottom up)이 아닌 하향식(top down)으로 작성하는 것이 바람직하다. 즉 개별 부처들이 향후 추진할 예정인 정책 이슈들을 수집해 종합하기보다는 대통령과 그 보좌관의 주도 하에 국가 비전을 세우고 주요 전략 목표들을 설정한 다음, 각 목표들을 달성하기 위해 추진해야 할 분기별 혹은 반기별 정책 패키지를 정부 부처들의 역량을 동원하여 개발하는 방식으로 작성하는 것이다.

상정 안건의 전략화와 국정운영 프로그램의 작성은 관계장관회의 시스템을 주무부처에서 관리하는 경우 용이하지 않다. 대통령 보좌관이나 지원 기구(사무처 시스템)에서 관리해야 훨씬 용이해진다.

4 비대화 방지

넷째, 관계장관회의 시스템의 비대화 방지이다.

먼저, 관계장관회의 숫자가 필요 이상으로 늘어나는 것을 막아야 한다. 정권 편의주의나 부처 편의주의에 따라 무분별하게 설치되는 것을 방지하고, 꼭 필요한 것들을 중심으로 적정 숫자만 설치해야 한다. 적정 숫자에 대해 기준은 없으나 일단 부처 숫자를 생각해 볼 수 있다. 즉 관계장관회의들의 수가 부처들의 수보다 많지 않아야 한다는 것이다.

다음으로, 하부기구와 지원기구의 지나친 비대화를 막아야 한다. 이들과 부처 조직들 간에 중복과 충돌 문제가 발생하기 때문이다. 즉 비대해지면 동일 이슈를 처리하기 위한 정부조직을 이중 삼중으로 구축하는 결과를 초래할 수 있고, 또한 비대해진 기구들이 부처들의 권한을 침해할 수 있으며, 부처들의 책임 의식을 약화시킬 수 있다. 각 부처의 책임의식이 약화되면 정부 전체의 활력이 저하되는 것을 의미한다.

제10장 우리나라 관계장관회의 시스템의 개편

우리나라에서는 제3장에서 보듯이 다양한 유형의 관계장관회의들을 설치해 왔다.

총괄 관계장관회의로서 주무장관회의와 제반이슈 관계장관회의로서 국정현안 정책조정회의가 있다. 분야별 관계장관회의로서 국가안보회의, 경제정책조정회의, 인적자원개발회의, 사회문화정책관계장관회의, 국가과학기술위원회 등이 있으며, 단일 이슈 관계장관회의로는 산업정책심의회, 규제개혁위원회, 부품소재발전위원회, 지구환경관계장관대책회의 등이 있다. 지역대책 관계장관회의들로서는 농어촌대책협의회, 기업도시위원회, 백제문화권개발지원위원회, 지역특화발전특구위원회 등이 있고, 고객대책 관계장관회의로는 아동정책조정위원회, 장애인복지대책위원회, 청년실업대책특별위원회, 재외동포정책위원회 등이 있다.

우리나라 관계장관회의 시스템은 정책의 추진과 조정에 상당한 역할을 해 왔다. 그러나 명실상부한 국정운영의 중추기구로 정착되어 있지는 않다. 통합력과 추진력이 약하다. 또한 공정성은 매우 높으나, 충실성은 상당히 낮고, 생산성과 적시성 및 능률성도 그리 높은 편은 아니다. 이유는 아직도 관계장관회의 시스템에 의존하지 않고 정책들이 추진 조정되는 경우가 많을 뿐만 아니라 정책의 추진과 조정 시스템으로서 미비점이 많기 때문이다. 그 결과, 우리나라 관계장관회의 시스템이 국정운영에 통합력과 추진력을 제공하고, 회의기구로서의 효율성, 적시성, 충실성을 도모하기 위해서는 개선해야 할 부분이 많다.[1)]

제1절 기존 관계장관회의 시스템의 문제점

1 부처 편의주의에 의한 설치와 운영

관계장관회의 시스템들이 부처 편의주의에 의해 설치 운영되고 있다. 국가안보회의를 제외하고 대부분의 관계장관회의들이 대통령의 필요보다는 부처들의 필요에 따라 설치되어 왔다. 즉 주무부처들이 국정운영에서 영향력을 강화하기 위해 명분만 있으면 설치하는 경향이 있어서 필요 이상으로 많은 관계장관회의들이 설치되어 있다. 그 결과, 유사한 관계장관회의 숫자가 많고, 설치된 지 얼마 안 되어 유명무실화된 관계장관회의들도 많다. 또한 관계장관회의 시스템이 대통령과 그 보좌관보다는 국무총리나 주무장관들에 의해 운영되고 있다. 그 결과 국정운영의 분권화에는 기여하고 있으나 국정운영의 통합성과 추진력 강화에 별로 기여하지 못하고 있다. 즉 주요 정책들을 범정부 차원의 국정 목표와 전략에 따라 논의 조정하는 것이 아니라 부처들이 제기한 현안 이슈들에 대해 그때그때 논의해 부처간 이견을 조정하는 경향을 보인다.

2 하부구조와 지원기구 및 절차의 부실

국가안보회의를 제외하고 대부분의 관계장관회의들은 하부구조와 운영지원기구 및 안건처리 절차 등이 부실하다.

관계장관회의들은 다양한 유형이 설치되어 있는데 반해, 하부기구는 실무회의 이외에 다양하게 설치되어 있지 않다. 관계장관회의 참석 규모가 국무회의나 다름없음에도 불구하고 소회의나 분과회의를 적극 활용하고 있지 않다. 다만, 국가안보회의와 국가과학기술위원회는 예외이다. 전자는 소

1) 저자의 논문(2003a, 2003b, 2004)도 참조.

위원회를, 후자는 분과위원회들을 설치 운영하고 있다. 또한 설치되어 있는 하부기구들은 모두가 사전 심의 조정을 위한 기구들이고, 이슈 발굴, 모니터링, 집행 점검 등 다양한 목적을 위한 하부기구들은 거의 설치되지 않고 있다.

또한 관계장관회의 지원기구도 제대로 발달하지 못했다. 대부분의 관계장관회의들은 의장부처나 주무부처의 공무원 한두 명의 지원을 받고 있는 상황이다. 다만, 국가안보회의, 국정현안정책조정회의, 경제정책조정회의 및 국가과학기술위원회는 예외이다.

국가안보회의는 별도의 사무처를 두고 있고, 국정현안정책조정회의는 국무조정실에서, 경제정책조정회의는 주무부처인 재경부 정책조정국에서, 국가과학기술위원회는 주무부처인 과학기술부 과학기술혁신본부에서 지원을 받는다. 이들 지원기구들은 안건 선정과 회의 소집 및 회의록 작성뿐만 아니라 안건들과 심의 자료를 사전에 검토해 미비점을 검토 보완하도록 하는 업무까지 담당하고 있다. 사무처는 전담 지원기구이고 국무조정실도 전담 지원기구에 가까우며, 정책조정국과 과학기술혁신본부는 부처조직이다.

그런데 관계장관회의마다 주무부처 내에 정책조정국이나 과학기술혁신본부와 같은 지원기구들을 설치하면 정부조직 전체적으로 심각한 중복과 비능률을 초래할 수 있다. 이들 두 지원기구는 관계장관회의 운영 관리를 위한 행정 지원을 넘어 관련 부처들이 추진하는 정책의 내용을 검토한 후 수정 보완을 요청할 수 있어서 중립적인 위치가 아니라 특정 부처 내에 소속되어 있으면 그 부처가 관련 부처들에게 영향력을 행사할 수 있는 수단이 된다. 그리하여 모든 부처들이 자신들의 영향력 확대를 위해 명분만 있으면 경쟁적으로 이러한 기구들을 설치하려고 한다. 그 결과 주무부처와 관련 부처에 동일한 정책 이슈들을 담당하는 조직이 중복 설치된다. 아울러 관계장관회의마다 이러한 기구를 두는 것은 관계장관회의당 지원 인력 규모가 증가하여 관리상 능률이 떨어진다.

마지막으로, 관계장관회의 시스템 내에서 안건들을 처리하는 절차와 기준이 체계적으로 마련되어 있지 않다. 대부분의 관계장관회의들은 관행상 부처에서 제안한 안건을 제안 부처에서 제공한 정보와 자료에 입각해 난상토론을 거쳐 합의를 도출하는 절차에 따르고 있다. 그러나 의제의 발굴과 선정, 자료 작성, 작성된 자료의 검토 보완, 회의 진행 방식, 집행 사항의 사

후 점검 등에 관한 기준들이 정립되어 있지 않다.[2)]

3 심의 조정의 형식화

관계장관회의들이 심의 조정기구로서 형식화되는 경우가 많다. 즉 관계장관회의 시스템 내에서 진지한 토론과 조정이 이루어지지 않는 경우가 대부분이라는 것이다. 그 이유는 다음과 같다.

첫째, 실무회의에 상정하기 이전에 이해관계 부처들이 비공식 접촉을 갖는 경우가 대부분인데 이 접촉에서 심도 있는 논의와 조정이 이루어진 후 관계장관회의 절차를 요식적으로 거치는 경우가 많다.

둘째, 일단 상정된 후 실무회의나 장관회의에서의 논의는 상호불간섭주의로 인해 진지한 토론보다는 의견을 수렴하는 정도에 그친다.

셋째, 관계장관회의 본회의나 그 실무회의의 참석 멤버가 보통 20인 내외로 대규모이어서 진지한 논의가 쉽지 않음에도 불구하고 소규모 멤버로 구성되는 소회의나 분과회의를 적극 활용하지 않고 있다. 그 결과 관계장관회의 시스템 내에서 집중적이고 심도 있는 논의와 조정이 쉽지 않다.

4 관계장관회의간 연계 부족

새로운 유형의 정책 이슈들이 등장하면 기존의 유관 분야별 관계장관회의에서 논의 조정하거나 산하에 분과회의를 설치하여 처리하기보다는 별도의 새로운 관계장관회의를 설치해 논의하는 경향이 있다. 예를 들면, 실업대책위원회, 부품소재발전위원회, 관세자유지역위원회, 대외경제조정위원회, 사회간접자본건설추진위원회 등은 경제정책조정회의나 그 분과회의로 대신할 수 있었음에도 불구하고 별도의 관계장관회의들로 설치했다. 다만, 최근의 국가과학기술위원회만 예외이다. 국가과학기술위원회는 국가과학기

2) 다만, 최근에는 일부 소수 관계장관회의에서 관계장관회의 결정 사항의 이행 결과를 보고하도록 하고 있다.

술혁신, 차세대성장동력 등의 이슈들을 분과회의를 설치하여 논의 조정했다.

또한 관계장관회의들의 지원기구들이 분산되어 있다. 대부분의 관계장관회의들에 대한 지원은 의장부처 혹은 주무부처 공무원들이 담당하고 있다. 또한 지원기구를 공동으로 활용할 수 있음에도 불구하고 별도의 지원기구를 두고 있다는 것이다. 예를 들면, 중앙통합방위협의회는 국가안보회의 사무처에서 행정 지원을 받을 수도 있었으나 별도의 지원기구를 두었다.

이처럼 분과회의나 공동 지원기구가 활용되지 않음으로써 관계장관회의들 간의 연계성, 다시 말해 인접 정책들 간의 상호 연계 추진을 도모하기 어렵게 되어 있다. 최근 들어 다양한 이슈별 관계장관회의들의 의장을 국무총리가 담당하고 있어서 표면상 관계장관회의들 간에 연계성이 강화되고 있는 것처럼 보인다. 그러나 이들 다양한 관계장관회의들은 서로 관련성도 별로 없는 것들일 뿐만 아니라 이들 관계장관회의들 가운데 절반 가량이 국무조정실이 아니라 주무부처 공무원들의 지원을 받고 있어서 실질적으로 연계성이 강화된 것은 아니다. 지원기구 도움 없이 총리 혼자만으로 관계장관회의들 간의 연계성을 도모하기는 어렵다.

제 2 절 개편 방향과 내용

관계장관회의 시스템 개편은 두 가지 방향에 따라 이루어져야 한다.

하나는, 국정운영의 통합력과 추진력 강화를 위해 부처들의 기구가 아니라 대통령의 기구로 전환해야 한다는 것이다. 즉 대통령이 관계장관회의 시스템에 관심을 갖고 국정운영에 요긴한 전략적 수단으로 활용해야 한다. 지금까지 우리나라 대통령은 위기관리에 필요하거나 자신의 관심사가 논의되는 경우 해당 관계장관회의를 종종 주재했고, 회의 진행 방식도 보고를 청취하고 지시 사항을 하달하는 식이었다. 그러나 좀더 적극적이고 민주적인 간여가 필요하다. 대통령의 간여는 관계장관회의 시스템의 효율성과 적시성 및 충실성 확보에도 직접적인 영향을 미치기 때문이다.

다른 하나는, 회의체로서의 바람직한 요건들인 생산성, 능률성, 적시성,

충실성, 공정성 등을 충족시키되 단출하고 활성화된 시스템이 되도록 개편해야 한다는 것이다. 특히 관계장관회의 시스템은 내부에 유명무실한 관계장관회의들이나 유휴화되는 하부기구들이 존재할 정도로 방만해서는 안 된다는 것이다.

이러한 방향에 따라 개편되어야 할 부분과 구체적 방안은 다음과 같다.

1 관계장관회의들의 축소 정비

첫째, 분야별 관계장관회의를 5개로 재정비해야 한다.

현재 분야별 관계장관회의로 국가안보회의, 경제정책조정회의, 사회문화정책관계장관회의, 인적자원개발회의, 국가과학기술위원회, 과학기술관계장관회의 등 6개가 있는데, 이 가운데 과학기술관계장관회의를 폐지하고 국가과학기술위원회 수시회의로 대체하는 것이 바람직하다.

둘째, 기존의 각종 이슈별 관계장관회의(장관급 정부위원회)들 가운데 독자적으로 유지할 만큼 중요성이 크지 않는 것은 분야별 관계장관회의 시스템으로 통합해야 한다.

자주 개최되는 관계장관회의들은 분야별 관계장관회의 산하 분과회의로 전환해 활성화하고, 자주 소집되지 않는 관계장관회의들은 분야별 관계장관회의 수시회의로 대체하거나 폐지하는 것이 바람직하다. 관할 범위가 좁은 이슈별 관계장관회의들이 지나치게 많이 설치될 경우, 심의 조정 체계가 복잡해지고 국정운영의 통합성, 효율성, 투명성과 책임성이 떨어질 뿐만 아니라 소집 빈도가 줄어들어 활성화되지 않고 유명무실해지기 때문이다.

또한 국정현안정책조정회의도 분야별 관계장관회의 수시회의로 대체해야 한다. 국정현안정책조정회의는 여타 관계장관회의들에서 잘 조정되지 않은 쟁점 이슈들을 조정하기 위해 그 의장을 총리로 격상시킨 관계장관회의이다. 그러나 주무장관이 분야별 관계장관회의 의장을 담당하고 있는 시스템에서 국무총리가 이슈별 관계장관회의 의장을 담당하는 것은 적절하지 않고, 관계장관회의들에서 조정이 안 된 안건들을 또다른 관계장관회의에서 조정하는 것은 불필요한 중복이다. 관계장관회의에서 부처간 이견이 잘 조정되지 않으면 재차 삼차 회의를 소집하거나 대통령의 판단에 맡기더라도 또 다른 관계장관회의를 설치할 필요는 없다.

셋째, 주무장관회의는 예외적인 상황에만 활용해야 한다.

주무장관회의는 분야별 관계장관회의 의장들로 구성되어 총리 주도로 국정운영 방향을 조율하기 위해 설치되었다. 주무장관회의는 대통령의 부담과 책임을 덜어 주는 측면은 있다. 특히 대통령이 연로하거나 국민들의 기대에 미치지 못할 때 주무장관회의가 대통령의 위임을 받아 적극적으로 활동하면 대통령의 국정운영을 보완해 주는 측면도 있을 수 있다. 또한 분권적 국정운영에 일조할 수도 있다. 반면에 총리가 의장인 주무장관회의는 책임 정치에 반할 뿐만 아니라 총리에게 실권이 있는 것도 아니기 않기 때문에 실효성도 없는 불필요한 옥상옥(屋上屋)이 될 수 있다.

따라서 평상시 주무장관회의를 폐지하고 그 대신 대통령이 주재하는 국무회의와 분야별 관계장관회의 정기회의를 통해 국정운영 방향과 전략을 책임 있고 실현 가능하도록 조율하는 것이 바람직하다. 다만, 대통령이 국정운영에 적극 나서기 어려운 예외적인 경우에만 주무장관회의를 부활시켜 활용해야 한다.

주무장관회의와 국정현안정책조정회의를 폐지해 관계장관회의 시스템을 단순화하되 헌법상 총리의 국정통할권은 일상적인 국무회의와 분야별 관계장관회의에 대한 회의주재 확대를 통해 해결할 필요가 있다.

2 관계장관회의 시스템의 내부구조 정비

1) 정기회의와 임시회의 간의 역할 분담

관계장관회의 장관급 본회의에는 정기회의와 임시회의를 두고 상호간에 역할을 분담시킬 필요가 있다. 정기회의를 통해 일정한 시차를 두고 국정운영의 방향과 진도를 점검하지 않으면 국정운영의 추진력이 떨어지고, 또한 관계장관회의 시스템의 효과성도 저하될 수 있기 때문이다.

현재 법령상 정기회의가 지나치게 자주 열리게 되어 있어서(매주, 격주 등) 임시회의가 열릴 기회가 적고, 개최한 회의가 정기회의인지 임시회의인지를 구분하지 않고 운영하는 경우도 많다.[3)]

정책을 좀더 합리적으로 관리하기 위해서는, 정기회의는 분기별로 개최해 동향 점검, 정책방향 및 추진일정 설정, 이행 점검 등 정책추진을 논의하도록 하고, 수시회의는 필요할 때마다 수시로 소집해 부처간 이견이나 중요 사안들을 검토 조정하도록 할 필요가 있다. 아울러 정기회의는 기존 주무장관회의 기능을 흡수해야 하고, 수시회의는 기존 많은 이슈별 관계장관회의의 기능을 흡수해야 한다. 정기회의는 법정 멤버 전체가 참여해야 하고, 수시회의는 깊이 있는 논의 조정이 가능하도록 관련 부처들만 참여하는 소규모여야 한다.

2) 실무회의의 다양화와 활성화

실무회의는 필요에 따라 상설 또는 임시 기구로 설치할 수 있어야 한다. 상설회의는 고정된 멤버로 구성되고 주기적으로 빈번히 소집되는 회의이며, 임시회의는 이슈에 따라 참석 멤버가 변하며 필요에 따라 소집되는 회의이다. 예를 들어, 동향 파악이 필요하거나 위기 발생 가능성이 있어서 지속적인 모니터링이 필요한 분야, 정책 입안에 상당 기간의 연구와 관련 부처들 간에 초기 단계부터 논의가 필요한 복잡한 분야 등은 관련 기관 공무원들이나 외부 전문가들로 구성한 상설 실무회의를 둘 필요가 있다. 그 밖에 단기간에 부처간 이견 조정이 필요한 이슈들은 현재의 실무조정회의와 같이 임시 실무회의를 활용하면 된다.

현재 주무부처들이 관리하고 있는 다양한 실무급 위원회들[4]이 있는데, 이들도 관계장관회의 산하 실무회의로 전환해야 한다.[5] 주기적으로 자주 소집되는 위원회는 상설 실무회의로 전환하고, 그렇지 않은 위원회는 모두 폐지하고 필요시 임시 실무회의 형태로 운영해야 한다.

또한 장관급 본회의보다 실무회의들을 활성화시켜야 한다. 그런데 우리나라에서는 실무회의보다 장관급 본회의가 더 활성화된 관계장관회의들이 많다. 이는 실무회의에서 조정된 안건들을 모두 다시 장관회의에 상정하고,

---

3) 다만, 경제정책회의에서는 1년에 두 번 정책 방향을 점검 논의하고 있고, 사회문화정책관계장관회의에서는 최근 매월 첫 정기회의 때 정책 방향을 논의했다.

4) 예를 들면, 마약대책협의회, 물가안정위원회, 철강공업심의회 등.

5) 그러나 각 부처들이 운영하는 자문위원회들은 현행처럼 해당부처 관리 하에 두는 것이 바람직하다.

장관급 회의에서 실무회의에서나 논의할 만한 자잘한 쟁점들까지 논의하기 때문이다.

그러나 실무회의가 활성화되지 않으면 분석적 데이터에 근거한 조정보다는 정치적 타협에 치중할 소지가 크고, 장관회의가 빈번하게 개최되면 집단적 사고의 함정(pitfalls of group thinking)에 빠질 수 있으며 시스템의 능률성도 떨어질 수 있다. 실무회의를 장관급 회의보다 더 활성화하기 위해서는 부처간 비공식 1 대 1 협의를 가급적 지양하고 실무회의를 통해 다자간에 협의해야 하며, 실무회의에서 타결된 안건들은 장관급 본회의에서 재차 논의 조정하지 말아야 한다.

3) 분과위원회 정비와 남설 금지

먼저, 반복적으로 발생하거나 지속적인 관심이 필요한 쟁점 이슈들은 분과회의를 설치해 논의할 필요가 있다. 예를 들면, 경제 구조조정 등이다. 아울러 국가안보회의 산하 상임위원회를 폐지하고 대신 대북정책회의와 외교국방회의로 분리 설치할 필요가 있다. 한편으로는 북한의 동향을 주기적으로 점검하고 남북 협력과 통일 대비 작업을 추진해야 할 필요가 있고, 또 다른 한편으로는 세계화 시대 선진화를 달성하기 위해서는 외교국방 정책이 남북관계에 발목 잡히지 않고 좀더 큰 틀에 따라 추진되어야 할 필요가 있기 때문이다.

그러나 장관급이든 실무급이든 분과회의는 필요 이상으로 남설하면 안 된다. 장관급 분과회의가 많으면 회의 참석과 준비를 하는 데 부담만 커져 능률성 확보에도 장애가 되기 때문이다. 이러한 측면에서 국가과학기술위원회 산하에 분과회의들이 5개나 설치되어 있는데 3개로 줄일 필요가 있다. 예를 들면, 차세대 성장동력 분과회의, 국방과학기술 분과회의, 운영회의 등만 남기고 나머지는 폐지하는 것이다.

4) 차관회의의 역할 재조정

우리나라에서 관련 부처들의 차관들로 구성된 회의로는 관계장관회의 산하 1차 혹은 2차 사전 검토기구로서 차관회의와 최종 조정기구로서 관계부처차관회의가 있다.

1차 사전 검토기구로서 차관회의는 실무급 하부기구가 없는 차관회의로서 부품소재발전위원회와 노사관계개혁추진회의 등의 실무위원회가 이에 해당된다. 2차 사전 검토기구로서 차관회의는 실무회의가 사전 검토를 하고 있음에도 불구하고 재차 사전 검토하기 위해 설치된 차관회의인데, 인력정책심의위원회, 대외협력위원회, 정보화추진위원회, 대외경제조정위원회, 물관리정책조정위원회, 국가과학기술위원회, 기후변화협약대책위원회 등에 설치되어 있다. 최종 조정기구로서 관계부처차관회의는 상위 관계장관회의가 없는 차관급 회의로서 에너지정책심의위원회, 방위산업심의회, 벤처기업활성화위원회, 정부투자기관운영위원회, 중앙도시교통정책심의위원회, 외국인근로자인권대책위원회 등이 그 예이다.

차관회의가 장관급 회의와 실무급 회의 중간에서 사전 심의 조정 기능을 담당하는 것은 바람직하지 않다. 재차 사전 심의 조정을 위해 차관회의를 둔다면 이는 중복 심의 조정으로 능률성과 적시성을 떨어뜨릴 수 있다. 따라서 2차 사전 심의 조정기구로서의 차관회의들은 폐지해야 한다. 또한 1차 사전 검토기구로서 차관회의는 실무급 회의로 격하되어야 한다. 정치적 최종 조정이 될 수 있는 2차 조정과는 달리 1차 사전 조정은 대부분 전문기술적 조정일 수밖에 없다. 이러한 1차 조정은 전문기술적 내용을 많이 알고 있는 1~2급 공무원들로 구성되는 실무회의에서 전담하는 것이 합리적이다.

마지막으로 최종 조정기구로서 관계부처차관회의들도 불가피한 경우가 아니면 가급적 관계장관회의 시스템 내로 흡수해야 한다. 관계장관회의 시스템 내의 분과회의나 수시회의로의 대체가 가능하고, 그렇게 할 경우 국정운영의 통합성을 제고할 수 있고 또한 국정운영 시스템 전체가 좀더 단출해지기 때문이다.

그러면 차관들의 회의는 관계장관회의 시스템 내에서 어떻게 자리매김할 수 있을까? 그것은 집행관리를 총괄하고 비상 상황을 관리하도록 하는 것이다. 즉 관계장관회의에서 조정되고 대통령에 의해 최종 승인된 결정을 해당 여러 부처들이 잘 협력해 집행하도록 집행계획을 세우고 그 진행 상황을 점검하도록 함과 동시에, 관계장관회의 관할 내의 잠재적 위기(위기발생 요인)들을 점검하고 발생시 신속하게 대응하도록 하는 것이다. 이유는 두 가지이다.

첫째, 민주화와 함께 부처들의 자율성이 커지고 사회단체들이 활성화되면서 집행 확보에 많은 어려움이 야기되고 있어서 집행 문제를 책임 있게 챙기는 기구가 있어야 한다는 것이다. 과거 권위주의 체제에서는 집행 확보가 그리 어렵지 않았었다.

둘째, 집행관리와 위기관리의 실질적인 최종 책임자로서 차관들이 가장 적합하다는 것이다. 장관들과는 달리 차관들이 대부분 직업공무원 출신이어서 집행 현장과 집행 과정을 잘 알 수 있을 뿐만 아니라 다년간의 공직 경험으로 잠재 위기의 소재를 파악하고 위기 발생시 신속하고도 적절한 대처를 할 수 있다는 것이다.

3 운영 지원기구의 재정비

1) 운영 주체의 재조정

관계장관회의 시스템 내의 각급 회의 의장을 재조정할 필요가 있다.

분야별 관계장관회의의 경우, 정책추진을 논의 조정하는 정기회의의 의장은 대통령이, 부의장은 국무총리 혹은 분야별 주무장관이 담당하도록 하고, 정책을 둘러싼 부처간 이견을 조정하는 수시회의의 의장과 부의장은 분야별 주무장관과 안건 제안 부처 장관이 각각 담당하도록 해야 한다.

좀더 구체적으로 제시하면, 장관급 본회의는 정기회의를 분기별로 개최해 1분기와 3분기는 대통령이 직접 주재하고, 2분기와 4분기는 총리가 주재하는 것이 바람직하다.[6] 이러한 방식이 국정운영의 방향과 흐름을 잡고 추진력을 부여하는 데 적합하기 때문이다.

반면에 수시회의는 관련 부처들이 많거나 이견이 심한 경우 주무장관이 주재하도록 하고 그 밖에는 가급적 안건 관할 부처 장관이 주재하도록 한다. 이는 멤버 부처들이 갈등 이슈들을 상정하지 않고 잠수시키는 것을 어느 정도 막을 수 있기 때문이다.

분과회의들을 설치할 경우 그 의장은 분과별 주무장관이 담당하도록 해

---

6) 국무회의는 국가적으로 중요한 안건을 논의하거나 필요한 경우 대통령이 주재하고, 그렇지 않은 일상적인 안건들을 논의하는 경우 국무총리로 하여금 주재하도록 한다.

야 한다. 실무회의 의장은 대통령(총리)의 정책보좌관들이 담당해야 한다. 그 이유는 실무 단계에서부터 국정운영의 기본 방향을 분명히 해 정책조정의 신속성과 효과성을 높이는 데 적합하기 때문이다.

차관회의의 경우 안건이 집행 점검인 경우 주무부처 차관이, 위기관리인 경우 위기 관할 부처 차관이 회의를 주재하도록 해야 한다.

한편, 이슈별 관계장관회의의 경우 장관급 본회의와 차관회의의 의장을 주무부처의 장차관이 각각 담당하고, 실무회의 의장은 대통령 보좌관 혹은 지원기구 고위 스태프들이 담당해야 한다. 이는 부처들의 책임감을 고취하고 국정운영의 통합성을 확보하기 위해 필요하다. 다만, 국가위기 관리와 관련된 이슈별 관계장관회의는 예외적으로 정기회의든 수시회의든 국무총리를 의장으로 해야 하고, 분과회의 의장은 발생 위기에 대한 전문성과 대비 자원을 보유한 위기 유형별 관할 부처 장관이,[7] 각종 실무회의는 지원기구장[8]이나 위기 유형별 관할 부처 차관이 담당해야 할 것이다.

마지막으로, 중요 이슈에 대한 부처간 이견이 심한 안건을 심의 조정하는 본회의 수시회의의 경우 최종 타결 단계에서 대통령의 마무리가 필요할 경우가 있다. 이 경우 대체로 2~3차례 수시회의를 거쳐 조정되는데 마지막 회의는 대통령이 직접 주재해 여러 의견을 들어 최종 확정하고 장관들을 격려할 필요가 있다.

2) 지원기구의 이원화 및 중립화

주무부처들이 담당하고 있는 관계장관회의 지원기구들을 통합해 중립화·전문화시킬 필요가 있다.

현재 국가안보회의는 별도의 사무처에서, 나머지 4개 분야별 관계장관회의는 주무부처에서, 국정현안정책조정회의와 기타 임시 관계장관회의는 국무조정실에서 분산 관리하고 있다. 특히 4개 분야 관계장관회의는 간사로서 의장 부처 1급 공무원과 서기관이나 사무관 1명이 관리하고 있다. 이들은 1년 전후해 보직이 바뀐다.

---

7) 예를 들면, 현재의 부처 편제 하에서 자연재난의 경우 행자부장관, 금융위기의 경우 재경부장관, 통신대란의 경우 정통부장관, 원자력발전소 사고의 경우 과기부장관 등.
8) 위기관리 관계장관회의에는 상당한 규모의 독자적인 사무처가 필요하다.

이처럼 분산된 관리 시스템은 몇 가지 문제가 있다.

첫째, 분야별 정책들의 방향 설정과 추진 및 조정을 통합적이고 거시 전략적 시각에서 연계시키기 어렵다. 현재 이들 분야별 지원기구들 간에는 어떠한 협의나 정보 교환도 없기 때문이다.

둘째, 회의 관리 등에 필요한 정보와 노하우가 축적되고 있지 않다. 지원요원들의 잦은 순환보직과 함께, 이들은 부처내 업무에도 바쁜 사람들로서 관계장관회의를 위한 충실한 관리에 여력이 많지 않은 사람들이기 때문이다.

또한 의장과 지원기구를 분야별 주무부처에서 담당하는 현 시스템은 두 가지 문제점이 있다.

첫째, 관계장관회의 운영의 공정성을 훼손할 수 있다. 즉 관계장관회의에 상정된 쟁점 이슈들을 주무부처에게 유리한 결과가 나오도록 회의를 준비하고 운영할 소지가 있다. 이러한 가능성을 배제하기 위해 다른 나라에서는 의장을 대통령이나 총리 혹은 무임소장관이 담당하거나, 관계장관회의 의장을 고정시키지 않고 안건 관할 부처 장관이 담당하는 경우도 있다.

둘째, 의장과 간사가 적극적인 열의가 없으면 관계장관회의는 활성화되지 않는다. 따라서 중립적인 입장에서 열의를 갖고 회의만을 전담 관리하는 기구가 필요하다.

이러한 관리 시스템을 개선하기 위해서는, 국가안보회의는 현재처럼 별도의 사무처에 관리하고, 경제정책조정회의, 사회문화정책관계장관회의, 인적자원개발회의, 국가과학기술위원회 등 나머지 관계장관회의는 국무조정실에서 관리하도록 하는 것도 하나의 대안이다.[9] 이는 국무조정실의 역할 전환을 수반하는데, 정책조정에 있어서 정책내용에 대한 판단보다는 추진·조정 과정 관리에 치중하도록 하는 것이다. 아울러 국무조정실 중하위 스태프는 관련 부처 엘리트 공무원들과 순환보직을 실시해야 한다. 이는 각 부처 활동 상황을 적시에 정확히 파악하고, 동시에 엘리트 공무원들로 하여금 소속 부처의 좁은 시각을 넘어 국정 전반에 걸친 거시적 안목을 키워 주기 위함이다.

---

9) 주요국 관계장관회의 전담 운영기구를 거시적으로 보면, 영국은 일원화(내각지원실), 미국은 대체로 이원화(국가안보회의 지원실, 정책개발회의), 프랑스는 삼원화(국정총괄처, 국방총괄처, 유럽총괄처)되어 있다.

4 안건처리 절차와 기준의 정비

안건처리를 위한 사전 준비와 회의 진행 및 사후 관리에 관한 절차와 기준이 정교하면서도 전략적으로 마련되어야 한다. 관계장관회의 시스템의 효율성, 충실성, 적시성 등의 확보에 중요하기 때문이다.

1) 절차의 구체화

현재 국정현안정책조정회의의 안건처리 절차는 비교적 충실하게 마련되어 있으나, 여타 관계장관회의들의 안건처리 절차와 기준은 제대로 정비되어 있지 않다. 안건 관할 부처에서 정책안을 마련하면 실무회의에서 1차 조정하고 본회의에서 2차 조정한 후 대통령이 최종 결정하는 단순한 절차만이 지난 40년 동안 관례화되어 왔다.

이 절차에는 정책안과 그 분석보고서의 충실성에 대한 검토 단계가 없고, 회의 진행 전략을 논의하는 단계도 없으며, 집행 확보를 위한 조치를 취하는 단계도 없다. 따라서 안건의 상정과 처리를 위한 기본 절차를 좀더 정교하게 정비해야 한다. 즉 절차는 안건 선정, 정책제안보고서의 준비와 보완, 1차 전문기술적 조정, 2차 정치적 조정, 대통령의 승인, 집행 전략과 일정의 수립, 해당 부처의 집행, 집행 점검, 평가 등의 단계로 구성되어야 한다.

2) 운영 기준의 마련

첫째, 회의 안건들은 지원기구(사무처)장의 도움을 받아 의장이 선정하도록 한다.

지원기구(사무처)장은 안건 확보를 위해 관련 부처들의 제안을 기다리지 말고 적극적으로 수집 및 발굴해야 한다. 적극적 수집을 위해서는 관련 부처들과 대통령 비서실 및 집권당 내에 네트워크를 구축해야 한다.

회의 안건은 관련 정책 이슈들이 가급적 함께 고려될 수 있도록 정의되고 설정되어야 한다. 상호 관련된 이슈들을 분리해 별도의 안건으로 서로 다른 시점에 상정하는 것은 가급적 지양해야 한다.

둘째, 안건 심의에 필요한 자료와 보고서의 준비는 안건 제안 부처나 작업반에서 담당하고 그 충실성 점검은 지원기구(사무처)에서 담당하도록 한다. 지원기구(사무처)는 충실한 작성을 위해 사전 지침을 제공하고 작성된 자료와 보고서를 검토한 후 미비점이 있으면 작성자에게 요청해 보완하도록 한다. 현재는 이러한 사전 지침과 검토 보완 조치가 없다. 이는 쟁점 이슈에 대한 철저한 분석과 종합적인 판단이 결여된 채 이해관계 부처들의 제한된 정보와 논리에 입각해 정치적 조정이 이루어지고 있음을 의미한다. 그 결과 조정 내용이 부실해져 부작용이나 효과 저하를 방지하기 어렵다.

셋째, 1차적으로 실무회의에서 전문기술적 쟁점을 조정하고, 2차적으로 장관급 본회의에서 정치적 타결을 하도록 한다. 실무회의 조정으로 부처간 이견이 타결되면 장관급 본회의에 상정하지 않도록 하고, 곧바로 대통령의 승인을 받아 집행 단계로 보낸다. 능률성과 적시성을 제고할 수 있기 때문이다. 또한 장관급 본회의에서 쟁점 안건에 대한 충분한 논의가 이루어지도록 상정 안건 수 혹은 회의 시간을 조정해야 한다. 안건처리의 충실성을 좌우하기 때문이다. 본회의 2차 조정 전후에 집권당과의 당정회의를 거칠 수 있다.

넷째, 의장은 본회의에서 쟁점들에 대한 충실한 논의와 최종 타결이 이루어지도록 본회의 개최 직전에 실무회의 의장과 지원기구(사무처)장을 불러 회의 진행 및 합의 유도 전략을 협의하는 것이 바람직하다. 특히 상정 안건들이 관련된 다른 정책 이슈들에 미치는 여파에 대해 반드시 논의하고 보완하도록 해야 한다. 현재는 아무런 전략도 없이 대부분 자유 토론을 하고 있다.

다섯째, 지원기구(사무처)에서는 주요 쟁점 위주로 회의록을 작성해야 한다. 다만, 공개할 경우 국익이나 공익을 해칠 수 있는 내용은 비밀로 분류하고, 정보공개 요청이 들어오면 기밀 내용을 먹칠한 후 부분 공개해야 할 것이다. 현재 관계장관회의 회의록은 작성하지 않고 회의 내용에 대한 간단한 요약문과 보도자료만 작성하고 있다.

여섯째, 차관회의는 관계장관회의에서 조정되고 대통령이나 국회에 의해 확정된 정책들 가운데 집행이 필요한 경우 집행전략과 일정이 담긴 집행계획을 세우고 그 이행 진도를 점검해야 한다. 집행계획은 지원기구 주도로 집행담당 부처들의 실무자로 구성된 작업반에서 초안을 마련한 후 차관회의에서 확정해야 한다. 집행 점검도 차관회의가 작업반의 도움을 받아 매달 실시하고 분기별로 분야별 관계장관회의 정기회의에 보고토록 해야 한다. 현재는 집행에 관한 모든 것이 소관 부처에 맡겨져 있다.[10] 그 결과 소관 부처가 열의가 없으면 집행을 소홀히 할 소지가 있다.[11]

일곱째, 분야별 관계장관회의들의 분기별 정기회의에서는 국정운영 방향에 대해 논의 조정하고, 주요 정책들의 집행 상황을 확인 평가하고 집행이 완료되면 그 종결을 확정하도록 한다.

10) 다만, 대통령이 관심을 갖는 특별한 사항만 별도의 집행 점검 절차를 가지고 있다.
11) 이는 장관의 짧은 임기와 함께, 집행이 철저하게 이루어지지 않는 이유가 되고 있다.

참고 문헌

국내 문헌

김영평 · 신신우.(1991). 한국관료제의 기관갈등과 정책조정. 「한국행정학보」, 25(1).
김충남.(2006). 대통령과 국가경영. 서울: 서울대출판부.
박재희.(2000). 「정책결정 시스템과 정책조정. 한국행정연구원 연구보고서.
이성우.(1993). 「행정부의 정책조정체계 연구」. 한국행정연구원 연구보고서.
이송호.(2002). 「대통령과 보좌관」. 서울: 박영사.
———.(2003a). 국민의 정부 분야별 관계장관회의에 대한 분석과 평가. 「한국행정학보」, 37(3).
———.(2003b). 관계장관회의의 구성과 운영에 관한 연구: 영국, 프랑스, 미국을 중심으로. 「한국사회와 행정연구」, 14(3).
———.(2004). 영국 내각위원회 시스템의 발전 과정과 특징 및 시사점. 「경찰대논문집」, 24.
정정길.(1988). 경제장관회의와 정책조정. 「행정논총」, 26(2).
———.(1994). 「대통령 경제리더십」. 서울: 한국경제신문사.
최병선.(1993). 부처간 정책조정의 개선. 김영평 · 최병선(공편),「행정개혁의 신화와 논리」. 153-187. 서울: 나남.
국무조정실(2002), 업무보고 현황.
———.(2003). 국무조정실 30년사. 서울: 지은문화사.

외국 문헌

Andrews, Williams G.(1982). *Presidential Government in Gaulist France,*

Albany, NY: SUNY Press.

Baker, Amy.(2000), *Prime Ministers and The Rule Book*, London: Politico's Publishing.

Barberis, Peter.(2000). "Prime Minister and Cabinet," in Robert Pyper & Lynton Robbins(eds.), *United Kingdom Governance*, London: Macmillan Press.

Bennett, Anthony J.(1996), *The American President's Cabinet: From Kennedy to Bush*.

Best, Jr., Richard A.(2001). *National Security Council: An Organitational Assessment*, New York: Novia Books.

Blackstone, Tessa & William Plowden.(1988). *Inside the Think Tank: Advising the Cabinet 1971-1983*, London: Heinemann.

Bledsoe, Craig.(1989). "Cabinet," in Michael Nelson(ed.), *Guide to the Presidency*, Washington, D.C.: Congressional Quarterly Inc.

Bledsoe, Craig & Leslie Rigby..(1996). "Executive Office of the President: Supporting Organizations," in Michael Nelson(ed.), *Guide to the Presidency*, Washington, D.C.: Congressional Quarterly Inc.

Botin Administatif (1959-98, 각 연도)

Brady, Chris.(2004), *Cabinet Committees to 1945*, mimeo.

Brazier, Rodney.(1988), *Constitutional Practice*, Oxford, UK: Clarendon Press.

———.(1990), *Constitutional Texts: Materials on Government and the Constitution*, Oxford, UK: Clarendon Press.

Bromley, D. Allan.(1991). "Science and Technology: From Eisenhower to Bush," *Presidential Studies Quarterly* 21.

———.(1993). "Science and Technology in the Bush Administration," in William T. Golden(ed.), *Science Advice to President*, Washington D.C: American Association for the Advancement of Science Press.

Burch, Martin.(1983). "Mrs Thatcher's Approach to Leadership in Government, 1979-1983," *Parliamentary Affairs* 36(4).

———.(1994). "Prime Minister and Cabinet: From Thatcher to Major," *Talking Politics* 7(1).

Burch, Martin & Ian Holliday.(1996). *The British Cabinet System*, London: Prentice Hall.

Burke, John P.(1992). *The Institutional Presidency*, John's Hopkins University Press.

Butler, David & Gareth Butler.(2000). *Twentieth-Century British Political Facts 1900-2000*, London: Macmillan.

Cabinet Office, *Ministerial Committees of the Cabinet*, 1992, 1994, 1995. mimeo.

Cabinet Office.(1993). *Central Intelligence Machinery*, HMSO.

Campbell, Colin.(1986). *Managing the Presidency: Carter, Reagan, and the Search for Executive Harmony,* Pittsburgh, Penn.: University of Pittsburgh Press.

Carness, Lord.(1988). *The Presidency and the Management of National Security*, New York: Free Press.

Circulaire, Journal Officiel, 1997.

Civil Service Yearbook, Her Majesty's Stationary Office.

Clarke, Duncan L.(1985), "National Security Council Coordination and Integration: The Problem and Why it Matters," in Duncan L. Clarke(ed.), *Public Policy and Political Institutions: US Defense and Foreign Policy*, Greenwich, Connecticut: JAI Press, Inc.

Cohen, Samy(1980). *Les Conseillers du President*, Presses Universitaires de France.

———.(1982). "Le Secrétariat Général de la Présidence de la République, L'interpenetration," in F. de BAEQUE et Jean-Louis Quermonne (eds.), *Administration et Politique sous la Cinquieme République,* Presses de la Fondation Nationale des Sciences Politiques.

Daalder, Hans.(1963), *Cabinet Reform in Britain*, Stanford, CA: Stanford University Press.

de Baeque, F. et Jean-Louis Quermonne.(eds.).(1982). *Administration et Politique sous la Cinquieme République,* Paris: Presses de la Fondation Nationale des Sciences Politiques.

Destler, I. M.(1977). "National Security Advice to Presidents: Some Lessons from Thirty Years," *World Politics* 29.

———.(1980). "National Security Management: What Presidents Have Wrought," *Political Science Quarterly* 95(4).

———.(1996). *The National Economic Council: A Work in Progress,* Washington, D.C.: Institute for International Economics.

DiClerico, Robert E. (1995). *The American President*, Englewood Cliff, NJ: Prentice Hall.

DuBridge, Lee A.(1993). "Science Advice to the President: Important and Difficult," in William T. Golden(ed.), *Science Advice to the President*, Washington, D.C.: AAAS Press.

Dunleavy, Patrick.(1994). *The Core Executive: Amalytic Approaches to Development Under Major.* (www. psa. ac. uk/cps11994/duml.pdt)

Dunleavy, P. & R. A. W. Rhodes.(1990). "Core Executive Studies in Britain," *Public Administration* 68.

Eccleshall, Robert & Graham Walker.(eds.)(1998). *Biographical Dictionary of British Prime Ministers*, London: Routledge.

Facts about British Prime Minister(1995). London: Manshell Publishing Ltd.

Falk, Stanley L.(1964). "The National Security Council Under Truman, Eisenhower, and Kennedy," *Political Science Quarterly* 79(3).

Golden, William T.(ed.)(1993). *Science Advice to the President*, Washington, D. C.: American Association for the Advancement of Science Press.

Fournier, Jacques.(1987). *La Coordination Du Travail Gouvernemental,* Paris: Fondation Nationale des Sciences Politiques.

Greenwood & Wilson.(1989). *Public Administration in Britain*, London: Unwin Hyman.

Headey, B.(1974). *British Cabinet Ministers: The Roles of Cabinet Ministers in Executive Office*, London: Allen and Unwin.

Hennessy, Peter.(1986). *Cabinet.* Oxford: Basil Blackwell.

Hess, Stephen.(1988). *Organizing the Presidency,* Washington, D. C.: The Brookings Institution.

James, Simon.(1986). "The Central Policy Review Staff, 1970-1983," *Political Studies* 34.

———.(1992). *British Cabinet Government,* London: Routledge.

———.(1995). "The Cabinet System Since 1945: Fragmentation and Integration," in F. F. Ridley & Michael Rush.(eds.), *British Government and Politics since 1945*, Oxford, UK: Oxford University Press.

Jenkins, Simon.(1985). "The Star Chamber, PESC and the Cabinet," *Political Quarterly.*

Juster, Kenneth I. & Simon Lazarus.(1997). *Making Economic Policy: An Assessment of the National Economic Council,* Washington, D.C.: Brookings Institution Press.

Kessler, Marie-Christienne.(1982). "Le Cabinet du Premier Ministre et le

Secrétariat Général du Gouvernment," in F. de Baeque et Jean-Louis Quermonne(eds.), *Administration et Politique sous la Cinquieme République*, Presses de la Fondation Nationale des Sciences Politiques.

King, Anthony.(1992). "Margaret Thatcher: The Style of a Prime Minister," in Anthony King.(ed.), *The British Prime Minister*, London: Macmillan.

Kolodziej, Edward A.(1969). "The National Security Council: Innovations and Implications," *Public Administration Review*.(November/December).

Lee, J. M., G. W. Jones & June Burnham.(1998). *At the Centre of White Hall: Advising the Prime Minister and Cabinet*, London: St. Martin's Press.

Lee, Micheal.(1990). "The Ethos of the Cabinet Office," *Public Administration* 68.

Lindblom, Charles E.(1965), *The Intelligence of Democracy*, New York: The Free Press.

Lord, Carnes.(1988). *The Presidency and the Management of National Security*, New York: Free Press.

Madgwick, Peter.(1991), *British Government: The Central Executive Territory*, London, UK: Philip Allan.

Massot, Jean.(1986). *La Présidence de la République en France*, Paris: La Documentation Franiaise.

Odeen, Philip A.(1980, summer). "Organizing for National Security," *International Security*.

———.(1985), "The Role of National Security Council in Coordinating and Integrating U.S. Defense and Foreign Policy," in Duncan L. Clarke.(ed.), *Public Policy and Political Institutions: US Defense and Foreign Policy*, Greenwich, Connecticut: JAI Press, Inc.

Peele, Gillian.(1995). *Governing UK,* Third edition, Oxford: Blackwell.

Plowden, William.(1987). *Advising the Rulers,* New York: Basil Blackwell.

Porter, Roger B.(1980). *Presidential Decision Making: The Economic Policy Board,* New York: Cambridge University Press.

———.(1983), "Economic Advice to the President: From Eisenhower to Reagan," *Political Science Quarterly* 98(3).

Pryce, Sue.(1997). *Presidentializing the Premiership*, New York: St. Martin's Press.

Py, Roselyne.(1985). *Le Secrétariat général du Gouvernement*, Paris: La documentation Française.

Pyper, Robert & Lynton Robbins.(1995). *Governing the UK in the 1990s*, New York: St. Martin's Press.

Qu'est-ce que le Secrétariat Général du Gouvernement (document).

Rhodes, R. A. W.(ed.)(2000), *Transforming British Government, Vol. 2: Changing Roles and Relationships*, London: Macmillan Press.

Rhodes, R. A. W. & P. Dunleavy.(eds.)(1995). *Prime Minister, Cabinet and Core Executive,* London: Macmillan.

Rush, Michael.(1984). *The Cabinet and Policy Formation*, London: Longman.

Salamon, Lester M.(1981). "The Presidency and Domestic Policy Formulation," in Hugh Heclo & Lester M. Salamon.(eds.), *The Illusion of Presidential Government*, Boulder. Colo.: Westview Press.

Seldon, A.(1990). "The Cabinet Office and Coordination, 1979-1987," *Public Administration* 68.

Shell, Donald & Richard Hodder-Williams.(eds.)(1995). *Churchill to Major: The British Prime Ministership since 1945*, London: Hurst. The SGDN (document).

Shoemaker, Christopher C.(1991). *The NSC Staff: Counselling the Council*, Boulder, Col: Westview Press.

Staats, Elmer E.(1993). "Reconciling The Sciemce Advisory Role with Tensim Inherent in the Presidency," in William T. Golden(ed.), *Science a Advice to the President*, Washing ton DC: AAAS Press.

Thiebault, Jean-Louis.(1988). "France: Cabinet Decision-Making under the Fifth Republic," in Jean Blondel & Ferdinand Mueller-Rommel, *Cabinets in Western Europe*, London: Macmillan.

Thomas, P. Graham.(1997). *Prime Minister and Cabinet Today*, Manchester: Manchester University Press.

Tricot, Bernard, Raphael Hadas-Lebel, & David Kessler.(1995). *Les Institutions Politiques Françaises*, Paris: Presses de la Fondation Nationale de Sciences Politiques & Dalloz.

Warshaw, Shirley A.(1996). *Powersharing: White House-Cabinet Relations in the Modern Presidency*, Albany.

———.(1997). *The Domestic Presidency: Policy Making in the White House*, Boston, M. A. Allyn & Bacon.

Welles, Jr., William G.(1993). "*Science Adrice and the Presidency,*" in William T. Golden(ed.), *Science Advice to the President*, Washington,

DC: American Association for the Advancement of Science Press.
花井等・木村卓吓. 국방대학원 역(1990). 米國の國防安全保障定策決定過程.

www.archives.gov/federal-register/executive-orders
(관계장관회의에 관한 역대 대통령들의 Executive Orders)
www.archives.gov/federal-register/publications/government-manual
www.fas.org/irp/offdocs/direct.html(NSC 문서)
www.whitehouse.gov/government/eop.html
www.whitehouse.gov/dpc, hsc, nec, nsc
www.ostp.gov
www.ustr.gov
www.foodsafety.gov
www.hq.nasa.gov
www.cabinet-office.gov.uk
www.nationalarchives.gov.uk(Cabinet Office Records)
www.legifrance.gouv.fr(소수장관회의 관련 법령, Decrets, Arretes, Ordonances)
www.service-public.fr
www.klaw.go.kr [법제처. 종합법령정보센터], (1960-2002년 관계장관회의 관련 모든 규정)

찾아보기

ㄱ

ㅇ

ㅈ

저자 소개

이송호(李松浩)

서울대학교 정치학과 졸업
서울대 행정대학원 행정학 석사
서울대 행정대학원 박사과정 수료
미국 오하이오주립대학교(Ohio State University) 정치학 박사
현 국립경찰대학 행정학과 교수
한국행정학회 국제협력위원장
한국경찰학회 연구위원장
서울행정학회 부회장
정부혁신지방분권위원회 행정개혁전문위원 및 해외홍보추진단장
행자부 국가기반체계보호 정책자문위원회 위원장 등 역임

[연구 분야]
대통령, 정책형성과 조정, 행정개혁, 지방행정

[주요 저서 및 논문]
『대통령과 보좌관』(2002, 박영사)
『연해주와 고려인』(2003, 백산서당)
「비교정책연구에 있어서 전통적 방법론의 재검토」
「당정간 정책갈등과 조정」
「미국과 프랑스의 정책조정 시스템 비교 연구」
「주요국 중장기 정책 싱크탱크에 관한 연구」
「지자체의 문화행정 체제에 관한 고찰」
「지자체 환경행정기관의 조직화 원칙과 그 응용」 외 논문 다수

관계장관회의

펴낸날 / 제1판 제1쇄 2008년 9월 15일
지은이 / 이송호
펴낸이 / 임춘환
펴낸곳 / 도서출판 대영문화사
주소 / 서울 용산구 청파동 1가 178-2 ㊐ 140-869
등록 / 1975년 12월 26일 제3-16호
전화 / (02)716-3883, (02)714-3062
팩시밀리 / (02)703-3839
우체국 온라인 / 011353-02-009106

ISBN 978-89-7644-266-6

〔값 35,000원〕